JAHRBUCH FÜR WIRTSCHAFTSGESCHICHTE

Inhaltsverzeichnis
und Autorenverzeichnis
der Jahrgänge 1968 bis 1972

Zusammengestellt von Renate Günther

AKADEMIE-VERLAG · BERLIN

AKADEMIE DER WISSENSCHAFTEN DER DDR

Institut für Wirtschaftsgeschichte

Erschienen im Akademie-Verlag, 108 Berlin, Leipziger Str. 3—4

Lizenznummer: 202 · 100/87/73
Herstellung: VEB Druckerei „Thomas Müntzer", 582 Bad Langensalza/DDR
Bestellnummer: 752 358 9 (2103/73/IV) · LSV 0305
Printed in GDR

Herausgegeben vom Institut für Wirtschaftsgeschichte an der Akademie der Wissenschaften der DDR, erscheint das Jahrbuch für Wirtschaftsgeschichte seit 1960 mit zwei und seit 1962 mit vier Bänden jährlich. Es ist das zentrale Organ für die marxistische Wirtschaftsgeschichte in der DDR. Mit den zirka 1 300 Druckseiten pro Jahr ist es darüber hinaus das bisher umfangreichste Periodikum auf dem Gebiet der Wirtschaftsgeschichte überhaupt.

Das Jahrbuch für Wirtschaftsgeschichte darf als Ausdruck für die besondere Fürsorge gewertet werden, die der Wirtschaftsgeschichte in der DDR zuteil wird. Seine Entstehung und Entwicklung ist mit dem Namen Jürgen Kuczynskis verbunden, des Nestors der Wirtschaftshistorie in der DDR.

Das Jahrbuch für Wirtschaftsgeschichte sah von Anbeginn seine Hauptaufgabe darin, die Wirtschaftsgeschichtsforschung in der DDR widerzuspiegeln, ihre Entwicklung zu stimulieren und sie auf die wichtigsten Probleme zu lenken, ihre einzelnen Bereiche miteinander zu verbinden und ihren Integrationsprozeß mit anderen Wissenschaften zu fördern. Ein breiter Kreis ausländischer Autoren, insbesondere aus der UdSSR und aus den anderen sozialistischen Ländern, ist im Jahrbuch für Wirtschaftsgeschichte zu Wort gekommen. Das hat dazu beigetragen, die in anderen Ländern bestehenden wirtschaftshistorischen Forschungsprobleme deutlich zu machen, die internationale Zusammenarbeit der Wirtschaftshistoriker zu vertiefen und das internationale Ansehen des Jahrbuchs für Wirtschaftsgeschichte zu erhöhen.

Die Beiträge im Jahrbuch für Wirtschaftsgeschichte umspannen weite Bereiche. Sie sind bewußt weder zeitlich noch geographisch begrenzt. Theoretisch-methodologische Arbeiten sind ebenso vertreten wie materialreiche Beiträge und Quellenpublikationen. Inhaltliche Schwerpunkte bildeten und bilden die Wirtschaftsgeschichte des Imperialismus und der Entwicklungsländer, die Geschichte der Produktivkräfte, die wirtschaftliche Entwicklung der DDR und die Betriebsgeschichte, die Agrargeschichte, die historische Demographie und Sozialgeschichte sowie die Entwicklung des ökonomischen Denkens.

Das Jahrbuch für Wirtschaftsgeschichte hat besondere Anerkennung gefunden durch den lebhaften Meinungsstreit in seinen Spalten, durch den stark problemorientierten Besprechungsteil und durch eine Reihe von Spezialbibliographien, die den hohen Informationsgehalt des Jahrbuchs für Wirtschaftsgeschichte gewährleisten.

Das Jahrbuch für Wirtschaftsgeschichte will dazu beitragen, die im "Zentralen Forschungsplan der marxistisch-leninistischen Gesellschaftswissenschaften der DDR bis 1975" der Wirtschaftsgeschichte gestellte Aufgabe zu erfüllen, "einen wesentlichen Beitrag zu leisten, um das Wirken der ökonomischen Gesetze und die Wechselbeziehungen zwischen Produktivkräften und Produktionsverhältnissen im historischen Prozeß und in der Gegenwart zu erforschen."

JAHRBUCH FÜR WIRTSCHAFTSGESCHICHTE

Inhaltsverzeichnis und Autorenverzeichnis der Jahrgänge 1968 bis 1972

zusammengestellt von Renate Günther

Vorwort

Inhaltsverzeichnis der Jahrgänge 1968 bis 1972

- Theorie und Methodik
- Mehrere Zeitabschnitte umfassend
- Bis 500
- 500 bis 1789
- 1789 bis 1917
- 1917 bis zur Gegenwart
  - Sozialistische Staaten
  - Kapitalistische Staaten
  - Entwicklungsländer
- Betriebsgeschichte
- Bibliographie und Quellennachweise
- Berichte
- Würdigungen

Autorenverzeichnis der Jahrgänge 1968 bis 1972

Vorwort

Fünf Jahre sind vergangen, seit das letzte Gesamtinhaltsverzeichnis erschien, das die Jahrgänge 1960 bis 1967 des Jahrbuchs für Wirtschaftsgeschichte erfaßte. Einem vielgeäußerten Wunsch unserer Leser folgend, legt die Redaktion ein neues Verzeichnis für die Jahrgänge 1968 bis 1972 vor.

Das Verzeichnis ist unterteilt in einen systematischen und einen alphabetischen Abschnitt (nach Autoren).

Der systematische Abschnitt unterscheidet sich in seiner Gliederung wesentlich von den vorangehenden Verzeichnissen. Der früher angewandte Aufnahmemodus nach Sachgebieten hatte zu außerordentlich vielen Doppel- und Mehrfachzählungen geführt. Die jetzt eingehaltene zeitliche Untergliederung reduziert sie auf eine ganz geringe Zahl.

Als Einschnitte werden die weltgeschichtlichen Daten gewählt, die traditionsgemäß den Übergang einer Gesellschaftsformation zur nächsthöheren kennzeichnen. Das ergibt die Abschnitte

- bis 500 (Ur- und Sklavenhaltergesellschaft)
- 500 bis 1789 (feudale Gesellschaft)
- 1789 bis 1917 (kapitalistische Gesellschaft)
- 1917 bis zur Gegenwart (sozialistisch-kommunistische Gesellschaft).

Diese letzte Gruppe, die den Übergang vom Kapitalismus/Imperialismus zum Sozialismus/Kommunismus umfaßt, ist unterteilt nach sozialistischen und kapitalistischen Staaten sowie Entwicklungsländern.

Obwohl der Wirtschaftshistoriker eigentlich mit einer Gliederung, die sich nach den traditionellen Abschnitten der politischen Geschichte richtet, nicht ganz zufrieden sein kann, haben wir die sich daraus ergebenden Mängel dennoch in Kauf genommen.

Diese Gliederung fällt zusammen mit der, die in den zur Zeit in Arbeit befindlichen Bibliographien und Thesauri der verschiedenen geschichtswissenschaftlichen Disziplinen angewandt wird. So ermöglicht sie dem Leser zum Beispiel auch einen Vergleich mit der "Bibliographie wirtschaftsgeschichtlicher Literatur der DDR", die ab Teil IV/1972 zweimal jährlich im Jahrbuch für Wirtschaftsgeschichte erscheint, die in der DDR erschienenen Monographien und Zeitschriftenartikel aufnimmt und ebenfalls diese Einteilung aufweist.

Arbeiten über Theorie und Methodik, zu denen auch ein großer Teil der sich mit ökonomischen Lehrmeinungen befassenden Arbeiten gezählt werden müssen, sind in einer Gruppe gesondert zusammengefaßt und stehen der zeitlichen Gliederung voran. Arbeiten, die sich mit zwei oder drei der genannten großen Perioden beschäftigen, sind mehrmals aufgeführt, um unseren Lesern das Auffinden von Artikeln zu einer bestimmten Problematik zu erleichtern. Arbeiten, deren Untersuchungszeitraum noch größer ist, sind in einer Gruppe "mehrere Zeitabschnitte umfassend" untergebracht, die sich an die Gruppe "Theorie und Methodik" anschließt und die chronologischen Abschnitte einleitet.

Das Jahrbuch für Wirtschaftsgeschichte bemüht sich seit seinem Bestehen, die Betriebsgeschichtsschreibung in der DDR zu fördern und anzuleiten. Dieser Rolle entsprechend sind alle betriebsgeschichtlichen Arbeiten gesondert im Anschluß an die chronologischen Teile ausgewiesen. Hier befinden sich betriebsgeschichtliche Studien, Arbeiten zur Theorie und Methodik auf diesem Gebiet sowie die Fortsetzungen der laufenden Bibliographie selbständiger Schriften zur Betriebsgeschichte in der DDR.

Der Veröffentlichung von Bibliographien und Quellennachweisen aus Archiven kommt im Hinblick auf die Auffindung bestimmter wirtschaftshistorischer Materialien große Bedeutung zu. In Anerkennung der Wichtigkeit solcher Publikationen sind solche Zusammenstellungen ebenfalls in einem gesonderten Teil ausgewiesen, der sich an den betriebsgeschichtlichen anschließt.

Den Abschluß bilden die Rubriken "Berichte" und "Würdigungen". Unter der erstgenannten Rubrik fanden nur solche Berichte Aufnahme, deren Einordnung in die zeitlichen Teile aufgrund des Charakters der betreffenden Veranstaltung nicht möglich ist.

Die Zahlen am rechten Rand des Verzeichnisses geben das Jahr, den Band und die Seitenzahl an, wo der entsprechende Beitrag zu finden ist.

INHALTSVERZEICHNIS DER JAHRGÄNGE 1968 BIS 1972

Theorie und Methodik

[Rez.] Rückblick und Analyse zu Roczniki Dziejów Społecznych i Gospodarczych. Annales d'histoire sociale et économique (Władisław Rusiński)	1968	I	377
Zweites Kolloquium zu Strukturproblemen der Arbeiterklasse (Dieter Baudis)	1968	II	333
[Rez.] Literatursoziologische Studien. Einige Überlegungen bei der Lektüre von Arthur Leslie Morton, The Matter of Britain. Essays in a Living Culture (Jürgen Kuczynski)	1968	II	357
[Rez.] Theoriegeschichte ohne Konzeption. Geschichte der Volkswirtschaftslehre, hg. v. Antonio Montaner (Hermann Lehmann)	1968	III	419
Wirtschaftsgeschichte und Prognose. Wissenschaftliches Kolloquium in Halle (Saale) (Manfred Schroeder)	1968	IV	177
[Rez.] Im Dienste der Arbeiterbewegung (S. I. Tjul'panov)	1968	IV	215
[Rez.] Die Geschichte der Lage der Arbeiter (Erik J. Hobsbawm)	1968	IV	225
[Rez.] Zu Problemen des staatsmonopolistischen Kapitalismus (Hans Wagner)	1968	IV	285
[Rez.] Sozialgeschichte der Bourgeoisie (Helga Nussbaum)	1968	IV	299
[Rez.] Jürgen Kuczynski über die Geschichte der politischen Ökonomie (Kurt Braunreuther/Werner Krause/Hermann Lehmann)	1968	IV	321
[Rez.] Zur Statistik-Methodologie im Werk von Jürgen Kuczynski. Versuch einer Würdigung aus statistischer Sicht (Carl Otto)	1968	IV	331
[Rez.] Gesamtdarstellung und Zusammenhangsdarstellung (Wolfgang Jonas)	1968	IV	349
Über das Schreiben von 40 Bänden "Geschichte der Lage der Arbeiter unter dem Kapitalismus (Jürgen Kuczynski)	1968	IV	357
Lehrplan und methodische Hinweise für das Fach "Politische Ökonomie der Entwicklungsländer" (S. I. Tjul'panov/V. L. Šejnis)	1969	I	111
Evolution der Konzeptionen der Wissenschaftsentwicklung. Eine Disposition [mit Vorbemerkungen von] (Wilhelm Strube/N. I. Rodnyj)	1969	II	309

[Rez.] Mathematik und Gesellschaftswissenschaften. Rainer Thiel, Quantität oder Begriff? Der heuristische Gebrauch mathematischer Begriffe in Analyse und Prognose gesellschaftlicher Prozesse (Thomas Kuczynski)	1969	II	379
Die statistische Erfassung der Bodennutzung im Spätfeudalismus (Rudolf Berthold)	1969	III	31
Über den "westlichen" Marx heute. Bemerkungen zur bürgerlichen Marx-Kritik (Kurt Braunreuther)	1969	III	55
Einige Bemerkungen über Ricardo und sein Denken (Maurice H. Dobb)	1969	III	65
Die perspektivische Entwicklung der elektronischen Datenverarbeitung für die zentralen Aufgaben von Rechnungsführung und Statistik (Arno Donda)	1969	III	75
William Petty. Eine Studie zur Genesis seiner Arbeitswerttheorie (Shichiro Matsukawa)	1969	III	135
Zum Problem Stagnation und Wachstum in der Wirtschaftsgeschichte. Ein Beitrag zur Diskussion (Hans Mottek)	1969	III	151
Über Wesenszüge in der antiken griechischen Denkweise und ihr Verhältnis zu der Denkweise in der westlichen Welt des 20. Jahrhunderts. Ein Beitrag zur Diskussion (Karl H. Niebyl)	1969	III	171
Marxsche Warenzirkulationsschemata zum staatsmonopolistischen Kapitalismus. Ein Beitrag zur Diskussion (Victor Perlo)	1969	III	201
[Rez.] Über die Grenznutzentheorie und die Rationalität wirtschaftlichen Handelns. Hermann Lehmann, Grenznutzentheorie. Geschichte und Analyse eines bürgerlichen ökonomischen Lehrsystems (Manfred Lötsch)	1969	IV	253
Einleitung [zu drei Artikeln zum Thema Gemeinde und Gemeindeeigentum] (Elisabeth Charlotte Welskopf)	1970	I	13
Gemeinde und Gemeindeeigentum in Marx' "Grundrisse der Kritik der politischen Ökonomie" (S. Sak)	1970	I	19
Die Polemik in Japan über das Manuskript von Karl Marx: "Formen, die der kapitalistischen Produktion vorhergehn". Die Beziehungen zwischen Gemeinwesen und präkapitalistischen Formationen (Atsumi Sakai)	1970	I	39
[Rez.] Ein neuer Aufschwung der Wirtschaftsgeschichte in England unter dem Einfluß des Marxismus (Jürgen Kuczynski)	1970	III	283

Lenin und die Industriestatistik. Lenins Werk "Die Entwicklung des Kapitalismus in Rußland" (Rudolf Forberger)	1970	IV	67
Engels' Mitwirkung an der Herausbildung des historischen Materialismus (Auguste Cornu)	1970	IV	77
Zu einigen Grundfragen der marxistisch-leninistischen Demographie (Parviz Khalatbari)	1971	II	245
[Rez.] Die Dialektik in Lenins Imperialismus-Analyse. Fritz Kumpf, Probleme der Dialektik in Lenins Imperialismus-Analyse. Eine Studie zur dialektischen Logik. (Hermann und Karin Lehmann)	1971	III	257
Zum wissenschaftlichen Gehalt und sozialen Standpunkt der Theorie des klassischen bürgerlichen Ökonomen Adam Smith (Peter Thal)	1971	IV	83
Charakter, Struktur und Anzahl der Industriearbeiter im 20. Jahrhundert. Eine problemgeschichtliche Studie (Jürgen Kuczynski)	1972	I	11
Zum 200. Geburtstag von David Ricardo. Ricardos Theorie der komparativen Außenhandelsvorteile (Peter Thal)	1972	I	21
"... die einzig wirklich revolutionäre Klasse" [Strukturprobleme der Arbeiterklasse - wirtschaftshistorische Aspekte] (Lotte Zumpe)	1972	III	131
Wer gehört im Kapitalismus zum Proletariat? [Strukturprobleme der Arbeiterklasse - wirtschaftshistorische Aspekte] (Hans Radandt)	1972	III	139
Bemerkungen über die Art der Fragestellung bei Jürgen Kuczynski: "Charakter, Struktur und Anzahl der Industriearbeiter im 20. Jahrhundert" [Strukturprobleme der Arbeiterklasse - wirtschaftshistorische Aspekte] (Hansgünter Meyer)	1972	III	147
Entwicklung und Struktur der Arbeiterklasse im Kapitalismus [Strukturprobleme der Arbeiterklasse - wirtschaftshistorische Aspekte] (Horst Handke)	1972	III	153
[Rez.] Um die klassische politische Ökonomie des Bürgertums. Walter Braeuer, Frankreichs wirtschaftliche und soziale Lage um 1700. Dargestellt unter besonderer Berücksichtigung der Werke von Vauban und Boisguillebert; Marie-Elisabeth Vopelius, Die altliberalen Ökonomen und die Reformzeit (Hermann Lehmann)	1972	III	223
Sowjetische Erfahrungen bei der Anwendung mathematisch-statistischer Methoden in historischen Untersuchungen (I. D. Koval'čenko/N. V. Selunskaja)	1972	IV	11

Titel	Jahr	Heft	Seite
Zur Anwendung mathematisch-statistischer Methoden bei der Interpretation agrargeschichtlicher Zeitreihen (Volker Klemm)	1972	IV	23
Zum Problem der Messung der Arbeitsproduktivität aufgrund von Berechnungen für die Landwirtschaft in den USA. Zur Entwicklung einer kleinen Gedankenfolge. [Die Entwicklung der Landwirtschaft unter den Bedingungen der Industriellen Revolution und der wissenschaftlich-technischen Revolution im Kapitalismus und Sozialismus. II. Kolloquium der Wirtschaftshistoriker der DDR und der VR Ungarn vom 7. bis 10. September 1971 in Quedlinburg.] (Jürgen Kuczynski)	1972	IV	203

Mehrere Zeitabschnitte umfassend

Titel	Jahr	Heft	Seite
[Rez.] Eine illustrierte Pfluggeschichte. Überlegungen und Notizen im Anschluß an die Lektüre von Ernst Klein, Die historischen Pflüge der Hohenheimer Sammlung landwirtschaftlicher Geräte und Maschinen. Ein kritischer Katalog = Quellen und Forschungen zur Agrargeschichte, Bd. 16 (Ulrich Bentzien)	1968	II	371
Tendenzen der wechselseitigen Bedingtheit in der Entwicklung von Wirtschaft und Verkehrswesen in den vorkapitalistischen Produktionsweisen und der Periode des Kapitalismus der freien Konkurrenz (Elfriede Rehbein)	1969	III	239
[Rez.] Produktivkräfte und historischer Materialismus. Wolfgang Jonas/Valentine Linsbauer/Helga Marx, Die Produktivkräfte in der Geschichte, Bd. 1: Von den Anfängen in der Urgemeinschaft bis zum Beginn der Industriellen Revolution, hg. v. Wolfgang Jonas (Gerhard Koch)	1970	IV	247
Zur historischen Demographie der Städte in der Estnischen SSR (Raimo Pullat)	1971	II	255
[Rez.] Überlegungen zu Festschriften bei der Lektüre des Buches Entstehung und Wandel der modernen Gesellschaft. Festschrift für Hans Rosenberg zum 65. Geburtstag (Jürgen Kuczynski)	1971	IV	267

Bis 500

Titel	Jahr	Heft	Seite
Wirtschafts- und Rechtsfragen in Homers Gedichten (Vladimír Pazderník)	1968	I	333
Die römische Landwirtschaft in Nordafrika und ihre historischen Wurzeln (Jan Burian)	1968	II	237

Der Geschenkaustausch als Vorstufe des Äquivalenten-austausches im alten China (Zuo-zhuan-Periode) (Roland Felber)	1968	II	259
[Rez.] Türkische Veröffentlichungen zur Wirtschaftsgeschichte des Alten Orients (Heinz Kreißig)	1968	II	393
Die Ausbeutung Nordafrikas durch Rom und ihre Folgen (Albert Deman)	1968	III	341
Die Dorfgemeinde in Thrakien im ersten Jahrtausend v. u. Z. (Alexander Fol)	1969	I	279
Die Sklaven in der römischen Landwirtschaft und die Politik der Kaiser (E. M. Štaerman)	1969	II	289
Grundfragen der handwerklichen Produktion in Ägypten vom 4. bis zur Mitte des 7. Jahrhunderts u. Z. (I. F. Fichman)	1969	IV	149
Grundeigentumsformen im Hellenismus (Vorderasien) (Heinz Kreißig)	1969	IV	173
Die Gemeinde im Römischen Kaiserreich (E. M. Štaerman)	1970	I	61
Zwischen Orient und Antike. Betrachtungen zu den nach-urgesellschaftlichen Produktionsweisen Vorderasiens und des klassischen Altertums (Hagen Fischer)	1970	II	209
[Rez.] Afrika und Rom in der Antike (Hagen Fischer)	1970	III	301
Das Verhältnis unterschiedlicher ökonomischer Systeme in der Alten Welt zur Gesellschaftsformation (Rigobert Günther)	1971	II	15
Die Anfänge der antiken Gesellschaftsformation in Griechenland und das Problem der sogenannten asiatischen Produktionsweise (István Hahn)	1971	II	29
Zum Gesellschaftsaufbau der Mykener. Die mykenische Form wa-na-so-i und ihre Bedeutung (M. D. Petruševski)	1971	II	49
Die Landgüter der Milesier (Jan Pečírka)	1971	II	55
Zu einigen Aspekten des spartanischen Agrarsystems (Detlef Lotze)	1971	II	63
Progressivität und Konservatismus in Sparta und Athen im Zeitalter der Perserkriege (Józef Wolski)	1971	II	77
Griechische Vorstellungen vom historischen Prozeß durch menschliches Tun (Peter Musiolek)	1971	II	83
Aristoteles und ökonomische Analyse (M. I. Finley)	1971	II	87

August Boeckh und seine Bedeutung für die Entwicklung der Altertumswissenschaft (Johannes Irmscher)	1971	II	107
Fragen der sozialökonomischen Basis im Hellenismus des Ostens (Heinz Kreißig)	1971	II	119
Die Expositio von Kindern als Quelle der Sklavenbeschaffung im griechisch-römischen Ägypten (Iza Bieżuńska-Małowist)	1971	II	129
Eine neue Quelle zur Geschichte der Seidenstraße (János Harmatta)	1971	II	135
Zur Geschichte des Handels in und durch Südarabien im Altertum. Die historische Bedeutung der Inschrift RES 4337 (N. V. Pigulevskaja †)	1971	II	145
Der Klassenkampf der Sklaven zur Zeit des römischen Kaiserreiches (E. M. Štaerman)	1971	II	149
Zur Problematik der Geschichte der Viehzucht im römischen Reich (Charles Parain)	1971	II	165
Bergbau und Hüttenwesen bei den alten Thrakern (Velizar Velkov)	1971	II	175
Der Übergang vom Sklavenhalter- zum Feudalsystem, dargestellt anhand von Tabellen und Schemata (Hans-Joachim Diesner)	1971	II	193
Die ökonomische Unterwanderung der Munizipien durch das Großgrundeigentum im 2. und 3. Jahrhundert, vor allem im Westen des Römischen Reiches (Wieland Held)	1971	IV	159
[Rez.] Die Landwirtschaft in der Frühzeit. Bemerkungen zu Herbert Jankuhn, Vor- und Frühgeschichte vom Neolithikum bis zur Völkerwanderungszeit. Mit Beiträgen von Harald Jankuhn, Eberhard May und Ulrich Willerding (Bruno Krüger)	1972	I	317
[Rez.] Marxistische Forschungen zur slawischen Frühgeschichte in der DDR. Bemerkungen zu Germanen - Slawen - Deutsche. Forschungen zur Ethnogenese; Joachim Herrmann, Siedlung, Wirtschaft und gesellschaftliche Verhältnisse der slawischen Stämme zwischen Oder/Neiße und Elbe; Die Slawen in Deutschland; Berichte über den II. Internationalen Kongreß für Slawische Archäologie (Friedrich Schlette)	1972	III	239

500 - 1789

Titel	Jahr	Heft	Seite
[Rez.] Der Bauernaufstand in Nordböhmen im Jahre 1680 in neuer Sicht. Josef Kočí, Odboj nevolníků na Frydlantsku 1679 - 1689. Příspěvek k povstání nevolníků v Čechách v roce 1680 (Der Widerstand der Leibeigenen im Gebiet Friedland 1679 - 1689. Ein Beitrag zur Geschichte des Aufstandes der Leibeigenen in Böhmen im Jahre 1680) (Jaroslaw Purš)	1968	II	383
[Rez.] The Cambridge Economic History of Europe, Band 4: The economy of expanding Europe in the sixteenth and seventeenth centuries, hg. v. E. E. Rich und C. H. Wilson - auch zum Problem Herausgeberschaft und Gemeinschaftsarbeit in den Gesellschaftswissenschaften (Jürgen Kuczynski)	1968	III	395
Zur Verlagerung des See- und Handelsverkehrs im nordeuropäischen Raum während des 15. und 16. Jahrhunderts. Eine Untersuchung auf der Grundlage der Danziger Pfahlkammerbücher (Johannes Schildhauer)	1968	IV	187
[Rez.] Ein Beitrag zur Genesis des amerikanischen Kapitalismus (Karl H. Niebyl)	1968	IV	241
[Rez.] Frauenfrage und Diskriminierung - Kinderarbeit und moderne Technik (Lotte Zumpe)	1968	IV	305
Spätmittelalterlicher Strukturwandel im Spiegel neuer Forschungen: Das italienische Beispiel (Ernst Werner)	1969	I	223
Der Ackerbau in der Ruś bis zum Einfall der Mongolen (Bruno Widera)	1969	I	241
[Rez.] Fortschritt und fortschrittstragende Kräfte in der spätfeudalen Landwirtschaft. Gedanken zu einem Buch von Hans-Heinrich Müller, Märkische Landwirtschaft vor den Agrarreformen von 1807. Entwicklungstendenzen des Ackerbaus in der zweiten Hälfte des 18. Jahrhunderts (Rudolf Berthold)	1969	I	399
Die soziale Struktur brandenburgischer Kleinstädte im 18. Jahrhundert, untersucht am Beispiel der landesherrlichen Mediatstädte des ehemaligen kurmärkischen Kreises Lebus (Klaus Vetter)	1969	II	225
Der Ackerbau in der Ruś zur Zeit und nach der Mongolenherrschaft (1253 bis 1500) (Bruno Widera)	1969	II	265
Varianten des preußischen Weges (Gerhard Heitz)	1969	III	99
Zur Geschichte der internationalen Handelswege und des Handelskapitals vom 15. bis 17. Jahrhundert (Zs. P. Pach)	1969	III	179
Die Gutsherrschaft in Brandenburg. Ergebnisse und Probleme (Hartmut Harnisch)	1969	IV	117

Grundfragen der handwerklichen Produktion in Ägypten vom 4. bis zur Mitte des 7. Jahrhunderts u. Z. (I. F. Fichman)	1969	IV	149
[Rez.] Neuauflagen wirtschaftshistorischer Literatur. F. W. A. Bratring, Statistisch-topographische Beschreibung der gesamten Mark Brandenburg; Hugo Rachel/Johannes Papritz/Paul Wallich, Berliner Großkaufleute und Kapitalisten; Wilhelm Abel, Geschichte der deutschen Landwirtschaft vom frühen Mittelalter bis zum 19. Jahrhundert; Friedrich Lütge, Geschichte der deutschen Agrarverfassung vom frühen Mittelalter bis zum 19. Jahrhundert (Hans-Heinrich Müller)	1969	IV	259
Ostelbische Landarmut - Statistisches über landlose und landarme Agrarproduzenten im Spätfeudalismus (Schwedisch-Pommern und Sachsen) (Jan Peters)	1970	I	97
Zucht- und Arbeitshäuser in den mittleren und östlichen Provinzen Brandenburg-Preußens. Ihr Anteil an der Vorbereitung des Kapitalismus. Eine Untersuchung für die Zeit vom Ende des 17. bis zum Ausgang des 18. Jahrhunderts (Helga Eichler)	1970	I	127
Die Bestimmungsfaktoren der bäuerlichen Einkommen im 18. Jahrhundert (Friedrich-Wilhelm Henning)	1970	I	165
Die Lage der Bauern im 18. Jahrhundert und die bäuerlichen Einkommen (Rudolf Berthold)	1970	I	185
Bauerneinkommen, feudale Ausbeutung und agrarischer Fortschritt in der Mark Brandenburg gegen Ende des 18. Jahrhunderts (Hartmut Harnisch)	1970	I	191
[Rez.] Shakespeare und die englische Agrargeschichtsschreibung (Jürgen Kuczynski)	1970	I	249
Zur Rolle der Lohnarbeit in neueren sowjetischen Forschungen über den Frühkapitalismus in Rußland (Bruno Widera)	1970	I	257
Einige Bemerkungen zur Genesis des Kapitalismus in Rußland (Conrad Grau)	1970	I	271
Studien zur russischen Wirtschafts- und Stadtgeschichte im 16. Jahrhundert (Erich Donnert)	1970	II	141
Sklaven, Untertanen und Untertanenverbände im Westgotenreich (Hans-Joachim Diesner)	1970	II	173
Accola, agricola, cultor und incola als Rechtsbegriffe im frühen und hohen Mittelalter (Ingeborg Pape)	1970	II	195

Die Entwicklung des Kapitalismus im Bergbau und in der Landwirtschaft Neuspaniens (1760 bis 1810) (Enrique Semo)	1970	III	85
Wirtschaftspolitik - Territorialstaat - Nation. Die Haltung des preußischen Bürgertums zu den wirtschaftlichen Auseinandersetzungen zwischen Preußen und Sachsen (1740 bis 1786) (Ingrid Mittenzwei)	1970	III	129
Der Seehandel Danzigs im 16. Jahrhundert und die Verlagerung des Warenverkehrs im nord- und mitteleuropäischen Raum (Johannes Schildhauer)	1970	III	155
Die Sundzollregister als eine preisgeschichtliche Quelle 1557 bis 1647 (Antoni Mączak)	1970	III	179
Seehandel und Handelspolitik der Hanse in der Zeit ihres Niedergangs (1550 bis 1600) (Klaus-Peter Zoellner)	1970	III	221
Die Anfänge des frühmittelalterlichen Städtewesens in Polen im Lichte der erzählenden Quellen (Siegfried Epperlein)	1970	IV	159
[Rez.] Der preußische Weg der Landwirtschaft und neuere westdeutsche Forschungen. Betrachtungen und Gedanken zu Friedrich-Wilhelm Henning, Dienste und Abgaben der Bauern im 18. Jahrhundert; Friedrich-Wilhelm Henning, Bauernwirtschaft und Bauerneinkommen in Ostpreußen im 18. Jahrhundert; Karl Brase, Der Einfluß der Bauernbefreiung auf die Belastung der Scharwerksbauern in Ostpreußen; Harald Winkel, Die Ablösungskapitalien aus der Bauernbefreiung in West- und Süddeutschland. Höhe und Verwendung bei Standes- und Grundherren (Rudolf Berthold/Hartmut Harnisch/Hans-Heinrich Müller)	1970	IV	259
[Rez.] Ein Zentrum handwerkswirtschaftsgeschichtlicher Forschung. Wilhelm Abel und Mitarbeiter, Handwerksgeschichte in neuer Sicht; Karl Heinrich Kaufhold, Das Handwerk der Stadt Hildesheim im 18. Jahrhundert. Eine wirtschaftsgeschichtliche Studie; Klaus Aßmann/Gerhard Stavenhagen, Handwerkereinkommen am Vorabend der industriellen Revolution. Materialien aus dem Raum Braunschweig-Wolfenbüttel (Jürgen Kuczynski)	1971	II	277
Zusammenhänge zwischen Fernhandel und ungleichmäßiger Entwicklung polnischer Wirtschaftsgebiete im 16. und 17. Jahrhundert (Antoni Mączak)	1971	III	219
[Rez.] Neue sowjetische Forschungen zur Geschichte der europäischen Wirtschaftsbeziehungen der Ruś bis zum Mongoleneinfall (Bruno Widera)	1971	III	271
La Bruyère über Klassen, Schichten und Berufe seiner Zeit (Jürgen Kuczynski)	1971	IV	101

Paul Jacob Marperger (1656 bis 1730), ein vergessener Ökonom der deutschen Frühaufklärung. Versuch einer Übersicht über sein Leben und Wirken (Hannelore Lehmann)	1971	IV	125
[Rez.] Formen der sozialen Auseinandersetzung im frühmittelalterlichen Frankenreich. Zu dem Buch von Siegfried Epperlein, Volk und Herrschaft im karolingischen Imperium. Studien über soziale Konflikte und dogmatisch-politische Kontroversen im fränkischen Reich (Wolfgang Eggert)	1971	IV	273
Wirtschaftshistorische und agrarökonomische Preisaufgaben der deutschen Akademien der Wissenschaften im 18. Jahrhundert. Überblick und Tendenzen (Hans-Heinrich Müller)	1972	I	183
Einige Aspekte der Viehhaltung im ausgehenden 18. Jahrhundert. Eine Analyse auf Grund von Preisschriften der Preußischen Akademie der Wissenschaften über die Einführung der Stallfütterung aus dem Jahre 1788 (Hans-Heinrich Müller)	1972	III	77
Despotie, Absolutismus oder feudale Zersplitterung? Strukturwandlungen im Osmanenreich zwischen 1566 und 1699 (Ernst Werner)	1972	III	107
[Rez.] Forschungen zur Entwicklung des Kapitalismus im 18. Jahrhundert. Bemerkungen zu Hildegard Hoffmann, Handwerk und Manufaktur in Preußen 1769 (Das Taschenbuch Knyphausen) (Rudolf Forberger)	1972	III	233
[Rez.] Marxistische Forschungen zur slawischen Frühgeschichte in der DDR. Bemerkungen zu Germanen - Slawen - Deutsche. Forschungen zur Ethnogenese; Joachim Herrmann, Siedlung, Wirtschaft und gesellschaftliche Verhältnisse der slawischen Stämme zwischen Oder/Neiße und Elbe; Die Slawen in Deutschland; Berichte über den II. Internationalen Kongreß für Slawische Archäologie (Friedrich Schlette)	1972	III	239
[Rez.] Die russische Kleinindustrie im 17. Jahrhundert. Ein Beitrag zur Genesis des Kapitalismus in Rußland (Bruno Widera)	1972	IV	223
Das Landbuch der Mark Brandenburg als Quelle zur historischen Geographie Branderburgs (Gerhard Engelmann)	1972	IV	233

1789 - 1917

Berechnung vergleichbarer Indizes der Agrarproduktion entwickelter kapitalistischer Länder im 19. Jahrhundert (Gertrud Helling)	1968	I	183
Zur sozialen Struktur und zur Lage der Volksmassen auf dem Lande am Vorabend der Revolution von 1848/49 in Sachsen (Roland Zeise)	1968	I	239

Die Auswanderung von Bewohnern des Kreises Mühlhausen i. Thür. nach den Vereinigten Staaten von Nordamerika in der ersten Hälfte des 19. Jahrhunderts, unter besonderer Berücksichtigung der eichsfeldischen Gemeinden des Kreises (Helmut Godehardt)	1968	I	275
Soziale Bewegungen und Kämpfe auf dem Lande in England in der ersten Hälfte des 19. Jahrhunderts (E. J. Hobsbawm)	1968	I	309
[Rez.] Das verschwundene Monopol - Kein staatsmonopolistischer Kapitalismus? Hans Mauersberg. Deutsche Industrien im Zeitgeschehen eines Jahrhunderts. Eine historische Modelluntersuchung zum Entwicklungsprozeß deutscher Unternehmen von ihren Anfängen bis zum Stand von 1960; Paul A. Baron and Paul M. Sweezy, Monopoly Capital. An essay on the American economic and social order (Jürgen Kuczynski)	1968	I	369
[Rez.] "Lange Wellen" als Modell für die Erklärung des Geschichtsablaufs? Bemerkungen zu: Rosenberg, Hans, Große Depression und Bismarckzeit. Wirtschaftsablauf, Gesellschaft und Politik in Mitteleuropa (Herbert Schwab)	1968	I	395
Versuche zur reichsgesetzlichen Regelung der deutschen Elektrizitätswirtschaft und zu ihrer Überführung in Reichseigentum 1908 bis 1914 (Helga Nussbaum)	1968	II	117
Das deutsche Kapital in Industrie und Handel Rußlands von 1850 bis 1876 (Joachim Mai)	1968	II	205
Guerilla-Kriegführung in der Geschichte der Vereinigten Staaten von Amerika (Herbert Aptheker)	1968	II	325
[Rez.] Bündnisprobleme. Bemerkungen zu Helga Nussbaum, Unternehmer gegen Monopole. Über Struktur und Aktionen antimonopolistischer bürgerlicher Gruppen zu Beginn des 20. Jhs. (Fritz Klein)	1968	II	339
[Rez.] Einschätzung eines "Radical". Überlegungen bei der Lektüre von James J. Sheehan, The career of Lujo Brentano, A study of liberalism and social reform in imperial Germany (Jürgen Kuczynski)	1968	II	347
Karl Liebknecht und die Vereinigten Staaten von Amerika. Eine dokumentarische Studie (Philip S. Foner)	1968	III	11
Zu den Hauptproblemen der Krise des Feudalsystems in Estland im zweiten Viertel des 19. Jahrhunderts (Juhan Kahk)	1968	III	215
Berechnung vergleichbarer Indizes der Agrarproduktion entwickelter kapitalistischer Länder im 19. Jahrhundert (Gertrud Helling)	1968	III	277

Titel	Jahr	Teil	Seite
[Rez.] "Lange Reihen" aus Frankreich. Marczewski, Jean, Le produit physique de l'économie française de 1789 à 1913 (comparaison avec la Grande-Bretagne); Markovitch, Tihomir J., L'industrie française de 1789 à 1964. Sources et méthodes; Markovitch, Tihomir J., L'industrie française de 1789 à 1964. Analyse des faits; Markovitch, Tihomir J., L'industrie française de 1789 à 1964. Analyse des faits (suite); Markovitch, Tihomir J., L'industrie française de 1789 à 1964. Conclusions générales (Jürgen Kuczynski)	1968	III	401
[Rez.] Bemerkungen zur Besprechung "'Lange Reihen' aus Frankreich" (Tihomir P. Markovitch)	1968	III	413
Zur Verstaatlichung im Kapitalismus - der Fall Hibernia (Hans Mottek)	1968	IV	11
Zu den Grundbesitzverhältnissen und Fragen der Entwicklung der Produktivkräfte im vorkapitalistischen Westafrika (Jan Halpern)	1968	IV	89
[Rez.] Zur Darstellung der deutschen Geschichte 1789 bis 1848 (Heinrich Scheel)	1968	IV	235
[Rez.] Ein Beitrag zur Genesis des amerikanischen Kapitalismus (Karl H. Niebyl)	1968	IV	241
[Rez.] Die Lage der Arbeiter in Frankreich (Pierre Angel)	1968	IV	255
[Rez.] Wirtschaftsgeschichte Englands (Alan Smith)	1968	IV	259
[Rez.] Ausbeutung im britischen Kolonialreich (Manfred Nussbaum)	1968	IV	265
[Rez.] Zur Weltübersicht über die Geschichte der Lage der Arbeiter (Fritz Behrens)	1968	IV	275
[Rez.] Zur Geschichte der zyklischen Überproduktion in Deutschland (Siegbert Kahn)	1968	IV	279
[Rez.] Frauenfrage und Diskriminierung - Kinderarbeit und moderne Technik (Lotte Zumpe)	1968	IV	305
Die Anfänge der Herausbildung einer Arbeiterklasse in Südwestafrika unter der deutschen Kolonialherrschaft (Fritz Wege)	1969	I	183
[Rez.] Deutschlands Weg zum Industriestaat. Einige Bemerkungen zu den Veröffentlichungen des Instituts für Wirtschaftsgeschichte der Hochschule für Ökonomie Berlin zu Fragen der industriellen Revolution in Deutschland; Hans Mottek: Wirtschaftsgeschichte Deutschlands. Ein Grundriß. Bd. 2: Von der Zeit der Französischen Revolution bis zur Zeit der Bismarckschen Reichsgründung; Hans Mottek,			

Horst Blumoerg, Heinz Wutzmer, Walter Becker: Studien zur Geschichte der industriellen Revolution in Deutschland; Alfred Schröter, Walter Becker: Die deutsche Maschinenbauindustrie in der industriellen Revolution; Horst Blumberg: Die deutsche Textilindustrie in der industriellen Revolution; Lothar Baar: Die Berliner Industrie in der industriellen Revolution (Heinz Wehner)	1969	I	349
[Rez.] Fortschritt und fortschrittstragende Kräfte in der spätfeudalen Landwirtschaft. Gedanken zu einem Buch von Hans-Heinrich Müller, Märkische Landwirtschaft vor den Agrarreformen von 1807. Entwicklungstendenzen des Akkerbaus in der zweiten Hälfte des 18. Jahrhunderts (Rudolf Berthold)	1969	I	399
Die deutschen Konsuln. Ihre Rolle in der ökonomischen Expansion des deutschen Imperialismus vor dem ersten Weltkrieg (Gerda Weinberger)	1969	II	203
Die soziale Struktur brandenburgischer Kleinstädte im 18. Jahrhundert, untersucht am Beispiel der landesherrlichen Mediatstädte des ehemaligen kurmärkischen Kreises Lebus (Klaus Vetter)	1969	II	225
[Rez.] Materialien zu einer Geschichte der Wirtschaftsspionage: W. O. Henderson, Industrial Britain under the Regency. The Diaries of Escher, Bodmer, May and de Gallois 1814 - 18 (Jürgen Kuczynski)	1969	II	383
Varianten des preußischen Weges (Gerhard Heitz)	1969	III	99
Städte und Aufstände. Ein Beitrag zur Diskussion (Eric J. Hobsbawm)	1969	III	111
Einige Aspekte der Wandlung der menschlichen Produktivkraft in der Industriellen Revolution des Kapitalismus. Ein Beitrag zur Diskussion (Wolfgang Jonas)	1969	III	121
Meine indische Familie (R. Palme Dutt)	1969	III	193
Über die ökonomische Bedeutung der Revolution von 1868 (Julio Le Riverend Brusone)	1969	III	251
[Rez.] Neuauflagen wirtschaftshistorischer Literatur. F. W. A. Bratring, Statistisch-topographische Beschreibung der gesamten Mark Brandenburg; Hugo Rachel/Johannes Papritz/Paul Wallich, Berliner Großkaufleute und Kapitalisten; Wilhelm Abel, Geschichte der deutschen Landwirtschaft vom frühen Mittelalter bis zum 19. Jahrhundert; Friedrich Lütge, Geschichte der deutschen Agrarverfassung vom frühen Mittelalter bis zum 19. Jahrhundert (Hans-Heinrich Müller)	1969	IV	259

Johann Friedrich Benzenberg - ein Sprecher der frühen rheinischen Bourgeoisie (Elli Mohrmann)	1970	I	75
Zur Frage des sozialen Widerstands gegen die Ausbreitung des technischen Fortschritts (Hans Mottek)	1970	I	151
Einige Probleme der kapitalistischen Entwicklung Indiens im 18. Jahrhundert (Panchanan Saha)	1970	I	155
Arthur Dix: Propagandist der wirtschaftlichen Vorbereitung des ersten Weltkrieges (Erika Behm/Jürgen Kuczynski)	1970	II	69
Die Entwicklung der rügenschen Kreideindustrie bis zum ersten Weltkrieg (Egon Weber)	1970	II	101
Zur Rolle der Eisenbahnarbeiter im Prozeß der Formierung der Arbeiterklasse in Deutschland (Karl Obermann)	1970	II	129
[Rez.] Gewerkschaftsgeschichten (Jürgen Kuczynski)	1970	II	247
Zur Entwicklung des schlesischen Dorfes in der ersten Hälfte des 19. Jahrhunderts (Leszek Wiatrowski)	1970	II	253
Bemerkungen zur Lage und zum antifeudalen Kampf der Bauern und Landarbeiter in Schlesien in den vierziger Jahren des 19. Jahrhunderts (Stanisław Michalkiewicz)	1970	II	269
Friedrich Engels und die Monopole (Jürgen Kuczynski)	1970	III	37
Interessenverbände und Propagandaorganisationen für die Expansion des deutschen Imperialismus nach Südafrika (Eberhard Czaya)	1970	III	57
Die Entwicklung des Kapitalismus im Bergbau und in der Landwirtschaft Neuspaniens (1760 bis 1810) (Enrique Semo)	1970	III	85
Zur Geschichte der staatlichen Landwirtschaftsverwaltung des zaristischen Rußlands (G. M. Gorfein)	1970	III	101
Ausgewählte Probleme der Sozialstrukturforschung (Stefania Kowalska)	1970	III	239
[Rez.] Eine neue Geschichte der Landtechnik (Ulrich Bentzien)	1970	III	295
Zur Imperialismustheorie W. I. Lenins und zur Entwicklung staatsmonopolistischer Züge des deutschen Imperialismus bis 1914 (Helga Nussbaum)	1970	IV	25
Die Reflexion der Arbeiterbewegung in der Regierungspresse vor dem Ersten Weltkrieg. Eine vornehmlich quantitative Analyse (Ungarn) (Erika Behm/Jürgen Kuczynski)	1970	IV	83

Die Stellung der deutschen Teerfarbenindustrie zum Stoff- und Verfahrenspatent in der Zeit bis zum zweiten deutschen Patentgesetz von 1891 (Thomas Kuczynski)	1970	IV	115
Die soziale Zusammensetzung der Bürgerwehr in Köln 1848/49 (Karl Obermann)	1970	IV	141
[Rez.] Überlegungen zur möglichen Leistung bürgerlicher Gesellschaftswissenschaftler. Gedanken zu Erich Gruner, Die Arbeiter in der Schweiz im 19. Jahrhundert. Soziale Lage, Organisation, Verhältnis zu Arbeitgeber und Staat (Jürgen Kuczynski)	1970	IV	253
[Rez.] Der preußische Weg der Landwirtschaft und neuere westdeutsche Forschungen. Betrachtungen und Gedanken zu Friedrich-Wilhelm Henning, Dienste und Abgaben der Bauern im 18. Jahrhundert; Friedrich-Wilhelm Henning, Bauernwirtschaft und Bauerneinkommen in Ostpreußen im 18. Jahrhundert; Karl Brase, Der Einfluß der Bauernbefreiung auf die Belastung der Scharwerksbauern in Ostpreußen; Harald Winkel, Die Ablösungskapitalien aus der Bauernbefreiung in West- und Süddeutschland. Höhe und Verwendung bei Standes- und Grundherren (Rudolf Berthold/ Hartmut Harnisch/Hans-Heinrich Müller)	1970	IV	259
[Rez.] Horizonte bürgerlicher Landesgeschichte? Bemerkungen zu Berlin und die Provinz Brandenburg im 19. und 20. Jahrhundert (Hartmut Harnisch)	1970	IV	291
Die Cuban Land and Leaf Tobacco Company und der politische "caciquismo" (Francisco Pacheco/Delfín Rodriguez)	1971	I	253
Essay über die Entwicklung der Plantagenwirtschaft auf der Insel Kuba (1800 bis 1898) (Jürgen Hell)	1971	I	273
[Rez.] Ein Zentrum handwerkswirtschaftsgeschichtlicher Forschung. Wilhelm Abel und Mitarbeiter, Handwerksgeschichte in neuer Sicht; Karl Heinrich Kaufhold, Das Handwerk der Stadt Hildesheim im 18. Jahrhundert. Eine wirtschaftsgeschichtliche Studie; Klaus Aßmann/Gerhard Stavenhagen, Handwerkereinkommen am Vorabend der industriellen Revolution. Materialien aus dem Raum Braunschweig-Wolfenbüttel (Jürgen Kuczynski)	1971	II	277
Zum Verhältnis von Profitmaximierung und Profitoptimierung in der imperialistischen Kolonialpolitik (am Beispiel Südafrikas bis 1914) (Gerda Weinberger)	1971	III	55
Die Reflexion der Arbeiterbewegung in der Regierungspresse vor dem Ersten Weltkrieg. Eine vornehmlich quantitative Analyse (Deutschland) (Erika Behm/Jürgen Kuczynski)	1971	III	123

Zur sozialen Struktur der Ausgewiesenen unter dem Sozialistengesetz (1878 bis 1890) (Heinzpeter Thümmler)	1971	III	131
Anhaltspunkte zur vergleichenden Wirtschaftsgeschichte von Rohr- und Rübenzucker bis zur Mitte des 20. Jahrhunderts (Gerhard B. Hagelberg)	1971	III	141
Zur sozialen Lage der Arbeiter Namibias unter der deutschen Kolonialherrschaft in den Jahren vor dem ersten Weltkrieg (Fritz Wege)	1971	III	201
[Rez.] Überlegungen über die Rolle der Großbanken im staatsmonopolistischen Kapitalismus. Anläßlich von Henri Claude, Histoire, Réalité et Destin d'un Monopole: La Banque de Paris et des Pays-Bas et son Groupe (1872 - 1968) (Jürgen Kuczynski)	1971	III	267
Zum Kapitalexport der imperialistischen Hauptländer bis 1945 (Hans Radandt)	1971	IV	37
Das Victoria-Falls-Power-Projekt der AEG und die deutsche Kapitaloffensive in Südafrika vor dem ersten Weltkrieg. Zur Rolle von Industrie- und Bankkapital in der ökonomischen Expansion und der Entwicklung staatsmonopolistischer Formen (Gerda Weinberger)	1971	IV	57
[Rez.] Agrarkrisen, Agrarkonjunktur und Bevölkerungsentwicklung. Bemerkungen zu Wilhelm Abel. Agrarkrisen und Agrarkonjunktur. Eine Geschichte der Land- und Ernährungswirtschaft Mitteleuropas seit dem hohen Mittelalter (Rudolf Berthold)	1971	IV	231
Wesen und Charakter der kolonialen Landgesellschaften Ende des 19. Jahrhunderts (Jolanda Ballhaus)	1972	I	95
Einige Probleme der Veränderung des geographischen Milieus, besonders der Bodenfruchtbarkeit, unter Bedingungen einer gewaltsam deformierten traditionellen Produktionsweise, dargestellt am Beispiel Ostafrikas (Dieter Graf)	1972	I	117
Die Arbeitermigrationen in Deutschland im Prozeß der Industrialisierung und der Entstehung der Arbeiterklasse in der Zeit von der Gründung bis zur Auflösung des Deutschen Bundes (1815 bis 1867) (Karl Obermann)	1972	I	135
Wirtschaftshistorische und agrarökonomische Preisaufgaben der deutschen Akademien der Wissenschaften im 18. Jahrhundert. Überblick und Tendenzen (Hans-Heinrich Müller)	1972	I	183
Die Reflexion der Arbeiterbewegung in der Regierungspresse vor dem Ersten Weltkrieg. Eine vornehmlich quantitative Analyse (Böhmen und Mähren) (Erika Behm/Jürgen Kuczynski)	1972	I	215

Die Entwicklung der Landwirtschaft unter den Bedingungen der Industriellen Revolution und der wissenschaftlich-technischen Revolution im Kapitalismus und Sozialismus. II. Kolloquium der Wirtschaftshistoriker der DDR und der VR Ungarn vom 7. bis 10. September 1971 in Quedlinburg (Wolfgang Jonas/Hans-Heinrich Müller/Manfred Nussbaum)	1972	I	225
Die Entwicklungstendenzen der landwirtschaftlichen Produktion in Ungarn vor der zweiten Hälfte des 19. Jahrhunderts bis zum ersten Weltkrieg. Einige Bemerkungen zu den allgemeinen und regionalen Aspekten der Entwicklung der Landwirtschaft in der ersten Etappe der Industrialisierung. [Die Entwicklung der Landwirtschaft unter den Bedingungen der Industriellen Revolution und der wissenschaftlich-technischen Revolution im Kapitalismus und Sozialismus. II. Kolloquium der Wirtschaftshistoriker der DDR und der VR Ungarn vom 7. bis 10. September 1971 in Quedlinburg] (Julianna Puskás)	1972	I	229
Bemerkungen zu den Wechselbeziehungen zwischen der Industriellen Revolution und der kapitalistischen Intensivierung der Feldwirtschaft in Deutschland im 19. Jahrhundert. [Die Entwicklung der Landwirtschaft unter den Bedingungen der Industriellen Revolution und der wissenschaftlich-technischen Revolution im Kapitalismus und Sozialismus. II. Kolloquium der Wirtschaftshistoriker der DDR und der VR Ungarn vom 7. bis 10. September 1971 in Quedlinburg] (Rudolf Berthold)	1972	I	261
Kapitalistische Bauernbefreiung und Industrielle Revolution. Zur Rolle des "Loskaufs". [Die Entwicklung der Landwirtschaft unter den Bedingungen der Industriellen Revolution und der wissenschaftlich-technischen Revolution im Kapitalismus und Sozialismus. II. Kolloquium der Wirtschaftshistoriker der DDR und der VR Ungarn vom 7. bis 10. September 1971 in Quedlinburg] (Georg Moll)	1972	I	269
Über die Rolle des "Loskaufs". Zum Beitrag von G. Moll. [Die Entwicklung der Landwirtschaft unter den Bedingungen der Industriellen Revolution und der wissenschaftlich-technischen Revolution im Kapitalismus und Sozialismus. II. Kolloquium der Wirtschaftshistoriker der DDR und der VR Ungarn vom 7. bis 10. September 1971 in Quedlinburg] (S. P. Pach)	1972	I	293
[Rez.] Drei wirtschaftshistorische Studien über Indien. Trends of Socio-Economic Change in India 1871 - 1961; V. B. Singh, Indian Economy, yesterday and today; P. Saha, Emigration of Indian Labour (1834 - 1900) (Jürgen Kuczynski)	1972	I	297

[Rez.] Die Bauern im Kapitalismus. Bemerkungen zu der Studie von Jan Šołta, Die Bauern der Lausitz. Eine Untersuchung des Differenzierungsprozesses der Bauernschaft im Kapitalismus (Wolfgang Jacobeit/Hainer Plaul)	1972	I	301
"100 Jahre Deutsche Bank". Eine typische Konzerngeschichte (Hans Radandt)	1972	III	37
Der Rathenower Bauarbeiterstreik von 1885 und die Berliner politische Polizei (Harald Müller)	1972	III	63
Der Zusammenhang einiger Probleme der Betriebsstruktur und der Produktion in der Landwirtschaft Ungarns und Deutschlands in der zweiten Hälfte des 19. und zu Beginn des 20. Jahrhunderts [Die Entwicklung der Landwirtschaft unter den Bedingungen der Industriellen Revolution und der wissenschaftlich-technischen Revolution im Kapitalismus und Sozialismus. II. Kolloquium der Wirtschaftshistoriker der DDR und der VR Ungarn vom 7. bis 10. September 1971 in Quedlinburg] (Tibor Kolossa)	1972	III	179
Arbeitskräftenachfrage und -angebot in der ungarischen Landwirtschaft im letzten Drittel des 19. Jahrhunderts [Die Entwicklung der Landwirtschaft unter den Bedingungen der Industriellen Revolution und der wissenschaftlich-technischen Revolution im Kapitalismus und Sozialismus. II. Kolloquium der Wirtschaftshistoriker der DDR und der VR Ungarn vom 7. bis 10. September 1971 in Quedlinburg] (István Orosz)	1972	III	197
[Rez.] Ökonomie, Politik und Kolonialpolitik. Bemerkungen zu Hans-Ulrich Wehler, Bismarck und der Imperialismus (Manfred Nussbaum)	1972	III	215
Die Voraussetzungen und der Beginn der Kapitaloffensive deutscher Bankmonopole in der rumänischen Erdölindustrie (1900 bis 1905) (Renate Günther)	1972	IV	107
Der Oberbaurat August Leopold Crelle und dessen Beteiligung an der Planung und Ausführung des frühen preußischen Eisenbahnwesens (Wolfgang Eccarius)	1972	IV	163
Was ist die Kolonialpolitik der Monopole? (Noch einmal zum Thema "imperialistische Kolonialpolitik"). Bemerkungen zu: Jolanda Ballhaus, Wesen und Charakter der kolonialen Landgesellschaften Ende des 19. Jahrhunderts (Manfred Nussbaum)	1972	IV	173

Zur Rolle der Rübenzuckerindustrie bei der Intensivierung der Landwirtschaft in Deutschland im 19. Jahrhundert. Einige technologische und ökonomische Aspekte. [Die Entwicklung der Landwirtschaft unter den Bedingungen der Industriellen Revolution und der wissenschaftlich-technischen Revolution im Kapitalismus und Sozialismus. II. Kolloquium der Wirtschaftshistoriker der DDR und der VR Ungarn vom 7. bis 10. September 1971 in Quedlinburg] (Gerhard B. Hagelberg)	1972	IV	215

1917 - Gegenwart

Zum militärischen Einwirken auf die Wirtschaft im Krieg (H. Einhorn/S. Schönherr)	1969	II	53
Strukturwandlungen in der Weltzuckerwirtschaft seit 1960 (Gerhard B. Hagelberg)	1969	IV	99
Anhaltspunkte zur vergleichenden Wirtschaftsgeschichte von Rohr- und Rübenzucker bis zur Mitte des 20. Jahrhunderts (Gerhard B. Hagelberg)	1971	III	141
Die Entwicklung der Landwirtschaft unter den Bedingungen der Industriellen Revolution und der wissenschaftlich-technischen Revolution im Kapitalismus und Sozialismus. II. Kolloquium der Wirtschaftshistoriker der DDR und der VR Ungarn vom 7. bis 10. September 1971 in Quedlinburg (Wolfgang Jonas/Hans-Heinrich Müller/Manfred Nussbaum)	1972	I	225

Sozialistische Staaten

Gedanken zum Verhältnis von Zentralismus und Demokratie in der Wirtschaftsführung der DDR (Waltraud Falk/Jörg Roesler)	1969	III	87
Zur Geschichte des wissenschaftlich-technischen Fortschritts in der Sowjetunion (Modest Rubinštein)	1969	III	255
Erinnerungen (S. I. Tjul'panov)	1969	IV	17
Einige methodologische Probleme der wirtschaftshistorischen Forschung auf dem Gebiet der Planung und Leitung der Volkswirtschaft (Jörg Roesler)	1969	IV	27
Die Entwicklung der VVB Technische Textilien im ökonomischen System des Sozialismus (Manfred Schädel)	1969	IV	41
Der Beginn der bewußten planmäßigen Entwicklung der materiellen Interessiertheit in der Kaliindustrie der DDR in den Jahren 1948 bis 1951, dargestellt vor allem am Beispiel der Grubenbetriebe (Helmut Seidl)	1969	IV	55

Die Verstäatlichung der Industrie in der Volksrepublik Polen nach dem zweiten Weltkrieg (1944 bis 1948) (Hanna Jędruszczak)	1969	IV	89
[Rez.] Probleme einer Geschichte der Wirtschaftspolitik der SED. Einige Bemerkungen zu Hans Müller/Karl Reißig: Wirtschaftswunder DDR. Ein Beitrag zur Geschichte der ökonomischen Politik der Sozialistischen Einheitspartei Deutschlands (Gerd Neumann)	1969	IV	229
[Rez.] Probleme der Wirtschaftsentwicklung und Nationalitätenpolitik in der Demokratischen Republik Vietnam. Vo nhan Tri, Croissance économique de la Republique démocratique du Viet Nam (1945 - 1965); Régions Montagneuses et Minorités Nationales en R. D. du Viet Nam (Wilfried Lulei)	1969	IV	245
Der Leninsche Elektrifizierungsplan und seine internationale Bedeutung. Zum fünfzigsten Jahrestag des GOELRO-Planes (L. I. Kucharenko/I. ST. Stupnickij/V. S. Budkin)	1970	III	11
Planung und Leitung des wissenschaftlich-technischen Fortschritts der DDR in der zweiten Hälfte der fünfziger Jahre (Jörg Roesler)	1970	III	41
Die Einheit und Wechselwirkung von Politik, Ökonomie und Ideologie bei der Gestaltung des entwickelten gesellschaftlichen Systems des Sozialismus in der DDR. Zur Bedeutung des Buches "Politische Ökonomie des Sozialismus und ihre Anwendung in der DDR" für die Wirtschaftsgeschichte des Sozialismus (Waltraud Falk)	1970	IV	11
Bericht über die Tagung der Arbeitsgemeinschaft "Geschichte der ökonomischen Politik der SED" (Jörg Roesler)	1970	IV	213
Probleme der Entwicklung einer sozialistischen Landwirtschaft in Kuba (Jürgen Kuczynski) mit einem Vorwort von Carlos Rafael Rodriguez	1971	I	11
Über die Haltung der US-Monopole zur kubanischen Revolution (Horst Handke)	1971	I	45
Die Bedeutung der Planung für die Forcierung des Wirtschaftswachstums im Sozialismus und die dabei in der DDR gewonnenen Erfahrungen (Waltraud Falk)	1971	III	11
Die Entwicklung der Beschäftigtenstrukturen in der chemischen Industrie der DDR unter besonderer Berücksichtigung der Jahre 1955 bis 1963 (Horst Handke)	1971	IV	11
Die Entwicklung des Arbeitsrechts für jugendliche Landarbeiter im Gebiet der heutigen DDR 1945 bis 1949 (Sigrid Dillwitz)	1972	I	41

Die historische Bedeutung der II. Parteikonferenz der SED. Die Übergangsperiode vom Kapitalismus zum Sozialismus in der DDR - Bestandteil des revolutionären Weltprozesses (Waltraud Falk, Hans Müller, Karl Reißig)	1972	II	11
DDR und RGW (Gunther Kohlmey)	1972	II	43
Probleme der Wirtschaftspolitik der Arbeiterklasse unter Führung der SED in der Periode des Sieges der sozialistischen Produktionsverhältnisse in der DDR (1955/1956 bis 1961/1962) (Werner Szewczyk)	1972	II	81
Zwanzig Jahre sozialistische Umgestaltung der Landwirtschaft in der DDR (Volker Klemm)	1972	II	107
Die Bedeutung der II. Parteikonferenz der SED für die Aneignung, Anwendung und Entwicklung der Politischen Ökonomie des Sozialismus in der DDR (Helmut Seifert)	1972	II	155
Zur verkehrspolitischen Entwicklung in der Deutschen Demokratischen Republik (Elfriede Rehbein/Rudi Keil/Peter Kirchberg/Jürgen Schmädicke/Heinz Wehner)	1972	II	183
Die Rolle der Planung und Leitung bei der Umgestaltung der privaten Industrie und des Handwerks in der Übergangsperiode (Jörg Roesler)	1972	II	213
Die Einbeziehung der Betriebe mit staatlicher Beteiligung in die sozialistische Planwirtschaft beim Aufbau der entwickelten sozialistischen Gesellschaft in der Deutschen Demokratischen Republik (Hans-Jürgen Nagel)	1972	II	229
Das Chemieprogramm der DDR (Gerd Neumann)	1972	II	241
Die Theorie der Zentralverwaltungswirtschaft - Leitbild imperialistischer Propaganda und Politik gegen die sozialistische Planwirtschaft der DDR bis zur Mitte der sechziger Jahre (Ernst Fiedler)	1972	II	273
Zwanzig Jahre demographische Entwicklung in der DDR (Erich Strohbach)	1972	II	289
Zur Entwicklung der Landwirtschaft in den Mitgliedsländern des RGW. [Die Entwicklung der Landwirtschaft unter den Bedingungen der Industriellen Revolution und der wissenschaftlich-technischen Revolution im Kapitalismus und Sozialismus. II. Kolloquium der Wirtschaftshistoriker der DDR und der VR Ungarn vom 7. bis 10. September 1971 in Quedlinburg] (Horst Fruck†/Walter Draeger)	1972	IV	197

Kapitalistische Staaten

Zur wirtschaftspolitischen Konzeption des deutschen Imperialismus beim Überfall auf die Sowjetunion. Aufbau und Zielsetzung des staatsmonopolistischen Apparats für den faschistischen Beute- und Vernichtungskrieg (Roswitha Czollek/Dietrich Eichholtz)	1968	I	141
[Rez.] Das verschwundene Monopol - Kein staatsmonopolistischer Kapitalismus? Hans Mauersberg. Deutsche Industrien im Zeitgeschehen eines Jahrhunderts. Eine historische Modelluntersuchung zum Entwicklungsprozeß deutscher Unternehmen von ihren Anfängen bis zum Stand von 1960; Paul A. Baron and Paul M. Sweezy. Monopoly Capital. An essay on the American economic and social order (Jürgen Kuczynski)	1968	I	369
Der Übergang von der Weltwirtschaftskrise zur Rüstungskonjunktur in Deutschland 1933 bis 1934. Ein historischer Beitrag zur Problematik staatsmonopolistischer "Krisenüberwindung" (Kurt Gossweiler)	1968	II	55
Guerilla-Kriegführung in der Geschichte der Vereinigten Staaten von Amerika (Herbert Aptheker)	1968	II	325
[Rez.] Einschätzung eines "Radical". Überlegungen bei der Lektüre von James J. Sheehan. The career of Lujo Brentano. A study of liberalism and social reform in imperial Germany (Jürgen Kuczynski)	1968	II	347
Berliner Opfer der Novemberrevolution 1918/19. Eine Analyse ihrer sozialen Struktur (Dieter Baudis/Hermann Roth)	1968	III	73
Der industrielle Aufbau in der Türkei zwischen 1923 und 1966 (Günter Barthel)	1968	III	151
[Rez.] "Lange Reihen" aus Frankreich. Marczewski, Jean, Le produit physique de l'économie française de 1789 à 1913 (comparaison avec la Grande-Bretagne); Markovitch, Tihomir J., L'industrie française de 1789 à 1964. Sources et méthodes; Markovitch, Tihomir J., L'industrie française de 1789 à 1964. Analyse des faits; Markovitch, Tihomir J., L'industrie française de 1789 à 1964. Analyse des faits (suite); Markovitch, Tihomir J., L'industrie française de 1789 à 1964. Conclusions générales (Jürgen Kuczynski)	1968	III	401
Das Petroleumabkommen im Bukarester Friedensvertrag von 1918. Die Gegensätze zwischen den verschiedenen Interessengruppen bei seiner Vorbereitung, Ausarbeitung und vorläufigen Durchführung (Renate Günther)	1968	IV	41
[Rez.] Ein Beitrag zur Genesis des amerikanischen Kapitalismus (Karl H. Niebyl)	1968	IV	241

[Rez.] Die Lage der Arbeiter in Frankreich (Pierre Angel)	1968	IV	255
[Rez.] Wirtschaftsgeschichte Englands (Alan Smith)	1968	IV	259
[Rez.] Ausbeutung im britischen Kolonialreich (Manfred Nussbaum)	1968	IV	265
[Rez.] Zur Weltübersicht über die Geschichte der Lage der Arbeiter (Fritz Behrens)	1968	IV	275
[Rez.] Zur Geschichte der zyklischen Überproduktionskrisen in Deutschland (Siegbert Kahn)	1968	IV	279
[Rez.] Frauenfrage und Diskriminierung - Kinderarbeit und moderne Technik (Lotte Zumpe)	1968	IV	305
Die Textilbetriebe der SS im Konzentrationslager Ravensbrück. Eine Studie über ökonomische Funktion und wirtschaftliche Tätigkeit der SS (Lotte Zumpe)	1969	I	11
Ostflucht aus Schlesien (1933 bis 1939 (Andrzej Brożek)	1969	I	41
Charakteristika der Berliner Kommunalpolitik in den Jahren der Weimarer Republik, untersucht an der wirtschaftspolitischen Konzeption des Berliner Oberbürgermeisters Gustav Böß (1921 bis 1929) (Ruth Wimmer)	1969	I	75
Zur Spezifik der neokolonialistischen Expansion Westdeutschlands und ihrer Determinanten (Paul Friedländer)	1969	I	145
Arbeitsbedingungen und Arbeitsergebnisse in den Textilbetrieben der SS im Konzentrationslager Ravensbrück (Lotte Zumpe)	1969	II	11
Zum Anteil des IG-Farben-Konzerns an der Vorbereitung des zweiten Weltkriegs. Ein Dokument der staatsmonopolistischen Kriegsplanung des faschistischen deutschen Imperialismus (Dietrich Eichholtz)	1969	II	83
Zum Raub estnischer Ölschiefervorkommen für die deutsche Kriegswirtschaft. 1941 bis 1944 (Roswitha Czollek)	1969	II	107
Typisierung in der deutschen Kraftfahrzeugindustrie und der Generalbevollmächtigte für das Kraftfahrwesen. Ein Beitrag zur Problematik staatsmonopolistischer Kriegsvorbereitung (Peter Kirchberg)	1969	II	117
"Jugenddienst" und "Jugendschutz" im faschistischen Deutschland (Fritz Petrick)	1969	II	143
Beteiligungen deutscher Konzerne an Unternehmungen in der Tschechoslowakei 1938 bis 1945 (Hans Radandt)	1969	II	157

Zur Entwicklung der außenpolitischen Nachkriegskonzeption der deutschen Monopolbourgeoisie 1943 bis 1945 (Joachim Piskol)	1969	II	329
Der geheime Bericht über die Rüstung des faschistischen Deutschlands vom 27. Januar 1945 (Wolfgang Bleyer)	1969	II	347
Zu neuen Erscheinungen in der Monopolstruktur (E. L. Chmel'nickaja†)	1969	III	13
"Wen die Götter verderben wollen ..." (Herbert Aptheker)	1969	III	25
Städte und Aufstände. Ein Beitrag zur Diskussion (Eric J. Hobsbawm)	1969	III	111
Zur zyklischen Entwicklung in Westdeutschland seit dem Ende des zweiten Weltkrieges. Ein Beitrag zur Diskussion (Kahn, Siegbert)	1969	III	127
Klassenjustiz in bürgerlichen Staaten (Denis N. Pritt)	1969	III	215
Die bergbauliche Tradition als Bestandteil der antikommunistischen Politik des deutschen Imperialismus seit 1933 (Eberhard Wächtler)	1969	III	277
Überlegungen über die zunehmende Ungleichmäßigkeit der technischen Entwicklung und ihre Folgen auf dem Gebiet der imperialistischen Bildungspolitik (Jürgen Kuczynski)	1969	IV	233
"Wege zur Entbolschewisierung und Entrussung des Ostraumes". Empfehlungen des IG-Farben-Konzerns für Hitler im Frühjahr 1943 (Dietrich Eichholtz)	1970	II	13
Zwangsarbeit und Deportationen für die deutsche Kriegsmaschine in den baltischen Sowjetrepubliken während des zweiten Weltkrieges (Roswitha Czollek)	1970	II	45
[Rez.] Gewerkschaftsgeschichten (Jürgen Kuczynski)	1970	II	247
Interessenverbände und Propagandaorganisationen für die Expansion des deutschen Imperialismus nach Südafrika (Eberhard Czaya)	1970	III	57
Die Entwicklung des Kapitalismus im Bergbau und in der Landwirtschaft Neuspaniens (1760 bis 1810 (Enrique Semo)	1970	III	85
[Rez.] Eine neue Geschichte der Landtechnik (Ulrich Bentzien)	1970	III	295
Pläne der deutschen Elektrokonzerne zur "Neuordnung der europäischen Wirtschaft" im zweiten Weltkrieg (Hermann Wandschneider)	1970	IV	219

[Rez.] Horizonte bürgerlicher Landesgeschichte? Bemerkungen zu Berlin und die Provinz Brandenburg im 19. und 20. Jahrhundert (Hartmut Harnisch)	1970	IV	291
Die langfristige Planung der Cuban Electric Company in der Zeit nach dem zweiten Weltkrieg bis zur Nationalisierung 1960 (Dieter Baudis/Gloria García)	1971	I	115
Ökonomie und Politik. Aspekte der Investitionspolitik der American & Foreign Power Company Inc. in Kuba und Lateinamerika in den fünfziger Jahren. Eine kommentierte Dokumentation (Karl Lärmer)	1971	I	191
Zu den Geschäften der Gelats-Bank. Finanzkapital und Klerus in Kuba (Heinz Mohrmann)	1971	I	235
Die Cuban Land and Leaf Tobacco Company und der politische "caciquismo" (Francisco Pacheco/Delfín Rodríguez)	1971	I	253
Die Rolle der Großbanken im Imperialismus (Kurt Gossweiler)	1971	III	35
Die Differenzen zwischen dem Verband Sächsischer Industrieller und dem Reichsverband der deutschen Industrie 1931 (Helmut Schwarzbach)	1971	III	75
Arbeitsdienstbestrebungen des deutschen Monopolkapitals in der Weimarer Republik (unter besonderer Berücksichtigung des Deutschen Instituts für technische Arbeitsschulung) (Wolfgang Schlicker)	1971	III	95
[Rez.] Alte und "neue" Konzeptionen. Bürgerliche Literatur zur Wirtschaftsgeschichte des Faschismus in Deutschland. Arthur Schweitzer, Big Business in the Third Reich; Wolfgang Birkenfeld, Der synthetische Treibstoff 1933 - 1945. Ein Beitrag zur nationalsozialistischen Wirtschafts- und Rüstungspolitik; Dieter Petzina, Autarkiepolitik im Dritten Reich. Der nationalsozialistische Vierjahresplan (Dietrich Eichholtz)	1971	III	231
[Rez.] Überlegungen über die Rolle der Großbanken im staatsmonopolistischen Kapitalismus. Anläßlich von Henri Claude, Histoire, Réalité et Destin d'un Monopole: La Banque de Paris et des Pays-Bas et son Groupe (1872 - 1968) (Jürgen Kuczynski)	1971	III	267
Zum Kapitalexport der imperialistischen Hauptländer bis 1945 (Hans Radandt)	1971	IV	37
[Rez.] Agrarkrisen, Agrarkonjunktur und Bevölkerungsentwicklung. Bemerkungen zu Wilhelm Abel, Agrarkrisen und Agrarkonjunktur. Eine Geschichte der Land- und Ernährungswirtschaft Mitteleuropas seit dem hohen Mittelalter (Rudolf Berthold)	1971	IV	231

Deutsch-ungarische Außenhandelsbeziehungen im Dienste der faschistischen Aggressionspolitik 1933 bis 1944 (János Tihanyi)	1972	I	65
Der Wirtschaftsberater der deutschen Gesandtschaft in Bratislava - ein Vertreter der Interessen deutscher Konzerne im System des staatsmonopolistischen Kapitalismus (Hans Radandt)	1972	I	75
Die Entwicklung der Landwirtschaft in Westeuropa unter den Bedingungen der wissenschaftlich-technischen Revolution.[Die Entwicklung der Landwirtschaft unter den Bedingungen der Industriellen Revolution und der wissenschaftlich-technischen Revolution im Kapitalismus und Sozialismus. II. Kolloquium der Wirtschaftshistoriker der DDR und der VR Ungarn vom 7. bis 10. September 1971 in Quedlinburg] (Gerhard Müller)	1972	I	277
[Rez.] Drei wirtschaftshistorische Studien über Indien. Trends of Socio-Economic Change in India 1871 - 1961; V. B. Singh, Indian Economy, yesterday and today; P. Saha, Emigration of Indian Labour (1834 - 1900) (Jürgen Kuczynski)	1972	I	297
[Rez.] Die Bauern im Kapitalismus. Bemerkungen zu der Studie von Jan Šołta, Die Bauern der Lausitz. Eine Untersuchung des Differenzierungsprozesses der Bauernschaft im Kapitalismus (Wolfgang Jacobeit/Hainer Plaul)	1972	I	301
Die Herausbildung von monopolkapitalistischen Lenkungsorganen der Wissenschaft während der Weimarer Republik unter dem Einfluß der Chemiemonopole (Heike Reishaus-Etzold)	1972	III	13
"100 Jahre Deutsche Bank". Eine typische Konzerngeschichte (Hans Radandt)	1972	III	37
Die Wirkung der staatlichen Interventionspolitik auf die landwirtschaftliche Produktion in den dreißiger Jahren des 20. Jahrhunderts, insbesondere am Beispiel Ungarns [Die Entwicklung der Landwirtschaft unter den Bedingungen der Industriellen Revolution und der wissenschaftlich-technischen Revolution im Kapitalismus und Sozialismus. II. Kolloquium der Wirtschaftshistoriker der DDR und der VR Ungarn vom 7. bis 10. September 1971 in Quedlinburg] (Miklós Szuhay)	1972	III	205
Nachkriegsplanungen der Reichsgruppe Industrie im Herbst 1944. Eine Dokumentation (Wolfgang Schumann)	1972	III	259
Die Verstaatlichung der britischen Eisenbahnen im Rahmen der Verstaatlichungspolitik der dritten Labourregierung 1945 bis 1951 (Otmar Thiede)	1972	IV	81
Bemerkungen zu: Heike Reishaus-Etzold, Die Herausbildung von monopolkapitalistischen Lenkungsorganen der Wissenschaft während der Weimarer Republik unter dem Einfluß der Chemiemonopole (Rolf Sonnemann)	1972	IV	191

Zur Typologie der Agrarstruktur Osteuropas. [Die Entwicklung der Landwirtschaft unter den Bedingungen der Industriellen Revolution und der wissenschaftlich-technischen Revolution im Kapitalismus und Sozialismus. II. Kolloquium der Wirtschaftshistoriker der DDR und der VR Ungarn vom 7. bis 10. September 1971 in Quedlinburg] (Emil Niederhauser)	1972	IV	211

Entwicklungsländer

Die Wahl der richtigen Technik und die Beschleunigung des Wirtschaftswachstums in den Entwicklungsländern (Hans Mottek)	1968	I	11
Soziale und ökonomische Widersprüche in der Landwirtschaft Ägyptens, Syriens und des Irak vor den Agrarreformen (Horst Grienig)	1968	I	97
Der staatliche Sektor als zentrale Kategorie der Ökonomik der Entwicklungsländer (S. I. Tjul'panov)	1968	II	11
Das Problem der Herausbildung eines nationalen Reproduktionsmechanismus in den Entwicklungsländern. Ein Beitrag zur Diskussion (S. I. Tjul'panov)	1969	III	265
[Rez.] Bevölkerung - ein wachstumsfördernder oder ein wachstumshemmender Faktor? (Karin Lehmann)	1970	III	289
Der staatliche Sektor Indiens: Probleme der Effektivität (S. I. Tjul'panov/G. M. Vejc)	1970	IV	105
Innere Voraussetzungen und Bedingungen für den Industrieaufbau in den arabischen Ländern (Günter Barthel/Horst Grienig)	1971	II	217
Einige Probleme der Veränderung des geographischen Milieus, besonders der Bodenfruchtbarkeit, unter Bedingungen einer gewaltsam deformierten traditionellen Produktionsweise, dargestellt am Beispiel Ostafrikas (Dieter Graf)	1972	I	117
Grundlinien der Strukturentwicklung in der Industrie der arabischen Länder und der Einfluß äußerer Faktoren auf diesen Prozeß unter den Bedingungen der wissenschaftlich-technischen Revolution (Günter Barthel/Gerhard Kück/Manfred Voigt)	1972	IV	137

Betriebsgeschichte

Titel	Jahr	Heft	Seite
Agrare Betriebsgeschichtsschreibung im Bezirk Potsdam. Zwei Konferenzen im Bezirk Potsdam zur Bedeutung der Großen Sozialistischen Oktoberrevolution für die regionale Agrarbetriebsgeschichte (Hartmut Harnisch)	1968	I	351
Werke Walter Ulbrichts - Quelle für die Betriebsgeschichtsschreibung. Betriebe, Firmen und Konzerne, die in Walter Ulbricht, Zur Geschichte der deutschen Arbeiterbewegung, genannt werden (Hans Radandt)	1968	II	277
Modell einer agraren Betriebsgeschichte (Rudolf Berthold)	1968	II	295
Neue Aspekte der Betriebsgeschichtsschreibung (Hans Radandt)	1968	II	305
Probleme der Betriebsgeschichte in der sowjetischen Historiographie von 1963 bis 1967 (L. S. Rogačevskaja)	1968	III	357
Probleme der Betriebsgeschichte bei der Ausbildung von Geschichtslehrern (Fritz Staude)	1968	III	377
Revolution und Konterrevolution im Kampf um die Betriebe (November/Dezember 1918) (Dieter Baudis)	1968	IV	125
[Rez.] Forschungsergebnisse für die Betriebsgeschichtsschreibung (Hans Radandt)	1968	IV	339
Bibliographie selbständiger Schriften zur Betriebsgeschichte in der Deutschen Demokratischen Republik (3. Fortsetzung) (Renate Günther)	1968	IV	403
Rationalisierung und Investitionspolitik in einem kapitalistischen Konzern in den zwanziger und dreißiger Jahren, dargestellt am Beispiel der A. Riebeck'schen Montanwerke AG, Halle a. S. (Hans Czihak)	1969	I	325
Vom Wachsen der Menschen in den Betrieben. Zur Darstellung der ideologischen Überzeugungsarbeit der Betriebsparteiorganisation in Betriebsgeschichten (Hans Radandt)	1969	IV	181
Über die Rolle des SMA-Befehls Nr. 209 bei der Festigung der demokratischen Bodenreform. Eine Miszelle (Rudolf Woderich)	1969	IV	193
Aus der Betriebsgeschichtsarbeit in der DDR 1968	1969	IV	197
Agrare Betriebsgeschichtsschreibung im Bezirk Suhl. Zweite Arbeitstagung der Arbeitsgemeinschaft "Agrare Betriebsgeschichte" des Bezirkes Suhl (Rudolf Raue)	1969	IV	205

Bibliographie selbständiger Schriften zur Betriebsgeschichte in der Deutschen Demokratischen Republik (4. Fortsetzung) (Renate Günther)	1969	IV	271
Zur Problematik der Forschungen über die Geschichte der Industriebetriebe in Polen (Irena Pietrzak-Pawłowska)	1970	I	201
Probleme zur agraren Betriebsgeschichte, dargestellt am Übergang von der einzelbäuerlichen zur genossenschaftlich-sozialistischen Produktionsweise in der Gemeinde Beyern, Kreis Herzberg, Bezirk Cottbus (1952 bis 1964) (Helmut Winzer)	1970	I	217
Bestände der Betriebsarchive - Quellen für die Betriebsgeschichtsschreibung eines sozialistischen Großbetriebes für die Zeit nach 1945, dargestellt am Beispiel des VEB Elektro-Apparate-Werke Berlin-Treptow	1970	II	225
Betriebsgeschichte in der VVB Energieversorgung (Ulrich Krüger)	1970	III	249
Der sozialistische Wettbewerb in der LPG "Frieden" (Beyern, Kreis Herzberg, Bezirk Cottbus) 1961/1962 (Helmut Winzer)	1970	IV	185
Aus der Betriebsgeschichtsarbeit in der DDR 1969	1970	IV	209
Bibliographie selbständiger Schriften zur Betriebsgeschichte in der Deutschen Demokratischen Republik (5. Fortsetzung) (Renate Günther)	1970	IV	301
Zu einigen methodologischen und methodischen Grundlagen der Betriebsgeschichtsschreibung (anhand von Leningrader Material) (Z. V. Stepanov)	1971	III	183
Die Betriebsgeschichtsschreibung in den volkseigenen Betrieben des Bezirkes Frankfurt (Oder) (Rudolf Knoll)	1971	III	195
Die erste ökonomische Konferenz des Kombinats "Schwarze Pumpe" - ein Beitrag zur Realisierung des Kohle- und Energieprogramms der DDR (Hans Maur)	1971	IV	173
Die Entwicklung der Pflanzenproduktion im Lehr- und Versuchsgut Bandelstorf, Kreis Rostock-Land, von 1956 bis 1966 (Johannes Löffler)	1971	IV	181
Zur Anwendung des Leninschen Genossenschaftsplanes im Agrarbezirk Neubrandenburg von 1952 bis 1960 (Hans-Georg Wilhelm)	1971	IV	213
Bibliographie selbständiger Schriften zur Betriebsgeschichte in der Deutschen Demokratischen Republik (6. Fortsetzung) (Renate Günther)	1971	IV	289

[Rez.] Industriegeschichtliche Themen der Reihe "Beiträge zur Heimatgeschichte von Karl-Marx-Stadt" (Ernst Barth) 1972 I 307

Der VIII. Parteitag der SED gibt auch der Betriebsgeschichtsschreibung neue Impulse (Hans Radandt) 1972 I 323

Zur führenden Rolle der Parteiorganisation bei der Entwicklung der landwirtschaftlichen Produktionsgenossenschaften und ihre Darstellung in der agraren Betriebsgeschichtsschreibung unter besonderer Berücksichtigung des Bezirkes Cottbus (Helmut Winzer) 1972 II 137

Zur Darstellung des sozialistischen Aufbaus in Betriebsgeschichten (Hans Radandt) 1972 II 313

Gedanken zur Kombinatsgeschichtsschreibung (Hans Czihak) 1972 III 251

Bibliographie selbständiger Schriften zur Betriebsgeschichte in der Deutschen Demokratischen Republik (7. Fortsetzung) (Renate Günther) 1972 IV 281

Bibliographien und Quellennachweise

Bibliographie von Arbeiten zur Wirtschafts- und Sozialgeschichte des Altertums (1945 bis 1966) (Hagen Fischer) 1968 I 409

Bibliographie von Veröffentlichungen zur Geschichte der kapitalistischen Unternehmen, die nach 1945 in Westdeutschland und Westberlin erschienen sind (Fortsetzung) (Alfred Fischer) 1968 II 407

Bibliographie von Arbeiten zur Wirtschafts- und Sozialgeschichte des Altertums (1945 bis 1966), Teil II (Hagen Fischer) 1968 II 425

Vorbemerkung [zu Bestandsinformation für den Wirtschaftshistoriker aus dem Deutschen Zentralarchiv Potsdam] (Helmut Lötzke) 1968 III 385

Der Bestand "Deutsche Reichsbank", Volkswirtschaftliche und Statistische Abteilung im Deutschen Zentralarchiv Potsdam, Historische Abteilung I [Bestandsinformation für den Wirtschaftshistoriker aus dem Deutschen Zentralarchiv Potsdam] (Kurt Metschies) 1968 III 387

Archivalische Bestandsinformation aus dem Betriebsarchiv des VEB Braunkohlenwerk Nachterstedt zur Geschichte der Monopole und ihrer Verbände in der deutschen Braunkohlenindustrie (Kurt Ohlendorf) 1969 II 369

Die Nürnberger Prozeßakten als Geschichtsquelle. Eine Bibliographie (Hans-Stephan Brather) 1969 II 391

Bibliographie der Schriften von Jürgen Kuczynski. 1964 bis 1968 (Erika Behm)	1969	III	289
Der Bestand IG Farbenindustrie AG im Deutschen Zentralarchiv Potsdam, Historische Abteilung I [Bestandsinformation für den Wirtschaftshistoriker aus dem Deutschen Zentralarchiv Potsdam] (Kurt Metschies)	1969	IV	213
Archivalische Bestandsinformation zur Geschichte der Monopole und ihrer Verbände in der deutschen Kaliindustrie (Kurt Ohlendorf)	1970	I	227
Der Bestand Preußische Staatsbank (Seehandlung) im Deutschen Zentralarchiv, Historische Abteilung II, Merseburg [Bestandsinformation für den Wirtschaftshistoriker aus dem Deutschen Zentralarchiv Potsdam] (Joachim Lehmann)	1970	III	255
Der Bestand Preußisches Ministerium für Landwirtschaft, Domänen und Forsten im Deutschen Zentralarchiv, Historische Abteilung II, Merseburg [Bestandsinformation für den Wirtschaftshistoriker aus dem Deutschen Zentralarchiv Potsdam] (Udo Dräger)	1970	III	263
Bibliographie der Schriften von Elisabeth Charlotte Welskopf (Hagen Fischer)	1971	II	211
Der Bestand Badische Anilin- und Sodafabrik AG im Deutschen Zentralarchiv Potsdam, Historische Abteilung I [Bestandsinformation für den Wirtschaftshistoriker aus dem Deutschen Zentralarchiv Potsdam] (Kurt Metschies)	1971	II	269
Hochschulschriften zur Wirtschaftsgeschichte (Renate Günther)	1971	III	287
Quellennachweise des Staatsarchivs Schwerin zur Geschichte der demokratischen Bodenreform in Mecklenburg-Vorpommern (Siegfried Kuntsche)	1972	I	333
Hochschulschriften zur Wirtschaftsgeschichte (Renate Günther)	1972	III	299
Quellen zur Wirtschafts- und Sozialgeschichte des 18. Jahrhunderts im Bestand Generaldirektorium im Deutschen Zentralarchiv, Historische Abteilung II, Merseburg. [Bestandsinformation für den Wirtschaftshistoriker aus dem Deutschen Zentralarchiv Potsdam.] (Elisabeth Schwarze)	1972	IV	245
Bibliographie wirtschaftsgeschichtlicher Literatur der DDR, 1. Lieferung	1972	IV	263

Berichte

Eine neue Etappe in der Zusammenarbeit zwischen den kubanischen und deutschen Wirtschaftshistorikern. Zweiter Bericht über die Tätigkeit der deutsch-kubanischen Wirtschaftshistorikergruppe (Horst Handke)	1968	I	355
III. Internationaler Kongreß der Landwirtschaftlichen Museen in Budapest vom 19. bis 23. April 1971 (Hans-Heinrich Müller)	1971	IV	225

Würdigungen

Jelisaweta Leonidowna Chmel'nickaja (Lotte Zumpe)	1969	II	nach Redaktionsschluß
Im Dienste der Arbeiterklasse [Jürgen Kuczynski] (Hanna Wolf)	1969	III	7
Elisabeth Charlotte Welskopf. Zur 70. Wiederkehr ihres Geburtstages (H. Kr.)	1971	II	9

AUTORENVERZEICHNIS DER JAHRGÄNGE 1968 BIS 1972

Angel, Pierre

[Rez.] Die Lage der Arbeiter in Frankreich	1968	IV	255

Aptheker, Herbert

Guerilla-Kriegführung in der Geschichte der Vereinigten Staaten von Amerika	1968	II	325
"Wen die Götter verderben wollen..."	1969	III	25

Ballhaus, Jolanda

Wesen und Charakter der kolonialen Landgesellschaften Ende des 19. Jahrhunderts	1972	I	95

Barth, Ernst

[Rez.] Industriegeschichtliche Themen der Reihe "Beiträge zur Heimatgeschichte von Karl-Marx-Stadt"	1972	I	307

Barthel, Günter

Der industrielle Aufbau in der Türkei zwischen 1923 und 1966	1968	III	151
Innere Voraussetzungen und Bedingungen für den Industrieaufbau in den arabischen Ländern	1971	II	217
Grundlinien der Strukturentwicklung in der Industrie der arabischen Länder und der Einfluß äußerer Faktoren auf diesen Prozeß unter den Bedingungen der wissenschaftlich-technischen Revolution	1972	IV	137

Baudis, Dieter

Zweites Kolloquium zu Strukturproblemen der Arbeiterklasse	1968	II	333
Berliner Opfer der Novemberrevolution 1918/19. Eine Analyse ihrer sozialen Struktur	1968	III	73
Revolution und Konterrevolution im Kampf um die Betriebe (November/Dezember 1918)	1968	IV	125
Die langfristige Planung der Cuban Electric Company in der Zeit nach dem zweiten Weltkrieg bis zur Nationalisierung 1960	1971	I	115

Behm, Erika

Bibliographie der Schriften von Jürgen Kuczynski. 1964 bis 1968	1969	III	289
Arthur Dix: Propagandist der wirtschaftlichen Vorbereitung des ersten Weltkrieges	1970	II	69
Die Reflexion der Arbeiterbewegung in der Regierungspresse vor dem Ersten Weltkrieg. Eine vornehmlich quantitative Analyse (Ungarn)	1970	IV	83
Die Reflexion der Arbeiterbewegung in der Regierungspresse vor dem Ersten Weltkrieg. Eine vornehmlich quantitative Analyse (Deutschland)	1971	III	123
Die Reflexion der Arbeiterbewegung in der Regierungspresse vor dem Ersten Weltkrieg. Eine vornehmlich quantitative Analyse (Böhmen und Mähren)	1972	I	215

Behrens, Fritz

[Rez.] Zur Weltübersicht über die Geschichte der Lage der Arbeiter	1968	IV	275

Bentzien, Ulrich

[Rez.] Eine illustrierte Pfluggeschichte. Überlegungen und Notizen im Anschluß an die Lektüre von Ernst Klein. Die historischen Pflüge der Hohenheimer Sammlung landwirtschaftlicher Geräte und Maschinen. Ein kritischer Katalog	1968	II	371
[Rez.] Eine neue Geschichte der Landtechnik	1970	III	295

Bernt, Helmut

Bestände des Betriebsarchivs - Quellen für die Betriebsgeschichtsschreibung eines sozialistischen Großbetriebes für die Zeit nach 1945, dargestellt am Beispiel des VEB Elektro-Apparate-Werke Berlin-Treptow	1970	II	225

Berthold, Rudolf

Modell einer agraren Betriebsgeschichte	1968	II	295
[Rez.] Fortschritt und fortschrittstragende Kräfte in der spätfeudalen Landwirtschaft. Gedanken zu einem Buch von Hans-Heinrich Müller, Märkische Landwirtschaft vor den Agrarreformen von 1807. Entwicklungstendenzen des Ackerbaus in der zweiten Hälfte des 18. Jahrhunderts	1969	I	399
Die statistische Erfassung der Bodennutzung im Spätfeudalismus	1969	III	31
Die Lage der Bauern im 18. Jahrhundert und die bäuerlichen Einkommen	1970	I	185
[Rez.] Der preußische Weg der Landwirtschaft und neuere westdeutsche Forschungen. Betrachtungen und Gedanken zu Friedrich-Wilhelm Henning, Bauernwirtschaft und Bauerneinkommen in Ostpreußen im 18. Jahrhundert; Karl Brase, Der Einfluß der Bauernbefreiung auf die Belastung der Scharwerksbauern in Ostpreußen; Harald Winkel, Die Ablösungskapitalien aus der Bauernbefreiung in West- und Süddeutschland. Höhe und Verwendung bei Standes- und Grundherren	1970	IV	259
[Rez.] Agrarkrisen, Agrarkonjunktur und Bevölkerungsentwicklung. Bemerkungen zu Wilhelm Abel, Agrarkrisen und Agrarkonjunktur. Eine Geschichte der Land- und Ernährungswirtschaft Mitteleuropas seit dem hohen Mittelalter	1971	IV	231
Bemerkungen zu den Wechselbeziehungen zwischen der Industriellen Revolution und der kapitalistischen Intensivierung der Feldwirtschaft in Deutschland im 19. Jahrhundert. [Die Entwicklung der Landwirtschaft unter den Bedingungen der Industriellen Revolution und der wissenschaftlich-technischen Revolution im Kapitalismus und Sozialismus. II. Kolloquium der Wirtschaftshistoriker der DDR und der VR Ungarn vom 7. bis 10. September 1971 in Quedlinburg]	1972	I	261

Bieżuńska-Małowist, Iza

Die Expositio von Kindern als Quelle der Sklavenbeschaffung im griechisch-römischen Ägypten	1971	II	129

Bleyer, Wolfgang

Der geheime Bericht über die Rüstung des faschistischen Deutschlands vom 27. Januar 1945	1969	II	347

Brather, Hans-Stephan

Die Nürnberger Prozeßakten als Geschichtsquelle. Eine Bibliographie	1969	II	391

Braunreuther, Kurt			
[Rez.] Jürgen Kuczynski über die Geschichte der politischen Ökonomie	1968	IV	321
Über den "westlichen" Marx heute, Bemerkungen zur bürgerlichen Marx-Kritik	1969	III	55
Brożek, Andrzej			
Ostflucht aus Schlesien (1933 bis 1939)	1969	I	41
Budkin, V. S.			
Der Leninsche Elektrifizierungsplan und seine internationale Bedeutung. Zum fünfzigsten Jahrestag des GOELRO-Planes	1970	III	11
Burian, Jan			
Die römische Landwirtschaft in Nordafrika und ihre historischen Wurzeln	1968	II	237
Chmel'nickaja, E. L. †			
Zu neuen Erscheinungen in der Monopolstruktur	1969	III	13
Cornu, Auguste			
Engels' Mitwirkung an der Herausbildung des historischen Materialismus	1970	IV	77
Czaya, Eberhard			
Interessenverbände und Propagandaorganisationen für die Expansion des deutschen Imperialismus nach Südafrika	1970	III	57
Czihak, Hans			
Rationalisierung und Investitionspolitik in einem kapitalistischen Konzern in den zwanziger und dreißiger Jahren, dargestellt am Beispiel der A. Riebeck'schen Montanwerke AG, Halle a. S.	1969	I	325
Aus der Betriebsgeschichtsarbeit in der DDR 1968	1969	IV	197
Aus der Betriebsgeschichtsarbeit in der DDR 1969	1970	IV	209
Gedanken zur Kombinatsgeschichtsschreibung	1972	III	251

Czollek, Roswitha

Zur wirtschaftspolitischen Konzeption des deutschen Imperialismus beim Überfall auf die Sowjetuinion. Aufbau und Zielsetzung des staatsmonopolistischen Apparats für den faschistischen Beute- und Vernichtungskrieg	1968	I	141
Zum Raub estnischer Ölschiefervorkommen für die deutsche Kriegswirtschaft 1941 bis 1944	1969	II	107
Zwangsarbeit und Deportationen für die deutsche Kriegsmaschine in den baltischen Sowjetrepubliken während des zweiten Weltkrieges	1970	II	45

Deman, Albert

Die Ausbeutung Nordafrikas durch Rom und ihre Folgen	1968	III	341

Diesner, Hans-Joachim

Sklaven, Untertanen und Untertanenverbände im Westgotenreich	1970	II	173
Der Übergang vom Sklavenhalter- zum Feudalsystem, dargestellt anhand von Tabellen und Schemata	1971	II	193

Dillwitz, Sigrid

Die Entwicklung des Arbeitsrechts für jugendliche Landarbeiter im Gebiet der heutigen DDR 1945 bis 1949	1972	I	41

Dobb, Maurice

Einige Bemerkungen über Ricardo und sein Denken	1969	III	65

Donda, Arno

Die perspektivische Entwicklung der elektronischen Datenverarbeitung für die zentralen Aufgaben von Rechnungsführung und Statistik	1969	III	75

Donnert, Erich

Studien zur russischen Wirtschafts- und Stadtgeschichte im 16. Jahrhundert	1970	II	141

Dräger, Udo

Der Bestand Preußisches Ministerium für Landwirtschaft, Domänen und Forsten im Deutschen Zentralarchiv, Historische Abteilung II, Merseburg [Bestandsinformation für den Wirtschaftshistoriker aus dem Deutschen Zentralarchiv Potsdam]	1970	III	263

Draeger, Walter

Zur Entwicklung der Landwirtschaft in den Mitgliedsländern des RGW [Die Entwicklung der Landwirtschaft unter den Bedingungen der Industriellen Revolution und der wissenschaftlich-technischen Revolution im Kapitalismus und Sozialismus. II. Kolloquium der Wirtschaftshistoriker der DDR und der VR Ungarn vom 7. bis 10. September 1971 in Quedlinburg] 1972 IV 197

Dutt, Palme R.

Meine indische Familie 1969 III 193

Eccarius, Wolfgang

Der Oberbaurat August Leopold Crelle und dessen Beteiligung an der Planung und Ausführung des frühen preußischen Eisenbahnwesens 1972 IV 163

Eggert, Wolfgang

[Rez.] Formen der sozialen Auseinandersetzung im frühmittelalterlichen Frankenreich. Zu dem Buch von Siegfried Epperlein, Volk und Herrschaft im karolingischen Imperium. Studien über soziale Konflikte und dogmatisch-politische Kontroversen im fränkischen Reich 1971 IV 273

Eichholtz, Dietrich

Zur wirtschaftspolitischen Konzeption des deutschen Imperialismus beim Überfall auf die Sowjetunion. Aufbau und Zielsetzung des staatsmonopolistischen Apparats für den faschistischen Beute- und Vernichtungskrieg 1968 I 141

Zum Anteil des IG-Farben-Konzerns an der Vorbereitung des zweiten Weltkriegs. Ein Dokument zur staatsmonopolistischen Kriegsplanung des faschistischen deutschen Imperialismus 1969 II 83

"Wege zur Entbolschewisierung und Entrussung des Ostraumes." Empfehlungen des IG-Farben-Konzerns für Hitler im Frühjahr 1943 1970 II 13

[Rez.] Alte und "neue" Konzeptionen. Bürgerliche Literatur zur Wirtschaftsgeschichte des Faschismus in Deutschland. Arthur Schweitzer, Big Business in The Third Reich; Wolfgang Birkenfeld, Der synthetische Treibstoff 1933 - 1945. Ein Beitrag zur nationalsozialistischen Wirtschafts- und Rüstungspolitik; Dieter Petzina, Autarkiepolitik im Dritten Reich. Der nationalsozialistische Vierjahresplan 1971 III 231

Eichler, Helga			
Zucht- und Arbeitshäuser in den mittleren und östlichen Provinzen Brandenburg-Preußens. Ihr Anteil an der Vorbereitung des Kapitalismus. Eine Untersuchung für die Zeit vom Ende des 17. bis zum Ausgang des 18. Jahrhunderts	1970	I	127
Einhorn, Hans			
Zum militärischen Einwirken auf die Wirtschaft im Krieg	1969	II	53
Engelmann, Gerhard			
Das Landbuch der Mark Brandenburg als Quelle zur historischen Geographie Brandenburgs	1972	IV	233
Epperlein, Siegfried			
Die Anfänge des frühmittelalterlichen Städtewesens in Polen im Lichte der erzählenden Quellen	1970	IV	159
Falk, Waltraud			
Gedanken zum Verhältnis von Zentralismus und Demokratie in der Wirtschaftsführung der DDR	1969	III	87
Die Einheit und Wechselwirkung von Politik, Ökonomie und Ideologie bei der Gestaltung des entwickelten gesellschaftlichen Systems des Sozialismus in der DDR. Zur Bedeutung des Buches "Politische Ökonomie des Sozialismus und ihre Anwendung in der DDR" für die Wirtschaftsgeschichte des Sozialismus	1970	IV	11
Die Bedeutung der Planung für die Forcierung des Wirtschaftswachstums im Sozialismus und die dabei in der DDR gewonnenen Erfahrungen	1971	III	11
Die historische Bedeutung der II. Parteikonferenz der SED. Die Übergangsperiode vom Kapitalismus zum Sozialismus in der DDR - Bestandteil des revolutionären Weltprozesses	1972	II	11
Felber, Roland			
Der Geschenkaustausch als Vorstufe des Äquivalentenaustausches im alten China (Zuo-zhuan-Periode)	1968	II	259
Fichman, I. F.			
Grundfragen der handwerklichen Produktion in Ägypten vom 4. bis zur Mitte des 7. Jahrhunderts u. Z.	1969	IV	149
Fiedler, Ernst			
Die Theorie der Zentralverwaltungswirtschaft - Leitbild imperialistischer Propaganda und Politik gegen die sozialistische Planwirtschaft der DDR bis zur Mitte der sechziger Jahre	1972	II	273

Finley, M. I.

Aristoteles und ökonomische Analyse	1971	II	87

Fischer, Alfred

Bibliographie von Veröffentlichungen zur Geschichte der kapitalistischen Unternehmen, die nach 1945 in West-deutschland und Westberlin erschienen sind (Fortsetzung)	1968	II	407

Fischer, Hagen

Bibliographie von Arbeiten zur Wirtschafts- und Sozialgeschichte des Altertums (1945 bis 1966), Teil I	1968	I	409
Bibliographie von Arbeiten zur Wirtschafts- und Sozialgeschichte des Altertums (1945 bis 1966), Teil II	1968	II	425
Zwischen Orient und Antike. Betrachtungen zu den nach-urgesellschaftlichen Produktionsweisen Vorderasiens und des klassischen Altertums	1970	II	209
[Rez.] Afrika und Rom in der Antike	1970	III	301
Bibliographie der Schriften von Elisabeth Charlotte Welskopf	1971	II	211

Fol, Alexander

Die Dorfgemeinde in Thrakien im ersten Jahrtausend v. u. Z.	1969	I	279

Foner, Philip S.

Karl Liebknecht und die Vereinigten Staaten von Amerika. Eine dokumentarische Studie	1968	III	11

Forberger, Rudolf

Lenin und die Industriestatistik. Lenins Werk "Die Entwicklung des Kapitalismus in Rußland"	1970	IV	67
[Rez.] Forschungen zur Entwicklung des Kapitalismus im 18. Jahrhundert. Bemerkungen zu Hildegard Hoffmann, Handwerk und Manufaktur in Preußen 1769 (Das Taschenbuch Knyphausen)	1972	III	233

Friedländer, Paul

Zur Spezifik der neokolonialistischen Expansion Westdeutschlands und ihrer Determinanten	1969	I	145

Fruck, Horst †

Zur Entwicklung der Landwirtschaft in den Mitgliedsländern des RGW [Die Entwicklung der Landwirtschaft unter den Bedingungen der Industriellen Revolution und der wissenschaftlich-technischen Revolution im Kapitalismus und Sozialismus. II. Kolloquium der Wirtschaftshistoriker der DDR und der VR Ungarn vom 7. bis 10. September 1971 in Quedlinburg]	1972	IV	197

García, Gloria

Die langfristige Planung der Cuban Electric Company in der Zeit nach dem zweiten Weltkrieg bis zur Nationalisierung 1960	1971	I	115

Godehardt, Helmut

Die Auswanderung von Bewohnern des Kreises Mühlhausen i. Thür. nach den Vereinigten Staaten von Nordamerika in der ersten Hälfte des 19. Jahrhunderts, unter besonderer Berücksichtigung der eichsfeldischen Gemeinden des Kreises	1968	I	275

Gorfejn, G. M.

Zur Geschichte der staatlichen Landwirtschaftsverwaltung des zaristischen Rußlands	1970	III	101

Gossweiler, Kurt

Der Übergang von der Weltwirtschaftskrise zur Rüstungskonjunktur in Deutschland 1933 bis 1934. Ein historischer Beitrag zur Problematik staatsmonopolistischer "Krisenüberwindung"	1968	II	55
Die Rolle der Großbanken im Imperialismus	1971	III	35

Graf, Dieter

Einige Probleme der Veränderung des geographischen Milieus, besonders der Bodenfruchtbarkeit, unter Bedingungen einer gewaltsam deformierten traditionellen Produktionsweise, dargestellt am Beispiel Ostafrikas	1972	I	117

Grau, Conrad

Einige Bemerkungen zur Genesis des Kapitalismus in Rußland	1970	I	271

Grienig, Horst

Soziale und ökonomische Widersprüche in der Landwirtschaft Ägyptens, Syriens und des Irak vor den Agrarreformen	1968	I	97
Innere Voraussetzungen und Bedingungen für den Industrieaufbau in den arabischen Ländern	1971	II	217

Günther, Renate

Das Petroleumabkommen im Bukarester Friedensvertrag von 1918. Die Gegensätze zwischen den verschiedenen Interessengruppen bei seiner Vorbereitung, Ausarbeitung und vorläufigen Durchführung	1968	IV	41
Bibliographie selbständiger Schriften zur Betriebsgeschichte in der Deutschen Demokratischen Republik (3. Fortsetzung)	1968	IV	403

Bibliographie selbständiger Schriften zur Betriebsgeschichte in der Deutschen Demokratischen Republik (4. Fortsetzung)	1969	IV	271
Bibliographie selbständiger Schriften zur Betriebsgeschichte in der Deutschen Demokratischen Republik (5. Fortsetzung)	1970	IV	301
Hochschulschriften zur Wirtschaftsgeschichte	1971	III	287
Bibliographie selbständiger Schriften zur Betriebsgeschichte in der Deutschen Demokratischen Republik (6. Fortsetzung)	1971	IV	289
Hochschulschriften zur Wirtschaftsgeschichte	1972	III	299
Die Voraussetzungen und der Beginn der Kapitaloffensive deutscher Bankmonopole in der rumänischen Erdölindustrie (1900 bis 1905)	1972	IV	107
Bibliographie selbständiger Schriften zur Betriebsgeschichte in der Deutschen Demokratischen Republik (7. Fortsetzung)	1972	IV	289
Günther, Rigobert			
Das Verhältnis unterschiedlicher ökonomischer Systeme in der Alten Welt zur Gesellschaftsformation	1971	II	15
Hagelberg, Gerhard B.			
Strukturwandlungen in der Weltzuckerwirtschaft seit 1960	1969	IV	99
Anhaltspunkte zur vergleichenden Wirtschaftsgeschichte von Rohr- und Rübenzucker bis zur Mitte des 20. Jahrhunderts	1971	III	141
Zur Rolle der Rübenzuckerindustrie bei der Intensivierung der Landwirtschaft in Deutschland im 19. Jahrhundert. Einige technologische und ökonomische Aspekte [Die Entwicklung der Landwirtschaft unter den Bedingungen der industriellen Revolution und der wissenschaftlich-technischen Revolution im Kapitalismus und Sozialismus. II. Kolloquium der Wirtschaftshistoriker der DDR und der VR Ungarn vom 7. bis 10. September 1971 in Quedlinburg]	1972	IV	215
Hahn, István			
Die Anfänge der antiken Gesellschaftsformation in Griechenland und das Problem der sogenannten asiatischen Produktionsweise	1971	II	29
Halpern, Jan			
Zu den Grundbesitzverhältnissen und Fragen der Entwicklung der Produktivkräfte im vorkapitalistischen Westafrika	1968	IV	89

Handke, Horst

Titel	Jahr	Teil	Seite
Eine neue Etappe in der Zusammenarbeit zwischen den kubanischen und deutschen Wirtschaftshistorikern. Zweiter Bericht über die Tätigkeit der deutsch-kubanischen Wirtschaftshistorikergruppe	1968	I	355
Über die Haltung der US-Monopole zur kubanischen Revolution	1971	I	45
Die Entwicklung der Beschäftigtenstrukturen in der chemischen Industrie der DDR unter besonderer Berücksichtigung der Jahre 1955 bis 1963	1971	IV	11
Entwicklung und Struktur der Arbeiterklasse im Kapitalismus [Strukturprobleme der Arbeiterklasse - wirtschaftshistorische Aspekte]	1972	III	153

Harmatta, János

Titel	Jahr	Teil	Seite
Eine neue Quelle zur Geschichte der Seidenstraße	1971	II	135

Harnisch, Hartmut

Titel	Jahr	Teil	Seite
Agrare Betriebsgeschichtsschreibung im Bezirk Potsdam. Zwei Konferenzen im Bezirk Potsdam zur Bedeutung der Großen Sozialistischen Oktoberrevolution für die regionale Agrarbetriebsgeschichte	1968	I	351
Die Gutsherrschaft in Brandenburg. Ergebnisse und Probleme	1969	IV	117
Bauerneinkommen, feudale Ausbeutung und agrarischer Fortschritt in der Mark Brandenburg gegen Ende des 18. Jahrhunderts	1970	I	191
[Rez.] Der preußische Weg in der Landwirtschaft und neuere westdeutsche Forschungen. Betrachtungen und Gedanken zu Friedrich-Wilhelm Henning, Dienste und Abgaben der Bauern im 18. Jahrhundert; Friedrich-Wilhelm Henning, Bauernwirtschaft und Bauerneinkommen in Ostpreußen im 18. Jahrhundert; Karl Brase, Der Einfluß der Bauernbefreiung auf die Belastung der Scharwerksbauern in Ostpreußen; Harald Winkel, Die Ablösungskapitalien aus der Bauernbefreiung in West- und Süddeutschland. Höhe und Verwendung bei Standes- und Grundherren	1970	IV	259
[Rez.] Horizonte bürgerlicher Landesgeschichte? Bemerkungen zu Berlin und die Provinz Brandenburg im 19. und 20. Jahrhundert	1970	IV	291

Heitz, Gerhard

Titel	Jahr	Teil	Seite
Varianten des preußischen Weges	1969	III	99

Held, Wieland			
Die ökonomische Unterwanderung der Munizipien durch das Großgrundeigentum im 2. und 3. Jahrhundert, vor allem im Westen des Römischen Reiches	1971	IV	159
Hell, Jürgen			
Essay über die Entwicklung der Plantagenwirtschaft auf der Insel Kuba (1800 bis 1898)	1971	I	273
Helling, Gertrud			
Berechnung vergleichbarer Indizes der Agrarproduktion entwickelter kapitalistischer Länder im 19. Jahrhundert	1968	I	183
Berechnung vergleichbarer Indizes der Agrarproduktion entwickelter kapitalistischer Länder im 19. Jahrhundert	1968	III	277
Henning, Friedrich-Wilhelm			
Die Bestimmungsfaktoren der bäuerlichen Einkommen im 18. Jahrhundert	1970	I	165
Hobsbawm, Erik J.			
Soziale Bewegungen und Kämpfe auf dem Lande in England in der ersten Hälfte des 19. Jahrhunderts	1968	I	309
[Rez.] Die Geschichte der Lage der Arbeiter	1968	IV	225
Städte und Aufstände. Ein Beitrag zur Diskussion	1969	III	111
Irmscher, Johannes			
August Boeckh und seine Bedeutung für die Entwicklung der Altertumswissenschaft	1971	II	107
Jacobeit, Wolfgang			
[Rez.] Die Bauern im Kapitalismus. Bemerkungen zu der Studie von Jan Šołta, Die Bauern der Lausitz. Eine Untersuchung des Differenzierungsprozesses der Bauernschaft im Kapitalismus	1972	I	301
Jedruszczak, Hanna			
Die Verstaatlichung der Industrie in der Volksrepublik Polen nach dem zweiten Weltkrieg (1944 bis 1948)	1969	IV	89
Jonas, Wolfgang			
[Rez.] Gesamtdarstellung und Zusammenhangsdarstellung	1968	IV	349

Einige Aspekte der Wandlung der menschlichen Produktivkraft in der Industriellen Revolution des Kapitalismus. Ein Beitrag zur Diskussion	1969	III	121
Die Entwicklung der Landwirtschaft unter den Bedingungen der Industriellen Revolution und der wissenschaftlich-technischen Revolution im Kapitalismus und Sozialismus. II. Kolloquium der Wirtschaftshistoriker der DDR und der VR Ungarn vom 7. bis 10. September 1971 in Quedlinburg	1972	I	225
Kahk, Juhan			
Zu den Hauptproblemen der Krise des Feudalsystems in Estland im zweiten Viertel des 19. Jahrhunderts	1968	III	215
Kahn, Siegbert			
[Rez.] Zur Geschichte der zyklischen Überproduktionskrisen in Deutschland	1968	IV	279
Zur zyklischen Entwicklung in Westdeutschland seit dem Ende des zweiten Weltkrieges. Ein Beitrag zur Diskussion	1969	III	127
Keil, Rudi			
Zur verkehrspolitischen Entwicklung in der Deutschen Demokratischen Republik	1972	II	183
Khalatbari, Parviz			
Zu einigen Grundfragen der marxistisch-leninistischen Demographie	1971	II	245
Kirchberg, Peter			
Typisierung in der deutschen Kraftfahrzeugindustrie und der Generalbevollmächtigte für das Kraftfahrwesen. Ein Beitrag zur Problematik staatsmonopolistischer Kriegsvorbereitung	1969	II	117
Zur verkehrspolitischen Entwicklung in der Deutschen Demokratischen Republik	1972	II	183
Klein, Fritz			
[Rez.] Bündnisprobleme. Bemerkungen zu Helga Nussbaum, Unternehmer gegen Monopole. Über Struktur und Aktionen antimonopolistischer bürgerlicher Gruppen zu Beginn des 20. Jahrhunderts	1968	II	339
Klemm, Volker			
Zwanzig Jahre sozialistische Umgestaltung der Landwirtschaft in der DDR	1972	II	107
Zur Anwendung mathematisch-statistischer Methoden bei der Interpretation agrargeschichtlicher Zeitreihen	1972	IV	23

Knoll, Rudolf

Die Betriebsgeschichtsschreibung in den volkseigenen Betrieben des Bezirkes Frankfurt (Oder) — 1971 III 195

Koch, Gerhard

[Rez.] Produktivkräfte und historischer Materialismus. Wolfgang Jonas/Valentine Linsbauer/Helga Marx, Die Produktivkräfte in der Geschichte, Bd. 1: Von den Anfängen in der Urgemeinschaft bis zum Beginn der Industriellen Revolution — 1970 IV 247

Kohlmey, Gunther

DDR und RGW — 1972 II 43

Kolb, Eva-Maria

Bestände des Betriebsarchivs - Quellen für die Betriebsgeschichtsschreibung eines sozialistischen Großbetriebes für die Zeit nach 1945, dargestellt am Beispiel des VEB Elektro-Apparate-Werke Berlin-Treptow — 1970 II 225

Kolossa, Tibor

Der Zusammenhang einiger Probleme der Betriebsstruktur und der Produktion in der Landwirtschaft Ungarns und Deutschlands in der zweiten Hälfte des 19. und zu Beginn des 20. Jahrhunderts [Die Entwicklung der Landwirtschaft unter den Bedingungen der Industriellen Revolution und der wissenschaftlich-technischen Revolution im Kapitalismus und Sozialismus. II. Kolloquium der Wirtschaftshistoriker der DDR und der VR Ungarn vom 7. bis 10. September 1971 in Quedlinburg] — 1972 III 179

Koval'čenko, I. D.

Sowjetische Erfahrungen bei der Anwendung mathematisch-statistischer Methoden in historischen Untersuchungen — 1972 IV 11

Kowalska, Stefania

Ausgewählte Probleme der Sozialstrukturforschung — 1970 III 239

Krause, Werner

[Rez.] Jürgen Kuczynski über die Geschichte der politischen Ökonomie — 1968 IV 321

Kreißig, Heinz

[Rez.] Türkische Veröffentlichungen zur Wirtschaftsgeschichte des Alten Orients — 1968 II 393

Grundeigentumsformen im Hellenismus (Vorderasien) — 1969 IV 173

Elisabeth Charlotte Welskopf. Zur 70. Wiederkehr ihres Geburtstages	1971	II	9
Fragen der sozialökonomischen Basis im Hellenismus des Ostens	1971	II	119
Krüger, Bruno			
[Rez.] Die Landwirtschaft in der Frühzeit. Bemerkungen zu Herbert Jankuhn, Vor- und Frühgeschichte vom Neolithikum bis zur Völkerwanderungszeit. Mit Beiträgen von Harald Jankuhn, Eberhard May und Ulrich Willerding	1972	I	317
Krüger, Ulrich			
Betriebsgeschichte in der VVB Energieversorgung	1970	III	249
Kucharenko, L. I.			
Der Leninsche Elektrifizierungsplan und seine internationale Bedeutung. Zum fünfzigsten Jahrestag des GOELRO-Planes	1970	III	11
Kuczynski, Jürgen			
[Rez.] Das verschwundene Monopol - Kein staatsmonopolistischer Kapitalismus? Hans Mauersberg. Deutsche Industrien im Zeitgeschehen eines Jahrhunderts. Eine historische Modelluntersuchung zum Entwicklungsprozeß deutscher Unternehmen von ihren Anfängen bis zum Stand von 1960; Paul A. Baron and Paul M. Sweezy, Monopoly Capital. An essay on the American economic and social order	1968	I	369
[Rez.] Einschätzung eines "Radical". Überlegungen bei der Lektüre von James J. Sheehan, The career of Lujo Brentano, A study of liberalism and social reform in imperial Germany	1968	II	347
[Rez.] Literatursoziologische Studien. Einige Überlegungen bei der Lektüre von Arthur Leslie Morton, The Matter of Britain. Essays in a Living Culture	1968	II	357
[Rez.] The Cambridge Economic History of Europe, Band 4: The economy of expanding Europe in the sixteenth centuries, hg. v. E. E. Rich und C. H. Wilson - auch zum Problem Herausgeberschaft und Gemeinschaftsarbeit in den Gesellschaftswissenschaften	1968	III	395
[Rez.] "Lange Reihen" aus Frankreich. Marczewski, Jean, Le produit physique de l'économie française de 1789 à 1913 (comparaison avec la Grande-Bretagne); Markovitch, Tihomir J., L'industrie française de 1789 à 1964. Sources et méthodes; Markovitch, Tihomir J., L'industrie française de 1789 à 1964. Analyse des faits; Markovitch, Tihomir J., L'industrie française de 1789 à 1964. Analyse des faits (suite); Marcovitch, Tihomir J., L'industrie française de 1789 à 1964. Conclusions générales	1968	III	401

Über das Schreiben von 40 Bänden "Geschichte der Lage der Arbeiter unter dem Kapitalismus	1968	IV	357
[Rez.] Materialien zu einer Geschichte der Wirtschafts-spionage: W. O. Henderson, Industrial Britain under the Regency. The Diaries of Escher, Bodmer, May and de Gallois 1814 - 18	1969	II	383
Überlegungen über die zunehmende Ungleichmäßigkeit der technischen Entwicklung und ihre Folgen auf dem Gebiet der imperialistischen Bildungspolitik	1969	IV	233
[Rez.] Shakespeare und die englische Agrargeschichts-schreibung	1970	I	249
Arthur Dix: Propagandist der wirtschaftlichen Vorbereitung des ersten Weltkrieges	1970	II	69
[Rez.] Gewerkschaftsgeschichten	1970	II	247
Friedrich Engels und die Monopole	1970	III	37
[Rez.] Ein neuer Aufschwung der Wirtschaftsgeschichte in England unter dem Einfluß des Marxismus	1970	III	283
Die Reflexion der Arbeiterbewegung in der Regierungs-presse vor dem ersten Weltkrieg. Eine vornehmlich quantitative Analyse (Ungarn)	1970	IV	83
[Rez.] Überlegungen zur möglichen Leistung bürgerlicher Gesellschaftswissenschaftler. Gedanken zu Erich Gruner, Die Arbeiter in der Schweiz im 19. Jahrhundert. Soziale Lage, Organisation. Verhältnis zu Arbeitgeber und Staat	1970	IV	253
Probleme der Entwicklung einer sozialistischen Landwirtschaft in Kuba	1971	I	11 (13)
[Rez.] Ein Zentrum handwerkswirtschaftsgeschichtlicher Forschung. Wilhelm Abel und Mitarbeiter, Handwerksgeschichte in neuer Sicht; Karl Heinrich Kaufhold, Das Handwerk der Stadt Hildesheim im 18. Jahrhundert. Eine wirtschaftsgeschichtliche Studie; Klaus Aßmann/Gerhard Stavenhagen, Handwerkereinkommen am Vorabend der industriellen Revolution. Materialien aus dem Raum Braunschweig-Wolfenbüttel	1971	II	277
Die Reflexion der Arbeiterbewegung in der Regierungs-presse vor dem ersten Weltkrieg. Eine vornehmlich quantitative Analyse (Deutschland)	1971	III	123
[Rez.] Überlegungen über die Rolle der Großbanken im staatsmonopolistischen Kapitalismus. Anläßlich von Henri Claude, Histoire, Réalité et Destin d'un Monopole: La Banque de Paris et des Pays-Bas et son Groupe (1872 - 1968)	1971	III	267
La Bruyère über Klassen, Schichten und Berufe seiner Zeit	1971	IV	101

	Jahr	Teil	Seite
[Rez.] Überlegungen zu Festschriften bei der Lektüre des Buches: Entstehung und Wandel der modernen Gesellschaft. Festschrift für Hans Rosenberg zum 65. Geburtstag	1971	IV	267
Charakter, Struktur und Anzahl der Industriearbeiter im 20. Jahrhundert. Eine problemgeschichtliche Studie	1972	I	11
Die Reflexion der Arbeiterbewegung in der Regierungspresse vor dem Ersten Weltkrieg. Eine vornehmlich quantitative Analyse (Böhmen und Mähren)	1972	I	215
[Rez.] Drei wirtschaftshistorische Studien über Indien. Trends of Socio-Economic Change in India 1871 - 1961; V. B. Singh, Indian Economy, yesterday and today; P. Saha, Emigration of Indian Labour (1834 - 1900)	1972	I	297
Zum Problem der Messung der Arbeitsproduktivität aufgrund von Berechnungen für die Landwirtschaft in den USA. Zur Entwicklung einer kleinen Gedankenfolge [Die Entwicklung der Landwirtschaft unter den Bedingungen der Industriellen Revolution und der wissenschaftlich-technischen Revolution im Kapitalismus und Sozialismus. II. Kolloquium der Wirtschaftshistoriker der DDR und der VR Ungarn vom 7. bis 10. September 1971 in Quedlinburg]	1972	IV	203
Kuczynski, Thomas			
[Rez.] Mathematik und Gesellschaftswissenschaften. Rainer Thiel, Quantität oder Begriff? Der heuristische Gebrauch mathematischer Begriffe in Analyse und Prognose gesellschaftlicher Prozesse	1969	II	379
Die Stellung der deutschen Teerfarbenindustrie zum Stoff- und Verfahrenspatent in der Zeit bis zum zweiten deutschen Patentgesetz von 1891	1970	IV	115
Kück, Gerhard			
Grundlinien der Strukturentwicklung in der Industrie der arabischen Länder und der Einfluß äußerer Faktoren auf diesen Prozeß unter den Bedingungen der wissenschaftlich-technischen Revolution	1972	IV	137
Kuntsche, Siegfried			
Quellennachweise des Staatsarchivs Schwerin zur Geschichte der demokratischen Bodenreform in Mecklenburg-Vorpommern	1972	I	333
Lärmer, Karl			
Ökonomie und Politik. Aspekte der Investitionspolitik der American & Foreign Power Company Inc. in Kuba und Lateinamerika in den fünfziger Jahren. Eine kommentierte Dokumentation	1971	I	191

Lehmann, Hannelore

Paul Jacob Marperger (1656 bis 1730), ein vergessener Ökonom der deutschen Frühaufklärung. Versuch einer Übersicht über sein Leben und Wirken	1971	IV	125

Lehmann, Hermann

[Rez.] Theoriegeschichte ohne Konzeption. Geschichte der Volkswirtschaftslehre, hg. v. Antonio Montaner	1968	III	419
[Rez.] Jürgen Kuczynski über die Geschichte der politischen Ökonomie	1968	IV	321
[Rez.] Die Dialektik in Lenins Imperialismus-Analyse. Fritz Kumpf, Probleme der Dialektik in Lenins Imperialismus-Analyse. Eine Studie zur dialektischen Logik	1971	III	257
[Rez.] Um die klassische politische Ökonomie des Bürgertums. Walter Braeuer, Frankreichs wirtschaftliche und soziale Lage um 1700. Dargestellt unter besonderer Berücksichtigung der Werke von Vauban und Boisguillebert; Marie-Elisabeth Vopelius, Die altliberalen Ökonomen und die Reformzeit	1972	III	223

Lehmann, Joachim

Der Bestand Preußische Staatsbank (Seehandlung) im Deutschen Zentralarchiv, Historische Abteilung II, Merseburg [Bestandsinformation für den Wirtschaftshistoriker aus dem Deutschen Zentralarchiv Potsdam]	1970	III	255

Lehmann, Karin

[Rez.] Bevölkerung - ein wachstumsfördernder oder ein wachstumshemmender Faktor?	1970	III	289
[Rez.] Die Dialektik in Lenins Imperialismus-Analyse. Fritz Kumpf, Probleme der Dialektik in Lenins Imperialismus-Analyse. Eine Studie zur dialektischen Logik	1971	III	257

Löffler, Johannes

Die Entwicklung der Pflanzenproduktion im Lehr- und Versuchsgut Bandelstorf, Kreis Rostock-Land, von 1956 bis 1966	1971	IV	181

Lötsch, Manfred

[Rez.] Über die Grenznutzentheorie und die Rationalität wirtschaftlichen Handelns. Hermann Lehmann, Grenznutzentheorie, Geschichte und Analyse eines bürgerlichen ökonomischen Lehrsystems	1969	IV	253

	Jahr	Heft	Seite
Lötzke, Helmut			
Vorbemerkung [zu Bestandsinformation für den Wirtschaftshistoriker aus dem Deutschen Zentralarchiv Potsdam]	1968	III	385
Lotze, Detlef			
Zu einigen Aspekten des spartanischen Agrarsystems	1971	II	63
Lulei, Wilfried			
[Rez.] Probleme der Wirtschaftsentwicklung und Nationalitätenpolitik in der Demokratischen Republik Vietnam. Vo nhan Tri, Croissance économique de la Republique du Viet Nam (1945 - 1965); Régions Montagneuses et Minorités Nationales en R. D. du Viet Nam	1969	IV	245
Mączak, Antoni			
Die Sundzollregister als eine preisgeschichtliche Quelle 1557 bis 1647	1970	III	179
Mai, Joachim			
Das deutsche Kapital in Industrie und Handel Rußlands von 1850 bis 1876	1968	II	205
Markovitch, Tihomir P.			
[Rez.] Bemerkungen zur Besprechung "'Lange Reihen' aus Frankreich"	1968	III	413
Matsukawa, Shichiro			
William Petty. Eine Studie zur Genesis seiner Arbeitswerttheorie	1969	III	135
Maur, Hans			
Die erste ökonomische Konferenz des Kombinats "Schwarze Pumpe" - ein Beitrag zur Realisierung des Kohle- und Energieprogramms der DDR	1971	IV	173
Metschies, Kurt			
Der Bestand "Deutsche Reichsbank", Volkswirtschaftliche und Statistische Abteilung im Deutschen Zentralarchiv Potsdam, Historische Abteilung I [Bestandsinformation für den Wirtschaftshistoriker aus dem Deutschen Zentralarchiv Potsdam]	1968	III	387
Der Bestand IG Farbenindustrie AG im Deutschen Zentralarchiv Potsdam, Historische Abteilung I [Bestandsinformation für den Wirtschaftshistoriker aus dem Deutschen Zentralarchiv Potsdam]	1969	IV	213

	Jahr	Heft	Seite
Der Bestand Badische Anilin- und Sodafabrik AG im Deutschen Zentralarchiv Potsdam, Historische Abteilung I [Bestandsinformation für den Wirtschaftshistoriker aus dem Deutschen Zentralarchiv Potsdam]	1971	II	269
Meyer, Hansgünter			
Bemerkungen über die Art der Fragestellung bei Jürgen Kuczynski: "Charakter, Struktur und Anzahl der Industriearbeiter im 20. Jahrhundert"	1972	III	147
Michalkiewicz, Stanisław			
Bemerkungen zur Lage und zum antifeudalen Kampf der Bauern und Landarbeiter in Schlesien in den vierziger Jahren des 19. Jahrhunderts	1970	II	269
Mittenzwei, Ingrid			
Wirtschaftspolitik - Territorialstaat - Nation. Die Haltung des preußischen Bürgertums zu den wirtschaftlichen Auseinandersetzungen zwischen Preußen und Sachsen (1740 bis 1786)	1970	III	129
Mohrmann, Elli			
Johann Friedrich Benzenberg - ein Sprecher der frühen rheinischen Bourgeoisie	1970	I	75
Mohrmann, Heinz			
Zu den Geschäften der Gelats-Bank. Finanzkapital und Klerus in Kuba	1971	I	235
Moll, Georg			
Kapitalistische Bauernbefreiung und Industrielle Revolution. Zur Rolle des "Loskaufs". [Die Entwicklung der Landwirtschaft unter den Bedingungen der Industriellen Revolution und der wissenschaftlich-technischen Revolution im Kapitalismus und Sozialismus. II. Kolloquium der Wirtschaftshistoriker der DDR und der VR Ungarn vom 7. bis 10. September 1971 in Quedlinburg]	1972	I	269
Mottek, Hans			
Die Wahl der richtigen Technik und die Beschleunigung des Wirtschaftswachstums in den Entwicklungsländern	1968	I	11
Zur Verstaatlichung im Kapitalismus - der Fall Hibernia	1968	IV	11
Zum Problem Stagnation und Wachstum in der Wirtschaftsgeschichte. Ein Beitrag zur Diskussion	1969	III	151
Zur Frage des sozialen Widerstands gegen die Ausbreitung des technischen Fortschritts	1970	I	151

Müller, Gerhard

Die Entwicklung der Landwirtschaft in Westeuropa unter den Bedingungen der wissenschaftlich-technischen Revolution. [Die Entwicklung der Landwirtschaft unter den Bedingungen der Industriellen Revolution und der wissenschaftlich-technischen Revolution im Kapitalismus und Sozialismus. II. Kolloquium der Wirtschaftshistoriker der DDR und der VR Ungarn vom 7. bis 10. September 1971 in Quedlinburg]	1972	I	277

Müller, Hans

Die historische Bedeutung der II. Parteikonferenz der SED. Die Übergangsperiode vom Kapitalismus zum Sozialismus in der DDR - Bestandteil des revolutionären Weltprozesses	1972	II	11

Müller, Hans-Heinrich

Aus der Betriebsgeschichtsarbeit in der DDR 1968	1969	IV	197
[Rez.] Neuauflagen wirtschaftshistorischer Literatur. F. W. A. Bratring, Statistisch-topographische Beschreibung der gesamten Mark Brandenburg; Hugo Rachel/Johannes Papritz/Paul Wallich, Berliner Großkaufleute und Kapitalisten; Wilhelm Abel, Geschichte der deutschen Landwirtschaft vom frühen Mittelalter bis zum 19. Jahrhundert; Friedrich Lütge, Geschichte der deutschen Agrarverfassung vom frühen Mittelalter bis zum 19. Jahrhundert	1969	IV	259
Aus der Betriebsgeschichtsarbeit in der DDR 1969	1970	IV	209
[Rez.] Der preußische Weg der Landwirtschaft und neuere westdeutsche Forschungen. Betrachtungen und Gedanken zu Friedrich-Wilhelm Henning, Dienste und Abgaben der Bauern im 18. Jahrhundert; Friedrich-Wilhelm Henning, Bauernwirtschaft und Bauerneinkommen in Ostpreußen im 18. Jahrhundert; Karl Brase, Der Einfluß der Bauernbefreiung auf die Belastung der Scharwerksbauern in Ostpreußen; Harald Winkel, Die Ablösungskapitalien aus der Bauernbefreiung in West- und Süddeutschland. Höhe und Verwendung bei Standes- und Grundherren	1970	IV	259
III. Internationaler Kongreß der Landwirtschaftlichen Museen in Budapest vom 19. bis 23. April 1971	1971	IV	225
Wirtschaftshistorische und agrarökonomische Preisaufgaben der deutschen Akademien der Wissenschaften im 18. Jahrhundert. Überblick und Tendenzen	1972	I	183

Die Entwicklung der Landwirtschaft unter den Bedingungen der Industriellen Revolution und der wissenschaftlich-technischen Revolution im Kapitalismus und Sozialismus. II. Kolloquium der Wirtschaftshistoriker der DDR und der VR Ungarn vom 7. bis 10. September 1971 in Quedlinburg	1972	I	225
Einige Aspekte der Viehhaltung im ausgehenden 18. Jahrhundert. Eine Analyse aufgrund von Preisschriften der Preußischen Akademie der Wissenschaften über die Einführung der Stallfütterung aus dem Jahre 1788	1972	III	77
Müller, Harald			
Der Rathenower Bauarbeiterstreik von 1885 und die Berliner politische Polizei	1972	III	63
Musiolek, Peter			
Griechische Vorstellungen vom historischen Progreß durch menschliches Tun	1971	II	83
Nagel, Hans-Jürgen			
Die Einbeziehung der Betriebe mit staatlicher Beteiligung in die sozialistische Planwirtschaft beim Aufbau der entwickelten sozialistischen Gesellschaft in der Deutschen Demokratischen Republik	1972	II	229
Neumann, Gerd			
[Rez.] Probleme einer Geschichte der Wirtschaftspolitik der SED. Einige Bemerkungen zu Hans Müller/Karl Reißig: Wirtschaftswunder DDR. Ein Beitrag Geschichte der ökonomischen Politik der Sozialistischen Einheitspartei Deutschlands	1969	IV	229
Das Chemieprogramm der DDR	1972	II	241
Niebyl, Karl H.			
[Rez.] Ein Beitrag zur Genesis des amerikanischen Kapitalismus	1968	IV	241
Über Wesenszüge in der antiken griechischen Denkweise und ihr Verhältnis zu der Denkweise in der westlichen Welt des 20. Jahrhunderts. Ein Beitrag zur Diskussion	1969	III	171
Niederhauser, Emil			
Zur Typologie der Agrarstruktur Osteuropas [Die Entwicklung der Landwirtschaft unter den Bedingungen der Industriellen Revolution und der wissenschaftlich-technischen Revolution im Kapitalismus und Sozialismus. II. Kolloquium der Wirtschaftshistoriker der DDR und der VR Ungarn vom 7. bis 10. September 1971 in Quedlinburg]	1972	IV	211

Nussbaum, Helga

Versuche zur reichsgesetzlichen Regelung der deutschen Elektrizitätswirtschaft und zu ihrer Überführung in Reichseigentum 1908 bis 1914	1968	II	117
[Rez.] Sozialgeschichte der Bourgeoisie	1968	IV	299
Zur Imperialismustheorie W. I. Lenins und zur Entwicklung staatsmonopolistischer Züge des deutschen Imperialismus bis 1914	1970	IV	25

Nussbaum, Manfred

[Rez.] Ausbeutung im britischen Kolonialreich	1968	IV	265
Die Entwicklung der Landwirtschaft unter den Bedingungen der Industriellen Revolution und der wissenschaftlich-technischen Revolution im Kapitalismus und Sozialismus. II. Kolloquium der Wirtschaftshistoriker der DDR und der VR Ungarn vom 7. bis 10. September 1971 in Quedlinburg	1972	I	225
[Rez.] Ökonomie, Politik und Kolonialpolitik. Bemerkungen zu Hans-Ulrich Wehler, Bismarck und der Imperialismus	1972	III	215
Was ist die Kolonialpolitik der Monopole? (Noch einmal zum Thema "imperialistische Kolonialpolitik") Bemerkungen zu: Jolanda Ballhaus, Wesen und Charakter der kolonialen Landgesellschaften Ende des 19. Jahrhunderts	1972	IV	173

Obermann, Karl

Zur Rolle der Eisenbahnarbeiter im Prozeß der Formierung der Arbeiterklasse in Deutschland	1970	II	129
Die soziale Zusammensetzung der Bürgerwehr in Köln 1848/49	1970	IV	141
Die Arbeitermigrationen in Deutschland im Prozeß der Industrialisierung und der Entstehung der Arbeiterklasse in der Zeit von der Gründung bis zur Auflösung des Deutschen Bundes (1815 bis 1867)	1972	I	135

Ohlendorf, Kurt

Archivalische Bestandsinformation aus dem Betriebsarchiv des VEB Braunkohlenwerk Nachterstedt zur Geschichte der Monopole und ihrer Verbände in der deutschen Braunkohlenindustrie	1969	II	369
Archivalische Bestandsinformation zur Geschichte der Monopole und ihrer Verbände in der deutschen Kaliindustrie	1970	I	227

Orosz, István

Arbeitskräftenachfrage und -angebot in der ungarischen Landwirtschaft im letzten Drittel des 19. Jahrhunderts [Die Entwicklung der Landwirtschaft unter den Bedingungen der Industriellen Revolution und der wissenschaftlich-technischen Revolution im Kapitalismus und Sozialismus. II. Kolloquium der Wirtschaftshistoriker der DDR und der VR Ungarn vom 7. bis 10. September 1971 in Quedlinburg]	1972	III	197

Otto, Carl

[Rez.] Zur Statistik-Methodologie im Werk von Jürgen Kuczynski. Versuch einer Würdigung aus statistischer Sicht	1968	IV	331

Otto, Elisabeth

Bestände des Betriebsarchivs - Quellen für die Betriebsgeschichtsschreibung eines sozialistischen Großbetriebes für die Zeit nach 1945, dargestellt am Beispiel des VEB Elektro-Apparate-Werke Berlin-Treptow	1970	II	225

Pach, Zs. P.

Zur Geschichte der internationalen Handelswege und des Handelskapitals vom 15. bis 17. Jahrhundert	1969	III	179
Über die Rolle des "Loskaufs". Zum Beitrag von G. Moll [Die Entwicklung der Landwirtschaft unter den Bedingungen der Industriellen Revolution und der wissenschaftlich-technischen Revolution im Kapitalismus und Sozialismus. II. Kolloquium der Wirtschaftshistoriker der DDR und der VR Ungarn vom 7. bis 10. September 1971 in Quedlinburg]	1972	I	293

Pacheco, Francisco

Die Cuban Land and Leaf Tobacco und der politische "caciquismo"	1971	I	253

Pape, Ingeborg

Accola, agricola, cultor und incola als Rechtsbegriffe im frühen und hohen Mittelalter	1970	II	195

Parain, Charles

Zur Problematik der Geschichte der Viehzucht im römischen Reich	1971	II	165

Pazderník, Vladimír

Wirtschafts- und Rechtsfragen in Homers Gedichten	1968	I	333

Pečírka, Jan

Die Landgüter der Milesier	1971	II	55

Perlo, Victor

Marxsche Warenzirkulationsschemata zum staatsmonopolistischen Kapitalismus. Ein Beitrag zur Diskussion	1969	III	201

Peters, Jan

Ostelbische Landarmut - Statistisches über landlose und landarme Agrarproduzenten im Spätfeudalismus (Schwedisch-Pommern und Sachsen	1970	I	97

Petrick, Fritz

"Jugenddienst" und "Jugendschutz" im faschistischen Deutschland	1969	II	143

Petruševski, M. D.

Zum Gesellschaftsaufbau der Mykener. Die mykenische Form wa-na-so-i und ihre Bedeutung	1971	II	49

Pietrzak-Pawłowska, Irena

Zur Problematik der Forschungen über die Geschichte der Industriebetriebe in Polen	1970	I	201

Pigulevskaja, N. V. †

Zur Geschichte des Handels in und durch Südarabien im Altertum. Die historische Bedeutung der Inschrift RES 4337	1971	II	145

Piskol, Joachim

Zur Entwicklung der außenpolitischen Nachkriegskonzeption der deutschen Monopolbourgeoisie 1943 bis 1945	1969	II	329

Plaul, Hainer

[Rez.] Die Bauern im Kapitalismus. Bemerkungen zu der Studie von Jan Šołta, Die Bauern der Lausitz. Eine Untersuchung des Differenzierungsprozesses der Bauernschaft im Kapitalismus	1972	I	301

Pritt, Denis N.

Klassenjustiz in bürgerlichen Staaten	1969	III	215

Pullat, Raimo

Zur historischen Demographie der Städte in der Estnischen SSR	1971	II	255

Purš, Jaroslav

[Rez.] Der Bauernaufstand in Nordböhmen im Jahre 1680 in neuer Sicht. Josef Koči, Odboj nevolníků na Frýdlantsku 1679 - 1689. Příspěvek k povstání nevolníků v Čechách v roce 1680 (Der Widerstand der Leibeigenen im Gebiet Friedland 1679 - 1689. Ein Beitrag zur Geschichte des Aufstandes der Leibeigenen in Böhmen im Jahre 1680)	1968	II	383

Puskás, Julianna

Die Entwicklungstendenzen der landwirtschaftlichen Produktion in Ungarn von der zweiten Hälfte des 19. Jahrhunderts bis zum ersten Weltkrieg. Einige Bemerkungen zu den allgemeinen und regionalen Aspekten der Entwicklung der Landwirtschaft in der ersten Etappe der Industrialisierung. [Die Entwicklung der Landwirtschaft unter den Bedingungen der Industriellen Revolution und der wissenschaftlich-technischen Revolution im Kapitalismus und Sozialismus. II. Kolloquium der Wirtschaftshistoriker der DDR und der VR Ungarn vom 7. bis 10. September 1971 in Quedlinburg]	1972	I	229

Radandt, Hans

Werke Walter Ulbrichts - Quelle für die Betriebsgeschichtsschreibung. Betriebe, Firmen und Konzerne, die in Walter Ulbricht, Zur Geschichte der deutschen Arbeiterbewegung, genannt werden	1968	II	277
Neue Aspekte der Betriebsgeschichtsschreibung	1968	II	305
[Rez.] Forschungsergebnisse für die Betriebsgeschichtsschreibung	1968	IV	339
Beteiligungen deutscher Konzerne an Unternehmungen in der Tschechoslowakei 1938 bis 1945	1969	II	157
Vom Wachsen der Menschen in den Betrieben. Zur Darstellung der ideologischen Überzeugungsarbeit der Betriebsparteiorganisation in Betriebsgeschichten	1969	IV	181
Aus der Betriebsgeschichtsarbeit in der DDR 1968	1969	IV	197
Bestände des Betriebsarchivs - Quelle für die Betriebsgeschichtsschreibung eines sozialistischen Großbetriebs für die Zeit nach 1945, dargestellt am Beispiel des VEB Elektro-Apparate-Werke Berlin-Treptow	1970	II	225
Aus der Betriebsgeschichtsarbeit in der DDR 1969	1970	IV	209
Zum Kapitalexport der imperialistischen Hauptländer bis 1945	1971	IV	37
Der Wirtschaftsberater der deutschen Gesandtschaft in Bratislava - ein Vertreter der Interessen deutscher Konzerne im System des staatsmonopolistischen Kapitalismus	1972	I	75

Der VIII. Parteitag der SED gibt auch der Betriebsgeschichtsschreibung neue Impulse 1972 I 323

Zur Darstellung des sozialistischen Aufbaus in Betriebsgeschichten 1972 II 313

"100 Jahre Deutsche Bank". Eine typische Konzerngeschichte 1972 III 37

Wer gehört im Kapitalismus zum Proletariat? [Strukturprobleme der Arbeiterklasse - wirtschaftshistorische Aspekte] 1972 III 139

Raue, Rudolf

Agrare Betriebsgeschichtsschreibung im Bezirk Suhl. Zweite Arbeitstagung der Arbeitsgemeinschaft "Agrare Betriebsgeschichte" des Bezirkes Suhl 1969 IV 205

Rehbein, Elfriede

Tendenzen der wechselseitigen Bedingtheit in der Entwicklung von Wirtschafts- und Verkehrswesen in den vorkapitalistischen Produktionsweisen und der Periode des Kapitalismus der freien Konkurrenz 1969 III 239

Zur verkehrspolitischen Entwicklung in der Deutschen Demokratischen Republik 1972 II 183

Reishaus-Etzold, Heike

Die Herausbildung von monopolkapitalistischen Lenkungsorganen der Wissenschaft während der Weimarer Republik unter dem Einfluß der Chemiemonopole 1972 III 13

Reißig, Karl

Die historische Bedeutung der II. Parteikonferenz der SED. Die Übergangsperiode vom Kapitalismus zum Sozialismus in der DDR - Bestandteil des revolutionären Weltprozesses 1972 II 11

Le Riverend Brusone, Julio

Über die ökonomische Bedeutung der Revolution von 1868 1969 III 251

Rodnyj, N. I.

Einführungsbemerkungen [zur] Disposition des dreibändigen Werkes: Evolution der Konzeptionen der Wissenschaftsentwicklung 1969 II 313

Rodríguez, Carlos Rafael

Vorwort [zu]
Probleme der Entwicklung einer sozialistischen Landwirtschaft in Kuba (Jürgen Kuczynski) 1971 I 11

Rodríguez, Delfin

Die Cuban Land and Leaf Tobacco Company und der politische "caciquismo" 1971 I 253

Roesler, Jörg			
Gedanken zum Verhältnis von Zentralismus und Demokratie in der Wirtschaftsführung der DDR	1969	III	87
Einige methodologische Probleme der wirtschaftshistorischen Forschung auf dem Gebiet der Planung und Leitung der Volkswirtschaft	1969	IV	27
Planung und Leitung des wissenschaftlich-technischen Fortschritts der DDR in der zweiten Hälfte der fünfziger Jahre	1970	III	41
Bericht über die Tagung der Arbeitsgemeinschaft "Geschichte der ökonomischen Politik der SED"	1970	IV	213
Die Rolle der Planung und Leitung bei der Umgestaltung der privaten Industrie und des Handwerks in der Übergangsperiode	1972	II	213
Rogačevskaja, L. S.			
Probleme der Betriebsgeschichte in der sowjetischen Historiographie von 1963 bis 1967	1968	III	357
Roth, Hermann			
Berliner Opfer der Novemberrevolution 1918/19. Eine Analyse ihrer sozialen Struktur	1968	III	73
Rubinštein, Modest			
Zur Geschichte des wissenschaftlich-technischen Fortschritts in der Sowjetunion	1969	III	255
Rusiński, Władysław			
[Rez.] Rückblick und Analyse zu Roczniki Dziejów Społecznych i Gospodarczych. Annales d'histoire sociale et économique	1968	I	377
Saha, Panchanan			
Einige Probleme der kapitalistischen Entwicklung Indiens im 19. Jahrhundert	1970	I	155
Saito, Gertraud			
Bestände des Betriebsarchivs - Quellen für die Betriebsgeschichtsschreibung eines sozialistischen Großbetriebes für die Zeit nach 1945, dargestellt am Beispiel des VEB Elektro-Apparate-Werke Berlin-Treptow	1970	II	225
Saito, Tsunev			
Bestände des Betriebsarchivs - Quellen für die Betriebsgeschichtsschreibung eines sozialistischen Großbetriebes für die Zeit nach 1945, dargestellt am Beispiel des VEB Elektro-Apparate-Werke Berlin-Treptow	1970	II	225

Sakai, Atsumi

Die Polemik in Japan über das Manuskript von Karl Marx: "Formen, die der kapitalistischen Produktion vorhergehn." Die Beziehungen zwischen Gemeinwesen und präkapitalistischen Formationen	1970	I	39

Schädel, Manfred

Die Entwicklung der VVB Technische Textilien im ökonomischen System des Sozialismus	1969	IV	41

Scheel, Heinrich

[Rez.] Zur Darstellung der deutschen Geschichte 1789 bis 1848	1968	IV	235

Schildhauer, Johannes

Zur Verlagerung des See- und Handelsverkehrs im nordeuropäischen Raum während des 15. und 16. Jahrhunderts. Eine Untersuchung auf der Grundlage der Danziger Pfahlkammerbücher	1968	IV	187
Der Seehandel Danzigs im 16. Jahrhundert und die Verlagerung des Warenverkehrs im nord- und mitteleuropäischen Raum	1970	III	155

Schlette, Friedrich

[Rez.] Marxistische Forschungen zur slawischen Frühgeschichte in der DDR. Bemerkungen zu Germanen - Slawen - Deutsche. Forschungen zur Ethnogenese; Joachim Herrmann, Siedlung, Wirtschaft und gesellschaftliche Verhältnisse der slawischen Stämme zwischen Oder/Neiße und Elbe; Die Slawen in Deutschland; Berichte über den II. Internationalen Kongreß für Slawische Archäologie	1972	III	239

Schlicker, Wolfgang

Arbeitsdienstbestrebungen des deutschen Monopolkapitals in der Weimarer Republik (unter besonderer Berücksichtigung des Deutschen Instituts für technische Arbeitsschulung	1971	III	95

Schmädicke, Jürgen

Zur verkehrspolitischen Entwicklung in der Deutschen Demokratischen Republik	1972	II	183

Schönherr, Siegfried

Zum militärischen Einwirken auf die Wirtschaft im Krieg	1969	II	53

Schroeder, Manfred

Wirtschaftsgeschichte und Prognose. Wissenschaftliches Kolloquium in Halle (Saale)	1968	IV	177

Schröder, Rudolf

Aus der Betriebsgeschichtsarbeit in der DDR 1968	1969	IV	197
Aus der Betriebsgeschichtsarbeit in der DDR 1969	1970	IV	209

Schumann, Wolfgang

Nachkriegsplanungen der Reichsgruppe Industrie im Herbst 1944. Eine Dokumentation	1972	III	259

Schwab, Herbert

[Rez.] "Lange Wellen" als Modell für die Erklärung des Geschichtsablaufs? Bemerkungen zu: Rosenberg, Hans, Große Depression und Bismarckzeit. Wirtschaftsablauf, Gesellschaft und Politik in Mitteleuropa	1968	I	395

Schwarzbach, Helmut

Die Differenzen zwischen dem Verband Sächsischer Industrieller und dem Reichsverband der deutschen Industrie 1931	1971	III	75

Schwarze, Elisabeth

Quellen zur Wirtschafts- und Sozialgeschichte des 18. Jahrhunderts im Bestand Generaldirektorium im Deutschen Zentralarchiv, Historische Abteilung II, Merseburg [Bestandsinformation für den Wirtschaftshistoriker aus dem Deutschen Zentralarchiv Potsdam]	1972	IV	245

Seidl, Helmut

Der Beginn der bewußten planmäßigen Entwicklung der materiellen Interessiertheit in der Kaliindustrie der DDR in den Jahren 1948 bis 1951, dargestellt vor allem am Beispiel der Grubenbetriebe	1969	IV	55
Aus der Betriebsgeschichtsarbeit in der DDR 1968	1969	IV	197
Aus der Betriebsgeschichtsarbeit in der DDR 1969	1970	IV	209

Seifert, Helmut

Die Bedeutung der II. Parteikonferenz der SED für die Aneignung, Anwendung und Entwicklung der Politischen Ökonomie des Sozialismus in der DDR	1972	II	155

Šejnis, V. L.

Lehrplan und methodische Hinweise für das Fach "Politische Ökonomie der Entwicklungsländer	1969	I	111

Selunskaja, N. V.

Sowjetische Erfahrungen bei der Anwendung mathematisch-statistischer Methoden in historischen Untersuchungen	1972	IV	11

Semo, Enrique			
Die Entwicklung des Kapitalismus im Bergbau und in der Landwirtschaft Neuspaniens (1760 bis 1810)	1970	III	85
Smith, Alan			
[Rez.] Wirtschaftsgeschichte Englands	1968	IV	259
Sonnemann, Rolf			
Bemerkungen zu: Heike Reishaus-Etzold, Die Herausbildung von monopolkapitalistischen Lenkungsorganen der Wissenschaft während der Weimarer Republik unter dem Einfluß der Chemiemonopole	1972	IV	191
Štaerman, E. M.			
Die Sklaven in der römischen Landwirtschaft und die Politik der Kaiser	1969	II	289
Die Gemeinde im Römischen Kaiserreich	1970	I	61
Der Klassenkampf der Sklaven zur Zeit des römischen Kaiserreiches	1971	II	149
Staude, Fritz			
Probleme der Betriebsgeschichte bei der Ausbildung von Geschichtslehrern	1968	III	377
Stepanov, Z. V.			
Zu einigen methodologischen und methodischen Grundlagen der Betriebsgeschichtsschreibung (anhand von Leningrader Material)	1971	III	183
Strohbach, Erich			
Zwanzig Jahre demographische Entwicklung in der DDR	1972	II	289
Strube, Wilhelm			
[Vorbemerkung zu] Evolution der Konzeptionen der Wissenschaftsentwicklung	1969	II	309
Stupnickij, I. St.			
Der Leninsche Elektrifizierungsplan und seine internationale Bedeutung. Zum fünfzigsten Jahrestag des GOELRO-Planes	1970	III	11
Szewczyk, Werner			
Probleme der Wirtschaftspolitik der Arbeiterklasse unter Führung der SED in der Periode des Sieges der sozialistischen Produktionsverhältnisse in der DDR (1955/1956 bis 1961/1962)	1972	II	81

Szuhay, Miklós

Die Wirkungen der staatlichen Interventionspolitik auf die landwirtschaftliche Produktion in den dreißiger Jahren des 20. Jahrhunderts, insbesondere am Beispiel Ungarns [Die Entwicklung der Landwirtschaft unter den Bedingungen der Industriellen Revolution und der wissenschaftlich-technischen Revolution im Kapitalismus und Sozialismus. II. Kolloquium der Wirtschaftshistoriker der DDR und der VR Ungarn vom 7. bis 10. September 1971 in Quedlinburg]	1972	III	205

Thal, Peter

Zum wissenschaftlichen Gehalt und sozialen Standpunkt der Theorie des klassischen bürgerlichen Ökonomen Adam Smith	1971	IV	83
Zum 200. Geburtstag von David Ricardo. Ricardos Theorie der komparativen Außenhandelsvorteile	1972	I	21

Thiede, Otmar

Die Verstaatlichung der britischen Eisenbahnen im Rahmen der Verstaatlichungspolitik der dritten Labourregierung 1945 bis 1951	1972	IV	81

Thümmler, Heinzpeter

Zur sozialen Struktur der Ausgewiesenen unter dem Sozialistengesetz (1878 bis 1890)	1971	III	131

Tihanyi, János

Deutsch-ungarische Außenhandelsbeziehungen im Dienste der faschistischen Aggressionspolitik 1933 bis 1944	1972	I	65

Tjul'panov, S. I.

Der staatliche Sektor als zentrale Kategorie der Ökonomik der Entwicklungsländer	1968	II	11
[Rez.] Im Dienste der Arbeiterbewegung	1968	IV	215
Lehrplan und methodische Hinweise für das Fach "Politische Ökonomie der Entwicklungsländer"	1969	I	111
Das Problem der Herausbildung eines nationalen Reproduktionsmechanismus in den Entwicklungsländern. Ein Beitrag zur Diskussion	1969	III	265
Erinnerungen	1969	IV	17
Der staatliche Sektor Indiens: Probleme der Effektivität	1970	IV	105

Vejc, G. M.

Der staatliche Sektor Indiens: Probleme der Effektivität	1970	IV	105

Velkov, Velizar

Bergbau und Hüttenwesen bei den alten Thrakern	1971	II	175

Vetter, Klaus

Die soziale Struktur brandenburgischer Kleinstädte im 18. Jahrhundert, untersucht am Beispiel der landesherrlichen Mediatstädte des ehemaligen kurmärkischen Kreises Lebus 1969 II 225

Voigt, Manfred

Grundlinien der Strukturentwicklung in der Industrie der arabischen Länder und der Einfluß äußerer Faktoren auf diesen Prozeß unter den Bedingungen der wissenschaftlich-technischen Revolution 1972 IV 137

Wächtler, Eberhard

Die bergbauliche Tradition als Bestandteil der antikommunistischen Politik des deutschen Imperialismus seit 1933 1969 III 277

Wagner, Hans

[Rez.] Zu Problemen des staatsmonopolistischen Kapitalismus 1968 IV 285

Walter, Michael

Bestände des Betriebsarchivs - Quelle für die Betriebsgeschichtsschreibung eines sozialistischen Großbetriebes für die Zeit nach 1945, dargestellt am Beispiel des VEB Elektro-Apparate-Werke Berlin-Treptow 1970 II 225

Wandschneider, Hermann

Pläne der deutschen Elektrokonzerne zur "Neuordnung der europäischen Wirtschaft" im zweiten Weltkrieg 1970 IV 219

Weber, Egon

Die Entwicklung der rügenschen Kreideindustrie bis zum ersten Weltkrieg 1970 II 101

Wege, Fritz

Die Anfänge der Herausbildung einer Arbeiterklasse in Südwestafrika unter der deutschen Kolonialherrschaft 1969 I 183

Zur sozialen Lage der Arbeiter Namibias unter der deutschen Kolonialherrschaft in den Jahren vor dem ersten Weltkrieg 1971 III 201

Wehner, Heinz

[Rez] Deutschlands Weg zum Industriestaat. Einige Bemerkungen zu den Veröffentlichungen des Instituts für Wirtschaftsgeschichte der Hochschule für Ökonomie Berlin zu Fragen der industriellen Revolution in Deutschland: Hans Mottek: Wirtschaftsgeschichte Deutschlands. Ein Grundriß. Bd. 2: Von der Zeit der Französischen Revolution bis zur Zeit der Bismarckschen Reichsgründung; Hans Mottek, Horst Blumberg, Heinz Wutzmer, Walter Becker: Studien zur Geschichte der industriellen Revolution in Deutschland; Alfred Schröter, Walter Becker: Die deutsche Maschinenbauindustrie in der industriellen Revolution; Horst Blumberg: Die deutsche Textilindustrie in der industriellen Revolution; Lothar Baar: Die Berliner Industrie in der industriellen Revolution	1969	I	349
Zur verkehrspolitischen Entwicklung in der Deutschen Demokratischen Republik	1972	II	183

Weinberger, Gerda

Die deutschen Konsuln. Ihre Rolle in der ökonomischen Expansion des deutschen Imperialismus vor dem ersten Weltkrieg	1969	II	203
Zum Verhältnis von Profitmaximierung und Profitoptimierung in der imperialistischen Kolonialpolitik (am Beispiel Südafrikas bis 1914)	1971	III	55
Das Victoria-Falls-Power-Projekt der AEG und die deutsche Kapitaloffensive in Südafrika vor dem ersten Weltkrieg. Zur Rolle von Industrie- und Bankkapital in der ökonomischen Expansion und der Entwicklung staatsmonopolistischer Formen	1971	IV	57

Welskopf, Elisabeth Charlotte

Einleitung [zu drei Artikeln zum Thema Gemeinde und Gemeindeeigentum]	1970	I	13

Werner, Ernst

Spätmittelalterlicher Strukturwandel im Spiegel neuer Forschungen: Das italienische Beispiel	1969	I	223
Despotie, Absolutismus oder feudale Zersplitterung? Strukturwandlungen im Osmanenreich zwischen 1566 und 1699	1972	III	107

Wiatrowski, Leszek

Zur Entwicklung des schlesischen Dorfes in der ersten Hälfte des 19. Jahrhunderts	1970	II	253

Autor / Titel	Jahr	Teil	Seite
Widera, Bruno			
Der Ackerbau in der Ruś bis zum Einfall der Mongolen	1969	I	241
Der Ackerbau in der Ruś zur Zeit und nach der Mongolenherrschaft (1235 bis 1500)	1969	II	265
Zur Rolle der Lohnarbeit in neueren sowjetischen Forschungen über den Frühkapitalismus in Rußland	1970	I	257
[Rez.] Neue sowjetische Forschungen zur Geschichte der europäischen Wirtschaftsbeziehungen der Ruś bis zum Mongoleneinfall	1971	III	271
[Rez.] Die russische Kleinindustrie im 17. Jahrhundert. Ein Beitrag zur Genesis des Kapitalismus in Rußland.	1972	IV	223
Wilhelm, Hans-Georg			
Zur Anwendung des Leninschen Genossenschaftsplanes im Agrarbezirk Neubrandenburg von 1952 bis 1960	1971	IV	213
Wimmer, Ruth			
Charakteristika der Berliner Kommunalpolitik in den Jahren der Weimarer Republik, untersucht an der wirtschaftspolitischen Konzeption des Berliner Oberbürgermeisters Gustav Böß (1921 bis 1929)	1969	I	75
Winzer, Helmut			
Probleme zur agraren Betriebsgeschichte, dargestellt am Übergang von der einzelbäuerlichen zur genossenschaftlich-sozialistischen Produktionsweise in der Gemeinde Beyern, Kreis Herzberg, Bezirk Cottbus (1952 - 1964)	1970	I	217
Der sozialistische Wettbewerb in der LPG "Frieden" (Beyern, Kreis Herzberg, Bezirk Cottbus) 1961/1962	1970	IV	185
Zur führenden Rolle der Parteiorganisation bei der Entwicklung der landwirtschaftlichen Produktionsgenossenschaften und ihre Darstellung in der agraren Betriebsgeschichtsschreibung unter besonderer Berücksichtigung des Bezirkes Cottbus	1972	II	137
Woderich, Rudolf			
Über die Rolle des SMA-Befehls Nr. 209 bei der Festigung der demokratischen Bodenreform. Eine Miszelle	1969	IV	193
Wolf, Hanna			
Im Dienste der Arbeiterklasse [Jürgen Kuczynski]	1969	III	7
Wolski, Jósef			
Progressivität und Konservativismus in Sparta und Athen im Zeitalter der Perserkriege	1971	II	77

Zak, S.			
Gemeinde und Gemeindeeigentum in Marx' "Grundrisse der Kritik der politischen Ökonomie"	1970	I	19
Zeise, Roland			
Zur sozialen Struktur und zur Lage der Volksmassen auf dem Lande am Vorabend der Revolution von 1848/49 in Sachsen	1968	I	239
Zilske, Wolfram			
Bestände des Betriebsarchivs - Quellen für die Betriebsgeschichtsschreibung eines sozialistischen Großbetriebes für die Zeit nach 1945, dargestellt am Beispiel des VEB Elektro-Apparate-Werke Berlin-Treptow	1970	II	225
Zoellner, Klaus-Peter			
Seehandel und Handelspolitik der Hanse in der Zeit ihres Niedergangs (1550 bis 1600)	1970	III	221
Zumpe, Lotte			
[Rez.] Frauenfrage und Diskriminierung - Kinderarbeit und moderne Technik	1968	IV	305
Die Textilbetriebe der SS im Konzentrationslager Ravensbrück. Eine Studie über ökonomische Funktion und wirtschaftliche Tätigkeit der SS	1969	I	11
Arbeitsbedingungen und Arbeitsergebnisse in den Textilbetrieben der SS im Konzentrationslager Ravensbrück	1969	II	11
Nach Redaktionsschluß: J. L. Chmel'nickaja (Nachruf)	1969	II	--
"... die einzig wirklich revolutionäre Klasse" [Strukturprobleme der Arbeiterklasse - wirtschaftshistorische Aspekte]	1972	III	131

JAHRBUCH FÜR WIRTSCHAFTSGESCHICHTE

Herausgeber: Institut für Wirtschaftsgeschichte, Akademie der Wissenschaften der DDR.
Erscheint jährlich in vier Teilen mit insgesamt 1 300 Seiten
Akademie-Verlag, DDR-108 Berlin, Leipziger Str. 3/4
Abonnementspreis des Jahrgangs 72,- M (4 Bde.), Einzelpreis des Bandes 20,- M

JAHRBUCH FÜR WIRTSCHAFTSGESCHICHTE

1973 · TEIL IV

AKADEMIE DER WISSENSCHAFTEN DER DDR

INSTITUT FÜR WIRTSCHAFTSGESCHICHTE

Jahrbuch für Wirtschaftsgeschichte

Jahrbuch für Wirtschaftsgeschichte

1973 · TEIL IV

AKADEMIE-VERLAG · BERLIN · 1973

Redaktionsschluß: 15. 3. 1973

Anschrift der Redaktion:
108 Berlin, Clara-Zetkin-Str. 26

Erschienen im Akademie-Verlag, 108 Berlin, Leipziger Straße 3 – 4

Lizenznummer: 202 · 100/87/73
P 130/73
Offsetdruck: VEB Druckerei „Thomas Müntzer", 582 Bad Langensalza/DDR
Bestellnummer: 752 358 9 (2103/73/4) · LSV 0305
Einzelpreis des Bandes 20, – M

Abonnementpreis des Jahrganges 72, – M (4 Bände), Einzelband 18, – M

INHALT

Zu diesem Band 7

ABHANDLUNGEN, STUDIEN, MISZELLEN

B. Puchert — Die Entwicklung der deutsch-sowjetischen Handelsbeziehungen von 1918 bis 1939 11

W. Wilhelmus — Die Bedeutung des schwedischen Eisenerzes für die faschistische Kriegswirtschaft 37

L. Berov — Tendenzen der Reallohnentwicklung in den Balkanländern im Kapitalismus (bis 1944) 57

R. Pfahl — Landarbeiterlöhne und ihre Bewegung vom Anfang des 19. Jahrhunderts bis zum Beginn des ersten Weltkrieges. Eine Studie zur Lage kontraktgebundener Landarbeiter auf den domanialen Pachthöfen des Großherzogtums Mecklenburg-Schwerin 79

K. Obermann — Zur Zusammensetzung einiger Freischaren in der Revolution von 1848/49 125

S. D. Zak — Karl Marx und Friedrich Engels über die "traditionelle" Bauerngemeinde in Rußland und deren Entwicklung nach Aufhebung der Leibeigenschaft 147

L. Ivanov †/K. Tarnovskij — Die sozialökonomische Struktur Rußlands. Das Problem der Mehrbasigkeit 165

Ė. Frolov — Staat und Ökonomie im Lichte schriftlicher Quellen des 4. Jahrhunderts v. u. Z. Zum Traktat des Xenophon "Über die Einkünfte" 175

LITERATURKRITIK

J. Kuczynski — Zur Methodologie der Wirtschaftsgeschichte in den USA. The Journal of Economic History, Bd. 32, 1972 193

W. Poloschek — Zur Wirtschaftsreform in der UdSSR. Bemerkungen zu: Osnovy i praktika chozjajstvennoj reformy v SSSR 195

H. Harnisch — Über die Bedeutung der Bevölkerungsgeschichte als Teil der Wirtschafts- und Sozialgeschichte. Bemerkungen zu: Karlheinz Blaschke, Bevölkerungsgeschichte von Sachsen bis zur industriellen Revolution 205

H.-H. Müller — Albrecht Thaer und die Entwicklung der Agrarökonomie. Betrachtungen zu Volker Klemm/Günther Meyer, Albrecht Daniel Thaer. Pionier der Landwirtschaftswissenschaften in Deutschland; Joosep Nõu, Studies in the Development of Agricultural Economics in Europe 221

B. Töpfer — Neue Publikationen zur Stadtgeschichte der Feudalepoche. Elenchus fontium historiae urbanae, quem edendum curaverunt C. van de Kieft et J. F. Niermejer, Bd. 1; Heinz Stoob, Forschungen zum Städtewesen in Europa, Bd. 1: Räume, Formen und Schichten der mitteleuropäischen Städte. Eine Aufsatzfolge 235

FORSCHUNGSBERICHTE

O. Káňa/N. Pavelčíková — Die Erforschung des Industriegebietes von Ostrava in der Periode des zweiten Weltkrieges. Konzeption, Bedeutung und bisherige Ergebnisse 251

TAGUNGEN, BERICHTE, KONFERENZEN

H. Radandt — Konferenz "Betriebsgeschichte und sozialistische Bewußtseinsbildung", veranstaltet von der Historiker-Gesellschaft der DDR/Fachkommission Betriebsgeschichte 263

BIBLIOGRAPHIEN

Bibliographie wirtschaftsgeschichtlicher Literatur der DDR, 3. Lieferung 269

R. Günther — Bibliographie selbständiger Schriften zur Betriebsgeschichte in der Deutschen Demokratischen Republik (8. Fortsetzung) 283

Autorenverzeichnis 287

Zu diesem Band

Entsprechend der Linie des Jahrbuchs für Wirtschaftsgeschichte bietet auch der vorliegende Band eine breite Palette wirtschaftshistorischer Probleme der verschiedensten historischen Zeiträume, und er liefert wichtige Bausteine für ein historisch-materialistisches Geschichts- und Weltbild.

Puchert und Wilhelmus leiten den Band mit neuen Forschungsergebnissen zur Geschichte des staatsmonopolistischen Kapitalismus ein. Mit dem Beitrag von Puchert wird erstmalig eine zusammenfassende Darstellung der deutsch-sowjetischen Handelsbeziehungen von 1918 bis 1939 vorgelegt. Auch die Behandlung der deutsch-schwedischen Beziehungen im Beitrag von Wilhelmus bereichert die vergleichende wirtschaftshistorische Forschung. Wirtschaftsgeschichtliches Grundlagenmaterial zur Lebenslage werktätiger Schichten, das in reichem Maße in den Beiträgen von Berov und Pfahl enthalten ist, dürfte zu weiteren Vergleichen und Gegenüberstellungen auf diesem Gebiet geeignet sein.

Der Aufgabe, in der Geschichtsforschung durch quantitative Untersuchungen tiefer in Probleme einzudringen und gründlichere Analysen geben zu können, wird Obermann mit seiner Untersuchung über die Zusammensetzung einiger Freischaren in der Revolution von 1848/49 gerecht.

Der folgende, drei Beiträge sowjetischer Autoren umfassende Teil ist Problemen der Entwicklung sozialökonomischer Strukturen gewidmet und greift mit seinen Darlegungen in die gegenwärtigen theoretischen Diskussionen über die Genesis des Kapitalismus und die antike Produktionsweise ein.

Wir freuen uns, in diesem Band wieder eine umfangreiche Rubrik LITERATURKRITIK vorlegen zu können. Während Kuczynski in seinem vor allem methodologisch anregenden Beitrag für eine stärkere Hinwendung zur quantitativen Geschichtsforschung plädiert, gibt uns Poloscheks Rezension Einblick in die praktischen Erfahrungen und theoretischen Schlußfolgerungen sowjetischer Wirtschaftspraktiker über die sozialistische Warenproduktion. Kritisch in der Auseinandersetzung, reich an Problemen und eigenem Gedankengut sind die folgenden Rezensionen, in denen die Kontroverse mit bürgerlichen Geschichtsauffassungen eine bedeutende Rolle spielt.

Unserem besonderen Anliegen, der Betriebsgeschichtsforschung weitere Anregungen zu vermitteln, entspricht der Konferenzbericht Radandts über Betriebsgeschichte und sozialistische Bewußtseinsbildung.

Am Ende des Bandes folgen die entsprechenden Fortsetzungen für die Bibliographie wirtschaftsgeschichtlicher Literatur der DDR (3. Lieferung) wie auch für die von Günther besorgte Bibliographie zur Betriebsgeschichte.

Juni 1973

Abhandlungen,
Studien, Miszellen

DIE ENTWICKLUNG DER DEUTSCH-SOWJETISCHEN HANDELSBEZIEHUNGEN VON 1918 BIS 1939

von Berthold Puchert

Im vorliegenden Beitrag wird eine zusammenfassende Darlegung der Geschichte der deutsch-sowjetischen Handelsbeziehungen in der Zeit zwischen den beiden Weltkriegen versucht. Dabei erlaubt der zur Verfügung stehende Raum nur, die wesentlichen Grundlinien zu zeichnen. Auf viele Einzelheiten muß verzichtet werden, viele Widersprüche können nur angedeutet werden. Doch im Unterschied zur Geschichte der Handelsbeziehungen des kapitalistischen Deutschlands mit anderen Ländern können wir bezüglich der Beziehungen zur Sowjetunion auf eine Reihe zum Teil umfangreicher Werke von DDR-Historikern über einzelne Zeitabschnitte verweisen, in denen zwar die politischen Beziehungen im Vordergrund stehen, die Handelsbeziehungen aber ebenfalls Berücksichtigung gefunden haben.[1]

1918 bis 1921

Nach heftigen Auseinandersetzungen in den eigenen Reihen erreichte Lenin, daß am 4. März 1918 der Friedensvertrag zwischen der RSFSR und dem Deutschen Kaiserreich, der berüchtigte Brester Raubfrieden, unterzeichnet wurde. Lenins Hauptargument, das sich schon einige Monate später glänzend bestätigen sollte, war die Voraussicht, daß der deutsche kai-

1 Anderle, Alfred, Die deutsche Rapallo-Politik, Berlin 1962; derselbe, Die deutsch-sowjetischen Verträge von 1925/26, in: Zeitschrift für Geschichtswissenschaft (im folgenden: ZfG), Nr. 3/1957; Basler, Werner, Deutsch-sowjetische Beziehungen in der Zeit der Weimarer Republik, Berlin 1954; derselbe, Deutsch-sowjetische Beziehungen 1933 - 1939, Berlin 1954; derselbe, Der deutsche Imperialismus und die Sowjetunion - Grundzüge der Außenpolitik Deutschlands gegenüber dem Sowjetstaat 1917 - 1941, in: Juni 1941. Beiträge zur Geschichte des hitlerfaschistischen Überfalls auf die Sowjetunion, Berlin 1961; Klein, Fritz, Die diplomatischen Beziehungen Deutschlands zur Sowjetunion 1917 - 1932, Berlin 1953; Rosenfeld, Günter, Sowjetrußland und Deutschland 1917 - 1922, Berlin 1960; derselbe, Die Rapallo-Partner. Die Sowjetunion im Kampf um die friedliche Koexistenz mit Deutschland 1922 - 1933, phil. Habil.-Schr. Berlin 1965; derselbe, Die Errichtung der faschistischen Diktatur in Deutschland und ihre Auswirkung auf die deutsch-sowjetischen Beziehungen, in: Wissenschaftliche Zeitschrift der Humboldt-Universität Berlin. Gesellschafts- u. sprachwiss. Reihe, Nr. 2/1970, S. 121 - 126; Sammelband Rapallo und die friedliche Koexistenz, Berlin 1963; Sammelbände Die Große Sozialistische Oktoberrevolution und Deutschland, 2 Bde., Berlin 1967 u. a. - Speziell über Wirtschaftsfragen seien u. a. genannt: Rosenfeld, Günter, Sowjetisch-deutscher Wirtschaftsverkehr in der Periode des ersten Fünfjahrplanes, in: Jahrbuch für Geschichte der UdSSR und der volksdemokratischen Länder Europas, Bd. 6, 1962; Münch, Hans, Arbeit und Brot durch sowjetische Produktionsaufträge (1929 - 1932), Berlin 1967; Laser, Kurt, Die Wirtschaftspolitik des deutschen Monopolkapitals gegenüber der UdSSR 1933 - 1936, phil. Diss. Berlin 1971.

serliche Imperialismus bald militärisch, wirtschaftlich und politisch zusammenbrechen und damit auch das Friedensdiktat hinfällig sein werde.[2] Auch die deutschen Imperialisten betrachteten den Friedensvertrag von Brest, so ungeheuerlich er schon war, nicht als endgültig und gewährten dem Vertragspartner nicht die von ihm so dringend benötigte Atempause. Sie begnügten sich nicht mit der Okkupation der im Brester Vertrag genannten Gebiete, sondern trieben die militärische Intervention noch voran.

Daß es sich dabei nicht nur um Aktionen militärischer Stellen handelte, zeigt die Besprechung führender Monopolherren der deutschen Montanindustrie am 16. Mai 1918 in Düsseldorf. Teilnehmer waren Thyssen, Stinnes, Kirdorf, Hugenberg, Vögler, Reusch, Klöckner, Röchling, Poensgen und andere. Aus dem Protokoll dieser Besprechung, das anschließend der Reichsregierung und der Obersten Heeresleitung übermittelt wurde, erfahren wir, daß über die "Behandlung des Geschäfts mit Rußland, der Ukraine, dem Balkan und den sogenannten Randvölkern" beraten wurde. Zur "wirtschaftlichen Erschließung der Ostgebiete" sollten zwei Milliarden Mark, vor allem durch öffentliche Anleihen unter Reichsgarantie, aufgebracht werden. Als Voraussetzung für das Gelingen des Planes bezeichneten es alle Anwesenden, "daß die politische Stellung des deutschen Reiches in den östlichen Gebieten in nachhaltigster und jedenfalls viel weiter gehender Weise verankert werde, als es durch die bisherigen Friedensschlüsse erkennbar sei". Zum Beispiel erklärte man "die dauernde militärische Besetzung der europäischen Zufuhrstraßen" nach Nordrußland sowie der Murmanküste, Finnlands und der Ostseeinseln für "unerläßlich".[3] In einem Schreiben vom 25. Mai 1918 an den Staatssekretär des Reichswirtschaftsamtes verlieh Direktor Bruhn von der Friedrich Krupp AG den Zielvorstellungen der genannten Monopolkapitalisten Ausdruck, als er erklärte, daß "die Vormachtstellung Deutschlands im Osten dauernd zu sichern"[4] sei.

Den wirtschaftlichen Machthabern Deutschlands ging es nicht um reelle Handelsbeziehungen mit der russischen Sowjetregierung, mit der eben erst der Friedensvertrag unterzeichnet worden war, sondern um die militärische Unterwerfung und koloniale Ausbeutung Rußlands.[5] Es ist nicht verwunderlich, daß unter diesen Umständen nicht einmal das Minimum an Handelsverkehr zustande kam, das trotz der durch den Weltkrieg stark geschrumpften wirtschaftlichen Möglichkeiten beider Seiten immerhin denkbar gewesen wäre.

Auch als unter dem Druck der deutschen Novemberrevolution Wilhelm II. abdanken mußte, Deutschland Republik wurde und der militärisch längst schon verlorene Krieg im Westen endete, ging die militärische deutsche Intervention gegen den Sowjetstaat weiter. Unter Duldung und sogar auf Wunsch der Westmächte geschah dies zunächst durch reguläre, aber infolge Kriegsmüdigkeit und revolutionärer Agitation zerfallende Truppen der alten Armee und dann durch die aus freiwilligen Söldnern gebildeten stockreaktionären Freikorps, bis die deutsche Intervention schließlich mit den eigenen Herrschaftsbestrebungen der westeuropäischen Imperialisten im Baltikum in Konflikt geriet und abgebrochen werden mußte.[6] Da die

2 Der Brester Vertrag und die Zusatzverträge vom 27.8.1918 wurden durch den Waffenstillstandsvertrag zwischen Deutschland und der Entente und unabhängig davon am 13.11.1918 durch das Zentralexekutivkomitee der RSFSR annulliert. Vgl. Dokumenty vnešnej politiki SSSR (im folgenden: Dvp SSSR), Bd. 1, Moskau 1957, Dok. 398, S. 565 ff.

3 Deutsches Zentralarchiv, Historische Abteilung I (im folgenden: DZA), Potsdam, Reichswirtschaftsministerium (im folgenden: RWM), Nr. 1139, Bl. 88 f.

4 Ebenda, Bl. 94 - 96.

5 Vgl. auch die deutschen Lebensmittellieferungs-Forderungen, denen die vom Volk schon gestürzte ukrainische Zentralrada im "Friedensvertrag" vom 9. 2. 1918 zustimmte. - Reichsgesetzblatt (im folgenden: RGBl.) 1918, Nr. 107, S. 1010 - 1029.

6 Vgl. dazu u. a. Rosenfeld, Günter, Sowjetrußland und Deutschland, a. a. O., S. 79 ff.; Stenzel, Ernst, Das völkerrechtswidrige Vorgehen des deutschen Militarismus gegen die junge Sowjetmacht 1918/1919, in: Die Große Sozialistische Oktoberrevolution und Deutsch-

deutschen Monopolherren durch die Novemberrevolution nicht entmachtet worden waren, konnten sie auch jetzt wieder als treibende Kraft für die antisowjetische Intervention auftreten. Am 10. Januar 1919 spendeten Kirdorf, Krupp, Stinnes, Vögler und andere Großindustrielle bei einer Besprechung in Essen 500 Millionen Mark für die Finanzierung der Freikorps und anderer konterrevolutionärer Organisationen.[7]

Die Feindschaft zum ersten Staat der Arbeiter und Bauern und die Furcht vor einer wirklichen Revolution in Deutschland nach russischem Beispiel waren aber nur e i n Motiv für die Fortsetzung der deutschen militärischen Intervention. Seit dem November 1918 wirkte nicht minder das Motiv, durch tatkräftige Betonung der gemeinsamen Klasseninteressen die Regierungen der Westmächte zu milderen Friedensbedingungen für Deutschland zu bewegen. Zum Beispiel riet Ludendorffs Nachfolger als Generalquartiermeister, General Groener, Anfang April 1919 dem Leiter der deutschen Waffenstillstandskommission, Minister Erzberger: "Wir müssen insbesondere den Alliierten eindringlichst vor Augen führen, daß eine gemeinsame Front gegen den Bolschewismus nur möglich ist, wenn wir in der polnischen Frage nicht vergewaltigt werden. Wir müssen daher den Alliierten gegenüber bei jeder Gelegenheit um unsere Ostgrenzen von 1914 politisch kämpfen ... Wir können jederzeit sagen, daß wir den Wall gegen den Bolschewismus errichtet haben und eine Gegenleistung fordern, die ich in einer entsprechenden Regelung der polnischen Frage sehen würde."[8]

Diese und ähnliche Spekulationen erwiesen sich aber bald als falsch oder doch zumindest als weit überspannt. Zwar tastete der im Juni 1919 abgeschlossene Versailler Friedensvertrag die wesentlichen inneren Machtgrundlagen des deutschen Imperialismus kaum an und ermöglichte ihm damit, seine Herrschaft über das deutsche Volk aufrechtzuerhalten und sich später zu einem neuen Anlauf zur Erringung der Hegemonie über Europa zu rüsten, doch enthielt er zugleich viele äußerst fühlbare Belastungen, die selbst das Finanzkapital und die Militärkaste hart trafen, auch wenn sich diese beiden Hauptträger des deutschen Imperialismus im Laufe der Zeit dafür direkt und indirekt durch die Volksmassen entschädigen ließen.

Die ideologischen Gemeinsamkeiten, die gemeinsamen grundlegenden Klasseninteressen der Kapitalisten aller Länder erwiesen sich wie schon unmittelbar nach der Errichtung der Sowjetmacht im November 1917, so auch im Sommer 1919 als nicht stark genug, um gegenüber dem ersten proletarischen Staat die Widersprüche zwischen den imperialistischen Mächten zu überbrücken. Diese objektiven Widersprüche und auch die Erfahrung, daß der Sowjetstaat unter den furchtbaren Schlägen, die ihn gerade im Jahre 1919 von allen Seiten trafen, nicht wie ein Kartenhaus zusammenbrach, sondern seine Lebensfähigkeit bewies, bewirkten, daß das offizielle Deutschland im Sommer/Herbst 1919 begann, aus der bei der Beendigung des Weltkrieges zustande gekommenen aktiven antisowjetischen Einheitsfront auszuscheren und im Verhältnis zu Sowjetrußland eigene - durchaus im Interesse des deutschen Kapitals liegende - Wege zu beschreiten.

So wurden nicht nur die deutschen Soldaten aus den Interventionsarmeen zurückgezogen, sondern auch die Forderungen der Entente, den Schiffs-, Waren-, Personen-, Bankverkehr

land, Bd. 2, a. a. O., S. 48 - 51. - Andere schwerwiegende Gründe für den Abzug der "Baltikumer" waren der sowjetische Sieg über die konterrevolutionären Truppen Judeničs, zu denen deutsche Freikorps damals gehörten, und die feindliche Haltung von Teilen des deutschen Volkes, besonders der Arbeiterklasse, gegen die Freikorps.

7 Norden, Albert, Lehren deutscher Geschichte. Zur politischen Rolle des Finanzkapitals und der Junker, Berlin 1947, S. 63.

8 Groener-Geyer, Dorothea, General Groener, General und Staatsmann, Frankfurt (Main) 1955, S. 135, 139. - Später war Groener von 1920 bis 1923 und von 1928 bis 1932 Reichsminister.

mit Sowjetrußland zu unterbinden und den Post- und Telegrafenverkehr zu behindern, also sich an der Blockade gegen Sowjetrußland zu beteiligen, von der deutschen Regierung am 31. Oktober 1919 abgelehnt.[9] Das war ein beachtlicher, ja ein mutiger Schritt, wenn man bedenkt, daß die Entente auch gegenüber den neutralen skandinavischen Staaten nicht vor Gewaltandrohung und -anwendung zurückgeschreckt war, um die lückenlose Blockade Sowjetrußlands durchzusetzen.[10] Die Ablehnung der Forderung der Alliierten, an der Blockade Sowjetrußlands teilzunehmen, war Ausdruck der Enttäuschung darüber, daß die Siegermächte in den Versailler Friedensverhandlungen die Anstrengungen des deutschen Imperialismus zur Unterdrückung der revolutionären Kräfte in der Ukraine, im Baltikum, in Finnland und nicht zuletzt in Deutschland selbst nicht im gewünschten Maße honoriert hatten. In dieser Ablehnung wurde offenkundig, daß die deutsche Regierung zu einer Taktik übergegangen war, über die sie zwar schon seit Monaten intern beraten, deren Praktizierung sie aber aus Furcht vor Repressalien der Westmächte und wegen des - wie sie sicher glaubte - bald bevorstehenden Sieges der russischen Konterrevolution bisher nicht recht gewagt hatte: Sie suchte Möglichkeiten zur Durchbrechung der eigenen internationalen Isolierung zu eröffnen, indem sie als erste Regierung eines imperialistischen Landes - allerdings inkonsequent, zögernd und oft widerstrebend - Ansatzpunkte für die künftige Belebung der Beziehungen mit Sowjetrußland schuf bzw. durch Personen oder Organisationen, deren Beziehungen zu den deutschen Behörden bewußt im dunkeln gelassen wurden, schaffen ließ.[11]

Wenn auch Sowjetrußland im Jahre 1919 fast keinen Außenhandel betreiben und sich deshalb der Beschluß der deutschen Regierung nicht in den Handelszahlen niederschlagen konnte[12], so hatte sie damit doch einen moralischen Vorsprung vor den Konkurrenzländern gewonnen. Es vergingen nur wenige Monate, bis am 16. Januar 1920 der Oberste Rat der Alliierten die Blockade aufhob und die Aufnahme von Handelsbeziehungen zum "russischen Volk"[13] gestattete, als dessen Repräsentanten er nicht die zuständigen Volkskommissariate, sondern nur die Genossenschaftszentrale Centrosojuz anerkennen wollte. Den Anstoß zum Beschluß über die Aufhebung der Blockade gaben britische Kreise[14], die den Vorsprung der deutschen Konkurrenz nicht zulassen wollten, zumal sich in England schon die zyklische Wirtschaftskrise bemerkbar machte.[15]

9 Vgl. u. a. Klein, Fritz, a. a. O., S. 75.

10 Vgl. Dvp SSSR, Bd. 2, Moskau 1958, Dok. 44, S. 56 f., Note der Regierung der RSFSR (Čičerin) vom 2. 2. 1919 an die britische Regierung, dgl. Noten vom 6. 2. 1919 an Dänemark und Schweden.

11 Über einige dieser internen Diskussionen und von Beauftragten bestimmter Interessengruppen mit Wissen der Regierung unternommenen Reisen nach Sowjetrußland zwecks Kontaktaufnahme vgl. u. a. Linke, Horst Günther, Deutsch-sowjetische Beziehungen bis Rapallo, Köln 1970, S. 59 - 64. - Dies ist eine sehr materialreiche Arbeit, deren Autor in den Passagen zur Wirtschaftspolitik auf jede eigene Stellungnahme verzichtet, während er in anderen Abschnitten, besonders bei der Behandlung des Kampfes der deutschen Arbeiterbewegung, durch die Auswahl, Zusammenstellung und Kommentierung der Zitate den Eindruck zu erwecken sucht, als ob sich die Sowjetregierung ständig in die inneren Angelegenheiten Deutschlands eingemischt habe.

12 Vgl. Pavlov, K. P., Rol' gosudarstvennoj monopolii vnešnej torgovli v postroenii socializma v SSSR (1918 - 1937 gg.), Moskau 1960, S. 37 f.

13 Dvp SSSR, Bd. 2, a. a. O., S. 748 Anm. 63.

14 Ebenda, Dok. 216, S. 320, Telegramm des Bevollmächtigten des Volkskommissariats für Auswärtige Angelegenheiten der RSFSR, Litvinov, vom 8. 2. 1920 aus Kopenhagen an den Volkskommissar Čičerin.

15 Nicht unwichtig für das Zustandekommen des Beschlusses des Obersten Rates der Alliierten war auch der Zusammenbruch der konterrevolutionären sog. Nordregierung und die für die Rote Armee relativ günstig gewordene militärische Lage. Als kurz danach die polnische Intervention begann, wurden bestimmte Blockademaßnahmen faktisch fortge-

Indem England am 11. Januar 1920 ein Abkommen mit Sowjetrußland schloß, das in erster Linie die Rückführung von Kriegsgefangenen und Internierten betraf, aber zugleich auch den Weg für erste größere Handelsgeschäfte zwischen beiden Ländern bahnte, hatte es nun seinerseits einen Vorsprung vor der deutschen Konkurrenz erzielt, was wieder in Deutschland die Bestrebungen zur Entwicklung geregelter Handelsbeziehungen mit Rußland forcierte.

Walther Rathenau, langjähriger Präsident des Elektrokonzerns AEG, 1914 Organisator der staatsmonopolistischen Kriegswirtschaft, 1918 führend bei der staatsmonopolistischen Überleitung von der Kriegs- zur Friedenswirtschaft und der Einbeziehung der rechten Führer der Sozialdemokratie in das imperialistische Herrschaftssystem, zweifellos einer der intelligentesten Wirtschaftspolitiker des deutschen Imperialismus, gründete nach mehrmonatigen Vorbereitungen "gegenüber bedeutenden Widerständen" Anfang 1920 eine Studienkommission aus deutschen Wirtschaftsexperten, die die Anknüpfung von Wirtschaftsbeziehungen zu Sowjetrußland vorbereiten sollte.[16] Obwohl in Wirtschaftskreisen der Wunsch und das Drängen nach geregelten Handelsbeziehungen zunahmen, waren die Meinungen doch durchaus nicht einhellig. Ende Januar 1920 klagte Rathenau, die Regierung unter dem sozialdemokratischen Reichskanzler Bauer teile noch nicht seinen Standpunkt, daß Wirtschaftsbeziehungen zu Sowjetrußland angeknüpft werden sollten.[17] Anfang März 1920 entschloß sich dann aber der Auswärtige Ausschuß der Nationalversammlung unter Vorsitz Scheidemanns, des für seine sowjetfeindliche Einstellung bekannten führenden rechten Sozialdemokraten, der Reichsregierung zu empfehlen, der Studienkommission für ihre Reise nach Rußland "Förderung angedeihen lassen zu wollen, um damit die demnächstige Aufnahme der Handelsbeziehungen vorzubereiten."[18] Das änderte jedoch zunächst noch nichts an der zögernden und schwankenden Haltung der verantwortlichen deutschen Regierungsstellen. Immer noch kalkulierten sie mit der Möglichkeit eines baldigen Zusammenbruchs der Sowjetordnung und befürchteten, daß die wieder zur Macht gelangende russische Bourgeoisie der deutschen Reichsregierung die Aufnahme offizieller Beziehungen zum Sowjetstaat verübeln werde. Besonders der wechselhafte Verlauf des polnisch-sowjetischen Krieges bewirkte, daß sie sich zu keiner klaren Entscheidung durchrangen. Zugleich hofften sie nach wie vor, durch Nichtausnutzung der gebotenen Chancen zur Entwicklung des deutsch-sowjetischen Handels die Siegermächte zur Milderung der Reparationsverpflichtungen zu bewegen, eine Hoffnung, die immer wieder enttäuscht wurde. Aus allen diesen Gründen traute sich die Reichsregierung nicht, den von ihr selbst als aussichtsreich erkannten Weg konsequent einzuschlagen.

Erst als ihr nach dem Scheitern aller militärischen Interventionen und unter dem Druck der Nachkriegs-Wirtschaftskrise die britische Diplomatie wieder zuvorgekommen war und am 16. März 1921 ein Abkommen über die Wiederaufnahme der Handelsbeziehungen mit Sowjetrußland geschlossen hatte[19] und auch andere kapitalistische Staaten sich anschickten, im Zusammenhang mit der vom X. Parteitag der Kommunistischen Partei Rußlands verkündeten Neuen Ökonomischen Politik - die mitunter als Rückkehr zum Kapitalismus fehlgedeutet wurde - wirtschaftliche Beziehungen zu Rußland wiederherzustellen, als obendrein noch im Zusammenhang mit dem Londoner Ultimatum die deutsche Einfuhr nach England mit einer fünf-

setzt, einschließlich der Beschießung der sowjetischen Küste durch französische Kriegsschiffe. - Vgl. Dvp SSSR, Bd. 2, a. a. O., verschiedene Dokumente, u. a. Dok. 318, Telegramm des Vorsitzenden der Russischen Handelsdelegation, Krasin, vom 21. 4. 1920 aus Kopenhagen an den Vorsitzenden der Konferenz des Obersten Rates der Alliierten in San Remo.

16 Rathenau, Walther, Briefe. Neue endgültige Ausgabe in 3 Bänden, Bd. 2, Dresden 1930, S. 229, 233.

17 Ebenda, S. 220.

18 Vgl. Klein, Fritz, a. a. O., S. 79.

19 Dvp SSSR, Bd. 3, Moskau 1959, Dok.344, S. 607 - 614.

zigprozentigen Abgabe belegt, Teile des Ruhrgebietes von französischen Truppen besetzt und das besetzte Gebiet durch eine Zollgrenze vom restlichen Deutschland getrennt worden waren, entschloß sich die Reichsregierung endlich, mit Sowjetrußland eine vertragliche Regelung auf Regierungsebene zu treffen, die dann am 6. Mai 1921 unterzeichnet wurde. Im Artikel I dieses "Vorläufigen Abkommens über die Erweiterung des Tätigkeitsgebiets der beiderseitigen Delegationen für Kriegsgefangenenfürsorge" heißt es: "Den beiderseitigen Delegationen werden zur Pflege der Wirtschaftsbeziehungen zwischen ihren Ländern Handelsvertretungen angegliedert."[20]

Diese Abkommen, die Großbritannien und das Deutsche Reich im Frühjahr 1921 mit Sowjetrußland schlossen, müssen als Meilensteine in der Entwicklung der Beziehungen der kapitalistischen Staaten zu Sowjetrußland angesehen werden. Sie sind Ausdruck der objektiven Widersprüche der kapitalistischen Produktionsweise, die innerhalb jedes der beiden Länder (Nachkriegskrise) und zwischen beiden Ländern wie auch zwischen jedem von ihnen und anderen kapitalistischen Ländern (Konkurrenz um den russischen Markt) wirkten. Obwohl die sofortigen Gewinnchancen angesichts des durch den Krieg verursachten Darniederliegens der russischen Volkswirtschaft nicht sehr groß waren, trieben die kapitalistischen Widersprüche doch die beiden genannten Länder, ungeachtet der ideologischen Gegensätze Handelsbeziehungen zum Sowjetstaat herzustellen und die Sowjetregierung de facto anzuerkennen, um auf dem russischen Markt für die Zukunft Vorrang zu genießen.

Für Sowjetrußland hatten die Abkommen mit Großbritannien und dem Deutschen Reich ebenfalls perspektivische, aber mehr als für die Partner auch sofortige Bedeutung. Um die damalige Situation des sowjetischen Außenhandels zu verdeutlichen, müssen wir etwas zurückgreifen.[21]

Der grundlegende revolutionäre Akt der Sowjetmacht auf dem Gebiet des Außenhandels war das Dekret vom 22. April 1918.[22] Wie der sowjetische Historiker Pavlov betont, konnte sich die sozialistische Vergesellschaftung des Außenhandels nicht in der Nationalisierung, das heißt der Ablösung des privaten durch das gesellschaftliche Eigentum, erschöpfen, sondern wegen der besonderen Bedeutung des Außenhandels für die Verwirklichung der Aufgaben der sozialistischen Revolution in Rußland mußte die Nationalisierung durch das staatliche Außenhandelsmonopol ergänzt werden.[23] Das staatliche Außenhandelsmonopol bedeutete, daß jegliche Außenhandelsverhandlungen und -operationen nur von hierzu durch die Sowjetregierung bevollmächtigten Organen durchgeführt werden durften. Diese unterlagen straffer zentraler Führung und Kontrolle. Das Außenhandelsmonopol sollte sichern, daß sämtliche Ein- und Ausfuhren im Einklang mit der planmäßigen Wiederherstellung und Weiterentwicklung der Volkswirtschaft, insbesondere auch mit dem nötigen und möglichen Fortschritt der Produktivkräfte, standen, weil andernfalls die planmäßige Leitung der Produktion, Konsumtion und Akkumulation illusorisch gewesen wäre. Angesichts der feindlichen Umwelt war das staatliche Außenhandelsmonopol die entscheidende Verteidigungswaffe gegen ausländische Versuche, das Sowjetland wirtschaftlich zu durchdringen und zu zersetzen. Neben dieser prinzipiellen Aufgabe hatte das Außenhandelsmonopol des Sowjetstaates auf dem kapitalistischen Weltmarkt selbstverständlich alle erreichbaren Vorteile bei der Preisgestaltung, der Kreditgewährung und anderen Kauf- und Verkaufsbedingungen wahrzunehmen. Für die Außenhandelsfirmen der kapitalistischen Länder wäre es natürlich günstiger gewesen, wenn sie mit vielen schwachen und miteinander in Preis- und Konditionskonkurrenz liegenden russischen Einzelfirmen hätten verhandeln und Verträge abschließen können. Sie wurden deshalb

20 RGBl. 1921, Nr. 75, S. 929 - 932.

21 Für die folgenden Ausführungen vgl. u. a. Korolenko, A. S., Torgovye dogovory i soglašenija SSSR s inostrannymi gosudarstvami, Moskau 1953, Kap. 1, § 1 - 2; Pavlov, K. P., a. a. O., Einleitung u. Kap. 1.

22 Dvp SSSR, Bd. 1, a. a. O., Dok. 143, S. 255 f.

23 Pavlov, K. P., a. a. O., S. 3.

jahrzehntelang nicht müde, gegen diesen Nachteil des sowjetischen Außenhandelsmonopols für ihre Profite zu wettern. Dabei beachteten sie meistens gar nicht, daß das Außenhandelsmonopol ihnen auch Nutzen brachte, vor allem die Sicherheit vor Verlusten, vor jenem Risiko also, das sie beim Verkehr mit kapitalistischen Handelspartnern immer einkalkulieren mußten, da deren Bankrott trotz aller Bonitätsauskünfte nicht mit Sicherheit auszuschließen war. Allerdings konnten sie diesen Nutzen des Außenhandelsmonopols des Sowjetstaates für den ausländischen kapitalistischen Handelspartner nur erkennen, wenn sie dem Sowjetstaat selbst Lebensfähigkeit und sichere Zukunft zubilligten. Und gerade hieran fehlte es lange Jahre hindurch.

So ist es denn auch nicht verwunderlich, daß es in den ersten Jahren der Sowjetmacht keine geregelten Außenhandelsbeziehungen gab, obwohl sich die Sowjetregierung von Anfang an darum bemühte. Außer den Handelsbestimmungen des Brester Diktats, die man schwerlich als Regelung zwischenstaatlicher Handelsbeziehungen anerkennen kann, kam 1918 lediglich eine Kompensationsvereinbarung mit schwedischen Firmen zustande.[24] Von seiten der Westmächte wurde faktisch sofort nach der Machtergreifung der Bolschewiki die Blockade verhängt - unter dem Deckmantel der Blockade gegen Deutschland -, und bald nachdem die Blockade gegen Deutschland 1919 aufgehoben worden war, verhängten die Westmächte die Blockade gegen Sowjetrußland offiziell. So bestand faktisch also seit der Oktoberrevolution eine Blockade gegen die RSFSR, die erst, wie schon erwähnt, im Januar 1920 aufgehoben wurde. Tatsächlich war damit aber das Handelstor zur Außenwelt nur spaltbreit geöffnet worden. Nach den Verheerungen des Weltkrieges und besonders des Bürger- und Interventionskrieges benötigte Rußland dringend Waren aller Art, konnte aber nur wenig Waren für den Export bereitstellen. Da ihnen die ausländischen Kapitalisten damals Kredite grundsätzlich verweigerten, bemühten sich die sowjetischen Handelsorgane, Gold, Holz und Erdöl im Ausland zu verkaufen, um damit ihre Importe zu bezahlen. Doch sofort setzte auf den kapitalistischen Hauptmärkten ein Boykott dieser Waren ein, und konsequenterweise weigerten sich die kapitalistischen Versicherungsgesellschaften, Warenpartien sowjetischer Herkunft zu versichern. Trotz offizieller Aufhebung der Blockade war also Sowjetrußland ein einigermaßen regulärer Außenhandel auch im Jahre 1920 noch verwehrt.

Nichtsdestoweniger gab es Teilerfolge für den sowjetischen Außenhandel. Beim Abschluß des Friedensvertrages mit Estland am 2. Februar 1920 wurde die Errichtung einer Vertretung der RSFSR in Reval (der damals einzigen Auslandsvertretung der RSFSR) vereinbart, die auch Handelsfragen bearbeitete. Über Estland wurden daraufhin - wenn auch mit hohen Mehrkosten - Geschäfte mit westeuropäischen Firmen getätigt. Am 29. März 1920 schlossen in Kopenhagen die sowjetischen und die italienischen Genossenschaften ein Abkommen, das aber praktisch keine Belebung des Handels zwischen beiden Ländern zur Folge hatte. Sehr wichtig war dann das Abkommen, das am 15. Mai 1920 in Stockholm von Vertretern des Centrosojuz unter Leitung Krasins und einer Vereinigung von schwedischen, vor allem metallverarbeitenden Firmen unter Führung der Lokomotivfabrik Nadquist & Holm aus Trolhättan unterzeichnet wurde.[25] Hiermit wurde der erste Durchbruch durch die sogenannte Goldblockade der imperialistischen Großbanken erreicht. Trotz offizieller Proteste der westeuropäischen Staaten bei der schwedischen Regierung nahmen von jetzt an außer schwedischen auch westeuropäische Firmen sowjetrussisches Gold durch Vermittlung schwedischer Firmen zur Bezahlung von Warenlieferungen nach Rußland an. Doch mußte die sowjetische Seite außerordentlich hohe Rabatte in Höhe von 15 bis 20 Prozent, manchmal sogar 25 Prozent vom Goldpreis einräumen. In den folgenden Monaten wurden staatliche Beziehungen der RSFSR zu Litauen (12. 7. 1920), Lettland (Friedensvertrag vom 11. 8. 1920), Finnland (14. 10. 1920) und Polen (Friedensvertrag vom 18. 3. 1921 nach dem Vorfrieden vom 12. 10. 1920) hergestellt. Dabei wurden auch Handelsbeziehungen vereinbart, ohne daß es vorläufig zum Ab-

24 Dvp SSSR, Bd. 1, a. a. O., Dok. 215, S. 341 f.
25 Ebenda, Bd. 2, a. a. O., Dok. 348, S. 516 - 523.

schluß konkreter Handelsverträge kam. Nach diesen Teilerfolgen bildeten die oben genannten Abkommen mit Großbritannien (16. 3. 1921) und dem Deutschen Reich (6. 5. 1921) wirklich einen Markstein. Dies waren ja die beiden traditionellen Haupthandelspartner Rußlands und zudem die ersten zwei imperialistischen Staaten, die auf Regierungsebene mit Sowjetrußland Vereinbarungen über Handelsfragen trafen und durch diese De-facto-Anerkennung der Sowjetregierung den Handelsverkehr auf eine - allerdings noch nicht genügend sichere - Rechtsbasis stellten.

Dabei war das Abkommen mit Großbritannien auch von gar nicht zu überschätzender praktischer Bedeutung für den gesamten sowjetischen Außenhandel. Die sowjetischen Handelsorganisationen durften jetzt nämlich sowjetisches Gold auf dem englischen Markt, dem damaligen Weltzentrum des Goldhandels, frei verkaufen. Sie waren nicht mehr genötigt, den Käufern so riesige Rabatte wie in den vorangegangenen Monaten zu gewähren, und konnten künftig englische Waren direkt auf dem englischen Markt, also billiger, einkaufen. (Selbstverständlich hatten sie auch vorher für die eigene Wirtschaft notwendige englische Produkte gekauft, aber über Zwischenhändler in dritten Ländern oder auch auf noch komplizierteren und kostspieligeren Umwegen.)

Angesichts dieser deutlichen Wandlung der britischen Haltung gegenüber Sowjetrußland brauchte die deutsche Regierung nicht mehr allzuviel Mut aufzubringen, um nun ebenfalls die Handelsbeziehungen zur RSFSR zu regeln. Allerdings müssen wir einräumen, daß die deutsche Regierung unter dem Druck des Versailler Vertrages und des Reparationsregimes nur über eine beschränkte Entscheidungsfreiheit verfügte. Da sie sich im Dienste des Monopolkapitals nicht auf die Volksmassen stützen konnte und von einem entschiedenen Zusammengehen mit Sowjetrußland gegen die Bestrebungen der Westmächte einen Auftrieb der immer noch starken revolutionären Kräfte in Deutschland befürchtete, zog sie es vor, zwischen den Mächten zu lavieren, statt in ihren Beziehungen zu Sowjetrußland einen wirklich entscheidenden Schritt vorwärts zu tun. Als aber Großbritannien - im Gegensatz zu Frankreich und den USA - einen solchen Schritt tat, folgte die deutsche Regierung ohne Zögern, um gegenüber dem englischen Konkurrenten auf dem für den deutschen Handel traditionsreichen und - wie man in deutschen Kapitalistenkreisen aus sehr unterschiedlichen Erwägungen einzusehen begann - zukunftsträchtigen russischen Markt kein Terrain zu verlieren. Mögen die Zukunftsprognosen der Kapitalisten noch so unterschiedlich gewesen sein, sie begriffen, daß gegenwärtig in Rußland die Sowjetregierung herrschte und daß man mit ihr verhandeln mußte.

Frei von Illusionen, nüchtern und doch optimistisch stellte Lenin damals fest: "Es gibt eine größere Kraft als den Wunsch, den Willen und den Beschluß beliebiger feindlicher Regierungen oder Klassen; diese Kraft sind die allgemeinen Verhältnisse der Weltwirtschaft, die sie zwingen, mit uns Beziehungen aufzunehmen."[26]

Den Abkommen mit Großbritannien und dem Deutschen Reich folgten bald ähnliche mit anderen europäischen Staaten. Während vorher jede Handelstransaktion unter dem Risiko stand, daß ehemalige Eigentümer in Rußland nationalisierten Vermögens die sowjetischen Waren und auch die sie transportierenden Schiffe im Ausland beschlagnahmen ließen, existierte nunmehr in fast ganz Europa eine gewisse Rechtsbasis für den Sowjethandel. Doch konnte man diese durchaus noch nicht als normal bezeichnen. Außer im Abkommen mit Norwegen war das sowjetische staatliche Außenhandelsmonopol nirgends direkt anerkannt.[27] Für Strei-

26 Lenin, W. I., Über die Innen- und Außenpolitik der Republik. Bericht des Gesamtrussischen Zentralexekutivkomitees und des Rats der Volkskommissare an den IX. Gesamtrussischen Sowjetkongreß 23. Dezember 1921, in: Werke, Bd. 33, Berlin 1962, S. 138.

27 Über die Auseinandersetzungen, die während der ganzen NÖP-Periode in der Führung der KPdSU über die Festigung oder Lockerung bzw. Aufhebung des staatlichen Außenhandelsmonopols geführt wurden, vgl. Pavlov, K. P., a. a. O., S. 87 - 92; Rosenfeld, Gün-

tigkeiten bei der Abwicklung von Handelstransaktionen war die Jurisdiktion entweder gar nicht geregelt (so in den Abkommen mit Großbritannien und Italien), oder die sowjetische Jurisdiktion war ausdrücklich der Jurisdiktion des Partnerlandes nicht gleichgestellt worden (so in den Abkommen mit Deutschland und Österreich). Die Abkommen enthielten ferner noch keine konkreten Vereinbarungen über Zoll-[28] und andere Handelserleichterungen, die künftigen Handelsverträgen vorbehalten blieben.

1922 bis 1924

Auch nach dem beachtlichen Fortschritt der De-facto-Anerkennung des Sowjetstaates durch zahlreiche europäische Staaten war der Sowjethandel weiterhin diskriminiert und gegenüber den Konkurrenten auf dem Weltmarkt benachteiligt. Eine fühlbare Belebung des Handelsverkehrs setzte die De-facto-Anerkennung der RSFSR voraus. Diese aber wollten die imperialistischen Staaten nur aussprechen, wenn die RSFSR ihnen so weitgehende Zugeständnisse machte, daß sie damit praktisch ihre Existenz als sozialistischer Staat aufgegeben hätte.[29]

Auf der internationalen Wirtschaftskonferenz in Genua im April 1922, wo die alliierten Regierungen diese Forderungen der erstmals eingeladenen sowjetischen Regierungsdelegation präsentierten, prallten zugleich - wie schon so oft in jenen Jahren - die Gegensätze zwischen den imperialistischen Staaten in der Reparationsfrage aufeinander. "Durch die Verflechtung des antagonistischen Widerspruchs zwischen Sozialismus und Kapitalismus mit den interimperialistischen Widersprüchen waren Sowjetrußland und Deutschland auf diese Weise in Genua in eine Sonderstellung geraten. Beide Mächte wurden von den Veranstaltern der Konferenz diskriminiert; man versuchte, sie gegeneinander auszuspielen."[30] Es ergab sich die von Lenin bei der Vorbereitung der Konferenz vorausgesagte Möglichkeit, die interimperialistischen Widersprüche zur Stärkung der internationalen Stellung des Sowjetstaates auszunutzen und mit Deutschland am 16. April 1922 den Vertrag von Rapallo[31] zu schließen, in dem erstmals ein imperialistischer Staat volle diplomatische Beziehungen zur Sowjetrepublik herstellte (Artikel 3). Beide Partner durchbrachen damit die internationale Isolierung, in der sie sich als diskriminierte Staaten seit dem Kriege befanden, und nahmen überdies den Westmächten einen der Hauptansatzpunkte aus der Hand, mit dem diese versucht hatten, sie gegeneinander auszuspielen. Die RSFSR verzichtete nämlich auf alle Reparationsansprüche gegen Deutschland (Artikel 1), die bezüglich Rußlands im Artikel 116 des Versailler Vertrages bewußt einer späteren Regelung vorbehalten worden waren[32], und

ter, Die Rapallo-Partner, a. a. O., S. 59 - 62, und die von ihm genannte sowjetische Literatur.

28 Da während des Bürgerkrieges und der ausländischen militärischen Intervention der sowjetische Binnenwirtschaftsverkehr im Zeichen des Kriegskommunismus auf Naturalbasis abgewickelt wurde und auch der Außenhandel auf Kompensationen beruhte, das sowjetische Zollwesen also praktisch bedeutungslos war, hatten die ausländischen Handelspartner kein Interesse, mit Sowjetrußland über Zollerleichterungen für sowjetische Waren zu verhandeln.

29 In der allen nach Genua eingeladenen Regierungen zugesandten Resolution der Konferenz des Obersten Rates der Alliierten Mächte in Cannes vom 6. 1. 1922 wird ausdrücklich die Vorbedingung gestellt, daß Sowjetrußland alle öffentlichen Schulden und Obligationen anerkennt (also die Zarenschulden übernimmt) und die Konfiskation und Sequestration ausländischen Eigentums rückgängig macht (also die nationalisierten Betriebe an das ausländische Kapital zurückgibt). - DZA Potsdam, Auswärtiges Amt (im folgenden: AA) 65509, Bl. 4 f.

30 Ruge, Wolfgang, Lehrbuch der deutschen Geschichte (Beiträge), Nr. 10: Deutschland 1917 - 1933, Berlin 1967, S. 189.

31 RGBl. 1922, T. II, Nr. 18, S. 677 f.

32 RGBl. 1919, Nr. 140, S. 893.

Deutschland verzichtete darauf, Entschädigungsansprüche für in Rußland nationalisierte deutsche Kapitalien zu erheben - "vorausgesetzt, daß die Regierung der RSFSR auch ähnliche Ansprüche dritter Staaten nicht befriedigt" (Artikel 2). Indem beide Partner vereinbarten, bei grundsätzlichen internationalen Regelungen wirtschaftlicher Fragen sich vorher zu konsultieren (Artikel 5), sagte die deutsche Regierung zu, daß sie sich nicht ohne weiteres an internationalen imperialistischen Erpressungsaktionen beteiligen werde.

Der Rapallo-Vertrag schuf nicht nur allgemein eine bessere Atmosphäre für die deutsch-sowjetischen Wirtschaftsbeziehungen, sondern enthielt im Artikel 4 auch die Festlegung, "daß für die allgemeine Rechtsstellung der Angehörigen des einen Teils im Gebiete des anderen Teils und für die allgemeine Regelung der beiderseitigen Handels- und Wirtschaftsbeziehungen der Grundsatz der Meistbegünstigung gelten soll".[33] Diese Bestimmung war für die Vorbereitung und Durchführung von Handelstransaktionen von großer Bedeutung, da sie Diskriminierungen für unzulässig erklärte. Wenn im Jahre 1922 Deutschland mit 34,1 Prozent am sowjetrussischen Import und mit 18 Prozent am Export und im Jahre 1923 sogar mit 34,5 Prozent am Import und mit 29,8 Prozent am Export beteiligt war, so ist dies gewiß nicht zuletzt darauf zurückzuführen, daß Deutschland das erste große kapitalistische Land war, das volle diplomatische Beziehungen zum Sowjetstaat hergestellt hatte und damit bis zum "Jahr der Anerkennungen" (1924) eine Sonderstellung einnahm.

Der Rapallovertrag reichte aber nicht aus, um in der Praxis den absoluten Umfang des Warenaustausches so zu entwickeln, wie es dem Produktionsstand und dem Warenbedarf - trotz der Folgen des Bürger- und Interventionskrieges sowie der Mißernte in Rußland und trotz der Auswirkungen der Inflation, der Ruhrbesetzung und der Reparationslasten in Deutschland - entsprochen hätte. Dazu bedurfte es eines Handelsvertrages mit konkreten Vereinbarungen, auch über Zoll- und Kreditfragen. Daß so ein Vertrag nicht bald nach Rapallo zustande kam, hatte gewiß mehrere Gründe. Einmal muß man bedenken, daß einflußreiche Kreise der herrschenden Klasse Deutschlands den Rapallovertrag hauptsächlich als ein Instrument für taktische Manöver gegenüber den Westmächten verwenden und die konkrete Ausgestaltung der deutsch-sowjetischen Beziehungen völlig diesen Manövern unterordnen wollten. Es darf auch nicht die Tatsache unterschätzt werden, daß es trotz der recht breiten Zustimmung, die der Rapallovertrag im Reichstag gefunden hatte, sehr massive politische Störmanöver gegen den deutsch-sowjetischen Wirtschaftsverkehr gab, die bis zur politischen Durchsuchung der sowjetischen Handelsvertretung in Berlin und ihrer mehrmonatigen Schließung im Jahre 1924 führten. Hierbei soll man aber nicht übersehen, daß die Wirtschaftsbeziehungen zwischen dem kapitalistischen Deutschland und dem Sowjetstaat stets, auch in späteren Jahren, von mehr oder weniger starken politischen Kräften attackiert wurden, daß sich die am Rußlandhandel interessierten und doch wahrscheinlich nicht kommunistenfreundlichen Wirtschaftskreise aber immer darüber hinwegzusetzen verstanden, wenn ihnen dieser Handel genügend Profit zu versprechen schien und sie nicht schwerwiegende negative Rückwirkungen auf ihre allgemeinen Profitchancen in absehbarer Zeit befürchteten. Natürlich wünschten auch die maßgeblichen Wirtschaftskreise Deutschlands ebenso wie die anderer Länder die Schwächung und, wenn möglich, Abschaffung des Außenhandelsmonopols des sozialistischen Staates. Dafür waren sie halt Kapitalisten. Doch scheinen mir die von Anderle und Rosenfeld hierfür angeführten Belege[34] zugleich auszusagen, daß einflußreiche Kreise gerade der deutschen Wirtschaft solche Forderungen nicht als Conditio sine qua non ansahen, daß sie eher als ihre westeuropäischen oder amerikanischen Konkurrenten die in Rußland entstandenen Realitäten hinzunehmen und daraus das Beste für sich zu machen be-

33 Jedoch erstreckte sich der Grundsatz der Meistbegünstigung nicht auf die Vorrechte und Erleichterungen, die die RSFSR Staaten gewährte, die früher Bestandteil des Zarenreiches gewesen waren.

34 <u>Anderle, Alfred</u>, Die deutsche Rapallo-Politik, a. a. O., S. 59; <u>Rosenfeld, Günter</u>, Die Rapallo-Partner, a. a. O., S. 67 f.

reit waren. Einer konkreten vertraglichen Regelung zur Verwirklichung eines fühlbaren Aufschwungs des Warenaustausches standen damals in Deutschland aber auch beträchtliche objektive Hindernisse im Wege.

Gegen konkrete Zollbindungen zu diesem Zeitpunkt sprach die bis zum 10. Januar 1925 gültige einseitige Meistbegünstigungsklausel des Versailler Vertrages[35], wonach vertragliche Zollbindungen oder andere Begünstigungen einzelner Handelspartner Deutschlands automatisch ohne Gegenleistung allen Kontrahenten des Versailler Vertrages zugute gekommen wären. Diese Klausel bewog die deutsche Regierung, bis zum genannten Zeitpunkt fremden Staaten grundsätzlich keine Zollbegünstigungen vertraglich einzuräumen.

Angesichts der Tatsache, daß die Sowjetunion damals sehr großen Importbedarf, aber nur ein begrenztes Warenangebot für den Export hatte (größtenteils kamen dafür im eigenen Land dringend benötigte Nahrungsmittel in Betracht), war die langfristige Kreditierung der Lieferungen in die Sowjetunion unumgänglich. Diese stieß in Deutschland aber gleich auf mehrere Schranken: zunächst auf die Inflation mit dem Verfall des Kreditwesens und nach der Stabilisierung der deutschen Währung auf das gewaltige Überwiegen der Kreditnachfrage über das Kreditangebot im eigenen Land, was zur Hereinnahme riesiger Kredite aus den USA, Großbritannien und anderen Ländern nach Deutschland führte und selbstverständlich die stärkere Beachtung von Vorbehalten der Kreditgeber gegen deutsche Kredite an die Sowjetunion zur Folge hatte. (Diese Vorbehalte hatten sehr unterschiedliche, ja zuweilen gegensätzliche Motive: Einerseits entsprangen sie der Feindschaft zur Sowjetunion, andererseits Konkurrenzgründen, weil britische Exporteure jetzt nämlich selbst mit Hilfe von Krediten auf dem sowjetischen Markt ihren Absatz zu steigern begannen.)

1925 bis 1928

Nachdem die Westmächte darauf verzichtet hatten, die Gültigkeit der allgemeinen einseitigen Meistbegünstigungsklausel des Versailler Vertrages über den 10 Januar 1925 hinaus zu verlängern[36], begann die deutsche Regierung Ende 1924, mit der Sowjetunion - wie auch mit anderen Ländern - Handelsvertragsverhandlungen zu führen. Diese Verhandlungen kamen am 12. Oktober 1925 zum Abschluß. Ehe wir uns mit dem erreichten Vertrag beschäftigen, müssen wir uns die wirtschaftliche Situation beider Länder, vor allem aber einige Vorgänge der Weltpolitik vor Augen halten, die ganz wesentlich auf den Verlauf der Verhandlungen zwischen Deutschland und der UdSSR einwirkten.

In den Jahren 1924/1925 ging in der Sowjetunion die Periode der Wiederherstellung der Volkswirtschaft zu Ende, und der XIV. Parteitag der Bolschewiki beschloß im Dezember 1925 die sozialistische Rekonstruktion der gesamten Volkswirtschaft, das heißt die umfassende sozialistische Industrialisierung und die Einbeziehung der großen Masse der Bauernwirtschaften in den Prozeß des sozialistischen Aufbaus mittels Genossenschaften.[37] Diese grandiose Aufgabe bot auch dem Außenhandel große Entwicklungsperspektiven, insbesondere dem Warenaustausch mit Ländern wie Deutschland, die Produktionsmittel verschiedenster Art zu liefern vermochten. Schon in der sogenannten Wiederherstellungsperiode hatte sich das Schwergewicht des sowjetischen Imports immer mehr von Konsumgütern, wofür unmittelbar nach den verheerenden Bürger- und Interventionskriegsjahren und infolge einer schrecklichen Dürre, die der landwirtschaftlichen Produktion zusätzlich unermeßlichen Schaden zugefügt hatte, der Bedarf natürlich am dringendsten gewesen war, auf Produktionsmittel verlagert. Diese Tendenz sollte nun planmäßig weitergehen, wobei innerhalb des Produktions-

35 RGBl. 1919, Nr. 140, S. 1073 - 1089.

36 Eine solche Verlängerung hätte gemäß Artikel 280 des Versailler Vertrages spätestens im Januar 1924 vom Rat des Völkerbundes beschlossen werden müssen.

37 Vgl. Berchin, I. B., Geschichte der UdSSR 1917 - 1970, Berlin 1971, S. 301 ff.

mittel-Imports das spezifische Gewicht der Produktionsinstrumente zunehmen sollte. Andererseits war die kapitalistische Konkurrenz um den sowjetischen Markt jetzt größer als einige Jahre zuvor. Während Sowjetrußland im Jahre 1920 nur in 7 Länder exportiert und aus 16 Ländern importiert hatte, wurden 1924/1925 aus 38 Ländern Waren bezogen und in 33 Länder sowjetische Produkte geliefert. Von 1921 bis 1925 hatte der Sowjetstaat 40 Handelsabkommen und -vereinbarungen mit anderen Staaten abgeschlossen.[38] Die Absatzchancen für ausländische Lieferanten, speziell aus Ländern mit entwickeltem Maschinenbau, waren also groß. Welche Länder sie am meisten und am ehesten würden nützen können, hing vor allem von ihnen selbst ab, besonders von ihrer Bereitwilligkeit, die sowjetische Souveränität und Gesetzgebung, insbesondere das staatliche Außenhandelsmonopol, zu respektieren, zu ökonomisch akzeptablen Bedingungen zu liefern und ihrerseits sowjetische Produkte zu kaufen.

Für Deutschland traten, wie schon erwähnt, im Januar 1925 die diskriminierenden Handelsbestimmungen des Versailler Vertrages außer Kraft; es konnte seinen Außenhandel jetzt völlig souverän entwickeln. Nach Überwindung der Inflation und der revolutionären Nachkriegskrise war der deutsche Kapitalismus - wie der Weltkapitalismus überhaupt - in die Periode der relativen Stabilisierung eingetreten und erweiterte mit Hilfe ausländischen Kapitals, besonders der im Dawesplan vorgesehenen Anleihen, seine Produktionskapazität beträchtlich. Angesichts der ebenfalls durch den Dawesplan erfolgten Neuregelung seiner Reparationsverpflichtungen mußte Deutschland bemüht sein, seinen Export gerade auf einen so aufnahmebereiten Markt, wie ihn die Sowjetunion darstellte, zu lenken, wo es auch sein in der begonnenen Aufschwungsphase besonders deutlich zutage tretendes Lebensmittel- und Rohstoffdefizit in erheblichem Maße durch Importe hätte decken können.

Vom ökonomischen Gesichtspunkt bestanden also beiderseits überaus günstige Entwicklungsperspektiven für den Außenhandel zwischen dem Deutschen Reich und der UdSSR. Die herrschenden Kreise des kapitalistischen Deutschlands ordneten jedoch den ökonomischen Gesichtspunkt politischen Erwägungen unter. Das kam während des Jahres 1925 besonders deutlich zum Ausdruck. Wie in der ganzen kapitalistischen Welt waren auch in Deutschland die Spekulationen auf ein Scheitern des sozialistischen "Experiments" in Rußland und die Hoffnungen, durch Erpressung und Diversion die Sowjetwirtschaft, besonders das Außenhandelsmonopol, untergraben zu können, immer noch groß, wenn hier auch - unter dem Druck der wirtschaftlichen Notwendigkeiten und der nach wie vor relativ starken revolutionären Arbeiterbewegung - die Tendenzen zur friedlichen Koexistenz mit dem ersten sozialistischen Staat stärker wirkten als in anderen kapitalistischen Ländern. Diese Tendenzen wurden auch immer wieder genährt durch das Bestreben, bei den Westmächten einen weiteren Abbau des Versailler Systems durchzusetzen, dessen erklärter Gegner - obwohl aus wesentlich anderen Gründen als die herrschende Klasse Deutschlands - die Sowjetunion ja von Anfang an gewesen war. Besonders 1925, aber auch in den folgenden Jahren, versuchte die offizielle deutsche Außenpolitik, in Verhandlungen mit der Sowjetunion ihre Verhandlungen mit den Westmächten und in Verhandlungen mit den Westmächten ihre Verhandlungen mit der Sowjetunion als Atout zu verwenden.

So wurde nach recht dilatorisch geführten Verhandlungen im Rahmen eines breiteren Vertragswerkes das Wirtschaftsabkommen mit der UdSSR am 12. Oktober 1925 unterzeichnet.[39] Das war am Tage vor der Abreise der deutschen Delegation zur Locarno-Konferenz, wo dann der von Stresemann am Jahresanfang vorgeschlagene, aber zunächst von den Westmächten abgelehnte Westpakt recht schnell zum Abschluß gelangte. Wie aus einer internen Aufzeich-

38 Vgl. Čuntulov, V. T., Ekonomičeskaja istorija SSSR, Moskau 1969, S. 237 ff.

39 Näheres über den Gang der Verhandlungen siehe bes. Anderle, Alfred, Die deutsche Rapallo-Politik, a. a. O., S. 101 ff., und Rosenfeld, Günter, Die Rapallo-Partner, a. a. O., S. 191 - 204.

nung hervorgeht, war es der deutschen Regierung darum gegangen, irgendeinen Vertrag mit der UdSSR abzuschließen, und sie spielte mit dem Gedanken, diesen Vertrag - nachdem er seine Wirkung auf die Westmächte getan hätte - nicht zu ratifizieren.[40]

Doch so mächtig, wie es nach Locarno scheinen mochte, war Deutschlands Einfluß auf die Weltpolitik noch nicht wieder. Die in Locarno zum Ausdruck gekommene Haltung der deutschen Regierung, die westlichen, nicht aber die östlichen Grenzen des Reiches als endgültig anzuerkennen, rief berechtigte scharfe Reaktionen bei seinen östlichen Nachbarn hervor. Deshalb entschloß sich die Reichsregierung im Zusammenhang mit dem dann im März 1926 durch den Widerstand Polens, Frankreichs und anderer Staaten mißglückten Versuch Deutschlands, bei seinem Eintritt in den Völkerbund bevorzugt einen ständigen Sitz in dessen Rat zu bekommen, den Vertrag vom 12. Oktober 1925 und damit auch das deutsch-sowjetische Wirtschaftsabkommen am 6. Januar 1926 ratifizieren zu lassen und am 24. April 1926 mit der Sowjetregierung einen von dieser seit langem vorgeschlagenen Neutralitäts- und Freundschaftsvertrag (den sogenannten Berliner Vertrag) abzuschließen.[41] Die genannten Verträge mit der UdSSR bestätigten und festigten die in Rapallo vereinbarten Grundlagen für die Beziehungen zwischen beiden Staaten, die trotz vieler Störungen in den nächsten Jahren für ihr Verhältnis bestimmend blieben und der Wirtschaft beider Länder großen Nutzen brachten.

In ihrem Wirtschaftsabkommen vereinbarten die beiden Regierungen, "die wechselseitigen Handelsbeziehungen auf jede Weise zu fördern, die möglichste Stabilität des Warenverkehrs zu erzielen und den Anteil beider Länder an der gegenseitigen Aus- und Einfuhr nach Maßgabe des Fortschritts des wirtschaftlichen Wiederaufbaus auf das Vorkriegsmaß zu bringen, wobei sie sich vom wirtschaftlichen Gesichtspunkt leiten lassen werden" (Artikel 1). Im Artikel 2 wurden die Rechte und Privilegien der sowjetischen Handelsvertretung in Deutschland definiert. Dabei wurde ausdrücklich festgelegt, daß ihre Aufgabe "die Ausübung des Außenhandelsmonopols" sei. Neben vielem anderen wurden die gegenseitige Meistbegünstigung im Außenhandel (Artikel 11) und die Meistbegünstigung bei der Festsetzung von Zoll- und Abgabenbeträgen (Artikel 26) sowie die baldige Durchführung von Zolltarifverhandlungen (Artikel 32) vereinbart.[42]

Auf die Entscheidung der deutschen Regierung, den Vertrag doch vom Reichstag ratifizieren zu lassen, wirkte neben den erwähnten politischen Erwägungen auch die Zwischenkrise ein, die damals die deutsche Wirtschaft erfaßt hatte. Um die durch den Vertrag eröffneten großen Absatzchancen besser nutzen zu können, erklärte sich die Reichsregierung im Frühjahr 1926 zu einer großangelegten Kreditaktion bereit.[43] Zwar hatte sich der Otto-Wolff-Konzern schon Ende Oktober 1922 vertraglich zur Kreditierung beträchtlicher Warenlieferungen in die Sowjetunion bereit erklärt, und andere deutsche Großunternehmen waren diesem Beispiel gefolgt.[44] Auch hatten Stinnes, die AEG und die Deutsche Bank bereits Ende 1923 ein Garantiekonsortium zur Kreditierung deutscher Lieferungen in die UdSSR in Höhe von einer Million Pfund Sterling für das Jahr 1924 gebildet.[45] Im allgemeinen scheuten die deutschen

40 Vgl. u. a. Anderle, Alfred, Die Große Sozialistische Oktoberrevolution und die Stellung Deutschlands zum Sowjetstaat, in: Die Große Sozialistische Oktoberrevolution und Deutschland, Bd. 1, a. a. O., S. 398.

41 Siehe darüber u. a. Ruge, Wolfgang, Zur Problematik und Entstehungsgeschichte des Berliner Vertrages von 1926, in: ZfG, Nr. 4/1961.

42 RGBl. 1926, T. II, Nr. 1, S. 1 - 59, darin das Wirtschaftsabkommen S. 13 - 32.

43 Über die deutsch-sowjetischen Verhandlungen zur konkreten Gestaltung dieser Aktion vgl. Rosenfeld, Günter, Die Rapallo-Partner, a. a. O., S. 297 - 308, der sich u. a. auf sowjetische Akten stützt.

44 Beispiele dafür, aus Akten des Zentralen Staatsarchivs der Volkswirtschaft der UdSSR entnommen, siehe ebenda, S. 90 ff.

45 Vgl. Helbig, Herbert, Die Träger der Rapallo-Politik, Göttingen 1958, S. 134.

Kapitalisten jedoch davor zurück, der Sowjetwirtschaft Waren auf Kredit, zumal auf längerbefristeten, zu liefern. Deshalb erklärte sich die Reichsregierung im März 1926 bereit, eine dreiunddreißigprozentige Garantie für deutsche Industrielieferungen in die UdSSR bis zur Höhe von 300 Millionen Mark zu gewähren. Für 150 Millionen Mark war die Garantie bis 1928 befristet und für Waren bestimmt, die den Charakter des zusätzlichen Exports tragen mußten. Die Garantie für die übrigen 150 Millionen Mark war bis 1930 befristet und für Warenlieferungen zur Ausrüstung bestimmter sowjetischer Industriezweige (Bergbau, Kokereien, metallverarbeitende Betriebe, Papier- und Zuckerfabriken) bestimmt.[46] Dieser Schritt, der der Exportausweitung der deutschen Industrie diente, ermöglichte der Sowjetunion, die sozialistische Industrialisierung zu beschleunigen. Mit ihm war die Kreditsabotage der kapitalistischen Länder gegen die Sowjetunion durchlöchert. Darin liegt seine bleibende Bedeutung.

Die Kreditgewährung hatte aber noch ein anderes Motiv, das für uns auch aus aktuellen Gründen interessant ist. Der deutsche Außenminister Stresemann erklärte später (1927) auf einem Außenministertreffen kapitalistischer Staaten, das der Koordinierung antisowjetischer Maßnahmen dienen sollte: "Wir haben mit Rußland Kreditverhandlungen geführt und stehen mit ihm in einem regen Güteraustausch. Nicht nur weil wir ihn brauchen, sondern weil ich der Meinung bin, daß es notwendig ist, Rußlands Wirtschaft so eng mit dem kapitalistischen System der westeuropäischen Mächte zu verknüpfen, daß wir dadurch den Weg ebnen für eine Evolution in Rußland, die meiner Meinung nach allein die Möglichkeit gibt, aus Sowjetrußland einen Staat und eine Wirtschaft zu machen, mit der sich leben läßt."[47] Bedenken wir, daß die erste große Kreditaktion kurz nach dem XIV. Parteitag der KPdSU vom Dezember 1925 begann, wo die "neue Opposition" Zinovévs und seiner Anhänger recht aktiv gewesen war, die nach ihrem Zusammenschluß mit den Trotzkisten zu einem Oppositionsblock die sozialistische Industrialisierung ernsthaft gefährdete.

Praktisch gestaltete sich das Kreditverfahren so: Die unmittelbare Kreditvergabe erfolgte durch ein Konsortium von 27 deutschen Banken unter der Führung der Deutschen Bank. Das Reich rediskontierte diese Kredite, sofern ein interministerieller Ausschuß vorher die betreffenden Lieferverträge zwischen Sowjetorgan und deutscher Firma genehmigt hatte. Für die Abwicklung des ganzen Kreditgeschäftes wurde eine besondere Gesellschaft, die Industrie-Finanzierungs-A. G. Ost (IFAGO) gegründet. Die Kreditnehmer, also letzten Endes die sowjetischen Käufer, hatten hohe Zinsen zu zahlen, die sich aus dem Diskontsatz der Reichsbank, 1 Prozent Bankzinsen und 1,9 Prozent Provision zusammensetzten. Im Jahre 1926 machte das zusammen 9,4 Prozent der Kreditsumme aus.[48] Außer den Lieferfirmen und deren Zulieferern sowie den Banken profitierten noch die Versicherungsgesellschaften am "Rußlandgeschäft". Zur Exportförderung wurde damals allgemein die Exportkreditversicherung entwickelt. Sie sollte dazu beitragen, neue Märkte zu gewinnen und Geschäfte mit ausländischen Kunden anzubahnen, über deren Zuverlässigkeit sich die Kreditgeber nicht ganz sicher waren.[49] Praktisch hätte sich aber keine Versicherungsgesellschaft bereitgefunden, ein mit dem letztgenannten Ziel verbundenes ernstliches Risiko einzugehen. Wenn nun ein Vertrag zwischen der Reichsregierung und der Hermes-Kreditversicherungs-A. G. in Frankfurt (Main) als Führerin eines Konsortiums von Versicherungsgesellschaften zustandekam, auf dessen Grundlage diese Versicherungsgesellschaften einen Versicherungsfonds von 5,6 Millionen Mark vornehmlich für Geschäfte mit Baumwolle, Wolle und Rauchwaren be-

46 Kuczynski, Jürgen/Wittkowski, Grete, Die deutsch-russischen Handelsbeziehungen in den letzten 150 Jahren, Berlin 1947, S. 55 - 57.

47 Stresemann, Gustav, Vermächtnis. Der Nachlaß in drei Bänden, Bd. 3, Berlin 1933, S. 151.

48 Kuczynski, Jürgen/Wittkowski, Grete, a. a. O., S. 57.

49 DZA Potsdam, RWM 20339. bes. Bl. 81 - 88, 413 ff.

reitstellten[50], so zeugt das davon, daß sie den Handel mit der UdSSR gar nicht für wirklich riskant hielten, wie es in der Öffentlichkeit damals gern dargestellt wurde.

Die Praxis der folgenden Jahre bestätigte vollauf die Solidität und Zuverlässigkeit der sowjetischen Kundschaft. Die dreiunddreißigprozentige Ausfallgarantie, die das Reich für den Fall übernommen hatte, daß die Sowjetorgane (oder ihre Nachfolger nach einer eventuellen Konterrevolution) die Bezahlung der deutschen Lieferungen verweigern würden, wurde niemals in Anspruch genommen. Da die Sowjetorgane termingerecht die deutschen Lieferungen bezahlten, ist es kein Wunder, daß das hier kurz skizzierte, vom Reich garantierte und für die beteiligten Produktions-, Handels-, Bank- und Versicherungsfirmen recht profitable Kreditverfahren bei Ablauf der ursprünglichen Fristen in der gleichen oder in modifizierter Form weitergeführt wurde. Wie wenig problematisch trotz gegenteiliger, dem Kampf gegen die Kommunisten dienender öffentlicher Propaganda sich der Handel mit der UdSSR wirklich in der Praxis gestaltete, illustriert die Tatsache, daß in den Sitzungsprotokollen des geheimen Handelspolitischen Ausschusses der Reichsregierung (ein Koordinierungsorgan von Vertretern mehrerer Reichsministerien, von dessen Existenz und Tätigkeit öffentlich nichts bekannt werden sollte) das Thema "Rußland" nur noch ein einziges Mal im Jahre 1926 vermerkt ist und auch bei dieser Gelegenheit nur routinemäßig (im Zusammenhang mit der Vorbereitung von Zolltarifgesprächen, die im Vertrag vom Oktober 1925 vorgesehen waren) behandelt wurde.[51] Und Julius Curtius, von 1926 bis 1929 Reichswirtschaftsminister und anschließend bis 1931 Reichsaußenminister, sagt über sämtliche Kreditaktionen für Exporte in die Sowjetunion in seinen Memoiren zusammenfassend ganz eindeutig: "Nie ist ein Verlust eingetreten. Und die deutsche Industrie hat an den Russengeschäften viel verdient."[52]

Die Bemühungen der britischen Diplomatie im Jahre 1927, die deutsche Regierung in eine feste antisowjetische Front der kapitalistischen Staaten einzubeziehen und zum Abbruch der Handelsbeziehungen zur UdSSR zu bewegen, fanden in Berlin letztlich nicht die gewünschte Resonanz. Im Jahre 1928 verhandelten Deutschland und die Sowjetunion über die weitere Verbesserung der Wirtschaftsbeziehungen, was, nachdem auf die Ausnutzung aktueller Schwierigkeiten der sowjetischen Volkswirtschaft (ernstlicher Rückgang des Marktgetreideaufkommens) gerichtet, in ihrer Maßlosigkeit aber irreale deutsche Forderungen (Abschaffung des Außenhandelsmonopols) zeitweilig größte Gefahren für die Fortsetzung des Handels heraufbeschworen hatten, schließlich im Dezember 1928 zur Unterzeichnung eines Wirtschaftsprotokolls als Ergänzung des Wirtschaftsabkommens vom Oktober 1925 und im Januar 1929 zum Abschluß eines Schlichtungsabkommens führte.[53]

Im Oktober 1928 gründeten der "Reichsverband der Deutschen Industrie", der "Deutsche Industrie- und Handelstag", der "Zentralverband des deutschen Bank- und Bankiergewerbes" und der "Deutsch-russische Verein zur Pflege und Förderung der gegenseitigen Handelsbeziehungen" unter Führung des erstgenannten Spitzenverbandes der deutschen Industriellen eine Arbeitsgemeinschaft mit dem Namen "Rußlandausschuß der deutschen Wirtschaft".[54]

Obwohl im Rußlandausschuß immer wieder Spekulationen auf einen Zusammenbruch der Sowjetwirtschaft angestellt wurden (man bedenke, der Beginn der Tätigkeit des Ausschusses fiel in die Zeit, als in der UdSSR gerade die Ziele des ersten Fünfjahrplanes fixiert wurden,

50 Kuczynski, Jürgen/Wittkowski, Grete, a. a. O.

51 DZA Potsdam, RWM 20373, Bl. 123 (Sitzung v. 5. 8. 1926).

52 Curtius, Julius, Sechs Jahre Minister der deutschen Republik, Heidelberg 1948, S. 29.

53 Über die starken Schwankungen in der Haltung zum Wirtschaftsverkehr mit der Sowjetunion und die Widersprüche, die dabei innerhalb des deutschen Monopolkapitals und der deutschen Regierung auftraten, vgl. Rosenfeld, Günter, Die Rapallo-Partner, a. a. O., S. 365 - 380.

54 Ausführlich über den Rußlandausschuß siehe Höhne, Günter, Der Rußland-Ausschuß der deutschen Wirtschaft, Jena 1968 = Jenaer Beiträge zur Parteiengeschichte, Nr. 24.

die für kapitalistische Gehirne einfach phantastisch und irreal wirken mußten), war seine praktische Tätigkeit doch vornehmlich auf die profitable Nutzung und möglichst Erweiterung der bestehenden Beziehungen zur Sowjetwirtschaft gerichtet. Die Bildung dieses Ausschusses im Jahre 1928, als der deutsche Export auch in kapitalistische Länder florierte und trotz bereits wachsender Arbeitslosenzahlen noch kein Kapitalist mit einer neuen Krise rechnete, zeugt davon, daß die maßgeblichen deutschen Industriekreise die Handelsbeziehungen mit der UdSSR für absehbare Zeit doch als günstig und entwicklungsfähig ansahen. Der Ausschuß, dessen Vorsitz Direktor Hans Krämer (Mitglied des Präsidiums und des Vorstandes des Reichsverbandes der Deutschen Industrie) übernahm und in dessen Leitung die großen Monopole unter sich waren, versuchte mit Hilfe der Reichsregierung die Regulierung des ganzen Handelsverkehrs mit der Sowjetunion in seiner Hand zu konzentrieren. Motiv dazu war nach außen das Bestreben, dem staatlichen Außenhandelsmonopol der UdSSR gewissermaßen ein Zentralmonopol des deutschen Kapitals für den Handel mit der Sowjetunion gegenüberzustellen. Dabei darf aber das Motiv nach innen nicht übersehen werden, nämlich das Bestreben, die Konkurrenz kleinerer Firmen, die bisher durch preisgünstigere Offerten den Großunternehmen manchen Lieferauftrag streitig gemacht hatten, einzuschränken, also den Handel mit der UdSSR noch profitabler für die Großunternehmen zu gestalten.

Betrachten wir nun die Handelsstatistik für den bisher behandelten Zeitraum. Obwohl es auch für die Jahre 1918 bis 1923 amtliche und andere Zahlen gibt, verzichte ich auf ihre Wiedergabe, weil auch bei genauester Berechnung, zum Beispiel über die damals relativ stabile US-Dollarwährung, so viele Vorbehalte aufgrund der herrschenden wirtschaftlichen und politischen Verhältnisse gemacht werden müßten, daß jegliche Zahlenangabe meines Erachtens irreal ist.

Deutschlands Einfuhr aus der UdSSR[55]

	1924	1925	1926	1927	1928
Absoluter Betrag (in Mio RM)	141	230	323	433	379
Anteil am deutschen Gesamtimport (in %)	1,6	1,9	3,2	3,1	2,7
Rang der UdSSR unter allen Lieferländern Deutschlands	15.	16.	10.	10.	11.

Deutschlands Ausfuhr in die UdSSR

	1924	1925	1926	1927	1928
Absoluter Betrag (in Mio RM)	89	250	266	330	403
Anteil am deutschen Gesamtexport (in %)	1,4	2,9	2,5	3,1	3,3
Rang der UdSSR unter allen Abnehmerländern Deutschlands	23.	12.	13.	13.	12.

Deutschlands Anteil am Außenhandel der UdSSR (in %)

	1924	1925	1926	1927	1928
Anteil am Import	21,1	16,4	24,6	26,0	24,6
Anteil am Export	16,1	18,1	18,0	23,3	23,6

55 Diese und alle folgenden Statistiken wurden, falls nichts anderes vermerkt ist, von mir aufgrund verschiedener Jahrgänge des Statistischen Jahrbuchs für das Deutsche Reich zusammengestellt.

Deutschlands Rang unter den Handelspartnern der UdSSR[56]

	Sowjet-Import	Sowjet-Export
Wirtschaftsjahr 1924/1925	3.	2.
Wirtschaftsjahr 1925/1926	1.	2.
Wirtschaftsjahr 1926/1927	1.	2.
Wirtschaftsjahr 1927/1928	1.	1.

Während die deutsche Einfuhr aus der UdSSR im Jahre 1928 wertmäßig ungefähr 269 Prozent (im Jahre 1927 sogar 307 Prozent) des Niveaus vom Jahre 1924 ausmachte, wuchs die deutsche Ausfuhr in die UdSSR bis zum Jahre 1928 auf 453 Prozent des Standes vom Jahre 1924.

Aus den deutschen Statistiken ergibt sich, daß die Handelsbilanz in den Jahren 1924, 1926 und 1927 aktiv für die UdSSR und in den Jahren 1925 und 1928 aktiv für Deutschland war. Rechnet man die Einfuhr- und die Ausfuhrsummen der fünf Jahre jeweils zusammen, so ergibt sich ein Aktivsaldo von ungefähr 170 Millionen Mark zugunsten der Sowjetunion, und dies, obwohl beim damaligen Entwicklungsstand der Sowjetwirtschaft von dort fast ausschließlich landwirtschaftliche Produkte und industrielle Rohstoffe, also relativ billige Waren, nach Deutschland kamen, während umgekehrt überwiegend hochwertige und relativ teure Produktionsinstrumente und Fertigerzeugnisse verschiedenster Art geliefert wurden. Die sowjetischen Zahlen[57] weichen zwar beträchtlich von den deutschen amtlichen Daten ab und ergeben (mit Ausnahme des Wirtschaftsjahres 1926/1927) für Deutschland aktive Bilanzsalden, doch zeugen auch sie von einer ganz erheblichen Steigerung der Umsätze mit Deutschland, bei gleichzeitigem starkem Schwanken und Absinken der sowjetischen Import- und Exportbeträge gegenüber den USA und Großbritannien.

1929 bis 1932

Zeugen schon die statistischen Zahlen für die Jahre 1924 bis 1928 von einer Aufwärtsbewegung des deutsch-sowjetischen Handelsverkehrs, so wurde der quantitative und vor allem qualitative Höhepunkt während der kapitalistischen Weltwirtschaftskrise erreicht. Der New Yorker Börsenkrach vom 29. Oktober 1929 wirkte sich besonders schnell und stark auf den infolge der Auslandsanleihen und -kapitalanlagen besonders eng mit dem nordamerikanischen Kapital verbundenen deutschen Markt aus.

In dieser Zeit wurde erstmalig für die ganze Welt die Überlegenheit der sozialistischen über die kapitalistische Produktionsweise deutlich sichtbar: Die Sowjetwirtschaft entwickelte sich frei von zyklischen Krisen! Natürlich blieb der sowjetische Außenhandel, der ja damals ausschließlich mit kapitalistischen Ländern vor sich ging, von der Weltwirtschaftskrise nicht unbeeinflußt. Angesichts der ersten Ergebnisse der sozialistischen Industialisierung und des wachsenden Getreidebedarfs im eigenen Lande war zwar der Anteil landwirtschaftlicher Produkte an den sowjetischen Ausfuhrwaren prozentual zurückgegangen. Getreide nahm aber gemeinsam mit Holz immer noch die Spitzenposition ein. Gerade für Getreide und andere landwirtschaftliche Waren sanken die Weltmarktpreise besonders stark. Diese Verluste für den sowjetischen Export wurden durch die geringere Verbilligung der Importe, besonders von Produktionsinstrumenten, nicht wettgemacht. Um den gleichen Erlös auf dem Weltmarkt zu erzielen, benötigten die sowjetischen Außenhandelsorgane größere Mengen Getreide als zu-

56 Aufgrund der Tabelle bei Kuczynski, Jürgen/Wittkowski, Grete, a. a. O., S. 60, die sich auf Die Volkswirtschaft der UdSSR (Bulletin der Handelsvertretung der UdSSR in Deutschland), Nr. 13/1928, stützt; von mir verglichen mit Vnešnjaja torgovlja SSSR. Statističeskij sbornik 1918 - 1966, Moskau 1967, Tab. 1.

57 Vgl. ebenda.

vor, was die ohnehin in diesen Jahren angespannte Lage in der Getreidebeschaffung noch zuspitzte. So erfuhr der Klassenkampf im sowjetischen Dorf durch die Einwirkungen der kapitalistischen Weltwirtschaftskrise eine zusätzliche Verschärfung. Da aber der Außenhandel selbstverständlich nur einen Bruchteil der Umsätze der sowjetischen Volkswirtschaft ausmachte, konnten die Einwirkungen der kapitalistischen Weltwirtschaftskrise den allgemeinen stürmischen Aufschwung der Sowjetwirtschaft nicht wesentlich beeinträchtigen. Umgekehrt bildeten besonders in den Jahren 1930 bis 1932 Exporte in die Sowjetunion für nicht wenige Industriebetriebe Deutschlands, aber auch anderer Länder, in gewissem Maße einen Rettungsanker.[58]

Lassen wir zunächst statistische Zahlen sprechen:

Deutschlands Einfuhr aus der UdSSR

	1929	1930	1931	1932
Absoluter Betrag (in Mio RM)	426	436	304	271
Anteil am deutschen Gesamtimport (in %)	3,2	4,2	4,5	5,8
Rang der UdSSR unter allen Lieferländern Deutschlands	9.	5.	5.	3.

Deutschlands Ausfuhr in die UdSSR

	1929	1930	1931	1932
Absoluter Betrag (in Mio RM)	354	431	763	626
Anteil am deutschen Gesamtexport (in %)	2,6	3,6	7,9	10,9
Rang der UdSSR unter allen Abnehmerländern Deutschlands	13.	11.	4.	2.

Deutschlands Anteil am Außenhandel der UdSSR (in %)

	1929	1930	1931	1932
Anteil am Import	22,1	23,7	37,2	46,5
Anteil am Export	23,3	19,9	15,9	16,7

Während also die deutsche Einfuhr aus der UdSSR im schlimmsten Krisenjahr 1932 um 28 Prozent niedriger als im Jahre 1928 und sogar um 36 Prozent niedriger als im Jahre 1929 lag, stieg ihr Anteil am insgesamt sinkenden deutschen Import auf über bzw. fast das Doppelte. Die deutsche Ausfuhr in die UdSSR jedoch übertraf im Jahre 1932 den Stand von 1928 um 55 Prozent und den Stand von 1929 um 77 Prozent. Zur gleichen Zeit lag die deutsche Ausfuhr nach den Niederlanden um 51 Prozent, nach Großbritannien um 66 Prozent und nach Frankreich um 48 Prozent unter dem Niveau von 1929.

Wenn auch der Umfang des deutschen Exports in die Sowjetunion wegen der territorialen und gesellschaftlichen Veränderungen nicht ohne weiteres mit dem Vorkriegsniveau vergleichbar ist, so mag zur Illustration doch angeführt werden, daß der deutsche Export in die UdSSR im Spitzenjahr 1931 wertmäßig rund vier Fünftel des deutschen Exports ins Russische Reich im Jahre 1913 betrug. Während allerdings die deutsch-russische Handelsbilanz im Jahre 1913 stark aktiv für Rußland war, finden wir in den Jahren 1931 und 1932 einen stark passiven Saldo für die Sowjetunion, der - großenteils krisenbedingt, aber auch

58 Siehe hierzu auch Münch, Hans, Die Bedeutung der sowjetischen Aufträge an die sächsische Werkzeugmaschinenindustrie in der Zeit der Weltwirtschaftskrise 1929 bis 1932, in: Jahrbuch für Wirtschaftsgeschichte 1965, T. 4, S. 54 - 76.

auf die schon seit Jahren betriebene wütende Agitation besonders der Junker gegen Agrarimporte zurückzuführen - die weitere Erhöhung der deutschen Ausfuhr in die UdSSR behinderte.

Den Wert des sowjetischen Marktes begriffen die führenden deutschen Monopolkapitalisten sehr gut. Als im Jahre 1931 der Botschafter der UdSSR in Berlin anfragte, welche führenden deutschen Industriekapitäne eine Einladung der Sowjetregierung zum Besuch in Moskau und Leningrad annehmen würden, erklärten sich trotz ihrer starken Inanspruchnahme durch die wirtschaftliche und politische Situation in Deutschland und durch Konferenzen mit anderen kapitalistischen Ländern folgende maßgeblichen deutschen Industriellen zur Reise in die Sowjetunion bereit[59]: Dr. Conrad von Borsig, Dr. Peter Klöckner, Richard Buz (Vorsitzender des Vorstandes der MAN), William Busch (Vorsitzender des Aufsichtsrates der Linke-Hofmann-Busch-Werke), Dr. Walter Borbet (Generaldirektor der Vereinigte Stahlwerke A. G., Abteilung Bochumer Verein), der Kleineisen-Industrielle Paul Hager (Remscheid), Siegmund Hirsch (Hirsch-Kupfer- und Messingwerke), Dr. Arthur Klotzbach (Mitglied des Direktoriums der Friedrich Krupp A. G.), Dr. Karl Köttgen (Generaldirektor der Siemens-Schuckertwerke A. G.), Franz Krahé (Teilhaber der Firma Otto Wolff), Josef Meyer-Etscheit (Direktor der Gutehoffnungshütte), Hermann Noé (Generaldirektor der Schiffswerft Schichau GmbH, Elbing), August Pfeffer (Generaldirektor der AEG, Abteilung Rußland), Dr. Rudolf Plass (Vorstandsmitglied der Metallgesellschaft A. G., Frankfurt/Main), Dr. Ernst Poensgen (Generaldirektor der Vereinigte Stahlwerke A. G., Düsseldorf), Dr. Reinecker (Generaldirektor der Firma J. G. Reinecker, Chemnitz), Dr. Wolfgang Reuter (Generaldirektor der DEMAG) und nicht zuletzt Dr. Albert Vögler (Vorsitzender des Vorstandes der Vereinigte Stahlwerke A. G.). Faktisch waren also die ganze deutsche Schwer- und elektrotechnische Großindustrie und der Maschinenbau vertreten.[60]

Während das zentrale sozialdemokratische Presseorgan "Vorwärts" gehässige antisowjetische Kommentare und widerliche, aber zugleich einander widersprechende Karikaturen veröffentlichte[61], schrieb das Zentralorgan der KPD "Die Rote Fahne" am 27. Februar 1931 ohne Übertreibung: "Für sie (die Arbeiter - B. P.) ist die Bittfahrt der Borsig und Klöckner nach Moskau ein eigentümlicher Ausdruck des Triumphes des Sozialismus über den Kapitalismus."

Neben den großen Empfängen der Sowjetregierung und der deutschen Botschaft fanden bei allen weltanschaulichen und politischen Gegensätzen, die dabei keineswegs ignoriert wurden, sachliche Beratungen zwischen sowjetischen Wirtschaftsorganen und den deutschen Großindustriellen statt. Wie sich aus verschiedenen Ausführungen des Vorsitzenden des Obersten Volkswirtschaftsrates der UdSSR, G. K. Ordžonikidze, ergibt, ging es der Sowjetunion nicht nur um eine Erhöhung der Lieferungen deutscher Produktionsmittel, sondern darum, die Bestellungen und Lieferungen mehr zu systematisieren und über einen längeren Zeitraum hinweg zu stabilisieren. Dieser Wunsch hing mit dem Übergang zur langfristigen Planung in der UdSSR zusammen, und seine Verwirklichung hätte natürlich auch auf die beteiligten deutschen Industriewerke stabilisierend wirken können. Während der Krise konnte der Nutzen eines langfristigen Bestellprogramms für die deutsche Industrie sogar größer als für die Sowjetunion sein, weil sich die UdSSR durch ein solches Programm in gewissem Grade die Hände band, indem sie auf den Vorteil verzichtete, plötzlich in anderen kapitalistischen Ländern auftretende Preissenkungen dann ohne weiteres ausnützen zu können.

59 DZA Potsdam, AA 64226, Bl. 56, 111.

60 Der Reichsverband der Deutschen Industrie wollte auch die IG Farbenindustrie AG in der Delegation vertreten haben, erhielt aber von dieser keine Zusage (ebenda, Bl. 58). Man muß bedenken, daß die IG Farben über eigene Verbindungen zu den zentralen Sowjetbehörden verfügte, nicht zuletzt über den deutschen Botschafter in Moskau.

61 Besonders am 26. 2., 27. 2. u. 8. 3. 1931.

Ordžonikidze bezeichnete sein Angebot, ein langfristiges Bestellprogramm zu vereinbaren, als "schweres Opfer", zu dem sich die Sowjetregierung nach langem Schwanken nur im Interesse der beträchtlichen Vergrößerung des Umfanges der Bestellungen entschlossen habe. Vorbehaltlich gründlicher Detailverhandlungen nannte Ordžonikidze den Betrag von 1,5 bis 2,5 Milliarden Mark, für die er innerhalb von drei Jahren Bestellungen nach Deutschland vergeben könne. "Wir können also mindestens den Jahresbetrag der Bestellungen an die deutsche Industrie verdoppeln und vielleicht noch bedeutendere Zahlen erreichen."[62] Verständlicherweise erwartete die sowjetische Seite, daß die deutsche Industrie das ihr angebotene Bestellprogramm durch verbesserte Kreditbedingungen und eventuell auch durch günstigere Preise honorierte.

Natürlich ging es der Sowjetunion dabei auch um bessere Exportmöglichkeiten. Nicht umsonst klagte die sowjetische Presse, daß der deutsche Import aus der UdSSR ganz unbefriedigend sei, obwohl der sowjetische Import aus Deutschland stark steige.[63] Der Leiter der deutschen Industriellendelegation, Klöckner, erklärte jedoch bei der ersten geschäftlichen Zusammenkunft mit den sowjetischen Experten, "daß deutscherseits kein Wert auf allzu umfangreiche Bestellungen gelegt würde, falls damit die Forderung längerer Kredite, als die bisherigen, verknüpft sein würde. Man sei deutscherseits nicht in der Lage, über die bisher gewährten Kreditfristen wesentlich hinauszugehen, und auch nicht geneigt, sich in bezug auf die Übernahme von Bestellungen auf mehrere Jahre hinaus zu binden."[64] Man muß natürlich berücksichtigen, daß solche Äußerungen während der Verhandlungen sehr stark von taktischen Erwägungen bestimmt sind. Jede Seite baut sich eine Position auf, von der aus ihr Zugeständnisse möglich erscheinen. Intern hatten sich die deutschen Industriellen geeinigt, unter bestimmten Umständen eine Verlängerung der durchschnittlichen Kreditfrist um 25 Prozent zuzugestehen.[65] Im übrigen scheint mir, daß die taktische Haltung der Industriellen nicht nur auf die Verhandlungen mit der sowjetischen Seite abgestimmt war, sondern auch darauf, bei der deutschen Regierung ein für die Industrieunternehmen noch vorteilhafteres Kreditierungsverfahren zu erwirken. Vom Umfang der Bestellungen, dessen starke Ausweitung angeblich an Kreditschwierigkeiten scheiterte, hingen ja nicht nur die Profite der Lieferanten ab, sondern er wirkte sich auch auf die Steuereinnahmen, die für die Regierung gerade in der Krisenzeit sehr wichtig waren, und vor allem auf die Arbeitslosenzahlen und damit auf die ohnehin gespannte soziale und politische Situation in Deutschland aus.

Für die Bedeutung, die die Reichsregierung der Reise der Industriellen nach Moskau beimaß, und zugleich für den deutschen staatsmonopolistischen Kapitalismus bezeichnend ist der Fakt, daß Reichskanzler Brüning in Anwesenheit aller Minister der Wirtschaftsressorts und des Reichsbankpräsidenten die Industriellen schon zwei Stunden nach ihrer Rückkehr aus Moskau am 11. März 1931 in Berlin zur ersten Auswertung ihrer Reise empfing.[66] An demselben Tage übersandte der deutsche Botschafter in Moskau, von Dirksen, dem Auswärtigen Amt einen ausführlichen Bericht über die Verhandlungen. Darin bezeichnet er die UdSSR als "die große Möglichkeit einer umfassenden deutschen wirtschaftlichen Betätigung" und erklärt, "daß das Ausmaß, in dem aus dieser objektiven Möglichkeit für Deutschland Nutzen gezogen werden kann, in erster Linie von subjektiven, in Deutschland selbst begründeten Momenten abhängt." Immer wieder warnt er davor, "die Größe der Möglichkeiten zu unterschätzen, die sich dadurch der deutschen Volkswirtschaft geboten haben." Abschließend betont er, daß erneut "den Westmächten ... die Selbständigkeit und Manövrierfähigkeit Deutschlands ... vor Augen geführt" worden sei.[67]

62 DZA Potsdam, AA 64226, bes. Bl. 134 - 140, 153 - 159.
63 Laut Kölnische Zeitung, 1. 3. 1931.
64 DZA Potsdam, AA 64226, Bl. 123 (Zusammenfassung durch Botschafter von Dirksen).
65 Ebenda, Bl. 147. 66 Ebenda, Bl. 171 - 173. 67 Ebenda, Bl. 175 - 180.

Unmittelbares Ergebnis der Reise der deutschen Großindustriellen war, daß sich die Sowjetregierung bereit erklärte, innerhalb der nächsten vier Monate (bis 1. Juli 1931) der deutschen Industrie zusätzliche Lieferaufträge für 300 Millionen Mark zu erteilen, sofern die deutsche Seite für angemessene Preise, Kreditbedingungen und Lieferfristen sorgte.[68] Bis zum 1. Juni 1931 waren für die Hälfte dieses Volumens Bestellungen erfolgt, und insgesamt erreichten die sowjetischen Aufträge an die deutsche Industrie im Jahre 1931 die Rekordhöhe von 919,3 Millionen Mark, ungefähr 62 Prozent mehr als im Vorjahr, vor allem für Bergbau- und Hütteninstallationen, Transportmittel und Werkzeugmaschinen.[69] Das bedeutete eine fühlbare Milderung der Krisenwirkungen auf zahlreiche deutsche Kapitalisten, aber zugleich Arbeit und Brot für Hunderttausende deutscher Arbeiter und natürlich für die Sowjetunion die Möglichkeit, den sozialistischen Aufbau zu beschleunigen. Auf Forderung der UdSSR fanden in den letzten Monaten des Jahres 1931 amtliche Verhandlungen statt, die recht schnell zur Unterzeichnung des Wirtschaftsprotokolls vom 22. Dezember 1931 führten. Es schuf vor allem zoll- und zahlungsmäßige Voraussetzungen für die Erhöhung des deutschen Imports aus der UdSSR, die ihrerseits wieder eine Voraussetzung für weiterhin günstige Absatzmöglichkeiten für deutsche Produkte auf dem Sowjetmarkt bildete.

Wenn wir diese Entwicklung der Wirtschaftsbeziehungen, die trotz aller nötigen Einwände im ganzen genommen doch als sehr positiv anzusprechen ist, betrachten, dürfen wir nicht übersehen, daß zur selben Zeit sich die politischen Beziehungen merklich abkühlten. Natürlich richtete sich die Politik beider Regierungen immer nach den Interessen der in ihren Staaten herrschenden Klassen. Doch den Klasseninteressen des im ersten Weltkrieg geschlagenen, durch den Versailler Vertrag und die daraus resultierenden Verpflichtungen zurückgedrängten und in seiner erneuten Expansion vielfältig behinderten deutschen Monopolkapitals entsprach in den zwanziger Jahren durchaus ein gewisses Zusammengehen mit dem Sowjetstaat, nicht nur aus wirtschaftlichen, sondern auch aus politischen Gründen, um die Diskriminierung durch die Westmächte zu überwinden, aber auch aus dem mit der Sowjetunion geteilten, wenn auch aus unterschiedlichen Motiven gehegten Wunsch heraus, nicht mit militärischen Aktionen der Westmächte konfrontiert zu werden. Je mehr sich aber die herrschende Klasse Deutschlands von den Folgen des verlorenen Krieges erholte, die ohnehin geringen Errungenschaften der Arbeiter aus der Revolution von 1918 wieder abbaute, sich besonders mit dem nordamerikanischen Großkapital finanziell verflocht und ihre Regierung zu internationalen Gremien wieder zugelassen wurde, desto mehr glaubte sie, auf gute politische Beziehungen zum Sowjetstaat verzichten zu können. Je reaktionärer die Innenpolitik der deutschen Regierungen wurde, desto deutlicher ließen sie auch ihre sowjetfeindliche Einstellung sichtbar werden. Besonders läßt sich das an der Wandlung der offiziellen deutschen Haltung in den internationalen Abrüstungsdebatten beobachten. Nur um das jahrelang bewährte Druckmittel gegenüber den Westmächten und auch gegenüber Polen - die Beziehungen zur UdSSR - nicht ganz wirkungslos werden zu lassen und um die gerade in der Krisenzeit so unentbehrlichen Exportmöglichkeiten nicht zu gefährden, fand sich die Reichsregierung bereit, den abgelaufenen Neutralitäts- und Freundschaftsvertrag, den sogenannten Berliner Vertrag, am 24. Juni 1931 zu verlängern.[70] Wie wenig dieser Regierung aber wirklich an freundschaftlichen staatlichen Beziehungen zur Sowjetunion gelegen war, ja, wie sie sich des Abschlusses des Rapallovertrages, der seinerzeit die Welt hatte aufhorchen lassen, buchstäblich schämte, zeigt die Tatsache, daß sie im April 1932 jegliche offizielle Würdigung des 10. Jahrestages dieses Ereignisses ablehnte.[71]

68 In Anm. 66 u. 67 genannte Quellen.
69 Kuczynski, Jürgen/Wittkowski, Grete, a. a. O., S. 69.
70 Die Ratifizierung erfolgte jedoch erst im Mai 1933.
71 DZA Potsdam, Nachlaß Herbert von Dirksen, Nr. 50, Bl. 217 - 219.

1933 bis 1939

Mit dem Regierungsantritt der Hitlerfaschisten am 30. Januar 1933 wurden die politischen Beziehungen zwischen dem Deutschen Reich und der UdSSR eiskalt. In den vorangegangenen Jahren erlebten, wie wir gesehen haben, trotz der abgekühlten politischen Beziehungen die Wirtschaftsbeziehungen ihren Höhepunkt. Wie es damit in den Jahren 1933 bis 1939 aussah, soll uns die folgende Statistik zeigen.

Deutschlands Einfuhr aus der UdSSR

	1933	1934	1935	1936	1937	1938	1939
Absoluter Betrag (in Mio RM)	194	210	215	93	65	53	30
Anteil am deutschen Gesamtimport (in %)	4,6	4,7	5,2	2,2	1,2	0,9	0,6
Rang der UdSSR unter allen Lieferländern Deutschlands	4.	3.	3.	19.	30.	28.	32.

Deutschlands Ausfuhr in die UdSSR

	1933	1934	1935	1936	1937	1938	1939
Absoluter Betrag (in Mio RM)	282	63	39	126	117	34	31
Anteil am deutschen Gesamtexport (in %)	5,8	1,5	0,9	2,7	2,0	0,6	0,6
Rang der UdSSR unter allen Abnehmerländern Deutschlands	5.	20.	27.	13.	19.	35.	35.

Deutschlands Anteil am Außenhandel der UdSSR (in %)

	1933	1934	1935	1936	1937	1938
Anteil am Import	42,5	12,4	9,0	22,8	14,9	4,7
Anteil am Export	18,7	23,5	18,0	8,6	6,2	6,6

Die Stellung der Sowjetunion im deutschen Außenhandel änderte sich also ziemlich schlagartig. Nachdem einige vor 1933 abgeschlossene Geschäfte abgewickelt waren, spiegelte sich diese Wende seit 1934 in den Export- und seit 1936 auch in den Importzahlen ganz drastisch wider.

Die deutsche faschistische Fachpresse suchte die Gründe für diesen rapiden Rückgang ausschließlich auf sowjetischer Seite. Nun war die Sowjetwirtschaft damals tatsächlich in eine neue Entwicklungsphase eingetreten. Allen bürgerlichen Prophezeiungen zum Trotz war der erste Fünfjahrplan erfolgreich durchgeführt worden. Hatte die UdSSR vorher bestimmte Investitionsgüter noch unbedingt einführen müssen, so konnte sie jetzt zahlreiche dieser Güter selbst produzieren. Aus der Erfüllung des ersten Fünfjahrplanes ergaben sich quantitative und strukturelle Veränderungen des sowjetischen Importbedarfs und Exportangebots. In einem Kollektivwerk über die Wirtschaftsgeschichte der UdSSR führt Pogrebinskij dazu aus: "Insgesamt sank der Import von Ausrüstungen in den Jahren des zweiten Fünfjahrplanes auf ein Viertel im Vergleich mit dem ersten Fünfjahrplan. Die Einschränkung des Imports gab die Möglichkeit, den Export stark zu verringern. Während im Jahre 1932 der Wert des Getreide- und Lebensmittelexports aus der UdSSR 433 Millionen Goldrubel betrug, sank er 1934 auf 190 Millionen. So blieben beträchtliche Lebensmittelfonds für den Verbrauch im Inland bewahrt. Gegen Ende des zweiten Planjahrfünfts begann die Sowjetunion, hauptsächlich

Industrieprodukte (Brennstoff, Metall, verschiedene Ausrüstungen) und dafür viel weniger Getreide und Lebensmittel auszuführen."[72]

Die Umsätze haben sich also tatsächlich verringert. Ich hielte es aber nicht für richtig, wollte man dies ursächlich auf die erfolgreiche Wirtschaftsentwicklung der Sowjetunion zurückführen. Die Erfahrung gerade der jüngsten Vergangenheit besagt doch, daß die internationale Arbeitsteilung und der internationale Warenaustausch im Laufe der immer höheren Entwicklung der Produktionskapazitäten der Volkswirtschaften nicht abnehmen müssen, sondern zunehmen können. Die Entwicklung des Außenhandels eines Landes hängt sehr von der internationalen Lage ab. Deren Hauptmerkmal bestand von 1917 bis 1944/1945 darin, daß die Sowjetunion als einziger sozialistischer Staat es international ausschließlich mit kapitalistischen Ländern zu tun hatte. Durch die grandiose Entwicklung der sowjetischen Volkswirtschaft, besonders der Schwerindustrie, im ersten Planjahrfünft war die wirtschaftliche Unabhängigkeit der UdSSR vom Ausland entscheidend gefestigt und auf wichtigen Gebieten erst richtig erreicht worden. Die Sowjetunion konnte es sich jetzt viel eher als vorher leisten, auf bestimmte Geschäfte, an denen sie im Sinne der Arbeitsteilung an sich interessiert war, zu verzichten, wenn die andere Seite ihr Bedingungen stellte, die ihr nicht zusagten. Bestimmte Waren, besonders Lebensmittel, die bisher zur Bezahlung dringend benötigter Investgüter unbedingt hatten ausgeführt werden müssen, wurden jetzt für die schnellere Verbesserung der Versorgungslage der eigenen Bevölkerung verwendet; waren die Handelspartner nicht bereit, andere von der Sowjetunion angebotene Waren abzunehmen, so konnte sie eben auch ohne die an sich erwünschten Importe auskommen. Dank der inneren Wirtschaftsentwicklung konnte die Sowjetregierung also noch viel beharrlicher als bisher darauf bestehen, daß die Prinzipien der Gleichberechtigung und des gegenseitigen Nutzens bei allen Außenhandelstransaktionen eingehalten wurden. Das alles bedeutet aber nicht, daß die UdSSR grundsätzlich zur Autarkie strebte.

Das Ausmaß des Rückgangs der Außenhandelsumsätze der UdSSR ist zu einem großen Teil auf die kapitalistische Weltwirtschaftskrise und ihre Nachwirkungen in den kapitalistischen Ländern zurückzuführen. Zwar wünschten viele Länder, ihre Waren in die Sowjetunion zu exportieren. Ihr eigener Markt war aber infolge der Krise nicht imstande, sowjetische Waren in entsprechender Menge und zu akzeptablen Preisen aufzunehmen. Dabei ist noch zu berücksichtigen, daß ein Teil der Warenimporte aus der Sowjetunion in bestimmte Länder jetzt nicht als Gegenwert für neue Exporte, sondern zur Tilgung der Warenkredite aus früheren Jahren bestimmt war. Das Absinken der sowjetischen Außenhandelsumsätze war also zu einem nicht geringen Teil auch durch die Marktschrumpfung in allen kapitalistischen Ländern infolge der Weltwirtschaftskrise bedingt.

Was aber speziell die weitere Entwicklung der Umsätze zwischen Deutschland und der Sowjetunion anbetrifft, so ist ein Vergleich der Außenhandelsumsätze der UdSSR mit dem Deutschen Reich, Großbritannien, den USA und Frankreich interessant.[73] Hatte Deutschland in der sowjetischen Einfuhr jahrelang den ersten Rang eingenommen, so trat 1934 Großbritannien an diese Stelle. 1935 nahmen die USA und Großbritannien die ersten beiden Plätze ein. 1936 übertraf Deutschland zwar wieder die USA und Großbritannien, wurde aber schon 1937 wieder von den USA auf den zweiten Platz verwiesen, und 1938 blieb Deutschland weit hinter den USA und Großbritannien zurück. In der sowjetischen Ausfuhr konnte Deutschland während des Zeitraums von 1933 bis 1938 nur im Jahre 1934 den ersten Platz einnehmen, und zwar nicht etwa wegen größerer Bereitschaft zum Handel mit der UdSSR, sondern weil die Sowjetunion

72 Ėkonomičeskaja istorija SSSR u. d. Red. I. S. Golubničij, A. P. Pogrebinskij, I. N. Šemjakin, Moskau 1967, S. 395. - Vgl. auch Pogrebinskij, A. P./Motylev, V. E. [u. a.] Istorija narodnogo chozjajstva SSSR (1917 - 1963 gg.), Moskau 1964, S. 144.

73 Vnešnjaja torgovlja SSSR, a. a. O., Tab. 1, S. 9 - 13; vgl. auch Kuczynski, Jürgen/ Wittkowski, Grete, a. a. O., S. 100 f.

in diesem Jahre einen großen Teil ihrer Kreditverpflichtungen aus den Vorjahren beglich, was nicht nur durch Goldzahlungen, sondern auch durch Warenlieferungen geschah und deshalb Niederschlag in der Handelsstatistik fand. 1933 und 1935 stand Deutschland unter den Käufern sowjetischer Waren hinter Großbritannien an zweiter und in den folgenden vier Jahren hinter Großbritannien und den USA erst an dritter Stelle.

Daß Deutschland seinen fast traditionellen ersten Platz unter den Handelspartnern der UdSSR Mitte der dreißiger Jahre verlor, ist auf die Gesamtpolitik der faschistischen deutschen Regierung zurückzuführen. Die Naziführer hatten auch nach der Übernahme der Regierungsgeschäfte ihrer aggressiven Haltung zur UdSSR unverblümt Ausdruck gegeben. Es ist daher verständlich, daß der neue deutsche Botschafter in Moskau, Nadolny, mit seiner (wohl ohne Weisung aus Berlin gegebenen) Anregung, die Atmosphäre mit Hilfe von Wirtschaftsverhandlungen zu verbessern, auf sowjetischer Seite nicht die gewünschte Resonanz fand. Das Kollegiumsmitglied des Volkskommissariats für Auswärtige Angelegenheiten, B. Stomonjakov, den Nadolny Mitte März 1934 um Unterstützung seiner Anregung gebeten hatte, antwortete ihm, "daß in der Situation, die sich jetzt herausgebildet hat, nicht die Entwicklung der ökonomischen Beziehungen die Voraussetzung für eine Verbesserung der politischen Beziehungen sein muß, sondern eher umgekehrt: für eine neue Entwicklung ökonomischer Beziehungen wäre es sehr wichtig, die Säuberung der politischen Atmosphäre zu beschleunigen".[74]

Auch als die Naziregierung dazu überging, ihre offizielle Sprache gegenüber der UdSSR diplomatischer zu gestalten, war eine merkliche Verbesserung der Handelsbeziehungen zur UdSSR sogar schon aus rein wirtschaftspolitischen Gründen nicht möglich. Der deutsche Außenhandel war nämlich nicht nur infolge der durch die Weltwirtschaftskrise hervorgerufenen Zerrüttung des internationalen Zahlungsverkehrs eingeengt, sondern wurde darüber hinaus im Interesse der Vorbereitung des Aggressionskrieges von den Faschisten prinzipiell umgestaltet. Aufgrund der internationalen Arbeitsteilung hat der Außenhandel kapitalistischer Länder im allgemeinen die Aufgabe, für den im eigenen Land nicht entsprechend den Profitbedürfnissen verkäuflichen Teil der gesellschaftlichen Gesamtproduktion zusätzliche Absatzmärkte zu finden und im eigenen Land nicht in ausreichender Menge rentabel produzierte bzw. nicht produzierbare Waren einzuführen, wobei durch den Import auch die zahlungsmäßigen Voraussetzungen für die Öffnung ausländischer Märkte für eigene Warenüberschüsse zu schaffen sind. Der Außenhandel des faschistischen Deutschlands wurde dagegen vollkommen der Politik der Kriegsvorbereitung untergeordnet: Die Industrieproduktion wurde mehr und mehr durch vielfältige staatsmonopolistische Maßnahmen im wesentlichen so reguliert, daß der über die normale kaufkräftige Nachfrage im Lande hinausgehende Teil der Produktion nicht mehr auf Märkte im Ausland gebracht werden mußte, sondern vollständig (sogar noch einschließlich eines Teiles der für die normale Versorgung eigentlich notwendigen Produktion) dem staatlichen Rüstungsmarkt zufloß. In diesem System waren Exporte nur zulässig und zuweilen erwünscht, wenn durch sie (beim herrschenden Devisenmangel) Importe rüstungswichtiger Waren, insbesondere von Rohstoffen, ermöglicht und bezahlt werden konnten.

Es entsprach der Strategie für den geplanten Krieg, daß sich die Faschisten bemühten, ihre Handelsbeziehungen auf Länder mit einer für Deutschland geographisch und verkehrsmäßig günstigen Lage zu konzentrieren, die sie ökonomisch mehr und mehr zu beherrschen vermochten und deren sie im Kriegsfall als Satelliten relativ sicher sein konnten (besonders Südosteuropa). Das heißt nicht, daß Deutschland nicht auch aus Ländern, gegen die es in absehbarer Zeit Krieg führen würde, wichtige Rohstoffe importierte. Doch mußte es die Bezugs- und Zahlungswünsche dieser Handelspartner in viel höherem Grade respektieren als im Falle von ihm schon mehr oder weniger abhängiger Länder (was sich oft nicht mit der forcierten Aufrüstung vereinbaren ließ).

74 Dvp SSSR, Bd. 17, Moskau 1971, Dok. 82, S. 192.

Die UdSSR war ihrerseits bereit, Rohstoffe und Lebensmittel nach Deutschland zu liefern, wenn sie dafür Waren ihrer Wahl zu akzeptablen Bedingungen erhielte. Doch obwohl am 9. April 1935 eine entsprechende Wirtschaftsvereinbarung unterzeichnet und auch ein garantierter Kredit bis zu 200 Millionen Mark eingeräumt wurde[75], kam es nur zu einer schnell vorübergehenden Belebung des deutsch-sowjetischen Handels, wobei die Umsätze weit hinter den vor 1933 erreichten Ziffern zurückblieben. Von der Kreditsumme, für die ursprünglich bis zum 31. März 1936 Bestellungen erteilt und untergebracht sein sollten, waren noch am 31. Dezember 1939 rund 12 Prozent nicht in Anspruch genommen.[76]

Laser kommentiert die Wirtschaftsvereinbarung vom April 1935 wie folgt: "Dennoch darf für die Periode von 1933 - 1936 nicht übersehen werden, daß (neben der Linie des Wirtschaftskrieges - B. P.) noch eine andere taktische Linie in der Wirtschaftspolitik des deutschen Monopolkapitals gegenüber der UdSSR existierte. Diese taktische Linie sah - wie schon in der Zeit der Weimarer Republik - vor, durch ein System von politischen und ökonomischen Maßnahmen in die UdSSR einzudringen, 'Stützpunkte auf lange Sicht' zu schaffen und bei der als sicher erwarteten Restauration des Kapitalismus in der UdSSR die besten Trümpfe in der Hand zu haben. Die Vertreter des deutschen Monopolkapitals, die dieser Linie folgten, waren daran interessiert, die Wirtschaftsbeziehungen zur UdSSR aufrechtzuerhalten und nach Möglichkeit sogar zu erweitern. ((...)) Bis zum Beginn des Krieges gegen die UdSSR wollten sie Profite machen, ihren Absatz sichern und Rohstoffe einführen. Mit der Wirtschaftsvereinbarung vom April 1935 setzte sich diese Gruppe zeitweilig, wenn auch nicht unbeschränkt, durch. In der zweiten Hälfte des Jahres 1935 und dann vor allem 1936 kam die andere Linie in der Wirtschaftspolitik des deutschen Monopolkapitals immer mehr zum Ausdruck."[77] Mir scheint, daß Laser zu weit geht, wenn er hier taktische Linie und Gruppe identifiziert. Wenn es auch Kapitalisten gegeben haben mag, die beständig der einen oder der anderen taktischen Variante anhingen, so bedienten sich die im Rußlandausschuß tonangebenden Monopole und Großunternehmen der elektrotechnischen, Stahl- und Maschinenbauindustrie meines Erachtens beider Varianten. Eine umfassende Aufrüstung verhieß ihnen zwar hohe Profite. Völlig mit ihr zu kalkulieren, barg aber 1934 und Anfang 1935 noch erhebliche Risikofaktoren in sich. Deshalb setzten sie sich angesichts der akuten Wirtschaftslage in Deutschland auch für die Belebung des Handels mit der Sowjetunion ein. Als aber 1935 die großangelegten Provokationen und Vertragsbrüche der Naziregierung (Einführung der allgemeinen Militärdienstpflicht entgegen den Bestimmungen des Versailler Vertrages, Einmarsch der Wehrmacht in das entmilitarisierte Rheinland) ohne Gegenaktionen der Westmächte geglückt waren und man nun zu Recht erwarten konnte, daß diese nun auch gegen weiterreichende Provokationen und Völkerrechtsverletzungen nicht einschreiten würden, das heißt, als die völlige Umstellung der Produktion auf die Aufrüstung zu einem sicheren Geschäft wurde, setzten sie ganz selbstverständlich alle ihre Kapazitäten dafür ein.

Je stürmischer aber die deutsche Aufrüstung voranschritt und die dabei zu erzielenden Preise und Profite stiegen, desto weniger waren die Industrieunternehmen daran interessiert, sowjetische Lieferaufträge, womöglich zu Weltmarktpreisen, entgegenzunehmen. Dennoch auf sowjetische Bestellung gebaute Maschinen wurden oftmals nicht nach der UdSSR, sondern in deutsche Rüstungsbetriebe geliefert, und die tatsächlich in die Sowjetunion ausgelieferten Produktionsinstrumente riefen zahlreiche Beanstandungen wegen mangelhafter Qualität und wegen Überschreitung der Lieferfristen hervor.[78]

75 DZA Potsdam, Deutsche Botschaft Moskau 291, Bl. 10 ff.
76 DZA Potsdam, Berliner Handelsgesellschaft 15612, Bl. 241.
77 Laser, Kurt, a. a. O., S. 225.
78 Ähnliche Erfahrungen machte Polen mit dem deutschen Investitionskredit für sein neues Zentrales Industrierevier vom 30. 9. 1938. Vgl. dazu Puchert, Berthold, Die deutsch-polnische Nichtangriffserklärung von 1934 und die Außenwirtschaftspolitik des deutschen

Obwohl also die handels v e r t r a g lichen Beziehungen zwischen beiden Staaten seit April 1935 nicht schlechter als vor 1933 waren - was davon zeugt, daß selbst zwischen so kraß gegensätzlichen gesellschaftlichen und Regierungssystemen wie dem sozialistischen Sowjetregime und der faschistischen Form der monopolkapitalistischen Herrschaft in Deutschland solche Vertragsbeziehungen nicht ausgeschlossen sind -, verhinderte die forcierte Aufrüstung und Kriegsvorbereitung Hitlerdeutschlands, daß die vertraglichen Möglichkeiten für den Handelsverkehr zum Nutzen beider Partner auch nur annähernd ausgeschöpft wurden. Sie bewirkte vielmehr, daß sich die Umsätze bis 1939 immer mehr dem Nullpunkt näherten.[79]

Imperialismus gegenüber Polen bis 1939, in: Jahrbuch für Geschichte der UdSSR und der volksdemokratischen Länder Europas, Bd. 12, 1968, S. 353.

79 Näheres über diesen Zeitabschnitt siehe auch derselbe, Zu den Handelsbeziehungen zwischen Hitlerdeutschland und der Sowjetunion 1933 - 1939, in: Die Große Sozialistische Oktoberrevolution und Deutschland, Bd. 2, a. a. O., S. 205 - 230.

Jb. f. Wirtschaftsgeschichte 1973/IV

DIE BEDEUTUNG DES SCHWEDISCHEN EISENERZES FÜR DIE FASCHISTISCHE KRIEGSWIRTSCHAFT

von Wolfgang Wilhelmus

Der deutsche Imperialismus war seit seinem Entstehen bemüht, die Alleinherrschaft im Ostseeraum zu erlangen. Seine Bestrebungen widersprachen jedoch auch hier dem internationalen Kräfteverhältnis. Die gleichzeitigen Versuche der anderen imperialistischen Großmächte, ihren Einfluß in Nordeuropa auszuweiten, führten in Skandinavien zeitweilig zu einem Kräftegleichgewicht, das die Neutralitätsbestrebungen der nordeuropäischen Staaten vorübergehend begünstigte. Es war aber von vornherein klar, daß jede entscheidende Änderung im internationalen Kräfteverhältnis zugunsten einer der imperialistischen Hauptmächte die Neutralität der kleinen Nationen in Frage stellen konnte.

Der faschistische deutsche Imperialismus suchte in Nordeuropa neben sicheren Rohstoffquellen ein politisches Ventil und militärische Basen für den Kampf um die "Neuordnung Europas". Bereits Anfang 1934 soll Hitler nach Rauschning erklärt haben: "Wir brauchen im Osten die Herrschaft bis zum Kaukasus oder bis zum Iran. Wir brauchen im Westen die französische Küste. Wir brauchen Flandern und Holland. Wir brauchen vor allem Schweden."[1] Und hier mag er in erster Linie an die schwedischen Erze gedacht haben.

Nun beweist zwar das Schicksal Dänemarks und Norwegens, daß der deutsche Imperialismus trotz seiner Parolen von der "Schicksalsgemeinschaft der nordischen Rasse" zur Aggression schritt, sobald er darin einen Vorteil erblickte; Schweden aber, an dessen Westgrenze seit dem 9. April 1940 drohend deutsche Truppen standen und das nach dem Anschluß Finnlands an die faschistische Koalition völlig eingekreist war, wurde trotz seiner großen Bedeutung für die deutsche Kriegführung nicht okkupiert. Warum zögerte die faschistische Führung, so zu handeln, wie sie es sonst überall dort tat, wo sie sich strategische und ökonomische Vorteile erhoffte?

Zu den wichtigsten Gründen, die Schweden vor dem faschistischen Angriff bewahrten, gehörten neben der komplizierten internationalen Kräftebilanz in den verschiedenen Etappen des zweiten Weltkrieges, dem aktiven politischen Einsatz der Sowjetunion für die schwedische Neutralität bis 1941 und der militärischen Bindung der meisten faschistischen Armeen an der Ostfront nach dem Angriff auf die UdSSR sowie einer geschickten, zu Kompromissen bereiten schwedischen Diplomatie die starke Abhängigkeit der faschistischen Kriegswirtschaft vom schwedischen Eisenerz. Am 2. April 1938 schrieb Reichswirtschaftsminister Walther Funk an das Oberkommando der Wehrmacht: "Die vom Führer befohlene verstärkte Aufrüstung ist gefährdet, falls die Einfuhr schwedischer Eisenerze nicht in dem bisherigen Umfange aufrecht erhalten werden kann."[2]

1 Rauschning, Hermann, Gespräche mit Hitler, Zürich/Wien/New York 1940, S. 110.
2 Deutsches Zentralarchiv Potsdam, Historische Abteilung I (im folgenden: DZA Potsdam), Auswärtiges Amt, Handelspolitische Abteilung (HPA), 68 452, Bl. 18; Bundesarchiv Koblenz (im folgenden: BK), Statistisches Reichsamt, R 24, Die wehrwirtschaftliche Lage in Schweden, S. 40.

Zwar ließ die faschistische Führung erhebliche Anstrengungen unternehmen, um die eisenarmen deutschen Erze zu verhütten, doch die dabei erzielten Ergebnisse erreichten nicht einmal die Höhe des Zuwachses des deutschen Eisen- und Stahlbedarfs.

Tabelle 1

Deutsche Eisenerzverhüttung+
(in 1 000 t)

Jahr	1929	1933	1934	1935	1936	1937	1938	1939
Menge	23 211	7 480	12 527	20 087	26 033	30 403	37 277	36 996

\+ Statistisches Jahrbuch für das Deutsche Reich 1930, S. 104; ebenda 1942, S. 192; Karlbom, Rolf, Swedens Iron ore Exports to Germany 1933 - 1944, in: The Scandinavien Economic History Review, Nr. 1/1965, S. 84.

Tabelle 2

Förderung und Import von Eisenerz+
(in 1 000 t)

	1929	1933	1934	1935	1936	1937	1938	1939
Eig. Förderung	6 374	2 592	4 343	6 044	7 570	9 792	15 048	14 710
Belgien	9	2	.	4	4	68	.	.
Luxemburg	273	45	85	363	565	1 470	1 718	1 568
Frankreich	3 253	1 031	1 613	5 614	6 860	5 740	5 056	2 624
Griechenland	106	79	84	199	182	219	249	245
Niederlande	8	2	9	8	12	.	.	.
Norwegen	688	252	529	515	527	510	1 118	1 031
Österreich	.	.	32	1	34	219	.	.
Sowjetunion	40	46	-	5	-	-	.	.
Schweden	7 382	2 257	4 695	5 509	8 248	9 084	8 992	10 038
Schweiz	13	.	12	.	5	67	121	138
Spanien	3 025	390	634	1 321	1 068	311	1 083	738
Algerien	783	173	188	213	531	725	755	546
Tunis	313	45	14	.	47	14	291	427
Neufundland	750	224	342	189	171	808	1 122	656
Spanisch-Afrika	.	.	.	.	.	.	725	436
Brit.-Westafrika	.	.	.	.	.	.	462	598
Brasilien	4	.	.	28	12	26	.	.
Sonstige	.	.	.	.	.	.	.	.
Gesamtimport	16 953	4 572	8 265	14 061	18 469	20 621	21 927	19 649

\+ Zusammengestellt nach Statistisches Jahrbuch für das Deutsche Reich 1930, S. 104; ebenda 1942, S. 192; Statistisches Jahrbuch für die Eisen- und Stahlindustrie, Jg. 1930 bis 1938; ebenda 1948, S. 27; Karlbom, Rolf, Swedens Iron ore Exports to Germany 1933 bis 1944, in: The Scandinavian Economic History Review, Nr. 1/1965, S. 86. - Bei der Berechnung des Gesamtimports 1938 und der Eigenförderung 1933 scheinen bei den abweichenden Summen Karlboms Schreibfehler vorzuliegen. Zwischen der deutschen Verhüttung (Tabelle 1) und der Summe von Eigenförderung und Gesamtimport bestehen einige kleinere Abweichungen. Sie ergeben sich offensichtlich aus den Differenzen zwischen Erzlagerung und Erzverhüttung.

Von 1936 bis 1939 stieg die Eisenerzverhüttung in Deutschland um 11 Millionen Tonnen. Das eigene Erzaufkommen erhöhte sich in diesen Jahren aber nur um 7,2 Millionen Tonnen, wobei noch der wesentlich geringere Eisengehalt dieser einheimischen Erze zu berücksichtigen ist. 1938, im letzten Vorkriegsjahr, hatten die 8,9 Millionen Tonnen aus den schwedischen Gruben durch ihren hohen Fe-Gehalt von 59 bis 72 Prozent einen größeren Endwert für die deutsche Montanindustrie als die 12 Millionen Tonnen deutscher Erze. Nach dem Eisengehalt machte zum Beispiel 1937 der Schwedenimport 45 Prozent des gesamten deutschen Verbrauchs aus.[3] Damit war Schweden der bei weitem wichtigste Erzlieferant. Die deutschen Monopole rechneten zudem damit, daß bei den bevorstehenden, in ihrem Interesse vorbereiteten Aggressionen zeitweilig die bisherigen Erzimporte aus Frankreich, Luxemburg, Spanien, Nordafrika und einigen anderen überseeischen Ländern ausfallen könnten. Deshalb war die faschistische Führung - in Übereinstimmung mit den Interessen der deutschen Montanindustrie - bemüht, das militärisch neutrale Schweden möglichst schon in Friedenszeiten weitgehend in ihren Machtbereich zu bringen.

Zunächst versuchte die faschistische Führung, an die traditionellen politischen, ökonomischen und kulturellen Beziehungen des Deutschen Reiches zu den skandinavischen Ländern anzuknüpfen. Doch als sie in den letzten Vorkriegsjahren die wachsende antifaschistische Stimmung der schwedischen Öffentlichkeit zur Kenntnis nehmen mußte, verstärkte sich die Befürchtung, daß Schweden im Kriegsfall die Erzlieferungen einstellen könnte. So berichtete am 18. März 1937 der deutsche Gesandte aus Stockholm, er habe in letzter Zeit von schwedischer Seite immer häufiger die Befürchtung vernommen, daß Deutschland in einem Krieg versuchen werde, "die schwedischen Erzvorkommen in der einen oder anderen Form in die Hand zu bekommen". Es habe sich weiter bestätigt, daß die Leitung der großen schwedischen Grubengesellschaft Grängesberg AB "keine gefühlsmäßige Sympathie für unsere Interessen" habe, sondern anglophil orientiert sei.[4] Hermann Göring hatte als Beauftragter des Vierjahrplanes schon am 17. März 1937 vor den Verantwortlichen der deutschen Eisen- und Stahlindustrie auf verschiedene Varianten eines kommenden Krieges und auf die möglicherweise daraus erwachsenden Störungen der Erzimporte hingewiesen.[5] Besonders beunruhigt zeigte auch er sich über die Haltung der schwedischen Regierung. Seiner Ansicht nach war das Wachsen des englischen Einflusses in Schweden nicht zu übersehen.

Er verlangte von den Eisenindustriellen, wesentlich mehr Anstrengungen auf die Verwendung deutscher Erze zu richten, zugleich aber auch alle Möglichkeiten zur weiteren Erhöhung der Erzimporte auszuschöpfen, ohne die deutsche Devisenlage ernstlich anzuspannen.[6] Drei Wochen später verhandelte er am 5. April 1937 selbst in Schweden mit Direktor Waldenström vom Grängesbergkonzern. Um der deutschen Stahlindustrie die Schwedenerze zu sichern, setzte er sich für einen zehn- oder mehrjährigen Liefervertrag mit den schwedischen Erzexporteuren ein. Um seinem Ansinnen Gewicht zu verleihen, erklärte er dem schwedischen Industriellen, daß die ganze deutsche Flottenpolitik, besonders der Bau

3 BK, Statistisches Reichsamt, R 24, Die wehrwirtschaftliche Lage Schwedens, S. 39f.; s. auch Thomas, Georg, Geschichte der deutschen Wehr- und Rüstungswirtschaft, Boppard (Rhein) 1966, S. 116 ff.

4 Politisches Archiv des Auswärtigen Amtes Bonn (im folgenden: PA), Schweden - Eisenerz, o. P. - Ritter teilte Wied darauf am 16. 4. 1937 mit, daß Dr. Wenzel, Direktor der Vereinigten Stahlwerke, in der Beurteilung der Grängesberg Aktiengesellschaft wesentlich zuversichtlicher sei. (Ebenda.)

5 Vgl. DZA Potsdam, Krupp-Prozeß, Film 424, Anklagedokumente, Bd. 84, Dok. NIK - 11 658, S. 11.

6 Vgl. ebenda, Dok. NI - 090, S. 172; Dok. NIK 11 658, S. 11; Dok. NI - 8090, S. 166ff.; Petzina, Dieter, Autarkiepolitik im Dritten Reich, Stuttgart 1968, S. 102 ff.

der neuen Kreuzer der Deutschlandklasse erfolge, um die Ostsee frei und sicher für den Erztransport nach Deutschland zu halten.[7]

Aufschlußreich ist, daß Göring in diesem Zusammenhang von einem Krieg mit der Sowjetunion sprach und Schweden mit der Gefahr aus dem Osten drohte. Er sprach die Hoffnung aus, daß Schweden in diesem Fall eine wohlwollende Neutralität gegenüber Deutschland einnehmen und sowjetischen Druck abweisen werde. Sollte es dagegen zu einem Krieg mit England kommen, so befürchte er die Gefahr des Abbruchs der schwedischen Erzlieferungen an das Reich. Dem müsse schon jetzt durch hohe schwedische Exportquoten und die Anlage von Vorratslagern in Deutschland vorgebaut werden.[8]

Ähnlich wie Göring äußerte sich auch der Chef des Wehrwirtschaftsstabes des OKW, Georg Thomas, in einem Vortrag am 24. Mai 1939 vor leitenden Mitarbeitern des Auswärtigen Amtes. Thomas bezeichnete die Sicherung der Erzimporte aus Schweden trotz aller deutschen Autarkiebemühungen "für den Ernstfall als unbedingte Notwendigkeit."[9] Die politische Führung müsse für den Fall eines Krieges eine Konstellation schaffen, die die Ausnutzung von Hilfsquellen in den nordischen Staaten möglich mache, um die mangelnde "Tiefenrüstung" auszugleichen.[10] Auch diesem Ziel diente der Vorschlag Hitlers vom April 1939 an die Regierungen der nordeuropäischen Staaten, Nichtangriffspakte abzuschließen. Sie sollten die eigenen Angriffsabsichten verdecken und ein weiteres Übergehen skandinavischer Staaten auf die Position der Westmächte verhindern. Doch die schwedische Regierung war zu einem solchen Pakt, der sie einseitig binden würde, nicht bereit. So muß es in Berlin schließlich mit Erleichterung aufgenommen worden sein, als sie die von der Reichsregierung am 21. April 1939 vorgeschlagene Erklärung abgab, daß Schweden wiederholt seinen Willen kundgetan habe, im Falle eines Krieges die Neutralität zu wahren, und "auch seine Außenhandelspolitik entsprechend einrichten" werde.[11]

Damit schienen - zu einem Zeitpunkt, als die faschistische Aggressionswelle schon angelaufen war - die schwedischen Erze für die deutsche Kriegswirtschaft gesichert. Doch stand dem der chronische deutsche Devisenmangel entgegen.[12] Die faschistische Führung mußte sich, um die deutsch-schwedische Handelsbilanz positiv und damit die schwedische Lieferbereitschaft zu erhalten, trotz der intensiven Kriegsvorbereitung bereitfinden, schwedische Wünsche nach Lieferung von Kriegsmaterial zu erfüllen. "Mit Rücksicht auf die überragende Bedeutung der schwedischen Erze für die Rüstungswirtschaft" waren bereits im Frühjahr 1938 sämtliche deutschen Ausfuhrfirmen durch die zuständigen Wirtschaftsorganisationen angewiesen worden, "keine Möglichkeit des Abschlusses von Ausfuhrgeschäften mit Schweden unausgenutzt zu lassen". Da sich die Bedingungen für die Belieferung der zivilen schwedischen Wirtschaft erheblich verschlechterten, sollte mit allen Mitteln versucht werden, einen möglichst großen Teil der Heeresaufträge, die die schwedische Regierung an das Ausland vergab, zu erhalten. Das Reichswirtschaftsministerium ersuchte die Reichsgruppe Industrie Ausfuhrgemeinschaft für Kriegsgeräte (AGK)[13] und die Auslandsabteilung der Wirt-

7 Hägglöf, Gunnar, Svensk krigshandelspolitik under andra världskriget (Schwedische Kriegshandelspolitik während des zweiten Weltkrieges), Stockholm 1958, S. 21.

8 Ebenda, S. 21 f.

9 IMT, Bd. VI, S. 123.

10 Ebenda, S. 125.

11 Akten zur deutschen auswärtigen Politik, Serie D, Bd. VI, Baden-Baden 1956, S. 251; Bd. VII, Baden-Baden o. J., S. 332.

12 Vgl. Eichholtz, Dietrich, Geschichte der deutschen Kriegswirtschaft, 1939 - 1945, T. 1, Berlin 1969, S. 14 f.

13 Vom Auswärtigen Amt, von dem Reichswirtschaftsministerium und dem Ministerium für den Vierjahrplan wurde die Ausfuhrgemeinschaft für Kriegsgerät (AGK), geschaffen, die der Reichsgruppe Industrie angegliedert wurde. "Sie hatte den Kriegsgeräte-

schaftsgruppe Luftfahrtindustrie, der Erhöhung des Kriegsmaterialexports nach Schweden "besonderes Augenmerk zuzuwenden und nichts unversucht zu lassen, um die schwedischen Abnehmer in jeder Beziehung ... zufriedenzustellen".[14] Diese Auffassung des Reichswirtschaftsministeriums wurde im Auswärtigen Amt "in vollem Umfang geteilt".[15]

Mit dem Ausbruch des zweiten Weltkrieges verstärkte sich die handelspolitische Auseinandersetzung zwischen Großbritannien und dem faschistischen Deutschland um das Schwedenerz. Die Reichsregierung schickte schon in den ersten Septembertagen Ulrich von Hassel als Sonderbotschafter in die vier nordeuropäischen Hauptstädte, um die dortigen Regierungen mindestens auf Einhaltung der Neutralität und uneingeschränkte Fortsetzung des Handels festzulegen.[16] Doch beließ es die faschistische Regierung nicht bei Worten, sondern versuchte, den Regierungen in Nordeuropa durch den brutal geführten U-Bootkrieg klar zu machen, daß sie die Eingliederung Schwedens, Norwegens und Dänemarks in einen englischen Blockadering um Deutschland nicht zulassen werde.[17]

In den zwischen September und Dezember 1939 parallel geführten deutsch-schwedischen Wirtschaftsverhandlungen spielte die Erzfrage eine entscheidende Rolle. Während von faschistischer Seite der gesamte schwedische Erzexport verlangt wurde, drängte die englische Regierung Schweden auf die Einschränkung der Exporte nach Deutschland mit dem Maximalziel: Einstellung der Lieferungen. Schwedens Regierung hingegen war in diesen Verhandlungen bemüht, die Neutralität und die volkswirtschaftlichen Interessen des Landes zu sichern. Dazu gehörten in erster Linie die Deckung des schwedischen Kohlen- und Koksbedarfs und die freie Handelsschiffahrt zu den überseeischen Märkten durch die faschistischen U-Bootsperren und den britischen Blockadering.[18]

Da die schwedische Regierung von faschistischer Seite zunächst nur unverbindliche Erklärungen erhielt, erklärte sie sich nur zur Lieferung eines Teils der deutschen Erzforderungen bereit. Ihr Angebot, den Durchschnittswert der Jahre von 1933 bis 1939 zu liefern - das waren 7 Millionen Tonnen -, entsprach, wenn auch nicht völlig, den britischen Vorstellungen nach Beschränkung der Lieferungen.[19]

In Berlin war man am Vorabend des Krieges davon ausgegangen, daß Großbritannien nicht in der Lage sein werde, als Konkurrent auf dem schwedischen Kohlenmarkt aufzutreten, und daß es daher auch keine ökonomischen Hebel besäße, um die schwedischen Erzexporte nach Deutschland zu bremsen. Doch hatte die englische Regierung die Anstrengungen zur Steigerung des Kohlenexportes nach Schweden verstärken lassen, um Schweden auch in der Erzfrage aus der Abhängigkeit von Deutschland zu befreien. Hatte Schweden vor dem Krieg lediglich 9 Prozent seiner Kohlen aus England bezogen, so erhöhte England trotz wachsender Frachtkosten bis Ende 1939 deren Anteil auf 47 Prozent.[20] Die Reichsregierung hatte

export unter Wahrung der Belange der beteiligten Firmen und der Weisungen der beteiligten Ministerien im Sinne eines möglichst hohen Devisenaufkommens zu steuern". (DZA Potsdam, Krupp-Prozeß, Anklagedokumente, Bd. 79, S. 1 ff., Dok. D - 136.)

14 DZA, Auswärtiges Amt, HPA, 68 452, Bl. 18.

15 Ebenda, Bl. 19, Schreiben von Scherpenberg, Auswärtiges Amt, an das OKW vom 9. 4. 1938.

16 Akten zur deutschen auswärtigen Politik, a. a. O., Bd. VII, S. 331 f.; Bd. VIII, Baden-Baden 1961, S. 32.

17 Hägglöf, Gunnar, a. a. O., S. 38 ff.; PA, Büro des Staatssekretärs, Schweden, Bd. 1, Bl. 19.

18 Hägglöf, Gunnar, a. a. O., S. 40 f., 83 f.; s. auch Medlicott, W. N., The Economic Blockade, Bd. 1, London 1952, S. 142 ff.

19 Hägglöf, Gunnar, a. a. O., S. 83 f.

20 Churchill, Winston, Der zweite Weltkrieg, Stuttgart 1948, Bd. 1.2, S. 175; BK, Reichsfinanzministerium, R 2, 14 165, Abkommen mit ausländischen Staaten, Schweden, o. P.

hingegen vor allem große Transportschwierigkeiten, um ihre Kohlenexporte nach Schweden auf der bisherigen Höhe zu halten.[21] Die Transportsituation war so angespannt, daß sich schon im Winter 1938/1939 Störungen in der Wirtschaft und der Kohlenversorgung des Reiches selbst bemerkbar gemacht hatten. In den ersten Kriegsmonaten hatte sich der Mangel an Lokomotiven und Waggons immer mehr zugespitzt. Im November 1939 konnten nur für 50 bis 60 Prozent der Ruhrkohle, für 40 Prozent der schlesischen Kohle und für 30 Prozent der Braunkohle Waggons bereitgestellt werden.[22] Trotzdem sah sich die Reichsregierung gezwungen, auf die schwedischen Kohlewünsche einzugehen. Die Unterbrechung der Erzbezüge aus Frankreich mit Kriegsbeginn und die Einschränkung der Lieferungen aus Spanien und einigen überseeischen Ländern rückten Schweden als Erzexporteur für die deutsche Kriegswirtschaft noch mehr in eine Sonderstellung. Bei einer Gesamteinschätzung der faschistischen Wirtschaftspolitik und der Festlegung der nächsten Schritte erklärten die zuständigen Vertreter der einzelnen Ministerien der Reichsregierung am 23. November 1939 Schweden zum "Exportland Nr. 1", mit dem der Handel in verstärktem Maße zu pflegen sei und in dem keine Versorgungsschwierigkeiten zugelassen werden dürften.[23] Geheimrat Peter Klöckner, Aufsichtsratsvorsitzender der Klöckner-Werke AG, forderte bei einer Beratung des Wehrwirtschafts- und Rüstungsamtes des OKW mit führenden Vertretern der Monopole am 18. Dezember 1939, sich nicht damit zufriedenzugeben, daß Schweden 70 bis 75 Prozent seiner Erzförderung nach Deutschland liefere, es müsse vielmehr "mit aller Energie die g a n z e schwedische Erzerzeugung verlangt werden. Die Schweden werden nachgeben, weil ihnen eigentlich nichts anderes übrig bleibt."[24] Und der Generalbevollmächtigte für die Eisen- und Stahlbewirtschaftung, von Hanneken, Unterstaatssekretär des Reichswirtschaftsministeriums, betonte am 3. Januar 1940 in einer Betrachtung über die deutsche Eisenerzerzeugung: "Das Rückgrat unserer ganzen Eisenerzerzeugung ist und bleibt das schwedische Erz."[25] Um die Jahreswende zeigte sich, daß Hitlerdeutschland in der handelspolitischen Auseinandersetzung um das Schwedenerz gegenüber England die bessere Position besaß und brutaler vorging. Doch erst als sich die faschistische Führung bereit erklärte, den gesamten schwedischen Kohlenbedarf zu decken, und auch den schwedischen Wünschen nach Lieferung von Kriegsmaterial nachkam, war die schwedische Regierung bereit, den deutschen Forderungen nach Erz zu entsprechen.

Nachdem sich die deutsche und die schwedische Verhandlungsdelegation auf eine Ausfuhrmenge an schwedischem Eisenerz geeinigt hatten, die der Ausfuhr nach Deutschland, der Tschechoslowakei und Polen im Jahre 1938 gleichkam, das heißt auf 9,235 Millionen Tonnen[26], wurde am 22. Dezember 1939 ein Protokoll über den Warenverkehr zwischen Deutschland und Schweden für 1940 unterzeichnet.[27] Darin war vorgesehen, daß Schweden 10 Millionen Tonnen Eisenerz liefern und dafür 3 Millionen Tonnen Steinkohle und 1,5 Millionen Tonnen Koks erhalten sollte.[28] Die schwedische Seite verlangte allerdings, daß 2 bis 3 Millio-

21 DZA Potsdam, Auswärtiges Amt, HPA, 68 349, Bl. 57; BK, Reichsfinanzministerium, R 2, 14 165, o. P.

22 Thomas, Georg, a. a. O., S. 147, 197; Riedel, Matthias, Die Eisenerzversorgung der deutschen Hüttenindustrie zu Beginn des zweiten Weltkrieges, in: Vierteljahresschrift für Sozial- und Wirtschaftsgeschichte, H. 4/1971, S. 486 ff.

23 BK, Reichswirtschaftsministerium, R 7, X, 386, Politische und handelspolitische Lage 1939, o. P.

24 Anatomie des Krieges. Neue Dokumente über die Rolle des deutschen Monopolkapitals bei der Vorbereitung und Durchführung des zweiten Weltkrieges, Berlin 1969, S. 236.

25 Thomas, Georg, a. a. O., S. 180.

26 Karlbom, Rolf, Swedens Iron ore Exports to Germany 1933 - 1944, in: The Scandinavian Economic History Review, Nr. 1/1965, S. 78.

27 Akten zur deutschen auswärtigen Politik, a. a. O., Bd. VIII, S. 442 ff.

28 BK, Reichsfinanzministerium, R 2, 14 165, Abkommen mit ausländischen Staaten -

nen Tonnen Erz über Narvik abgenommen werden sollten, während die deutsche Seite weitestgehend den sicheren Ostseeweg benutzen wollte.[29] In einem Memorandum des Wehrwirtschafts- und Rüstungsamtes des OKW vom 22. Februar 1940 für die Operationsleitung des OKM wurde eingeschätzt, daß von den 10 Millionen Tonnen bei entsprechender Stapelung in den Wintermonaten 6 Millionen über den nordschwedischen Hafen Luleå und 3 Millionen über das mittelschwedische Oxelösund umgeschlagen werden könnten. Höchstens 1 Million Tonnen müßten somit über Narvik gehen. Allerdings, so wurde hinzugefügt, wäre dieser Umschlag 1940 nicht mehr möglich, da erstens in diesem Jahr auf Grund der Ostseevereisung der Schiffsverkehr nach Luleå erst später wieder aufgenommen werden könne, zweitens noch keine Stapelung in den ostschwedischen Häfen über das normale Maß hinaus erfolgt sei und drittens die Erzbahn Narvik - Luleå durch die Lieferungen für Finnland zur Zeit zusätzlich beansprucht sei.[30]

Mit dem deutsch-schwedischen Wirtschaftsabkommen für 1940 war eine vertragliche Regelung unter den Bedingungen des Krieges erreicht worden, die das Kräfteverhältnis zwischen den kriegführenden imperialistischen Mächten widerspiegelte. Die Westmächte wollten sich jedoch damit nicht abfinden. In dem wirtschaftspolitischen Kampf um das Schwedenerz wurden von beiden kriegführenden Seiten mehr und mehr militärische Mittel eingesetzt. Dazu waren bereits die faschistischen Versenkungen und Aufbringungen schwedischer Schiffe und die britischen Blockademaßnahmen zu rechnen. Inzwischen war es der faschistischen Seekriegsleitung gelungen, Hitler davon zu überzeugen, die faschistische Herrschaft in der westlichen, mittleren und nördlichen Ostsee, die Einrichtung deutscher Flottenbasen an der Küste Norwegens nicht mehr allein mit politischen Methoden durchzusetzen, sondern auch zu militärischen Aktionen überzugehen.[31]

Die Okkupation Dänemarks und Norwegens war besonders von dem Oberkommando der Kriegsmarine angeregt worden, um die Ostseeherrschaft von den Zugängen her zu sichern und Basen am Atlantik für die Seekriegführung gegen England zu errichten. Die Okkupation diente aber in erster Linie der Beherrschung Nordeuropas, der Flankensicherung für den späteren Angriff auf die Sowjetunion, der Durchsetzung der faschistischen Neuordnungsabsichten und nicht zuletzt der Sicherung der Rohstoffe und des Industriepotentials der skandinavischen Länder für die faschistische Kriegführung. Damals verhinderte die deutsche Besetzung Norwegens - allerdings ohne daß das zu diesem Zeitpunkt bekannt war oder damit die Okkupation der neutralen Länder gerechtfertigt werden könnte - die beabsichtigte britische Landung in Norwegen, die hauptsächlich darauf abzielte, die norwegischen und schwedischen Erzhäfen und Erzgebiete zu kontrollieren.[32]

Die Besetzung Schwedens war von der faschistischen Führung zu diesem Zeitpunkt nicht vorgesehen. Sie meinte vielmehr, Schweden nach der Unterbrechung seiner Verbindungswege nach Westen völlig in der Hand zu haben - zumal die schwedische Regierung den deutschen Eisenerzwünschen entgegengekommen war und die antisowjetischen Tendenzen in der schwedischen Politik im Zusammenhang mit dem finnisch-sowjetischen Krieg zugenommen hatten.

Auch als die deutschen Streitkräfte im Narvikgebiet durch den heftigen Widerstand der norwegischen und der dort gelandeten britischen Truppen in eine unerwartet schwierige Situation kamen und sich plötzlich die deutsch-schwedischen Beziehungen erheblich zuspitzten,

Schweden, o. P.; PA, HPA, Handakten v. Behr, Schweden-Verträge II, Kent III, S. 216, o. P.

29 Akten zur deutschen auswärtigen Politik, a. a. O., Bd. VIII, S. 442 ff.

30 Ebenda, S. 445.

31 IMT, Bd. XXXIV, S. 159 f., 431.

32 Gemzell, Carl Axel, Raeder, Hitler und Skandinavian, Lund/Frankfurt (Main) 1965, S. 312 ff.; Churchill, Winston, a. a. O., S. 182 ff., 169 ff.

weil sich die schwedische Regierung weigerte, den deutschen Forderungen nach Transit von Truppen und Kriegsgeräten nach Narvik nachzukommen, wurde auf den gewaltsamen Durchbruch durch Schweden verzichtet, nun vornehmlich, um den bevorstehenden Angriff auf die Beneluxstaaten und Frankreich nicht zu verzögern. Außerdem sollte vor dem Angriff im Westen noch der Schein der Einhaltung des deutsch-sowjetischen Nichtangriffspaktes gewahrt werden, was auch hieß, den sowjetischen Einsatz für die schwedische Neutralität zu respektieren.[33] Nicht zuletzt sollte auch weiterhin in der Erzfrage ein Risiko vermieden werden. Meldete doch am 24. April 1940 aus Stockholm der deutsche Militärattaché, "aus zuverlässiger Quelle" erfahren zu haben, daß die schwedischen Truppen in Nordschweden ständig verstärkt würden und die Erzbahn zwischen Kiruna und der norwegischen Grenze an siebzehn und südlich von Kiruna an zwei bis drei Stellen zur "nachhaltigen Sprengung" vorbereitet worden sei.[34]

Mit dem Abschluß der Kämpfe um Narvik war auch im Kampf um die schwedischen Erze eine Entscheidung gefallen. Der schwedische Export ging nun ausschließlich an das faschistische Deutschland und die von ihm okkupierten Länder und diente damit vollständig der faschistischen Kriegswirtschaft. Nun erklärte sich die schwedische Regierung bereit, deutschen Militärtransit nach Norwegen zuzulassen. Darauf hob die Reichsregierung die im April verhängte Ausfuhrsperre von Kriegsmaterial nach Schweden auf. Das wiederum schuf nach Ansicht des unter Leitung des Auswärtigen Amtes stehenden Handelspolitischen Ausschusses (HPA) die Voraussetzung dafür, daß die Schwedenerze in der gewünschten Menge nach Deutschland geliefert und auch bezahlt werden konnten.[35] Die schwedische Ausfuhr nach Deutschland sollte nicht mehr nach den Werten von 1938 erfolgen, sondern ausschließlich durch die schwedische Eigenversorgung begrenzt werden.[36] Es zeigte sich jedoch später, daß das nicht zur Erhöhung der schwedischen Erzlieferungen führte.

Tabelle 3

Schwedischer Eisenerzexport+
(in 1 000 t)

	1937	1938	1939	1940	1941	1942	1943	1944
Belgien	634	553	214	40	-	-	-	-
Tschechosl.	737	743	114	252	658	687	822	485
Frankreich	181	75	35	-	-	-	-	-
Deutschland	8 818	8 441	9 981	8 170	7 928	6 876	8 430	3 652
Großbritannien	2 136	1 603	1 421	584	-	-	-	-
Holland	180	199	122	5	46	29	19	7
Ungarn	9	12	2	10	52	70	75	-
Polen	27	51	153	-	-	-	-	-
USA	384	295	487	196	-	-	-	-
andere Länder	4	4	33	14	11	22	40	26
Export insges.	13 110	11 976	12 562	9 271	8 695	7 684	9 386	4 170

\+ Karlbom, Rolf, Swedens Iron ore Exports to Germany 1933 - 1944, in: The Scandinavian Economic History Review, Nr. 1/1965, S. 78.

33 Vgl. Geschichte des Großen Vaterländischen Krieges der Sowjetunion, Berlin 1962, S. 463; Andreeva, M./Dmitrieva, K., Sovetskij sojus i nejtralitet svezii v gody vtoroj mirovoj vojny, in: Meždunarodnaja žizń, Nr. 9/1959, S. 92 f.; Kan, A. S., Istorija skandinavskich stran, Moskau 1971, S. 241 ff.

34 PA, Büro des Staatssekretärs, Schweden, Bd. 1, S. 341.

35 Ebenda, HPA, Handakten Wiehl, Bd. 5, Kent III, S. 201, o. P.; Akten zur deutschen auswärtigen Politik, a. a. O., Bd. X, Frankfurt (Main) 1963, S. 12 ff.

In den zeitgenössischen Akten sowie in den schwedischen und westdeutschen Statistiken werden unterschiedliche Angaben über den schwedischen Eisenerzexport nach Deutschland gemacht. Wahrscheinlich ergeben sich diese Unterschiede daraus, daß Schweden über die Exporte in die vom Faschismus okkupierten Länder teilweise formal selbständige Wirtschaftsverträge mit diesen Ländern abschloß und auch Lieferüberhänge unterschiedlich erfaßt wurden.

Tabelle 4

Schwedischer Eisenerzexport
(in 1 000 t)

Jahr	Nach Deutschland+	Nach Deutschland++	Nach Deutschland, der okkupierten Tschechoslowakei u. Polen++	Nach Deutschland+++
1933	2 257	2 153		
1934	4 695	4 804		
1935	5 509	5 006		
1936	8 248	7 479		
1937	9 084	8 818		
1938	8 992	8 441		
1939	10 038	9 981	10 248	
1940	8 418	8 170	8 422	
1941	9 260	7 928	8 586	
1942	7 975	6 876	7 563	8 481
1943	9 550	8 430	9 252	9 543
1944	3 378	3 652	4 137	

\+ Statistisches Jahrbuch für die Eisen- und Stahlindustrie, Jg. 1934 - 1938, 1948.

++ Nach Karlbom, Rolf, Swedens Iron ore Exports to Germany 1933 - 1944, in: The Scandinavian History Review, Nr. 1/1965, S. 78 f.

+++ Nach Angaben der Reichsvereinigung Eisen im Bundesarchiv Koblenz, Reichswirtschaftsministerium, R 7, X 46, Einfuhr von Eisenerzen, Schweden, Grochtmann am 9. 12. 1943 an Reichswirtschaftsministerium.

Bemerkenswert ist an diesen Tabellen, daß die schwedischen Eisenerzlieferungen gerade zu dem Zeitpunkt den niedrigsten Stand im Kriege erreichten, als sich die faschistische Führung auf dem Höhepunkt ihrer Macht wähnte und die weitestgehenden politischen Forderungen an Schweden stellte. Die Ursachen dafür waren in erster Linie in den deutschen Zahlungsschwierigkeiten zu suchen, die sich aus der Nichteinhaltung der deutschen Liefervereinbarung mit Schweden ergaben.[37] Als 1943 die deutsche Exportquote stieg, erhöhte sich, wie die Tabelle zeigt, auch die schwedische Lieferbereitschaft und erreichte bei Eisenerzen den größten Umfang aller Kriegsjahre, obwohl sich Schweden in diesem Jahr politisch und militärisch stärker von Hitlerdeutschland abzusetzen begann. Trotz schwedischer Kredite war die deutsche Seite nicht in der Lage, das Clearing ausgeglichen zu halten.

Mit dem Abschluß der Kämpfe in Norwegen war auch der Kampf um den westlichen Transportweg der Schwedenerze über Narvik entlang der norwegischen Küste zu den deutschen Häfen erst einmal zugunsten Hitlerdeutschlands entschieden. Die Zerstörungen im Hafen

36 BK, Reichsfinanzministerium, R 2, 14 165, Abkommen mit ausländischen Staaten - Schweden, o. P.

37 Akten zur deutschen auswärtigen Politik, Serie E, Bd. I, Göttingen 1969, S. 14.

von Narvik verhinderten aber zunächst die Benutzung dieser Route. Insgesamt gingen 1940 8,7 Millionen Tonnen Erz über schwedische Häfen, aber nur 727 000 Tonnen über Narvik.[38] Erst Anfang 1941 war der Hafen von Narvik für die Erzverschiffung wieder nutzbar. Doch auch danach blieb dieser Weg durch die englischen Minen weiter gefahrvoll. 1943 gingen bei der Narvikroute 73 000 Tonnen Erz verloren.[39] So blieben die schwedischen Ostseehäfen unter den Bedingungen des Krieges weiterhin die wichtigsten Erzverschiffungshäfen.

Nach der Statistik der Wirtschaftsgruppe Eisenschaffende Industrie wurden im Durchschnitt zirka 80 Prozent der schwedischen und norwegischen Erzexporte, Abbrände, Sinter und Phosphate über Ostseehäfen ausgeführt, und zwar 1941 83,5 Prozent, 1942 76,7 Prozent und 1943 73,1 Prozent.[40]

Tabelle 5

Weg des schwedischen und norwegischen Exports von Erz, Abbrand, Sinter und Phosphor+ (in 1 000 t)

Jahr	über die Nordsee		über die Ostsee			
	nord- u. mittelnorwegische Häfen	südnorw., westschwed., dänische Häfen	mittel- u. südschwed. Häfen	Luleå	sonstige Häfen	insgesamt
1941	1 206,4	410,6	3 613,5	4669,4	17,2	9917,1
1942	1 659,0	442,7	3 313,3	3606,9	1,0	9022,9
1943	2 307,3	498,2	3 360,9	4292,3	-	10458,7

+ Bundesarchiv Koblenz, Wirtschaftsgruppe Eisenschaffende Industrie, R 13, I, 536.

Da der Hafen von Luleå meist erst ab Mai schiffbar war, wurden in den Wintermonaten vor allem die Erze aus Mittelschweden abgeholt, während zwischen Mai und November die Fahrt ab Luleå im Vordergrund stand.[41]

Die Besetzung der Beneluxstaaten und Frankreichs brachte für die faschistische Erzbeschaffung eine wesentliche Entlastung. Doch kann ich nicht der Ansicht von Matthias Riedel folgen, der in seiner beachtenswerten Studie über die Eisenerzversorgung der deutschen Hüttenindustrie zu der Feststellung gelangte, daß mit der Eroberung des lothringischen Minettegebietes die Erzbeschaffung für das Reich ohne Schwierigkeiten möglich geworden sei.[42] Obwohl im Vergleich zur Vorkriegszeit (siehe Tabelle 1) in den Kriegsjahren die Erzverarbeitung in Deutschland leicht zurückging, aber die Verhüttung einheimischer Erze zeitweilig gesteigert wurde, blieb die Abhängigkeit vom Schwedenerz unverändert stark.

38 BK, Statistisches Reichsamt, R. 24, 797, Nordeuropa. o. P. - Zur Bedeutung der Erzverschiffung über Narvik siehe Brøyn, Per, Den svenske malmeksport fram til okkupasjonen av Narvik; april 1940 - med saerlig tanke på utførselen til Tyskland (Der schwedische Erzexport vor der Okkupation von Narvik im April 1940 - mit besonderer Berücksichtigung der Ausfuhr nach Deutschland), in: Norge og den 2. verdenskrig - Mellom nytrale og allierte (Norwegen und der zweite Weltkrieg - zwischen Neutralen und Alliierten), Oslo 1968, S. 63 ff.

39 BK, Reichswirtschaftsministerium, R 7, X 46, Einfuhr von Eisenerzen, Schweden, Bl. 173, Thomasik an Ludwig am 4. 4. 1944.

40 Ebenda, Wirtschaftsgruppe Eisenschaffende Industrie, R 13, I, 536, o. P.

41 Ebenda.

42 Riedel, Matthias, a. a. O., S. 495.

Tabelle 6

Deutsche Eisenerzverhüttung+
(in 1 000 t)

Jahr	1940	1941	1942	1943	1944
Menge	29 181	35 499	33 161	34 836	...

+ Karlbom, Rolf, Swedens Iron ore Exports to Germany 1933 - 1944, in: The Scandinavian Economic History Review, Nr. 1/1965, S. 86.

Tabelle 7

Förderung und Importe von Eisenerz+
(in 1 000 t)

	1940	1941	1942	1943	1944
Eigene dt. Förderung	19 204	18 119	15 341	15 208	...
Algerien	-	102	270	-	-
Frankreich	-	6 486	7 351	7 902	4 267
Franz.-Marokko	-	-	3	-	-
Griechenland	10	-	-	-	-
Luxemburg	629	-	-	-	-
Norwegen	124	391	490	292	101
Schweiz	146	288	275	178	73
Spanien	5	170	728	456	123
Schweden	8 418	9 260	7 975	9 550	3 378
Tunesien	-	3	1	-	-
andere Länder	645	680	727	1 250	269
Importe insgesamt	9 977	17 380	17 820	19 628	8 211

+ Statistisches Jahrbuch für die Eisen- und Stahlindustrie 1948, S. 27; Karlbom, Rolf, Swedens Iron ore Exports to Germany 1933 - 1944, in: The Scandinavian Economic History Review, Nr. 1/1965, S. 86, hat kleine Abweichungen von diesen Zahlen in seiner Tabelle.

Der Statistik ist zu entnehmen, daß der Erzverbrauch 1940 gegenüber 1938 und 1939 stark abfiel. Die Ursachen lagen offensichtlich im Ausbleiben der Importe aus Frankreich, Spanien und einigen anderen westlichen und überseeischen Ländern und im starken Rückgang der Bezüge aus Luxemburg. 1941 bis 1943 konnte der Vorkriegsverbrauch durch gegenüber 1939 höhere Zugänge aus französischen Gruben wieder erreicht, nicht aber überboten werden. Wenn man zudem berücksichtigt, daß diese Annäherungen an den Vorkriegsverbrauch nur durch die erheblich gesteigerte Verarbeitung eigener deutscher Erze erreicht wurden, wird klar, wie unentbehrlich auch jetzt die Schwedenerze waren. Probleme bestanden für die deutsche Kriegswirtschaft in dem hohen Arbeitskräfteaufwand bei der Verarbeitung der eigenen Erze, den Schwierigkeiten bei der vollen Aufrechterhaltung der Förderleistungen in den okkupierten Gebieten und der chemischen Zusammensetzung der Eisenerze. Außerdem gab das Reichswirtschaftsministerium im Herbst 1940 zu bedenken, daß zwar "die Versorgung des Großdeutschen Wirtschaftsraumes allein aus der heute verfügbaren Erzbasis in einem Umfang gesichert erscheint, wie es bisher selbst unter der Devisen beanspruchenden Einfuhr aus dem Ausland nicht gewährleistet war ... Im Interesse einer Schonung der eigenen Erzbasis und einer möglichst guten Ausnutzung des verfügbaren Hochofenraumes (es aber) auch künftig das Ziel der deutschen Wirtschaftspolitik sein müsse, den hochprozentigen Auslandserzen weitgehende Beachtung zu widmen."[43]

Der Anspruch auf das schwedische Eisenerz spielte auch bei den im Frühjahr 1940 verstärkt beginnenden Diskussionen über die "Neuordnung Europas" eine bedeutungsvolle Rolle. Marxistische Historiker, zuletzt Wolfgang Schumann, haben sich bereits wiederholt zu dieser Problematik geäußert und darauf hingewiesen, daß es sich dabei in erster Linie um Interessen des deutschen Monopolkapitals handelte, bei allen Unterschieden im Detail und auch unabhängig davon, ob die Pläne von der Industrie, aus dem Staatsapparat oder von der militärischen Führung kamen.[44] Die ministeriellen Organe des faschistischen staatsmonopolistischen Systems wurden in diese Bestrebungen einbezogen, um die Interessen des deutschen Imperialismus und einzelner konkurrierender Monopolgruppen durchzusetzen sowie im Interesse der Gesamtführung die unterschiedlichen Interessen zu koordinieren.[45] So unterbreiteten am 1. Juni 1940 Sonderbotschafter Ritter und der stellvertretende Leiter der wirtschaftspolitischen Abteilung des Auswärtigen Amtes, Clodius, ihrem Außenminister ein Programm für den faschistischen "Großwirtschaftsraum", zu dem "Großdeutschland" mit Böhmen, Mähren und Polen als wirtschaftliches und politisches Zentrum gehörten. Die Beneluxstaaten, Dänemark und Norwegen sollten wirtschaftspolitisch in Form einer festen Wirtschaftsunion eingegliedert werden. Ferner schlugen sie vor, Schweden, Finnland und die drei baltischen Länder ähnlich wie die Länder des Donauraumes diesem "Großwirtschaftsraum" fest anzugliedern. Als Hauptaufgabe der Politik gegenüber Schweden und Finnland bezeichneten es die beiden Verfasser, jetzt den Grund dafür zu legen, daß sich beide Staaten vom Weltmarkt weg - auf den "Großwirtschaftsraum" - orientieren. Um das zu erreichen, sollten einerseits Druckmittel genutzt, andererseits sollte durch Entgegenkommen ein Anreiz gegeben werden.[46]

Bekanntlich blieb es damals nicht bei geheimen Planungen. Die herrschenden Kräfte des faschistischen Deutschlands fühlten sich nach ihren Blitzsiegen bereits so sicher, daß sie zumindest ihr Neuordnungsminimalprogramm auch öffentlich verbreiteten. Göring, Funk, Rosenberg und andere meldeten sich wiederholt zu Wort. Selbst in Schweden glaubten sie, in Wort und Schrift ihre Absichten schon verbreiten zu können. Doch die Absage kam hier prompt. Staatsminister Hansson, Außenminister Günther, Finanzminister Wigforss, Gunnar Hägglöf und andere maßgebliche Politiker sowie die schwedische Presse reagierten ablehnend. Zwar erfolgte die schwedische Ablehnung mit Rücksicht auf die militärische Lage des Landes nicht immer in der gebührenden Schärfe, doch war sie eindeutig genug, um den schwedischen Standpunkt deutlich zu machen.[47] Zwar reagierte die faschistische Presse im Frühjahr 1941 zunehmend schärfer auf die "enttäuschende schwedische Haltung", aber

43 BK, Reichswirtschaftsministerium, R 7, II, 613, Durchführung des Vierjahresplanes, Bl. 122.

44 Schumann, Wolfgang, "Neuordnungs"-Pläne des faschistischen deutschen Imperialismus in Europa, in: Bulletin des Arbeitskreises "Zweiter Weltkrieg", Nr. 3 - 4/1971, hg. v. Zentralinstitut für Geschichte der Deutschen Akademie der Wissenschaften zu Berlin, S. 7 ff.

45 Vgl. Eichholtz, Dietrich, a. a. O., S. 164.

46 Akten zur deutschen auswärtigen Politik, Serie D, Bd. IX, Frankfurt (Main) 1962, S. 408.

47 Unter anderen setzte sich der bekannte schwedische Historiker und ehemalige Präsident der schwedischen Reichsschuldenverwaltung, Karl Hildebrand, mit den Neuordnungsvorschlägen des damaligen Dozenten Karl Schiller, des späteren westdeutschen Bundeswirtschaftsministers, auseinander. (PA, HPA, Wirtschaftsgemeinschaften mit Deutschland, Kent III, S. 182, o. P. Bericht Wied vom 28. 2. 1941; s. auch Schiller, Karl, Meistbegünstigung, Multilateralität und Gegenseitigkeit in der zukünftigen Handelspolitik, in: Weltwirtschaftliches Archiv, Bd. 1/1941, S. 370 - 402.)

in Berlin hielt man das Spiel nicht für verloren, sah doch die faschistische Führung in dem Überfall auf die Sowjetunion das entscheidende Element zur Errichtung ihrer Vorherrschaft in Europa und die Beherrschung der wesentlichen europäischen Rohstoffbasen und Industriezentren. Für die Sicherung der Erzversorgung aus Schweden galt das in folgender Weise:

Erstens: Mit dem Angriff auf die Sowjetunion sollte zugleich eine neue Phase in der faschistischen Bevormundung Schwedens eingeleitet werden. Obwohl sich das Hitlerregime seines Einflusses auf die schwedische Politik nicht sicher war - Schweden hatte 1940 auch nicht in dem vereinbarten Umfang seine Erze an Deutschland geliefert[48] -, gedachte man nun, in völliger Verkennung der politischen Situation in Schweden, die schwedische Regierung zum Anschluß an den Antikominternpakt und zur Unterstützung des Überfalls auf die UdSSR zu bewegen. Während aber Finnland und das okkupierte Dänemark im November 1941 dem Antikominternpakt beitraten, gelang es der Naziführung nicht, Schweden in ein politisches Paktsystem einzubauen. Zwar gab die schwedische Regierung zeitweilig ihre Neutralität auf, beispielsweise durch die Zulassung militärischen Transits von Deutschland und Norwegen durch Schweden nach Finnland, doch war die faschistische Macht nicht groß genug, um Schweden zum Verbündeten Hitlerdeutschlands zu degradieren.

Zweitens gedachte die faschistische Führung, durch den Überfall auf die Sowjetunion ihre Alleinherrschaft in der Ostsee herbeizuführen. War es im Herbst 1939 gelungen, die westlichen Ostseeausgänge abzuriegeln, so mußte noch immer mit der sowjetischen Ostseeflotte gerechnet werden. Aus Furcht vor sowjetischen Flottenaktionen war mit Beginn des Überfalls auf die UdSSR auch kurzfristig der deutsche Schiffsverkehr von und nach Schweden eingestellt worden. Da es aber schnell gelang, die Ostseeherrschaft zu erringen, und außerdem Minensperren angelegt wurden sowie die Erzabfuhr entlang der schwedischen Küste innerhalb der schwedischen Gewässer erfolgte, wurde die Erzzufuhr nach Deutschland 1941 nicht wesentlich beeinträchtigt. Sie lag im Juli 1941 mit 955 600 Tonnen bzw. 842 400 Tonnen nur geringfügig unter dem Durchschnittswert und noch erheblich über der Maizufuhr.

Tabelle 8

Erzverschiffung 1941 über norwegische und schwedische Häfen+
(in 1 000 t)

	aus Schweden über Nordsee u. Skagerrak	über die Ostsee aus Mittel- u. Südschweden	Luleå	sonstige Häfen	Gesamt-Verschiffung
Jan.	96,4	204,1	-	5,6	306,1
Febr.	39,2	24,0	-	-	63,2
März	89,7	124,1	-	-	213,8
April	151,9	454,2	-	-	606,1
Mai	218,4	615,7	28,3	4,6	867,0
Juni	130,8	284,9	670,7	2,4	1 088,8
Juli	181,8	249,4	593,0	-	1 024,2
Aug.	175,2	276,2	837,7	-	1 289,1
Sept.	183,2	335,1	1 065,5	4,6	1 588,4
Okt.	179,3	298,5	805,6	-	1 283,4
Nov.	90,2	336,9	577,5	-	1 004,6
Dez.	80,9	410,4	91,1	-	582,4
Insgesamt 1941	1 617,0	3 613,5	4 669,4	17,2	9 917,1

+ Bundesarchiv Koblenz, Wirtschaftsgruppe Eisenschaffende Industrie, R. 13, I, 536, o. P.

48 DZA Potsdam, Auswärtiges Amt, HPA, Handakten Clodius, Wirtschaftsbeziehungen zu Schweden, Bl. 37.

Die Ostsee blieb demnach trotz der Ausdehnung des Hauptkriegsschauplatzes auch auf den Ostseeraum der sicherste Transportweg für das Schwedenerz.

Die nach dem Überfall auf die Sowjetunion angestrebte Erhöhung der Erzbezüge aus Schweden wurde jedoch nicht erreicht. Nach der schwedischen Statistik hatten die schwedischen Erzexporte nach Deutschland sogar eine fallende Tendenz. Da die deutschen Lieferrückstände nach Schweden immer mehr anwuchsen, begann die schwedische Regierung im August 1941 die Bezahlung der schwedischen Exporteure einzuschränken, was sich sofort auf die schwedische Ausfuhr nach Deutschland auswirkte.[49] In einer Expertenberatung in der Handelspolitischen Abteilung des Auswärtigen Amtes wurde daraus der Schluß gezogen, daß der Ausfuhr nach Schweden weiterhin eine Sonderstellung eingeräumt werden müsse.[50] Doch trotz großer Exportanstrengungen gelang es den faschistischen Wirtschaftsstrategen nicht, aus der Schuldensituation herauszukommen.

Drittens war Schweden seit dem Anschluß Finnlands an die faschistische Koalition im Juni 1941 und dem deutschen Vormarsch an der sowjetischen Ostseeküste vollständig eingekreist. Die bis zum Juni 1941 bestehenden Handelsmöglichkeiten mit der Sowjetunion und über den Transit durch die UdSSR mit dritten Staaten sowie über den finnischen Nordmeerhafen Petsamo waren für Schweden nicht mehr zu nutzen. Damit war das Land völlig vom faschistischen Wirtschaftsdiktat abhängig. Zwar gelang es Schweden, mit deutscher und englischer Zustimmung einen Fernhandel mit überseeischen Staaten, den sogenannten Göteborg-Geleitverkehr, einzurichten, doch das konnte zunächst nur mit Zugeständnissen an die faschistischen Wirtschaftsinteressen erreicht werden. Wiederum spielte das Schwedenerz eine besondere Rolle.

Als von der eisenschaffenden Industrie 1942 eine weitere Erhöhung der Rohstahlproduktion von 31,8 auf 36 Millionen Tonnen verlangt wurde, sandte der Vorsitzende der Reichsvereinigung Eisen, Hermann Röchling, Albert Speer eine Untersuchung, in der noch einmal verlangt wurde, alle Möglichkeiten zu nutzen, um die Zufuhr von Schwedenerzen zu erhöhen.[51]

Tatsächlich wurde auch 1943, da auch die deutschen Exporte nach Schweden anstiegen, mit 9,5 Millionen Tonnen ein Ergebnis erreicht wie in keinem Kriegsjahr zuvor. (Eine Ausnahme bildete das Jahr 1939 mit 10 Millionen Tonnen, aber hier herrschten zunächst noch Friedensbedingungen.) Im Tätigkeitsbericht der Reichsvereinigung Eisen für 1943 konnte festgestellt werden, daß die Roheisen- und Rohstahlerzeugung unter anderem deshalb 1943 gegenüber 1942 gesteigert werden konnte, weil die Erzimporte aus Skandinavien erhöht werden konnten. Der Verringerung der Lieferungen phosphorarmer Erze aus Spanien standen erhöhte Zugänge aus Skandinavien und aus Krivoj Rog gegenüber. Doch für 1944, so hieß es in dem Bericht weiter, müsse nach den getroffenen Handelsvereinbarungen mit einem erheblichen Rückgang der Schwedenerzlieferungen auf 7,145 Millionen Tonnen gerechnet werden. Die Veränderungen im militärischen Kräfteverhältnis, besonders die Siege der Sowjetunion, nutzte die schwedische Regierung ab 1942/1943 immer stärker aus, um eigene ökonomische und politische Interessen gegenüber Hitlerdeutschland durchzusetzen. Im Vordergrund standen dabei zunächst das schwedische Interesse an Kriegsmaterial und Kohlen, die Sicherung des Geleitverkehrs von Göteborg, später auch die Rückkehr zur Neutralität - was sich beispielsweise in der Weigerung, faschistischen Forderungen nachzukommen, und der Unterbindung des deutschen Militärtransits durch Schweden nach Finnland zeigte - und schließlich die vollständige Distanzierung von Nazideutschland.

49 Hägglöf, Gunnar, a. a. O., S. 198.
50 PA, HPA, Handakten Wiehl, Schweden, Bd. 5, Kent III, S. 201, o. P.
51 BK, Wirtschaftsgruppe Eisenschaffende Industrie, R 13, I, 1005, Skandinavian-Erzverschiffung nach Deutschland, Röchling an Speer am 8. 6. 1942; Hägglöf, Gunnar, a. a. O., S. 272, 292.

Nach dem Rückzug der deutschen Truppen an der sowjetischen Front fiel auch die gerade erst aufgenommene Ausbeute der Gruben von Krivoj Rog (1943 = 960 000 Tonnen) wieder aus, von der sich die faschistische Wirtschaftsführung eine Entlastung der Abhängigkeit von Schweden erhofft hatte. Gleichzeitig verstärkten sich nun auch die Forderungen der Alliierten an die schwedische Regierung, ihre Beziehungen und damit auch den Export nach Deutschland einzuschränken.[52]

Da der schwedischen Regierung die immer schwieriger werdende Transportsituation im faschistischen Deutschland kein Geheimnis war, setzte sie hier einen Hebel an und praktizierte ab Januar 1944 ein Junktim zwischen den schwedischen Erz- und den deutschen Kohlenlieferungen.[53] Die Reichsvereinigung Eisen bemerkte dazu in ihrem Tätigkeitsbericht für 1943, daß "daher unter allen Umständen dafür Sorge getragen werden [muß], daß die deutschen Lieferungsverpflichtungen termingerecht erfüllt werden".[54]

Doch selbst deutsche Lieferbereitschaft war schon jetzt kein Grund mehr für Schweden, die Erzexporte im bisherigen Umfang fortzusetzen. Die deutsche Delegation war zu den deutsch-schwedischen Wirtschaftsverhandlungen für 1944 mit der Instruktion gekommen, die in den Jahren zuvor vereinbarte, allerdings nie erfüllte Bezugsmenge von 10 Millionen Tonnen zu halten.[55] Albert Speer hatte Anfang November 1943 noch einmal verlangt, alles zu unternehmen, um die Einfuhr schwedischer Erze zu steigern.[56] Aber die schwedische Regierung war nur bereit, 7 Millionen Tonnen Eisenerz 1944 zu liefern.[57] Schon vom 20. September bis 13. November 1943 hatte die schwedische Staatsbahn mit der Begründung notwendiger Reparaturen am Schienenweg die Erzzufuhr von den Gruben zum Hafen Luleå auf wöchentlich 70 000 Tonnen beschränkt.[58] Im Winter 1943/1944 stellte Schweden erstmalig auch keine Eisbrecher zur Freihaltung der Fahrrinne nach Luleå zur Verfügung.[59] Das alles waren Testfälle, um die faschistische Reaktion zu erkunden. Da die faschistische Führung jetzt weder militärische noch ökonomische oder politische Druckmittel in der Hand hatte, setzte die schwedische Regierung ihre allmähliche Distanzierung von Deutschland fort. Trotz konzentrierter offizieller und inoffizieller Verhandlungen, an denen einige profilierte deutsche Monopolvertreter beteiligt waren, gelang es der faschistischen Führung nicht, Schweden von diesem Kurs abzubringen.[60]

Die Verantwortlichen für die deutsche Kriegswirtschaft schienen die schwedische Umorientierung hinzunehmen und begannen sich auf andere Erzquellen zu konzentrieren. Die Leitung der Reichsvereinigung Eisen schlug für die "einigermaßen gesicherte Versorgung" der deutschen Stahlwerke folgende Maßnahmen vor:[61]

1. Inbetriebnahme der Gruben von Sydvaranger, Nordnorwegen
2. Steigerung der Förderung bei Fosdalen
3. Steigerung der Förderung in den Pyrenäen
4. Steigerung der Förderung am Erzberg
5. Wiederherstellung der 1943 zerstörten Gruben in Kroatien.

52 Hägglöf, Gunnar, a. a. O., S. 251.
53 BK, Reichswirtschaftsministerium, R 7, X, 338, Reichsvereinigung Eisen, S. 6.
54 Ebenda.
55 PA, Büro des Staatssekretärs, Schweden, Bd. 8, S. 1 ff.
56 BK, Reichswirtschaftsministerium, R 7, VI, 383/1, Schweden - Regierungsausschußverhandlungen, Bl. 24.
57 PA, Büro des Staatssekretärs, Schweden, Bd. 8, S. 92.
58 BK, Reichswirtschaftsministerium, R 7, X, 46, Einfuhr von Eisenerzen, Schweden, Bl. 30.
59 Ebenda, Bl. 30, Deutsches Konsulat Luleå am 27. 12. 1943 an Auswärtiges Amt.
60 PA, HPA, Handakten v. Behr, Schweden - Verträge III, Kent III, S. 216, o. P.
61 BK, Reichswirtschaftsministerium, R 7, X, 338, Reichsvereinigung Eisen, S. 7.

Auch Speer zweifelte daran, daß Schweden seine Lieferverpflichtungen noch lange einhalten werde.[62] Und im Protokoll einer Führerkonferenz vom 30. April 1944 heißt es: "Da damit gerechnet werden muß, daß auch die ausländischen Eisenerzzufuhren wesentlich nachlassen bzw. ganz aufhören können, verlangt der Führer, daß mit sofortiger Wirkung eine umfassende außergewöhnliche Aktion zur wesentlichen Forcierung der Erzgewinnung am Erzberg eingeleitet wird."[63]

Im August 1944 stellte die schwedische Regierung die Kriegsversicherungsleistungen für alle deutsche Häfen anlaufenden schwedischen Schiffe ein. Dadurch wurde der Warenaustausch zwischen beiden Ländern stark eingeschränkt, da kein schwedischer Reeder das Risiko dieses Transportweges selbst tragen wollte.[64] Etwa 50 bis 60 Prozent der Güter waren bisher mit schwedischen Schiffen nach Deutschland gelangt.[65]

Tabelle 9

Beteiligung der einzelnen Länder am Erztransport von Luleå nach deutschen Häfen+

Nationalität der Schiffe	1942		1943	
	Anzahl der Schiffe	Transportmenge in t	Anzahl der Schiffe	Transportmenge in t
deutsch	117	894 892	113	767 375
schwedisch	653	1 982 628	707	1 965 574
finnisch	95	442 766	179	834 913
dänisch	66	276 937	175	725 320
holländisch	16	104 482	15	95 950
zusammen	947	3 701 705	1 189	4 389 132

+ Bundesarchiv Koblenz, Reichswirtschaftsministerium, R 7, X 46, Schweden, Einfuhr von Eisenerzen, Bl. 29.

Von Gegenmaßnahmen auf diese schwedische Entscheidung wurde abgesehen, da der Handelspolitische Ausschuß unter der Leitung des Auswärtigen Amtes am 14. September 1944 zu dem Ergebnis gelangte, daß die Möglichkeit des Güteraustausches mit deutschen Schiffen unbedingt genutzt werden müßte, auch wenn eigener Transportraum durch Aufgaben zur Versorgung der Ostfront nur begrenzt zur Verfügung stände.[66] Professor Karl Hettlage, Leiter des Generalreferats Wirtschaft und Finanzen im Ministerium für Bewaffnung und Munition, hielt nach dem Ausfall der französischen und lothringischen Erze die Erzversorgung des Reiches für so kritisch, daß die Möglichkeit unbedingt genutzt werden müsse, mit nichtschwedischen Schiffen soviel Erz wie möglich aus Schweden zu holen.[67] Doch am gleichen Tag, als der HPA zu dieser Entscheidung kam, untersagte die schwedische Regierung allen nicht-

62 Milward, Alan S., Die deutsche Kriegswirtschaft 1939 - 1945, Stuttgart 1966, S. 158.
63 Ebenda.
64 PA, HPA, Handakten v. Behr, Schweden - Warenvervehr, Kent III, S. 217, o. P. - Thomsen nennt den 22. 8. 1944 als Datum für die völlige Einstellung des schwedischen Schiffsverkehrs nach Deutschland.
65 Ebenda.
66 PA, HPA, Handakten v. Behr, Schweden - Warenverkehr, Kent III, S. 217, o. P.
67 Ebenda.

schwedischen Schiffen das Anlaufen schwedischer Häfen an der bottnischen Küste. Damit waren fast alle schwedischen Erzhäfen blockiert.[68]

Nach der Sperrung der schwedischen Ostseehäfen ließ Speer dem Auswärtigen Amt mitteilen, daß durch die schwedischen Maßnahmen die Exportmöglichkeiten Schwedens über Narvik und westschwedische Häfen so gering seien, daß sie in keinem Verhältnis zu den bereits ausgefallenen Mengen ständen. Ein dauernder Ausfall der Schwedenerze werde sich spätestens Mitte 1945 durch einen Rückgang der für die Rüstung entscheidenden Siemens-Martin- und Elektrostahlproduktion um 30 Prozent auswirken. Daher solle die "Möglichkeit zur Wiederaufnahme schwedischer Erzlieferungen bei verbesserter politischer und militärischer Lage entscheidend berücksichtigt werden."[69]

Während die faschistische Führung noch Gegenmaßnahmen diskutierte, aber keine Möglichkeiten mehr sah, ihre Interessen durchzusetzen[70], sperrte Schweden am 8. Oktober auch die Häfen an seiner Westküste[71]. Im Auswärtigen Amt wurde diskutiert, ob nun die Beziehungen zu Schweden abgebrochen werden sollten. Das Reichswirtschaftsministerium verlangte aber, alle verbliebenen Möglichkeiten zu nutzen, um über norwegische Häfen soviel wie möglich kriegswirtschaftlich wichtige Waren von Schweden zu beziehen.[72] Aber auch dieser Weg wurde abgeschnitten, als am 1. Januar 1945 alle schwedischen Lieferungen an Hitlerdeutschland eingestellt wurden.

Zusammenfassend ist zu sagen:

1. Der Kampf um das schwedische Eisenerz spielte in der Skandinavienpolitik des faschistischen deutschen Imperialismus eine dominierende Rolle.
2. Ohne das schwedische Eisenerz wäre die faschistische Kriegführung nicht in der umfassenden Weise möglich gewesen.
3. Auch nach der Eroberung der Erzgebiete Luxemburgs, Frankreichs und des Donezbekkens blieb die Abhängigkeit der deutschen Kriegswirtschaft vom Schwedenerz bestehen.
4. Die Gefahr der Beschränkung oder Einstellung der Zufuhr der Schwedenerze trug neben dem sowjetischen diplomatischen Einsatz für die schwedische Neutralität vor dem Juni 1941 und der Bindung der faschistischen Truppen durch die Sowjetarmee seit dem Überfall auf die UdSSR wesentlich dazu bei, daß Schweden vor einer faschistischen Okkupation bewahrt blieb.

68 Svensk utrikespolitik under andra världskriget (Schwedische Außenpolitik während des zweiten Weltkrieges), Stockholm 1946, S. 374.

69 PA, HPA, Handakten v. Behr, Schweden - Warenverkehr, Kent III, S. 217, Speer am 25. 9. 1944 an Auswärtiges Amt.

70 Ebenda sowie PA, Handakten Ritter, 35, Schweden 1944 - 1945, o. P.

71 BK, Reichsministerium für Rüstung und Kriegsproduktion, Ministerbüro Speer, R 3, 1654, Bl. 15.

72 BK, Reichswirtschaftsministerium, R 7, X 44, Schweden, Einschränkungen des deutsch-schwedischen Warenverkehrs, Bl. 33.

ABBILDUNGEN

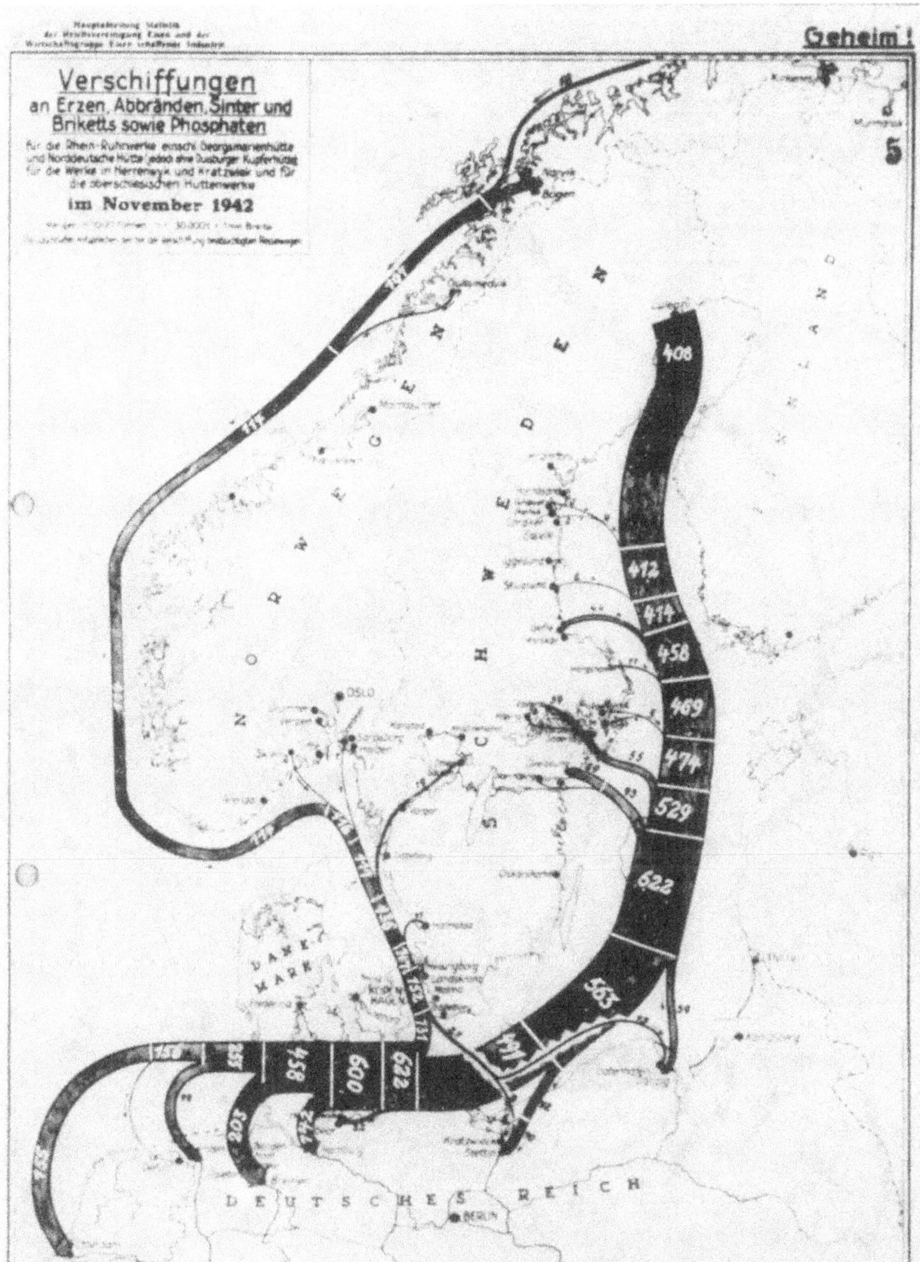

Abb. 1 Quelle: Bundesarchiv Koblenz, Wirtschaftsgruppe Eisenschaffende Industrie, R 13 I/536, Bl. 5

Tafel 2

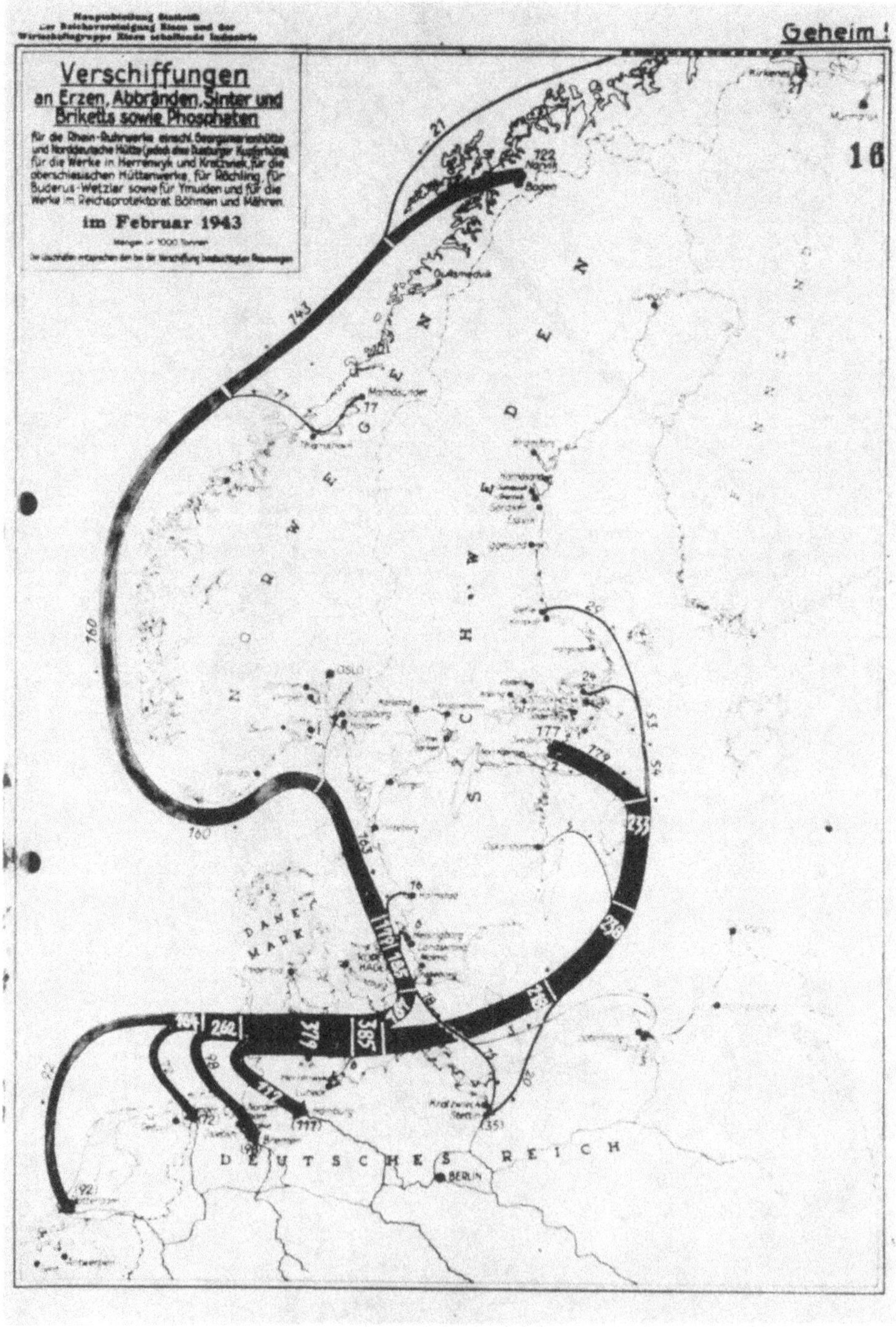

Abb. 2 Quelle: Bundesarchiv Koblenz, Wirtschaftsgruppe Eisenschaffende Industrie, R 13 I/536, Bl. 16

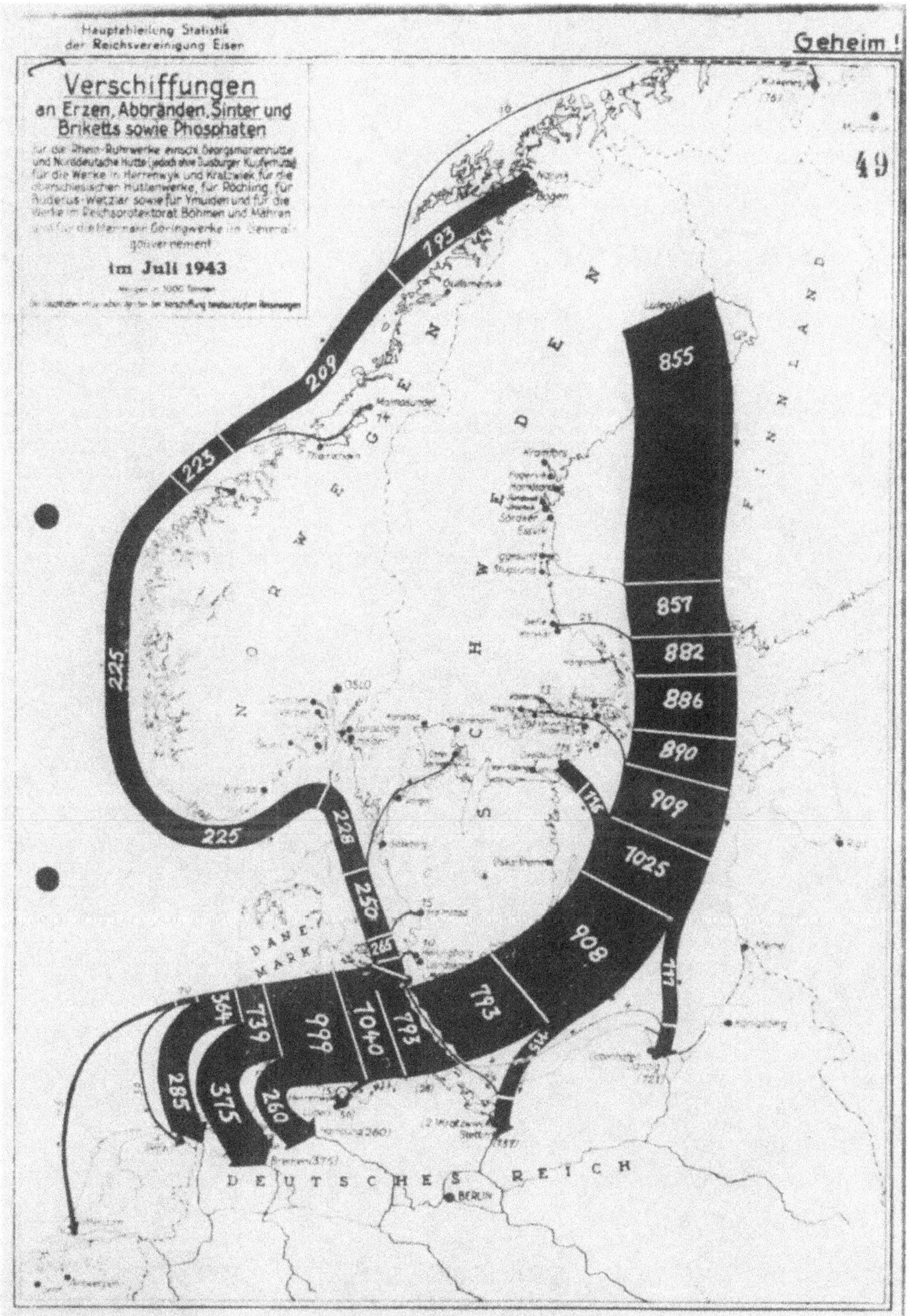

Abb. 3 Quelle: Bundesarchiv Koblenz, Wirtschaftsgruppe Eisenschaffende Industrie, R 13 I/536, Bl. 49

Jb. f. Wirtschaftsgeschichte 1973/IV

TENDENZEN DER REALLOHNENTWICKLUNG IN DEN BALKANLÄNDERN IM KAPITALISMUS (BIS 1944)

von Ljuben Berov

Die Analyse und Erforschung der Veränderungen, denen der Reallohn in den Balkanländern während der Periode unterworfen war, in der sie endgültig den Weg der kapitalistischen Entwicklung beschritten, das heißt in der Periode von den letzten Jahrzehnten des 19. Jahrhunderts bis zum zweiten Weltkrieg, sind für die Wirtschaftshistoriker und Politökonomen von besonderem Interesse. Die Reallohnhöhe bestimmt praktisch die materielle Lage der Arbeiterklasse. Die Erforschung des Reallohnes ermöglicht es, die relative und absolute Verelendung der Arbeiterklasse im Kapitalismus zu analysieren. Sie schafft auch die Voraussetzungen dafür, eine Reihe von Fragen im konkreten Geschichtsablauf der Balkanländer in der untersuchten Periode besser beurteilen zu können.

In einer umfangmäßig begrenzten Studie ist es unmöglich, sich auch mit den übrigen Faktoren ausführlich zu befassen, die die materielle Lage der Arbeiterklasse in den Balkanländern bis zum Jahre 1944 bestimmten (Länge des Arbeitstages, Arbeitslosigkeit, Arbeitsintensität, Wohnverhältnisse usw.). Hier können nur einige wenige, ganz allgemeine Schlußfolgerungen aus den in diesen Ländern erreichten Forschungsergebnissen wiedergegeben werden. Die konkrete Untersuchung dieser Faktoren und ihrer Wirkung müssen Objekt einer eigenen Studie sein.

Funktionäre der Arbeiterbewegung begannen in einigen Balkanländern schon vor dem ersten Weltkrieg, die materielle Lage der Arbeiterklasse zu untersuchen. Bereits in den neunziger Jahren des 19. Jahrhunderts und im ersten Jahrzehnt des 20. Jahrhunderts veröffentlichten der Begründer der Bulgarischen Sozialdemokratischen Arbeiterpartei, Dimitŭr Blagoev, sowie auch andere führende Parteifunktionäre (Vasil Kolarov, Georgi Dimitroff und andere) eine Reihe von Artikeln und Büchern, in denen sie auch auf die Lage der Arbeiterklasse in Bulgarien eingingen. Analoge Schritte wurden zu dieser Zeit auch in Serbien und in einigen unter österreichisch-ungarischer Herrschaft befindlichen Gebieten des heutigen Jugoslawiens unternommen, während in Rumänien und teilweise in Griechenland solche Untersuchungen erst später stattfanden.

Gegen Ende des 19. und im ersten Jahrzehnt des 20. Jahrhunderts erschienen - zuerst in einigen der damals von Österreich-Ungarn regierten Gebieten Jugoslawiens, später auch in Bulgarien und Serbien - die ersten offiziellen statistischen Angaben über die Arbeitslohnhöhe, die Gesamtdauer des Arbeitstages und einige andere Arbeitsbedingungen, und zwar anläßlich der ersten Zählungen der größeren Industriebetriebe. Auch die laufende Preisstatistik enthielt teilweise Angaben über die Tageslöhne einiger Kategorien von ungelernten Arbeitern sowie von Landarbeitern. In Rumänien und teilweise in der Türkei existieren erst seit dem Vorabend des ersten Weltkrieges Anfänge einer Arbeitsstatistik, während die bourgeoise Statistik in Griechenland selbst in der Periode zwischen den beiden Weltkriegen den Arbeitern noch keine Aufmerksamkeit schenkte. So ungenau und lückenhaft diese statistischen Angaben auch sind, so bieten sie doch für die Erforschung der Lage der Arbeiterklasse in den erwähnten Ländern eine breitere Grundlage als die fragmentarischen Zeitungsnotizen in der Arbeiterpresse.

Nach dem ersten Weltkrieg wuchs die Arbeiterklasse besonders in Jugoslawien, Bulgarien und Rumänien zahlenmäßig wesentlich, und der Einfluß sowie die Aktivität der Arbeiterbewegung weiteten sich stark aus. Die bürgerliche Statistik sah sich daher gezwungen, der Arbeitsstatistik mehr Aufmerksamkeit zu widmen. Dabei war sie bestrebt, die Tatsachen in einem für sie günstigeren Licht darzustellen. In fast allen Balkanländern (außer Griechenland) wurde der Arbeitslohn statistisch erfaßt und mit der Erfassung von Streiks und Lockouts, Arbeitsunfällen und teilweise - wenn auch sehr lückenhaft - der Arbeitslosigkeit, begonnen. Die Einführung eines Sozialversicherungssystems in Jugoslawien, Bulgarien und Rumänien in den Jahren 1923/1924 verhilft ebenfalls zu genaueren Angaben über den Durchschnittslohn, da sich die Versicherungsbeiträge nach der Lohnhöhe richteten. Auch die verstärkte Tätigkeit der Arbeitsinspektionen schuf gewisse Voraussetzungen für die Ermittlung weiterer Angaben über die materielle Lage der Arbeiterklasse. Gleichzeitig wurden auch die von der Arbeiterbewegung organisierten Untersuchungen oder andere Formen, um systematische Angaben über Arbeitslohn, Arbeitszeit und andere Arbeitsbedingungen für einzelne Städte, Gebiete und Kategorien von Arbeitern zu erlangen, immer zahlreicher. (In Jugoslawien führten die nach dem Krieg entstandenen Arbeitskammern derartige Untersuchungen durch). Dies alles bot bei kritischer Analyse der bürgerlichen Statistik und Vervollständigung ihrer Angaben Voraussetzungen für eine detailliertere Erforschung der materiellen Lage der Arbeiterklasse, als das bisher möglich war.

Die Errichtung der faschistischen Diktatur, die in Bulgarien, Jugoslawien und Rumänien in mehreren Etappen vor sich ging, erschwerte schon in den zwanziger Jahren legale marxistisch-ökonomische Veröffentlichungen und eingehende systematische Forschungen durch die Vertreter der revolutionären Arbeiterbewegung. In der zweiten Hälfte der dreißiger Jahre nahm die Diktatur besonders scharfe Formen an. Aus diesem Grund sind nur wenige Dokumente über die Lage der Arbeiter zwischen den beiden Weltkriegen vorhanden. In den fortgeschritteneren Balkanländern publizierten Funktionäre der revolutionären Arbeiterbewegung und einige fortschrittliche Wirtschaftswissenschaftler Untersuchungen über die Lage der Arbeiterklasse. Diese Studien waren aber meist mehr oder weniger fragmentarisch und behandelten nur einzelne Kategorien von Arbeitern, einzelne Zeitabschnitte oder einzelne die Lage der Arbeiterklasse charakterisierende Faktoren.[1]

Nach dem zweiten Weltkrieg erschienen in den Balkanländern (mit Ausnahme Griechenlands) viele Monographien über die materielle Lage der Arbeiterklasse. M. Sokolovskij, S. Dimitrijević, Č. Đurđević, D. Gaić, Sv. Popović, B. Chrabak, A. Lebl, J. Cazi, I. Bošević,

1 Vgl. z. B. Lapčevic, Dragiša, Položaj radničke klase i sindikalni pokret u Srbiji (Die Lage der Arbeiterklasse und die Gewerkschaftsbewegung in Serbien), Belgrad 1928; Položaj radničke klase u Jugoslaviji (Die Lage der Arbeiterklasse in Jugoslawien), Novi Sad 1927; Položaj poloprivrednich radnika (Die Lage der landwirtschaftlichen Arbeiter), Belgrad 1931; Krekin, Bogdan, Radnička nadniza kao privredni, sozialni i kulturni faktor (Der Arbeitslohn als wirtschaftlicher, sozialer und kultureller Faktor), Belgrad 1934; Stojanov, Todor, Ikonomičeskoto položenie na rabotničeskata mladež (Die wirtschaftliche Lage der Arbeiterjugend), Sofia 1928; B. B. Rabotnata zaplata v Bŭlgarija sled vojnata (Der Arbeitslohn in Bulgarien nach dem Krieg), Sofia 1928; Bakalov, Georgi, Zakrilata na truda v Sŭvetskija Sŭjuz i bezpravieto na bŭlgarskija rabotnik (Der Arbeitsschutz in der Sowjetunion und die Rechtlosigkeit des bulgarischen Arbeiters), Sofia 1928; Stoica, Chivu, Eroicele lupte ale muncitorilor ceferişti şi petrolişti din 1933 (Die heroischen Kämpfe der Eisenbahn- und Petroleumarbeiter von 1933), Bukarest 1953; Bind, T. V., Condiţiile de muncă şi de trai ale muncitorilor din Cluj. Studiu social-economic (Die Arbeits- und Lebensbedingungen der Arbeiter in Cluj. Sozialökonomische Studie), Cluj 1939; u. a.

M. Mirković und andere behandelten die Lage in Jugoslawien.[2] Über die Lage der Arbeiter in Bulgarien schrieben L. Berov, V. St. Vasilev, G. Georgiev, A. Georgiev, St. Velikov, Dr. Kodžejkov, K. Lambrev, I. Zlatinčev, G. Jordanov, D. Mladenov, R. Raikov, Kr. Sofroniev und andere.[3] Die Arbeiterklasse in Rumänien stand im Mittelpunkt von Monographien von G. Surpat, N. N. Constantinescu, V. Bosdea, M. Mănescu, G. Brătescu, V. Anghel, C. Bogdan, S. Fuchs, M. Ioşa, T. Necşa und anderen.[4] Über die Lage der Arbeiter-

2 Vgl. z. B. Sokolovškij, M., Najamnina u staroj Jugoslavij - prilog proučvanju plata radnika u periodu 1918 - 1941 (Lohnarbeit im alten Jugoslawien - Beitrag zur Untersuchung des Arbeitslohnes im Zeitabschnitt 1918 - 1941), Belgrad 1951; Ďurďević, Čedomir, Položaj i akcije radničke klase Jugoslavije u periodu pred drugi svetski rat (Die Lage und die Kämpfe der Arbeiterklasse Jugoslawiens vor dem zweiten Weltkrieg), Belgrad 1951; Vučo, Nicola, Privredna istorija Srbije do prvog svetskog rata (Wirtschaftsgeschichte Serbiens bis zum ersten Weltkrieg), Belgrad 1955; Cazi, Josip, Revolucionarni sindikati Jugoslavije (Die revolutionären Gewerkschaften Jugoslawiens). 1919 - 1920, Belgrad 1959; Dimitrijević, Sergije, Privredni rasvitak Jugoslavije od 1918 do 1941 godine (Die wirtschaftliche Entwicklung Jugoslawiens von 1918 - 1941), Belgrad 1962; Mirković, Mijo, Economska historija Jugoslavije (Wirtschaftsgeschichte Jugoslawiens), Zagreb 1958; u. a.

3 Vgl. z. B. Berov, Ljuben, Položenieto na rabotničeskata klasa v Bŭlgarija pri kapitalizma (Die Lage der Arbeiterklasse in Bulgarien im Kapitalismus), Sofia 1965; Rabotničeskoto dviženie v Bŭlgarija. Materiali (Die Arbeiterbewegung in Bulgarien. Materialien), 1878 - 1904, hg. v. Dragoj Kodžejkov und Kiril Lambrev, Bd. 1, Sofia 1953; Vasilev, V. St., Položenieto na trudeštite se v Bŭlgarija v načalnija period na ikonomičeskata kriza ot 1929 - 1933 g. i narastvaneto na revoljucionnija podem (Die Lage der Werktätigen in Bulgarien in der Anfangsperiode der Wirtschaftskrise von 1929 bis 1933 und die Zunahme des revolutionären Aufschwungs), in: Isvestija na Instituta po istorija na Bŭlgarskata komunističeska partija, Nr. 8/1960; Georgiev, Georgi, Ikonomičeskoto položenie na perniškija rudničarski proletariat 1891 - 1906 g. (Die Wirtschaftslage des Bergwerksproletariats aus Pernik 1891 - 1906), in: ebenda, Nr. 3 - 4/1958; Raikov, Raiko, Materiali po položennieto, organizacijata i borbite na stroitelnite rabotnici v Bŭlgarija 1878 - 1944 g. (Materialien über die Lage, Organisationen und Kämpfe der Bauarbeiter in Bulgarien 1878 - 1944), Sofia 1959; Chadžinikolov, Veselin/Mladenov, Dimitŭr [u. a.] Stačnite borbi na rabotničeskata klasa v Bŭlgarija (Die Streikkämpfe der Arbeiterklasse in Bulgarien), Sofia 1960; u. a.

4 Vgl. z. B. Surpat, Gheorghe, Pauperizarea clasei muncitoare din Romînia burghezomoşierească între cele două războaie mondiale (Die Verelendung der Arbeiterklasse im bürgerlich-gutsbesitzerlichen Rumänien zwischen den zwei Weltkriegen), Bukarest 1962; Mănescu, Manea/Constantinescu, N. N., Situaţia economică din Romînia şi condiţiile de muncă şi de trai ale clasei muncitoare în perioada premergătoare grevei generale din 1920 (Die ökonomische Lage in Rumänien und die Arbeits- und Lebensbedingungen der Arbeiterklasse in der Periode vor dem Generalstreik von 1920), in: Analele Institutului de istoria a Partidului de pe lîngă C. C. al P. M. R., Nr. 5/1960; Din istoricul formării şi desvoltării clasei muncitoare din Romînia. Pînă la primul război mondial (Aus der Geschichte der Entstehung und Entwicklung der Arbeiterklasse in Rumänien. Bis zum ersten Weltkrieg), Bukarest 1959; Brătescu, G., Istoria ocrotirii sănătăţii muncitorilor din Romînia. Pînă la 23 august 1944 (Die Geschichte des Gesundheitsschutzes der Arbeiter in Rumänien. Bis zum 23. August 1944), Bukarest 1957; Fuchs, Simon, Situaţia industriei forestiere şi luptele muncitorilor forestieri la începutul crizei economice din 1929 (Die Lage der Forstindustrie und die Kämpfe der Forstarbeiter zu Beginn der Wirtschaftskrise von 1929), in: Studii şi materiale de istorie contemporană (Studien und Materialien zur Zeitgeschichte), Bd. 1, Bukarest 1956; Ioşa, M., Despre situaţia clasei muncitoare din Rominia între 1900 - 1916 (Zur Lage der Arbeiterklasse in Rumänien zwischen 1900 und

klasse in der Türkei berichteten K. Talas, T. Tunaj, E. Erişçi, A. Genissel, J. E. Darendelioğlu, A. D. Novičev, R. P. Kornienko und andere.[5] K. Mischa, G. Kolumbi und andere beschäftigten sich mit dem gleichen Problem in Albanien.

Parallel zu der Aufzeichnung der Geschichte der revolutionären Arbeiterbewegung entsteht in den genannten Monographien ein klares Bild von der materiellen Lage einiger Teile der Arbeiterklasse in den entsprechenden Zeiträumen. Einige Arbeiten behandeln die in der Lage der Arbeiterklasse vor sich gegangenen Veränderungen für einzelne Länder, wie Bulgarien oder teilweise Rumänien, in der Periode zwischen den beiden Weltkriegen bzw. für die ganze Zeit vom Ende des 19. Jahrhunderts bis zum Ende des zweiten Weltkrieges mehr oder weniger vollständig. Was die Zeitfolge und die Einordnung betrifft, sind die meisten Studien jedoch recht fragmentarisch. Ausgangspunkte und konkrete Schlußfolgerungen sind oft widersprüchlich (besonders in den jugoslawischen Studien), was einerseits auf den Mangel an vollständigen und zuverlässigen Quellen für bestimmte Erscheinungen, andererseits aber auf die in einigen Fällen willkürliche Auswahl der vorhandenen Angaben durch manche Autoren zurückzuführen ist.

Dennoch gibt die zahlreich vorhandene ökonomisch-historische Literatur die Möglichkeit, bei entsprechender Kontrolle der Angaben und kritischer Ausnutzung der vorliegenden statistischen oder ähnlichen Quellen aus den betreffenden Ländern bestimmte Entwicklungstendenzen wissenschaftlich zuverlässig festzustellen. Die große Mannigfaltigkeit der ökonomisch-politischen Verhältnisse in den einzelnen Balkanländern in der behandelten Periode läßt selbstverständlich keine Parallelität in der Entwicklung erwarten. Die vorhandenen Angaben reichen oft nicht für eine ganz exakte ziffernmäßige Einschätzung des Einflusses aus, den die verschiedenen Faktoren auf die Lage der Arbeiterklasse ausüben. Das ist aber kein unüberwindliches Hindernis, um die Veränderungen festzustellen, die die Arbeitsbedingungen des Balkanproletariats im Kapitalismus bis zum zweiten Weltkrieg durchliefen.

Am vollständigsten sind die Veränderungen im Reallohn der Arbeiterklasse für Bulgarien erforscht.

1916), in: ebenda, Bd. 4, Bukarest 1956; Necşa, Teodor, Date privind situaţia clasei muncitoare din Romînia în perioada crizei economice 1929 - 1933 (Angaben zur Lage der Arbeiterklasse in Rumänien während der Wirtschaftskrise von 1929 bis 1933), in: Studii. Revista de istorie, Nr. 1/1956, S. 107 - 123; Constantinescu, N. N., Din istoricul formării clasei muncitoare în Romînia (Aus der Geschichte der Herausbildung der Arbeiterklasse in Rumänien), T. 1 - 4, Bukarest 1956 - 1958; derselbe/Bozga, V., Situaţia clasei muncitoare în perioada participării Romîniei la primul război mondial (Die Lage der Arbeiterklasse während der Beteiligung Rumäniens am ersten Weltkrieg), in: Probleme economice, Nr. 7/1959; Bogdan, Constanţa, Agravarea situaţiei materiale a clasei muncitoare din Romînia în timpul celui de al doilea război mondial (Die Verschärfung der materiellen Lage der Arbeiterklasse in Rumänien während des zweiten Weltkrieges), in: ebenda, Nr. 12/1959; Anghel, V., Viaţa muncitorului industrial din Romînia (Das Leben des Industriearbeiters in Rumänien), Bukarest 1945; Constantinescu, N. N., Situaţia clasei muncitoare din Romînia (Die Lage der Arbeiterklasse in Rumänien), Bukarest 1966; u. a.

5 Vgl. z. B. Genissel, A., L'ouvrier industriel en Turquie, Beyrouth 1948; Erişçi, E., Türkiyede işçi sifinit tarahi, Istanbul 1951; Darendelioğlu, I. E., Türkiyede komünist hareketleri, cilt 1, Istanbul 1961; Novičev, A. D., Očerki èkonomiki Turcii do mirovoj vojny, Moskau 1937; derselbe, Položenie i borba promyšlennogo proletariata Turcii v 1934 - 1939, in: Učennye zapiski Leningradskogo gosudarstvennogo univertiteta, Nr. 195, vostočnyj fakultet, Reihe vostokovedčeskich nauk, Ausgabe 6, Leningrad 1965; Kornienko, R. P., Rabočee dviženie v Turcii 1918 - 1963, Moskau 1965; u. a.

Da die Kaufkraft des bulgarischen Lews in der behandelten Periode stark gesunken ist - wobei die Preisbewegung der einzelnen Waren bei weitem nicht gleichmäßig verlief -, ist es notwendig, die reale Kaufkraft des Nominallohnes auf der Basis eines konstanten Umfangs von Waren und Dienstleistungen zu berechnen, die den alltäglichen Bedarf der Arbeiterklasse ausmachen. Wir berechnen den Reallohn für alle Kategorien von Arbeitern für jedes Jahr als Verhältnis der monatlichen Nettolohnsumme[6] und der Preissumme für 79 Waren, die eine städtische Arbeiterfamilie (vier Personen) für Nahrungsmittel, Kleidung, Hygiene, Heizung und Miete für ein Zimmer und Küche ausgibt[7].

Ein Vergleich des korrigierten durchschnittlichen Nominallohnes[8] der Industriearbeiter in Bulgarien mit der sich verändernden Preissumme des oben erwähnten Existenzminimums an Waren zeigt, daß der Nominallohn im bourgeoisen Bulgarien nicht mit der Verteuerung des Lebens Schritt gehalten hat. Das machen die Angaben aus einigen charakteristischen Jahren deutlich.

Tabelle 1

Vergleich von Arbeitslohn und Existenzminimum in Bulgarien

Jahr	Brutto-Tageslohn in Lewa	Monatlicher Nettolohn in Lewa	Summe des monatlichen Familienbudgets+ in Lewa	Monatlicher Lohn in Prozent des Familienbudgets
1901	1,80	41,36	67,22	61,5
1907	.	48,78	86,47	56,4
1912	2,66	57,56	103,44	55,6
1921	34,19	677,6	1 713,2	39,5
1925	58,07	1 086,5	2 829,5	38,3
1929	58,89	1 182,2	3 155,2	37,5
1934	49,10	1 012,8	1 877,6	53,9
1939	50,11	1 022,8	2 010,7	50,8
1944	201,30	3 963,7	10 310,4	33,4

+ Existenzminimum = Preissumme der erwähnten 79 Waren.

Ein Vergleich aller Angaben der Jahre von 1901 bis 1944 zeigt ein wesentliches Absinken des Reallohnes in der Periode nach dem ersten Weltkrieg. Im Durchschnitt der Jahre 1921 bis 1944 betrug der Nominallohn 44,8 Prozent des Existenzminimums, gegenüber 54,5 Prozent im Durchschnitt der Jahre 1901 bis 1912, also der Periode vor dem ersten Weltkrieg. Wenn die Jahre 1901 bis 1912 gleich 100 gesetzt werden, betrug der Durchschnittsindex des

6 Vom Bruttolohn wurden abgezogen: die direkten und staatlichen Steuern, Lösegeld für die zwangsweise abzuleistende Arbeitspflicht, Sozialversicherungsbeiträge und Mitgliedsbeiträge für die offiziellen Gewerkschaften. Für die Höhe der Strafgelder standen keine exakten Angaben zur Verfügung.

7 In Bulgarien wurde 1938/1939 das Haushaltsbudget von 402 Arbeiter- und Beamtenfamilien in 5 Städten untersucht. Zahlen über den Durchschnittsverbrauch siehe Spisanie na Glavnata Direkcija na statistikata, Nr. 3 - 4/1946, Anhang S. 1 - 67.

8 Die in der bürgerlichen Statistik zusammengestellten Lohnangaben wurden aufgrund der von der Arbeitsdirektion und der Versicherungsanstalt herausgegebenen Daten korrigiert. Außerdem wurden Korrekturen hinsichtlich der Vereinheitlichung der Berechnungsmethoden vorgenommen. Die offizielle Statistik enthielt nicht immer die an die Arbeiter gezahlten Naturalien, andererseits waren die hohen Gehälter des administrativen und technischen Leitungspersonals oft der Arbeitslohnsumme zugeschlagen.

Reallohnes für die Jahre 1921 bis 1944 = 82.[9] Für die Arbeiter, die in eigenen Wohnungen wohnten, sank der Index des Reallohnes in der Nachkriegszeit noch stärker, und zwar durchschnittlich um 24 Prozent.

Dabei muß in Betracht gezogen werden, daß - wie einige Angaben zeigen - die wirklichen Preise, zu denen die Arbeiter die lebensnotwendigen Artikel in der Periode nach dem ersten Weltkrieg kauften, durchschnittlich um einige Prozent höher lagen, als die offizielle Statistik auswies. Die Summe des Existenzminimums haben wir nach der offiziellen Statistik für die einzelnen Jahre berechnet. Das bedeutet, daß der tatsächliche Arbeitslohnindex für die Jahre 1921 bis 1944 um einige Punkte tiefer liegen mag als oben angegeben.

Man darf auch nicht vergessen, daß sich der Wert der Arbeitskraft in Bulgarien inzwischen bedeutend erhöht hat. Nach dem ersten Weltkrieg stieg das durchschnittliche Qualifikations- und Ausbildungsniveau der Industriearbeiter. Seit der Mitte der zwanziger Jahre wuchs auch die Arbeitsintensität - in manchen Betrieben auf das Doppelte, in anderen weniger, aber im Durchschnitt der gesamten Industrie um zirka 20 Prozent. Außerdem nahm die durchschnittliche Personenzahl einer Arbeiterfamilie zu. Das bedeutete, daß von einem Arbeitslohn mehr nichtarbeitende Personen ernährt werden mußten als vorher. So kamen zum Beispiel im Jahre 1900 auf 100 arbeitende Industriearbeiter 54 Personen, die ihren Lebensunterhalt nicht selbst verdienten. Im Jahre 1910 erhöhte sich dieses Verhältnis auf 100 zu 70, 1920 auf 100 zu 81, 1934 auf 100 zu 105. In der Nachkriegsperiode stieg infolge spezifischer Ursachen auch die Arbeitslosigkeit an. Für ihren Umfang vor und nach den Kriegen von 1912 bis 1918 fehlen systematische und exakte Angaben. In der Arbeiterpresse variieren die Schätzungen über die Zahl der Arbeitslosen in der Periode von 1925 bis 1933 zwischen 50 000 und 300 000.

Ähnlich war die Situation in bezug auf den Arbeitslohn der meisten Kategorien von Transportarbeitern. Errechnet man zum Beispiel den durchschnittlichen Nominal- und Reallohn (unter Berücksichtigung verschiedenartiger geldlicher und Naturalvergünstigungen) für die achtzehn am häufigsten vorkommenden Berufe der Eisenbahnarbeiter und -angestellten in Bulgarien, erhält man für 1919 bis 1944 einen durchschnittlichen Reallohnindex[10] von 42,9 (1889 = 100) gegenüber dem Durchschnittsindex von 65,9 für die Jahre 1889 bis 1918. Das bedeutet letzten Endes eine durchschnittliche Verringerung des Reallohnes in der Periode nach dem ersten Weltkrieg um 26 bis 28 Prozent gegenüber dem Durchschnittsniveau der Vorkriegsperiode. (Hierbei fand auch der Einfluß einiger Faktoren ähnlichen Charakters Berücksichtigung, die bei der Berechnung der einzelnen Indexzahlen nicht beachtet worden sind.) Für die Arbeiter aus dem Autotransport erhält man einen durchschnittlichen Reallohn für die Jahre 1919 bis 1944, der um 30 Prozent niedriger lag als der von 1912 bis 1915 (für die früheren Jahre verfügen wir über keine Angaben). Für die Seeleute der Handelsflotte lag 1918 bis 1943 der durchschnittliche Reallohnindex um 13 Punkte niedriger als in der Vorkriegsperiode 1895 bis 1912, wobei der Reallohn bei den Dockarbeitern in den Schwarzmeerhäfen nur um zirka 15 Prozent gegenüber dem ersten Jahrzehnt des 20. Jahrhunderts sank. Nur für die Straßenbahnarbeiter erhöhte sich infolge spezifischer Bedingungen 1923 bis 1944 der durchschnittliche Reallohn um 2 bis 10 Prozent im Vergleich zur Vorkriegs-

9 Dabei darf man nicht vergessen, daß der Reallohn in den 6 Jahren vor dem Kriege schon wesentlich niedriger lag als im Durchschnitt der gesamten Periode von 1887 - 1900. Berechnungen über den Lohn der landwirtschaftlichen Arbeiter zeigen, daß ihr Reallohn im Durchschnitt dieser 6 Jahre um 16 Prozent niedriger lag als im Durchschnitt der Jahre 1887 - 1900. Stellt man also den Reallohn der Periode nach dem ersten Weltkrieg der gesamten Vorkriegszeit (1878 - 1912) gegenüber, so ergibt sich eine noch stärkere Senkung des Reallohnes in der Periode von 1921 - 1944.

10 Der errechnete Reallohn wurde korrigiert entsprechend den eingetretenen Veränderungen im Bestand und in den Preisen des Existenzminimums sowie hinsichtlich der spezifischen Lebensbedingungen für einige Kategorien von Transportarbeitern.

zeit 1902 bis 1914. Bei allen Kategorien von Transportarbeitern und Angestellten wurde nach dem ersten Weltkrieg eine wesentliche Erhöhung der durchschnittlichen Familiengröße, beziehungsweise eine größere Zahl von nicht im Lohnverhältnis stehenden Personen festgestellt.

Analog war auch die Lage der landwirtschaftlichen Arbeiter, für welche der durchschnittliche Reallohnindex für die Periode 1919 bis 1944 um 14 Prozent niedriger lag als der Durchschnitt des Zeitraums 1887 bis 1918. (In bezug auf die übrigen Faktoren gab es hier keine Veränderungen, da für diese Arbeiter Sozialgesetzgebung und andere Vergünstigungen tatsächlich weder vor noch nach dem ersten Weltkrieg galten.)[11]

Bei den Bauarbeitern, deren Zahl in der Zeit des Kapitalismus in Bulgarien zwischen 32 000 und 50 000 schwankte, sank der Reallohn in der Nachkriegszeit um 5 bis 16 Prozent gegenüber der Zeit vor den Kriegen von 1912 bis 1918, wobei die Verordnung über den Achtstundentag bei ihnen in geringerem Umfang Anwendung fand als bei den Industriearbeitern.

Bei den Arbeitern im Postwesen (Post, Telegraf, Telefon) lag der Reallohn nach dem ersten Weltkrieg um zirka 30 Prozent unter dem durchschnittlichen Vorkriegsstand; die durchschnittliche Länge des Arbeitstages erfuhr nach dem Kriege keine Veränderung.

Noch tiefer sank der Reallohn bei den Werktätigen im Handwerk, in Handels-, Versicherungs- und Kreditinstituten, obwohl die Angaben für diese Kategorien (vor allem was die archivalischen Quellen betrifft) noch lückenhafter sind.

Das bis hierher Dargelegte beweist, daß bei allen Kategorien von Arbeitern im bourgeoisen Bulgarien (mit Ausnahme der Straßenbahnarbeiter)[12] der Reallohn sank und sich ihre materielle Lage nach dem ersten Weltkrieg verschlechterte. Die nicht nur relative, sondern auch absolute Verelendung wurde hauptsächlich durch die Konkurrenz auf dem Arbeitskräftemarkt hervorgerufen. Ihr Druck traf jedoch nicht alle Kategorien von Arbeitern gleich stark. Der Reallohn für qualifizierte Arbeit sank stärker als der für unqualifizierte, da in den ersten beiden Jahrzehnten nach der Befreiung Bulgariens vom türkischen Joch das Angebot an qualifizierter Arbeitskraft äußerst begrenzt und ihre Bezahlung dementsprechend verhältnismäßig hoch gewesen war. (Viele Techniker, Meister, Spezialisten, Maschinisten und andere waren damals Ausländer.) Diese privilegierte Situation der Fachleute wurde aber im 20. Jahrhundert untergraben, als die örtlichen qualifizierten Kader rasch zunahmen und sich der Lohn für qualifizierte Arbeit mit dem Durchschnittslohn im Lande nivellierte.

Die Untersuchung der Reallohnveränderungen in Jugoslawien wird durch die großen territorialen Veränderungen während der Kriege von 1912 bis 1918 erschwert, in deren Ergebnis Länder mit unterschiedlichem Entwicklungsgrad zu Jugoslawien gehörten, die früher unter der Herrschaft der Türkei und Österreich-Ungarns gestanden hatten, und deren Methodik in der statistischen Preis- und Lohnbeobachtung sich ebenso erheblich voneinander unterschied wie die Geldeinheiten.

Dieser Zustand, zusammen mit der unterschiedlichen Entwicklung der Arbeitsverhältnisse in diesen Gebieten des Landes, erfordert drei parallele Vergleiche in bezug auf die Verän-

11 Genauere Angaben über die Veränderungen in der Lage aller erwähnten Kategorien von Arbeitern und Angestellten in Bulgarien 1878 - 1944 siehe bei Berov, Ljuben, a. a. O., (gekürzte Ausgabe Sofia 1968).

12 Eine Ausnahme bilden bis zu einem gewissen Grade auch die Bergleute in den staatlichen Bergwerken, deren Reallohn nach 1924 formal stieg. Die Arbeitsintensität wurde in jener Zeit jedoch verdoppelt. Infolgedessen erfuhr der auf die Produktionseinheit bezogene Reallohn in Wirklichkeit eine Senkung.

derungen in der Lage der Arbeiterklasse in den Vorkriegsgrenzen Serbiens und Montenegros, in den Gebieten, die nach 1912 von der Türkei zu Jugoslawien kamen, und in den früher österreichisch-ungarischen Ländern. Man muß bemerken, daß eine Feststellung der in der materiellen Lage der Arbeiter eingetretenen Veränderungen in den südöstlichen Gebieten Jugoslawiens, die sich bis 1912 unter türkischer Herrschaft befanden, durch den bis zum Balkankrieg sehr primitiven Zustand der türkischen Statistik bedauerlicherweise unmöglich ist. Nach dem zweiten Weltkrieg erschienen zwar einige Untersuchungen über die Arbeiterbewegung in Mazedonien bis zum Balkankrieg, in denen unter anderem der Versuch unternommen wurde, gewisse vorhandene Angaben über die materielle Lage der Lohnarbeiter zu dieser Zeit in Mazedonien aufgrund der archivalischen und anderer offizieller Angaben zu systematisieren[13], doch sind diese Angaben, geographisch und chronologisch gesehen, sehr lückenhaft und meist ungenau. Darum können sie keine gute Grundlage für einen Vergleich der Lage der Arbeiter in Mazedonien vor und nach den Kriegen von 1912 bis 1918 bilden.

Vollständigere und zuverlässigere Angaben gibt es für einige bis zum ersten Weltkrieg unter österreichisch-ungarischer Herrschaft stehende Gebiete Jugoslawiens, zum Beispiel für Kroatien. Wenn aufgrund des Zagreber Indexes für die Verteuerung der Lebenshaltung[14] und aufgrund offizieller Angaben über den Durchschnittslohn der Industriearbeiter (einige fehlende Jahre sind nach Schätzungen ergänzt) der Index für den realen Arbeitslohn der Arbeiter aus der Verarbeitungsindustrie auf der Basis 1914 = 100 errechnet wird, erreicht man 79,3 als Durchschnitt für die Jahre zwischen den beiden Weltkriegen oder ein Sinken des Reallohnes um durchschnittlich 20,7 Prozent gegenüber dem Stand von 1914. In der Verarbeitungsindustrie ergibt sich auf diese Weise eine Reallohnsenkung um durchschnittlich 22,9 Prozent und für die Holzverarbeitungsindustrie um 29,4 Prozent, wobei der Reallohn in den zwanziger Jahren bedeutend sinkt und in den dreißiger Jahren schwankt. Am schlechtesten war die Lage in den ersten Nachkriegsjahren, da zu der erheblichen Reallohnsenkung auf 59 Prozent noch die große Lebensmittelknappheit kam sowie große Verzögerungen bei der Lohnauszahlung, die bis zu fünf Monaten reichten. All das verschlechterte die Lage der Arbeiter zusätzlich, läßt sich aber kaum in Zahlen ausdrücken. Wie in Bulgarien stellen wir während der Krise von 1929 bis 1933 auch in Kroatien einen gewissen zeitweiligen Anstieg des Reallohnes fest, dem ein neues Absinken folgte, nachdem sich die faschistische Diktatur in der zweiten Hälfte der dreißiger Jahre gefestigt hatte.

Für die Vojevodina ergibt sich aus den vorhandenen Angaben der offiziellen Statistik und aus den Untersuchungen der Gewerkschaft über die Höhe des Nominallohnes und die Verteuerung der Lebenshaltung für die Jahre zwischen den beiden Weltkriegen eine Reallohnsenkung von 30 Prozent gegenüber dem Stand vom Jahre 1914. Wenn man von dem offiziellen Lebenshaltungskostenindex ausgeht, erhält man ein wesentlich geringeres Resultat, nämlich eine Senkung um ungefähr 25 Prozent. Der bedeutende Unterschied zwischen den Angaben beider Quellen ergibt sich schon aus der Tatsache, daß in den offiziellen Angaben die Lebenshaltungskosten im Jahre 1928 um 17,56mal höher gegenüber Juli 1914 angegeben werden, in der von der Gewerkschaft durchgeführten Untersuchung, deren Resultat im Referat auf dem vierten Kongreß der Arbeitskammern von 1928 dargelegt wurde, dagegen um zirka 21,8mal. Leider kann man die Exaktheit der Ausgangsdaten in der Analyse der Arbeitskammern nicht überprüfen.

Für die alten Gebiete Serbiens ergibt sich ein geringeres Absinken des Reallohnes (für die Industriearbeiter durchschnittlich um 12 Prozent gegenüber 1914)[15], bedingt durch die oh-

13 Vgl. dazu z. B. Zogravski, Dimitŭr, O radničkom pokretu u Makedoniji do Balkanskog rata (Über die Arbeiterbewegung in Mazedonien bis zum Balkankrieg), Belgrad 1951.

14 Vgl. Ekonomist, Nr. 4/1948, S. 67, unter Einbeziehung von Zugaben zu allen Bedarfsartikeln nach den ersten Nachkriegsjahren.

15 Nach Berechnungen von Mirković, Mijo, a. a. O., S. 323 - 326, 357, 362; Dimitrije-

nehin geringere Höhe der Tageslöhne am Vorabend des ersten Weltkrieges im Vergleich zu den österreichischen Gebieten. Nach offiziellen Angaben betrug zum Beispiel im Jahre 1913 der Durchschnittstageslohn in der serbischen Industrie 3,13 Dinar, während der durchschnittliche Tageslohn der Bergarbeiter und der Werktätigen in der Verarbeitungsindustrie in den verschiedenen Städten Bosniens, der Vojevodina, Sloveniens und Kroatiens damals zwischen 3,1 und 4,9 Kronen (1 Krone = 1,05 Dinar) schwankte. Wenn die Lage in den verschiedenen Gebieten auch unterschiedlich war, ergibt sich doch, daß der Reallohnstand der Industriearbeiter in Jugoslawien in den Jahren zwischen den beiden Weltkriegen durchschnittlich um 18 bis 21 Prozent niedriger war als im Jahre 1914.

Man darf dabei nicht vergessen, daß das Jahr 1914 für den durchschnittlichen Stand des Reallohnes vor dem ersten Weltkrieg nicht charakteristisch war. Bei verhältnismäßig stabilen Einzelhandelspreisen in Serbien in den Jahren 1890 bis 1905 fielen die Tageslöhne der ungelernten Arbeiter von 1,28 bis 1,52 Dinar im Zeitraum 1891 bis 1895 auf 1,19 bis 1,24 Dinar in den Jahren 1901 bis 1905.[16] Ab 1905 setzte eine rasche Verteuerung des Lebens ein (bis 1912 um insgesamt 60 Prozent gegenüber dem Jahr 1892) aufgrund der großen indirekten Besteuerung der Bedarfsartikel, der Kriegsvorbereitungen und einer Reihe Konjunkturursachen, ohne daß der Arbeitslohn mit der Verteuerung Schritt halten konnte. Der Preis für 1 Kilogramm Rindfleisch wurde zum Beispiel von 0,70 Dinar im Jahre 1904/1905 auf 1,30 Dinar im Jahre 1912 erhöht, 1 Kilogramm Schmalz von 1 auf 2 Dinar usw., während der durchschnittliche Tageslohn der Industriearbeiter in Belgrad in der gleichen Zeit nur von 1,50 bis 1,80 auf 2,50 Dinar stieg. Deshalb war der Reallohn in den Jahren 1913/1914 um 16 Prozent niedriger als im Jahre 1905 und um 24 bis 27 Prozent niedriger als in den Jahren 1891 bis 1895.[17] Ähnlich verlief die Entwicklung auch in den damals durch Österreich beherrschten jugoslawischen Ländern, obwohl sich dort auch die Lebenshaltung etwas weniger verteuerte.

Wenn der Durchschnittsreallohn der Industriearbeiter in Jugoslawien in der Zeit zwischen den beiden Weltkriegen nicht nur mit dem Jahr 1914, sondern mit dem Durchschnitt der Jahre 1891 bis 1914 verglichen wird[18], so ergibt sich für die Zeit nach dem ersten Weltkrieg eine Reallohnsenkung um 25 bis 30 Prozent gegenüber dem Vorkriegsdurchschnitt. Das übertrifft die für Bulgarien errechneten Ergebnisse bei weitem.

Man kann einwenden, daß die jugoslawische Arbeiterklasse parallel zu der vergrößerten Steuerlast in der Nachkriegszeit auch manche zusätzliche Vergünstigung durch die Sozialversicherungen (Kranken- und Unfallversicherung, kostenlose ärztliche Hilfe und entsprechende Renten) aufgrund des Gesetzes vom Mai 1922 erhielt[19], wenn auch für den größeren Teil der Arbeiter die Rentenversicherung erst im Jahre 1937 eingeführt wurde. Aber eine gewisse Sozialversicherung war in den serbischen und früher österreichischen Gebieten Jugoslawiens auch vor dem ersten Weltkrieg vorhanden, wenn sie sich auch nur auf Teilgebiete der Versorgung sowie Teile der Arbeiterklasse erstreckte. Zweitens darf man nicht vergessen, daß selbst die Nachkriegssozialversicherung die Landarbeiter nicht mit einbezog. Viele der Arbeiter und Angestellten der übrigen im System der Sozialversicherung eingeschlossenen Zweige kamen in der Praxis ebenfalls nicht in den Genuß dieser Vergünstigungen, da die Kapitali-

vič, Sergije, a. a. O.; Đurđević, Čedomir, a. a. O., S. 11, 13, 52 u. a.

16 Vgl. Statistički godišnjak kraljevine Srbije, 10. Jg. 1905, S. 320 - 328.

17 Nach den Angaben der Arbeiterpresse um 30 - 35 Prozent und um 35 - 40 Prozent.

18 Für diese Periode fehlen systematische exakte Angaben über Industriearbeiterlöhne, mit Ausnahme einiger Jahre. Es gibt aber jährliche Angaben nach Jahreszeiten über den Durchschnittstageslohn von Arbeitern allgemein, von Tiefbauarbeitern, Schnittern und Maurern in der Statistik der Marktpreise.

19 Das Gesetz und die dazugehörigen Verordnungen siehe in Zakon o osiguranju radnika od 14/30 maja 1922 godine (Gesetz über die Arbeiterversicherung vom 17./30. Mai 1922), Belgrad 1936.

sten sie nicht registrieren ließen oder die Beiträge nicht regelmäßig bezahlten. Die Zahl der versicherten Arbeiter betrug zwischen 439 000 im Jahre 1923, 535 000 im Jahre 1932 und 787 000 im Jahre 1940, während die Gesamtzahl der Arbeiter und Angestellten, ohne die Staatsbeamten, die in die Sozialversicherungen des privatkapitalistischen Sektors nicht eingeschlossen waren, schon bei der Volkszählung im Jahre 1931 1 245 000 betrug. Unabhängig davon muß man bemerken, daß die Gesamtsumme aller materiellen Vorteile, welche die Industriearbeiter durch die Sozialversicherungen erhalten haben, nach unserer Einschätzung nicht mehr als 2 Prozent der gesamten Bruttolohnsumme ausgemacht haben. Nach 1919 waren die Bedingungen, die zum Erhalt von Krankengeld, Unfallentschädigung und anderem berechtigten, bedeutend erschwert (nur 50 Prozent des Lohnes des Erkrankten wurden gezahlt).

Die Vergünstigungen, die die Sozialversicherungen der Arbeiterklasse nach dem ersten Weltkrieg brachten, wurden durch die Vergrößerung ihrer Steuerlast wieder aufgefressen.

Die vorhandenen statistischen Daten und die wirtschaftshistorischen Untersuchungen erlauben leider keine ähnliche Beurteilung der Veränderungen in der materiellen Lage der Arbeiterklasse für andere Teile Jugoslawiens. Die Angaben über den Nominallohn der Land-, Bau-, Handels- und anderen Arbeiter sind sowohl in geographischer wie auch besonders in chronologischer Hinsicht sehr lückenhaft oder - besonders für die Zeit vor dem ersten Weltkrieg - nur ungenau. Man kann aber annehmen, daß die Entwicklung bei dieser Arbeiterkategorie ähnlich ist wie bei den Industriearbeitern.[20]

Eine konkrete Zusammenstellung der in der materiellen Lage der Arbeiterklasse in Rumänien bis 1944 eingetretenen Veränderungen wird, selbst wenn man nur die Industriearbeiter betrachtet, durch eine Reihe von Umständen erschwert. Erstens darf man nicht vergessen, daß auch hier nach dem ersten Weltkrieg große territoriale Veränderungen eintraten durch den Anschluß bedeutender österreichisch-ungarischer Gebiete mit rumänischer Minderheit (Transsilvanien war, was Territorium und Bevölkerung betrifft, ebenso groß wie das gesamte Rumänien bis dahin). Die Veränderungen im Reallohn der Arbeiter in diesem neuangeschlossenen Gebiet unterschieden sich von denen im bisherigen Rumänien, weil in Österreich-Ungarn der Reallohn bis zum ersten Weltkrieg durchschnittlich höher gelegen hatte als in Rumänien.[21]

Zweitens sind die vorhandenen statistischen Angaben für die Zeit vor dem ersten Weltkrieg sehr lückenhaft (vollständige Angaben liegen nur für zwei Jahre vor[22], während für die an-

20 Diese Einschätzung gilt nicht für die Staatsangestellten, deren Lohn häufig durch politische Faktoren beeinflußt wurde. In Bulgarien stiegen die Löhne der staatlichen Angestellten zum Beispiel nach dem großen Streik der Transportarbeiter von 1919/1920 und besonders nach der Krise von 1929 - 1933. In Jugoslawien war die Tendenz etwas schwächer. Auch die Differenz zwischen dem Lohn der Arbeiter und der Staatsangestellten war unterschiedlich und betrug 1939 in Jugoslawien 142 : 100, während in Bulgarien dieses Verhältnis 194 : 100 betrug (Durchschnittslohn der Staatsangestellten 2 147 Lewa, der der Arbeiter betrug 1 112 Lewa). Die faschistische Bourgeoisie in Bulgarien (das einzige Balkanland, in dem es 1923 zu einem bewaffneten Aufstand kam) versuchte die Staatsangestellten durch etwas höhere Löhne zu korrumpieren, um mit einem normalen Funktionieren des Staatsapparates, des Transports und des Nachrichtenwesens bei eventuellen sozialen Konflikten im Lande rechnen zu können.

21 Es fehlen genaue und vollständige Angaben über den Arbeitslohn sowie die Preise im österreichischen Transsilvanien am Vorabend des ersten Weltkrieges. Gewisse Auskünfte gibt nur Lörincz, Ernö, in: A munkaviaszonyok szabályozása Eedelyben 1840 és 1918 között (Die Regelung der Arbeitsverhältnisse in Siebenbürgen zwischen 1840 u. 1918), Bukarest 1958.

22 Es gibt unvollständige offizielle Angaben über die Löhne der Eisenbahner und der Landarbeiter nach Bezirken, aber nicht für das gesamte Land.

deren Jahre Schätzungen über die Höhe der Tageslöhne in einzelnen Betrieben und Städten vorhanden sind). Erst Ende der zwanziger Jahre begann man mit der Zusammenstellung systematischerer Angaben[23] über den Arbeitslohn.

Schwierigkeiten ergeben sich auch aus der Unterschiedlichkeit und Ungenauigkeit der vorhandenen statistischen Angaben über den Arbeitslohn und die Verteuerung der Lebenshaltung. So geben zum Beispiel die Zählungen in den größeren Industriebetrieben aus den Jahren 1901/1902 und 1911 Ausgangsangaben zur Berechnung des durchschnittlichen Tageslohnes, doch sie geben keine Auskunft über die Zahl der Tageslöhne, die im Jahr erarbeitet wurden, und das erschwert ihren Vergleich mit den Angaben der jährlichen Statistik der Industrie vom Ende der zwanziger Jahre bis 1944, die nur die ausgezahlte Lohnsumme des entsprechenden Jahres enthalten. Dabei ist in der Nachkriegsindustriestatistik der Lohn der Arbeiter und das Gehalt des administrativen und technischen Personals zusammengerechnet. Darunter befand sich auch eine große Zahl von kapitalistischen Aktionären, die in den Betrieben Etatposten mit außergewöhnlich hohen Gehältern einnahmen. Diese Gehälter übertrafen in den verschiedenen Betrieben den durchschnittlichen Lohn der Arbeiter um das Dreibis 21,8fache. Das Zusammenrechnen der Arbeiterlöhne mit den Gehältern des administrativen und technischen Personals führte zu einer bedeutenden Erhöhung des statistisch geschätzten durchschnittlichen Arbeitslohnes nach dem ersten Weltkrieg.[24] Den Grad dieser Erhöhung kann man jedoch nicht genau feststellen, da Untersuchungen in dieser Richtung nur für einzelne Betriebe vorhanden sind und eine Berechnung für alle Betriebe nur für das Jahr 1938 vorliegt. Zusätzliche Schwierigkeiten ergeben sich daraus, daß systematische Untersuchungen über die Höhe der Lohnabzüge für den untersuchten Zeitraum fehlen. Ihre relative Höhe ist aber in der Nachkriegszeit im allgemeinen größer als vor dem ersten Weltkrieg.

Die rumänische Statistik hat zwischen den beiden Weltkriegen keinen Lebenshaltungsindex für das gesamte Land veröffentlicht. Bis 1928 wurden nur die Einzelhandelspreise der Bedarfsartikel angegeben. Erst 1929 begann man mit der Berechnung des Lebenshaltungsindexes für die 71 einzelnen Städte, ohne jedoch einen Gesamtindex zusammenzustellen, der die Arbeiterzahl in jeder Stadt berücksichtigt. Vielleicht ist das der Grund dafür, daß es in der rumänischen Wirtschafts- und Geschichtsliteratur keine Gesamtbeurteilung über die Veränderungen des Reallohnes für den ganzen kapitalistischen Zeitraum gibt und sich die Wissenschaftler mit der Feststellung der Veränderungen für jede Teilperiode einzeln aufgrund der verschiedenen Quellen für die Bewegung des Arbeitslohnes und der Preise begnügten.

Die genannten Schwierigkeiten könnten aber auf indirektem Wege oder durch gewisse, wenn auch manchmal ungenauere, zusätzliche Berechnungen überwunden werden, auf deren Grundlage man eine statistische Reihe erreichen könnte, welche die Änderungen im Reallohn wenigstens für die Industriearbeiter Rumäniens in dieser Periode des Kapitalismus zum Ausdruck bringen könnte.

23 Ab 1927 gibt es statistische Zusammenfassungen der in den kollektiven Arbeitsverträgen festgelegten Tageslöhne sowie Angaben über die Zahl der gekauften Versicherungsmarken, und zwar nicht nur für Industriearbeiter, sondern auch für die übrigen landwirtschaftlichen Bereiche. So läßt sich zumindest der durchschnittliche "versicherte" Tageslohn errechnen. (Vgl. Buletinul muncii, Buletinul statistic al României und die statistischen Jahrbücher in Rumänien nach 1927.)

24 Unter den 1939 für Arbeitslöhne in dem Großbetrieb "Reşiţa" gezahlten 835,09 Millionen Lei (für 20 013 Arbeiter und Angestellte) befand sich auch das Gehalt des Hauptaktionärs N. Malaxa, der als "administrator delegat" 4 496 300 Lei erhielt. Der Jahresdurchschnittslohn eines Arbeiters lag unter 40 000 Lei. Insgesamt sind von der Lohnsumme 51 Millionen Lei Gehälter und Tantiemen von Aktionären sowie 76 Millionen Lei für Gehälter des übrigen administrativ-technischen Personals abzuziehen. Vom of-

Tabelle 2

Lohnberechnungen für einige charakteristische Jahre in Rumänien (1911 = 100)

Jahr	Bruttonominallohn in Lei+	Nominallohn-index++	Lebenshaltungs-kostenindex	Reallohnindex
1902	2,22	79,2	83	95
1911	2,80	100,0	100	100
1919+++	...	...	...	43
1923+++	...	...	...	71
1927	86,3	3 082	4 935	63
1931o	89,2	3 185	3 928	81
1934	68,7	2 453	3 163	77
1938	73,0	2 697	3 901	69
1941+++	121,8	4 350	8 145	53

\+ Für 1902 und 1911 aufgrund der Industrieuntersuchungen. (Für 1911 nach Anuarul statistic al Romîniei [Statistisches Jahrbuch Rumäniens], Bukarest 1912, S. 385, auf der Basis eines Durchschnitts in den einzelnen Klassen von Tageslöhnen.) Für 1927 - 1938 wurde der durchschnittliche Arbeitstageslohn nach den Ausgangsangaben der Industriestatistik berechnet, und zwar für 288 Arbeitstage jährlich und unter Abzug von 27 Prozent, um die Summe der Gehälter für das Verwaltungs- und technische Personal aus den Betrieben auszuschalten. (Vgl. dazu Taigar, Simion, Veniturile populaţiei şi nivelul de trai în R. P. R. [Die Einkommen der Bevölkerung und der Lebensstandard in der SRR], Bukarest 1964, S. 98.)

++ Bis 1929 nach den offiziellen Einzelhandelspreisen, danach unter Einbeziehung der Lebenshaltungskostenindizes für die rumänischen Städte. Dabei muß jedoch berücksichtigt werden, daß in Rumänien (wie auch in Bulgarien und Jugoslawien) ein großer Teil der Arbeiterklasse gezwungen wurde, die notwendigen Lebensmittel in den Fabrikkantinen um 20 bis 30 Prozent teurer zu kaufen. Da aber weder die Größe der Preisabweichungen noch der Verbreitungsgrad dieser Kantinen genau feststellbar ist, blieb ihr Einfluß hier außer acht.

+++ Die Reallohnerhöhung während der Krise war ein Ergebnis der verstärkten Streikbewegung dieser Jahre.

o Nach dem Lohnindex aller versicherten Arbeiter, da die Industriestatistik keine Angaben dafür bietet.

Letzten Endes ergibt sich, daß der Bruttoreallohn der Industriearbeiter in Rumänien von 1919 bis 1944 durchschnittlich um 28 bis 31 Prozent niedriger lag als 1902 bis 1911. Dieser Unterschied wäre noch größer, wenn die erhöhte Besteuerung der Löhne nach dem ersten Weltkrieg[25] und das erwähnte stärkere Sinken des Reallohnes in Transsilvanien Berücksichtigung fände.

fiziell angegebenen Durchschnittsjahreslohn von 41 720 Lei bleiben dann tatsächlich nur 36 370 Lei.

25 Der Prozentsatz der Lohnabzüge hat sich von 1923 - 1941 verdoppelt. Für einige Kategorien von Arbeitern erreichte er zusammen mit den Beiträgen für Sozialversicherung, Rente, Gewerkschaftsbeitrag und Gemeindesteuer manchmal bis zu 24 Prozent des Lohnes in den dreißiger Jahren (Sozialversicherungsbeitrag 4 - 7 Prozent, Lohnsteuer 4 - 6 Prozent usw.).

Die Untersuchung der in der materiellen Lage der Arbeiterklasse in der Türkei eingetretenen Veränderungen erweist sich als sehr schwierig. Offizielle statistische Angaben über Löhne fehlen bis zum Beginn der zwanziger Jahre; die Studien der bürgerlichen Historiker und Ökonomen, wie Le Genissel, Djankardasch, Uiwer und andere, aber auch die Arbeiten der fortschrittlichen türkischen Autoren, wie O. Tun, Dj. Talas, T. Z. Tunai, I. Giritli, H. Awni und andere, enthalten keine zusammenfassenden und konkreten Angaben über die Lage des türkischen Proletariats vor dem ersten Weltkrieg. Die wenigen vorhandenen Angaben sind sehr ungenau und kaum vergleichbar.

Angaben aus der Tagespresse, der Memoirenliteratur und einigen Studien und historischen Dokumenten zeigen, daß der Arbeitslohn um die siebziger Jahre des 19. Jahrhunderts zwischen 0,75 und 1,5 Goldgroschen pro Tag schwankte, in den neunziger Jahren aber hin und wieder auch 3 bis 4 Groschen betrug.[26] Im Jahre 1913 erreichte der durchschnittliche Tageslohn in einzelnen untersuchten Industriezweigen schon 8,4 bis 16,5 Groschen, für die Arbeiterinnen betrug er - 3 bis 6 Groschen.[27]

Die Lage der Arbeiter begann sich schon während des ersten Weltkrieges zu verschlechtern, als die Löhne um das Zehnfache und die Preise um das Fünfzehn- bis Zwanzigfache stiegen. (Siehe Tabelle 3.)

Für die gesamte Periode von 1921 bis 1943 ergibt sich eine durchschnittliche Reallohnsenkung bei Industriearbeitern um 17 Prozent gegenüber dem Stand von 1914 (durchschnittlicher Index = 83).

Das Lohn-Preis-Verhältnis in der Türkei vor dem zweiten Weltkrieg zeigte sich zum Beispiel darin, daß nach offiziellen Angaben der Lebensunterhalt für eine Familie mit drei Kindern bis zu fünfzehn Jahren monatlich 112 türkische Pfund ausmachte, bei einem durchschnittlichen Monatslohn für Industriearbeiter von nur 28 Pfund.[28] Der türkische Arbeiter, sogar der mit mittlerer Qualifikation und durchschnittlichem Lohn, aß gewöhnlich nur einmal wöchentlich Fleisch.

Im Unterschied zu den anderen fortgeschritteneren Balkanländern konnte die Arbeiterklasse in der Türkei zwischen den beiden Weltkriegen keine spürbaren Erleichterungen hinsichtlich der Sozialversicherung erkämpfen. Tatsächlich erhielten nach dem ersten Weltkrieg in den staatlichen Betrieben erkrankte Arbeiter schon die Hälfte ihres "normalen" Lohnes, also vom Geldlohn ohne Zulagen. Das galt jedoch nur für die ersten Tage, dann blieben sie sich selbst überlassen. Nur in einigen großen Bergwerkszentren wurde Ende der dreißiger Jahre eine kostenlose medizinische Hilfe organisiert, aber auch sie war recht ungenügend. Im Songuldagschen Bergwerksgebiet (im Jahre 1937 verstaatlicht) wurden zum Beispiel in den

26 Die großen Unterschiede zwischen der Nominallohnhöhe in den siebziger Jahren des 19. und am Anfang des 20. Jahrhunderts hängen mit der großen Menge von Banknoten mit Zwangskurs in den Jahren 1875, 1876 und 1877 sowie (damals vom Staat billig aufgekauft) mit dem Sinken des Silberpreises zusammen. Der Kurs eines türkischen Pfundes in Gold betrug bis 1912 offiziell 108 Silbergroschen, schwankte in der Provinz jedoch je nach Art der Waren und erreichte bis zu 180 Groschen. Diese Kursvielfalt auf dem gerade erst entstandenen türkischen Binnenmarkt läßt keine konkreten Schlußfolgerungen über Lohnveränderungen vom Ende des 19. Jahrhunderts bis 1913 zu.

27 Gesamtdurchschnitt 12 Groschen bei Berücksichtigung der Anzahl der Arbeiter in den einzelnen Industriezweigen.

28 Dabei darf man nicht vergessen, daß ein großer Teil der türkischen Arbeiter (besonders Bergarbeiter, Maurer und andere) gezwungen war, die Lebensmittel in Betriebskantinen zu kaufen, deren Preise um 20 - 30 Prozent höher lagen. Das Arbeitsgesetz von 1936 sah die Einführung einer staatlichen Kontrolle solcher Kantinen vor, in der Praxis geschah jedoch nichts.

Tabelle 3

Index der Tageslöhne und der Lebenshaltungskosten für einige charakteristische Jahre nach dem zweiten Weltkrieg in der Türkei
(1914 = 100)

Jahr	Durchschnittl. Tageslohn in Groschen	Nominallohn-index	Lebenshaltungs-kostenindex	Reallohn-index
1914	11	100	100	100
1921	102	927	1 255	74
1925/1928	137++	1 242	1415 - 1474	86
1932	85+++	763	1172	65
1938	117°	1 063	960	100
1943	166	1 509	2 880	52

\+ Für 1923 bis 1929 nach Düstur, cilt 4, 1930/1931, S. 226; für 1929 - 1943 nach den statistischen Jahrbüchern. Bis 1937 berechnete die türkische Statistik den Lebenshaltungskostenindex nur für Istanbul und erst ab 1938 auch für das gesamte Land. Der Vergleich der bei den Indizes in den Jahren 1939 bis 1940 zeigt, daß die Lebenshaltungskosten im ganzen Land bis zu 70 Prozent höher waren als in Istanbul. Der nach dem Index für Istanbul errechnete Reallohnindex der Tabelle liegt also etwas höher als in Wirklichkeit.

++ Aus Mangel an genauen offiziellen Angaben für diese Jahre wurde der Lohn aufgrund des angenommenen Standes der Tageslöhne für die verschiedenen Arbeiterkategorien in Istanbul errechnet. In den Jahren 1925 bis 1928 verdiente ein qualifizierter Arbeiter in Istanbul täglich 120 bis 200 Groschen, ein hochqualifizierter 200 bis 300, ein unqualifizierter 40 bis 100 und Minderjährige 20 bis 75 Groschen. Die Tageslöhne der Frauen waren um 25 bis 50 Prozent niedriger.

+++ Nach Sanayi istatistiklari 1934, S. 23. (Durchschnittlicher Lohn 19,5 türkische Pfund monatlich, geteilt durch 23 Arbeitstage.)

o Nach ebenda 1939, S. 27.

dreißiger Jahren jährlich 180 000 bis 250 000 türkische Pfund, das heißt durchschnittlich 15 bis 18 Pfund pro Arbeiter und Jahr, ausgegeben.[29] Ein Krankenhaus mit 150 Betten betreute in diesem Bezirk mehr als 10 000 Arbeiter. Das Arbeitsgesetz von 1936 sah zwar die Einführung systematischer Sozialversicherungen für alle Arbeiter in der Türkei vor, seine Durchführung wurde jedoch bis zum 7. Juni 1945 hinausgeschoben. (Altersrenten wurden sogar erst 1949 eingeführt.)

Aus den bisherigen Ausführungen geht hervor, daß in allen untersuchten Balkanländern der Reallohn nach dem ersten Weltkrieg bedeutend sank. Die Angaben beziehen sich zwar nur auf die Industriearbeiter, zweifellos entwickelte sich die materielle Lage der übrigen Gruppen der Arbeiterklasse infolge der nivellierenden Rolle der Konkurrenz auf dem Arbeitskräftemarkt ähnlich. Das wird in Bulgarien sehr deutlich, wo zusammenfassende Untersuchungen für alle die zahlreichen Kategorien von Arbeitern bis 1944 vorhanden sind.

Die festgestellte Verschlechterung der Lage der Arbeiter in den genannten Ländern führte auch zur Erhöhung des Ausbeutungsgrades, also der Mehrwertrate. Selbstverständlich entsprechen die Veränderungen der Mehrwertrate nicht genau dem Grad der Reallohnsenkung

29 Selbst im bourgeoisen Bulgarien verbrauchte das Krankenhaus beim staatlichen Bergwerk Pernik zu dieser Zeit zirka 1 500 Lewa (25 türkische Pfund) jährlich pro beschäftigten Arbeiter, was 17 - 18 damaligen Bergmannstageslöhnen gleich war.

in den verschiedenen Ländern, weil neben einer Reihe spezifischer Umstände auch die unterschiedlichen statistischen Erhebungsmethoden, Veränderungen in der Besteuerung der Industrieproduktion und anderes eine Rolle spielen. Aus den verschiedenen Untersuchungen über den Ausbeutungsgrad bei den Industriearbeitern ergibt sich, daß die Mehrwertrate in Bulgarien von 197 Prozent im ersten Jahrzehnt des 20. Jahrhunderts auf zirka 249 Prozent in der Zeit zwischen den beiden Weltkriegen erhöht wurde[30], in Rumänien von 192 bis 206 Prozent in dem Jahrzehnt von 1901 bis 1911[31] auf durchschnittlich 212 Prozent für 1927 bis 1944, nach Abzug der in der Lohn- und Gehaltssumme der Betriebe mit eingeschlossenen "Gehälter" für Aktionäre sogar auf 258 Prozent. In Jugoslawien stieg sie von 185 auf 210 Prozent. Diese Ergebnisse basieren allerdings auf den offiziellen statistischen Angaben der Länder für die jährliche Industrieproduktion, die Kosten für Brennstoff, Elektroenergie, Rohstoffe und Arbeitslohn, ohne daß die vielfältigen Möglichkeiten zur Gewinnverschleierung in den Bilanzen der kapitalistischen Betriebe in Betracht gezogen wurden.

Die festgestellte Reallohnsenkung nach dem ersten Weltkrieg führte dazu, daß in den untersuchten Balkanländern die Löhne für die Masse der Arbeiter zwischen den beiden Weltkriegen bedeutend unter dem Existenzminimum lagen. So konnten zum Beispiel im Jahre 1936 von den 626 490 durch die Sozialversicherungen erfaßten Arbeitern in Rumänien 429 666 oder mehr als zwei Drittel nicht das Existenzminimum für sich und ihre Familien sichern. Der durchschnittliche Arbeitslohn aller Industriearbeiter schwankte in der Zeit zwischen den beiden Weltkriegen in Bulgarien zwischen 33 und 56 Prozent des errechneten Familienbudgets für eine typische vierköpfige städtische Familie, in Jugoslawien zwischen 31 und 49 Prozent, in Rumänien zwischen 30 und 50 Prozent (in Bukarest) und in der Türkei zwischen 25 und 35 Prozent (in Istanbul).[32]

So niedrige Durchschnittslöhne waren nur deshalb möglich, weil ein großer Teil der Arbeiter junge unverheiratete Leute aus den Reihen der armen Bauern waren oder, obwohl sie aus Arbeiterfamilien kamen, auch nicht für den Unterhalt der Eltern sorgten. Auf diese Weise zahlte die Landwirtschaft einen Teil des Wertes der Ware Arbeitskraft, indem sie sowohl einen Teil des Unterhalts der jungen Generation wie auch den der arbeitsunfähigen Eltern übernahm. Der fungierende Teil der Arbeiterklasse war dabei gezwungen, seinen Bedarf durch billigste und qualitativ schlechteste Artikel zu decken. Die Ernährung der Masse des Proletariats lag nahe dem physischen Minimum, und die Wohnverhältnisse waren ärmlich.

Selbstverständlich war die materielle Lage nicht für alle Arbeiter gleich, nicht einmal im Rahmen eines Industriezweiges. Sie unterschied sich je nach der Qualifikation der Arbeiter, nach den Dienstjahren; es gab auch individuelle Schwankungen des Arbeitslohnes in den Betrieben usw. Doch waren die Unterschiede in der materiellen Lage der Arbeiterkategorien

30 Vgl. Berov, Ljuben, a. a. O., S. 169. - Wenn man die verschiedenen Tricks zur Profitverschleierung (der Gewinn wird teilweise in der Bilanz auf die Lohnsumme geschlagen) sowie auch einige methodologische Verschiedenheiten der bulgarischen Industriestatistik zwischen 1904 und 1944 berücksichtigt, so ergibt sich eine durchschnittliche Mehrwertrate für die Zeit von 1921 - 1944 von mehr als 300 Prozent.

31 Nach Joşa, M., Despre desvoltarea industriei în România la sfîrşitul secolului al XIX-lea şi începutul secolului al XX-lea (Über die Entwicklung der Industrie in Rumänien am Ende des 19. und zu Beginn des 20. Jahrhunderts), in: Studii şi materiale de istorie modernă, Bd. 3, Bukarest 1963.

32 Das in jedem Land angenommene Familienbudget oder Existenzminimum für einen typischen 4-Personen-Haushalt (in der Türkei für einen 5-Personen-Haushalt) war natürlich verschieden. Die angeführten Ergebnisse sind daher kein genaues Merkmal für die Lohnunterschiede zwischen den einzelnen Ländern.

in den Balkanländern allgemein etwas geringer als in den großen imperialistischen Staaten, weil sich auf dem Balkan keine zahlenmäßig umfangreiche Arbeiteraristokratie herausbilden konnte, dafür fehlten eine Reihe von objektiven Voraussetzungen. Die Abweichungen der individuellen Arbeiterlöhne von den durchschnittlichen Tageslöhnen waren in Bulgarien am geringsten, in Rumänien bedeutend stärker und in Jugoslawien am größten. Das zeigt sich ganz deutlich in der folgenden Tabelle.

Tabelle 4

Struktur der versicherten Arbeiter nach Größengruppen des Tageslohnes in Bulgarien (1934), Rumänien (1939) und Jugoslawien (1934)+
(in Prozent ihrer Gesamtzahl)

Land	Ungefähr vergleichbare Kategorien von Tageslohngrößen				
	bis 15 Lewa bis 8 Dinar bis 24 Lei	15 - 30 Lewa 8 - 15 Dinar 24 - 47 Lei	31 - 45 Lewa 15 - 22,5 Dinar 48 - 70 Lei	45 - 60 Lewa 22,5 - 30 Dinar 71 - 94 Lei	mehr als 60 Lewa mehr als 30 Dinar mehr als 94 Lei
Bulgarien	9,4	22,4	24,7	18,0	25,5
Rumänien	13,0	25,3	21,0	14,3	25,4
Jugoslawien	12,7	19,6	22,5	15,5	29,7

+ Berechnet nach den offiziellen Angaben der Arbeitsdirektion und der Sozialversicherung in Bulgarien und der Dienststellen der Arbeiterversicherung in Jugoslawien und Rumänien. 1 Dinar 1934 = 2,02 Lewa, 1 Lei 1939 = 0,634 Lewa. Die Anzahl der versicherten Arbeiter betrug in Jugoslawien 543 559, in Bulgarien 193 719 und in Rumänien 1 080 196.

Die geringere Abweichung der individuellen Löhne von den durchschnittlichen in Bulgarien hing nicht vom unterschiedlichen Anteil an Männer- und Frauenlöhnen ab. Er war in Jugoslawien geringer als in Bulgarien und Rumänien. Nach der Industriestatistik von 1934 betrug der durchschnittliche Tageslohn männlicher Industriearbeiter in Bulgarien 57,44 Lewa, der der Frauen 36,96 Lewa (100 : 64), während sich laut einer Untersuchung der Handels- und Industriekammern für zehn größere Zentren der "Banowini" in Jugoslawien im Juni 1935 ein Durchschnittstageslohn von 33,48 Dinar für Männer gegenüber 25,01 Dinar für Frauen ergab (100 : 74).[33] Die Ursache für die geringeren Abweichungen in Bulgarien ist auch nicht in den eventuell nicht sehr großen Unterschieden in der Zweigstruktur der versicherten Arbeiter zu suchen, weil in Jugoslawien die Abweichungen vom durchschnittlichen Tageslohn der Arbeiter in den verschiedenen Industriezweigen nur 1 : 1,9 erreichten und kleiner waren als in Bulgarien und Rumänien (mehr als 1 : 2). Die größeren Abweichungen des Arbeitslohnes in Jugoslawien hingen teilweise damit zusammen, daß die Höhe der Monatslöhne durch die ungleichmäßige ökonomische Entwicklung der einzelnen Gebiete territorial unterschiedlich war und daß die jugoslawische Bourgeoisie, die ähnlich der rumänischen eine längere geschichtliche Erfahrung hatte und allgemein mehr der Praxis der Großbourgeoisie in den entwickelten kapitalistischen Ländern folgte, eine geschmeidigere Lohnpolitik ausübte. In Rumänien wirkten sich auch die im Vergleich zu Bulgarien größeren Unterschiede in der Höhe der Lebenshaltungskosten in den verschiedenen Städten nach dem ersten Weltkrieg aus. Andererseits war die größere Differenziertheit des Arbeitslohnes in Jugoslawien ein Faktor, der bis zu einem gewissen Grade die Aufklärung und die Organisierung der Arbeiterklasse erschwerte. Die Arbeiterklasse in Bulgarien war in dieser Beziehung einheitlicher und allgemein bes-

33 Ähnlich ist es in den anderen Wirtschaftszweigen (Handwerker 100 : 94, landwirtschaftliche Arbeiter 100 : 83, im Nachrichtenwesen 100 : 87, im Handel 100 : 94, im Bankwesen 100 : 90 usw.).

ser organisiert als die in Jugoslawien und Rumänien. Natürlich übten auch andere objektive und subjektive Faktoren einen Einfluß in dieser Richtung aus.

Die materielle Lage der Arbeiterklasse verschlechterte sich nicht in allen Balkanländern gleichmäßig. Am stärksten sank der Reallohn zwischen den beiden Weltkriegen gegenüber dem Zeitraum vom Ende des 19. Jahrhunderts bis zum ersten Weltkrieg in Rumänien, und zwar um 28 bis 32 Prozent. In Jugoslawien sank er um 23 bis 30 Prozent, in Bulgarien um 21 bis 26 Prozent und in der Türkei um 17 Prozent. Die Unterschiede treten noch stärker hervor, wenn auch der Einfluß berücksichtigt wird, den die Veränderungen der übrigen Arbeitsbedingungen ausüben. Die durchschnittliche Dauer des Arbeitstages wurde in Bulgarien nach 1919 viel mehr verkürzt als in Jugoslawien und Rumänien, wo selbst in den dreißiger Jahren der Achtstundentag nicht immer eingehalten wurde. Die Kontrolle seitens der Arbeitsinspektoren war nicht sehr wirksam. Die Arbeitsproduktivität stieg - wie allgemein eingeschätzt wird - in der Nachkriegszeit in Rumänien schneller als in Bulgarien (in Jugoslawien entwickelte sich die Arbeitsproduktivität nach dem ersten Weltkrieg nur wenig). Die durchschnittliche Personenzahl einer Arbeiterfamilie lag nach dem ersten Weltkrieg im Vergleich zur Vorkriegszeit in Jugoslawien und Rumänien allgemein höher als in Bulgarien. Zur Arbeitslosigkeit kann man nur allgemein feststellen, daß sie in Rumänien nach dem ersten Weltkrieg weniger zunahm als in Bulgarien und Jugoslawien[34], weil sie in Rumänien bereits am Vorabend des ersten Weltkrieges in den Städten viel verbreiteter war. Das änderte jedoch nicht viel an dem Unterschied im Grade der Verschlechterung der materiellen Lage der Arbeiterklasse in Bulgarien, Jugoslawien und Rumänien in bezug auf den Reallohn, den Arbeitstag und die Arbeitsproduktivität. Was Arbeitshygiene, Wohnverhältnisse usw. betrifft, reichen die vorhandenen Angaben nicht aus, um einen Vergleich zwischen den Balkanländern zu ziehen.

Die Ursachen der stärkeren Verschlechterung der materiellen Lage der Arbeiterklasse in Rumänien und Jugoslavien gegenüber Bulgarien sind nicht in Strukturveränderungen der Arbeiterklasse in den einzelnen Ländern zu suchen. In allen drei genannten Ländern wird nach dem ersten Weltkrieg ein Zunehmen an weiblichen Arbeitskräften beobachtet. In Bulgarien stieg der Prozentsatz der Frauen unter den Industriearbeitern entsprechend den Angaben der Industriestatistik zum Beispiel zwischen 1921 und 1939 von 35 auf 44 Prozent, in Jugoslawien von 9,9 Prozent 1921 auf 22,7 Prozent 1931. In Rumänien war dieser Prozentsatz schon vor dem ersten Weltkrieg sehr hoch. Gewisse Unterschiede sind in bezug auf die Kinderarbeit vorhanden, die sich in Bulgarien in den dreißiger Jahren verringerte im Gegensatz zur Lage in Jugoslawien und Rumänien. Doch in allen drei Ländern war der Prozentsatz der minderjährigen Arbeiter niedrig und kann nicht von entscheidender Bedeutung für das Endergebnis sein.

Die Hauptursache des stärkeren Rückgangs des Reallohnes und der Verschlechterung der materiellen Lage der Arbeiterklasse in Rumänien im Vergleich zu Jugoslawien und noch mehr im Vergleich zu Bulgarien und der Türkei muß in dem unterschiedlichen Kräfteverhältnis zwischen Bourgeoisie und Proletariat in den einzelnen Ländern gesucht werden. Der Widerstand, den die Arbeiterklasse in Bulgarien der Bourgeoisie entgegensetzte, war aufgrund der besseren Organisiertheit des Vortrupps des bulgarischen Proletariats und der größeren Aktivität der revolutionären Arbeiterbewegung viel stärker als in Jugoslawien und Rumänien.

34 Aus der Arbeiterpresse geht für die zweite Hälfte der zwanziger Jahre hervor, daß die Arbeitslosigkeit in Jugoslawien 12 - 20 Prozent, in Bulgarien 20 - 29, in Rumänien 15 - 20 Prozent und in der Türkei 8 - 15 Prozent der Arbeiterklasse ausmacht. Das sind aber sehr subjektive Einschätzungen. Das Vorhandensein einer zahlenmäßig starken, ständig zwischen Stadt und Land pulsierenden Übergangsschicht halbproletarisierter Bauern in den Balkanländern bis 1944 läßt überhaupt keine genauen Angaben über die Gesamtzahl der Arbeitslosen zu.

Bereits am Vorabend des ersten Weltkrieges übertraf die Partei der linken Sozialisten sowohl zahlenmäßig als auch hinsichtlich ihres Einflusses auf die Volksmassen (der zum Beispiel im Ergebnis der Parlamentswahlen zum Ausdruck kam) die sozialdemokratischen Parteien in Serbien und in den sich unter österreichisch-ungarischer Herrschaft befindenden Gebiete des heutigen Jugoslawiens, während in Rumänien die Neuformierung der revolutionären Arbeiterpartei und eines Gewerkschaftszentrums erst begann, und diese Entwicklung in der Türkei noch ganz im Keime war. Im Jahre 1911 vereinigte die revolutionäre Gewerkschaftsbewegung in Bulgarien in den Reihen des Allgemeinen Arbeitergewerkschaftsbundes 3 033 organisierte Arbeiter oder 1 Prozent aller Arbeiter des Landes gegenüber zirka 0,4 Prozent in Jugoslawien und 0,5 bis 0,6 Prozent in Rumänien.

Unmittelbar nach dem ersten Weltkrieg zählte die Bulgarische Kommunistische Partei 35485 Mitglieder, und bei den Wahlen im Jahre 1923 erhielt sie 204 000 bzw. 18 Prozent aller Stimmen, während die Jugoslawische Kommunistische Partei 1920 bei einer mehr als doppelt so großen Bevölkerungszahl nur 200 000 Stimmen erreichte oder 8 Prozent der Gesamtzahl. Noch geringer waren Mitgliederzahl und Einfluß der erst später gegründeten Rumänischen Kommunistischen Partei. Als nach 1923 die revolutionäre Welle abflaute und der Gegenangriff der Bourgeoisie begann, wurden die kommunistischen Parteien auf dem Balkan verboten. Wiederum erwies sich die Bulgarische Kommunistische Partei als am besten auf den Übergang in die Illegalität vorbereitet.

In der revolutionären Gewerkschaftsbewegung Bulgariens waren unmittelbar nach dem ersten Weltkrieg 30 000 Arbeiter oder ein Zehntel der Arbeiter des Landes organisiert (im Industrie- und Transportproletariat bis zu einem Drittel). In Jugoslawien und Rumänien war dieser Prozentsatz viel niedriger. Ende 1922 zählten die unabhängigen Gewerkschaften Jugoslawiens nur 21 000 Mitglieder bei 1 012 000 Arbeitern und Angestellten, also 2,5 Prozent.[35] Dieser Unterschied verringerte sich in der zweiten Hälfte der zwanziger und zu Beginn der dreißiger Jahre im Zusammenhang mit den Repressalien gegen die legale revolutionäre Gewerkschaftsbewegung in allen drei Ländern. In der zweiten Hälfte der dreißiger Jahre wurden die Bedingungen in den drei Ländern einander ähnlicher, nachdem auch die jugoslawischen und bulgarischen Kommunisten in großer Zahl in die Kasionen-Syndikate - vom faschistischen Staat gegründete Gewerkschaften - eintraten und sie in Organe des Klassenkampfes verwandelten. All das führte auch zu einer unterschiedlichen Intensität der Streikbewegung[36] in diesen Ländern. Die vorhandenen Angaben über die einzelnen Länder zeigen, daß die Zahl der Streikenden je 1 000 Beschäftigte in den nichtlandwirtschaftlichen Zweigen Bulgariens Ende der neunziger Jahre und im ersten Jahrzehnt des 20. Jahrhunderts größer war als in Rumänien und Jugoslawien. In den zwanziger Jahren übertraf die Streikaktivität Jugoslawiens die Bulga-

35 Der Gesamtumfang der Gewerkschaftsbewegung war in Jugoslawien viel größer als der der revolutionären Gewerkschaften; doch fehlen genaue Angaben darüber. Im Juni 1919 wurde nach anderen Versuchen zur Einigung der Gewerkschaftsbewegung die Zentrale der Arbeitergewerkschaften in Jugoslawien gegründet. Ihre Mitgliederzahl erreichte im Jahre 1920 nach dem Anschluß der meisten slowenischen Gewerkschaften 208 000 oder 20 Prozent der Arbeiterklasse des Landes. Aber auch in Bulgarien existierten neben den revolutionären Gewerkschaften nach dem ersten Weltkrieg Gewerkschaften der "Rechtssozialisten", die "Unabhängige Gewerkschaft der Tabakarbeiter" in den Betrieben der großen monopolistischen Vereinigung der Tabakhändler und Tabakfabrikanten, und andere. Die Aktivität der verschiedenen gewerkschaftlichen Organisationen zum Schutz der Arbeiterinteressen war sehr unterschiedlich. Man kann sie nicht nach der Zahl ihrer Mitglieder einschätzen.

36 Für Jugoslawien und Rumänien sind auch statistische Angaben über die Anzahl der Teilnehmer an Tarifkämpfen vorhanden. Diese Kämpfe führten nicht immer zu einem Streik. Für Bulgarien fehlen solche Angaben jedoch durch die spätere Einführung der kollektiven Arbeitsverträge. Daher ist in dieser Hinsicht kein Vergleich der drei Länder möglich.

riens, 1929 bis 1938 war sie jedoch in Bulgarien wieder größer als in Jugoslawien und auch Rumänien (162 880 in Bulgarien, 131 250 in Rumänien und zirka 129 000 in Jugoslawien bei einer doppelt bis dreimal so großen Arbeiterzahl in den beiden zuletztgenannten Ländern)[37].

Wichtig für das Kräfteverhältnis zwischen Bourgeoisie und Proletariat war die stärkere Entwicklung monopolistischer Formen des Kapitalismus und die festere Organisiertheit der rumänischen und jugoslawischen Bourgeoisie im Vergleich zur bulgarischen. Zwar wurden in allen drei Ländern Industriellen-, Unternehmer-, Händlerverbände, Industrie- und Handelskammern und andere Organisationen gegründet, doch in Jugoslawien und Rumänien waren sie viel aktiver und traten oft gemeinsam gegen die Streikbewegung auf, zum Beispiel auf der Konferenz der Industriekammern im Jahre 1936. Sie übten auch einen viel stärkeren Druck auf die bürgerlichen Regierungen aus, damit durch sie gegen die Arbeiterklasse gerichtete Gesetze erlassen oder den Forderungen der Arbeiterklasse nach gesetzlichem Arbeitsschutz usw. entgegengetreten würde.

Was den Umfang monopolistischer Formen des Kapitalismus in der Ökonomik der einzelnen Länder betrifft, so existierten in Rumänien 1938 zum Beispiel 98 Kartelle, die 1 600 von 3 767 großen Industriebetrieben des Landes umfaßten, während Bulgarien zu dieser Zeit nur 32 Kartelle aufwies, die 129 Industriebetriebe umfaßten. Die Finanzgruppen Rumäniens überstiegen nach der Anzahl der von ihnen abhängigen Betriebe und nach ihrer Kapitalgröße die bulgarischen um das Mehrfache. Auch in Jugoslawien war der Anteil monopolistischer Formen des Kapitalismus zwischen den beiden Weltkriegen größer als in Bulgarien. Die ökonomischen monopolistischen Formen dienten oft nicht nur der Organisierung des Kapitals, sondern waren direkt gegen die Arbeiter gerichtet (Festlegung niedriger Löhne in den kartellierten Betrieben, Kampf gegen die Klassenorganisationen der Arbeiter und anderes.) Typische Beispiele waren in dieser Beziehung in Bulgarien die Vereinigung der Tabakhändler und -fabrikanten in den Jahren 1919 bis 1926, das Syndikat der Textilfabrikanten von 1908 bis 1912 und von 1920 bis 1933 und andere.

Eine zusätzliche Verschlechterung erfuhr die materielle Lage der Arbeiterklasse in Rumänien und Jugoslawien im Vergleich zu Bulgarien durch den Druck des ausländischen Kapitals. Hierfür gibt es nur lückenhafte Angaben über die einzelnen Länder, die nicht vergleichbar sind (besonders wenn man die verschiedenen indirekten Herrschaftsformen des ausländischen Kapitals berücksichtigt), dennoch charakterisieren sie recht deutliche Unterschiede. In Jugoslawien betrug um 1938 zum Beispiel die Gesamtsumme des in der Industrie angelegten ausländischen Kapitals 7 375 Millionen Dinar oder 51,39 Prozent des Gesamtkapitals der größeren Industriebetriebe.[38] Bei einer Bevölkerung von damals 15 Millionen bedeutet das 492 Dinar (= 980 Lewa) pro Kopf der Bevölkerung. In Bulgarien betrug sogar im Jahre 1936 (vor dem Massenabzug des westlichen Kapitals aus Bulgarien am Vorabend des zweiten Weltkrieges) die Summe ausländischen industriellen Anlagekapitals nur 1 582 Millionen Lewa oder 24 Prozent der Kapitalsumme aller Aktiengesellschaften und der übrigen Betriebe.[39] Das sind

37 Für Bulgarien nach den Angaben bei Chadžinikolov, Veselin/Mladenov, Dimitŭr [u. a.] a. a. O.; für Jugoslawien nach Angaben aus der offiziellen Statistik und der vorhandenen Literatur; für Rumänien nach offiziellen statistischen Angaben; für die Türkei sind keine vollständigen Angaben aufzufinden.

38 Nach Mirković, Mijo, a. a. O., S. 373 f.; nach Dimitrijević, Sergije, Strani kapital u privrede bivše Jugoslavije (Das ausländische Kapital im Vorkriegsjugoslawien), Belgrad 1958, S. 166, betrug 1940 die Gesamtsumme der in allen Industriezweigen angelegten ausländischen Kapitalien 9 368,9 Millionen Dinar.

39 Nach der Schätzung des Autors. Dabei ist angenommen, daß - wie die Industrieuntersuchung besagt - in Bulgarien 1921 die Industriebetriebe 52 Prozent der Gesamtsumme des investierten Kapitals besaßen. Dieses Verhältnis blieb auch im nächsten Jahrzehnt erhalten.

nur 156 Lewa pro Kopf der Bevölkerung; der Anteil ist also viel geringer als in Jugoslawien. Im Vergleich zu Rumänien ergibt sich ein Unterschied von 1 : 5,5. Ein noch größerer Unterschied zeigt sich zwischen den drei Ländern, wenn man das ausländische Kapital im Kreditwesen, im Handel und die staatlichen Anleihen berücksichtigt.

Von Bedeutung für die Untersuchung ist auch der Anteil des Großgrundbesitzes und der halbfeudalen Überreste in der Landwirtschaft der drei Länder.

Tabelle 5

Struktur der Anbaufläche nach Betriebsgrößen
(in Prozent an der Gesamtzahl landwirtschaftlicher Betriebe)

Betriebsgröße	Anteil an der Gesamtzahl landwirtschaftlicher Betriebe		
	Bulgarien 1934	Jugoslawien 1931	Rumänien 1930
0 - 20 Dekar+	5,3	6,3	7,1
20 - 50 Dekar	24,7	21,5	20,9
50 - 100 Dekar	36,9	27,0	20,0
100 - 200 Dekar	24,3	22,4	12,0
200 - 500 Dekar	7,2	13,0	7,8
mehr als 500 Dekar	1,6	9,7	32,2

+ 10 Dekar = 1 Hektar.

Die Tabelle weist große Unterschiede in der Bodenkonzentration der drei Länder aus. Der viel höhere Konzentrationsgrad in Rumänien und teilweise auch in Jugoslawien war ein Faktor, der die proletarisierten Bauern und den natürlichen Bevölkerungszuwachs aus den armen Landwirtschaften mit Macht in die Stadt trieb und speziell zum Lohnarbeitsmarkt (neue individuelle Landwirtschaften zu gründen, war der heranwachsenden Generation infolge der hohen Bodenpreise unmöglich). In der gleichen Richtung wirkten auch die im Vergleich zu Bulgarien höheren Pachtsätze in Rumänien und Jugoslawien, die größere Verschuldung der Bauernmassen in beiden Ländern[40] sowie einige halbfeudale Überbleibsel in Rumänien, die zur schnelleren Ruinierung der Bauernmassen beitrugen. Daher war das Arbeitskräfteangebot in Rumänien und Jugoslawien größer als in Bulgarien, und die Konkurrenz drückte die Tageslöhne stärker.

Der stärkere Rückgang des Reallohnes in Jugoslawien und Rumänien nach dem ersten Weltkrieg im Vergleich zu Bulgarien ergab sich bis zu einem gewissen Grad auch daraus, daß die nach 1918 an Jugoslawien und Rumänien gekommenen Territorien als Teile eines entwikkelten kapitalistischen Staates vor dem Kriege höhere Reallöhne gehabt hatten. Nach dem Kriege glichen sich die Löhne in diesen Gebieten an das Lohnniveau der zurückgebliebeneren Länder an. Derartige Veränderungen traten in Bulgarien nicht ein.

Das schwächere Absinken des Reallohnes in der Türkei ist hauptsächlich auf die Politik der Beschränkung des ausländischen Kapitals und die staatskapitalistischen Tendenzen zur Zeit des Kemalregimes zurückzuführen, das Repressalien gegen die Arbeiterbewegung ausübte und gleichzeitig versuchte, einige Auswüchse der kapitalistischen Entwicklung zu beseitigen. Der Druck der relativ jungen und weniger organisierten türkischen Bourgeoisie war

40 Die Verschuldung der Landwirtschaft betrug 1933/1934 in Jugoslawien 6 830 Millionen Dinar oder durchschnittlich 3 440 Dinar pro landwirtschaftlicher Betrieb (= 6 948 Lewa). In Bulgarien betrug die Summe der 1935/1936 durch die Tilgungskasse erledigten Verpflichtungen der Landwirte 6 026 Millionen Lewa oder durchschnittlich 6 540 Lewa pro landwirtschaftlicher Betrieb.

nicht so stark wie der in den anderen drei Balkanländern. Größere Bedeutung hatte der Widerstand der Arbeiterklasse besonders in den dreißiger Jahren; im allgemeinen blieb er jedoch sehr sporadisch und unorganisiert.

Die stärkere Abnahme des Reallohnes in Jugoslawien und Rumänien war hauptsächlich möglich, weil dort die Anzahl der mitzuerhaltenden Personen weniger zunahm und der Wert der Ware Arbeitskraft[41] in diesen Ländern nach dem ersten Weltkrieg niedriger war. Das Material der Volkszählungen ergibt, daß zum Beispiel in Bulgarien 1910 von jeweils 100 beschäftigten Arbeitern durchschnittlich weitere 81 versorgt werden mußten; im Jahre 1934 erreichte dieses Verhältnis bereits 100 zu 109. In Jugoslawien wurden von 100 Arbeitern im Jahre 1910 nur weitere 72[42] und 1931 weitere 80 miterhalten. Ähnlich war die Lage auch in Rumänien. Die Volkszählungen vor dem ersten Weltkrieg geben dort allerdings keine Angaben über die soziale Lage der wirtschaftlich aktiven Bevölkerung.

Dieses stärkere Absinken des Reallohnes in Jugoslawien und Rumänien im Vergleich zu Bulgarien und der Türkei in dem untersuchten Zeitraum führte dazu, daß am Vorabend des zweiten Weltkrieges der Reallohn in Bulgarien etwas höher lag als in den übrigen Balkanländern, im Unterschied zu den Ausgangsbedingungen am Ende des 19. Jahrhunderts.[43]
(Siehe Tabelle 6.)

Das Sinken des Reallohnes in den genannten Balkanländern in der ersten Hälfte des 20. Jahrhunderts führte dazu, daß er am Vorabend des zweiten Weltkrieges weit hinter dem der fortgeschrittenen kapitalistischen Staaten zurückgeblieben war. Wenn man den Stand des Reallohnes in den Balkanländern und den anderen kapitalistischen Staaten vergleicht, dann ergibt sich, daß die Kaufkraft des durchschnittlichen Tageslohnes eines Industriearbeiters 1939 soviel wie 298,90 bulgarische Lewa in den USA betrug, 153,61 Lewa in England, 74,64 in Italien, 121,05 in Schweden, 91,05 in Finnland, gegenüber 49,79 in Bulgarien, 58,70 in Jugoslawien, 42,90 in Rumänien und 47,79 in Griechenland. Das beweist, daß der Reallohn der Industriearbeiter in den Balkanländern im Jahre 1939 im Vergleich zu den USA sechs- bis siebenmal geringer war. Er war 3 bis 3,6mal geringer als der in England und nur halb so groß wie in Finnland, wo ähnliche Bedingungen herrschten wie in den Balkanländern.

Das festgestellte Sinken des Reallohnes und die allgemeine Verschlechterung der materiellen Lage der Arbeiterklasse in den Balkanländern in der ersten Hälfte des 20. Jahrhunderts war - wie die vorstehenden Ausführungen zeigen - nicht nur ein Resultat der Wirkung innerer Gesetzmäßigkeiten der Entwicklung des Kapitalismus in den entsprechenden Ländern. Eine gro-

41 In diesem Fall berücksichtigen wir diesen Teil des Wertes der Arbeitskraft, der von dem Einkommen der Arbeiterklasse insgesamt mitbestritten werden muß. Die Aufwendungen für die Wiederherstellung der Arbeitskraft junger unverheirateter Arbeiter trugen zum größten Teil die armen Landwirte, aus deren Familien die meisten der in die Stadt kommenden Lohnarbeiter stammten.

42 Das gilt für Serbien. Die übrigen Gebiete des späteren Jugoslawien waren vor dem Balkankrieg und dem ersten Weltkrieg türkisch oder gehörten zu Österreich-Ungarn. In der offiziellen Statistik dieser Länder sind die betreffenden Gebiete vor 1918 nicht abgegrenzt.

43 Leider verfügen wir nicht über genaue und vergleichbare Angaben über Preise und Tageslöhne in allen Balkanländern für die achtziger und neunziger Jahre des 19. Jahrhunderts. Man kann aber annehmen, daß der Reallohn in den Balkanländern damals ungefähr gleich war, in Bulgarien vielleicht sogar etwas niedriger als in Serbien und Rumänien. Das zeigt sich in gewissem Grade auch darin, daß in den ersten Jahrzehnten nach der Befreiung die bulgarischen landwirtschaftlichen Saisonarbeiter in den benachbarten Bezirken Serbiens arbeiteten. Ein Vergleich der über den Durchschnittsnominallohn der Eisenbahner in Bulgarien, Serbien und Rumänien in Goldfrancs für 1900/1901 vorhandenen Angaben zeigt auch, daß der Nominallohn in Bulgarien damals etwas niedriger war.

Tabelle 6

Kaufkraft, Nominallohn und Reallohn in fünf Balkanländern+

	Bulgarien	Jugoslawien	Rumänien	Griechenland	Türkei
Kaufkraft++	1,00	1,76	0,55	0,53	58,10
Nominallohn+++	50,11	24,70	77,9	90	0,93
Reallohn°	100	87	89	95	113

\+ Ein Vergleich von Realtageslöhnen einzelner Arbeiterberufe nach Untersuchungen des Bureaus International de Travail in Genf ergibt manchmal auch niedrigere Ergebnisse für Bulgarien. Diese Angaben beziehen sich aber nur auf die Hauptstädte. Auch individuelle Schwankungen in Angebot und Nachfrage bei qualifizierter Arbeit in den einzelnen Ländern wirken hier ein.

++ Durchschnittliches Verhältnis der Kaufkraft der jeweiligen Nationalwährung zu dem bulgarischen Lew im Oktober 1939 nach den Preisen der Bedarfsartikel in den größten Städten (Nationalwährung in Lewa). Berechnet wurde nach der Verbrauchsstruktur der Arbeiter- und Beamtenfamilien in Bulgarien 1938/1939 (Jugoslawien und Rumänien nur Nahrungsmittel einbezogen). Die Preise der einzelnen Länder vgl. Revue internationale du travail, Nr. 2/1940; für einige Gruppen von Haushaltskosten (Kleidung, Miete, Reparaturen, Transport u. a.) wurden auch andere Quellen benutzt. Für Rumänien und die Türkei wurden die Angaben des Jahres 1938 benutzt. Die Angaben für Griechenland vgl. in Bulletin mensuel de statistique, Dezember 1939, wo die vergleichbaren Angaben nur 14 Artikel umfassen (mit Korrektur der Differenz in der Fleischqualität).

+++ Durchschnittlicher Tageslohn eines Industriearbeiters umgerechnet in Lewa im Jahre 1939. Um die Ergebnisse vergleichbar zu machen, wurde der durchschnittliche Jahreslohn eines Arbeiters in der Türkei und in Rumänien durch die gleiche Durchschnittszahl von Tageslöhnen geteilt (auf dieselbe Weise wurde mit den Angaben für Bulgarien verfahren). Für Rumänien wurden 27 Prozent der in der Statistik ausgewiesenen Lohnziffer abgezogen, um die Gehälter der administrativen und technischen Leitungskräfte zu eliminieren. Die Angaben für Griechenland sind entnommen Pawlidis, Stelios Pavlos, Pronikvane na cuždija kapital v Gurcija (Das Eindringen des fremden Kapitals in Griechenland), Sofia 1961, S. 131. - Für die Türkei ergeben sich nach den Originalangaben 1,17 türkische Pfund. In der Lohnsumme sind aber auch hier die Gehälter der administrativen und technischen Leitungskräfte eingeschlossen, die mit 20 Prozent angenommen werden. Der etwas höhere Tageslohn in der Türkei im Jahre 1938 ergibt sich bis zu einem gewissen Grade aus dem im Vergleich zu den anderen Balkanländern relativ hohen Anteil der Grundstoffindustrie (25 Prozent gegenüber 12 Prozent zum Beispiel in Bulgarien), deren Löhne in allen 5 Ländern bedeutend höher lagen als der Durchschnittslohn.

o Bulgarien = 100.

ße Rolle spielte in dieser Hinsicht die Ausbeutung der Balkanländer durch das ausländische Kapital, dessen Eindringen auf dem Balkan sich gerade seit den neunziger Jahren des 19. Jahrhunderts verstärkte. Die hohen Zinsen für Staatsanleihen, der Transfer der Gewinne aus den mit ausländischem Kapital gegründeten Industrie-, Kredit- und Handelsbetrieben ins Ausland und der Nichtäquivalentenaustausch im Außenhandel führten zur Ausfuhr eines großen Teils des geschaffenen Nationaleinkommens und trugen zum Sinken des Lebensstandards der Arbeiter- und Bauernmassen bei, die unter der doppelten Ausbeutung durch einheimische Bourgeoisie und ausländisches Kapital litten. Der aus den Balkanländern ausgeführte Mehrwert hatte noch eine zusätzliche Bedeutung für die einführenden Länder: Er ermöglichte einen höheren Arbeitslohn und einen höheren durchschnittlichen Lebensstandard der Arbeiter in den imperialistischen Staaten im untersuchten Zeitraum.

Jb. f. Wirtschaftsgeschichte 1973/IV

LANDARBEITERLÖHNE UND IHRE BEWEGUNG VOM ANFANG DES 19. JAHRHUNDERTS BIS ZUM BEGINN DES ERSTEN WELTKRIEGES

Eine Studie zur Lage kontraktgebundener Landarbeiter auf den domanialen Pachthöfen des Großherzogtums Mecklenburg-Schwerin+

von Robert Pfahl

Für die Ausarbeitung einer Geschichte des deutschen Volkes werden auch regionalgeschichtliche Forschungen und ihre Ergebnisse, also in der dialektischen Einheit von National- und Regionalgeschichte "die historischen Besonderheiten eines jeden Gebietes", eine wichtige Rolle spielen.[1] Gerade die Agrargeschichte und die Geschichte der Landarbeiter in Mecklenburg lassen trotz mancher dankenswerter Bemühungen noch viele Fragen offen.

Neben den auf die historische Entwicklung Deutschlands allgemein zutreffenden Merkmalen zeigen sich in Mecklenburg auch eine Reihe von Besonderheiten.

Nach dem Ende des Dreißigjährigen Krieges hatte sich in den meisten deutschen Territorialstaaten der Absolutismus - wenn auch nur in der für Deutschland typischen kleinstaatlichen Form - durchsetzen können. Den Landesherren gelang es, die Stände ganz oder weitgehend von der Mitregierung auszuschalten, die Legislative, Exekutive und Jurisdiktion in ihrer Hand zu vereinigen und so im Interesse ihrer Klasse, des Adels, absolut zu regieren. Die Herzöge beider Mecklenburg hatten dagegen, trotz mancher Versuche, diese Position nicht zu erreichen vermocht.[2] "Das Bürgertum war ökonomisch und politisch sehr schwach, es konnte sich zwar in den Landständen behaupten, spielte dort aber keine Rolle. Seiner ökonomischen Funktion nach war es auf Handwerk und Handel beschränkt, eine manufakturmäßige Entwicklung blieb aus. Unter diesen Aspekten gestaltete sich die Lage der Bauern in Mecklenburg sehr ungünstig, da weder der Landesherr noch das Bürgertum in der Lage waren, die Bauern gegen den Adel maßgeblich zu unterstützen; das Ergebnis war ein im Verlaufe des 18. Jh. sich steigerndes Bauernlegen, dem die landesherrliche Zentrale nicht wirksam Einhalt gebieten konnte."[3]

+ Der vorliegende Beitrag gibt wesentliche Teile und Ergebnisse der Dissertation des Autors wieder. Vgl. Pfahl, Robert, Landarbeiterlöhne und ihre Bewegung vom Anfang des 19. Jahrhunderts bis zum Beginn des ersten Weltkrieges, Diss. Rostock 1971.

1 Steinmetz, Max, Die Aufgaben der Regionalgeschichtsforschung in der DDR bei der Ausarbeitung eines nationalen Geschichtsbildes, in: Zeitschrift für Geschichtswissenschaft (im folgenden: ZfG), 9. Jg. 1961, S. 1767.

2 Siehe dazu Wick, Peter, Versuche zur Errichtung des Absolutismus in Mecklenburg in der ersten Hälfte des 18. Jahrhunderts. Ein Beitrag zur Geschichte des deutschen Territorialabsolutismus, Berlin 1964 = Deutsche Akademie der Wissenschaften zu Berlin, Schriften des Instituts für Geschichte, Reihe II: Landesgeschichte, Bd. 8.

3 Heitz, Gerhard, Der Zusammenhang zwischen den Bauernbewegungen und der Entwicklung des Absolutismus in Mitteleuropa, in: ZfG, Sonderheft 1965, S. 73.

Das Bauernlegen hielt im ritterschaftlichen Gebiet auch im 19. Jahrhundert an und wurde mit dem Gesetz vom 13. Januar 1862 noch legalisiert, wenn auch bestimmte Beschränkungen eingefügt waren. So war es nicht verwunderlich, daß 1895 im ritterschaftlichen Gebiet die junkerlich-kapitalistischen Großbetriebe (über 100 Hektar) mehr als 87 Prozent der landwirtschaftlichen Nutzfläche (LN) umfaßten. Damit war hier die Konzentration an Großgrundbesitz noch höher als in einem Teil des ehemaligen Schwedisch-Vorpommern, im späteren Regierungsbezirk Stralsund, von dessen Fläche 80 Prozent auf Betriebe über 100 Hektar fielen.

Die sozialökonomische Struktur Mecklenburgs, die sich im Spätfeudalismus herausgebildet hatte, bestimmte auch die besonders typische Form des "preußischen Weges" der kapitalistischen Entwicklung in der Landwirtschaft. Das Domanium weist aber einen wesentlichen Unterschied gegenüber der Ritterschaft auf. Hier war die kapitalistische Bauernbefreiung weder mit einem Bauernlegen noch mit einem Raub an bäuerlichem Land verbunden. So ist die Feststellung berechtigt, "die mecklenburgische Variante der kapitalistischen Bauernbefreiung verkörpert die extremste Ausprägung der negativen Züge des 'preußischen Weges' der kapitalistischen Agrarentwicklung."[4]

Die Ritterschaft paßte sich der ökonomischen Entwicklung zum Kapitalismus an und wandelte ihre Güter im 19. Jahrhundert allmählich in junkerlich-kapitalistische Wirtschaften um. Ihre politische Vorherrschaft behauptete sie bis 1918. Erst mit dem Ende dieser Vorherrschaft fiel auch die historisch längst überlebte Ständeverfassung.

Von der Entwicklung einer bemerkenswerten Industrie kann man in Mecklenburg bis zur Wende zum 20. Jahrhundert nicht sprechen. Noch im Jahre 1925 betrug der Anteil der in der Industrie (einschließlich Bergbau und Baugewerbe) Tätigen nur 19,4 Prozent, der Anteil der hauptberuflich in der Landwirtschaft, Gärtnerei und Tierzucht Tätigen dagegen 39,7 Prozent aller Erwerbstätigen.

So blieb Mecklenburg bis 1945 ein typisches Agrarland, und erst die sozialistische Entwicklung führte es aus seiner Rückständigkeit heraus.

Der Übergang von der feudalen zur kapitalistischen Landwirtschaft auf dem "preußischen Wege", die kapitalistische Bauernbefreiung, begann im Domanium Mecklenburg-Schwerin bereits zu Beginn des letzten Drittels des 18. Jahrhunderts, also mehr als 50 Jahre vor der allgemeinen Aufhebung der Leibeigenschaft. Nach 1763 konnten Bauern, die domaniale Hofdienste zu leisten hatten, deren Ablösung gegen ein jährliches Dienstgeld beantragen, sobald der betreffende Hof "aus der Pacht fiel", das heißt bei Pachtwechsel. Voraussetzung dafür war allerdings, daß sich überhaupt ein neuer Pächter fand.

Zehn Jahre später ging man auf Grund der guten Erfahrungen damit generell dazu über, die Hofdienste abzuschaffen und die Bauernhufen gesondert zu verpachten, das heißt, die Bauern wurden auf Zeitpacht gesetzt, wenn ein Hof neu verpachtet wurde. Der langfristigen Pachtverträge wegen konnte die Befreiung von den Hofdiensten erst um die Wende zum 19. Jahrhundert abgeschlossen werden.

Waren schon die Hofdienste eine große Belastung der fronpflichtigen Bauern, da sie in Spitzenzeiten sowohl Spann- als auch Handdienste auf dem Hof leisten und dadurch ihre eigene Wirtschaft vernachlässigen mußten, so waren die Extradienste besonders verhaßt. Der Bauer mußte für die vom Hof geforderten Dienste Spannvieh, Wagen und einen Knecht über die in der eigenen Wirtschaft bestehende Notwendigkeit hinaus halten und zur Verfügung stellen. Die Extradienste, die teils bezahlt wurden, teils unentgeltlich zu leisten waren, wurden erst nach den Befreiungskriegen abgeschafft.

4 Moll, Georg, Abriß: "Der preußische Weg" der Entwicklung des Kapitalismus in der Landwirtschaft (Die kapitalistische Bauernbefreiung), unveröffentlichtes Manuskript 1971, S. 39 ff.

Die domanialen Pachthöfe wurden bis zur Aufhebung der Leibeigenschaft mit Arbeitskräften bewirtschaftet, die teils feudalgebunden und daher dienstpflichtige Bauern, teils freie Landarbeiter waren. Ob und in welchem Maße auch landlose, also von Produktionsmitteln freie, aber noch feudalgebundene Arbeitskräfte auf den Pachthöfen tätig waren, muß noch untersucht werden.

Die Domanialhöfe weisen also seit dem letzten Drittel des 18. Jahrhunderts immer zunehmend die Voraussetzungen auf, die Marx für die kapitalistische Produktionsweise in der Landwirtschaft nennt: "... die wirklichen Ackerbauern sind Lohnarbeiter, beschäftigt von einem Kapitalisten, dem Pächter ... Dieser Pächter-Kapitalist zahlt dem Grundeigentümer eine kontraktlich festgelegte Geldsumme ... für die Erlaubnis, sein Kapital in diesem besondern Produktionsfeld anzuwenden."[5] Die feudalen Produktionsverhältnisse verschwinden in diesen landwirtschaftlichen Großbetrieben, die zu freier Lohnarbeit übergehen. Es war zunächst daran gedacht, die Lohnbewegung in einem relativ geschlossenen Territorium, dem Großherzogtum Mecklenburg-Schwerin, zu untersuchen und dabei die Landarbeiterlöhne auf den ritterschaftlichen Gütern und den domanialen Pachthöfen zu vergleichen. Aber - das war das erste, wenn auch negative Ergebnis der Untersuchung - es gibt keine Quellen aus den Rittergütern mehr, die die Möglichkeit geboten hätten, dieses Vorhaben zu verwirklichen.[6] Einige Lohnvergleiche zwischen ritterschaftlichen Gütern und Pachthöfen des Domaniums, die sich fanden, lassen den Schluß zu, daß die Löhne zwar zwischen den einzelnen Teilen des Landes, nicht aber zwischen den als Streubesitz liegenden Rittergütern und Pachthöfen des gleichen Gebietes wesentlich differierten.[7] Möglicherweise fand auch eine Angleichung unterschiedlicher Löhne durch die Gutsbesitzer statt. So verbleiben nur die Pachthöfe des Domaniums, deren straffe Verwaltung sich in einer die Untersuchung begünstigenden Quellenlage widerspiegelt.

Die Zeitpachthöfe, deren Zahl im 18. und 19. Jahrhundert größer war, laut Staatskalender des Jahres 1900 aber nur noch 230 betrug, waren durchweg landwirtschaftliche Großbetriebe über 100 Hektar. Sie umfaßten etwa 18 Prozent der Gesamtfläche und etwa 24 Prozent der LN des Domaniums.[8]

Während für die Darstellung der Lage der Industriearbeiter Unterlagen zur Lohnbewegung zur Verfügung standen - wenn auch nicht immer im gewünschten Umfange -, die aufbereitet werden konnten, sind für die Lage der Landarbeiter nur wenige und sehr lückenhafte Quellen vorhanden.[9]

5 Marx, Karl, Das Kapital, Bd. 3, in: Marx/Engels, Werke, Bd. 25, Berlin 1964, S. 631.

6 Das sogenannte Basedowsche Archiv und ein paar andere, an Umfang geringfügige Bestände ritterschaftlicher Güter im Staatsarchiv Schwerin (Rep. 142) boten nur wenige Angaben, die bei weitem nicht ausreichten. Die sogenannten ritterschaftlichen Ämter waren keine Verwaltungsbehörden. Alle lokalobrigkeitlichen und administrativen Funktionen lagen in der Hand der Gutsbesitzer. So hat es auch nie solche Aktenbestände über ritterschaftliche Ämter wie etwa über die Domanialämter gegeben.

7 Vgl. Siemssen, Gustav, Die Entwicklung der landwirtschaftlichen Verhältnisse dreier Rittergüter Mecklenburgs während des 19. Jahrhunderts, Halle (Saale) 1903, S. 49.

8 Stade, Heinrich, Die Bestrebungen zur Umgestaltung der agrarischen Besitzverhältnisse in Mecklenburg-Schwerin seit 1918, Ludwigslust 1928, S. 28.

9 Vgl. Hesse, Albert, Grundriß der politischen Ökonomie, Bd. 4: Statistik, Jena 1944, S. 185; Ritter, Kurt, Agrarwirtschaft und Agrarpolitik im Kapitalismus, Bd. 1, Berlin 1955, S. 455; Kuczynski, Jürgen, Die Lage der Arbeiter unter dem Kapitalismus, Bd. 1: Darstellung der Lage der Arbeiter in Deutschland von 1789 bis 1849, Berlin 1961, S. 378; Hoffmann, Walther Gustav, Das Wachstum der deutschen Wirtschaft seit der Mitte des 19. Jahrhunderts, Berlin/Heidelberg/New York 1965, S. 491.

Die vorliegende Arbeit beschäftigt sich nicht mit allen die Lage der Arbeiter in den landwirtschaftlichen Großbetrieben Mecklenburg-Schwerins bestimmenden Elementen, sondern nur mit einem, das jedoch von großer Wichtigkeit ist: mit den Löhnen und ihrer Entwicklung. Es soll versucht werden, die Löhne der Landarbeiter möglichst vollständig über längere Zeit hinweg zu erfassen, um damit eine oft genannte Lücke wenigstens für ein Teilgebiet der deutschen Geschichte schließen zu helfen und einen Beitrag zur Geschichte der Lage der Landarbeiter in einem der politisch und ökonomisch rückständigsten Territorien Deutschlands zu leisten. Dabei sollen die über ein Jahrhundert reichenden "langen Reihen" wie ein Film die Bewegung der Löhne deutlicher machen, als es die "Momentaufnahmen" können, die den Stand der Löhne jeweils nur zu einem bestimmten Zeitpunkt wiedergeben.

Den Gegenstand der Untersuchung bilden die Löhne kontraktgebundener Landarbeiter und ihre verschiedenen Teillöhne, die Korrelationen zwischen diesen sowie zwischen den Löhnen der verschiedenen Landarbeiterkategorien und die Bewegung der Lohnhöhe. Auf dieser Grundlage soll versucht werden, die Ursache für bestimmte Erscheinungen der Lohnbewegung aufzuhellen.

Die Untersuchung umfaßt die Zeitpachthöfe des mecklenburgisch-schwerinschen Domaniums und reicht zeitlich vom Beginn des 19. Jahrhunderts bis zum Anfang des ersten Weltkrieges.

Bereits vor der Aufhebung der Leibeigenschaft in Mecklenburg[10] weisen die Quellen freie Landarbeiter nach[11]. Diese ländlichen Arbeitskräfte erfüllen, ungeachtet der mehr oder weniger starken feudalen Überreste, die beiden wesentlichen Kriterien der Marxschen Definition des Lohnarbeiters und können in folgende vier Kategorien unterteilt werden[12]:

1. das Gesinde
2. die Deputatisten
3. die Hoftagelöhner
4. die "freien" Tagelöhner

Die ersten drei Kategorien sind durch Jahreskontrakte gebunden. Die "freien" Tagelöhner haben diese zeitlichen Bindungen nicht. Löhne dieser "freien" Arbeiter sind gemeint, wenn in der landwirtschaftlichen Literatur von "ortsüblichen Tagelöhnen" gesprochen wird. Die Lohnentwicklung dieser Kategorie kann nicht dargestellt werden, da die Archivangaben und die in der Literatur gefundenen Daten keine statistische Erfassung möglich machen.

Die Löhne der "freien" Arbeiter waren reine oder fast reine Geldlöhne, die hier untersuchten Löhne der kontraktgebundenen Landarbeiter dagegen waren "Gemischtlöhne", die sich aus Geld und Naturalien zusammensetzten.

Das Gesinde erhielt Geldlohn und freie Station (Unterkunft und Verpflegung), die Deputatisten Geldlohn und ein festes Getreidedeputat.

Die Tagelöhner bekamen einen Geldlohnanteil (konnten aber auch Geld und eine bestimmte Menge Getreide - Kornlohn - erhalten) und verdienten sich durch den Anteildrusch im Winter, zu dem sie noch einen zweiten Arbeiter stellen mußten (die Tagelöhnerfrau oder nach 1848 auch den Hofgänger), das Lohnkorn. Dafür erhielten sie während der Druschtage aber weder Geld noch Kornlohn.

Die Löhne der Knechte waren zu Beginn des 19. Jahrhunderts sehr niedrig, die der Mädchen lagen noch darunter. Zwar bekamen die Mädchen noch etwas Leinen, manche Knechte auch

10 Auf dem Landtag zu Sternberg 1819 beschlossen, als Gesetz mit dem Patent vom 18. Januar 1820 verkündet und ab Ostern 1821 in Kraft gesetzt.

11 Vgl. Neue Annalen der Mecklenburgischen Landwirtschaftsgesellschaft, 2. Jg. 1915, 1. Hälfte, S. 60, 224.

12 Zu den wesentlichen Merkmalen der verschiedenen Landarbeiterkategorien siehe Pfahl, Robert, a. a. O., S. 6 - 13.

alle zwei Jahre den sogenannten Reiserock, den größten Teil der benötigten Kleidung mußten sie sich aber selbst beschaffen.[13]

Die Nominallöhne der Knechte und Mädchen sind zu Anfang des 19. Jahrhunderts auf Grund der wenigen Angaben noch nicht sicher zu erfassen. Sie stagnierten aber offensichtlich während des gesamten Zeitabschnittes.[14] Das Überangebot an Arbeitskräften wird eine wesentliche Erhöhung der Löhne verhindert haben.

Interessanter ist aber die Bewegung der Roggenlöhne. Bei gleichbleibendem Geldlohn verhalten sie sich umgekehrt proportional zur Preisbewegung des Roggens.[15] Wenn, wie ich annehme, die Nominallöhne der ersten beiden Jahrzehnte des 19. Jahrhunderts sich nicht bedeutend von denen der drei nächsten unterschieden haben, dann müssen die Roggenlöhne des ersten Jahrzehnts - der enorm hohen Preise wegen - noch niedriger als im zweiten gelegen haben. In den zwanziger Jahren, in denen sich die Agrarkrise am heftigsten auswirkte, stiegen die Roggenlöhne auf ihren höchsten Wert in der ersten Jahrhunderthälfte, fallen dann auf ihren niedrigsten Stand im Abschnitt 1850 bis 1859 und erreichen erst etwa 50 Jahre später durch die gestiegenen Nominallöhne trotz hoher Roggenpreise den Wert von 1820 bis 1829.

Die Anzahl der Deputatisten pro Hof betrug in der ersten Hälfte des 19. Jahrhunderts selten mehr als ein bis drei Leute. Diese Kategorie nahm erst in der Zeit nach 1850 an Bedeutung zu. Die Geldlöhne der Deputatisten zeigen durch ihr Stagnieren während der ersten 50 Jahre des 19. Jahrhunderts eine dem Gesindelohn ähnliche Bewegung. Der Roggenlohn erreicht ebenso wie beim Gesinde in den zwanziger Jahren sein Maximum für die erste Hälfte des 19. Jahrhunderts, sinkt 1830 bis 1839 ab, hält sich dann aber bis in das sechste Jahrzehnt auf der gleichen Höhe. Das Korndeputat dieser Kategorie liegt in den dreißiger Jahren des 19. Jahrhunderts niedriger als in den beiden ersten Jahrzehnten. Dieser Abfall wird - und das gilt auch für die Tagelöhner - in den Reihen und Übersichten durch die nach der Agrarkrise steigenden Getreidepreise verschleiert.

Für die Löhne der Hoftagelöhner liegt im Jahrzehnt von 1800 bis 1809 nur ein Wert vor. Es gibt jedoch Anhaltspunkte für die Annahme, daß die Geldlöhne im ersten und im zweiten Jahrzehnt des 19. Jahrhunderts etwa auf gleicher Höhe lagen.[16] Die Sommer- und Erntegeldlöhne weisen in der Zeit der schärfsten Agrarkrise, in den zwanziger Jahren, einen Höhepunkt aus, dem ein Abfall bis 1847 folgt. Die Winterlöhne gehen mit dieser Tendenz, bis auf das dritte Jahrzehnt, mit.

Alle drei Jahreszeitlöhne der Frauen zeigen die gleiche Bewegung wie die Sommer- und Erntelöhne der Männer.

Eine andere Bewegungsrichtung der Löhne wird sichtbar, wenn das Lohnkorn und das Druschgetreide eingerechnet werden. Die Spalte 9 (Tabellenanhang IV.3.1.1. - 3., Tagelöhner, Männer) faßt die Geld- und Kornlöhne zusammen. Diese Kornmengen, so gering sie auch

13 Staatsarchiv Schwerin, Domanialamt (im folgenden: DA) Stavenhagen, Nr. 585, Pachthof Kölpin (1825): kein Bargeld, sondern nur Bekleidung (Wert: 15,46 Mark); DA Lübz, Nr. 8908, Pachthof Dargelütz (1880): für Kost und Kleidung.

14 Siehe Tabellenanhang IV.1.1. und IV.1.2.

15 Siehe Tabellenanhang V.4.

16 Staatsarchiv Schwerin, Ministerium für Landwirtschaft (im folgenden: MfL), Nr. 18 789, Pachthof Jörnstorf, DA Bukow (1811): Tagelohn für die Männer 58 Pfennige, für die Frauen 29 Pfennige, in der Ernte 44 Pfennige; ebenda, Nr. 19 430, Pachthof Panzow, DA Bukow (1812): Frauen für "Übertage" 44 Pfennige; ebenda, Nr. 4 444, Pachthof Testorf, DA Grevesmühlen (1826 - 1846): Tagelohn für die Männer 58 Pfennige, in der Ernte 88 Pfennige, für die Frauen 36 Pfennige. Da der gleiche Pächter diesen Hof bereits von 1811 - 1826 gepachtet hatte, können diese Löhne - wenn auch nicht mit voller Sicherheit - schon für diese Zeit angenommen werden.

sind, lassen Winter- und Sommerlöhne bei den Männern in den vierziger Jahren bereits steigen. Nur die Erntelöhne fallen weiter, da die Verminderung des Geldlohnes offenbar zu stark wirkt. In dem Maße wie das Druschgetreide (Differenz der Spalten 9 und 12 bei den Männern bzw. 1 und 5 bei den Frauen [Tabellenanhang IV.3.1.1. - 3 bzw. IV.3.2.1. - 3.] zum Gesamtlohn, Spalte 12 bzw. 5) eingerechnet wird, folgt die Lohnbewegung immer mehr den Getreidepreisen, vorausgesetzt, die Lohnhöhe weist nicht zu große Differenzen auf. Die Bewegung der Roggenlöhne und ihren Zusammenhang mit dem Geldlohnanteil, dem Druschgetreide und den Getreidepreisen haben wir vorstehend bereits erläutert.

Stellen wir nun die Ergebnisse der hier ermittelten Angaben einer 1911 erschienenen Arbeit von A. Neumann[17] gegenüber. (Tabelle V.1.1. und V.1.2.) Dabei muß beachtet werden, daß es sich einmal um die Löhne "freier" ländlicher Arbeiter, zum anderen um die Lohnsätze kontraktgebundener Landarbeiter handelt. Deshalb sollen nicht die Löhne bzw. Lohnsätze, sondern ihre Bewegungstendenzen miteinander verglichen werden.

Die Geldlöhne freier Arbeiter, Männer und Frauen, steigen - nach einem Abfall in den zwanziger Jahren des 19. Jahrhunderts - bis zur Jahrhundertmitte. Das trifft sowohl für das gesamte Königreich Preußen alten Bestandes wie auch auf die sieben östlichen Provinzen, darunter Pommern, zu. Nur in Brandenburg zeigt sich eine abweichende Bewegung. Die gleiche Tendenz kann aus den Übersichtstabellen für die reinen Geldlöhne der Knechte (Tabelle IV.1.1.), die Geld- und Gesamtlöhne der Deputatisten (Tabelle IV.2., Spalten 1 und 5) und die Gesamtlöhne der Tagelöhner - Männer (Tabelle IV.3.1.1. - 3., Spalten 12) nachgewiesen werden. Auch bei den Gesamtlöhnen der Tagelöhnerfrauen (Tabelle IV.3.2.1. - 3., Spalten 5) ist das der Fall, während die Geldlöhne des weiblichen Gesindes, der Mädchen (Tabelle IV.1.2., Spalte 1), nach einem Anstieg in den zwanziger Jahren bis zur Mitte des Jahrhunderts stagnieren. Ein Unterschied ist jedoch zu bemerken: Während die Geldlöhne der Knechte wie die der Mädchen im dritten Jahrzehnt ansteigen[18], weisen sowohl diejenigen der freien Arbeiter (bis auf Brandenburg) als auch die der Deputatisten und Tagelöhner einen mehr oder weniger großen Lohnrückgang in diesem Jahrzehnt (gegenüber dem vorhergehenden) auf.

Eine gegenüber den Geld- und Gesamtlöhnen umgekehrte, nämlich abfallende Bewegung zeigen die Roggenlöhne in diesem Zeitabschnitt. Sie verläuft sehr konsequent bei Männer- und Frauenlöhnen der von mir untersuchten drei Landarbeiterkategorien wie auch bei den Männerlöhnen der freien Arbeiter Gesamtpreußens, der sieben östlichen Provinzen sowie der Männer- und Frauenlöhne Brandenburgs. Die übrigen Frauenlöhne und die Männer- und Frauenlöhne Pommerns zeigen Abweichungen.

Das Ergebnis dieses Vergleichs bestätigt die Feststellung Neumanns, daß die Landarbeiterlöhne nicht, wie das unter anderem durch von der Goltz angenommen wurde, während der ersten Jahrhunderthälfte auf gleicher Höhe blieben, und es beweist, daß die allgemeine

17 Neumann, Anna, Die Bewegung der Löhne der ländlichen "freien" Arbeiter im Zusammenhang mit der gesamtwirtschaftlichen Entwicklung im Königreich Preußen gegenwärtigen Umfangs vom Ausgang des 18. Jahrhunderts bis 1850, in: Thiels Landwirtschaftliche Jahrbücher. Zeitschrift für wissenschaftliche Landwirtschaft und Archiv des Königlich Preußischen Ökonomie-Kollegiums, Bd. 40, Ergänzungsband 1, 1911. - Da Lohnangaben für die Jahre 1801 - 1809 für Pommern fehlen und auch in der vorliegenden Arbeit die Zahlen für 1800 bis 1809 fehlen, wurde das Jahrzehnt 1810 - 1819 in beiden Arbeiten gleich 100 gesetzt. Neumann faßt die Jahrzehnte allerdings 1801 - 1810 usw. zusammen. Offensichtliche Fehler wie die Indexzahl zu den Frauenlöhnen im Kgr. Preußen für 1811 - 1820 (statt 125 muß es 152, eigentlich 153 heißen) und die absolute Zahl für den Frauenlohn für 1831 - 1840 (statt 48,91 muß es 48,21 heißen) wurden dabei berichtigt.

18 Das wird aber wohl mit den nicht sicheren (und wahrscheinlich zu niedrigen) Werten für das Jahrzehnt von 1810 bis 1819 zusammenhängen.

Bewegung der Löhne der kontraktlich gebundenen Landarbeiterkategorien auf den domanialen Pachthöfen Mecklenburg-Schwerins der Preußens bzw. dessen sieben östlichen Provinzen im wesentlichen entsprach.

Die Bewegung des in Geld gezahlten Anteils am Gesamttagelohn ist weiter oben bereits anhand der Übersichten dargestellt worden. Die Werte der Jahreszeitlöhne bei Männern und Frauen scheinen jedoch einer genaueren Untersuchung wert zu sein: Die Winter- und Sommerlöhne beginnen 1827, die Erntelöhne 1830 zu sinken.[19] Erstere also in dem Jahr, das als Beginn der Erholungsperiode nach Beendigung der Agrarkrise bezeichnet wird und in dem die Getreidepreise gegenüber den Vorjahren um 100 Prozent und mehr steigen. Diese Bewegung behalten die Löhne für etwa 20 Jahre bei. Die Landarbeiterlöhne reagierten damit gerade umgekehrt als im Regelfalle die der Industriearbeiter in der Konjunkturperiode.

Hier muß Mager entschieden widersprochen werden, der zwar die Verschlechterung der Lage der Tagelöhner in den dreißiger Jahren des 19. Jahrhunderts feststellt, sie aber damit erklären will, daß ihnen "... bei den steigenden Getreidepreisen ... mehr und mehr die Deputate an Naturalien ..." gekürzt und "die Leute dafür zunehmend auf Barlohn ..." gesetzt wurden.[20]

Die hier vorgelegten Reihen belegen, daß das Gegenteil eintrat, gerade die Barlöhne wurden gesenkt. Folgten die Ergebnisse des Anteildrusches der Bewegung der Korndeputate der Deputatisten - und von dieser Voraussetzung gingen wir aus -, dann muß sogar noch eine leichte Verminderung des Naturallohnteiles in diesem Jahrzehnt eingetreten sein. In den Reihen verschleiern auch hier wieder steigende Getreidepreise diesen Rückgang, dem in den vierziger Jahren offenbar eine Steigerung der Druschkornmenge folgte.

Wenn wir die Gründe für das Stagnieren (Gesinde, Deputatisten) bzw. das Fallen (Tagelöhner) der Geldlohnteile und das Stagnieren (Deputatisten) bzw. Fallen (Gesinde und Tagelöhner) der Roggenlöhne suchen, müssen eine Reihe von Erscheinungen beachtet werden.

Die schnelle Zunahme der Bevölkerung, vor allem im ersten Viertel des Jahrhunderts, und das gleichmäßige Wachsen bis zur Jahrhundertmitte[21], die zweifellos höheren Arbeitsleistungen der freien Arbeiter gegenüber denjenigen der fronpflichtigen Bauern, der im Zusammenhang mit der Agrarkrise (Schwierigkeiten beim Getreideexport nach England, niedrige Getreidepreise, Kapitalmangel) vollzogene Übergang zu extensiven Formen der Bewirtschaftung, all das muß zusammengenommen zu der massenhaften Auswerfung von Landarbeitern aus ihren bisherigen Arbeitsstellen, zu dem Überangebot an Arbeitskräften und damit zu einer Senkung der Löhne beigetragen haben.

Obgleich die Domänenkammer das Abreißen von Tagelöhnerkaten auf den Pachthöfen nicht duldete - für die ritterschaftlichen Güter ist ein solches Vorgehen bezeugt -, lebten die Tagelöhner auch im Domanium unter dürftigsten Bedingungen.[22] Bereits vor Beginn der Revolution von 1848 fanden Erhebungen zur Lage der Tagelöhner statt. Aus dem Distrikt Schwerin berichtete der "Patriotische Verein" über die notwendigen Ausgaben sowie die Einnahmen der Tagelöhner, "... daß nämlich die Ausgaben regelmäßig um 20 Thaler N 2/3

19 Siehe im Anhang Tabelle III.1.1. - 2. und III.2.1. - 2. bzw. III.1.3. und III.2.3., Spalten 1.

20 Mager, Friedrich, Geschichte des Bauerntums und der Bodenkultur im Lande Mecklenburg, Berlin 1955, S. 388.

21 Vgl. Tscharnke, Johannes, Anlässe und Gebiete der Volkszählungen in beiden Mecklenburg, o. O. 1940, S. 68.

22 Neue vollständige Gesetzessammlung für die Mecklenburg-Schwerinschen Lande, zweite Folge, umfassend den Zeitraum vom Anfang dieses Jahrhunderts bis zum Jahre 1844, hg. v. H. F. W. Raabe, Parchim/Ludwigslust 1844, S. 34.

(≙ 70 Mark - R. P.) höher sein mußten als die Einnahmen."[23] Das Defizit würde manchmal dadurch beseitigt, daß man etwas zusetzen könnte, manchmal hälfen gute Herrschaften, wenn aber nicht, dann müßten die Tagelöhner stehlen, darben oder der Armenkasse zur Last fallen.[24]

Die Furcht, die revolutionären Ereignisse außerhalb Mecklenburgs könnten die ohnehin mit ihrer gedrückten Lage unzufriedenen Landarbeiter zu gleichen Aktionen bringen, führte - für mecklenburgische Verhältnisse sehr schnell, nämlich schon am 15. Mai 1848 - zum Erlaß der "Verordnung wegen Einsetzung von Schieds-Commissionen zur Feststellung streitiger Verhältnisse der Hoftagelöhner."[25] Diese Verordnung brachte den Abschluß der Regulative mit sich, der im wesentlichen in den Jahren 1848/1849 erfolgte, in Einzelfällen aber auch erheblich später.

Die schriftliche Fixierung der gegenseitigen Leistungen von Landarbeitern und Hofpächtern bzw. Gutsbesitzern stellte eine Art Arbeitsvertrag für den jeweiligen Pachthof bzw. das jeweilige Rittergut dar. Für die Tagelöhnerfrau fiel der Dienstzwang im alten Umfang weg (Verpflichtung zum Dreschen, Leistung unentgeltlicher Frauentage). Dagegen konnten sie weiter zum Melken, zum Schafscheren, zur großen Wäsche usw. gerufen werden. Ihre frühere Hauptarbeit in der Landwirtschaft leistete nun der Hofgänger. Hier oder da wurde den Tagelöhnern wohl auch etwas mehr Korn- bzw. Kartoffelland gegeben. (Das gehörte zu ihren Emolumenten.) Garten- und Feldland betrugen um 1850 durchschnittlich 165 Quadratruten - das entspricht ungefähr 0,36 Hektar. Mit der Möglichkeit, ihr Einkommen - nicht ihren Lohn - zu verbessern, wurden alte Zustände wieder hergestellt. 1825 hatte die durchschnittliche Fläche für die Tagelöhner 183 Quadratruten betragen.

Die Zahl der Frauen- oder Hoftage wurde jetzt meist etwas herabgesetzt. Das kam einer geringen Lohnerhöhung pro Zeiteinheit gleich, die in den Reihen jedoch nicht sichtbar wird. Für die Männer fielen die unentgeltlich zu leistenden Erntetage weg. Auf einigen Höfen geschah das erst in den fünfziger bzw. sechziger Jahren des 19. Jahrhunderts. Die fast durchweg geringe Erhöhung der Geldlöhne ist vermutlich nur das Ergebnis der Währungsumstellung ab 1. Januar 1848. Da der Lohn in vollen Schillingsbeträgen gezahlt wurde, mußten für die gängigsten Lohnstufen des Thalers N 2/3 nun die neuen des Thalers Courant gesetzt werden. Wenn zum Beispiel statt des Winter- und Sommertagelohnes von 51 und 58 Pfennigen nach alter Währung nun 56 Pfennige nach neuer Währung für Winter und Sommer gezahlt wurden, dann gewinnt man einen Eindruck davon, wie diese Lohnerhöhung zustande kam und welchen Umfang sie erreichte.

Die Reihen und die Übersichtstabellen (Sp. 1) zeigen für 1848/1849 eine kaum merkliche Steigerung der Geldlöhne beim Gesinde und bei den Deputatisten und eine geringe bei den Tagelöhnern. Die Löhne erreichten gerade oder nicht einmal den Stand vom Beginn des Jahrhunderts. Dabei muß man noch berücksichtigen, daß die Werte für 1809 bzw. 1810 bis 1819 wahrscheinlich etwas zu niedrig liegen. Die etwas stärkere Steigerung der Männerernteköhne ist sicher auf die erfolgte "Entfreiung" von den unentgeltlichen Erntetagen zurückzuführen. Die Roggenlöhne stiegen zum Teil bedeutend. Das war vorwiegend das Ergebnis der 1848/1849 gegenüber dem Durchschnitt von 1840 bis 1847 erheblich niedrigeren Getreidepreise.

Der Abschluß der Regulative brachte also einige Verbesserungen für die Landarbeiter. Sie sollten aber nicht überschätzt werden, denn die Lebens- und Arbeitsbedingungen der Tagelöhner veränderten sich so gut wie gar nicht.

23 Landwirtschaftliche Annalen des Mecklenburgischen Patriotischen Vereins, Neue Folge, 3. Bd., 1. Abt., 1848, S. 220.

24 Vgl. ebenda, S. 237.

25 Großherzoglich Mecklenburg-Schwerinsches officielles Wochenblatt, Jg. 1848, Nr. 23, I, S. 51.

Der Zeitabschnitt von der Mitte des 19. Jahrhunderts bis zum ersten Weltkrieg hatte für die Entwicklung der Landwirtschaft große Bedeutung. Sein Beginn fiel in die erste Etappe der kapitalistischen Intensivierung, deren erste Hälfte allerdings bereits abgeschlossen war und an deren Ende die vollständige Durchsetzung des Kapitalismus in der Landwirtschaft stand; sein Ende fiel in die zweite Etappe der kapitalistischen Intensivierung und stellte den Übergang zum monopolistischen Kapitalismus dar. Während in der ersten Etappe die Veränderungen, wie zum Beispiel die intensivere Feldwirtschaft, im wesentlichen von der Landwirtschaft selbst ausgingen, bestimmten in der zweiten Etappe vor allem die außerhalb der Landwirtschaft, in der Industrie produzierten Produktionsmittel den Fortschritt.[26]

Obgleich sich die organische Zusammensetzung des Kapitals auch in der Landwirtschaft erhöhte, blieb sie doch hinter der der Industrie zurück. Die wesentlichste Ursache dafür lag in der Tatsache, daß auch vom schlechtesten Boden noch Grundrente an den Grundeigentümer gezahlt werden mußte, so daß dieser Teil des von den Landarbeitern geschaffenen Mehrwerts nicht als konstantes Kapital - in der Regel in Form von Ausgaben für Bodenverbesserung und technische Ausstattung - verwendet werden konnte. Die Pachthöfe bildeten insofern eine Ausnahme, als die Kammer als Vertreterin des Grundeigentümers sich zu einem Teil an der Verbesserung des Bodens beteiligte. Sie lieferte zum Beispiel unentgeltlich die im Güstrower Landarbeitshause in Zwangsarbeit produzierten Drainageröhren und übernahm die im Pachtvertrag vorgesehenen notwendigen Wohn- und Wirtschaftsbauten, während der Pächter unentgeltlich Hand- und Spanndienste stellen mußte. Vieh und Maschinen waren grundsätzlich Eigentum des Pächters.

Eine weitere Ursache für die geringere organische Zusammensetzung des Kapitals in der Landwirtschaft lag darin, daß die Pachthöhe vertraglich fixiert war und auch dann gezahlt werden mußte, wenn der kapitalistische Pächter bei niedrigen Marktpreisen nicht mehr die Produktionskosten, den Durchschnittsprofit und die Grundrente erzielen konnte.

In dem Zeitabschnitt zwischen der Mitte des 19. Jahrhunderts und dem Beginn des ersten Weltkrieges vollzogen sich in der deutschen Landwirtschaft bedeutende sozialökonomische Veränderungen, die sich auch auf die Bewegung der Löhne auswirken mußten.

Die Ausdehnung des inneren und äußeren Marktes durch die rasche Zunahme der Bevölkerung, die fortschreitende Industrialisierung mit einem sich ständig erhöhenden Anteil der städtischen Bevölkerung in Deutschland sowie die zunächst günstigen Exportmöglichkeiten bildeten einen sehr wesentlichen ökonomischen Anreiz, die Produktion von Getreide, später aber auch die von tierischen Erzeugnissen auszudehnen.

Die seit dem Ende der Agrarkrise zu Beginn des 19. Jahrhunderts steigende Tendenz der Getreidepreise, die niedrigen Löhne und die günstigen Kreditmöglichkeiten brachten der mecklenburgischen Landwirtschaft zwischen 1830 und dem Beginn der sechziger Jahre eine rasche Entwicklung.

Mit dem Beginn der sechziger Jahre änderte sich jedoch die Situation. Der Aufschwung der Industrie und die steigenden Profite übten große Anziehungskraft auf das freie Kapital aus. Dadurch gelangte nicht mehr so viel Kapital in die Landwirtschaft, wo es aber von den Agrarkapitalisten dringend für Meliorationen und andere Verbesserungen gebraucht wurde.

Die Pachtpreise je Hektar LN, die bis dahin fortwährend gestiegen waren, erreichten gegen Ende der sechziger Jahre ihren Höhepunkt, um dann bis über die Jahrhundertwende hinaus stetig zu sinken. Wie ernst dieser Umschwung empfunden wurde, zeigte sich darin, daß die Kammer den Pächtern zum ersten Male Pachterleichterungen gewährte. Sie billigte denjeni-

26 Berthold, Rudolf, Bemerkungen zum Wechselverhältnis zwischen der industriellen Revolution und der kapitalistischen Intensivierung der Feldwirtschaft in Deutschland im 19. Jahrhundert, in: Jahrbuch für Wirtschaftsgeschichte 1972, T. 1, S. 267.

gen Pächtern, die während der Zeit der hohen Pachtpreise - von 1856 bis 1867 waren sie um fast 50 Prozent gestiegen! - gepachtet hatten, für die Zeit von 1871 bis 1875 Pachtremissionen von 20 Prozent zu.

Trotzdem brachte die Zeit der nun folgenden Agrarkrise eine Vielzahl von Pächterwechseln mit sich. Ihre Formen reichen von der Zession (Übernahme des geltenden Pachtvertrages durch einen anderen Pächter mit Genehmigung der Kammer) über die Bitte um Zurücknahme der Pachtung bis zum Konkurs.

Die ständigen Eingaben der Pächter um Stundung der vierteljährlich zu zahlenden Pachtraten bei sinkenden Pachtpreisen machen das Sinken der Profite für das in der Landwirtschaft angelegte Kapital ganz deutlich.

Damit wuchs zweifellos auch das Bestreben der kapitalistischen Pächter, die Lohnkosten bzw. die Löhne der Landarbeiter zu senken. Es gibt genügend Beispiele für die Klagen der Landarbeiter, daß die in den Regulativen festgelegten Leistungen der Pächter von diesen nicht eingehalten wurden. Nur in den seltensten Fällen griffen die Beamten der Domanialämter zugunsten der Landarbeiter ein.

Mit Sicherheit kann ferner angenommen werden - wenn das auch nicht aktenmäßig zu belegen ist -, daß sich die Intensität der Arbeit unter Beibehaltung der Arbeitszeit erhöhte. Die Klagen der Landarbeiter über die Erhöhung des Arbeitstempos, die "Klagen" der Pächter über die nachlassenden Leistungen ihrer "Leute" und die zunehmende Akkordarbeit weisen auf eine Erhöhung der Arbeitsintensität hin.

Die Bewegung der Landarbeiterlöhne widerspiegelt einen Prozeß, auf den eine Vielzahl von Faktoren hemmend oder fördernd einwirken und in dessen Verlauf sich sowohl Veränderungen zwischen den Kategorien der Landarbeiter als auch innerhalb dieser Kategorien vollzogen.

Im zweiten Abschnitt des Untersuchungszeitraumes - also von 1850 bis zum Beginn des ersten Weltkrieges - steigt der Geldlohnanteil beim Gesinde[27] und bei den Deputatisten[28] bis zur Jahrhundertwende ziemlich gleichmäßig. Eine Ausnahme bilden die Wirtschaftszyklen 1887 bis 1893 bei den Knechten und 1893 bis 1902 bei den Mädchen, in denen sich die Steigerung gegenüber dem vorhergehenden Zyklus verlangsamt. Eine starke Steigerung erfolgt in den letzten beiden Abschnitten, also nach der Jahrhundertwende, wenn auch die betreffenden Lohnangaben unsicher sind und wahrscheinlich zu hoch liegen. Bei den Deputatisten ist kein so schnelles Steigen ab 1900 zu bemerken.

Eine ganz andere Bewegung zeigen die Jahreszeitlöhne der Tagelöhner.[29] Bei den Männern stagnieren sie (Winterlöhne) oder steigen nur schwach (Sommer- und Erntelöhne) zwischen 1850 und 1900, dann erhöhen sie sich relativ rasch. Die Löhne der Frauen weisen in den Jahren 1850 bis 1875 eine kaum erwähnenswerte Bewegung auf. Erst mit dem Zyklus 1876 bis 1886 beginnt eine Steigerung, die in rund 40 Jahren etwa 100 Prozent beträgt.

Ein Blick auf die Übersicht zu den Lohnreihen der Hofgänger zeigt im wesentlichen die gleiche Bewegung wie bei den Frauenlöhnen. Die Steigerungsraten der Hofgänger sind ziemlich gleichmäßig.

Bei den Roggenlöhnen des Gesindes und der Deputatisten gibt es eine nicht unterbrochene Aufwärtstendenz, wenn auch die Steigerungsraten recht unterschiedlich sind. Die Erhöhung der Geldlöhne bzw. des Geldlohnanteils muß also in den Abschnitten mit hohen Getreidepreisen so stark gewesen sein, daß es zu keiner rückläufigen Bewegung kam.

27 Siehe Tabellenanhang IV.1.1. und IV.1.2.
28 Siehe Tabellenanhang IV.2.
29 Siehe Tabellenanhang IV.3.1., Spalte 1 - 3; IV.3.2., Spalte 1 - 3; IV.3.3., Spalte 1 - 3.

Die jahreszeitlichen Roggenlöhne der Tagelöhner (Männer, Frauen und Hofgänger) erreichen während des Zeitraumes von 1850 bis 1914 ihren tiefsten Stand im Wirtschaftszyklus 1867 bis 1875. Das ist zugleich der Zeitabschnitt mit sehr hohen Getreidepreisen bei im allgemeinen stagnierenden Geldlöhnen.

Eine zweite rückläufige Bewegung zeigt der Zyklus 1903 bis 1909, in dem jedoch nur die Roggenlöhne der Männer und der Hofgänger absinken, während der gegenüber 1893 bis 1902 relativ stark gestiegene Geldanteil der Frauenlöhne die gleiche Reaktion bei den Roggenlöhnen verhindert.

Wie kann die doch recht unterschiedliche Bewegung der Löhne in den drei untersuchten Landarbeiterkategorien erklärt werden? Ein besonderes Problem bildete (und nicht erst seit der Jahrhundertmitte) das Niederlassungsrecht (das Heimatrecht und die davon abhängige Heiratserlaubnis). Die Ritterschaft warf "überflüssige" Landarbeiter aus, riß, besonders nach 1848, einen Teil der Katen ab, um vor allem von der Unterhaltspflicht für Alte und Kranke loszukommen. Jahrzehntelang suchte dieser Strom von Ausgeworfenen im Domanium Unterkunft und Arbeit, ohne daß die Domanialämter diese Aufgabe hätten lösen können.

In und nach den Jahren der Revolution 1848/1849 gab es Bestrebungen, die "überflüssigen" Landarbeiter auf dem Wege der Auswanderung loszuwerden. Die mit Beginn der fünfziger Jahre des 19. Jahrhunderts einsetzende Welle der Aus- und später der Abwanderung[30] führte schon wenige Jahre später zu Klagen der Ritterschaft über Arbeitskräftemangel. Die Aus- und Abwanderung nahm einen solchen Umfang an, daß in dem Vierteljahrhundert von 1850 bis 1875 die Bevölkerungszahl stagnierte.

Etwa in die gleiche Zeit fiel auch die Einführung landwirtschaftlicher Maschinen. Freilich hatte es schon vorher Versuche mit mehr oder (meist) weniger großem Erfolg gegeben. Jetzt erfolgte aber relativ schnell der Einsatz mit Dampf betriebener Maschinen und Geräte.[31]

In der Reichsstatistik wird 1882 der Anteil Maschinen benutzender landwirtschaftlicher Großbetriebe in Mecklenburg-Schwerin mit 97,3 Prozent angegeben. Damit lag es an der Spitze der deutschen Länder.[32] Für die Mechanisierung auf den Pachthöfen darf diese Zahl jedoch nicht überschätzt werden. Erstens gibt sie nicht den durchschnittlichen Mechanisierungsgrad an, sondern enthält alle Betriebe, die wenigstens eine der dort aufgeführten Maschinen benutzen. Zweitens war der Anteil der wichtigsten der mit Dampf betriebenen Maschinen, der von 24 Prozent 1882 auf fast 76 Prozent 1895 stieg[33], in den Betriebsgrößenklassen von 500 - 1 000 und über 1 000 Hektar viel gewichtiger als in denen von 100 - 200 oder 200 - 500 Hektar, zu denen die meisten der Pachthöfe zählten.

Die schon in der ersten Hälfte des 19. Jahrhunderts modifizierte Form der eigentlichen mecklenburgischen Schlagwirtschaft veränderte sich weiterhin. Dabei wurde die Ackerweide langsam zugunsten des Hackfruchtbaus weiter eingeschränkt, während die Brache bestehen blieb. Die noch recht extensive Wirtschaft mit hohem Getreideanteil blieb im wesentlichen erhalten, solange die Getreidepreise günstig standen. Dabei waren zweifellos auch Fortschritte in der Erhöhung der Bodenfruchtbarkeit durch Meliorationen (vor allem Drainage), erst durch Mergeln und Modden, dann durch die zunehmende künstliche Düngung, ebensowenig zu übersehen

30 Unter Auswanderung wird der Weggang in außerdeutsche Länder, hier vor allem nach den USA, unter Abwanderung die Bewegung in die Städte, bzw. in die Industrie innerhalb Deutschlands verstanden.

31 Vgl. Bentzien, Ulrich, Das Eindringen der Technik in die Lebenswelt der mecklenburgischen Landbevölkerung. Eine volkskundliche Untersuchung, phil. Diss. Berlin 1961 (Ms.), S. 31 f.; Balck, C. W. A., Domaniale Verhältnisse in Mecklenburg-Schwerin, 2 Bde., Wismar/Rostock/Ludwigslust 1864 und 1866, S. 228.

32 Statistik des Deutschen Reiches, NF Bd. 5, 1885, S. 38 f. Anm. 1, 40+, 238.

33 Ebenda, Bd. 112, 1898, S. 189, 463.

wie der Übergang zur Sommerstallfütterung, die Züchtung ertragreicheren Viehs, die bessere Kultivierung der Wiesen und anderes mehr. Aber erst die in den siebziger Jahren beginnende Agrarkrise, verbunden mit der zunehmenden ausländischen Konkurrenz auf dem Getreidemarkt, zwang die Großbetriebe zur stärkeren Intensivierung. Dazu zählt auch der Zuckerrübenanbau, wenn er auch in Mecklenburg viel später als in anderen Ländern des damaligen deutschen Reiches eingeführt wurde. Auch die verbesserten Verkehrsbedingungen und nach 1900 die beginnende Elektrifizierung der Höfe begünstigten die Intensivierung der Landwirtschaft. Dennoch war dieser Prozeß langwierig, und die starke Reglementierung durch die Kammer hemmte die schnellere ökonomische Entwicklung der Pachthöfe. Nur wenige Pächter hatten bis zur Jahrhundertwende Fruchtfolgen ohne Brache und Ackerweide aufzuweisen. 1907 betrug der Anteil der Brache und der Ackerweide bei Betrieben über 100 Hektar im Reichsdurchschnitt 4,5 und 5,3 Prozent, im Durchschnitt Mecklenburg-Schwerins 10,7 und 8,0 Prozent und im Durchschnitt der 230 domanialen Pachthöfe 13,3 und 7,6 Prozent.[34] Der Bracheanteil der Pachthöfe betrug also fast das Dreifache des Reichsdurchschnitts. Der Anteil der 1 090 anderen Betriebe (meist ritterschaftliche Güter) lag demnach bei etwa 10,1 Prozent und damit beträchtlich unter dem der Pachthöfe. In den Pachtverträgen wurde den Pächtern durch die Kammer nach wie vor die Verpflichtung auferlegt, reine Winterbrache zu halten. Selbst nach 1900 findet sich noch recht selten die Erlaubnis zur "freien Wirtschaft" für den gesamten Pachthof. 1928 wiesen bei 125 Fruchtfolgen von Betrieben, die über das ganze Land verteilt waren, nur 20 Prozent den höchsten Intensitätsgrad (reinen oder verbesserten Norfolker Fruchtwechsel) auf.[35]

Um 1900 hatten die Großwirtschaften die Umstellung zu Saisonbetrieben im großen und ganzen abgeschlossen, das heißt, sie hatten eine Betriebsweise erreicht, die einen relativ hohen Bedarf an Arbeitskräften in den Spitzenzeiten vom Frühjahr bis zum Herbst erforderte, im Winter jedoch - bedingt vor allem durch den Einsatz von Dreschmaschinen - eine geringere Zahl von Arbeitern brauchte.

Obwohl im Zuge dieser Entwicklung für die Großgrundbesitzer die Sicherung der notwendigen Zahl an Arbeitskräften nach wie vor auf der Tagesordnung blieb, zeigten sich auch neue Gesichtspunkte, deren wesentlichster die Frage beinhaltete: Was kostet den Großagrarier die "Haltung" eines Landarbeiters der verschiedenen Kategorien?

Mit dem Angebot an Saisonarbeitern, den Schnittern, die aus noch schlechteren sozialen und politischen Verhältnissen kamen, die keinerlei Rechtsvertretung aufzuweisen hatten, die - nicht einmal sosehr von den Arbeitslöhnen als von der Gesamt"haltung" her - billigere Arbeitskräfte waren, hatte der Großgrundbesitzer gerade die Kategorie von Arbeitern, die für seine Zwecke am rationellsten einzusetzen war. Sie standen ihm in der arbeitsreichsten Zeit zur Verfügung und "belasteten" ihn in der arbeitsärmeren nicht. Gutsherren und Pächter konnten damit den Stamm der ständigen Arbeiter auf die Anzahl herabmindern, die sie unbedingt für die Winterarbeit brauchten. Sie gingen nun daran, diejenigen Arbeitskräfte "herauszurationalisieren", die ihnen für die neue Betriebsweise zu teuer erschienen. Das bedeutete in der Regel keine endgültige Entlassung, sondern die Überführung aus einer Kategorie von Landarbeitern in eine andere.

Dieser Prozeß, in dem Reste alter Produktionsverhältnisse abgebaut werden mußten und sich die Landarbeiter immer mehr dem Status der Industriearbeiter annäherten, ist von der Mitte des 19. Jahrhunderts bis zum Beginn des ersten Weltkrieges zu verfolgen. Er beschleunigt sich um die Jahrhundertwende, verläuft aber bei den drei Kategorien unterschiedlich und läßt sich an der Bewegung der Roggenlöhne ablesen.

34 Ebenda, Bd. 212/2, 1910, S. 36 ff., sowie eigene Berechnungen.
35 Westphal, Detlef, Zuckerrübenanbau und Koppelwirtschaft in den mecklenburgischen Gutsbetrieben, Halle (Saale) 1929, S. 31.

Dabei ist noch zu beachten, daß der gegenüber den freien Landarbeitern durch die Kontraktbindung äußerlich zunächst einheitlich erscheinende Status der drei untersuchten Landarbeiterkategorien auf den Pachthöfen bei näherer Betrachtung doch erhebliche Unterschiede aufweist. Das Gesinde konnte den Gesamtlohn (Geldlohn und freie Station) wie auch die Kontraktzeit in freier Übereinkunft mit dem Pächter abschließen, wenn ihm auch gewohnheitsrechtliche Festlegungen nicht allzuviel Spielraum ließen. Die Tagelöhner dagegen mußten in die durch die Regulative festgelegten Bedingungen eintreten und unter anderem die darin enthaltenen "Hoflöhne"[36] akzeptieren. Die Deputatisten standen, wie auch in der Form ihrer Entlohnung, zwischen den beiden anderen Kategorien. Der gesamte Zeitraum von 1850 bis 1914 bringt für alle Kategorien eine Steigerung der Roggenlöhne. Die Jahre 1850 bzw. 1848 bis 1859 gleich hundert gesetzt, stiegen sie bis zu den Jahren 1909 bis 1914 bei den Knechten auf 371, bei den Mädchen auf 473, bei den Deputatisten auf 177. Was die Tagelöhner betrifft, so stiegen sie bei den Männern auf 119, bei den Frauen auf 188 und bei den Hofgängern auf 115.

Gruppiert man die Roggenlohnerhöhungen, dann zeigen sich deutlich die genannten Entwicklungstendenzen der einzelnen Kategorien bzw. ihrer Teile.

Die Tagelöhner bildeten bis weit in die zweite Hälfte des 19. Jahrhunderts hinein den Stamm der kontraktgebundenen Landarbeiter. Zu ihren Arbeitsbedingungen gehörte auch der im Pachtkontrakt festgelegte Geldlohnanteil, der bereits genannte "Hoflohn", der sich auf vielen Höfen über zwei Pachtperioden (etwa 40 bis 50 Jahre) nicht änderte.

Nach dem Regulativ und dem darauf fußenden Familienkontrakt des Hoftagelöhners besorgte er mit noch einer von ihm zu stellenden Arbeitskraft (Ehefrau oder Hofgänger) den Getreideausdrusch während des Winters. Für die Zeit des Dreschens fielen alle anderen Lohnteile (Geld- oder Kornlohn) weg. Das Ausdreschen des Getreides erfolgte im Anteildrusch mit unterschiedlichen Quoten für die verschiedenen Druschformen.

Mit den zunehmenden Ernteerträgen beim Getreide erhöhte sich die Menge des Lohnkorns für den Tagelöhner. Der sich ständig verstärkende Einsatz von Dreschmaschinen mit einem dadurch möglichen vollkommeneren Ausdrusch zeigte die gleiche Tendenz. Die geringere Druschquote beim Maschinendrusch brachte 1908 bis 1912 dem Tagelöhner einen größeren Anteil an Lohnkorn als die höhere Quote des Hand- oder Flegeldruschs 1883 bis 1887.[37] Zudem verkürzte sich noch durch die Maschine die Dauer des Dreschens, während die Zahl der Winterlohntage stieg. Das waren - neben anderen - die Gründe, die die Pächter etwa seit der Jahrhundertwende veranlaßten, in steigendem Maße die Tagelöhner das Getreide gegen Barlohn und ein festes Korndeputat ausdreschen zu lassen oder Deputatisten anzunehmen.

Ein weiteres Zeichen für die Auflösung des Tagelöhnerverhältnisses war die Unmöglichkeit, auf die Dauer der Verpflichtung zum Stellen eines Hofgängers nachkommen zu können. Die Großgrundbesitzer bestanden jedoch noch lange Zeit hartnäckig darauf, weil "der vom Tagelöhner gehaltene Hofgänger mit seiner Arbeitsleistung ihm den Tagelöhner frei hält"[38]. Um 1900 mußte der Zwang zur Hofgängerhaltung von den Pächtern immer häufiger aufgegeben werden, damit sie nicht den Tagelöhner verloren. Ein ökonomischer Anreiz - Geld- oder Getreidezuwendungen - sollte die Hoftagelöhner veranlassen, freiwillig Hofgänger zu halten. Aber auch das half meist nicht. Die Hofgänger mußten als selbständige Arbeitskräfte auf dem Gut eingestellt und dementsprechend entlohnt werden. So wurden die Hoftagelöhner im-

36 Diese Bezeichnung wurde gewählt, weil alle Tagelöhner eines Pachthofes ausnahmslos den gleichen Lohnsatz erhielten, während es sich bei den Löhnen der Deputatisten und des Gesindes um zum Teil recht differenzierte Einzellöhne handelte.

37 Vgl. Krzymowski, Richard, Geschichte der deutschen Landwirtschaft, Stuttgart 1951, S. 312.

38 Breinlinger, Karl Borromäus, Die Landarbeiter in Pommern und Mecklenburg, Heidelberg 1903, S. 178.

mer mehr durch den Tagelöhner mit festem Getreidedeputat, den Mietstagelöhner, den Deputatisten oder den Saisonarbeiter, den Schnitter, ersetzt. Das Ergebnis dieser Entwicklung zeigt sich darin, daß die Roggenlöhne von 1850 bis 1859 bis zum Zeitraum 1909 bis 1914 bei dieser Kategorie von Arbeitskräften nur um etwa 20 Prozent stiegen. Auch bei den Hofgängern stiegen die Roggenlöhne im gleichen Zeitraum nur wenig.

Durch den in den Regulativen für den Tagelöhner festgelegten Zwang, einen Hofgänger zu stellen, gab es für den Pächterkapitalisten keinen Grund, die Löhne dieser billigen Arbeitskräfte wesentlich zu erhöhen. Da die Hofgängerdienste (vor allem die unentgeltlichen Hoftage, der Drusch) zunächst vom Hofgänger oder der Tagelöhnerfrau zu leisten waren, mögen die Hofgängerlöhne bis zum Übergang zur stundenweisen Löhnung der Tagelöhnerfrauen und zu ihrer Emanzipation zur selbständigen Arbeitskraft an der Steigerung der Frauenlöhne, wenn auch in geringem Maße, partizipiert haben.

Zur zweiten Gruppe gehören die Roggenlöhne der Tagelöhnerfrauen und der Deputatisten. Die zunehmend intensivere Bewirtschaftung bei gleichzeitiger ständiger Abwanderung von Landbewohnern in die Industrie zwang die Pächterkapitalisten, zunächst alle Arbeitskraftreserven auf ihren Höfen zu mobilisieren und darüber hinaus noch fremde Arbeitskräfte zu gewinnen. Das spiegelt sich in der Lohnbewegung (vor allem der Tagelöhnerfrauen) im letzten Viertel des 19. Jahrhunderts bis zum Beginn des ersten Weltkrieges wider. Dabei sind die hohen Steigerungsraten der letzten beiden Zeitabschnitte offenbar der Ausdruck für die Veränderung, die sich im Arbeitsverhältnis der Landarbeiterfrauen vollzog. Bis gegen Ende des 19. Jahrhunderts stellte der Kontrakt, den der Pächter mit dem Tagelöhner abschloß, einen Familienkontrakt dar, der die Arbeitsleistung der Tagelöhnerfrau von vornherein mit einbezog. Das beweisen eindeutig die Pachtkontrakte, die in der zweiten Hälfte des 19. Jahrhunderts den Vermerk enthielten, daß eine eventuelle Veränderung des Tagelöhnerregulativs vom Pächter anerkannt werden müsse und er nicht erwarten könne, "daß dasselbe auf die Haltung eines Hofgängers und auf die Zwangsdienste der Ehefrau gerichtet" sein werde.[39]

In den letzten rund 30 Jahren des Untersuchungszeitraumes sank die Zahl der unentgeltlich zu leistenden Hof- oder Frauentage (für Wohnung, Garten- und Ackerland, Viehhaltung usw.) ständig. Gleichzeitig vollzog sich vielfach der Übergang von der Tagelohn- zur Stundenlohnzahlung und schließlich die Herauslösung der Frauenarbeit aus dem Familienkontraktverhältnis.[40] Das Ergebnis dieses Prozesses zeigt sich in einer Steigerung der Roggenlöhne von 1850 bis 1859 gegenüber 1909 bis 1914 um fast 100 Prozent.

Die Anzahl der Deputatisten auf den Pachthöfen war bis zur Mitte des 19. Jahrhunderts und darüber hinaus nur gering (einer bis vier). Sie hatten meist spezielle Kenntnisse und Aufgaben, waren Schäfer, Kuhhirten, Stellmacher, Schmiede usw. Später erweiterten sich jedoch die Einsatzmöglichkeiten für sie und ihre Anzahl stieg. Gegen Ende des Jahrhunderts wurden die Deputatisten zu der Kategorie von ständigen L ndarbeitern, die zusammen mit den Mietstagelöhnern und vor allem mit dem Einsatz von Saisonarbeitern die Zahl der Hoftagelöhner vermindern half. Vom Beginn bis zum Ende des zweiten Untersuchungsabschnittes stiegen die Roggenlöhne der Deputatisten um mehr als 75 Prozent. Trotzdem waren sie billigere Arbeitskräfte als die Hoftagelöhner.[41]

39 Hofgängerhaltung und Zwangsdienste der Tagelöhnerfrau blieben aber noch über Jahrzehnte bestehen, da sich die Ritterschaft nicht zu einer gemeinsamen Änderung mit dem Domanium zusammen bereitfand.

40 Staatsarchiv Schwerin, MfL, Nr. 9 812, Pachthof Ruthen, DA Lübz 1911: Die Tagelöhnerfrauen sind "... nicht als Aushilfspersonal, sondern als ständige Arbeiterinnen zu betrachten, welche ihre gesamte Arbeitskraft ständig der Gutsherrschaft zur Verfügung stellen."

41 Das Getreidedeputat wurde in den Tabellen in vollem Umfang dem Lohn des Mannes zugeschlagen, da für die Frauen nicht genügend Angaben zur Berechnung von Reihen vor-

Die dritte Gruppe bildete das Gesinde, die Mädchen und Knechte. Gegen die schlechte soziale und ökonomische Lage des Gesindes, seine arbeitsrechtliche Stellung mit einer außerordentlich starken persönlichen und politischen Bevormundung, gegen die unbegrenzte Arbeitszeit, kurz, gegen die aus dem feudalen Zwangsgesindedienst hinübergeretteten Bestandteile, gab es nur ein Mittel, die Kündigung. Solange aber der relative Arbeitskräfteüberschuß bestand, gab es für die Knechte und Mädchen keinen Weg, ihrem Los zu entgehen. Sie hätten völlig mittellos dagestanden und das Heimatrecht verloren. Diese Verhältnisse widerspiegeln sich in den geringen Geldlöhnen bis zum Zeitabschnitt 1850 bis 1859. Erst als die Möglichkeiten zur Auswanderung zunahmen und der einsetzende Arbeitskräftemangel die Großgrundbesitzer zu Lohnerhöhungen zwang, mögen sich ihre Verhältnisse etwas gebessert haben.

Der Vergleich zwischen den Roggenlöhnen der freien Landarbeiter, wie sie Neumann für den Zeitraum 1810 bis 1850 und Schütze für 1873 bis zum Beginn des ersten Weltkrieges zusammengestellt haben, mit denen der kontraktgebundenen Landarbeiter der domanialen Pachthöfe (Tabelle V.2.) zeigt, daß deren Bewegung im wesentlichen übereinstimmt. Damit kann auch auf die gleiche Richtungstendenz für die Zeit von 1850 bis 1873 geschlossen werden.[42]

Nach dem Vergleich zwischen den Roggenlöhnen zweier unterschiedlicher Landarbeiterkategorien soll nun der zwischen den Bruttoreallöhnen der Industriearbeiter und den Roggenlöhnen der kontraktgebundenen Landarbeiter vorgenommen werden. (Tabelle siehe nächste Seite)

Die Bewegungsrichtung beider Reihen stimmt überein. Eine Ausnahme macht lediglich der Wirtschaftszyklus 1867 bis 1975, in dem die Roggenlöhne fallen[43], die Reallöhne der Arbeiter dagegen leicht steigen. Die Roggenlöhne sinken in der ersten Hälfte des Jahrhunderts, die Reallöhne ebenfalls. Von da an steigen beide bis zur Jahrhundertwende.[44] Während die Reallöhne der Industriearbeiter dann stagnieren, behalten die Roggenlöhne bis zum Beginn des ersten Weltkrieges ihre steigende Tendenz bei. Diese Bewegung der Reallöhne in der Zeit von der Jahrhundertwende bis zum Ausbruch des ersten Weltkrieges resultiert aus einer so beträchtlichen Erhöhung des Geldlohnanteils der Landarbeiter, daß auch die gleichzeitig steigenden Roggenpreise die aufsteigende Lohntendenz nicht verändern konnten.

Wenn auch die Bewegungsrichtung des Bruttoreallohnindex und des Roggenlohnindex im wesentlichen gleich verläuft, so muß doch zweierlei dabei beachtet werden. Erstens sinken die Roggenlöhne viel rascher und viel tiefer als die Reallöhne der Industriearbeiter; als die Steigerung einsetzt, steigen sie bis 1893 viel langsamer, um dann schließlich die Reallöhne zu überholen. Zweitens haben die absoluten Werte, die den beiden Indexreihen zugrunde liegen, eine sehr unterschiedliche Höhe. Die gleichen Bezugspunkte, also 1900 = 100, verbergen, daß die durchschnittlichen Bruttogeldlöhne der Industriearbeiter das Zwei- und Dreifa-

lagen. Unter der Voraussetzung, daß das Verhältnis der Männerlöhne zu den Frauenlöhnen der Deputatisten dem der Tagelöhner entsprochen hat, müßte das in Geld umgerechnete Tageskorndeputat der Männer um den errechneten Anteil der Frauen gekürzt werden. Die von mir errechnete Tabelle V.3.1. wird durch die bei Hoffmann, Walther Gustav, a. a. O., S. 458 f., erwähnte konstante Relation von 67 : 33 zwischen Männer- und Frauenlöhnen vor 1882 annähernd bestätigt.

42 Vgl. Neumann, Anna, a. a. O.,; Schütze, Paul, Studien über die Entwicklung der Lohnverhältnisse ländlicher Arbeiter in Norddeutschland seit 1870, Königsberg 1914.

43 In diesem Zyklus erreichen die Roggenpreise den seit Jahrhundertbeginn höchsten Wert, während die Geldanteile der Löhne stagnieren oder nur geringfügig steigen.

44 Die Feststellung Rothmanns, daß "die Landarbeiter an dem zeitweiligen Steigen des Reallohnes nicht teilhatten ...", gilt für die von mir untersuchten Kategorien nicht und bedarf sicher noch einer genaueren Analyse. (Rothmann, Helmut, Zur Entwicklung der landwirtschaftlichen Produktion und der landwirtschaftlichen Produktionsverhältnisse in Deutschland in der Zeit von 1871 bis 1918, landwirtsch. Diss. Leipzig 1963 [Ms.] S. 29.)

Index des Bruttoreallohns für Industriearbeiter und des aus den Gesamttagelöhnen der kontraktgebundenen Landarbeiter berechneten Roggenlöhnen
(1900 = 100)

Zeitraum	Bruttoreallohnindex+	Roggenlohnindex++
1820 - 1829	86	85
1830 - 1839	82	68
1840 - 1849	75	63
1840 - 1847	71+++	59
1848/1849	83	78
1850 - 1859	69	61
1860 - 1866	75	68
1867 - 1875	76	64
1876 - 1886	83	80
1887 - 1893	92	86
1893 - 1902	97	102
1903 - 1909	100	103
1909 - 1914	100	108

\+ Kuczynski, Jürgen, Die Geschichte der Lage der Arbeiter unter dem Kapitalismus, Bd. 1: Darstellung der Lage der Arbeiter in Deutschland von 1789 bis 1849, Berlin 1961, S. 253; ebenda, Bd. 3: Die Geschichte der Lage der Arbeiter von 1871 bis 1900, Berlin 1962, S. 302; ebenda, Bd. 4: Die Geschichte der Lage der Arbeiter in Deutschland von 1900 bis 1917/18, Berlin 1967, S. 330 f.

++ Siehe Tabelle V.2. im Anhang, - Die Verwendung von Roggenlöhnen ist zwar problematisch, aber es gibt bislang keinen besseren Indikator für die Reallöhne der Landarbeiter.

+++ 1844 - 1847.

che derjenigen der Landarbeiter betrugen.[45] Diese Feststellung gilt für den Anfang des 19. Jahrhunderts ebenso wie für die Zeit vor Beginn des zweiten Weltkrieges. 1937 erhielten die Landarbeiter immer noch nur etwa 50 Prozent des Lohnes der Industriearbeiter.[46] Für die Lage der kontraktgebundenen Landarbeiter auf den Pachthöfen des mecklenburgisch-schwerinschen Domaniums, deren Löhne hier für mehr als hundert Jahre untersucht wurden, gilt also, was in jeder territorial begrenzten Untersuchung wie in Gesamtuntersuchungen Bestätigung findet: Die Landarbeiter "sind in der Regel der am schlechtesten ausgebildete, bezahlte und folglich der am stärksten ausgebeutete und rechtloseste Teil der Arbeiterklasse."[47]

45 Kuczynski, Jürgen, a. a. O., Bd. 4, Berlin 1967, S. 419 ff.; Tabellenanhang IV.1., IV.2., IV.3.

46 Vgl. Hamann, Heinz, Das Lohnproblem im Landbau, in: Weltwirtschaftliches Archiv, 61. Bd., H. 1, 1945, S. 208.

47 Sachwörterbuch der Geschichte Deutschlands und der deutschen Arbeiterbewegung, Bd. 2, Berlin 1970, S. 7.

ANHANG: A Die langen Reihen

Erläuterungen zu den Tabellen I - III°
Indizes 1900 = 100, + = Pfennige, ++ = Pfund

I. Gesinde

I.1. Knechte
Spalte 1: Tagesgeldlohn+
2: Zahl der Angaben
3: Index zu 1
4: Roggenlohn++
5: Index zu 4

I.2. Mädchen
Spalte 1: Tagesgeldlohn+
2: Zahl der Angaben
3: Index zu 1
4: Roggenlohn++
5: Index zu 4

II. Deputatisten
Spalte 1: Tagesgeldlohn+
2: Zahl der Angaben
3: Index zu 1
4: Tageskorndeputat+
5: Gesamttagelohn+ (Summe aus 1 und 4)
6: Index zu 5
7: Roggenlohn++
8: Index zu 7

III. Tagelöhner

III.1. Männer
III.1.1. Winterlohn; III.1.2. Sommerlohn; III.1.3. Erntelohn
Spalte 1: Geldtagelohn+
2: Zahl der Angaben
3: Index zu 1
4: Kornlohn: Roggen++
5: Zahl der Angaben
6: Kornlohn: Gerste++
7: Zahl der Angaben
8: Gesamtkornlohn+ (Summe aus 4 und 6)
9: Gemischttagelohn+ (Summe aus 1 und 8)
10: Index zu 9
11: Druschkorn je Tag+
12: Gesamttagelohn+ (Summe aus 9 und 11)
13: Index zu 12
14: Roggenlohn++
15: Index zu 14

III.2. Frauen
III.2.1. Winterlohn; III.2.2. Sommerlohn; III.2.3. Erntelohn
Spalte 1: Geldtagelohn+
2: Zahl der Angaben
3: Index zu 1
4: Druschkorn je Tag+
5: Gesamttagelohn+ (Summe aus 1 und 4)
6: Index zu 5
7: Roggenlohn++
8: Index zu 7

III.3. Hofgänger
III.3.1. Winterlohn; III.3.2. Sommerlohn; III.3.3. Erntelohn
Spalte 1: Geldtagelohn+
2: Zahl der Angaben
3: Index zu 1
4: Roggenlohn++
5: Index zu 4

o Staatsarchiv Schwerin, Pachtakten der Zeitpachthöfe des großherzoglichen Domaniums Mecklenburg-Schwerin in den Beständen: Ministerium der Finanzen, Ministerium für Landwirtschaft, Domänen und Forsten, Domanialämter, Oberste Verwaltungsbehörde des Großherzoglichen Haushaltes.
Aus Platzgründen kann in dieser Arbeit nicht der vollständige Tabellenanhang der Dissertation (vgl. Anmerkung 1 der vorliegenden Arbeit) erscheinen. Um ein eventuelles Aufsuchen der übrigen Zahlen in der Dissertation zu erleichtern, sind die Einteilungsprinzipien und auch die Numerierung der Spalten aus dem vollständigen Tabellenanhang beibehalten worden. Dadurch wird die fortlaufende Numerierung der Spalten unterbrochen. Die vorangestellte Erläuterung zu den langen Reihen enthält jedoch die Titel zu allen Spalten, auch zu den hier nicht aufgeführten.

Tabelle I: Gesinde

I.1. Knechte

Jahr	1	3	4	5	Jahr	1	3	4	5
1810	17,4	27	4,2	44	1870	39,8	62	5,3	56
1811	17,4	27	5,7	60	1871	40,9	64	5,3	56
1812	17,4	27	2,6	27	1872	42,3	66	4,5	47
1813	17,4	27	2,8	29	1873	43,7	68	4,8	51
1814	17,4	27	2,8	29	1874	44,3	69	4,8	51
1815	17,4	27	3,4	36	1875	45,1	71	6,1	64
1816	17,4	27	3,1	33	1876	46,9	73	6,3	66
1817	17,4	27	1,8	19	1877	46,9	73	5,2	55
1818	17,4	27	1,8	19	1878	48,8	76	7,2	76
1819	17,4	27	2,1	22	1879	49,1	77	8,3	87
1820	17,3	27	3,5	37	1880	49,7	78	5,9	62
1821	17,4	27	5,1	54	1881	50,6	79	5,7	60
1822	21,4	33	7,7	81	1882	51,3	80	5,7	60
1823	21,5	34	5,1	54	1883	51,9	81	8,0	84
1824	21,5	34	8,3	87	1884	51,9	81	7,6	80
1825	21,2	33	10,0	105	1885	52,5	82	7,9	83
1826	21,4	33	8,6	91	1886	52,1	82	8,3	87
1827	21,6	34	4,1	43	1887	52,1	82	8,8	93
1828	21,7	34	5,0	53	1888	52,2	82	9,6	101
1829	21,5	34	4,3	45	1889	51,8	81	7,0	74
1830	22,0	34	5,2	55	1890	52,1	82	6,5	68
1831	22,2	35	3,3	35	1891	52,1	82	6,0	63
1832	21,4	33	3,7	39	1892	52,3	82	5,2	55
1833	21,8	34	4,5	47	1893	52,2	82	7,8	82
1834	21,8	34	5,7	60	1894	53,1	83	8,8	93
1835	21,6	34	5,2	55	1895	53,1	83	9,0	95
1836	21,7	34	5,5	58	1896	55,8	87	9,0	95
1837	22,0	34	5,0	53	1897	58,1	91	9,7	102

1838	21,8	34	4,8	51
1839	22,1	35	4,1	43
1840	22,3	35	4,6	48
1841	22,4	35	4,5	47
1842	22,6	35	3,6	38
1843	22,5	35	3,3	35
1844	22,1	35	4,4	46
1845	22,2	35	5,1	54
1846	22,3	35	3,3	35
1847	22,5	35	2,1	22
1848	22,4	35	3,8	40
1849	22,8	36	5,6	59
1850	23,0	36	5,7	60
1851	23,3	36	4,3	45
1852	23,5	37	3,4	36
1853	24,2	38	3,6	38
1854	24,7	39	2,3	24
1855	25,0	39	2,8	29
1856	25,5	40	2,1	22
1857	26,3	41	3,5	37
1858	27,1	42	4,1	43
1859	27,6	43	4.2	44
1860	28,4	44	4,0	42
1861	28,8	45	4,2	44
1862	29,8	47	3,6	38
1863	30,5	48	4,3	45
1864	31,0	49	5,3	56
1865	31,9	50	5,8	61
1866	33,5	52	4,6	48
1867	35,3	55	4,2	44
1868	36,3	57	3,2	34
1869	39,7	62	4,6	48

1898	63,2	99	9,9	104
1899	63,8	100	9,2	97
1900	63,9	100	9,5	100
1901	69,0	108	10,6	112
1902	71,1	111	10,7	113
1903	72,7	114	11,4	120
1904	94,4	148	15,3	161
1905	94,6	148	14,1	149
1906	91,3	143	11,8	124
1907	94,7	148	12,1	127
1908	90,6	142	9,5	100
1909	92,6	145	11,8	124
1910	97,8	153	12,9	136
1911	96,4	151	13,8	145
1912	98,0	153	12,0	126
1913	119,4	187	14,9	157
1914	115,7	181	15,0	158

I.2. Mädchen

Jahr	1	3	4	5	Jahr	1	3	4	5
1810	11,7	27	2,8	44	1870	24,9	58	3,3	52
1811	11,7	27	3,8	59	1871	25,4	59	3,3	52
1812	11,7	27	1,7	27	1872	26,3	61	2,8	44
1813	11,7	27	1,9	30	1873	27,3	63	3,0	47
1814	11,7	27	1,9	30	1874	27,6	64	3,0	47
1815	11,7	27	2,3	36	1875	27,9	65	3,8	59
1816	11,7	27	2,1	33	1876	29,4	68	3,9	61
1817	11,7	27	1,2	19	1877	30,0	70	3,3	52
1818	11,7	27	1,2	19	1878	31,1	72	4,6	72
1819	11,7	27	1,4	22	1879	31,2	72	5,2	81
1820	13,5	31	2,7	42	1880	31,8	74	3,8	59
1821	13,6	32	4,0	62	1881	33,0	77	3,7	58
1822	15,2	35	5,5	86	1882	33,8	78	3,7	58
1823	14,9	35	3,5	55	1883	34,0	79	5,2	81
1824	14,9	35	5,8	91	1884	34,4	80	5,1	80
1825	14,8	34	6,9	108	1885	35,3	82	5,3	83
1826	14,8	34	6,0	94	1886	35,8	83	5,7	89
1827	15,2	35	2,9	45	1887	36,7	85	6,2	97
1828	15,2	35	3,5	55	1888	37,9	88	6,9	108
1829	15,0	35	3,0	47	1889	37,9	88	5,1	80
1830	15,7	36	3,7	58	1890	38,8	90	4,8	75
1831	15,9	37	2,3	36	1891	38,8	90	4,5	70
1832	15,2	35	2,6	41	1892	39,1	91	3,9	61
1833	14,9	35	3,1	48	1893	39,5	92	5,9	92
1834	14,5	34	3,8	59	1894	39,9	93	6,6	103
1835	14,4	33	3,5	55	1895	40,4	94	6,8	106
1836	14,5	34	3,6	56	1896	41,2	96	6,6	103
1837	14,4	33	3,3	52	1897	42,1	98	7,1	111
1838	14,2	33	3,2	50	1898	42,4	98	6,6	103
1839	15,0	35	2,8	44	1899	43,1	100	6,2	97

1840	15,2	35	3,1	48
1841	15,1	35	3,1	48
1842	15,0	35	2,4	37
1843	14,7	34	2,2	34
1844	14,4	33	2,8	44
1845	14,7	34	3,4	53
1846	14,5	34	2,1	33
1847	14,8	34	1,3	20
1848	14,9	35	2,5	39
1849	15,1	35	3,7	58
1850	15,3	35	3,8	59
1851	15,3	35	2,8	44
1852	15,1	35	2,2	34
1853	15,5	36	2,3	36
1854	15,7	36	1,4	22
1855	15,9	37	1,8	28
1856	16,9	39	1,4	22
1857	17,3	40	2,3	36
1858	17,8	41	2,7	42
1859	18,3	42	2,8	44
1860	18,3	42	2,6	41
1861	18,4	43	2,7	42
1862	19,0	44	2,3	36
1863	19,4	45	2,7	42
1864	19,8	46	3,4	53
1865	20,7	48	3,8	59
1866	21,6	50	3,0	47
1867	22,3	52	2,6	41
1868	23,2	54	2,1	33
1869	24,1	56	2,8	44

1900	43,1	100	6,4	100
1901	43,7	101	6,7	105
1902	43,8	102	6,6	103
1903	46,7	108	7,3	114
1904	51,5	119	8,4	131
1905	56,3	131	8,4	131
1906	61,1	142	7,9	123
1907	65,9	153	8,4	131
1908	70,7	164	7,4	116
1909	75,5	175	9,6	150
1910	80,3	186	10,6	166
1911	85,1	197	12,2	191
1912	89,9	209	11,0	172
1913	95,0	220	11,9	186
1914	90,0	209	11,7	183

Tabelle II: Deputatisten

Jahr	1	3	7	8	Jahr	1	3	7	8
1810	23,5	41	11,5	64	1870	38,8	68	13,6	75
1811	23,5	41	13,9	77	1871	39,5	69	13,5	75
1812	23,5	41	9,1	50	1872	39,7	70	12,8	71
1813	23,5	41	9,2	51	1873	39,6	69	13,1	72
1814	23,5	41	9,3	51	1874	40,1	70	12,9	71
1815	23,5	41	10,6	59	1875	40,6	71	14,4	80
1816	23,5	41	9,7	54	1876	40,7	71	14,2	79
1817	23,5	41	8,1	45	1877	42,2	74	13,0	72
1818	23,5	41	8,0	44	1878	44,8	79	15,8	87
1819	23,5	41	8,7	48	1879	45.6	80	16,9	93
1820	16,6	29	8,4	46	1880	46,1	81	14,2	79
1821	17,2	30	10,3	57	1881	46,1	81	13,8	76
1822	20,0	35	12,7	70	1882	46,5	82	14,0	77
1823	20,0	35	10,4	58	1883	46,7	82	15,6	86
1824	20,2	35	13,5	75	1884	47,4	83	16,4	91
1825	20,2	35	15,5	86	1885	47,3	83	16,2	90
1826	20,2	35	13,8	76	1886	48,3	85	16,9	93
1827	20,3	36	9,6	53	1887	50,0	88	17,8	98
1828	21,9	38	10,5	58	1888	50,7	89	18,6	103
1829	20,9	37	9,6	53	1889	50,7	89	16,0	88
1830	21,5	38	10,6	59	1890	50,8	89	15,6	86
1831	23,5	41	8,7	48	1891	53,0	93	15,2	84
1832	23,2	41	9,7	54	1892	53,0	93	13,9	77
1833	23,3	41	10,5	58	1893	53,4	94	17,3	96
1834	23,2	41	11,7	65	1894	53,6	94	18,7	103
1835	22,5	39	11,3	62	1895	53,3	94	18,5	102
1836	22,5	39	11,7	65	1896	54,8	96	18,1	100
1837	24,7	43	11,7	65	1897	54,7	96	19,0	105
1838	23,6	41	11,2	62	1898	54,5	96	18,2	101
1839	24,6	43	10,7	59	1899	54,9	96	17,5	97

1840	25,4	45	11,7	65
1841	24,7	43	10,9	60
1842	24,5	43	9,6	53
1843	24,4	43	9,3	51
1844	23,8	42	10,9	60
1845	24,9	44	12,4	69
1846	25,9	45	10,2	56
1847	25,0	44	8,4	46
1848	25,2	44	11,3	62
1849	25,2	44	12,9	71
1850	25,1	44	12,9	71
1851	25,1	44	11,1	61
1852	25,6	45	10,0	55
1853	25,8	45	10,6	59
1854	27,7	49	9,1	50
1855	27,6	48	9,5	53
1856	28,2	49	8,8	49
1857	29,6	52	11,3	62
1858	30,9	54	12,4	69
1859	30,5	54	12,3	68
1860	30,7	54	11,7	65
1861	31,4	55	12,3	68
1862	31,9	56	11,2	62
1863	32,9	58	12,1	67
1864	32,6	57	13,2	73
1865	33,8	59	14,5	80
1866	35,4	62	13,0	72
1867	36,8	65	12,3	68
1868	37,2	65	11,2	62
1869	38,2	67	12,6	70

1900	57,0	100	18,1	100
1901	56,5	99	18,2	101
1902	57,3	101	18,0	100
1903	58,2	102	19,1	106
1904	58,8	103	19,7	109
1905	61,7	108	19,3	107
1906	61,3	108	17,7	98
1907	61,6	108	17,9	99
1908	62,3	109	16,2	90
1909	63,1	111	18,3	101
1910	62,8	110	18,3	101
1911	63,5	111	19,6	108
1912	65,5	115	18,1	100
1913	66,1	116	18,9	105
1914	67,8	119	19,0	105

Tabelle III: Tagelöhner

III.1: Männerlöhne
III.1.1: Winterlohn

Jahr	1	3	14	15	Jahr	1	3	14	15
1809	58,0	101	12,6	77					
1810	58,0	101	18,8	115	1870	57,3	100	14,8	91
1811	58,0	101	23,7	145	1871	57,2	99	14,7	90
1812	58,0	101	13,4	82	1872	57,2	99	13,5	83
1813	58,0	101	14,0	86	1873	57,6	100	13,7	84
1814	58,0	101	14,1	87	1874	57,5	100	13,5	83
1815	55,7	97	15,6	96	1875	57,5	100	15,1	93
1816	55,7	97	14,7	90	1876	57,4	100	15,0	92
1817	55,7	97	10,5	64	1877	57,4	100	13,7	84
1818	55,7	97	10,5	64	1878	57,3	100	15,8	97
1819	55,7	97	11,4	70	1879	57,2	99	17,0	104
1820	55,7	97	15,8	97	1880	57,2	99	14,3	88
1821	55,7	97	21,0	129	1881	57,1	99	14,0	86
1822	55,0	96	24,3	149	1882	57,1	99	13,9	85
1823	55,4	96	17,6	108	1883	57,2	99	16,5	101
1824	56,4	98	26,3	161	1884	57,0	99	16,1	99
1825	57,4	100	31,5	193	1885	57,1	99	16,3	100
1826	57,5	100	27,7	170	1886	57,2	99	16,9	104
1827	57,1	99	15,4	94	1887	57,2	99	17,3	106
1828	56,2	98	17,4	107	1888	57,4	100	18,2	112
1829	56,4	98	15,8	97	1889	57,6	100	15,4	94
1830	56,3	98	17,9	110	1890	57,8	101	14,8	91
1831	55,0	96	12,7	78	1891	57,5	100	14,2	87
1832	55,1	96	14,2	87	1892	57,7	100	13,3	82
1833	55,3	96	16,3	100	1893	57,8	101	16,2	99
1834	55,2	96	19,3	118	1894	57,2	99	17,1	105
1835	55,1	96	18,2	112	1895	57,3	100	17,3	106
1836	54,8	95	18,9	116	1896	57,3	100	16,9	104
1837	54,4	95	17,5	107	1897	57,2	99	17,3	106

1838	54,3	94	17,4	107
1839	54,3	94	15,4	94
1840	54,3	94	16,6	102
1841	54,3	94	16,6	102
1842	53,3	93	14,2	87
1843	53,4	93	13,6	83
1844	52,3	91	16,3	100
1845	52,4	91	18,1	111
1846	51,5	90	13,7	84
1847	51,5	90	10,8	66
1848	53,4	93	15,2	93
1849	56,2	98	19,8	121
1850	56,9	99	20,1	123
1851	56,9	99	16,5	101
1852	56,7	99	14,4	88
1853	57,0	99	14,7	90
1854	57,0	99	11,6	71
1855	56,8	99	12,8	79
1856	56,9	99	11,2	69
1857	56,6	98	14,3	88
1858	56,7	99	15,2	93
1859	56,8	99	15,4	94
1860	56,8	99	14,8	91
1861	57,0	99	15,1	93
1862	57,1	99	13,8	85
1863	56,4	98	14,9	91
1864	56,9	99	16,7	102
1865	57,0	99	17,5	107
1866	56,6	98	14,8	91
1867	56,9	99	13,9	85
1868	57,1	99	12,3	75
1869	57,0	99	13,8	85

1898	57,2	99	16,7	102
1899	57,3	100	16,0	98
1900	57,5	100	16,3	100
1901	57,9	101	16,7	102
1902	58,4	102	16,6	102
1903	59,0	103	16,8	103
1904	60,0	104	17,4	107
1905	60,6	105	16,7	102
1906	60,7	106	15,6	96
1907	62,4	109	16,0	98
1908	64,7	113	14,9	91
1909	66,3	115	16,6	102
1910	68,5	119	16,9	104
1911	69,5	121	17,8	109
1912	70,7	123	16,5	101
1913	72,2	126	16,9	104
1914	73,8	128	17,4	107

III.1.2: Sommerlohn

Jahr	1	3	14	15	Jahr	1	3	14	15
1809	58,0	91	12,6	73					
1810	58,0	91	18,8	109	1870	60,6	95	15,3	88
1811	58,0	91	23,7	137	1871	60,6	95	15,2	88
1812	58,0	91	13,4	77	1872	60,6	95	13,9	80
1813	58,0	91	14,0	81	1873	60,8	95	14,1	82
1814	58,0	91	14,1	82	1874	61,0	95	14,0	81
1815	55,7	87	15,6	90	1875	61,1	96	15,7	91
1816	55,7	87	14,7	85	1876	61,2	96	15,5	90
1817	55,7	87	10,5	61	1877	61,4	96	14,1	82
1818	55,7	87	10,5	61	1878	61,6	96	16,5	95
1819	55,7	87	11,4	66	1879	61,7	97	17,8	103
1820	55,7	87	15,8	91	1880	61,8	97	14,9	86
1821	55,7	87	21,0	121	1881	61,8	97	14,5	84
1822	57,0	89	25,0	145	1882	61,8	97	14,5	84
1823	57,1	89	18,0	104	1883	62,1	97	17,3	100
1824	57,8	90	26,8	155	1884	62,0	97	16,8	97
1825	58,8	92	32,1	186	1885	61,9	97	17,1	99
1826	58,7	92	28,2	163	1886	62,0	97	17,7	102
1827	58,6	92	15,6	90	1887	62,1	97	18,2	105
1828	57,6	90	17,7	102	1888	62,5	98	19,1	110
1829	57,6	90	16,1	93	1889	62,7	98	16,2	94
1830	57,6	90	18,2	105	1890	62,9	98	15,5	90
1831	56,8	89	13,0	75	1891	62,8	98	14,8	86
1832	56,9	89	14,5	84	1892	63,0	99	13,8	80
1833	57,0	89	16,7	97	1893	63,5	99	17,1	99
1834	57,0	89	19,8	114	1894	63,3	99	18,1	105
1835	57,0	89	18,7	108	1895	63,9	100	18,4	106
1836	56,3	88	19,3	112	1896	63,8	100	18,0	104
1837	56,4	88	18,0	104	1897	63,9	100	18,5	107
1838	56,7	89	17,9	103	1898	63,9	100	17,8	103
1839	56,7	89	15,8	91	1899	63,9	100	17,0	98

1840	56,7	89	17,1	99	1900	63,9	100	17,3	100
1841	56,7	89	17,1	99	1901	63,8	100	17,7	102
1842	55,7	87	14,5	84	1902	63,4	99	17,4	101
1843	55,4	87	13,9	80	1903	65,0	102	17,9	103
1844	54,3	85	16,7	97	1904	67,7	106	18,7	108
1845	54,5	85	18,5	107	1905	69,2	108	18,1	105
1846	53,6	84	14,0	81	1906	70,4	110	16,9	98
1847	53,8	84	11,0	64	1907	73,0	114	17,4	101
1848	55,7	87	15,5	90	1908	74,5	117	16,0	92
1849	59,3	93	20,5	118	1909	75,8	119	17,9	103
1850	59,4	93	20,7	120	1910	76,6	120	18,0	104
1851	59,5	93	17,0	98	1911	78,0	122	19,2	111
1852	59,3	93	14,7	85	1912	78,7	123	17,6	102
1853	59,5	93	15,0	87	1913	81,0	127	18,1	105
1854	59,5	93	11,8	68	1914	83,4	131	18,8	109
1855	59,3	93	13,1	76					
1856	59,3	93	11,4	66					
1857	59,2	93	14,6	84					
1858	59,4	93	15,7	91					
1859	59,5	93	15,8	91					
1860	59,5	93	15,2	88					
1861	59,7	93	15,5	90					
1862	60,0	94	14,1	82					
1863	59,5	93	15,4	89					
1864	59,8	94	17,2	99					
1865	60,2	94	18,2	105					
1866	60,0	94	15,3	88					
1867	60,2	94	14,3	83					
1868	60,5	95	12,6	73					
1869	60,3	94	14,2	82					

III.1.3: Erntelohn

Jahr	1	3	14	15	Jahr	1	3	14	15
1809	73,0	92	14,6	72					
1810	73,0	92	22,5	110	1870	73,5	92	18,•	90
1811	76,5	96	29,8	146	1871	73,2	92	18,1	89
1812	76,5	96	16,1	79	1872	73,0	92	16,6	81
1813	76,5	96	16,9	83	1873	73,8	93	16,7	82
1814	76,5	96	17,1	84	1874	73,7	92	16,5	81
1815	68,0	85	18,0	88	1875	73,3	92	18,5	91
1816	68,0	85	16,9	83	1876	73,0	92	18,3	90
1817	68,0	85	11,8	58	1877	73,2	92	16,4	80
1818	68,0	85	11,8	58	1878	73,4	92	19,4	95
1819	68,0	85	13,0	64	1879	73,0	92	20,8	102
1820	68,0	85	18,3	90	1880	74,3	93	17,3	85
1821	69,3	87	25,0	123	1881	74,2	93	16,9	83
1822	78,3	98	32,7	160	1882	74,2	93	16,8	82
1823	76,0	95	22,5	110	1883	74,2	93	20,1	99
1824	75,5	95	33,7	165	1884	75,0	94	19,7	97
1825	72,7	91	38,6	189	1885	75,2	94	19,9	98
1826	75,0	94	34,8	171	1886	75,6	95	20,8	102
1827	77,9	98	19,3	95	1887	75,5	95	21,3	104
1828	76,8	96	22,1	108	1888	76,0	95	22,5	110
1829	77,2	97	20,0	98	1889	76,3	96	18,9	93
1830	78,2	98	23,1	113	1890	76,7	96	18,1	89
1831	68,1	85	15,0	74	1891	77,5	97	17,3	85
1832	68,5	86	16,8	82	1892	77,0	97	15,9	78
1833	67,7	85	19,2	94	1893	78,6	99	20,1	99
1834	68,4	86	23,0	113	1894	78,0	98	21,4	105
1835	69,3	87	22,0	108	1895	77,9	98	21,6	106
1836	66,4	83	22,2	109	1896	79,2	99	21,2	104
1837	66,7	84	20,6	101	1897	79,2	99	21,8	107
1838	66,8	84	20,5	100	1898	80,2	101	21,1	103
1839	66,8	84	18,0	88	1899	80,1	101	20,1	99

1840	66,5	83	19,4	95
1841	64,7	81	18,9	93
1842	60,0	75	15,6	76
1843	59,8	75	14,9	73
1844	59,4	75	17,9	88
1845	61,0	77	20,3	100
1846	58,2	73	14,8	73
1847	58,9	74	11,5	56
1848	61,6	77	17,0	83
1849	72,6	91	24,9	122
1850	72,5	91	25,0	123
1851	72,6	91	20,4	100
1852	72,1	90	17,6	86
1853	72,0	90	18,1	89
1854	71,9	90	14,1	69
1855	71,8	90	15,6	76
1856	72,1	90	13,6	67
1857	72,0	90	17,6	86
1858	72,8	91	19,0	93
1859	72,7	91	19,1	94
1860	72,6	91	18,3	90
1861	74,3	93	19,0	93
1862	73,4	92	17,1	84
1863	72,2	91	18,4	90
1864	72,5	91	20,6	101
1865	73,4	92	21,8	107
1866	74,3	93	18,4	90
1867	75,7	95	17,3	85
1868	73,7	92	15,0	74
1869	73,3	92	17,1	84

1900	79,7	100	20,4	100
1901	79,6	100	21,0	103
1902	80,3	101	20,8	102
1903	81,9	103	21,4	105
1904	83,8	105	22,3	109
1905	85,3	107	21,4	105
1906	86,8	109	19,9	98
1907	88,2	111	20,1	99
1908	90,2	113	18,5	91
1909	92,8	116	21,0	103
1910	95,9	120	21,4	105
1911	97,3	122	22,8	112
1912	98,3	123	20,9	102
1913	100,6	126	21,5	105
1914	102,8	129	22,2	109

III. 2: Frauen

III. 2.1.: Winterlohn

Jahr	1	3	7	8	Jahr	1	2	7	8
1809	36,0	77	7,8	65					
1810	36,0	77	11,7	97	1870	35,3	75	8,7	72
1811	32,5	69	13,5	112	1871	35,3	75	8,6	72
1812	36,3	77	8,3	69	1872	35,4	75	7,8	65
1813	36,3	77	8,7	72	1873	35,5	76	8,0	67
1814	36,3	77	8,8	73	1874	35,6	76	7,9	66
1815	34,5	73	9,6	80	1875	35,9	76	8,9	74
1816	34,5	73	9,1	76	1876	36,1	77	9,1	76
1817	34,5	73	6,5	54	1877	36,3	77	8,3	69
1818	34,5	73	6,5	54	1878	36,5	78	9,7	81
1819	34,5	73	7,1	59	1879	36,6	78	10,5	87
1820	34,5	73	9,7	81	1880	36,7	78	8,7	72
1821	36,4	77	13,5	112	1881	36,9	79	8,5	71
1822	37,2	79	16,2	135	1882	37,1	79	8,5	71
1823	37,2	79	11,6	97	1883	37,5	80	10,2	85
1824	37,2	79	17,1	142	1884	37,9	81	10,0	83
1825	36,3	77	1·,8	165	1885	38,2	81	10,2	85
1826	36,3	77	17,4	145	1886	38,5	82	10,6	88
1827	34,8	74	9,4	78	1887	39,2	83	11,3	94
1828	34,4	73	10,7	89	1888	40,0	85	12,1	101
1829	34,6	74	9,7	81	1889	40,7	87	10,2	85
1830	34,6	74	10,9	91	1890	41,5	88	9,9	82
1831	33,7	72	7,7	64	1891	42,1	90	9,6	80
1832	33,6	71	8,6	72	1892	42,7	91	8,9	74
1833	33,5	71	9,8	82	1893	43,3	92	11,1	92
1834	33,5	71	11,6	97	1894	44,2	94	12,3	102
1835	33,5	71	11,0	92	1895	45,2	96	12,6	105
1836	33,6	71	11,4	95	1896	45,9	98	12,4	103
1837	33,5	71	10,6	88	1897	46,7	99	12,8	107

1838	33,4	71	10,5	87
1839	33,3	71	9,2	77
1840	33,1	70	9,9	82
1841	33,0	70	9,9	82
1842	33,0	70	8,4	70
1843	32,7	70	8,0	67
1844	32,8	70	9,7	81
1845	32,7	70	10,8	90
1846	32,9	70	8,1	67
1847	32,7	70	6,2	52
1848	33,2	71	8,9	74
1849	33,7	72	11,6	97
1850	33,8	72	11,6	97
1851	33,8	72	9,4	78
1852	33,9	72	8,2	68
1853	34,0	72	8,4	70
1854	34,0	72	6,5	54
1855	34,1	73	7,3	61
1856	34,2	73	6,3	52
1857	34,2	73	8,1	67
1858	34,3	73	8,7	72
1859	34,3	73	8,8	73
1860	34,3	73	8,6	72
1861	34,4	73	8,8	73
1862	34,4	73	8,0	67
1863	34,5	73	8,7	72
1864	34,7	74	9,7	81
1865	34,9	74	10,3	86
1866	35,1	75	8,7	72
1867	35,1	75	8,1	67
1868	35,1	75	7,1	59
1869	35,2	75	8,0	67

1898	46,8	100	12,3	102
1899	46,9	100	11,8	98
1900	47,0	100	12,0	100
1901	47,3	101	12,3	102
1902	47,7	101	12,2	102
1903	49,1	104	13,0	108
1904	50,5	107	13,6	113
1905	51,7	110	13,2	110
1906	53,0	113	12,4	103
1907	56,1	119	12,8	107
1908	59,0	126	11,9	99
1909	60,8	129	13,5	112
1910	62,6	133	14,5	121
1911	64,1	136	15,4	128
1912	65,6	140	14,3	119
1913	69,9	149	15,0	125
1914	74,2	158	15,9	132

III. 2. 2: Sommerlohn

Jahr	1	3	7	8	Jahr	1	3	7	8
1809	36,0	65	7,8	59					
1810	36,0	65	11,7	88	1870	38,1	69	9,0	68
1811	32,5	58	13,5	102	1871	38,3	69	9,0	68
1812	36,3	65	8,3	62	1872	38,5	69	8,2	62
1813	36,3	65	8,7	65	1873	38,7	70	8,3	62
1814	36,3	65	8,8	66	1874	38,8	70	8,2	62
1815	34,5	62	9,6	72	1875	39,6	71	9,4	71
1816	34,5	62	9,1	68	1876	40,1	72	9,6	72
1817	34,5	62	6,5	49	1877	40,2	72	8,7	65
1818	34,5	62	6,5	49	1878	40,5	73	10,3	77
1819	34,5	62	7,1	53	1879	40,7	73	11,1	83
1820	34,5	62	9,7	73	1880	40,9	74	9,2	69
1821	35,2	63	13,2	99	1881	41,3	74	9,0	68
1822	36,4	65	15,9	120	1882	41,5	75	9,0	68
1823	36,4	65	11,4	86	1883	42,2	76	10,9	82
1824	36,4	65	16,8	126	1884	42,9	77	10,7	80
1825	35,6	64	19,5	147	1885	43,4	78	11,0	83
1826	35,7	64	17,1	129	1886	43,8	79	11,5	86
1827	34,4	62	9,3	70	1887	44,6	80	12,3	92
1828	34,5	62	10,7	80	1888	45,4	82	13,0	98
1829	34,3	62	9,7	73	1889	46,3	83	11,0	83
1830	34,3	62	10,8	81	1890	47,2	85	10,6	80
1831	34,5	62	7,8	59	1891	48,2	87	10,3	77
1832	34,3	62	8,7	65	1892	49,3	89	9,6	72
1833	34,2	62	9,9	74	1893	50,3	90	12,2	92
1834	34,2	62	11,8	89	1894	51,8	93	13,5	102
1835	34,2	62	11,1	83	1895	53,3	96	13,9	105
1836	34,6	62	11,7	88	1896	54,0	97	13,7	103
1837	34,0	61	10,7	80	1897	54,7	98	14,2	107
1838	34,5	62	10,7	80	1898	55,0	99	13,6	102
1839	34,5	62	9,4	71	1899	55,3	99	13,0	98

1840	34,3	62	10,2	77
1841	34,7	62	10,2	77
1842	34,7	62	8,7	65
1843	34,4	62	8,2	62
1844	34,3	62	10,0	75
1845	34,3	62	11,1	83
1846	34,4	62	8,3	62
1847	34,2	62	6,4	48
1848	35,3	63	9,3	70
1849	37,2	67	12,5	94
1850	37,3	67	12,5	94
1851	37,3	67	10,1	76
1852	37,4	67	8,7	65
1853	37,4	67	8,9	67
1854	37,3	67	6,8	51
1855	37,3	67	7,6	57
1856	37,3	67	6,5	49
1857	37,2	67	8,5	64
1858	37,2	67	9,1	68
1859	37,4	67	9,3	70
1860	37,4	67	9,0	68
1861	37,4	67	9,2	69
1862	37,5	67	8,4	63
1863	37,7	68	9,1	68
1864	37,8	68	10,3	77
1865	37,9	68	10,8	81
1866	37,9	68	9,1	68
1867	37,9	68	8,4	63
1868	38,0	68	7,3	55
1869	38,0	68	8,4	63

1900	55,6	100	13,3	100
1901	55,9	101	13,7	103
1902	56,3	101	13,5	102
1903	58,0	104	14,4	108
1904	59,8	108	15,1	114
1905	61,3	110	14,6	110
1906	62,7	113	13,6	102
1907	66,0	119	14,0	105
1908	69,2	124	13,0	98
1909	72,1	130	14,9	112
1910	75,0	135	16,1	121
1911	76,8	138	17,2	129
1912	78,7	142	15,9	120
1913	80,3	144	16,3	123
1914	82,0	147	16,9	127

III.2.3: Erntelohn

Jahr	1	3	7	8	Jahr	1	3	7	8
1809	36,0	54	7,8	52					
1810	36,0	54	11,7	79	1870	41,4	62	9,5	64
1811	40,0	60	16,0	107	1871	41,5	62	9,4	63
1812	41,3	62	9,1	61	1872	41,7	63	8,5	57
1813	41,3	62	9,5	64	1873	42,0	63	8,7	58
1814	41,3	62	9,6	64	1874	42,3	63	8,6	58
1815	38,3	57	10,4	70	1875	42,7	64	9,9	66
1816	38,3	57	9,7	65	1876	43,0	64	10,0	67
1817	38,3	57	6,9	46	1877	43,4	65	9,0	60
1818	38,3	57	6,9	46	1878	43,7	66	10,7	72
1819	38,3	57	7,5	50	1879	44,0	66	11,7	79
1820	38,3	57	10,5	70	1880	44,4	67	9,6	64
1821	39,4	59	14,4	97	1881	44,9	67	9,4	63
1822	40,4	61	17,3	116	1882	45,4	68	9,4	63
1823	40,4	61	12,3	83	1883	45,9	69	11,5	77
1824	40,4	61	18,4	123	1884	46,5	70	11,3	76
1825	38,9	58	21,0	141	1885	47,2	71	11,5	77
1826	39,1	59	18,5	124	1886	47,9	72	12,1	81
1827	40,9	61	10,5	70	1887	49,0	73	13,0	87
1828	40,6	61	12,1	81	1888	50,1	75	13,9	93
1829	41,8	63	11,2	75	1889	51,2	77	11,7	79
1830	41,8	63	12,6	85	1890	53,2	80	11,3	76
1831	40,3	60	8,7	58	1891	54,6	82	11,0	74
1832	40,4	61	9,7	65	1892	56,3	84	10,2	68
1833	39,7	60	11,1	74	1893	58,0	87	13,3	89
1834	39,6	59	13,2	89	1894	59,5	89	14,8	99
1835	39,5	59	12,4	83	1895	61,0	91	15,2	102
1836	39,8	60	13,0	87	1896	62,6	94	15,0	101
1837	39,0	58	11,8	79	1897	64,3	96	15,8	106
1838	39,5	59	11,8	79	1898	65,4	98	15,2	102
1839	39,3	59	10,3	69	1899	65,8	99	14,5	97

1840	38,8	58	11,1	74
1841	38,7	58	11,0	74
1842	39,1	59	9,4	63
1843	38,8	58	8,9	60
1844	38,7	58	10,8	72
1845	38,7	58	12,1	81
1846	39,7	60	9,1	61
1847	38,7	58	6,8	46
1848	39,1	59	9,9	66
1849	41,2	62	13,5	91
1850	41,2	62	13,4	90
1851	41,2	62	10,8	72
1852	41,3	62	9,2	62
1853	40,9	61	9,4	63
1854	41,0	61	7,2	48
1855	41,2	62	8,1	54
1856	41,1	62	6,9	46
1857	41,0	61	9,1	61
1858	41,1	62	9,7	65
1859	41,1	62	9,8	66
1860	41,4	62	9,6	64
1861	41,1	62	9,7	65
1862	41,2	62	8,8	59
1863	41,3	62	9,6	64
1864	41,2	62	10,8	72
1865	41,2	62	11,4	77
1866	41,5	62	9,6	64
1867	41,5	62	8,8	59
1868	41,5	62	7,7	52
1869	41,5	62	8,8	59

1900	66,7	100	14,9	100
1901	67,0	100	15,4	103
1902	67,3	101	15,2	102
1903	70,6	106	16,4	110
1904	74,0	111	17,4	117
1905	76,2	114	16,8	113
1906	78,4	118	15,7	105
1907	83,1	125	16,2	109
1908	87,9	132	14,9	100
1909	91,6	137	17,4	117
1910	95,4	143	18,8	126
1911	98,0	147	20,2	136
1912	100,7	151	18,6	125
1913	102,4	154	19,0	128
1914	104,1	156	19,8	133

III. 3: Hofgänger

Jahr	III. 3.1: Winterlohn				III. 3.2: Sommerlohn				III. 3.3: Erntelohn			
	1	3	4	5	1	3	4	5	1	3	4	5
1848	32,8	83	5,6	95	37,4	83	6,4	95	38,4	79	6,6	92
1849	34,0	86	8,4	143	36,7	81	9,1	135	40,1	83	9,9	138
1850	34,1	86	8,5	144	36,7	81	9,1	135	39,9	82	9,9	138
1851	34,1	86	6,3	107	36,8	81	6,8	101	40,0	83	7,3	102
1852	34,1	86	4,9	83	37,0	82	5,3	79	40,2	83	5,8	81
1853	34,2	86	5,1	87	36,9	81	5,5	82	40,0	83	5,9	82
1854	34,2	86	3,2	54	36,9	81	3,4	51	40,0	83	3,7	51
1855	33,7	85	3,8	65	36,9	81	4,2	62	40,3	83	4,5	63
1856	34,2	86	2,8	48	36,8	81	3,0	45	40,2	83	3,3	46
1857	34,4	87	4,6	78	36,6	81	4,9	73	39,9	82	5,4	75
1858	34,5	87	5,2	88	37,0	82	5,5	82	40,4	83	6,1	85
1859	34,5	87	5,2	88	37,0	82	5,6	83	40,5	84	6,1	85
1860	34,5	87	4,9	83	37,0	82	5,2	77	40,4	83	5,7	79
1861	34,4	87	5,0	85	37,0	82	5,4	80	40,0	83	5,8	81
1862	34,4	87	4,2	71	37,1	82	4,5	67	40,2	83	4,9	68
1863	34,4	87	4,8	82	37,3	82	5,2	77	40,3	83	5,7	79
1864	34,6	87	5,9	100	37,3	82	6,3	94	40,0	83	6,8	95
1865	34,9	88	6,4	109	37,7	83	6,9	103	40,3	83	7,4	103
1866	34,9	88	4,8	82	37,7	83	5,2	77	40,3	83	5,5	76
1867	34,9	88	4,1	70	37,7	83	4,4	65	40,3	83	4,8	67
1868	34,8	88	3,1	53	37,7	83	3,4	51	40,4	83	3,6	50
1869	34,8	88	4,0	68	37,7	83	4,4	65	40,5	84	4,7	65
1870	34,9	88	4,6	78	37,8	83	5,0	74	40,7	84	5,4	75
1871	35,0	88	4,5	76	37,9	84	4,9	73	40,8	84	5,3	74
1872	35,1	89	3,8	65	38,1	84	4,1	61	41,0	85	4,4	61
1873	35,2	89	3,9	66	38,1	84	4,2	62	41,2	85	4,6	64
1874	35,3	89	3,8	65	38,1	84	4,1	61	41,3	85	4,4	61
1875	35,4	89	4,8	82	38,5	85	5,2	77	41,4	86	5,6	78
1876	35,5	90	4,7	80	38,9	86	5,2	77	41,6	86	5,6	78
1877	35,5	90	3,9	66	39,3	87	4,3	64	41,8	86	4,6	64
1878	35,6	90	5,3	90	39,7	88	5,9	88	41,9	87	6,2	86
1879	35,7	90	6,0	102	39,9	88	6,7	100	42,1	87	7,1	99

1880	35,8	90	4,3	73	40,0	88	4,8	71	42,4	88	5,1	71
1881	35,8	90	4,0	68	40,1	89	4,5	67	42,5	88	4,8	67
1882	35,7	90	3,9	66	40,2	89	4,4	65	42,6	88	4,7	65
1883	36,0	91	5,6	95	40,6	90	6,3	94	43,1	89	6,7	93
1884	36,3	92	5,3	90	41,1	91	6,1	91	43,6	90	6,4	89
1885	36,5	92	5,5	93	41,3	91	6,2	92	43,7	90	6;6	92
1886	36,7	93	5,9	100	41,5	92	6,6	98	43,9	91	7,0	97
1887	37,1	94	6,3	107	41,9	92	7,1	105	44,3	92	7,5	104
1888	37,4	94	6,8	116	42,3	93	7,7	114	44,8	93	8,2	114
1889	37,7	95	5,1	87	42,7	94	5,8	86	45,4	94	6,2	86
1890	38,0	96	4,7	80	43,1	95	5,4	80	46,1	95	5,7	79
1891	38,6	97	4,4	75	43,5	96	5,0	74	46,5	96	5,4	75
1892	38,6	97	3,8	65	43,6	96	4,3	64	46,7	96	4,6	64
1893	38,6	97	5,8	99	43,8	97	6,5	97	46,8	97	7,0	97
1894	38,9	98	6,4	109	44,4	98	7,4	110	47,5	98	7,9	110
1895	39,3	99	6,6	112	45,1	100	7,6	113	48,2	100	8,1	113
1896	39,3	99	6,3	107	45,1	100	7,3	108	48,2	100	7,8	108
1897	39,3	99	6,6	112	45,1	100	7,6	113	48,2	100	8,1	113
1898	39,4	99	6,2	105	45,2	100	7,1	105	48,3	100	7,6	106
1899	39,5	100	5,7	97	45,3	100	6,6	98	48,4	100	7,0	97
1900	39,6	100	5,9	100	45,3	100	6,7	100	48,4	100	7,2	100
1901	39,9	101	6,2	105	45,9	101	7,1	105	48,8	101	7,5	104
1902	40,2	102	6,0	102	46,5	103	7,0	104	49,3	102	7,4	103
1903	40,9	103	6,4	109	47,2	104	7,4	110	50,0	103	7,9	110
1904	41,6	105	6,8	116	48,0	106	7,8	116	50,7	105	8,2	114
1905	42,0	106	6,3	107	48,6	107	7,3	108	51,3	106	7,7	107
1906	42,4	107	5,5	93	49,2	109	6,3	94	51,3	106	6,6	92
1907	42,8	108	5,5	93	49,5	109	6,3	94	51,1	106	6,5	90
1908	43,3	109	4,6	78	49,9	110	5,3	79	52,2	108	5,5	76
1909	44,3	112	5,6	95	51,0	113	6,5	97	53,0	110	6,7	93
1910	44,4	112	5,8	99	52,1	115	6,8	101	53,9	111	7,1	99
1911	44,6	113	6,4	109	52,4	116	7,5	111	54,1	112	7,7	107
1912	44,8	113	5,5	93	52,7	116	6,5	97	54,3	112	6,7	93
1913	45,9	116	5,7	97	54,2	120	6,8	101	56,0	116	7,0	97
1914	47,0	119	6,1	104	55,8	123	7,2	107	57,7	119	7,5	104

B Übersichten+

IV.1. Gesinde

IV.1.1. Knechte					IV.1.2. Mädchen			
Jahre	1	3	4	5	1	3	4	5
1810 - 1819	17,4[1]	27	3,0	32	11,7[1]	27	2,0	31
1820 - 1829	20,7	32	6,2	65	14,7	34	4,4	69
1830 - 1839	21,8	34	4,7	49	14,9	35	3,2	50
1840 - 1849	22,4	35	4,0	42	14,8	34	2,7	42
1840 - 1847	22,4	35	3,9	41	14,8	34	2,6	41
1848 / 1849	22,6	35	4,7	49	15,0	35	3,1	48
1850 - 1859	25,0	39	3,6	38	16,3	38	2,4	38
1860 - 1866	30,5	48	4,5	47	19,6	45	2,9	45
1867 - 1875	40,8	64	4,8	51	25,5	59	3,0	47
1876 - 1886	50,2	78	6,9	73	32,7	76	4,5	70
1887 - 1893	52,2	82	7,3	77	38,4	89	5,3	83
1893 - 1902	60,3	94	9,4	99	41,9	97	6,6	103
1903 - 1909	90,2[1]	141	12,3	129	61,2[1 2]	142	8,2	128
1909 - 1914	103,3[1]	162	13,4	141	86,0[1 2]	200	11,0	172

\+ Zur Bedeutung der Spalten siehe die Erläuterungen zu den langen Reihen, Tabellen I - III. Die Übersichten sind aus den langen Reihen zunächst nach Jahrzehnten (Ausnahmen: Tagelöhner - Männer und Frauen - von 1809 bis 1819, Hofgänger von 1848 bis 1859), später nach Wirtschaftszyklen zusammengefaßt.

Das Jahrzehnt 1840 bis 1849 wurde unterteilt, um die Lohnbewegung zwischen 1840 bis 1847 und den Revolutionsjahren 1848/49 deutlicher zu machen.

Bei den Indizes ist 1900 = 100 gesetzt.

1 Für diese Werte liegt nur eine geringe Zahl von Angaben vor. Sie scheinen für 1810 bis 1819 zu niedrig, für 1903 bis 1914 zu hoch zu liegen.

2 Diese Werte wurden durch Interpolation gewonnen. Bei Knechten und Mädchen muß noch der Naturallohnanteil (Unterkunft und Verpflegung) hinzugerechnet werden, Er wird im Untersuchungszeitraum etwa zwischen 35 und 100 Pfennigen betragen haben.

Die Differenz zwischen Löhnen mit und ohne Verpflegung betrug nach Angaben aus Fragebogenuntersuchungen um die Jahrhundertwende herum etwa 50 bis 75 Pfennige je Tag.

IV.2. Deputatisten

Jahre	1	3	4	5	6	7	8
1810 - 1819	23,5+	41	36,0	59,5	49	9,8	54
1820 - 1829	19,8+	35	20,4	40,2	33	11,4	63
1830 - 1839	23,3	41	27,6	50,9	42	10,8	60
1840 - 1849	24,9	44	37,5	62,4	51	10,8	60
1840 - 1847	24,5	44	38,4	63,2	52	10,4	57
1848 / 1849	25,2	44	34,0	56,2	46	12,1	67
1850 - 1859	27,6	48	51,7	79,3	65	10,8	60
1860 - 1866	32,7	57	52,9	85,6	70	12,6	70
1867 - 1875	39,0	68	73,3	112,3	92	13,0	72
1876 - 1886	45,5	80	65,8	111,3	92	15,2	84
1887 - 1893	51,5	90	68,1	119,6	98	16,4	91
1893 - 1902	55,0	96	61,0	116,0	95	18,2	101
1903 - 1909	60,9	107	74,2	135,1	111	18,3	101
1909 - 1914	64,8	114	79,5	144,3	118	18,7	103

\+ Die Werte der Jahrzehnte 1810 - 1819 und 1820 - 1829 sind der geringen Zahl der Angaben wegen nicht ganz sicher, die für 1820 - 1829 liegen vermutlich zu tief.

IV.3. Tagelöhner+

IV.3.1.1. Männer, Winterlohn

Jahre	1	3	9	10	12	13	14	15
1809 - 1819	56,9	99	56,9	90	87,1	79	14,5	89
1820 - 1829	56,3	98	56,3	90	73,0	67	21,3	131
1830 - 1839	55,0	96	55,2	88	78,7	72	16,8	103
1840 - 1849	53,4	93	55,8	89	88,7	81	15,5	95
1840 - 1847	53,0	92	55,5	88	89,8	82	15,0	92
1848 / 1849	54,8	96	57,0	91	84,5	77	17,5	107
1850 - 1859	56,8	99	59,5	95	105,6	96	14,6	90
1860 - 1866	56,8	99	59,5	95	104,5	95	15,4	94
1867 - 1875	57,2	99	61,0	97	120,9	110	13,9	85
1876 - 1886	57,1	99	60,3	96	113,1	103	15,4	94
1887 - 1893	57,7	100	61,7	98	114,3	104	15,6	96
1893 - 1902	57,5	100	62,4	99	106,7	97	16,7	102
1903 - 1909	62,0	108	68,0	108	120,6	110	16,3	100
1909 - 1914	70,2	122	75,9	122	131,4	120	17,0	104

\+ Das Druschkorn ist, auf den Tag bezogen, dem Mann und der Frau im Verhältnis ihrer Tagelöhne zugerechnet. Wenn auch nach 1848 vielfach der Hofgänger statt der Tagelöhnerfrau am Dreschen beteiligt war, so entschied ich mich doch für die o. a. Zuordnung, da sonst mit 1848 ein Bruch in der Lohnbewegung der Tagelöhnerfrauen eingetreten wäre. Später stand die Frau außerdem ohnehin wieder an der Dreschmaschine.

IV.3.1.2. Männer, Sommerlohn

Jahre	1	3	9	10	12	13	14	15
1809 - 1819	56,9	89	56,9	82	87,2	75	14,5	84
1820 - 1829	57,5	90	57,5	83	74,2	64	21,6	125
1830 - 1839	56,8	89	57,1	82	80,6	69	17,2	99
1840 - 1849	55,6	87	58,1	83	91,0	78	15,9	92
1840 - 1847	55,1	86	57,8	83	92,0	79	15,4	89
1848 / 1849	57,5	90	59,6	86	87,2	75	18,0	104
1850 - 1859	59,4	93	62,0	89	108,1	93	15,0	87
1860 - 1866	59,8	94	62,8	90	107,6	92	15,8	91
1867 - 1875	60,7	95	65,0	93	124,8	107	14,4	83
1876 - 1886	61,7	97	65,2	94	118,0	101	16,0	93
1887 - 1893	62,8	98	67,2	96	119,8	103	16,4	95
1893 - 1902	63,7	100	69,1	99	113,3	97	17,7	102
1903 - 1909	70,8	111	77,4	111	130,0	112	17,5	101
1909 - 1914	78,9	123	86,0	123	140,8	121	18,3	106

IV.3.1.3. Männer, Erntelohn

Jahre	1	3	9	10	12	13	14	15
1809 - 1819	72,0	90	72,0	79	102,3	74	17,1	84
1820 - 1829	74,7	94	74,7	82	91,4	66	26,7	131
1830 - 1839	68,7	86	70,3	77	93,8	68	10,0	98
1840 - 1849	62,3	78	66,5	73	99,4	72	17,5	86
1840 - 1847	61,1	76	64,9	71	99,2	72	16,7	82
1848 / 1849	67,1	84	72,7	80	100,2	73	21,0	103
1850 - 1859	72,3	91	83,7	92	129,8	94	18,0	88
1860 - 1866	73,2	92	85,0	94	129,7	94	19,1	94
1867 - 1875	73,7	93	88,8	98	148,6	108	17,1	84
1876 - 1886	74,1	93	85,0	93	137,8	100	18,8	92
1887 - 1893	76,8	97	87,2	94	139,9	102	19,2	94
1893 - 1902	79,3	100	89,7	99	134,0	97	21,0	103
1903 - 1909	87,0	109	100,1	110	152,8	111	20,6	101
1909 - 1914	98,0	123	112,3	124	167,0	121	21,6	106

IV.3.2.1. Frauen, Winterlohn

Jahre	1	3	5	6	7	8
1809 - 1819	35,1	75	53,6	66	8,9	74
1820 - 1829	35,9	76	46,2	57	13,5	112
1830 - 1839	33,6	72	47,4	59	10,1	84
1840 - 1849	32,0	68	52,3	65	9,2	77
1840 - 1847	31,6	67	53,0	66	8,9	74
1848 / 1849	33,5	71	49,7	61	10,3	86
1850 - 1859	34,1	73	60,0	74	8,3	69
1860 - 1866	34,6	74	60,9	75	9,0	75
1867 - 1875	35,4	75	70,6	87	8,1	67
1876 - 1886	37,2	79	69,5	86	9,5	79
1887 - 1893	41,3	88	76,5	95	10,4	87
1893 - 1902	46,1	98	77,9	96	12,2	102
1903 - 1909	54,3	116	95,7	118	12,9	107
1909 - 1914	66,3	141	113,7	141	14,8	123

IV.3.2.2. Frauen, Sommerlohn

Jahre	1	3	5	6	7	8
1809 - 1819	35,1	63	53,6	60	8,9	67
1820 - 1829	35,3	64	45,6	51	13,3	100
1830 - 1839	34,3	62	48,1	54	10,3	77
1840 - 1849	34,8	63	54,1	60	9,5	71
1840 - 1847	34,4	62	54,5	61	9,1	68
1848 / 1849	36,3	65	52,5	59	10,9	82
1850 - 1859	37,3	67	63,3	71	8,8	66
1860 - 1866	37,6	68	64,0	72	9,4	71
1867 - 1875	38,4	69	73,7	82	8,5	64
1876 - 1886	41,6	75	73,7	82	10,1	76
1887 - 1893	47,3	85	82,5	92	11,3	85
1893 - 1902	54,2	97	86,0	96	13,5	101
1903 - 1909	64,2	116	105,5	118	14,2	107
1909 - 1914	77,5	139	124,9	140	16,2	122

IV.3.2.3. Frauen, Erntelohn

Jahre	1	3	5	6	7	8
1809 - 1819	38,9	58	57,3	57	9,6	64
1820 - 1829	40,0	60	50,3	50	14,6	98
1830 - 1839	39,9	60	53,7	53	11,5	77
1840 - 1849	39,2	59	58,5	58	10,3	69
1840 - 1847	38,0	57	59,0	59	9,9	66
1848 / 1849	40,2	60	56,4	56	11,7	79
1850 - 1859	41,1	61	67,1	67	9,4	63
1860 - 1866	41,3	62	67,5	68	9,9	66
1867 - 1875	41,8	63	77,0	77	8,9	60
1876 - 1886	45,1	68	77,4	77	10,6	71
1887 - 1893	53,2	80	88,4	88	12,0	81
1893 - 1902	63,8	96	95,5	95	14,9	100
1903 - 1909	80,2	120	121,0	121	16,4	110
1909 - 1914	98,8	148	141,0	140	19,0	127

IV.3.3. Hofgänger

Jahre	IV.3.3.1. Winterlohn				IV.3.3.2. Sommerlohn				IV.3.3.3. Erntelohn			
	1	3	4	5	1	3	4	5	1	3	4	5
1848 - 1859	34,1	86	5,3	90	36,9	81	5,7	85	40,0	83	6,2	86
1860 - 1866	34,6	87	5,1	86	37,3	82	5,5	82	40,3	83	6,0	83
1867 - 1875	35,0	88	4,1	70	38,0	84	4,4	66	40,8	84	4,8	67
1876 - 1886	35,9	91	4,9	83	40,2	89	5,5	82	42,6	88	5,9	82
1887 - 1893	38,0	96	5,3	90	43,0	95	6,0	90	45,8	95	6,4	89
1893 - 1902	39,4	99	6,2	105	45,1	99	7,1	106	48,2	100	7,6	106
1903 - 1909	42,4	107	5,8	98	49,0	108	6,2	93	51,5	106	7,0	97
1909 - 1914	45,2	115	5,8	98	53,0	117	6,9	103	54,9	113	7,1	99

V. Geld- und Roggenlöhne+

V.1. Indizes der Geld- und Roggenlohnbewegung++ 1810 (bzw. 1811) bis 1849 (bzw. 1850)

V.1.1. Männerlöhne

"Freie" ländliche Arbeiter (1811 - 1820 = 100)

Jahre	Männer Königreich Preußen		7 östl. Provinzen		Pommern		Brandenburg	
	GL	RL	GL	RL	GL	RL	GL	RL
1821-1830	85	131	78	117	71	120	128	200
1831-1840	88	114	86	113	85	117	124	167
1841-1850	92	98	90	96	118	132	96	112

Kontraktgebundene Landarbeiter

Tagelöhner (1809 - 1819 = 100)

Jahre	Männer Winter			Sommer			Ernte		
	GL	GsL	RL	GL	GsL	RL	GL	GsL	RL
1820-1829	99	84	147	101	85	154	104	89	156
1830-1839	97	90	116	100	92	119	95	92	117
1840-1849	94	102	107	98	104	110	87	97	102
1840-1847	93	103	103	97	105	106	85	97	98
1848/1849	96	97	121	101	100	124	93	98	123

Deputatisten (1810 - 1819 = 100)

Gesinde (1810 - 1819 = 100)

Jahre	Männer			Knechte	
	GL	GsL	RL	GL	RL
1820-1829	84	68	116	119	203
1830-1839	99	86	110	125	157
1840-1849	100	105	110	129	133
1840-1847	104	106	106	129	130
1848/1849	107	94	124	130	157

\+ GL = Geldlohn; GsL = Gesamtlohn; RL = Roggenlohn.

++ Quellen: Vgl. Anm. 17 und 42 zum Text sowie die Übersichtstabellen IV.1-3.

V.1.2. Frauenlöhne

"Freie" ländliche Arbeiter (1811 - 1820 = 100)

Jahre	Frauen Königreich Preußen		7 östl. Provinzen		Pommern		Brandenburg	
	GL	RL	GL	RL	GL	RL	GL	RL
1821-1830	53	112	78	122	70	119	132	206
1831-1840	68	115	91	126	111	152	107	144
1841-1850	69	97	91	103	150	167	18	114

Kontraktgebundene Landarbeiter

Tagelöhner (1809 - 1818 = 100)

Jahre	Frauen Winter			Sommer			Ernte		
	GL	GsL	RL	GL	GsL	RL	GL	GsL	RL
1820-1829	102	86	152	101	85	149	103	88	152
1830-1839	96	88	114	98	90	116	102	94	120
1840-1849	91	98	103	99	101	107	101	102	107
1840-1847	90	99	100	98	102	101	98	103	103
1848/1849	95	93	116	103	98	122	103	98	122

Gesinde

Jahre	Mädchen GL	RL
1820-1829	126	220
1830-1839	127	160
1840-1849	126	135
1840-1847	126	130
1848/1849	128	155

V.2. Bewegung der Roggenlöhne+

Jahre	"Freie" ländliche Lohnarbeiter Index	Jahre	Kontraktgebundene Landarbeiter Index
1811-1820	45	1809-1819	58
1821-1830	75	1820-1829	85
1831-1840	66	1830-1839	68
1841-1850	59	1840-1849	63
(1851-1860	62)	1850-1859	61
(1860-1866	65)	1860-1866	68
(1867-1875	67)	1867-1875	64
1873	68		
(1876-1886	80)	1876-1886	80
(1887-1893	90)	1887-1893	86
1892	93		
(1900	100)	1900	100
(1893-1902	102)	1893-1902	102
(1903-1909	111)	1903-1909	103
jetzt			
(1909-1913)	117	1909-1914	108

Quellen: Vgl. die in Anm. 17 und 42 zum Text genannten Arbeiten sowie Tabellen II und III der langen Reihen.

V.3.1. Das Druschgetreide wurde dem Tagelöhner (Sp. 11) und der Frau (Sp. 4) in % zugerechnet

V.3.2. Die Frauenlöhne betrugen von denen der Männer in %

Jahre	Männer	Frauen	Tagelöhner: Frauen W	S	E	Gesinde: Mädchen
1810-1819	62	38	62	62	54	62
1820-1829	62	38	64	61	54	71
1830-1839	63	37	01	00	58	68
1840-1849	63	37	60	63	63	66
1850-1859	64	36	60	63	57	65
1860-1866	63	37	61	63	56	64
1867-1875	63	37	62	63	57	62
1876-1886	62	38	65	62	61	65
1887-1893	60	40	70	75	69	74
1893-1902	58	42	80	85	80	69
1903-1909	56	44	88	91	92	68
1909-1914	53	47	94	98	101	83

V.4. Durchschnittspreise für 1 Pfund Roggen

Jahre	Pfg.	Index
1800-1809	9,6	142
1810-1819	6,4	95
1820-1829	3,7	55
1830-1839	4,8	71
1840-1849	6,0	89
1840-1847	6,3	94
1848/1849	5,0	74
1850-1859	7,6	113
1860-1866	6,9	102
1867-1875	8,8	131
1876-1886	7,4	110
1887-1893	7,5	111
1893-1902	6,4	95
1903-1909	7,5	111
1909-1914	7,7	114

Jb. f. Wirtschaftsgeschichte 1973/IV

ZUR ZUSAMMENSETZUNG EINIGER FREISCHAREN IN DER REVOLUTION VON 1848/49

von Karl Obermann

1. August Willichs Besanconer Kolonne, ihre Geschichte und ihre Zusammensetzung
2. Die Freiwilligen im "Verwahrungs-Haus zu Zweibrücken"
3. Die deutschen Arbeiter in der Schweiz

In dem Vorwort, das Friedrich Engels 1893 zur italienischen Ausgabe des "Manifests der Kommunistischen Partei" schrieb, wies er darauf hin, daß "die Schlachten von 1848 nicht vergebens waren." Unzweifelhaft kommt den Kämpfen der Revolution als entscheidende Höhepunkte in den sozialen und politischen Auseinandersetzungen der Jahre 1848/49 große Bedeutung zu. Die Arbeiterklasse hat daher stets das Vermächtnis der revolutionären Kämpfer von 1848/49 in Ehren gehalten.

Um die Ereignisse der Revolution besser einschätzen und ihre Bedeutung würdigen zu können, ist es wichtig zu wissen, wer sich aktiv an den Kämpfen beteiligte, woher die Mitglieder der Freischaren kamen. Engels sagt in dem obengenannten Vorwort den italienischen Arbeitern: "Die Arbeiterklasse war es, die die Barrikaden errichtete und ihr Leben in die Schanze schlug."[1] Da die moderne Arbeiterklasse aber 1848 erst im Entstehen war, ist es notwendig, die Herkunft der an den Kämpfen Beteiligten zu untersuchen. Mit dieser Frage hat sich zum ersten Male eine Berufsanalyse der Märzgefallenen 1848 in Berlin beschäftigt.[2]

Den Märzkämpfen in Berlin folgten die Kämpfe in Baden im April 1848. Nachdem sich im Frankfurter Vorparlament gezeigt hatte, daß die liberale Mehrheit nicht bereit war, die Revolution weiterzuführen bzw. zu vollenden, im Gegenteil, alles unternahm, um demokratische und republikanische Bestrebungen zurückzudrängen, und die Absicht zu erkennen gab, die erlangte Position auszunutzen, um sich mit Bundestag und Fürsten über ein konstitutionelles monarchisches Regime zu verständigen, riefen die radikalen süddeutschen Demokraten Gustav Struve und Friedrich Hecker am 12. April 1848 zu einer republikanischen Erhebung auf. Die Regierungen boten sofort etwa 16 000 Mann regulärer badischer, württembergischer und hessischer Truppen auf, um die Erhebung niederzuschlagen, bevor sich die verschiedenen kleinen Kolonnen vereinigen und organisieren konnten. Die aus wenigen Tausend Mann bestehenden Kolonnen und Freischaren, darunter auch eine Flüchtlingsdelegation der

1 Engels, Friedrich, An den italienischen Leser (Vorwort zur italienischen Ausgabe [1893] des "Manifests der Kommunistischen Partei"), in: Marx/Engels, Werke, Bd. 22, Berlin 1963, S. 365 f.

2 Vgl. Hoppe, Ruth/Kuczynski, Jürgen, Eine Berufs- bzw. auch Klassen- und Schichtenanalyse der Märzgefallenen 1848 in Berlin, in: Jahrbuch für Wirtschaftsgeschichte 1964, T. 4, S. 200 - 276.

aus Frankreich und der Schweiz herbeieilenden Handwerksgesellen, mußten der Übermacht weichen. Wer nicht in die Hände der Soldaten fallen wollte, mußte Ende April in Frankreich oder in der Schweiz Zuflucht suchen.[3]

1. August Willichs Besanconer Kolonne, ihre Geschichte und ihre Zusammensetzung

Doch die Kolonnen, die Ende April 1848 auf französisches Gebiet übertraten, waren nicht entmutigt. Ihre Teilnehmer waren nach wie vor bereit, die Revolution zum Sieg zu führen und für diesen Sieg, wenn es sein mußte, ihr Leben einzusetzen. Sie hofften, bald den Kampf für eine einige deutsche Republik wieder aufnehmen zu können, und die Mehrzahl entschloß sich, zusammenzubleiben und sich auf weitere Kämpfe vorzubereiten. Eine größere Kolonne wurde in einem Lager bei Besançon in Frankreich untergebracht und dort von dem Mitglied des Bundes der Kommunisten, August Willich, dem ehemaligen preußischen Artillerie-Leutnant, ausgebildet. Diese Kolonne ist von besonderem Interesse, weil sie über Willich nicht nur in enger Verbindung mit der demokratischen und der Arbeiterbewegung in Deutschland blieb, sondern auch, weil sie "1849 den Kern für einige der besten Truppenteile der pfälzer und badischen Armee lieferte", wie es in einer Kurzbiographie über Johann Philipp Becker hieß, der sich von der Schweiz aus sehr um das Wohl der Kolonne bemühte. Ein Teil "der alten 1848er Legion, von Willich in Besançon ausgebildet, diente dem Willich'schen Freikorps als Kern", also dem Freikorps, das sich wegen seiner Tapferkeit einen Namen machte und in dem auch Friedrich Engels als Adjutant des Kommandeurs seinen Mut im Kampf unter Beweis stellte.[4] Die Geschichte dieser Kolonne geht also von der republikanischen Erhebung in Baden im April 1848 bis zum Maiaufstand in der Pfalz und Baden 1849, bzw. bis zu den Kämpfen in der Reichsverfassungskampagne. Wie aus den Briefen von Willich an Freunde hervorgeht, ist es eine Geschichte der Entsagungen, der ständigen Bemühungen, mit der großen Bewegung in Deutschland in Verbindung zu bleiben, Kraft und Leistungsfähigkeit trotz aller Entbehrungen zu erhalten, um eines Tages wieder in den Kampf eingreifen zu können.

Willich war auf Wunsch seiner badischen Freunde am 28. März 1848 von Köln nach Mannheim und Heidelberg abgereist, um die Organisation einer Volksartillerie zu übernehmen.[5] Wie er einige Monate später aus Besançon seinem alten Freund Fritz Anneke in Köln berichtet, war er kurz nach seiner Ankunft von Hecker und Struve in die Organisation und Leitung der Kolonnen, die sich Mitte April in Konstanz, Donaueschingen und anderen Orten sammelten, hineingezogen worden. Der Brief von August Willich an Fritz Anneke, dem eine vierzehn Briefseiten umfassende Niederschrift über Erlebnisse im Zusammenhang mit der Erhebung beigefügt wurde, ist vom 6. Juli 1848 datiert. Den einleitenden Bemerkungen des Briefes ist jedoch zu entnehmen, daß Willich schon vorher einen Bericht nach Köln entsandt hatte, der jedoch verlorenging, das heißt den Empfänger nicht erreichte. Brief und

3 Vgl. Schauplatz des Krieges und der Revolution in Ansichten, Karten und Plänen, Leipzig o. J. (1849), S. 186 - 194.

4 Johann Philipp Becker, in: Pionier. Illustrierter Volkskalender, New York, Jg. 1893, S. 35. - Wahrscheinlich ist F. A. Sorge, Mitkämpfer im badischen Maiaufstand von 1849, ein Freund von Karl Marx und Friedrich Engels, wie J. Ph. Becker ein führendes Mitglied der I. Internationale, der Verfasser dieser Kurzbiographie; vgl. ferner Dlubek, Rolf, Johann Philipp Becker. Vom radikalen Demokraten zum Mitstreiter von Marx und Engels in der I. Internationale (1848 - 1864), phil. Diss. Berlin 1964.

5 Deutsches Zentralarchiv Potsdam, Historische Abteilung I, Nachlaß Hammacher, Brief von F. Anneke in Köln an F. Hammacher in Essen v. 28. 3. 1848, Auszug des Briefes veröffentlicht in Der Bund der Kommunisten. Dokumente und Materialien, hg. v. Institut für Marxismus-Leninismus beim ZK der KPdSU u. Institut für Marxismus-Leninismus beim ZK der SED, Bd. 1, Berlin 1970, S. 744.

Bericht vom 6. Juli 1848 befinden sich heute im Stadtarchiv Trier, jedoch ist der Bericht kaum noch leserlich, da die völlig verblaßte Schrift eine Entzifferung unmöglich macht. Einzelne entzifferte Worte und schwer lesbare Bruchstücke deuten aber Willichs Enttäuschung an, und zwar vor allem darüber, daß die führenden Demokraten in Baden leichtfertig zu einer Erhebung aufriefen, ohne die Stimmung im Volk zu kennen, ohne ausreichende politische und militärische Vorbereitungen. So mußte es zu Meinungsverschiedenheiten und mancherlei Differenzen kommen, die die Erfolgschancen von vornherein sehr verringerten. Der Brief Willichs vom 6. Juli war zugleich eine Antwort auf Annekes Bericht über den Frankfurter Demokratenkongreß und die Entwicklung der demokratischen und Arbeitervereine in Deutschland vom 26. Juni. Willich bemerkte dazu: "Die Mitteilung über die Lage der demokratischen Angelegenheit in Deutschland ist von unendlichem Wert für mich. Du wirst mit mir übereinstimmen, wie nur diese demokratischen und die Arbeitervereine allein die nächste Geschichte Deutschlands machen können. Rechnet auf nichts anderes. Rechnet auf keine politischen Größen." Auf Grund seiner Erfahrungen in Baden fügte er hinzu: "Einen großen Gewinn habe ich aus dieser Insurrection gezogen, denn das was früher theoretische Ansicht, daß nur aus dem arbeitenden Stande die neue Welt hervorgehen kann, ist zur festen Überzeugung geworden."[6]

Dieser Standpunkt veranlaßte Willich auch, sich ganz der Kolonne in Besançon zu widmen, sie nicht nur militärisch auszubilden, sondern sich in jeder Hinsicht um ihr Wohl zu kümmern, vor allem den Mitgliedern der Kolonne nach der Niederlage neues Vertrauen zu geben. Im Brief vom 8. Juni 1848 an J. Ph. Becker schilderte Willich die Lage der Kolonne, die zu dieser Zeit etwa dreihundert Mitglieder zählte. Die französische Regierung hatte ab 15. Mai eine Unterstützung von 10 Sous pro Kopf täglich zugesagt. Mit Wäsche und Kleidung war es nicht zum besten gestellt. Im Brief heißt es: "Du kannst leicht denken, wie niederdrückend unsere jetzige Lage, nach der getäuschten Hoffnung, nach der Begeisterung, die so ohne Erfolg versplittert worden, auf uns alle wirkt. Die jetzt noch beisammen sind, haben den Entschluß gefaßt, bis auf das Letzte auszuharren, um schlagfertig in der ersten Gelegenheit dazustehen, um einen Stamm für die Zerstreuten abzugeben." Willich wies darauf hin: "Wir sind aber moralischer und materieller tätiger Teilnahme bedürftig" und regte an, zur Unterstützung ein Komitee aus Leuten zu gründen, die das Vertrauen aller Demokraten haben. Zum Schluß appellierte er an seinen Freund Becker: "Vor allen Dingen suche alles zu tun, daß wir wieder einen bestimmten Weg vor uns sehen. Alle Anstrengungen sind leichter, als die des müßigen Ausharrens. Die militärischen Übungen ohne Waffen haben wir beinahe beendet, sie verlieren den Reiz. Die Einfügung des Einzelnen in das Ganze, beim Militär Disziplin genannt, ist bei uns nur auf dem freien Willen gegründet, und darum, wo dieser Wille müßig ist, sehr schwierig."[7]

Auf Vorschlag von Becker erklärte sich die Kolonne bereit, nach Italien zu ziehen, um sich dort am Kampf für den Sieg der Revolution zu beteiligen. Am 12. Juni schrieb Willich an Becker: "Es bleibt uns nur noch ein Weg, für unser Ziel tätig zu sein, übrig: Dies ist, als Deutsches Korps in Italien für die Freiheit zu kämpfen. Die 4 Kompagnien hier in Besançon haben sich beinahe einstimmig dafür entschlossen. Die übrigen haben sich den letzten Entschluß vorbehalten, bis wir in der Schweiz sein werden." Jedoch galt als Bedingung, sofort nach Deutschland zurückkehren zu können, wenn dort "der Kampf beginnt."[8] Willich teilte Becker am 22. Juni die Gründe mit, die die Mitglieder der Kolonne bewogen hatten, dem Einsatz in Italien zuzustimmen. Es spricht für das bei den Mitgliedern der Kolonne vorherrschende revolutionäre Bewußtsein, daß sie vor allem deswegen dieses Unterneh-

6 Stadtarchiv Trier. Der Brief wurde freundlicherweise von Direktor Dr. Laufner zur Verfügung gestellt.

7 Institut für Marxismus-Leninismus beim ZK der KPdSU, Moskau, Zentrales Parteiarchiv (im folgenden: IML, Moskau), Fonds 185, Nr. 39/1.

8 Ebenda, Nr. 39/5.

men billigten, weil "der Kampf, der jetzt geführt wird, kein nationaler, ein universaler ist; es handelt sich um die Befreiung der Menschheit, wo wir kämpfen, wir kämpfen für dieselbe Sache; jeder Sieg oder Verlust auf einem Punkte Europas wirkt unmittelbar auf alle zurück." Davon ausgehend, war die Kolonne überzeugt, daß "derselbe Feind in Italien wie in Deutschland bekämpft wird, so viel er auf einer Seite ist, fehlt er auf der anderen." So lautete der Beschluß: "So stark oder schwach wir auch sein mögen, gerade soviel sind wir Hilfe für die demokratische Sache in Italien, die solcher Helfer sicher bedarf."[9]

Aber das Unternehmen scheiterte am Widerstand der Schweizer Behörden, die dem Durchmarsch der Kolonnen Schwierigkeiten bereiteten. Als Becker im Frühjahr 1849 den Versuch unternahm, die Kolonne über Marseille nach Rom zu verschiffen, und bereits ein Schiff gemietet hatte, wurde ihm von den französischen Behörden "kategorisch bedeutet, man werde sein Schiff in den Grund bohren, sobald es Miene mache, den Hafen zu verlassen."[10]

In seiner Verzweiflung über die erzwungene Untätigkeit angesichts der sich verschärfenden Auseinandersetzung zwischen Demokratie und Reaktion, zwischen Revolution und Konterrevolution in Frankreich, in Italien, in Deutschland unterbreitete Willich am 28. Juli 1848 der Nationalversammlung in Frankfurt am Main ein Amnestiegesuch. In diesem Schreiben legte er zunächst dar, wie die unter seiner Führung stehende "Schaar von dreihundert für Recht, Wahrheit und Freiheit begeisterten Männern" vor etwa drei Monaten, bedrängt von "der militärischen Macht der benachbarten deutschen Staaten", von französischen Kommissaren eingeladen wurden, französischen Boden zu betreten. "Wir wurden nach Besançon geschickt. Wir lernten das Elend kennen. Als dieses den Grad erreicht hatte, das der Hunger anfing, unsere Leiber zu schwächen, erfuhren die Bewohner Besançons unsere Lage; ebenso rasch und großherzig halfen sie derselben ab. Der hiesige Erzbischof hatte uns eine Wohnung eingeräumt. Den würdigen Maire an der Spitze, unterstützt von mehreren deutschen und französischen Bewohnern Besançons, gewährte uns die Stadt die Existenzmittel. - Bald darauf bewilligte das französische Gouvernement eine Unterstützung von zehn Sous täglich, für jeden mittel- und arbeitslosen deutschen Flüchtling." Indem er nachdrücklich darauf hinwies, daß seine Männer nichts anderes erstrebten, als dem Wohl des Vaterlandes zu dienen, appellierte Willich an die Abgeordneten der Nationalversammlung: "Laßt uns wieder teilnehmen an der großen Arbeit des deutschen Volkes: ein höheres, sittlicheres Prinzip der Einheit des Volkes zu schaffen, als das bisherige. Männer, die das Wohl ihres Vaterlandes wollen, können nicht in der jetzigen Zeit der Gährung, wo alle elenden, endlichen Leidenschaften der Menschheit mit den höheren, unendlichen Trieben derselben nach Wahrheit, Recht, Bruderliebe um die Herrschaft ringen, - sie könnten es nicht in einer solchen Zeit vor ihrem Gewissen verantworten, auch nur einen Kämpfer für das Edlere gewaltsam fern zu halten. Dieser Kämpfer sind viele unter uns, würdig sind sie alle, nur die Mittel setzen ihrer Selbstaufopferung die Grenzen." Die Nationalversammlung hatte bisher alle an sie gerichteten Gesuche, "die die Befreiung und Amnestie sämtlicher politischer Gefangenen und Flüchtlinge gefordert", abgelehnt, und zwar in erster Linie darum, weil "noch kein einziger Flüchtling das Gesuch darum selbst gestellt habe." Unter Bezugnahme auf diese Haltung der Nationalversammlung schließt der Brief mit den Worten: "Nun wohlan, allein und ausschließlich zu den Vertretern des deutschen Volkes sprechend, stellen wir Unterzeichneten das Gesuch:

Eine hohe Versammlung der Deutschen Volksvertreter wolle den deutschen politischen Gefangenen und Flüchtlingen eine Amnestie in der Weise bewilligen, daß sie ungehindert nach jedem Teile Deutschlands zurückkehren, überall ungefährdet wegen alles Vergangenen leben und ungeschmälert alle Rechte des deutschen Staatsbürgers genießen können."[11] Ei-

9 Ebenda, Nr. 39/4.
10 Pionier, a. a. O.
11 Internationaal Instituut voor Sociale Geschiedenis Amsterdam (im folgenden: IISG),

ne Antwort der Nationalversammlung liegt nicht vor, eine Amnestie ist auch tatsächlich niemals erfolgt.

Im September 1848, als sich die Lage für die revolutionären Kräfte in Deutschland verschlechterte und sich das Kräfteverhältnis zwischen Revolution und Konterrevolution zugunsten der Konterrevolution veränderte, bemühten sich Becker, Willich und andere um eine festere Organisation der im Ausland befindlichen deutschen Demokraten und Arbeiter. "Wir müssen handeln und die Gesinnungsgenossen mit uns fortreißen ... Es tut jetzt dringend not, daß wir, und zwar sobald als möglich, eine Versammlung der deutschen Flüchtlinge in Baden bei Zürich halten. Von allen Seiten wird eine solche gewünscht." So schrieb Gustav Struve am 10. September 1848 aus Rheinfelden an Becker in Biel.[12]

Als Struve von den Barrikadenkämpfen in Frankfurt am Main am 18./19. September erfuhr, glaubte er, sofort losschlagen zu müssen. Am 20. September schrieb er an Becker und Willich: "Aufgefordert von einer Anzahl badischer Bürger und gedrängt durch die Macht der Verhältnisse, haben die in Basel befindlichen Flüchtlinge den Entschluß gefaßt, morgen, den 21. September, nachmittags um 4 Uhr, in das Badische einzubrechen, Besitz von Lörrach zu nehmen und dort das republikanische Hauptquartier fürs erste aufzuschlagen. Ich erwarte von Euch und verlange von Euch, daß Ihr gleichfalls in das Badische einrükket ..."[13] Johann Joseph Jansen, Mitglied des Bundes der Kommunisten und Sekretär des Kölner Arbeitervereins, der jedoch Anfang Juli wegen drohender Verhaftung aus Köln flüchten mußte, schrieb am 21. September aus Strasbourg seinem alten Freund Willich und ermunterte ihn: Trotz der Niederlage in Frankfurt am Main "sind die Tüchtigsten hier der Ansicht, daß jetzt gerade der Zeitpunkt zum Handeln gekommen ist. Wir haben drüben mehrfache Verbindungen angeknüpft. Bis Sonntag sind wahrscheinlich Verbindungen den Rhein hinunter bis Köln und Düsseldorf angeknüpft." Er forderte schließlich Willich auf, am Samstag, dem 23. September, zu einer Beratung nach Strasbourg zu kommen.[14]

Die Situation veranlaßte Willich, Mitte September Becker aufzusuchen, um sich mit ihm zu beraten. Der Tapezierer Th. Schlotterbeck aus Baden, Mitglied des Bundes der Kommunisten, leitete in dieser Zeit als Stellvertreter die Besançoner Kolonne. Am 20. September 1848 berichtete er Willich: "Lieber Willich! Mit Freuden kann ich Dir mitteilen, daß, seit Du von hier fort bist, die Kolonne in freudiger Hoffnung lebt, bald eine gute Nachricht zum Abmarschieren von Dir zu erhalten, daher auch alles in guter Ordnung und Ruhe besteht." Zu dieser "freudigen Hoffnung" trugen vor allem die Nachrichten aus Deutschland bei. So heißt es in dem Brief weiter: "Köln hat seine erste Volksversammlung abgehalten, welche sehr zahlreich war. Mehrere demokratische Redner haben gesprochen. Man hat ein Sicherheitskomitee gewählt, aus Demokraten bestehend, wovon sich aber zwei Mitglieder im Gefängnis befinden. Wahrscheinlich sind es Deine Freunde Anneke und Gottschalk."[15]

Aber Becker und Willich waren auf Grund der Erfahrungen zu der Einsicht gelangt, daß die putschistische Taktik der kleinbürgerlichen Republikaner keineswegs zum Ziel führt, und so distanzierten sie sich von Struves Unternehmen. Nach dem vorausgesehenen Scheitern desselben fand in Hüningen bei Basel am 2. Oktober 1848 eine Zusammenkunft statt, auf der

Nachlaß August Willich. - Auf der hier befindlichen Niederschrift heißt es zum Schluß: "Besançon, den 28. Juli 1848. Folgen die Unterschriften. August Willich, ehemaliger Prem. Lieutenant und Kompagnie-Kommandant der 7. Art. Brigade." Weitere Unterschriften fehlen.

12 IISG, Nachlaß J. Ph. Becker.

13 Ebenda.

14 IML, Moskau, Fonds 458, III, Nr. 2815. - Johann Joseph Jansen beteiligte sich 1849 am badisch-pfälzischen Maiaufstand, wurde in Rastatt gefangengenommen, zum Tode verurteilt und erschossen.

15 Ebenda, Fonds 185, Nr. 43/3.

die Gründung des republikanischen Wehrbundes "Hilf Dir" erfolgte. In der "Erklärung und Aufforderung", unterzeichnet "Hüningen im Oktober 1848", wird vor dem Putschismus gewarnt, "wohl wissend, daß sich Revolutionen nicht machen lassen, sondern daß sie sich von selbst machen." In der Überzeugung, daß die revolutionäre Entwicklung als ein unaufhaltsamer naturnotwendiger Prozeß eingeschätzt werden muß, stellte sich der Wehrbund die Aufgabe, die Zusammenarbeit aller in der Schweiz und in Frankreich vorhandenen Kräfte zu verbessern, eine Zersplitterung der Kräfte zu verhindern, um bei der ersten sich bietenden Gelegenheit geschlossen in den Kampf für eine deutsche demokratische Republik eingreifen zu können. Becker übernahm die politische, Willich die militärische Leitung des Wehrbundes.[16]

Zurückgekehrt nach Besançon, teilte Willich am 19. Oktober 1848 Becker seine Überlegungen mit, wie auch engere Verbindungen mit den Demokraten und Arbeitern in Deutschland hergestellt werden könnten, um durch bessere Zusammenarbeit Erfolge zu erzielen. Willich stellte zunächst die Frage: "Wäre es nicht an der Zeit, einen Aufruf an sämtliche Deutsche im Ausland zu erlassen, sich in den Städten zu Vereinen zusammenzuschließen, Ausschüsse zu bilden zur Republikanisierung Deutschlands?" Dann heißt es weiter: "Dein Verfahren, durch Adressen zunächst uns die Verbindung mit den Demokraten Deutschlands zu bringen, ist ausgezeichnet. Wenn die Bewegung in Preußen festen Boden gewinnt, wollen wir nicht darauf hinarbeiten, daß wir womöglich dorthin berufen werden? Als Corps? Die unübersehbaren Folgen dieses Schrittes für die Sicherung der Demokratie wirst Du mit mir gleich schätzen." Zwar setzte er auch Hoffnungen auf den Sieg der Wiener, aber vertrat die Meinung: "Die Radikal-Revolution wird in Preußen sein, wir müssen notwendig mit Berlin und Köln in Verbindung treten. Dort wird am meisten zu schaffen sein, dort wird unser Boden sein. Rheinpreußen?" In dem Brief wird auch nochmals die Frage angeschnitten, wieweit eine Unterstützung der Revolution in Italien möglich sei. Die Folgen gehen meist nach Italien, zunächst zu Charles Albert. Könnten wir mit 5 000 Mann dahin gehen, so lohnte es der Mühe durch Italien nach Deutschland, doch ist es zu weitschichtig. Eine Unterhandlung wäre indes leicht anzuknüpfen, man kann nicht wissen, wie die Verhältnisse sich drehen; der nächste Zweck, Massen-Organisationen, ließe sich leicht vielleicht erreichen." Die Gedanken Willichs über Möglichkeiten und Bedingungen der revolutionären Entwicklung sind verbunden mit der Frage nach dem Einsatz seiner Kolonne. Diese Kolonne war Willich ans Herz gewachsen, mit ihr rechnete er, sich aktiv am Kampf beteiligen zu können. So berichtete er: "Das innere Leben der Kolonne ist im Wachsen, obgleich viele ungehörige und störende Elemente zugeflossen sind. Wenn das Wetter es erlaubt, Exercieren, Turnen, sonst noch Französisch, Gesang und Vorlesungen geben die Beschäftigung für die ab, welche nicht arbeiten. Das äußere Leben ist etwas unbequem, Decken haben wir. Schuhzeug ist in Arbeit, die meisten neu zugekommenen waren abgerissen."

Die Kampfkraft und Zusammensetzung der Kolonne geht aus der beigefügten "General-Liste der Kolonne in Besançon" hervor.[17] Die Liste enthält 261 Namen mit Angabe des Berufs und des Geburtslandes. Unter Nr. 1 hatte sich August Willich, Beruf: Kommandant, Geburtsland Preußen, eingetragen. Die Mitglieder der Kolonne kamen aus siebzehn Staaten und zwei freien Städten des Deutschen Bundes, außerdem war Dänemark mit einem Teilnehmer und Polen mit zwei Teilnehmern vertreten. Die Kolonne setzte sich aus Angehörigen folgender Länder zusammen:

16 Gruner, Erich, Die Arbeiter in der Schweiz im 19. Jahrhundert, Bern 1968, S. 307 - 310; Staatsarchiv Dresden, Ministerium der Auswärtigen Angelegenheiten, Nr. 3270, fol. 718.

17 IISG, Nachlaß August Willich.

Geburtsland	Anzahl
Baden (Großherzogtum)	115
Württemberg (Königreich)	55
Hessen (Kurfürstentum Hessen Großherzogtum Hessen Herzogtum Hessen-Nassau Landgrafschaft Hessen-Homburg)	25
Preußen (Königreich)	23
Bayern (Königreich)	17
Hamburg (freie Stadt)	5
Mecklenburg (Herzogtum)	4
Sachsen (Königreich)	3
Frankfurt (freie Stadt)	3
Braunschweig (Herzogtum)	2
Hannover (Königreich)	1
Holstein (Herzogtum)	1
Anhalt-Dessau (Herzogtum)	1
Waldeck (Fürstentum)	1
Hohenzollern-Hechingen (Fürstentum)	1
Hohenzollern-Sigmaringen (Fürstentum)	1
Ausländische Staaten:	
Polen	2
Dänemark	1
insgesamt	261

Nicht nur Baden stellte also die revolutionären Kämpfer, sondern auch Württemberg, Hessen, Bayern und Preußen waren mit einem guten Kontingent entschlossener Männer vertreten, und auch Männer aus den Kleinstaaten, unter anderem aus norddeutschen Staaten, beteiligten sich. Die Mitglieder der Kolonne kamen aus folgenden Berufen:

Bekleideungsgewerbe

51 Schneider:
davon 17 aus Baden
15 aus Württemberg
5 aus Preußen
4 aus Hessen
3 aus Hamburg
3 aus Mecklenburg
2 aus Bayern
1 aus Sigmaringen
1 aus Waldeck

26 Schuster bzw. Schuhmacher:
davon 14 aus Baden
6 aus Württemberg
3 aus Hessen
2 aus Braunschweig
1 aus Preußen

4 Sattler:
davon 2 aus Baden
1 aus Württemberg
1 aus Bayern

4 Weber:
davon 3 aus Baden, darunter ein Zeugweber
1 Seidenweber aus Hessen

Berufe zur Beschaffung von Nahrungs- und Genußmitteln

10 Bäcker bzw. Konditoren:
davon 5 aus Baden
3 aus Württemberg
1 aus Bayern
1 aus Sachsen

4 Metzger:
davon 2 aus Baden
2 aus Württemberg

4 Bauern:
davon 3 aus Baden
1 aus Württemberg

3 Gärtner:
davon 1 aus Baden
1 aus Preußen
1 aus Hessen

1 Küfer aus Baden

4 Bierbrauer:
davon 2 aus Baden
1 aus Württemberg
1 aus Preußen

1 Müller aus Württemberg

2 Jäger:
davon 1 aus Baden
1 aus Preußen

Holzverarbeitende Berufe

36 Schreiner:
davon 12 aus Baden
10 aus Württemberg
7 aus Hessen
3 aus Preußen
1 aus Bayern
1 aus Sachsen
1 aus Hannover
1 aus Mecklenburg

2 Drechsler:
davon 1 aus Baden
1 aus Bayern

3 Wagner:
davon 1 aus Baden
1 aus Hessen
1 aus Hamburg

1 Bürstenmacher aus Baden

Metallverarbeitende Berufe

9 Schmiede:
davon 7 aus Baden
1 aus Württemberg
1 aus Preußen

5 Spengler:
davon 2 aus Baden
2 aus Hessen
1 aus Bayern

7 Schlosser:
davon 3 aus Baden
1 aus Württemberg
1 aus Preußen
1 aus Holstein
1 aus Dänemark

2 Mechaniker:
davon 1 aus Preußen
1 aus Württemberg

1 Modelleur aus Sachsen

2 Gürtler aus Bayern

Bauberufe

11 Steinhauer:
davon 5 aus Baden
5 aus Württemberg
1 aus Bayern

1 Steinmetz aus Bayern

2 Maurer:
davon 1 aus Baden
1 aus Hechingen

1 Stukkateur aus Hamburg

1 Gypser aus Baden

2 Glaser aus Baden

1 Maler aus Baden

3 Tapezierer:
davon 2 aus Frankfurt
1 aus Baden

3 Zimmermänner:
davon 1 aus Baden
1 aus Hessen
1 aus Württemberg

Druck- und Buchgewerbe

9 Buchbinder:
davon 4 aus Baden
2 aus Bayern
2 aus Preußen
1 aus Hessen

4 Schriftsetzer:
davon 2 aus Baden
2 aus Württemberg

3 Lithographen:
davon 2 aus Baden
1 aus Hessen

1 Buchdrucker aus Frankfurt am Main

Andere Gewerbe

2 Goldarbeiter
davon 1 aus Baden
1 aus Hessen

2 Uhrmacher:
davon 1 aus Württemberg
1 aus Bayern

1 Graveur aus Württemberg

1 Hafner (Töpfer) aus Baden

1 Seckler aus Baden

1 Seiler aus Baden

Verschiedene Lohnarbeiter

1 Tagelöhner aus Baden
1 Tabakarbeiter aus Baden
1 Ziegler aus Baden
1 Schiffmann aus Bayern
1 Hausdiener aus Preußen
1 Lehrling aus Preußen
1 Kutscher aus Baden

Akademische, künstlerische und kaufmännische Berufe

5 Studenten:
davon 1 aus Baden
2 aus Württemberg
1 aus Bayern
1 aus Polen

1 Fabrikant aus Preußen

3 Kaufleute:
davon 1 aus Baden
1 aus Hessen
1 aus Dessau

1 Rechnungsgehilfe aus Baden

1 Scribent (Schreiber) aus Baden

1 Notar aus Baden

1 Chirurg aus Baden

2 Geometer:
davon 1 aus Baden
1 aus Preußen

1 Architekt aus Hessen

1 Ökonom aus Polen

2 Musiker:
davon 1 aus Baden
1 aus Preußen

Ehemalige Armeeangehörige

1 Kommandeur aus Preußen

1 Soldat aus Baden

Schneider, Schuster und Schreiner stellten fast die Hälfte der Kolonnenmitglieder. Handwerksgesellen aus diesen Berufen dominierten in der sich formierenden Arbeiterbewegung. Diese Handwerker waren in zunehmendem Maße zu Lohnarbeitern geworden. Bereits 1846 schrieb der Demokrat Friedrich Sass, daß drei Viertel der Schneider Berlins "als gewöhnliche Proletarier für die Kleiderläden" arbeiten und auch die Schreiner nur dann den notwendigen Unterhalt erwerben, wenn sie Aufträge der Möbelhändler übernehmen.[18] Auch in den Arbeitervereinen waren diese Berufe am stärksten vertreten.[19]

Die Situation der Besançoner Kolonne hatte sich, soweit bekannt ist, bis zum Mai 1849 kaum verändert. Aller Wahrscheinlichkeit nach dürfte also die Kolonne in der obigen Zusammensetzung auf dem Kampfplatz in der Pfalz erschienen sein. In seiner Arbeit über "Die deutsche Reichsverfassungskampagne" hat Friedrich Engels der Kolonne einen hervorragenden Platz eingeräumt und sie mehrmals lobend wegen ihrer Disziplin und ihrer militärischen Leistungen gerühmt. Die Kolonne bildete den Kern der unter dem Kommando Willichs stehenden Kompanien. Engels schreibt darüber: "Eine Kompanie Studenten, eine Kompanie Arbeiter, die mit ihm in Besançon zusammen gelebt hatte, drei schwache Kompanien Turner - aus Landau, Neustadt und Kaiserslautern -, zwei aus Freiwilligen der umliegenden Ortschaften gebildete Kompanien und endlich eine mit Sensen bewaffnete Kompanie Rheinpreußen, die meisten von den Prümer und Elberfelder Aufständen her flüchtig, fanden sich nach und nach unter seinem (das heißt Willichs - K. O.) Kommando zusammen. Es waren zuletzt zwischen 700 bis 800 Mann, jedenfalls die zuverlässigsten Soldaten der ganzen Pfalz ..."[20] Engels selbst ging als Soldat bzw. Adjutant zu Willich[21], und auch von dem Mitglied des Bundes der Kommunisten, Josef Moll, wird berichtet, daß "er durch alle feindlichen Armeen glücklich durchkam bis Rastatt, wo er sofort in die Besançoner Arbeiterkompanie unseres Korps eintrat."[22] Der Name "Besançoner Arbeiterkompanie" hatte in der Pfalz und wenig später in Baden einen guten Klang. Sie zeichnete sich in allen Kämpfen besonders aus. Mit seinen 700 bis 800 Mann, darunter die "Besançoner Arbeiterkompanie", hielt Willich "die Garnisonen von Landau und Germersheim, zusammen über 4 000 Mann, in Schach, schnitt ihnen die Zufuhren ab und molestierte sie auf jede mögliche Weise."[23] Diese "Zernierung von Landau und Germersheim" bezeichnete Engels als eine der "glänzendsten" Leistungen des Willichschen Korps.[24] Von den harten Kämpfen gegen preußische Truppen in Baden in den Tagen vom 20. bis 22. Juni schreibt Engels: "Die Besançoner Kompanie war zuerst wieder formiert; die andern, mehr oder minder beschämt, schlossen sich an."[25] In den Kämpfen an der Murg am 27. und 28. Juni waren es wieder die Schützen der Besançoner Kompanie, die der preußischen Übermacht erheblichen Widerstand leisteten, dabei allerdings einen ihrer besten, Josef Moll, verloren.[26] Die Kolonne deckte den Rückzug und betrat am 12. Juli als "die letzten der badisch-pfälzischen Armee den Schweizer Boden."[27] Schon diese Ausschnitte deuten auf einen beachtlichen Anteil der Besançoner Kolonne an den Kämpfen in der Pfalz und in Baden. An ihrer Seite hatte auch Engels gekämpft, und aus seinen Kampferfahrungen gelangte er zu dem Urteil: "Die Partei des Proletariats war ziemlich stark in der badisch-pfälzischen Armee vertreten, besonders in den Freikorps, wie im unsrigen, in der Flüchtlingslegion usw., und sie kann ruhig alle andern Parteien herausfordern, auf nur einen einzigen ihrer Angehörigen den geringsten Tadel zu werfen. Die entschiedensten Kommunisten waren die couragiertesten Soldaten."[28]

18 Sass, Friedrich, Berlin in seiner neuesten Zeit und Entwicklung, Leipzig 1846, S. 260 - 262.

19 Am 16. Januar schrieb Joseph Weydemeyer aus Frankfurt (Main) an Karl Marx: "Der Arbeiterverein, den ich ins Leben gerufen, ist klein und besteht nur aus Schustern und Schneidern, die anderen Gewerke sitzen bis über die Ohren in ihrem Zunftmist." (IML, Moskau, Fonds 1, Inventarliste 5, Nr. 257; vgl. auch Obermann, Karl, Joseph Weydemeyer. Ein Lebensbild 1818 - 1866, Berlin 1968, S. 186.)

20 Engels, Friedrich, Die deutsche Reichsverfassungskampagne, in: Marx/Engels, Werke, Bd. 7, Berlin 1960, S. 156.

21 Vgl. ebenda, S. 161.

22 Ebenda, S. 184.

23 Ebenda, S. 146.

24 Vgl. ebenda, S. 156.

25 Ebenda, S. 176.

26 Vgl. ebenda, S. 186 f.

27 Ebenda, S. 195.

28 Ebenda, S. 185.

2. Die Freiwilligen im "Verwahrungs-Haus zu Zweibrücken"

Neben den Freischaren kämpften in der Pfalz gegen die preußischen Eindringlinge und die bayerischen Garnisonen Freiwillige und die aus der bayerischen Armee zur neuen provisorischen Regierung übergegangenen Soldaten. Engels schreibt über die militärische Organisation: "Ungefähr dreitausend Pfälzer aus der bayrischen Armee waren mit Sack und Pack übergegangen. Eine Anzahl Freiwilliger, Pfälzer und Nichtpfälzer, hatten sich zu gleicher Zeit unter die Waffen gestellt. Zudem dekretierte die provisorische Regierung die Aushebung des ersten Aufgebots, zunächst aller Unverheirateten vom achtzehnten bis zum dreißigsten Jahre. Diese Aushebung ging aber nur auf dem Papier vor sich, teils aus Unfähigkeit und Nachlässigkeit der Militärkommissäre, teils aus Mangel an Waffen, teils durch die Indolenz der Regierung selbst."[29] Engels konnte die Lage auf Grund seiner persönlichen Erlebnisse und Erfahrungen beurteilen. Er sah, daß der Mangel an Waffen ein Haupthindernis beim Aufbau einer schlagkräftigen militärischen Organisation war, erlebte aber auch, daß "in der Pfalz die aktive Teilnahme an der Bewegung lange nicht so groß war wie in Baden" und es "viele reaktionäre Bezirke gab."[30] Die Pfalz war ein Weinland, und in der Weingegend längs des Rheins und der Haardt nahm die Bevölkerung weniger Anteil an den Ereignissen. In einem Artikel über den "pfälzisch-badischen Krieg vom Jahre 1849", von einem liberalen Standpunkt aus geschrieben, den "Die Gegenwart" 1850 veröffentlichte, heißt es: "Die dienstfähige Bevölkerung war in Folge des Einstehersystems zum größten Teil mit der Waffenführung gänzlich unbekannt, was schon an sich die Organisierung aufhalten mußte. Es strömte so nach den Führern eine nur begeisterte Masse zu, deren Verlangen nach Waffen und Munition man nicht einmal befriedigen konnte."[31]

Nach der Erhebung vom Dezember 1843 zählte die Pfalz 595 193 Einwohner, Ende 1846 betrug die Einwohnerzahl 608 470. Die Zahl der männlichen Personen über 14 Jahre betrug im Jahre 1843 insgesamt 190 544. Auf die wehrfähigen Jahrgänge vom 18. Lebensjahr an entfielen mithin im Jahre 1849 etwa 100 000.[32] Allem Anschein nach ist aber die Zahl der Freiwilligen nicht über mehrere Tausend hinausgekommen. Im Nachlaß August Willichs befindet sich ein Verzeichnis, überschrieben "Verzeichnis der wegen Hochverrats in dem Verwahrungs-Hause zu Zweibrücken verwahrten Personen"[33]. Unter dieser Überschrift steht in Klammern: "(Erhebung der Pfälzer für die deutsche Reichsverfassung im Mai und Juni 1849)". Es enthält 163 Namen mit Angabe des Berufes, des Wohnortes, das Alters und der Religion. Ebenso ist das Datum des "Eintritts" und, falls eine Einstellung des Verfahrens oder eine Freilassung gegen Kaution erfolgte, auch das Datum des "Austritts" eingetragen worden. Die Eintragung der 163 Namen erfolgte chronologisch nach dem Tag der Einlieferung. Nr. 1 wurde am 14. Juni 1849 eingeliefert, Nr. 2 am 22. Juni. Die letzten Einlieferungen Nr. 152 bis 163 erfolgten am 31. Dezember 1849. Von diesen 163 wurden bis 31. Dezember 1849 nur 56 gegen Kaution oder wegen Einstellung des Verfahrens freigelassen. Die Annahme ist berechtigt, daß es sich bei diesen Eingekerkerten um die Pfälzer Freiwilligen und einige Nichtpfälzer handelt, die in der Pfalz zurückblieben, als die pfälzische Volksarmee am 18. Juni vor der preußischen Übermacht zurückweichen und sich nach Baden zurückziehen mußte. Es ist anzunehmen, daß sich vorwiegend die Freiwilligen aus dem demokratischen Kleinbürgertum nach der Besetzung der Pfalz durch preußische Truppen entmutigt zurückzogen, während die Arbeiter unter den Freiwilligen in Baden weiterkämpften und sich im Juli ins Schweizer Exil begaben. Das Verzeichnis bietet mithin keinen vollstän-

29 Ebenda, S. 153.
30 Ebenda, S. 147.
31 Die Gegenwart. Eine encyklopädische Darstellung der neuesten Zeitgeschichte für alle Stände, Bd. 5, Leipzig 1850, S. 130.
32 Zeitschrift des Vereins für deutsche Statistik, 1. Jg. 1847, S. 40 f., 1057.
33 IISG, Nachlaß August Willich.

digen Überblick über die Zahl und die Berufe der Freiwilligen, vermittelt aber doch einen Eindruck von dem Bevölkerungskreis, der sich der Erhebung in der Pfalz anschloß. Aus der sozialen Zusammensetzung läßt sich entnehmen, wer hinter der Erhebung stand. Der 18jährige Sattler aus Standenbühl, der einer freireligiösen Gemeinde angehörte, war der jüngste der Eingekerkerten, der 64 Jahre alte Tagelöhner aus Edenkoben, Protestant, war der älteste. 75 Eingekerkerte standen im Alter zwischen 18 und 30 Jahren, das heißt, vier waren 19 Jahre alt, fünf 20 Jahre, drei 21 Jahre, fünf 22 Jahre, vier 23 Jahre, drei 24 Jahre, fünf 25 Jahre, zehn 26 Jahre, drei 27 Jahre, neun 28 Jahre, sechs 29 Jahre und sieben waren 30 Jahre alt. 60 Eingekerkerte befanden sich im Alter von 31 bis 44 Jahren. Die Zahl derjenigen zwischen 45 und 64 Jahren betrug mithin 28. Aus den Berufsangaben ergibt sich folgende soziale Zusammensetzung:

Mittlere und kleine Behörden-Angestellte

	Alter	Religion
5 Bürgermeister, und zwar aus:		
Rockenhausen	39	protestantisch
Dahn	44	katholisch
Quirnbach	42	protestantisch
Schauerberg	42	"
Speyer	40	"
3 protestantische Pfarrer, und zwar aus:		
Oberotterbach	54	
Heichelheim	45	
Einselthum	47	
7 Schullehrer, und zwar aus:		
Kandel	35	protestantisch
Pirmasens	33	"
Waldfischbach	41	"
Waldfischbach	30	katholisch
Annweiler	22	freireligiös
Katzweiler	22	"
Stauff	26	"
1 Rentbeamter aus Lauterecken	48	protestantisch
1 Rentamtsgehülfe aus Lauterecken	39	katholisch
1 Assessor aus Kaiserslautern	33	protestantisch
1 Adjunkt aus Annweiler	48	"
1 Staatsprokurator-Subst. aus Landau	32	"
1 Posthalter aus Rockenhausen	39	"
3 Gerichtsboten aus:		
Waldmohr	52	freireligiös
Dürkheim	49	protestantisch
Grünstadt	48	"
1 Steuerbote aus Zweibrücken	48	"
2 Notariatsklerk aus:		
Kaiserslautern	28	freireligiös
Neustadt/Haardt	38	"
1 Scribent (Schreiber) aus Kaiserslautern	20	"
1 Anwaltsklerk aus Frankenthal	26	israelitisch
2 Rechtskandidaten aus:		
Winnweiler	26	protestantisch
Speyer	26	katholisch

	Alter	Religion
1 Spital-Einnehmer aus Kaiserslautern	34	protestantisch
2 Materialverwalter aus:		
Dürkheim	29	"
Neustadt/Haardt	34	"
1 Geometer aus Speyer	48	"
1 Dammwart aus Ludwigshafen	42	katholisch
Wissenschaftliche und künstlerische Berufe		
2 praktische Ärzte aus:		
Landau	40	protestantisch
Edenkoben	45	israelitisch
1 Tierarzt aus Frankenthal	45	protestantisch
2 Apotheker aus:		
Pirmasens	44	"
Speyer	19	"
3 Studenten aus:		
Zweibrücken	23	"
Mainz	26	katholisch
München	19	"
2 Baupraktikanten aus:		
Blieskastel	26	"
Speyer	23	freireligiös
5 Ökonomen (Wirtschafts- bzw. Gutsverwalter) aus:		
Regensburg	20	protestantisch
Offenbach	25	katholisch
Edenkoben	38	protestantisch
Mariabrunn	19	katholisch
Brezenheim	24	"
1 Schauspieler aus Hagenau	35	protestantisch
Kaufleute, Fabrikanten und Händler		
1 Papierfabrikant aus Eisenberg	54	"
1 Weinhändler aus Edenkoben	52	"
1 Bierhändler aus Bergzabern	42	"
1 Holzhändler aus Frankenthal	45	"
11 Kaufleute aus:		
Dielkirchen	45	"
Zweibrücken	26	"
Landau	30	katholisch
Pirmasens	55	freireligiös
Waldfischbach	53	protestantisch
Edenkoben	34	freireligiös
Edenkoben	22	protestantisch
Lauterecken	37	"
Neustadt/Haardt	33	"
Kaiserslautern	27	"
Frankenthal	56	"
2 Geschäftsführer aus:		
Leimen	52	katholisch
Speyer	47	freireligiös

	Alter	Religion
4 Geschäftsmänner aus:		
Annweiler	30	protestantisch
Rockenhausen	26	"
Rheinzabern	38	katholisch
Dürkheim	23	freireligiös
Landwirte und Winzer		
2 Gutsbesitzer aus:		
Schopp	29	protestantisch
Lauterecken	34	katholisch
2 Ackermänner aus:		
Leimen	50	"
Colgenstein	28	ohne
1 Winzer aus Oberingelheim	33	protestantisch
1 Winzersmann aus Edenkoben	44	"
Gastwirtsgewerbe		
5 Wirte aus:		
Lauterecken	49	"
Morschheim	48	freireligiös
Minnweiler	20	protestantisch
K. Villa bei Rhodt	31	katholisch
Speyer	39	freireligiös
1 Wirt und Metzger aus Edenkoben	36	protestantisch
Nahrungs- und Genußmittelgewerbe		
7 Bierbrauer aus:		
Edenkoben	25	"
Frankenthal	37	"
Kaiserslautern	31	freireligiös
Speyer	25	protestantisch
Hochspeyer	28	"
Ernstweiler	28	"
Schwäbisch Hall	30	"
3 Küfer aus:		
Gleishorbach	35	"
Bergzabern	29	freireligiös
Bergzabern	33	"
2 Müller aus:		
Annweiler	34	"
Bergzabern	42	protestantisch
1 Metzger aus Neustadt/Haardt	21	katholisch
4 Bäcker aus:		
Leimen	42	"
Bergzabern	33	freireligiös
Rettersburg	29	"
Pirmasens	46	protestantisch
Bekleidungsgewerbe		
5 Schneider aus:		
Stollberg	28	ohne
Leimen	21	katholisch

	Alter	Religion
Seislingen	28	katholisch
Adolphseck	22	freireligiös
Heidelberg	36	katholisch
2 Leineweber aus:		
Kaiserslautern	36	"
Obersülzen	38	freireligiös
1 Wollenweber aus Rodalben	29	katholisch
4 Schuster aus:		
Neustadt/Haardt	19	ohne
Pirmasens	46	protestantisch
Edenkoben	28	katholisch
Mainz	36	"
2 Gerber aus:		
Münchweiler	28	protestantisch
Pirmasens	26	freireligiös
1 Federreiniger aus Speyer	25	protestantisch
1 Kappenmacher aus Mainz	24	katholisch
3 Sattler aus:		
Bergzabern	37	protestantisch
Standenbühl	18	freireligiös
Lauterecken	54	katholisch
Baugewerbe		
3 Maurer aus:		
Germersheim	30	freireligiös
Lambsheim	20	katholisch
Zahlbach	34	"
1 Kaminfeger aus Haardt	34	protestantisch
2 Zimmerleute aus:		
Kirchheimbolanden	35	"
Maikammer	37	katholisch
1 Tischler aus Merkelbach	22	"
2 Schreiner aus:		
Mainz	26	"
Wöllstein	20	protestantisch
1 Schreinermeister aus Landau	25	"
1 Sägemüller aus Waldfischbach	37	katholisch
1 Steinhauer aus Speyer	31	freireligiös
1 Tapezierer aus Landau	28	protestantisch
2 Maler aus:		
Speyer	30	israelitisch
Salzburg	38	katholisch
1 Lackierer aus Speyer	40	freireligiös
Metallverarbeitende Berufe		
1 Zeugschmied aus Hornbach	44	protestantisch
1 Messerschmied aus Kusel	27	ohne
1 Blechschmied aus Bergzabern	43	katholisch
1 Nagelschmied aus Amorbach	37	freireligiös
1 Dreher aus Edenkoben	33	protestantisch
1 Schlosser aus Brezenheim	26	katholisch

Verschiedene Berufe	Alter	Religion
1 Lithograph aus Moeskirch	28	katholisch
1 Schriftsetzer aus Nürnberg	29	protestantisch
1 Uhrmacher aus Bergzabern	44	"
1 Korbmacher aus Sommershausen	38	"
3 Seifensieder aus:		
Blieskastel	35	katholisch
Pirmasens	39	protestantisch
Edenkoben	31	freireligiös
1 Cigarrenmacher aus Arzell	21	katholisch
1 Schiffer aus Kastel	24	"
1 Kutscher aus Kaiserslautern	25	"
1 Fuhrmann aus Bergzabern	38	freireligiös
Tagelöhner und Dienstboten		
6 Tagelöhner aus:		
Rülzheim	40	katholisch
Mainz	35	freireligiös
Webenstein	34	protestantisch
Ingweiler	38	freireligiös
Edenkoben	36	protestantisch
Edenkoben	64	"
1 Dienstbote aus Gleisweiler	32	"
1 Beruf verschrieben, wahrscheinlich Dienstbote aus Speyer	30	freireligiös
1 Beruf unleserlich aus Baalborn	59	"

Die Klassenverhältnisse in der Pfalz entsprachen den wirtschaftlichen Verhältnissen, die vom Land- und Weinbau und von der handwerklichen Kleinproduktion bestimmt wurden. Engels schreibt: "In der Pfalz und in Baden, wo die konzentrierte große Industrie, mit ihr die entwickelte große Bourgeoisie fast gar nicht existiert, wo die Klassenverhältnisse viel gemütlicher und patriarchalischer durcheinanderschwimmen, war die Mischung der Klassen, die die Träger der Bewegung waren, noch viel verworrener" als in Sachsen und im Rheinland.[34] Das demokratische Kleinbürgertum hatte jedoch 1848 in der Pfalz eine rege Vereinstätigkeit entwickelt. Dem Kreisausschuß der demokratischen Vereine in der Pfalz waren Vereine in 116 Ortschaften angeschlossen. Die wichtigsten Vereine befanden sich

in Zweibrücken	mit	700 Mitgliedern	in Grünstadt	mit	168 Mitgliedern
in Neustadt/Haardt	"	330 "	in Hambach	"	147 "
in Annweiler	"	136 "	in Homburg	"	145 "
in Bellheim	"	150 "	in Kaiserslautern	"	219 "
in Bergzabern	"	148 "	in Edenkoben	"	200 "
in Germersheim	"	150 "			

Außerdem gab es noch besondere Märzvereine in Kirchheimbolanden und in Zweibrücken.[35]

Die Verteilung der Bevölkerung auf zahlreiche kleine und mittlere Städte und größere Dörfer bot den vielen kleinen selbständigen Handwerksbetrieben eine bescheidene Existenzgrund-

34 Engels, Friedrich, Die deutsche Reichsverfassungskampagne, a. a. O., S. 130 f.

35 Vgl. Hessisches Hauptstaatsarchiv, Wiesbaden, Abt. 5, Nr. 268, Bd. 10, Politische und Ordnungspolizei, fol. 167 f., Vertrauliche Polizeimitteilungen, Dresden, 7. 7. 1854.

lage. Die Zahl der Meister überwog bei weitem die der Gesellen. 1847 kamen auf 20785 Handwerksmeister einschließlich der selbständigen Weber nur 6 541 Gesellen. Das Schuhmachergewerbe stand 1847 mit 3 170 Meistern und 821 Gesellen an erster Stelle; ihm folgten die Weber an Handwebstühlen mit 3 029 Meistern und 1 724 Gesellen, ferner die Schneider mit 1 957 Meistern und 350 Gesellen, die Maurer mit 1 850 Meistern und 788 Gesellen. Die Zahl der industriellen Arbeiter ohne die an Handwebstühlen beschäftigten Meister und Gesellen betrug 1847 erst 8 501. Der bescheidene Entwicklungsstand der Industrie ist daran zu messen, daß 1847 in der Pfalz erst 16 Dampfmaschinen aller Art vorhanden waren.[36] Obwohl also das Kleinbürgertum vorherrschte, rekrutierten sich die Freiwilligen in der Hauptsache aus den ärmeren Bevölkerungskreisen. Fast die Hälfte, daß heißt 78, waren Arbeiter bzw. Handwerker, dazu kamen zahlreiche kleine Angestellte, während die Winzer und Bauern nur sehr schwach vertreten waren. 34, das heißt 20 Prozent, gehörten freireligiösen Gemeinden an, also jener entschieden demokratischen Bewegung, in der Robert Blum eine führende Rolle gespielt hatte. Der Prozentsatz der Arbeiter unter denjenigen, die nach dem Maiaufstand in Dresden 1849 verhaftet wurden, lag bei weitem höher. August Bebel schreibt in seinen Erinnerungen: "Im Waldheimer Zuchthaus waren nicht weniger als 286 Maigefangene, darunter 148 Arbeiter, untergebracht worden, von denen schon bis zum Jahre 1854 34, also 12 Prozent gestorben waren. Über 42 der Gefangenen war das Todesurteil ausgesprochen worden, die dann zu lebenslänglichem Zuchthaus 'begnadigt' wurden. In der Strafanstalt Zwickau waren 286 politische Gefangene, darunter 239 Arbeiter, eingesperrt worden."[37] In Waldheim waren also 52 Prozent und in Zwickau sogar 84 Prozent der Gefangenen Arbeiter, Prozentsätze, die eindeutig beweisen, daß der Anteil der Arbeiter an den revolutionären Kämpfen größer war als der des Bürger- und Kleinbürgertums.

3. Die deutschen Arbeiter in der Schweiz

Die tapfersten und besten Kämpfer der badisch-pfälzischen Volksarmee, die bis zuletzt der feindlichen Übermacht Widerstand geleistet hatten, zogen sich schließlich unter dem Druck des Gegners auf Schweizer Gebiet zurück. Der Darstellung von Engels zufolge handelte es sich um etwa 9 000 bis 11 000 Mann, darunter das Freikorps Willich mit der Besanconer Arbeiterkolonne.[38] Der Übertritt dieser Männer in die Schweiz leitete eine neue Periode in der Geschichte der dortigen deutschen Arbeitervereine ein, die sich günstig auf die Entwicklung der gesamten deutschen Arbeiterbewegung auswirkte. In seiner ausführlichen Geschichte über "Die Arbeiter in der Schweiz im 19. Jahrhundert" stellt der Berner Professor Erich Gruner fest, daß sich unter den etwa "10 000 Angehörigen der geschlagenen Revolutionsarmee", die am 12. Juli die Schweizer Grenze überschritten, viele Mitglieder der deutschen Arbeitervereine befanden, die im Mai 1849 mit Johann Philipp Becker und August Willich nach Baden geeilt waren, und mithin gesagt werden könne, daß "gerade aus der militärischen Niederlage nun auch die Impulse zur Neubelebung des Vereinslebens stammen. Die deutschen Vereine sehen sich vor die Pflicht gestellt, bei der Aufnahme und Unterbringung der Flüchtlinge aktiv mitzuwirken. Mit diesen und ähnlichen neuen Aufgaben ziehen auch Zuversicht und ein gewisser Corpsgeist in die Vereine ein."[39] In den Arbeitervereinen in Genf, in Zürich, in Bern und anderen Orten entwickelte sich tatsächlich im Sommer 1849 wieder ein reges politisches Leben. Mitglieder des Bundes der Kommunisten wie Peter Imandt aus Krefeld, Wilhelm Wolff und andere wirkten in den Arbeitervereinen. Der junge Wilhelm Lieb-

36 Vgl. Höfle, Anton, Die Gewerbeordnung der Pfalz seit der französischen Revolution bis 1868, München 1908, S. 32 - 40.
37 Bebel, August, Aus meinem Leben, Bd. 1, Berlin 1953, S. 65 f.
38 Vgl. Engels, Friedrich, Die deutsche Reichsverfassungskampagne, a. a. O., S. 189, 191, 195.
39 Gruner, Erich, a. a. O., S. 321 f.

knecht war im Genfer Arbeiterverein eifrig tätig. In der kurzen Liebknecht-Biographie von Eisner heißt es: "Er hielt dort (im Genfer Arbeiterverein - K. O.) Vorträge über das Kommunistische Manifest, über Demokratie, Proportionswahl und namentlich über die politischen Vorgänge der Vergangenheit und Gegenwart. Damals versuchte Liebknecht zum erstenmal die sozialistische Beeinflussung des Proletariats. Er wurde bald Präsident des Vereins, und als die deutschen Arbeitervereine der Schweiz sich zusammenschlossen, Obmann des Bundes."[40] Engels, der etwa Ende August/Anfang September 1849 mit Liebknecht in Genf zusammenkam, veranlaßte diesen, bald darauf in den Bund der Kommunisten einzutreten.[41]

Die Bestrebungen der Arbeitervereine in der Schweiz, sich zu einem Bund zusammenzuschließen, waren getragen von dem Gedanken, für künftige revolutionäre Kämpfe besser gerüstet zu sein. Peter Imandt, der im Berner Arbeiterverein wirkte, schrieb am 3. Mai 1850 an Marx: "Wir warten hier, wie ihr wohl auch in England, auf die Revolution, und wenn nicht von Zeit zu Zeit eine französische Wahl oder ähnliches uns von dem Leben der Geschichte benachrichtigte, wir könnten dahin kommen, zu glauben, daß mit dem Tode des großen deutschen Parlaments auch der Gedanke an Auferstehung flöten gegangen sei. Eine Schwäche, die zu entschuldigen ist, wenn man daran denkt, daß wir hier ein gut Teil Leichengeruch in der Gestalt von Reichsparlamentsrittern tagtäglich vor Augen und Nasen haben. Alle diese Leute haben sich von ihrer Erstarrung noch nicht erholt ..."[42] Karl Vogt und andere ehemalige Parlamentarier wandten sich gegen die Arbeitervereine und ihre Bestrebungen.[43] Als sich die Vertreter der Arbeitervereine am 18. Februar 1850 in Murten zu einem Kongreß versammelten, um sich zu einem festen Bund zu vereinigen, war für die Gegner der Arbeiter der Augenblick gekommen, mit Hilfe des Schweizer Bundesrates gegen die Vereine vorzugehen. Die in Murten versammelten Delegierten wurden verhaftet, und einige Wochen später, am 22. März 1850, faßte der schweizerische Bundesrat den Beschluß, die Mitglieder der deutschen Arbeitervereine, die nicht die Schweizer Staatsangehörigkeit besaßen, auszuweisen. Seine Maßnahmen gegen die Arbeitervereine begründete der Bundesrat in einer 58 Seiten umfassenden Druckschrift.[44] Es wurde auf Grund der beschlagnahmten Papiere als erwiesen betrachtet, "daß die deutschen Arbeiter in der Schweiz, behufs einer neuen Revolution, welche nicht nur die Throne, sondern auch die sozialen Einrichtungen, zunächst Deutschlands vernichten sollten, sich organisierten, und ihre geistigen und materiellen Kräfte dazu in Bereitschaft zu setzen suchten."[45] Der Ausweisungsbeschluß des Bundesrats wurde von der Angst vor einer sich mehr und mehr festigenden Arbeiterklasse diktiert, die die Lehren aus den Ereignissen der Jahre 1848/49 zog, den Kampf nicht aufgab und bewußt und zielgerichtet für eine revolutionäre Umwälzung, für eine neue gesellschaftliche Ordnung eintrat. Über die Zahl der Ausgewiesenen besteht Unklarheit. Angeblich sollten auf Anweisung des Bundesrates die Listen mit den Namen der Ausgewiesenen streng vertraulich behandelt werden. Tatsächlich sind aber Namenslisten in die Hände der Polizei einzelner deutscher Bundesstaaten geraten, angeblich "durch Unvorsichtigkeit ein-

40 Eisner, Kurt, Wilhelm Liebknecht. Sein Leben und Wirken, 2. erw. Aufl. Berlin 1906, S. 27.

41 Vgl. Marx/Engels, Werke, Bd. 7, a. a. O., S. 637.

42 IISG, Marx/Engels-Nachlaß.

43 Vgl. Marx, Karl, Herr Vogt, in: Marx/Engels, Werke, Bd. 14, Berlin 1961, S. 410 f.

44 Bericht und Beschluß des schweizerischen Bundesrathes in Sachen der deutschen Arbeitervereine, Bern/Zürich 1850, S. 56. (Staatsarchiv Dresden, Ministerium des Innern, Nr. 17 a, Die Deutschen Arbeitervereine in der Schweiz und in Deutschland selbst betreffend, Nr. 1850, fol. 146 - 174.)

45 Ebenda; vgl. auch Wermuth/Stieber, Die Communisten-Verschwörungen des 19. Jahrhunderts, Reprographischer Nachdruck der Ausgabe Berlin 1853-54, 2 Teile in einem Band, Hildesheim 1969, 1. T., S. 159.

zelner kantonaler Behörden."[46] Doch Wermuth/Stieber meinten, daß die Listen "wohl auf diplomatischem Wege allen deutschen Regierungen seiner Zeit zugegangen sind und ergeben, daß die Ausweisung sich über 296 deutsche Arbeiter erstreckte, welche, soweit sie sich nach Deutschland begaben, wohl allenthalben unter gehörige polizeiliche Aufsicht genommen sein werden."[47] Balser weist darauf hin, daß der Schweizer Bundesrat in einem Schreiben an das badische Ministerium des Auswärtigen vom 18. April 1850 die Übersendung der geforderten Namenslisten strikt ablehnte, "da dies einer 'Auslieferung' gleichkäme", und sich daraufhin Baden die Listen "auf dunklen Wegen" beschaffte, und zwar durch den preußischen Gesandten von Savigny. Desgleichen übermittelte am 4. Mai 1850 die Bundeszentralkommission dem badischen Außenministerium eine Liste mit 239 Namen, unterzeichnet von den beiden preußischen Vertretern Peucker und Boetticher.[48] Am 14. Mai 1850 übersandte der "Große Rath der freien Stadt Frankfurt" dem Polizeiamt der Stadt ein Exemplar der Namensliste der Ausgewiesenen[49], die am 11. Mai 1850 von der Bundeszentralkommission übermittelt worden war. Diese Liste enthält 271 Namen. Aus den Angaben ergibt sich, daß die Ausgewiesenen folgenden Berufen und Ländern angehörten:

B e k l e i d u n g s g e w e r b e

93 Schneider:

davon 30 aus Baden
28 aus Württemberg
6 aus Hannover
2 aus Bayern
5 aus hessischen Staaten
3 aus Preußen
3 aus Sachsen
1 aus Sachsen-Meiningen
2 aus Frankfurt am Main
2 aus Mecklenburg
4 aus Hohenzollern-Hechingen
1 aus Oldenburg
1 aus Schleswig
1 aus Liechtenstein (Fürstentum)
1 aus Frankreich (Departement Bas-Rhin) bzw. Elsaß
1 aus Österreich (Wien)
1 aus Dänemark
1 aus Schweden

64 Schuhmacher:

davon 22 aus Baden
3 aus der Pfalz
17 aus Württemberg
6 aus Bayern
4 aus Preußen
4 aus Sachsen
1 aus Sachsen-Anhalt
4 aus hessischen Staaten
1 aus Waldeck
1 aus Hohenzollern-Sigmaringen
1 aus Schleswig

46 Gruner, Erich, a. a. O., S. 395.

47 Wermuth/Stieber, a. a. O., S. 160. - In verschiedenen deutschen Zeitungen erschienen im April Meldungen aus Bern, in denen über die Ausweisung der deutschen Arbeiter berichtet wurde. So heißt es in der Meldung "Bern, den 2. April", in Freimütige Sachsen-Zeitung, Nr. 92, Extrabeilage: "Die Untersuchung hinsichtlich der deutschen Arbeitervereine in der Schweiz ist geschlossen. Die Zahl der Ausgewiesenen soll über 400 betragen haben." Im Dresdner Journal, Nr. 99, 1850, heißt es in einer Meldung aus Bern: "Die ganze Zahl der zur Ausweisung Bestimmten beträgt 560."

48 Balser, Frolinde, Sozial-Demokratie 1848/49 - 1863, Stuttgart 1962, S. 267. - Diese im Badischen Generallandesarchiv Karlsruhe befindliche Liste mit 239 Namen liegt der im Quellenband, S. 639, veröffentlichten Zusammenstellung der Berufe der ausgewiesenen deutschen Arbeiter zugrunde.

49 Hessisches Hauptstaatsarchiv Wiesbaden, Abt. 5, Nr. 264, fol. 8 - 12, beigefügt fol. 13 eine Liste mit 58 Namen der ausgewiesenen Mitglieder des deutschen Arbeitervereins in Zürich. Ein Vergleich mit der Namensliste der 271 Ausgewiesenen ergibt, daß diese Liste neben den 55 ausgewiesenen Mitgliedern des Züricher Vereins noch die Namen von 2 Mitgliedern des Baseler Vereins und von einem Mitglied des Vereins in Winterthur enthält.

4 Posamentiere:
davon 1 aus Baden
1 aus Hessen-Darmstadt
1 aus Sachsen
1 aus Preußen
2 Gerber:
davon 1 aus Baden
1 aus Hessen-Darmstadt
2 Kürschner:
davon 1 aus Württemberg
1 aus Bayern
5 Sattler:
davon 1 aus Württemberg
2 aus Hannover
1 aus Österreich
1 aus Ungarn
2 Gürtler:
davon 1 aus Sachsen
1 aus Holstein

Holzverarbeitende Berufe

23 Schreiner:
davon 4 aus Baden
4 aus Württemberg
3 aus Preußen (1 aus Köln)
3 aus hessischen Staaten
1 aus Sachsen
1 aus Thüringen
1 aus Schwarzburg-Sondershausen
1 aus Bayern
1 aus Hannover
1 aus Österreich
2 aus Ungarn
1 aus Dänemark
3 Tischler:
davon 2 aus Württemberg
1 aus Sachsen
1 Drechsler aus Baden
4 Wagner:
davon 1 aus Baden
1 aus Württemberg
2 aus hessischen Staaten
4 Bürstenmacher:
davon 2 aus Württemberg
1 aus Braunschweig
1 aus Rheinpreußen (Koblenz)

Metallverarbeitende Berufe

1 Messerschmied aus Württemberg
1 Mechaniker aus Baden
10 Schlosser:
davon 2 aus Baden
4 aus Württemberg
1 aus Bayern
1 aus Hessen-Darmstadt
1 aus Mecklenburg
1 aus Polen
2 Spengler:
davon 1 aus Bayern
1 aus Kurhessen
4 Büchsenmacher:
davon 1 aus Baden
1 aus Württemberg
2 aus Preußen

Baugewerbe

6 Glaser
davon 2 aus Baden
3 aus Württemberg
1 aus Bayern
3 Zimmerleute:
davon 1 aus Württemberg
1 aus Sachsen
1 aus Hannover
2 Tapezierer:
davon 1 aus Baden
1 aus Hamburg

Druck- und Buchgewerbe

2 Schriftsetzer:
davon 1 aus Sachsen
1 aus Hessen
3 Buchdrucker:
davon 1 aus Württemberg
1 aus Hamburg
1 aus Rheinpreußen (Köln)
4 Buchbinder:
davon 2 aus Hessen-Nassau
1 aus Hannover
1 ohne Angabe
1 Buchhändler aus Frankfurt am Main
1 Lithograph aus Rheinpreußen (Trier)
1 Kupferdrucker aus Hessen-Darmstadt
1 Graveur aus Sachsen-Gotha

Verschiedene Berufe

2 Küfer:
davon 1 aus Baden
1 aus Württemberg
2 Fabrikarbeiter aus Württemberg
1 Kutscher aus Württemberg
1 Uhrmacher aus Baden
1 Klaviermacher aus Sachsen
1 Vergolder aus Baden
2 Hafner aus Württemberg
1 Schreiber aus Baden
1 Arzt aus der Pfalz
10 ohne Berufsangabe, und zwar davon 2 auch ohne Angabe der Herkunft, die übrigen aus Baden, Württemberg, hessischen Staaten, Hohenzollern-Sigmaringen, Mecklenburg und Schleswig-Holstein.

Die 271 Ausgewiesenen gehörten folgenden deutschen Arbeitervereinen an:

56 dem Arbeiterverein in Basel
55 dem Arbeiterverein in Zürich
30 dem Arbeiterverein in Winterthur
28 dem Arbeiterverein in Schaffhausen
21 dem Arbeiterverein in Lausanne
12 dem Arbeiterverein in Thun
10 dem Arbeiterverein in Freiburg
31 dem Arbeiterverein in Bern
7 dem Arbeiterverein in Pruntrut
7 dem Arbeiterverein in Vivis
7 dem Arbeiterverein in Burgdorf
7 dem Arbeiterverein in St. Imier.

Laut "Bericht und Beschluß des schweizerischen Bundesrats in Sachen der deutschen Arbeitervereine in der Schweiz" hatten diese 12 Vereine zusammen etwa 310 bis 320 Mitglieder.

Der Überblick vermittelt ein aufschlußreiches Bild von der Zusammensetzung der organisierten Arbeiterbewegung. Zwar überwog die Zahl der Schneider und Schuhmacher, doch zeigt sich, daß bereits Arbeiter aus allen wichtigen Berufszweigen erfaßt wurden. Zahlenmäßig waren zwar die Arbeiter aus den der Schweiz benachbarten Ländern Baden und Württemberg am stärksten vertreten, aber der Anteil der Arbeiter aus den übrigen deutschen Staaten darf keineswegs unterschätzt werden. Im übrigen hat auch die Aktion gegen die deutschen Arbeitervereine in der Schweiz die Entwicklung der Arbeiterbewegung zwar behindern, aber nicht aufhalten können. In den Jahren 1850/1851 erlebten die Vereine in Deutschland wieder einen Aufschwung, der sich in gesteigerter Aktivität ausdrückte.[50]

50 Vgl. Obermann, Karl, Zu den Propaganda- und Flugblattaktionen des Bundes der Kommunisten in Deutschland 1850/51, in: Beiträge zur Geschichte der Arbeiterbewegung, Nr. 5/1971, S. 785 f.

Jb. f. Wirtschaftsgeschichte 1973/IV

KARL MARX UND FRIEDRICH ENGELS ÜBER DIE "TRADITIONELLE" BAUERNGEMEINDE IN RUSSLAND UND DEREN ENTWICKLUNG NACH AUFHEBUNG DER LEIBEIGENSCHAFT[1]

von S. D. Zak

Marx und Engels bekundeten ein stetiges und unveränderliches Interesse an den sozialökonomischen und vor allem an den landwirtschaftlichen Verhältnissen in Rußland nach der Aufhebung der Leibeigenschaft. Rußland war ein halbeuropäisches und halbasiatisches Land mit riesigem Territorium, einer vielschichtigen Wirtschaftsstruktur, einer merkwürdigen Kombination mannigfaltiger ökonomischer, geographischer und demographischer Bedingungen für die Produktion und die Existenz der Menschen; hier verflochten sich die unterschiedlichsten Formen des Bodeneigentums, der Rentenverhältnisse und der Formen der Ausbeutung der Produzenten. Gerade wegen dieser Buntheit und Vielstufigkeit der sozialökonomischen Verhältnisse war Rußland für den Autor des "Kapitals" von besonderem Interesse. Im Vorwort zum dritten Band des "Kapitals" schreibt Engels: "Bei der Mannigfaltigkeit der Formen sowohl des Grundbesitzes wie der Ausbeutung der ackerbauenden Produzenten in Rußland, sollte im Abschnitt über Grundrente Rußland dieselbe Rolle spielen wie im Buch I, bei der industriellen Lohnarbeit, England."[2]

Das besonders lebhafte Interesse der Begründer des Marxismus gegenüber Rußland, gegenüber seinen sozialökonomischen und politisch-ideologischen Problemen war auch durch parteipolitische Ursachen hervorgerufen worden.

Bis zum Krimkrieg und den Reformen von 1861 sahen Marx und Engels in Rußland (im Zarismus) die Hauptreserve der europäischen Reaktion (den Gendarmen, das Rückgrat des kollektiven europäischen Despotismus). In den siebziger und achtziger Jahren betrachteten sie Rußland als Reserve der europäischen Revolution. Sie waren davon überzeugt, daß der Kampf der Russen für die bürgerlich-demokratische Revolution den Kampf der Europäer für die proletarisch-sozialistische Revolution in Europa ergänzen würde. Marx und Engels waren, wie Lenin schrieb, "vom freudigsten Glauben an die russische Revolution und ihre gewaltige Bedeutung für die ganze Welt erfüllt."[3]

Außerdem verstanden Marx und Engels sehr gut, daß das Problem der Agrarverhältnisse, insbesondere die Frage des "Agrarkommunismus", außerordentlich große Bedeutung für die revolutionär-demokratischen Kräfte in Rußland hatte.

1 In "Grundrisse der Kritik der politischen Ökonomie" spürt Marx der Entwicklung der östlichen, der antiken und der germanischen Gemeinde nach. In der dem Leser vorliegenden Arbeit wird den Ansichten von Marx und Engels über die russische Gemeinde nachgegangen, die (in diesem oder jenem Maße) bis zur Periode der durchgängigen Kollektivierung der Dörfer in der UdSSR existierte. Der vorliegende Artikel soll eine Fortsetzung jener Arbeit sein, die wir in diesem Jahrbuch im Jahre 1970 veröffentlicht haben. (Vgl. Jahrbuch für Wirtschaftsgeschichte 1970, T. 1, S. 19 - 38.)

2 Marx/Engels, Werke, Bd. 25, Berlin 1964, S. 14; vgl. auch ebenda, Bd. 33, Berlin 1966, S. 549.

3 Lenin, W. I., Werke, Bd. 12, Berlin 1959, S. 374.

Um die Möglichkeit zu haben, tiefgründig und mit Sachkenntnis über die innere und äußere Situation Rußlands zu urteilen, erlernten Marx und Engels die russische Sprache und studierten Rußland viele Jahrzehnte lang.

In der russischen Bibliothek von Marx gab es zum Beispiel eine umfangreiche Literatur über Ökonomie und Statistik - 100 Bände landstatistischer Sammelwerke; Jahrbücher des Ministeriums der Finanzen; kriegsstatistische Sammelbände; Sammelbände über verschiedene Gouvernements; Arbeiten über den Bodenanteil der Dorfgemeinde von J. Janson, N. Rusanow, P. Sokolowski, A. Posnikow, M. Kowalewski, N. Danielson, N. Utin, N. Tschernyschewski, P. Semjonow Tjan-Shanski, A. Koscheljow, K. Kawelin, J. Samarin, A. Haxthausen, K. Axakow, M. Pogodin, I. Wernadski, B. Tschitscherin, I. Beljajew, V. Sergejewitsch, M. Bakunin, G. Plechanow und vielen anderen.[4]

Die Konspekte von Marx über sozialökonomische Fragen Rußlands umfassen nicht weniger als 1 500 Druckseiten. Aus russischen Büchern und offiziellen Veröffentlichungen in den Bibliotheken von Marx und Engels wird augenscheinlich, daß sie über die mannigfaltigsten Informationsquellen zu den wichtigsten sozialökonomischen Problemen der Entwicklung Rußlands und insbesondere über die Agrarverhältnisse und den Agrarkommunismus verfügten (sie erhielten sogar oft Veröffentlichungen, die nur für den Dienstgebrauch bestimmt waren).

Was die Frage des Wesens und der Perspektiven der Entwicklung der russischen Bauerngemeinde betrifft, so hat Marx bei all seiner Bescheidenheit wiederholt hervorgehoben, daß er das Problem der ökonomischen Entwicklung Rußlands im allgemeinen, insbesondere das der Bodengemeinde, "lange Jahre hindurch" erforscht habe, indem er "Spezialuntersuchungen" durchführte, Material aus offiziellen und anderen Primärquellen schöpfte, um "die ökonomische Entwicklung Rußlands in voller Sachkenntnis beurteilen zu können."[5] Engels schrieb nicht zufällig, daß er niemanden kenne, der Rußland so gut verstand wie Marx, nach innen wie nach außen.[6] Lenin erwähnte in den neunziger Jahren ebenfalls, daß Marx und Engels mit der russischen Sprache vertraut waren und russische Bücher lasen, daß sie mit Sympathie die russische revolutionäre Bewegung beobachteten und Beziehungen zu russischen Revolutionären unterhielten.[7]

Marx und Engels nutzten behutsam und überaus kritisch die Literatur aller Richtungen der gesellschaftlichen Ideen Rußlands. Sie schufen eine erste und vollständige Konzeption des Wesens und der Evolution der traditionellen russischen Bauerngemeinde.[8]

4 Über die russische Bibliothek Marx' vgl. Archiv K. Marksa i F. Engel'sa, Bd. 4, Moskau/Leningrad 1929; Ginsburg, F., Russkaja biblioteka K. Marksa i F. Engel'sa, in: Gruppa "Osvoboždenie truda", Moskau/Leningrad 1926; Kočetkova, M., Russkie knigi v biblioteke Marksa, in: Kommunist, Nr. 6/1968; Konspekte der Arbeiten russischer Autoren und offizieller Veröffentlichungen siehe in Archiv Marksa i Engel'sa, Bd. 11, Moskau 1948, Bd. 12, Moskau 1952, Bd. 13, Moskau 1955.

5 Marx/Engels, Werke, Bd. 19, Berlin 1962, S. 108; vgl. auch ebenda, S. 243.

6 Ebenda, Bd. 36, Berlin 1967, S. 527.

7 Lenin, W. I., Werke, Bd. 2, Berlin 1961, S. 13.

8 Alekseev, Ju. G., V. I. Lenin o nekotorych čertach russkoj obščiny konca XIX v., in V. I. Lenin i problemy istorii, Leningrad 1970, behauptet, daß zu Marx' Zeit sehr wenig positive Angaben über die Geschichte der russischen Gemeinde vorhanden gewesen wären. Deshalb sei Marx gezwungen gewesen, konkrete Angaben fast ausschließlich slawophiler Literatur und der Literatur der Narodniki zu entnehmen. Dieser Umstand habe Marx' "Einschätzung sowohl der Gemeinde selbst wie auch der Perspektiven ihrer Entwicklung beeinflußt." (Ebenda, S. 348.) Indirekt schlägt der Autor dem Leser vor, die Ansichten von Marx und Engels über die russische Gemeinde äußerst kritisch zu betrachten, weil sie von der slawophilen, volkstümlerischen Literatur beeinflußt wären. Man

Aus dem komplizierten Komplex von Fragen, die mit den Agrarverhältnissen in Rußland zusammenhängen, hoben Marx und Engels besonders die Frage über die russische Bauerngemeinde hervor. Und das geschah nicht zufällig. Nach Engels' Meinung bedeutet, die Geschichte der deutschen Bauernschaft zu schreiben, die Geschichte der Entstehung, der Blüte und des Verfalls der deutschen Gemeinde, der Mark aufzuzeichnen. Dieser Gedanke von Engels ist ebenso wahr und aktuell für Rußland, wo alle Stufen der gesellschaftlichen Entwicklung vertreten waren, alle Zwischenstadien der Zivilisation - nach den Worten Engels' - "von der Urgemeinschaft bis zur modernen Großindustrie und Hochfinanz"[9].

Marx und Engels schrieben über die breite Ausdehnung des Agrarkommunismus, der in Rußland nach der Aufhebung der Leibeigenschaft neben ihr sowie neben dem sich entwickelnden Kapitalismus und dem zaristischen Despotismus bestanden hat. "Rußland", schrieb Marx, "ist das einzige europäische Land, in dem sich die 'Ackerbaugemeinde' im nationalen Maßstab bis auf den heutigen Tag behauptet hat"[10], das Land, wo sich ungefähr die Hälfte des gesamten bestellten Bodens im Gemeineigentum der Bauerngemeinden befindet und mindestens fünfzig Millionen Menschen unter den Bedingungen des Gemeineigentums am Boden leben.[11] Schon 1893 hielt es Engels für möglich, den primitiv-kommunistischen Charakter des Fundaments in Rußland eine noch aus der Zeit vor der Zivilisation stammende Gentilgesellschaft zu nennen. Auf diesem Fundament und mit diesem Material, schrieb Engels, wirkt und operiert der Kapitalismus.[12]

Es ist nicht verwunderlich, daß im 19. Jahrhundert die Bauerngemeinde Gegenstand leidenschaftlicher Diskussionen war, an denen sich die Vertreter verschiedener Klassen, Strömungen und Richtungen des gesellschaftlich-politischen Lebens (Slawophile, Bürgerlich-Liberale, kleinbürgerliche Romantiker, revolutionäre Demokraten und Marxisten) beteiligten. Die bäuerliche Gemeinde diente nach den Worten Jefimenkos "als Zeichen und Losung ... in ihr trafen und trennten sich die Parteien, formierten sich die Richtungen."[13] An den Diskussionen nahmen solche periodischen Veröffentlichungen wie "Russkij vestnik", "Russkaja beseda", "Delo", "Otečestvennye zapiski", "Kolokol", "Sovremennik" und andere aktiv teil.

Die ersten Wortgefechte im vergangenen Jahrhundert über das Wesen und das Schicksal der russischen Dorfgemeinde entbrannten in den vierziger und fünfziger Jahren, nach dem Erscheinen der dreibändigen Arbeit von A. Haxthausen über die von ihm unternommene Reise durch den europäischen Teil Rußlands.[14]

muß diese alte Legende, daß Marx angeblich mit den russischen Angelegenheiten nur ungenügend vertraut gewesen sei und wegen der Einseitigkeit seiner Informationen nur oberflächlich hätte urteilen können, kategorisch zurückweisen. Man muß noch beachten, daß die direkten Zeugenaussagen von Marx selbst darüber, daß er völlig kompetent über die ökonomischen Vorgänge in Rußland urteilte, nicht 1847, sondern 1877 abgegeben wurden, nicht in einem Privatbrief, sondern gegenüber der russischen Redaktion der "Otečestvennye zapiski", wobei Marx wohl wußte, welche äußerst große Bedeutung jedem seiner Worte beigemessen wurde.

9 Marx/Engels, Werke, Bd. 36, a. a. O., S. 307; vgl. auch ebenda, Bd. 39, Berlin 1968, S. 417.

10 Ebenda, Bd. 19, a. a. O., S. 389.

11 Ebenda, Bd. 22, Berlin 1963, S. 425, 427.

12 Ebenda, Bd. 39, a. a. O., S. 149. - Engels nahm an, daß in Rußland die moderne Großindustrie "auf die ursprüngliche Bauerngemeinde aufgepfropft ist". (Vgl. seinen Brief an Plechanow v. 26. 2. 1895, in: ebenda, S. 417.)

13 Efimenko, A., Issledovanija narodnoj žizni, Ausg. 1: Obyčnoe pravo, Moskau 1884, S. 363.

14 August Freiherr von Haxthausen (1792 - 1866), westfälischer Gutsbesitzer, Jurist, untersuchte im Auftrage der preußischen Regierung 1829 - 1838 die Agrarverhältnisse in Preußen und bewies bereits in seinen Veröffentlichungen darüber ein reges Interesse an

Man muß jedoch hervorheben, daß der Meinungsstreit über die bäuerliche Gemeinde in Rußland (über ihre Lebensfähigkeit und die Strategie in bezug auf sie) mit dem Erscheinen von Marx' "Kapital" in Rußland besonders heftig entbrannte. Die Frage, ob in Rußland Kapitalismus existiert oder nicht, wurde mit der analogen Frage in bezug auf die bäuerliche Gemeinde verknüpft. V. I. Sassulitsch schrieb mit ernster Besorgnis an Marx, daß die Frage der Dorfgemeinde eine Frage "von Leben und Tod ... für unsere sozialistische Partei" sei. Sie formulierte die Frage so: Entweder die Gemeinde ist, wenn sie unter normale Bedingungen gestellt wird (befreit von der Steuerlast, der Ausbeutung durch den Gutsbesitzer, der Polizeiwillkür usw.) "fähig, sich in sozialistischer Richtung zu entwickeln, das bedeutet, ihre Produktion und die Verteilung der Produkte nach und nach auf kollektiver Grundlage zu organisieren", oder umgekehrt: "Die Gemeinde ist zum Untergang verurteilt." Im ersteren Falle wäre der sozialistische Revolutionär verpflichtet, "alle seine Kräfte der Befreiung der Gemeinde und ihrer Entwicklung zu widmen", im zweiten bliebe ihm nur "festzustellen, in wieviel Jahrzehnten das Land der russischen Bauernschaft in die Hände der Bourgeoisie übergeht, in wieviel Jahrhunderten der Kapitalismus in Rußland eine solche Entwicklung erreicht haben kann, wie in Westeuropa." V. I. Sassulitsch bat Marx, in irgendeiner Form seine Ansichten "über das mögliche Schicksal unserer Dorfgemeinde darzulegen" und zu erklären, kraft welcher "historischen Unvermeidlichkeit alle Länder der Welt alle Phasen der kapitalistischen Produktion durchlaufen müssen."[15] Die letztere Frage V. I. Sassulitschs war durch die These Michailowskis heraufbeschworen worden, nach der das "Kapital" von Marx ein historisch-philosophisches Traktat sei "über den allgemeinen Entwicklungsgang, der allen Völkern schicksalsmäßig vorgeschrieben ist."[16] Marx protestierte scharf gegen diese entstellende Auffassung des Wesens des "Kapitals". In den Entwürfen einer Antwort auf den Brief von V. I. Sassulitsch schrieb Marx: "Ich habe ... die 'historische Unvermeidlichkeit' dieser Bewegung ausdrücklich auf die Länder Westeuropas beschränkt."[17]

Noch früher, bevor er den Brief von V. I. Sassulitsch erhielt, hatte Marx den russischen Revolutionären einen speziellen Artikel über das mögliche historische Schicksal der russischen Gemeinde zu schreiben versprochen.[18] Marx und Engels beteiligten sich aktiv an der Diskussion über die russische Gemeinde, und ihr Briefwechsel mit russischen Politikern (besonders die Entwürfe der Antwort von Marx auf den Brief von V. I. Sassulitsch), aber auch das Nachwort von Engels zu seiner Arbeit "Soziales aus Rußland" und andere Rußland

den Fragen der Landgemeinde. Er war ein Anhänger reaktionärer agrarromantischer Strömungen und stand in persönlichen Beziehungen zu König Friedrich Wilhelm IV. Seine Arbeiten zur Agrarverfassung Preußens müssen im Zusammenhang mit den Bestrebungen des reaktionärsten Flügels der ostelbischen Junker gesehen werden, mit Hilfe des Erbrechts und der Beschränkung des bäuerlichen Grundstücksverkaufs die Schicht der Großbauern als potentielle Gefolgschaft der Junker zu erhalten. Friedrich Wilhelm IV. war ein eifriger Förderer derartiger Bestrebungen. Haxthausen war also in Fragen der Agrarverfassung und der Landgemeinde nicht unerfahren, als er 1843 - 1844 im Auftrage des Zaren Nikolaus Rußland bereiste. Er kam aber offensichtlich auch mit ganz bestimmten vorgefaßten Vorstellungen. Das Ergebnis der Reise ist das Buch Haxthausen, August Freiherr v., Studien über die inneren Zustände, das Volksleben und insbesondere die ländlichen Einrichtungen Rußlands, Bd. 1 u. 2, Hannover 1847, Bd. 3, Berlin 1852.

15 Perepiska K. Marksa i F. Engel'sa s russkimi političeskimi dejateljami, Moskau 1951, S. 299 f.

16 Marx/Engels, Werke, Bd. 19, a. a. O., S. 109.

17 Ebenda, S. 384.

18 Vgl. K. Marks i F. Engel's i revoljucionnaja Rossija, Moskau 1967, S. 423 f.

gewidmete Arbeiten von Marx und Engels haben sehr große Bedeutung für die Klärung ihrer prinzipiellen Ansichten zur traditionellen Bauerngemeinde in Rußland.

Marx und Engels waren vertraut mit dem Vorhandensein verschiedener Typen von Gemeinden im russischen Zarenreich (von Gentilgemeinschaften bis zu Dorfgemeinden), im Kaukasus, in Sibirien, im Norden usw., jedoch ihre Aufmerksamkeit richtete sich auf die traditionelle Dorfgemeinde als Hauptart in den zentralen Gouvernements, die ihrerseits wiederum in den verschiedenen Rayons und unter den verschiedenen Kategorien der Bauernschaft nicht gleichartig war.[19] Auch in den zentralen Gouvernements unterschieden sich die Gemeinden durch gewisse Ungleichmäßigkeiten im Verhältnis des Umfangs des gemeinsamen Landbesitzes und der Bodenanteile, in der natürlichen und ökonomischen Ertragsfähigkeit, im System der Verwaltung und der Selbstverwaltung, im Wohlstand (arme und "aristokratische" Gemeinden), in der inneren Differenzierung der Höfe, im Charakter der Pflichtleistungen usw. Mehr noch, diese Unregelmäßigkeit war nicht nur im Maßstab des Landes, des Gouvernements, sondern sogar innerhalb eines Amtsbezirks (volost') vorhanden. "Die Lage der Gemeinden in ein und demselben Amtsbezirk", schrieb Marx, "ist ebenso unterschiedlich, wie auch die Situation verschiedner Bauern in ein und derselben Gemeinde."[20]

Marx und Engels betrachteten das Wesen und die möglichen Perspektiven der russischen Bauerngemeinde von "rein theoretischen Gesichtspunkten" aus, untersuchten sie als Erscheinung eines bestimmten allgemeinen Typs, wie auch praktisch, unter Berücksichtigung der tatsächlichen in ihnen vor sich gehenden Prozesse.

Sie betrachteten die russische Gemeinde als Institution, die auf einer bestimmten Stufe der Entwicklung bei allen Völkern der Welt gesetzmäßig entstanden ist. Die Typen und Formen der Gemeinde, die in Rußland existierten, kann man, von ihrem Standpunkt aus, mit den Typen und Formen vergleichen, die zu verschiedenen Zeiten in anderen Ländern und Regionen aufgefunden worden waren.[21] Anderenfalls müßte man annehmen, daß Marx seine Analyse der historischen Typen von Gemeinden, die er in dem Manuskript "Formen, die der kapitalistischen Produktionsweise vorhergehn" vorgenommen hat, nicht bei der germanischen Gemeinde abgebrochen hätte. Er hätte natürlich die Untersuchungen mit dem Material über die russische Ackerbaugemeinde fortgesetzt. Es gibt auch direkte Zeugnisse von Marx und Engels über die Möglichkeit, die russische bäuerliche Dorfgemeinde (in ihren Grundzügen) mit in der Geschichte schon bekannten Typen, insbesondere mit den orientalischen und mit den germanischen Typen, zu vergleichen. "Ihr (der russischen Gemeinde - S. Z.) Gegenstück im Westen ist die germanische Gemeinde..."[22] Die russische Gemeinde ist nach Meinung von Marx bis ins kleinste Detail mit dem urgermanischen Gemeinwesen identisch. Der Unterschied liegt im Charakter der Verwaltung (bei den Russen patriarchalische[23], bei den Germanen demokratische) und in der Gesamtbürgschaft, die der russischen Gemeinde auf ei-

19 Vgl. Kačorovskij, K. R., Russkaja obščina, 2. Aufl. Moskau 1906, S. 28 f. - In dieser Arbeit formulierte der Autor sogar eine solche empirische Gesetzmäßigkeit: "Wenn man eine Linie vom Osten Sibiriens bis zu den westlichen Gouvernements des europäischen Rußlands führt, so verläuft sie im allgemeinen folgerichtig von der sich herausbildenden Gemeinde zu der bereits entstandenen und danach zu der sich zersetzenden Gemeinde." (Ebenda, S. 78.)

20 Archiv Marksa i Engel'sa, Bd. 12, a. a. O., S. 128 (Konspekt des Artikels von P. P. Semenov).

21 Vgl. Marx/Engels, Werke, Bd. 32, Berlin 1965, S. 42.

22 Ebenda, Bd. 19, a. a. O., S. 402.

23 Ebenda, Bd. 32, a. a. O., S. 197. - Die Reform von 1861 beseitigte alle Organe der demokratischen Selbstverwaltung, "die jede russische Dorfgemeinde bisher besessen hatte." (Ebenda, Bd. 12, Berlin 1961, S. 681.)

ner bestimmten Etappe eigentümlich ist. In diesem Zusammenhang gab Marx den Fürsten Wassiltschikow der Lächerlichkeit preis, der behauptet hatte, die russische Gemeinde wäre eine Institution, die "ausschließlich den großrussischen Stämmen eigen" sei, aber die Gemeinde, die in der Urzeit bei den Germanen (auch bei den Franken) existiert habe, hätte nichts mit dem russischen "mir" gemein.

Marx schrieb über die Gleichartigkeit der russischen Gemeinde nicht nur mit dem "urgermanischen Gemeinwesen"[24], sondern auch mit der mittelalterlichen deutschen Mark, indem er annahm, daß die letztere jüngeren Ursprungs und der Prototyp der "slawischen Mark" sei. Dabei blieben sowohl in dem urgermanischen Gemeinwesen wie auch in der dieses ablösenden Gemeinde, der Mark, nach Meinung von Marx Züge des Urkommunismus (es gibt keine Gemeinde ohne Urkommunismus) erhalten. Im gegebenen Falle hat Marx offensichtlich die russische Gemeinde in verschiedenen Entwicklungsstadien im Auge.

Leichtfertig wurde im "Vestnik Evropy" (1869, Bd. 10) die Version geschaffen, daß Haxthausen die Ehre der Entdeckung der russischen Gemeinde gebührt. An dieser Version hielten auch Marx und Engels eine Zeitlang fest, zumal gerade Haxthausen das Gemeindeeigentum der russischen Bauern "als etwas ganz Wunderbares in die Welt hinausposaunt."[25] Er betrachtete die Bauerngemeinde in Rußland als eine einzigartige Institution, die organisch aus der slawischen patriarchalischen Familie hervorgegangen ist und dem staatlichen Aufbau Rußlands zugrunde liegt. An der Institution der Gemeinde wies Haxthausen nach, Rußland habe in fertigem Zustand das, was die Sozialisten und Kommunisten im Westen erstrebten. Dennoch entdeckte nicht Haxthausen die russische Gemeinde. Sie war längst durch I. Boltin und A. Radischtschew beschrieben worden.[26] Indem er die russische Gemeinde zu einer Ausnahmeerscheinung erklärte, wiederholte Haxthausen nur den Gedanken der Slawophilen, die überzeugt waren, daß die Gemeinde eine nur Rußland eigentümliche Institution sei, eine Institution, die aus dem "tausendjährigen Leben des russischen Volkes und Staates" hervorgegangen[27] und das Fundament der ganzen russischen Geschichte sei. Es ist interessant, wenn A. I. Koscheljow sich erinnerte, wieviel Zeit er mit Haxthausen in Gesprächen über die russische Gemeinde verbracht hat. "Freilich wird er viele meiner Gedanken als seine ausgeben, man wird jedoch vieles von ihm rascher aufgreifen als von mir."[28] Die "interessante, jedoch wütend reaktionäre Arbeit" (Herzen) Haxthausens[29] hat, wie N. M. Druchinin bemerkt, eine Reihe von Verdiensten. Der Autor lenkt die Aufmerksamkeit auf die vortreffliche Kenntnis der Landwirtschaft (große agronomische Praxis) und die gewissenhafte konkrete Beschreibung der Fakten in chronologischer Ordnung. Haxthausen habe umfangreiches Faktenmaterial gesammelt, von dem sowohl die Anhänger als auch die Gegner der Gemeinde weitgehend Gebrauch machten. Er habe die Aufmerksamkeit der Regierungskreise und breiter Schichten der Gesellschaft auf das Problem der Gemeinde in Rußland gelenkt.[30]

24 Ebenda, Bd. 32, a. a. O., S. 197, 650.

25 Ebenda, Bd. 18, Berlin 1962, S. 562; vgl. auch ebenda, Bd. 36, a. a. O., S. 194.

26 Vgl. Družinin, N. M., Krest'janskaja obščina v ocenke A. Gakstgauzena u ego russkich sovremennikach, in: Eženodnik germanskoj istorii 1968, Moskau 1969, S. 32, u. a.

27 Vgl. die Werke von A. Košelev, A. Chomjakov, I. Kireevskij, K. Aksakov, M. Pogodin, O. Bodjanskij u. a.

28 Koljupanov, N., Biografija A. I. Koševela, Bd. 2, Moskau 1892, S. 331. - "Schon seit langem wird über uns Russen gesagt", bemerkte bitter A. Efimenko, "daß wir nichts wissen könnten, was von den Deutschen nicht in einem Büchlein beschrieben worden ist." (Efimenko, A., a. a. O., S. XI.)

29 Haxthausen, August Freiherr v., a. a. O.

30 Den Versuch einer objektiven Bewertung der Rolle Haxthausens unternahm (wie es scheint als erster) Štejn, V. M., Očerki razvitija russkoj obščestvenno-ėkonomičeskoj mysli XIX - XX vv., Leningrad 1948; vgl. auch Družinin, N. M., a. a. O., S. 28 - 50.

Marx und Engels verfolgten die Diskussion über die Genesis der russischen Gemeinde. Sie wußten gut Bescheid über die Positionen vieler Autoren verschiedener Richtungen in dieser Frage. Die Diskussion zog sich lange hin und war wenig ergiebig. "In der Geschichte gibt es keine einzige Frage", schrieb der bekannte Gemeindehistoriker P. Sokolowski, "die so wenig geklärt worden wäre, wie die Frage der Entstehung der russischen Gemeinde."[31]

Die Schwierigkeit der Erforschung der Genesis und der Entwicklung der Gemeinde besteht unter anderem darin, daß das Leben der kleinbäuerlichen Dorfgemeinde jahrhundertelang durch das Gewohnheitsrecht geregelt wurde und nur sehr selten und spärlich in historischen Quellen festgehalten worden ist. Die Chroniken beschäftigen sich vor allem mit der Beschreibung hervorragender Ereignisse des politischen Lebens. Es ist nicht verwunderlich, daß "im Verlauf vieler Hunderte von Jahren die Gemeinde und die in ihr vor sich gehenden Prozesse von niemandem beschrieben und erforscht wurden."[32] Wenn es aber keine Quellen gibt, urteilen einige Historiker, so existiert die Gemeinde folglich nicht. "Wenn es in den Quellen eine Lücke gibt, so muß eine Lücke in der Forschung bleiben."[33] Gegen dergleichen Thesen wandte sich mit Recht M. F. Wladimirski-Budanow. Er schrieb, daß das Fehlen historischer Quellen über die Gemeinde kein Beweis dafür sei, daß die Gemeinde selbst in der alten Rus̀ nicht existiert hätte.[34] Die großen Lücken in den schriftlichen Quellen sind eine betrübliche Tatsache. Sie wurde von vielen Wissenschaftlern, die sich mit der Gemeinde nicht nur in Rußland, sondern auch in Indien, Indonesien, Afrika usw. beschäftigen, festgestellt.

Was also tun? Eins von beiden: Entweder muß man auf den Versuch einer weiteren Erforschung des Problems verzichten, oder man muß dem Quellenfetischismus abschwören und irgendeinen anderen Weg suchen. In der Tat. Wenn M. Kowalewski zum Beispiel zu seinem Prinzip gemacht hätte: "keine Quellen - keine Gemeinde", so hätte er die verschiedenen Typen der Gemeindestruktur in Indien, im Kaukasus usw. weder entdecken noch beschreiben können. Aber tatsächlich vollbrachte er eine wissenschaftliche Großtat. Bei dieser Gelegenheit sei gesagt, daß gerade Marx Kowalewski zu diesen Forschungen drängte und sich auch auf sie stützte.[35] Marx verfügte, als er lange vor dem Erscheinen der Arbeiten von L. Morgan, I. Bachofen und anderer den Urkommunismus als erste Form der gesellschaftlichen Ordnung aufdeckte, nicht über jene quellenkundliche Basis, die später die Erforscher der Urgesellschaft besaßen.[36] Diese Entdeckung wurde möglich dank der dialektisch-materialistischen Methode, aber auch dank der Anwendung der historisch-vergleichenden Methode durch Marx und Engels bei der Erforschung des Urkommunismus.

Rußland ist ein eigenartiges Naturschutzgebiet der Gemeindeformen. Einige von ihnen blieben als organische Strukturelemente, andere als Resterscheinungen erhalten. Jedoch wie auch immer, sie alle "überlebten" Jahrhunderte, unterschiedliche gesellschaftliche Strukturen und leben noch in der Gegenwart, wobei sie sich in verschiedenen Stadien ihrer Entwicklung befinden. Im Zusammenhang damit erscheint es möglich, die "Lebensgeschichte" der Gemeinde (der verschwundenen und der existierenden) aufzuspüren.

31 Sokolovskij, P., Očerki istorii sel'skoj obščiny na Severe Rossii, Petersburg 1877, S. 1.
32 Kaufman, A. A., K voprosu o proischoždenii russkoj zemel'noj obščiny, in: Russkaja mysl', Bd. 12, Moskau 1907, S. 43 f.
33 Gere, V./Čičerin, B., Russkij diletantizm i obščinnoe zemlevladenie, Moskau 1878, S. 203. (Vgl. Archiv Marksa i Engel'sa, Bd. 12, a. a. O., S. 163.)
34 Vladimirskij-Budanov, M. F., Obzor istorii russkogo prava, Petersburg/Kiew 1905, S. 692.
35 Vgl. Volk, S. S., Karl Marks i russkie obščestvennye dejateli, Leningrad 1969, S. 152 f.
36 Vgl. Marx, Karl, Grundrisse der Kritik der politischen Ökonomie, Berlin 1953, S. 375 - 415.

Die historisch-vergleichende Methode erlaubt es, unmittelbare "lebendige" Wahrnehmungen den kärglichen und einseitigen Angaben der Quellen gegenüberzustellen, sie als Wörterbuch dienstbar zu machen, mit dessen Hilfe man die Sprache der Dokumente (wo sie vorhanden sind) verstehen kann. Mit ihrer Hilfe ist es auch möglich, allgemeine Gesetzmäßigkeiten, Grundzüge der Ähnlichkeit und der Unterschiede dieser oder jener Typen von Gemeinden, zu entdecken und zu fixieren. Die Bodengemeinde war beispielsweise im Verlauf der Jahrhunderte ein "grundlegendes ökonomisches Element" aller Agrargesellschaften. Und in ihren Grundzügen war sie überall gleich ("Ähnlichkeit bis zur Identität"), was natürlich nicht das Vorhandensein unterschiedlicher Formen und verschiedener Stadien der Entwicklung ausschloß. Auf diese Weise hat die Bodengemeinde als klassischer Typ in verschiedenen Ländern gemeinsame Züge und Gesetzmäßigkeiten der Entwicklung.

Es ist bekannt, daß Marx und Engels den reaktionär-utopischen Ansichten Bakunins und Tkatschows äußerst kritisch gegenüberstanden. Sie schrieben mit beißendem Spott über Bakunins These, daß das altslawische Gemeineigentum dem natürlichen kommunistischen Eigentum der russischen Bauern näherrückt.[37] Als "historische Lüge" bewerteten sie die Version, das russische Gemeinwesen sei aus Asien oder Europa hereingetragen worden; über seine Entstehung "infolge des Verbots für die Bauern, sich vom Land zu entfernen"[38] oder infolge der Fiskalpolitik des Staates der Gutsbesitzer. Besonders scharfer Kritik unterzogen Marx und Engels die "Staats"-Theorie der Entstehung der russischen Gemeinde von B. Tschitscherin, der nachweisen wollte, daß die Bodengemeinde des 19. Jahrhunderts eine "Steuergemeinde" sei, organisiert durch die staatliche Macht im fiskalischen Interesse. Diese Gemeinde habe keine tiefen Wurzeln im russischen Volksleben und hänge nicht genetisch mit früheren, inzwischen verschwundenen Gemeindeformen zusammen. Eine Reform sei notwendig, um diese Gemeinde zu beseitigen und dem privaten Unternehmertum der aus dem Zwang des Entwicklungsweges der Gemeinde befreiten Bauern Raum zu geben.[39] Die Konzeption B. Tschitscherins unterstützten V. I. Sergejewitsch, P. N. Miljukow und andere. In Westeuropa wurde sie durch E. Meyer[40] und den reaktionären deutschen Ökonomen A. Wagner aufgegriffen[41]. Letzterer trat, indem er sich der Theorie Tschitscherins als Waffe bediente, wütend gegen das russische Gemeineigentum, gegen das Prinzip des kollektiven Eigentums auf, das auf dem Baseler Kongreß der Ersten Internationale verkündet worden war.

I. D. Beljajew wandte sich gegen Tschitscherin und wies nach, daß die Bodengemeinde noch im 19. Jahrhundert existiert hat, daß sie niemals verschwand, niemals eine patriarchalische Stammesorganisation und ein Produkt der slawischen Lebensweise war.

Gegen die slawophilen und liberalbourgeoisen Ansichten über die russische Gemeinde trat N. G. Tschernyschewski auf, der nachwies, daß die russische bäuerliche Dorfgemeinde keine typisch slawische Erscheinung, kein Produkt staatlicher Macht sei, daß sie tiefe historische Wurzeln habe. Die Gemeinde sei die Folge der ökonomischen Zurückgebliebenheit Rußlands und könne deshalb im Falle eines Sieges der Revolution als wichtiger Stützpunkt für den Übergang der Bauernschaft zum Sozialismus dienen. Man müsse die Gemeinde von der äußeren Gewalt und der kleinlichen Bevormundung befreien usw. Marx verfolgte Tschernyschewskis Hauptargumente zugunsten des gemeinsamen Bodenbesitzes mit großem Interesse und mit Aufmerksamkeit.[42] Einige dieser Gedanken Tschernyschewskis wurden später von Marx kritisch genutzt. Gleichzeitig verhielten sich Marx und Engels ablehnend gegenüber den

37 Vgl. Marx/Engels, Werke, Bd. 28, Berlin 1963, S. 40.
38 Ebenda, Bd. 32, a. a. O., S. 197, 650.
39 Vgl. Čičerin, B., Opyty po istorii russkogo prava, Moskau 1858, S. 57, 227 f.
40 Vgl. Meyer, Eduard, Vvedenie v istoriju drevnosti, Moskau 1907.
41 Vgl. Wagner, Adolf, Abschaffung des privaten Grundeigentums, Leipzig 1870.
42 Vgl. Archiv K. Marks i F. Engel'sa, Bd. 4, a. a. O., S. 391.

Ansichten A. Herzens, der im Gemeineigentum am Boden die Grundlage des sogenannten "russischen Sozialismus" sah, dessen Elemente angeblich in der Natur der slawischen Stämme selbst lägen.

Nach den Überlegungen von Marx und Engels liegen die historischen Voraussetzungen der russischen Gemeinde im Gemeindekollektiv, das sich natürlich gebildet (wie bei anderen Völkern auch) eine Reihe von Metamorphosen durchgemacht hat (indem es die Etappen der Gentilgemeinschaft und der Hausgenossenschaft durchlief) und in einer höheren Phase ihrer Entwicklung in Form der Landgemeinde in die historische Arena trat. Die Landgemeinde war, wie Marx annahm, überall ein Produkt der spontanen Entwicklung und der jüngste Typ der "archaischen" (primären) Formation. Sie barg in sich einen inneren Dualismus, der im Gemeineigentum am Boden einerseits und in der parzellenweisen Bewirtschaftung des Landes andererseits bestand.[43] "Unsere Landgemeinde", schrieb Danielson an Engels, "stellt eine Gruppe von Bauern dar, die gemeinsam eine gewisse Bodenfläche besitzen, aber jedes ihrer Mitglieder bebaut seinen Anteil selbständig." Es ist eine Vereinigung, die auf dem Besitz an Bodenanteilen beruht.[44]

Nach Engels Meinung ist die russische bäuerliche Gemeinde der großen Familiengenossenschaft vom Typ der serbischen und bulgarischen Zádruga vorausgegangen. "... als sie sich auflöste, ist die slawische Zádruga, die deutsche Hausgenossenschaft ... in die Gemeinschaft der getrennten Familien übergegangen ... mit getrennt bewirtschafteten Feldern, aber der periodischen Verteilung unterworfen - das bedeutet, was daraus entstand, ist die russische mir, die deutsche Markgenossenschaft gewesen."[45] Engels betrachtete also die südslawische Hausgenossenschaft (Zádruga) als wahrscheinliche Mutter der russischen Gemeinde.[46]

Im Unterschied zu Plechanow, der wie A. Wassiltschikow und B. Tschitscherin annahm, daß die "russische Landgemeinde nichts mit dem Urkommunismus gemein hat"[47], unterstrichen Marx und Engels die typologische Ähnlichkeit des "mir" mit der Urgemeinschaft der alten Zeit.

Wir wiesen schon weiter oben darauf hin, daß Marx und Engels die Version, die russische Gemeinde sei rein slawischer Natur, sie sei von außen hineingetragen worden, sei durch die staatliche Macht, durch die Leibeigenschaft usw. geschaffen worden, zurückwiesen.

Bezugnehmend auf die Ansichten Tschitscherins über die Genesis der russischen Gemeinde fragt Marx in einem Brief an Danielson: "Wie soll es möglich sein, daß in Rußland diese Institution (die Landgemeinde - S. Z.) als rein fiskalische Maßnahme, als Begleiterscheinung der Leibeigenschaft eingeführt worden sein soll, während sie sonst überall natürlich entstanden ist und eine notwendige Phase der Entwicklung freier Völker bildete?"[48] Marx hebt hier drei Momente hervor:

1. Die Landgemeinde entsteht überall "auf natürlichem Wege, spontan und elementar, und kann nicht "gleich Minerva aus dem Haupte irgendeines administrativen Jupiters"[49] erscheinen.

2. Die Landgemeinde bildet in Rußland wie überall "eine eigene notwendige Phase der Entwicklung". Und schließlich

43 Vgl. Marx/Engels, Werke, Bd. 19, a. a. O., S. 399.
44 Perepiska K. Marksa i F. Engel'sa s russkimi političeskimi dejateljami, a. a. O., S. 169.
45 Marx/Engels, Werke, Bd. 39, a. a. O., S. 457.
46 Vgl. ebenda, Bd. 22, a. a. O., S. 427.
47 Vgl. Plechanov, G. V., Sočinenija, Bd. 2, Moskau/Petrograd 1924, S. 116, 140 u. a.
48 Marx/Engels, Werke, Bd. 33, a. a. O., S. 577.
49 Gurvič, I., Ėkonomičeskoe položenie russkoj derevni, Moskau 1941, S. 21.

3. "spricht alle historische Analogie gegen Tschitscherin" (gegen die Staatstheorie der Schaffung der russischen Gemeinde). Also mißt Marx den historischen Analogien in dieser Frage Bedeutung bei (der Gegenüberstellung, dem Vergleich usw.).

Die Frage danach, auf welchem Wege in Rußland das Gemeindeeigentum historisch entstand, ist nach Marx' Meinung eine "Frage zweiten Ranges und hat überhaupt nichts mit der Bedeutung dieser Einrichtung zu tun."[50] Was Marx und Engels hauptsächlich interessiert, das sind die historischen Perspektiven (das Schicksal) der Entwicklung der bäuerlichen Gemeinde in Rußland und das Verhältnis der revolutionären Kräfte und Richtungen zu ihr.

In vielen Ländern und Regionen ging das Gemeindesystem nicht hauptsächlich infolge des Fortschritts in der Landwirtschaft (das heißt durch ökonomische Ursachen) zugrunde, sondern die Gemeinde starb eines gewaltsamen Todes durch den "Raub fast des gesamten Bauernlandes..."[51] (das heißt durch außerökonomische Ursachen). Die russische Gemeinde nimmt nach Marx' Worten "eine einzigartige Stellung ein, die keinen Präzedenzfall in der Geschichte aufweist. Als einzige in Europa ist sie noch die organische, vorherrschende Form im Landleben eines ungeheuren Reiches."[52] Marx und Engels hielten den Gedanken für richtig, daß die russische Gemeinde die historische Arena nicht verläßt, wie die Gemeinde des Westens sie verließ, daß sie ein "anderes und besseres Schicksal" erleidet.[53] Die Gemeinde in Rußland überlebte alle vorbourgeoisen Strukturen, sie wird bis zu jener Zeit leben, wo die letzte Klassenformation, der Kapitalismus, unter der Last der ihm eigenen Widersprüche zugrunde geht. Unter bestimmten Bedingungen kann die russische Gemeinde den Kapitalismus überleben und "Ausgangspunkt einer kommunistischen Entwicklung" sein.[54] Das hängt jedoch nicht allein von den inneren, sondern auch von den äußeren Voraussetzungen für die Entwicklung der Gemeindestruktur ab.

Wodurch erklärt sich diese ungewöhnliche "Lebensfähigkeit", die Langlebigkeit, die Anpassungsfähigkeit der traditionellen bäuerlichen Gemeinde? Die wesentliche Ursache dabei besteht in dem von Marx und Engels hervorgehobenen Dualismus ihrer Natur. Als geschlossenes, sich selbst verwaltendes System schließt die Gemeinde in sich (in ihrer Struktur) die "begrenzte Gesamtheit" der elementarsten, undifferenzierbaren Bestandteile und Verhältnisse aller künftigen Gesellschaftsstrukturen ein, die sowohl auf dem privaten wie auch auf dem gesellschaftlichen Eigentum basieren, das heißt aller künftigen Gesellschaftsformen. Gerade dieser Umstand gibt der Gemeinde die ungewöhnliche "natürliche Lebensfähigkeit", die Geschmeidigkeit, die Widerstandsfähigkeit, die Anpassungsfähigkeit und Variabilität gegenüber einer beliebigen sozialökonomischen Umwelt. Sie kann unter unterschiedlichen, auch innerlich verschiedenartigen Gesellschaftssystemen leben, indem sie sich in deren lebendes Gewebe einflicht und zu ihrem Bestandselement wird. Gerade diese Eigenschaft der sozialökonomischen Vereinbarkeit der Gemeinde mit einer beliebigen gesellschaftlichen Umgebung ist unserer Ansicht nach das Gesetz ihres Lebens und ihrer Reproduktion (ihrer Erhaltung und Entwicklung). Welche inneren Potenzen der Gemeindestruktur sich voll und ganz entwickeln werden, hängt nicht nur von den inneren Anlagen der Gemeinde ab, sondern auch vom Charakter und dem Grad der Entwickeltheit des historischen Milieus, in dem die Gemeinde lebt und mit dem sie (direkt oder mittelbar) Kontakt hat. Hieraus entspringt die theoretische und faktische Möglichkeit des Überspringens von Stufen der gesellschaftlichen Entwicklung.[55] Auf die Frage nach den möglichen Perspektiven der Entwicklung der russischen

50 Marx/Engels, Werke, Bd. 33, a. a. O., S. 577 (hervorgehoben von uns - S. Z.).
51 Ebenda, Bd. 19, a. a. O., S. 324.
52 Ebenda, S. 404.
53 Ebenda, Bd. 22, a. a. O., S. 426.
54 Ebenda, Bd. 19, a. a. O., S. 296.
55 Vgl. Zak, S. D., Gemeinde und Gemeindeeigentum in Marx' "Grundrisse der Kritik der politischen Ökonomie", in: Jahrbuch für Wirtschaftsgeschichte 1970, T. 1, S. 19 - 38.

Gemeinde (wie auch beliebiger bäuerlicher Gemeinden) gibt der Marxismus eine alternative Antwort. "Ihre (der landwirtschaftlichen Dorfgemeinde - S. Z.) Grundform läßt diese Alternative zu: entweder wird das in ihr enthaltene Element des Privateigentums über das kollektive Element, oder dieses über jenes siegen. Alles hängt von dem historischen Milieu ab, in dem sie sich befindet ... diese beiden Lösungen sind a priori möglich, aber für jede von ihnen ist offensichtlich ein völlig anderes historisches Milieu Voraussetzung."[56]

Folglich kann die Gemeinde kraft ihrer dualistischen Natur Übergangsform sowohl zum Privateigentum (in seinen verschiedenen Varianten) wie auch zur gesellschaftlichen (sozialistischen) Form des Eigentums und der Produktion sein (und historisch erscheint sie auch so). Jedoch ist das Gemeineigentum der Gemeinde selbst, streng gesagt, historisch Eigentum von "Mikroteilen" der Gesellschaft, und in diesem Sinne erscheint es selbst als eine eigentümliche Art von Voraussetzung des Privateigentums. Eine allgemeine Tendenz aller Gemeindestrukturen (von Asien bis Europa) ist das elementare und spontane Hinüberwachsen des Gemeindeeigentums in das Privateigentum (in den unterschiedlichen Formen). Der Sieg der privaten Grundlage der Gemeinde über die kollektive ist ein elementarer, nichtlenkbarer Prozeß. Umgekehrt kann der Sieg der kollektiven Grundlage der Gemeinde über die private kein elementarer, spontaner Prozeß sein.

Marx und Engels waren überzeugt, daß die Gemeinde absolut nirgendwo und nirgendwann aus sich selbst heraus im Stande wäre, eine höhere (kommunistische) Form des Eigentums und der Produktion zu erzeugen. "In der Tat: Nie und nirgends", so hob Engels hervor, "hat der aus der Gentilgesellschaft überkommene Agrarkommunismus aus sich selbst heraus etwas anderes entwickelt als seine eigene Zersetzung"[57], das heißt, verschiedene Formen des Privateigentums (darunter auch die kapitalistische). Engels weist darauf hin, daß die "russische Gemeinde ... Hunderte von Jahren bestanden" hat, "ohne daß aus ihr je ein Antrieb hervorgegangen wäre, aus ihr selbst eine höhere Form des Gemeineigentums zu entwikkeln."[58]

Genauso, fährt Engels fort, verhalte sich die Sache mit der germanischen Mark, mit dem keltischen Clan, der indischen und anderen Gemeinden.

Damit in der russischen Gemeinde die kollektive Grundlage die Oberhand über die private gewinnt, ist es nach den Überlegungen von Marx und Engels notwendig, vor allem den russischen Absolutismus und die Leibeigenschaft zu beseitigen, weiter die Gemeinde von den sie "zerstörenden Einflüssen", von allen Formen der Ausbeutung zu befreien, "und ihr sodann die normalen Bedingungen einer natürlichen Entwicklung [zu] sichern".[59] Und dann kann die Gemeinde dem Kapitalismus entrinnen und "Stützpunkt der sozialen Wiedergeburt Rußlands"[60] werden. Das kann jedoch nur unter bestimmten Bedingungen Wirklichkeit werden, und zwar durch eine siegreiche demokratische Revolution in Rußland und eine sozialistische Revolution im Westen. Nur mit Hilfe des siegreichen westeuropäischen Proletariats würde es gelingen, die russische Gemeinde in eine sozialistische Form des bäuerlichen Lebens umzugestalten.

Folglich kann "die Initiative zu einer solchen etwaigen Umgestaltung der russischen Gemeinde nur ausgehn ... nicht von ihr selbst, sondern einzig von den industriellen Proletariern des Westens."[61] Folglich ist die entscheidende Bedingung für die Erhaltung und die sozialistische Umgestaltung der russischen Gemeinde die gründliche Veränderung des Milieus, die

56 Marx/Engels, Werke, Bd. 19, a. a. O., S. 388 f.
57 Ebenda, Bd. 22, a. a. O., S. 427.
58 Ebenda, S. 426; vgl. auch ebenda, Bd. 39, a. a. O., S. 37 f.
59 Ebenda, Bd. 35, Berlin 1967, S. 167.
60 Ebenda.
61 Ebenda, Bd. 22, a. a. O., S. 427; vgl. auch ebenda, Bd. 18, a. a. O., S. 666.

Schaffung vollkommen anderer (das heißt sozialistischer) ökonomischer, politischer und intellektueller Bedingungen.[62] Und dann, schrieben Marx und Engels, können das Gemeindeeigentum am Boden und die "Volksgewohnheiten" ausgenutzt werden, um "ihren Entwicklungsprozeß zur sozialistischen Gesellschaft bedeutend abzukürzen..."[63]

Marx und Engels enthüllten den reaktionär-utopischen Charakter der Ansichten der russischen Volkstümler, die annahmen, daß die entscheidenden Bedingungen für die Erhaltung und Umgestaltung der russischen Gemeinde in der Gemeinde selbst vorhanden seien und nicht in den grundlegenden Veränderungen des Milieus infolge der sozialen Revolutionen in Rußland und in Europa lägen.

Wichtig ist auch, zu unterstreichen, daß im Zusammenhang mit den Überlegungen über das Schicksal der russischen Gemeinde Herzen und besonders Tschernyschewski den Gedanken von der Verkürzung des Entwicklungsprozesses bei den zurückgebliebenen Völkern vorbrachten und begründeten. Nach Plechanows Worten war durch Tschernyschewski die abstrakte Möglichkeit des unmittelbaren Übergangs der primitiven Gemeinde in die höhere kommunistische Form nachgewiesen worden.[64] Marx und Engels studierten die Arbeiten Tschernyschewskis, dessen Genie sie hoch schätzten, sorgfältig.[65] Sie kannten seine Ideen gut und gingen wohlwollend auf Tschernyschewskis Gedanken über die Spontanität der Entwicklung und den allgemeinverbreiteten Charakter der russischen Gemeinde ein; über die Möglichkeit der Existenz gemeinsamen Bodeneigentums bei fortgeschrittenem Ackerbau, beim Fehlen von Neuaufteilungen zwischen den Mitgliedern der Gemeinde, beim Vorhandensein von Tendenzen in der Gemeinde, deren Entwicklung zu negativen Zügen in ihr führen kann; über die Möglichkeit der Gemeinde, Stufen der Entwicklung zu überspringen usw.[66] Gleichzeitig war Marx und Engels klar, daß Tschernyschewskis Gesichtskreis in gewisser Weise begrenzt war[67], insbesondere im Hinblick auf das Verständnis der Probleme der Gemeinde und der Bedingungen des Übergangs vom Gemeindeeigentum zum gesellschaftlich-sozialistischen Eigentum. So betrachteten Marx und Engels die demokratische Revolution (den Bauernkrieg) in Rußland als Reserve der proletarischen Revolution in Europa. Sie nahmen an, daß sich nur unter Einbeziehung dieser beiden Arten von Revolutionen (der bäuerlichen in Rußland und der proletarischen in Europa), bei deren siegreichem Charakter, bei realer materieller, geistiger und anderer Hilfe des in Europa siegreichen Proletariats die reale Möglichkeit einer nichtbourgeoisen Entwicklung in Rußland und der russischen Gemeinde eröffnen würde.

Tschernyschewski sah dagegen in der proletarischen Revolution in Europa die Reserve des Bauernkampfes in Rußland. Er verstand nicht, daß die Gemeinde aus sich selbst heraus, elementar, nicht die ihr eigentümlichen historischen Entsprechungen entwickeln kann und ein Bauernkrieg dazu nicht genügt.

Marx und Engels (aber auch Tschernyschewski) hielten es nicht für möglich, sich allein auf die theoretische Analyse einer möglichen Evolution der russischen Gemeinde zu beschränken, in der Meinung, daß diese Frage etwa schon durch die Analyse der Fakten entschie-

62 Ebenda, Bd. 39, a. a. O., S. 37.
63 Ebenda, Bd. 22, a. a. O., S. 428.
64 Plechanov, G. V., a. a. O., S. 116.
65 Marx/Engels, Werke, Bd. 22, a. a. O., S. 422 ff.; vgl. auch ebenda, Bd. 23, Berlin 1962, S. 21; Archiv Marksa i Engel'sa, Bd. 4, a. a. O., S. 390 f.
66 Vgl. Archiv Marksa i Engel'sa, Bd. 4, a. a. O., S. 390 f.; Černyševskij, N. G., Sočinenija, Bd. 15, S. 308 f., 557; derselbe, Izbrannye filosofskie sočinenija, Moskau 1938, S. 184 f., 189, 193, 195 u. a.
67 Vgl. Marx/Engels, Werke, Bd. 22, a. a. O., S. 422 f.

den wäre.[68] Deshalb studierten Marx und Engels die offiziellen Quellen, die semstwostatistischen Veröffentlichungen, Monographien und Artikel über die bourgeoise Entwicklungsrichtung der Ökonomik des russischen Dorfes nach der Aufhebung der Leibeigenschaft.[69] Sie lenkten die Aufmerksamkeit insbesondere auf jene Tatsache, daß die Reform von 1861 die Gemeinde unter anormale Bedingungen gestellt hatte. Zwangsweise Abtretung von Bodenstücken, Ablösegelder, fiskalischer Zwang, die Ausbeutung durch die Gutsbesitzer, Händler und Wucherer - all das "hat innerhalb der Gemeinde selbst den bereits vorhandenen Interessenkonflikt entfesselt und die Keime der Zersetzung in ihr rasch entwickelt."[70]

Marx unterstrich beim Konspektieren der Arbeit von P. P. Semjonow (Tjan-Schanski) das Vorhandensein einer bedeutenden Vermögensdifferenzierung innerhalb der Gemeinde. So gab es zum Beispiel in einem der Murajewer Amtsbezirke des Gouvernements Rjasan - der aus 20 Gemeinden früherer Gutsbesitzerbauern bestand und 800 Höfe zählte - nach der Reform von 1861 in den Dörfern 40 Prozent arme und unvermögende Höfe. Und Marx ruft aus diesem Anlaß aus: "Ein gutes Resultat des gemeinsamen Besitzes an Boden!"[71]

Engels konstatierte im Nachwort zu der Arbeit "Soziales aus Rußland" (1894), daß "sowohl der Kapitalismus wie die Auflösung der Bauerngemeinde in Rußland große Fortschritte gemacht" haben.[72] Rußland, schreibt Engels, geht vom primitiven Agrarkommunismus zum kapitalistischen Industrialismus über, das ist mit dem Verschwinden alter und der Entstehung neuer Klassen verbunden.[73]

Marx und Engels sahen, daß der Kapitalismus in Rußland lebhaft voranschritt, daß Rußland alle "verhängnisvollen Mißgeschicke" der kapitalistischen Ordnung zu erleiden begann.

Im Zusammenhang mit den Überlegungen über das Schicksal des Kapitalismus und der bäuerlichen Gemeinde in Rußland formulierte Marx die außerordentlich wichtige These über die Spezifik des sogenannten Prozesses der vorläufigen (ursprünglichen) Akkumulation des Kapitals in Rußland.

Im "Kapital" weist Marx bekanntlich nach, daß der Herausbildung des Kapitalismus der Prozeß der Expropriation der kleinen Produzenten zugrunde liegt, der sie von den Produktionsmitteln (und folglich auch von den Existenzmitteln) losreißt. Das arbeitende Privateigentum verwandelt sich in nichtarbeitendes, auf Lohnarbeit begründetes. In klassischer Form setzte sich dieser Prozeß in England durch, und seinem Beispiel folgten die anderen Länder Westeuropas.[74]

In Rußland, schreibt der Autor des "Kapitals", war das Land niemals Privateigentum der russischen Bauern[75], oder das bäuerliche Privateigentum war von verhältnismäßig geringfügigem Ausmaß.[76] Deshalb kann der Kapitalismus in Rußland unter den Bedingungen der Expropriation der Mehrheit der Bauern, das heißt nach den Worten von Marx, der Mehrheit des russischen Volkes, eine Armee von Lohnarbeitern schaffen. Insoweit das Bauerntum in riesigem Maße in Ackerbaugemeinden organisiert ist, kann der Prozeß der Expropriation "durch die vorhergehende Abschaffung ihres Gemeineigentums"[77], durch die Umwandlung

68 Vgl. Černyševskij, N. G., Izbrannye filosofskie sočinenija, a. a. O., S. 185. - Nach Plechanovs Worten bedeutet das: "Übergehen von der Algebra zur Arithmetik ... sich der Statistik zuwenden, der Einschätzung des inneren Verlaufs der Entwicklung". (Plechanov, G. V., Sočinenija, a. a. O., S. 117.)

69 Vgl. Archiv Marksa i Engel'sa, Bd. 11, 12, 13, a. a. O.

70 Marx/Engels, Werke, Bd. 19, a. a. O., S. 393.

71 Archiv Marksa i Engel'sa, Bd. 12, a. a. O., S. 128. - Marx würdigt hier kritisch di Angaben von P. P. Semjonow, gruppiert sie auf seine Art und korrigiert sie.

72 Marx/Engels, Werke, Bd. 22, a. a. O., S. 432.

73 Vgl. ebenda, Bd. 38, Berlin 1968, S. 305. 74 Vgl. ebenda, Bd. 19, a. a. O., S. 384.

75 Ebenda. 76 Vgl. Archiv Marksa i Engel'sa, Bd. 12, a. a. O., S. 49.

77 Marx/Engels, Werke, Bd. 19, a. a. O., S. 397.

ihres Gemeineigentums in Privateigentum vor sich gehen.[78] Dabei besteht durchaus keine Notwendigkeit, bemerkt Marx, die Ackerbauern zwangsweise von ihrem Land zu vertreiben (wie das zum Beispiel in England geschehen ist) oder das Gemeineigentum durch einen Ukas abzuschaffen. Man kann für die werktätigen Bauern eine solche Situation schaffen, bei der sie selbst aus den Dörfern weglaufen und die eigenen Felder vernachlässigen. "Geht doch", schreibt Marx, "und nehmt den Bauern das Produkt ihrer landwirtschaftlichen Arbeit über ein gewisses Maß hinaus weg, und es wird euch trotz eurer Gendarmerie und eurer Armee nicht gelingen, sie an ihre Felder zu fesseln!"[79] Unter diesen Bedingungen, daß dem Bauern das Produkt "über ein bestimmtes Maß hinaus" weggenommen wird, wird das Eigentum zur ökonomischen und juridischen Fiktion, zur qualvollen Last. Folglich ist der wesentlichste Faktor hier, daß dem Produzenten der Anreiz zur Bearbeitung des Bodens entzogen wird, daß die materielle und moralische Interessiertheit an der landwirtschaftlichen Arbeit nicht mehr vorhanden ist.[80]

Auf diese Weise, nahmen Marx und Engels an, würde "das alte Rußland unwiederbringlich zu Grabe" gehen. "Auf seinen Ruinen baut sich auf das Rußland der Bourgeoisie."[81] Deshalb empfahlen sie den russischen Revolutionären, "in Zukunft mit einem kapitalistischen Rußland zu rechnen..."[82], keine Hoffnungen auf die Gemeinde zu setzen, weil Rußland die große Möglichkeit des Überspringens ("Ignorierens") des Kapitalismus mit all seinen Folgen für das Volk verlieren wird. Man muß nach den Überlegungen von Marx und Engels die Strategie unter Berücksichtigung der Tatsache ausarbeiten, daß der Sozialismus in Rußland nicht ein Produkt der Gemeindestruktur (Gemeindesozialismus) sein kann, sondern das Produkt der bourgeoisen Entwicklung sein muß. Folglich muß man seine Hoffnungen auf das industrielle Proletariat setzen, und Lenin schrieb, "... daß es deshalb auch keinen anderen Weg zum Sozialismus geben kann als über die Arbeiterbewegung."[83]

Marx und Engels hielten das Volkstümlertum für eine internationale Erscheinung; man müsse es "überall, sei es das deutsche, das französische, das englische oder das russische, bekämpfen..."[84] Und sie bekämpften es. Es genügt, an eine Reihe von Artikeln von Engels unter der Bezeichnung "Flüchtlingsliteratur" zu erinnern, in denen die reaktionär-utopischen Ansichten von Bakunin, Tkatschow und Herzen über die kommunistischen Instinkte der russischen Bauern der Lächerlichkeit preisgegeben werden, an die kritischen Äußerungen von Marx über das Buch von B. Fleruwski, über die Arbeit von N. Utin und andere, wo die Autoren die Gemeindeordnung idealisieren und es für möglich halten, daß die russische Gemeinde aus sich selbst heraus den Sozialismus hervorbringt, ohne soziale Revolution in Rußland und in Westeuropa usw.

Fast die gesamte Literatur bis zur marxistisch-leninistischen über die Gemeinde betrachtet, wie Lenin erwähnt, die Gemeinde von juristischer, agrikultureller, administrativer und sittlicher, jedoch nicht von politisch-ökonomischer Seite. Dennoch kann kein marxistischer Autor beim Analysieren des Problems ohne diese Literatur auskommen. Obwohl Marx, Engels, Plechanow und Lenin diese Literatur außerordentlich kritisch benutzten, boten sie ihnen reiche Informationen. Uns erscheint der Versuch, die gesamte slawophile und volkstümlerische Literatur zur Frage der russischen Gemeinde zu erfassen, weder gerechtfertigt noch objektiv. Das Erbe der Schöpfer des wissenschaftlichen Kommunismus lehrt uns,

78 Vgl. ebenda, S. 401.
79 Ebenda, S. 392.
80 Bedauerlicherweise ist diese historische Form der Ausbeutung der Ackerbauern, die durch die herrschenden Klassen Rußlands (und anderer Länder) praktiziert wurde, bisher fast nicht erforscht worden.
81 Marx/Engels, Werke, Bd. 22, a. a. O., S. 258.
82 Ebenda, Bd. 38, a. a. O., S. 305.
83 Lenin, W. I., Werke, Bd. 1, Berlin 1961, S. 288.
84 Marx/Engels, Werke, Bd. 37, Berlin 1967, S. 374.

wie notwendig es ist, die vormarxistische Literatur über die Gemeinde auszunutzen, sich mit den Konspekten von Marx und Engels zu dieser Frage genügend vertraut zu machen.

Wenn Marx und Engels die Richtung der bourgeoisen Entwicklung im Rußland nach der Aufhebung der Leibeigenschaft wissenschaftlich bestimmten, so begründeten die russischen Marxisten, und vor allem Plechanow und Lenin, wissenschaftlich die Stufe dieser Entwicklung.

Lenin hielt die Tatsache für lehrreich, daß Marx, der den Prozeß der Entstehung des Kapitalismus in der Landwirtschaft einer rein theoretischen Analyse unterzogen hatte, auf die Auflösung der Bauernschaft als einen wichtigen Faktor dieses Prozesses hingewiesen hatte.[85] Lenin zeigte, daß die Gemeinde zur tiefsten und dauerhaftesten Grundlage des Kapitalismus wird, der innerhalb der Gemeinde entsteht, sich neben und auf ihr entwickelt. Unter dem Druck des Kapitals geht der Prozeß der "Entbauerung" der Bauernschaft, die Auflösung der Gemeinde- und der Nichtgemeindedörfer vor sich.[86]

Jedoch zum Zeitpunkt der Oktoberrevolution 1917 waren diese Prozesse (der Zerfall der Gemeinde, die "Entbauerung") noch nicht abgeschlossen. Weder dem Kapitalismus noch dem Stolypinregime war es (weder ökonomisch noch außerökonomisch) gelungen, die traditionelle bäuerliche Gemeinde völlig zu vernichten. Die russische Gemeinde zersetzte sich (jedoch sie war nicht untergegangen), sie ging dem Zerfall entgegen (aber sie war nicht zerfallen).

Marx und Engels drückten sich, wie wir sahen, ziemlich bestimmt über die Erscheinung der Differenzierung und der Zersetzung der russischen Gemeinde nach der Aufhebung der Leibeigenschaft aus, indem sie das Schicksal der Gemeinde mit dem Schicksal des Kapitalismus in Rußland in Zusammenhang brachten.[87] Sie nahmen jedoch an, daß sich der Prozeß des Verfalls der Gemeinde sehr lange fortsetzen könne[88] und daß der Untergang der russischen Gemeinde "keine historische Unvermeidlichkeit sei"[89]. Nach den Worten von Marx und Engels richten die Gemeinde nicht so sehr die elementaren Kräfte der ökonomischen Gesetze zugrunde, sondern vielmehr die brutale äußere Einmischung in ihr Leben. Sie sprechen mit Sarkasmus über die Feinde der Gemeinde, die vorsätzlich "die von ihnen selbst der Gemeinde geschlagenen Wunden als natürliche Symptome ihrer Altersschwäche"[90] bezeichneten, die behaupteten, daß die Gemeinde das Elend hervorrufe (und es nicht lindere)[91], daß sie fast die einzige Ursache der Stagnation und des Rückschritts in der Landwirtschaft sei. Nicht zufällig verfolgt Marx beim Konspektieren des Buches von Koscheljow aufmerksam die Argumente der Gegner der Gemeinde und ihrer Opponenten.[92] Marx hebt besonders jene Stellen aus dem Buch Koscheljows hervor, wo der Autor darauf hinweist, daß die Gemeinde die Unabhängigkeit der Masse der Menschen sichere, daß die Gesamtbürgschaft kein Attribut der Gemeinde sei, sondern mit der Nichtübereinstimmung zwischen den Einnahmen aus dem Boden und den darauf liegenden Verpflichtungen zusammenhänge (die Verpflichtungen übersteigen die Einnahmen, der Landbesitz verliert seinen Sinn). "Zwingt einem Menschen verlustbringendes Vermögen auf als sein persönliches Eigentum, und ihr seid gezwungen, ihn daran anzuketten, andernfalls würde er es im Stich

85 Vgl. Lenin, W. I., Werke, Bd. 3, a. a. O., S. 228 f.
86 Ebenda, S. 167 - 182; vgl. auch Bd. 17, Berlin 1962, S. 120 ff.
87 Vgl. Nečkinaja, M. V., Karl Marks o Rossii, in: Ežegodnik germanskoj istorii 1969, Moskau 1970, S. 25 - 27.
88 Marx/Engels, Werke, Bd. 39, a. a. O., S. 149.
89 Ebenda, Bd. 19, a. a. O., S. 400.
90 Ebenda.
91 Ebenda, Bd. 32, a. a. O., S. 649 f.
92 Vgl. Archiv Marksa i Engel'sa, Bd. 12, a. a. O., S. 140 - 144, 146 ff.

lassen oder davon weglaufen." "Die Leute verarmen und fliehen vor solchem Eigentum."[93] Marx lenkt die Aufmerksamkeit auf solche Momente wie die Konzentration der Bevölkerung in den Dörfern, die gegenseitige Hilfe, die Möglichkeit des Schulbesuchs durch die Kinder, die positiven Momente des Fruchtfolgezwangs, den Schutz der Bauern vor dem Elend und der Willkür der Reichen usw.

Als ernste Schwäche der russischen Landgemeinde betrachteten Marx und Engels (ebenso wie auch Lenin) ihre wirtschaftliche Isoliertheit, "die fehlende Verbindung zwischen dem Leben der einen Gemeinde mit dem der anderen..."[94] Jedoch diese ökonomische Isoliertheit betrachteten sie nicht als einen der bäuerlichen Gemeinde immanenten Charakterzug, obwohl er überall, wo man diesen "lokalgebundenen Mikrokosmos" antreffe, einen zentralen Despotismus über die Gemeinden aufrichte. Marx und Engels maßen für die Überwindung dieses Zuges der Gemeinde der Entwicklung des modernen Transportwesens, der Veränderung der Struktur der Verwaltung und Selbstverwaltung der Gemeinde, der Entwicklung der Arbeitsteilung usw. große Aufmerksamkeit bei.

Marx und Engels nahmen an, daß unter bestimmten Bedingungen die kleinbäuerliche Wirtschaft im Vergleich mit der gemeinschaftlichen keine Vorzüge hat, weder in agrotechnischer noch in sozialökonomischer Beziehung. Das parzellierte Bodeneigentum und die parzellenweise Bodenbewirtschaftung schließen "jede Anwendung moderner landwirtschaftlicher Verbesserungen" aus, verwandeln den Landmann in den "entschiedensten Feind jeden gesellschaftlichen Fortschritts ... der Nationalisierung des Grund und Bodens", halten ihn "in völliger Unkenntnis der gesellschaftlichen Bewegungen außerhalb seines engen Tätigkeitsfeldes..."[95] Um seine "soziale Stellung" zu sichern, klammert sich der Kleinproduzent an sein nominelles Eigentumsrecht. Wie Engels bemerkt, verliert der freie Kleinbauer, der "den Schutz und die Beteiligung an der selbstverwaltenden Markgenossenschaft verloren" hat, damit seinen Anteil an der Nutzung der früheren gemeinen Mark. "Ohne Marknutzung aber kein Vieh für den Kleinbauern, ohne Vieh kein Dünger, ohne Dünger kein rationeller Ackerbau."[96]

Der Kapitalismus "negiert" nicht nur die Gemeinde, sondern auch die kleinbäuerliche Wirtschaft. Er erwürgt sie und erstickt sie, und gleichzeitig besteht er neben ihr und reproduziert sie. Der Kapitalismus wirkt zersetzend auf die Gemeinde, jedoch dieser verhängnisvolle Prozeß verläuft nicht gradlinig. Die Gemeinde paßt sich an in ihrem eigenen Interesse. Sie widersetzt sich dem globalen Prozeß der "Entbauerung".

Damit der Kapitalismus die Gemeindestruktur ökonomisch zerstören kann, ist ein hohes Niveau seiner Entwicklung erforderlich, eine langandauernde und hartnäckige "Bombardierung" der Gemeinde durch das Kapital. Der russische Kapitalismus am Ende des 19. und Anfang des 20. Jahrhunderts hatte noch keinen solchen Reifegrad erreicht. Dabei muß man berücksichtigen, was Lenin schrieb, daß "auf der Landwirtschaft überhaupt und auf der Bauernschaft im besonderen die Traditionen der alten Zeit, die Traditionen der patriarchalischen Lebensweise am stärksten lasten, was zur Folge hat, daß das umgestaltende Wirken des Kapitalismus (Entwicklung der Produktivkräfte, Veränderung aller gesellschaftlichen Verhältnisse usw.) hier mit größter Langsamkeit und Allmählichkeit zutage tritt."[97] Und so wie der Prozeß der Auflösung der Gemeinde (der Übergang in eine andere Qualität) verschiedene Formen hat und sich nach dem Grad der Tiefe und der Fortgeschrittenheit unterscheidet, so wirkt auch hier das Prinzip der Vereinbarkeit der Gemeinde, nicht nur mit den vorbourgeoisen Systemen, sondern auch mit dem Kapitalismus.

93 Ebenda, S. 146; vgl. Marx/Engels, Werke, Bd. 19, a. a. O., S. 392.
94 Marx/Engels, Werke, Bd. 19, a. a. O., S. 389; vgl. auch Lenin, W. I., Werke, Bd. 1, a. a. O., S. 260 - 269.
95 Marx/Engels, Werke, Bd. 18, a. a. O., S. 61.
96 Ebenda, Bd. 19, a. a. O., S. 329; vgl. auch ebenda, Bd. 22, a. a. O., S. 488.
97 Vgl. Lenin, W. I., Werke, Bd. 2, a. a. O., S. 512.

Die Klassiker des wissenschaftlichen Sozialismus, die berücksichtigten, daß die bäuerliche Gemeinde eine jahrhundertealte Institution des bäuerlichen Volkslebens ist[98], traten immer gegen die zwangsweise Beseitigung der Gemeinde auf, weil "der Bauer überall ein Feind brüsker Veränderung" ist.[99] Lenin hielt ebenfalls eine "grobe Einmischung in das bäuerliche Leben" für unzulässig. Deshalb trat er entschieden gegen die "dümmlichen Projekte einer gewaltsamen Abschaffung der Dorfgemeinde" auf.[100]

Die Schöpfer des Marxismus riefen nicht zur Zerstörung der Gemeinde, sondern zu ihrer Entwicklung und Umgestaltung auf. Sie hielten es - wie weiter oben erwähnt wurde - für notwendig, sie von fiskalischen und Fronlasten sowie von administrativ-polizeilichen Pflichten (Lenin), von allen Formen ihrer Ausbeutung zu befreien und sie in freie demokratische landwirtschaftliche Genossenschaften, in einen neuen sozialistischen Gemeindetyp zu verwandeln. Marx schrieb in den Entwürfen der Antwort auf den Brief von V. I. Sassulitsch, daß eine siegreiche Revolution notwendig sei, "um den freien Aufschwung der Dorfgemeinde" zu sichern, die sich "als ein Element der Überlegenheit über die vom kapitalistischen Regime versklavten Länder entwickeln" wird.[101]

Engels, der länger als Marx die Möglichkeit hatte, die Ökonomik Rußlands nach der Aufhebung der Leibeigenschaft zu beobachten, nahm 1892 (in einem Brief an Danielson) an, daß es nach einer Revolution möglich sein werde, die moderne Ökonomik unter Beibehaltung der Gemeinde zu entwickeln "und diese gleichzeitig so umzuformen, daß sie ein geeignetes und taugliches Instrument für die Organisation dieser modernen Produktion und für die Umwandlung dieser Produktion aus einer kapitalistischen in eine vergesellschaftete Form wird."[102]

Nach Meinung von Marx und Engels ist die Beibehaltung des gemeinschaftlichen Bodenbesitzes und der Bodennutzung unter den Bedingungen einer sozialistischen Umwelt ein günstiger Faktor, der die Bildung von Produktionsgenossenschaften im Dorfe, den Übergang zum Sozialismus in der Landwirtschaft erleichtert. Sie gingen immer von der Voraussetzung aus, daß der Prozeß der Heranführung der Bauern an die neuen Formen der Wirtschaft und des Lebens mit Hilfe der Ausnutzung der Lebensgewohnheiten der Bauern stattfinden muß. Unter den neuen historischen Bedingungen können sich die sozialökonomischen und psychologischen Vorzüge der Gemeinde geltend machen - das traditionelle Vertrautsein mit den kollektiven Formen des Eigentums, mit der genossenschaftlichen Arbeit, der gegenseitigen Hilfe, mit Elementen der demokratischen Selbstverwaltung, der Möglichkeit der Anwendung einer aus dem Rahmen der kleinbäuerlichen Wirtschaft herausgewachsenen Technik usw.

Marx und Engels betrachteten das zukünftige kommunistische Eigentum und die Produktion als "Rückkehr der modernen Gesellschaft zu einer höheren Form des 'archaischen' Typus des kollektiven Eigentums und der kollektiven Produktion..."[103]

Marx und Engels lehren uns, an das Problem der Gemeinde dialektisch heranzugehen: die negativen Züge zu sehen, die für die Gemeinde aufgrund ihrer gesellschaftlichen Natur charakteristisch sind oder die durch die Ausbeuterklassen in sie hineingetragen wurden.

98 Vgl. Marx/Engels, Werke, Bd. 19, a. a. O., S. 390; ebenda, Bd. 22, a. a. O., S. 499f.
99 Ebenda, Bd. 19, a. a. O., S. 389 Anm. (in der Handschrift gestrichen); vgl. auch ebenda, Bd. 22, a. a. O., S. 499 f.; ebenda, Bd. 16, Berlin 1962, S. 568.
100 Lenin, W. I., Werke, Bd. 2, a. a. O., S. 512.
101 Marx/Engels, Werke, Bd. 19, a. a. O., S. 395.
102 Ebenda, Bd. 38, a. a. O., S. 366.
103 Ebenda, Bd. 19, a. a. O., S. 390. - Marx beugt vor: "Man darf sich nur nicht allzusehr von dem Wort 'archaisch' erschrecken lassen." (Ebenda, S. 386.)

sowie die positiven Grundlagen, die im Verlauf von Jahrhunderten durch die Volksmassen hervorgebracht worden sind. Deshalb können ein und dieselben Gemeinde- oder Gentilinstitutionen nach Meinung der Begründer des Marxismus als prächtige und breiteste Grundlage für die Ausbeutung und den Despotismus einerseits, aber ebenso als prächtiger Ausgangspunkt für die Bewegung zum Kommunismus andererseits dienen.[104]

Dies sind einige Gedanken und Ideen von Marx und Engels über das Wesen und die Perspektiven der Entwicklung der russischen Dorfgemeinde im 19. Jahrhundert. Wir sind überzeugt, daß sie große theoretische und praktische Bedeutung für das Verständnis des Wesens und des historischen Schicksals der traditionellen Bauerngemeinde in den modernen Ländern der "dritten Welt" haben werden.

(Übersetzt von Renate Günther)

104 Im Brief an Kautsky (16. 2. 1884) schrieb Engels über Jawa, daß "der Urkommunismus dort wie in Indien und Rußland heute die schönste und breiteste Grundlage der Ausbeutung und des Despotismus liefert..." (Ebenda, Bd. 36, a. a. O., S. 109); in einem Brief an Bernstein (9. 10. 1886) weist Engels nach, daß bei den Bulgaren, "wenn sie türkisch geblieben bis zur europäischen Revolution, die Gentilinstitutionen hätten einen famosen Anknüpfungspunkt gegeben zur Fortentwicklung in den Kommunismus, ganz wie der russische Mir..." (Ebenda, S. 546.)

Jb. f. Wirtschaftsgeschichte 1973/IV

DIE SOZIALÖKONOMISCHE STRUKTUR RUSSLANDS[+]

Das Problem der Mehrbasigkeit

von L. Ivanov † /K. Tarnovskij

Vor der Großen Sozialistischen Oktoberrevolution war Rußland ein durchschnittlich entwickeltes kapitalistisches Land. Diese Einordnung berücksichtigt einerseits die Stelle, die Rußland im Hinblick auf seine Industrieproduktion gegenüber den anderen Ländern einnahm: 1913 stand es in der Weltrangliste der Industrieproduktion an fünfter Stelle. Andererseits besitzt diese Begriffsbestimmung auch einen spezifischen gesellschaftlichen Inhalt: Sie berücksichtigt Charakter und Grad der kapitalistischen Durchdringung seiner sozialökonomischen Struktur.

Während in den entwickelten Ländern Europas und Amerikas der Kapitalismus eine Umwälzung in der Produktionsweise herbeiführte, die praktisch die eigenständige Bedeutung vor- und frühkapitalistischer Wirtschaftsformen aufhob, war in Rußland ein weit vielschichtigeres Bild zu beobachten. Die höchste Stufe der kapitalistischen Produktionsweise - das Industrie- und Bankmonopol, das Finanzkapital - überschnitt sich mit der halbfeudalen Wirtschaft der Gutsherren, mit der Natural- und kleinen Warenwirtschaft auf dem Lande, und im industriellen Bereich bestanden noch die Manufaktur und das Kleingewerbe. Rußlands Wirtschaft hatte somit einen mehrbasigen Charakter.[1]

Die Mehrbasigkeit der sozialökonomischen Struktur, die Verflechtung zwischen für ihre Zeit fortschrittlichen mit rückständigen Wirtschaftsformen einer Gesellschaft - und zwar auch direkt vorkapitalistischen Formen -, war keine ausschließlich auf Rußland beschränkte Erscheinung. Zu einer bestimmten Zeit vollzog sich etwas Ähnliches in allen Ländern, die vor Rußland den Weg der kapitalistischen Entwicklung beschritten.

Dennoch muß die russische Mehrbasigkeit als Spezialfall hervorgehoben werden. Einerseits war die Struktur der Mehrbasigkeit selbst unverhältnismäßig vielschichtiger, und andererseits war der entsprechende Stand der kapitalistischen Evolution in Rußland kein "Durchgangsstadium" wie in den Ländern des frühen Kapitalismus, sondern ein Endstadium: denn es waren nicht kapitalistische Methoden, die es beseitigten, sondern der Verlauf und das Ergebnis der siegreichen sozialistischen Revolution.

Die Mehrbasigkeit drückte der sozialökonomischen Entwicklung des Landes ihren spezifischen Stempel auf und führte zu schärfsten Widersprüchen in allen Bereichen des gesellschaftlichen Lebens. Sie fand ihren Ausdruck in den Beziehungen zwischen den Klassen und Parteien, und sie spiegelte sich in der Politik des Staates wider.

+ Vorliegender Beitrag entstand auf der Grundlage eines Referats, das von den Autoren auf dem internationalen Wirtschaftshistorikerkongreß in Leningrad gehalten wurde.

1 In der sowjetischen Historiographie bezeichnet der Terminus "Basis" (uklad) ein System (eine Gesamtheit) bestimmter Produktionsbeziehungen. Er umschließt also gleichermaßen die eigentlichen Produktionsbeziehungen (die Art der Vereinigung der Arbeiter mit den Produktionsmitteln) wie die Besitzverteilung und die Formen des Austausches. In diesem Terminus vereinigen sich somit ökonomische und soziale Faktoren.

In den fortgeschrittenen westeuropäischen Ländern setzte sich die kapitalistische Produktionsweise als Ergebnis siegreicher oder auch nicht ganz zu Ende geführter bürgerlicher Revolutionen durch. In Rußland war der Wendepunkt zwischen feudalistischer und kapitalistischer Produktionsweise die Reform von 1861. Er fiel also in eine Zeit, in welcher der Kapitalismus den Feudalismus in Europa bereits verdrängt und die industrielle Umwälzung schon stattgefunden hatte. In Rußland aber begann der Kapitalismus damals eben erst seine Kräfte zu sammeln. An die Stelle der alten, von Stagnation befallenen Produktionsweise trat jählings die neue: die dynamische, die mit aller Kraft in die Adern der Volkswirtschaft hineinströmte, die der Routine und dem Stillstand den Kampf ansagte, die Veränderungen auf allen Gebieten anstrebte, ihren Einfluß auf alle Bereiche der Volkswirtschaft ausdehnte und selbst vor den Handelsmärkten der entlegensten Winkel und Randgebiete nicht Halt machte. Aber auf seinem Weg stieß der Kapitalismus auf Hindernisse, die ebenso die kapitalistische Entwicklung selbst wie ihre Einwirkung auf die Volkswirtschaft deformierten. Das wichtigste dieser Hindernisse war die zaristische Autokratie. Sie leistete den halbfeudalistischen Verhältnissen aktive Schützenhilfe, dem Grundeigentum der Adelskaste also und der Bindung der Bauern an dieses Grundeigentum. Das gutsherrliche Grundeigentum - in erster Linie handelte es sich dabei um Latifundien - hatte das System der Fronarbeit nicht nur geschaffen, sondern auch auf jede nur erdenkliche Weise dieses unmittelbare Überbleibsel des Feudalismus konserviert. Diese geschilderten Begleiterscheinungen schufen eine Reihe wichtiger prinzipieller Besonderheiten der kapitalistischen Evolution Rußlands. Die Notwendigkeit einer möglichst schnellen Überwindung der tiefgreifenden ökonomischen Rückständigkeit des Landes führte zu einer unmittelbaren Einwirkung des Staates auf die Wirtschaft in einer Weise, wie sie in der vormonopolistischen Epoche in den Ländern des Westens ungebräuchlich war. So lag der Bau des Eisenbahnnetzes in den Jahrzehnten, die den Reformen von 1861 folgten, formal zwar in Privathand. Faktisch aber vollzog er sich unter direktester Beteiligung des Staates. Eine entsprechende Starthilfe gewährte der Staat auch den neuen Großunternehmen (im Bereich der Metallurgie und des Transportmaschinenbaus). Die Staatsbank beteiligte sich an der Herausbildung und Konsolidierung des Kreditsystems im Lande und übte auf dessen Entwicklung auch einen dementsprechenden Einfluß aus.

Diese auf die Beschleunigung der industriellen Entwicklung ausgerichtete Politik wuchs in den achtziger und neunziger Jahren in eine Politik der Mitwirkung an der kapitalistischen Industrialisierung hinüber. Die objektiven Grundlagen dafür schufen der zu diesem Zeitpunkt erreichte Entwicklungsstand des Kapitalismus und die Möglichkeit, ausländisches Kapital zu nutzen, "überschüssiges" Kapital aus den entwickelten kapitalistischen Ländern. Das Hauptziel bestand in der Errichtung von metallurgischen und Rohstoffbasen. An der Spitze der Triebkräfte und Angelpunkte stand der Bau des Eisenbahnnetzes, der die Nachfrage nach Metallen und mineralischen Rohstoffen in die Höhe trieb. Schon nach einer kurzen Zeitspanne hatte sich ein Sprung in der industriellen Entwicklung des Landes vollzogen: die Länge des Eisenbahnnetzes hatte sich verdoppelt, eine großkapitalistische Industrie war entstanden, in deren Struktur die Produktionsmittel erzeugenden Industriezweige erheblich an spezifischem Gewicht zugenommen hatten. In der Ausbeute an mineralischen Rohstoffen, der Metallgewinnung und im Maschinenbau hatte Rußland Frankreich annähernd eingeholt.

Hatten demnach, wie Karl Marx zum Ausdruck brachte, die Länder der frühen Entwicklung des Kapitalismus "eine lange Inkubationsperiode der Maschinenindustrie durchzumachen, um zu Maschinen, Dampfschiffen, Eisenbahnen etc. zu gelangen"[2], so wurde demgegenüber in Rußland das System der großkapitalistischen Produktion in einer unvergleichlich gedrängteren Frist geschaffen. So entstand in Rußland, nach der Definition von Marx, "eine gewisse Art von Kapitalismus, genährt durch Vermittlung des Staats auf Kosten der Bauern", der "sich gegen die Gemeinde erhoben" hat[3], das heißt also gegen eine von überlebten Zuständen

2 Marx, Karl, Entwürfe einer Antwort auf den Brief von V. I. Sassulitsch, in: Marx/Engels, Werke, Bd. 19, Berlin 1969, S. 389.

3 Ebenda, S. 400.

belastete Agrarordnung. Dieser Weg (oder diese Methode) zur Errichtung des Skeletts einer großkapitalistischen Wirtschaft, von Lenin als Einbürgerung des Kapitalismus "von oben" bezeichnet[4], führte einerseits zu einer - gemessen an den Ländern des frühen Kapitalismus - wesentlich vielschichtigeren sozialökonomischen Struktur in Anbetracht der Herausbildung des staatskapitalistischen Sektors (staatliche Eisenbahnen, staatliche Industrieunternehmen und Banken). Andererseits entstanden frühzeitig staatsmonopolistische Tendenzen, und zwar unmittelbar von dem Zeitpunkt an, in dem Rußland in das imperialistische Stadium seiner Entwicklung eintrat.

Indessen: Während die zaristische Autokratie zur Entwicklung einzelner Industriezweige und des Transportmittels Eisenbahn ihren Beitrag leistete, setzte sie gleichzeitig alle (und damit auch die finanziellen) Hebel in Bewegung, um das gutsherrliche Grundeigentum mit seinen überlebten feudal-leibeigenschaftlichen Wirtschaftsformen zu konservieren. Gerade im Interesse dieser Grundeigentümer beschnitt die zaristische Autokratie die Möglichkeiten zur kapitalistischen Mobilisierung von Grund und Boden, hemmte sie das kapitalistische Unternehmertum auf dem Lande. Die Dorfgemeinde (obščina), die Unveräußerlichkeit von Bodenanteilen (nadely), die Einschränkung der Freizügigkeit - all das verhinderte den Ausbruch der Bauern aus der engen Welt örtlicher Interessen und Möglichkeiten, hielt sie in Abhängigkeit vom Gutsherrn, setzte den - weit über dem Marktpreis liegenden - Pachtzins für Gutsland an die Stelle des Frondienstes. Die einzige Möglichkeit, sich aus den Klammern der Dorfgemeinde zu befreien, bestand für die Bauern im Loskauf. Aber auch diese Möglichkeit, von der zahlenmäßig unbedeutende Schichten des ländlichen Bürgertums Gebrauch gemacht hatten, wurde ihnen von der zaristischen Autokratie genommen, die 1893 den entsprechenden Paragraphen der Verfügung vom 19. Februar 1861 außer Kraft setzte.

Daß die Landwirtschaft sich nur zögernd auf kapitalistische Formen umstellte, fand seinen Niederschlag in allen Zweigen der Volkswirtschaft: bei der Entwicklung von Industrie und Handel, die mit dem engen, in seiner Aufnahmefähigkeit begrenzten Markt zusammenstießen, bei der Einführung neuer Techniken und der Umstellung der Industrie auf rein kapitalistische Grundlagen, bei der anhaltenden Konsistenz der Anfangsstadien der kapitalistischen Entwicklung in der Industrie, bei der "Vereinigung" von Verarbeitungsgewerbe und Ackerbau. Dies alles führte zu einer für Rußland spezifischen Situation: Es kam zu einer Vermengung und wechselseitigen Durchdringung zwischen der für die damalige Zeit progressiven kapitalistischen Produktionsweise und der halbfeudalistischen Basis. So entstanden bestimmte verkrüppelte Entwicklungsformen, die auf das schwerste die Lage des Volkes belasteten, das nun gleichermaßen unter dem Kapitalismus wie unter der unzureichenden Entwicklung des Kapitalismus, wie unter den Überresten der Leibeigenschaft litt.

Hatte also die Mehrbasigkeit der sozialökonomischen Struktur Rußlands einerseits ihre Wurzeln in der viele Jahrhunderte alten Leibeigenschaft, so hing sie andererseits mit dem Charakter und der Vollzugsform des Übergangs zum Kapitalismus sowie mit der Politik der zaristischen Autokratie und der Adelsklasse zusammen - und das nicht nur zum Zeitpunkt der Reform von 1861, sondern auch in der gesamten Folgezeit.

Die genannten Begleitumstände modifizierten in erheblichem Maße den natürlichen Entwicklungsprozeß des Kapitalismus, sein Wachstum "von unten", und damit den grundlegenden und bestimmenden Faktor der kapitalistischen Evolution eines Landes. So war also in Rußland - zum Unterschied von den westeuropäischen Ländern - der Ablauf der einzelnen Stadien des Übergangs von der feudalistischen zur kapitalistischen Produktionsweise in vielem durchlöchert und deformiert. Die ursprüngliche Akkumulation und die industrielle Umwälzung begannen in Rußland bekanntlich noch vor der Reform von 1861. Aber wenn sich auch die industrielle Umwälzung, das heißt der Übergang von der Manufaktur zur Fabrik in der

4 Lenin, W. I., L. N. Tolstoi und die moderne Arbeiterbewegung, in: Werke, Bd. 16, Berlin 1962, S. 335.

verarbeitenden Industrie - der Textil-, metallverarbeitenden und Nahrungsmittelindustrie sowie dem Maschinenbau -, am Ausgang der siebziger/achtziger Jahre vollzogen hat, so erreichte dennoch die ursprüngliche Akkumulation mit dem ihr eigenen Nichtäquivalentenaustausch gerade zu dieser Zeit ihre größte Ausdehnung, und sie behauptete sich auch noch danach.

Ursprüngliche Akkumulation als Ausdruck merkantilen Wucherkapitals existierte nicht nur in den Randgebieten (dem Norden Rußlands, Sibirien, Mittelasien und Transkaukasien), wo die räuberische Ausbeutung der einheimischen Bevölkerung und der örtlichen Reichtümer ganz besonders krasse Formen annahm, sondern auch im Landesinneren, in jenen Gebieten, die abseits der Eisenbahnlinien und der Industrie- und Handelszentren lagen. Zu den räuberischen Elementen der ursprünglichen Akkumulation zählten auch Kaufleute einschließlich der örtlichen kleinen Händler, die mit der Entwicklung des Binnenhandels und des inneren Marktes in wachsende Abhängigkeit von Großhändlern und Handelsfirmen gerieten, während diese ihrerseits wiederum nicht selten mit monopolistischen Verbänden und mit Banken liiert waren. So beteiligten sich die Großindustrie und die Bankiersbourgeoisie an der ursprünglichen Akkumulation, und das nicht nur in der zweiten Hälfte des 19. Jahrhunderts, sondern auch im 20. Jahrhundert, also im Zeitalter des Imperialismus. Die Verflechtung von Prozessen der ursprünglichen mit denen der eigentlichen kapitalistischen Akkumulation zeugte gleichermaßen von der für Rußland charakteristischen raschen Entwicklung der kapitalistischen Produktionsweise in ihren neuesten Erscheinungsformen wie auch von der Konsistenz der patriarchalischen Naturalwirtschaft mit ihrem begrenzten Spielraum auf dem Waren- und Marktsektor, von einer schwachen Entwicklung der Marktwirtschaft und von in Ansätzen steckengebliebenen bürgerlichen Auflösungserscheinungen der Bauernschaft.

In den zwei Jahrzehnten von 1860 bis 1880 vollzog sich ein intensiver Übergang von der Manufaktur zur Fabrik: In steigendem Maße erfolgte der Einsatz von Dampfantriebsmaschinen, Werkzeugmaschinen und Maschinensystemen. In diesem Zeitraum wurden 3 400 neue Fabriken gebaut, das heißt eineinhalb mal so viel, wie zum Zeitpunkt der Reform existierten. Etwa in der gleichen Zeitspanne stieg in der Textilindustrie die Zahl der mechanischen Webstühle von 13 200 auf 50 300. Auch die Arbeitsproduktivität nahm zu: Verallgemeinert man die ausgewerteten Unterlagen von 71 Betrieben, so erhöhte sich die Industrieproduktion um nahezu das Zweieinhalbfache bei einer gleichzeitigen Zunahme der Zahl der Arbeiter um etwas mehr als 70 Prozent. In der Folgezeit nahm das Tempo der Industrialisierung noch zu, wobei die mechanisierten Großunternehmen Hauptträger dieser Entwicklung waren. Das galt besonders für die Zeiten der Konjunktur: die neunziger Jahre des 19. Jahrhunderts und die Vorkriegsperiode von 1909 bis 1913. Der Einfluß der kapitalistischen Produktionsweise löste in allen Zweigen der Volkswirtschaft Veränderungen aus. Die Aufnahmekapazität des inneren Marktes erhöhte sich; ein gesamtrussischer kapitalistischer Markt bildete sich heraus. Er spiegelte die obengenannten Besonderheiten der kapitalistischen Entwicklung wider und repräsentierte dementsprechend gleichermaßen den privatkapitalistischen und den staatskapitalistischen Sektor der Volkswirtschaft. Bei ihren fiskalischen Transaktionen auf dem Markt bemühte sich die Regierung, mit Hilfe eigens dafür geschaffener Institutionen - zum Beispiel das "Komitee zur Verteilung von Eisenbahnaufträgen" (Komitet po raspredeleniju železnodorožnych zakazov) - die Entwicklung der betreffenden Industriezweige zu beeinflussen und sogar auf die Phasen des industriellen Zyklus einzuwirken (wobei ihr das letztgenannte Vorhaben natürlich im wesentlichen mißlang). Die Entwicklung ging "in die Tiefe" und "in die Breite". Überall war sie zu spüren, selbst in den abgeschiedensten Rayonen und Gebieten, die sich weitab vom Zentrum des Geschehens befanden, aber unterschiedlich war der Intensitätsgrad, mit dem die Masse der Bevölkerung von den marktwirtschaftlichen Beziehungen erfaßt und die Wirtschaft auf die neuen kapitalistischen Grundlagen umorientiert wurde. Als Beispiel dafür läßt sich die Transsibirische Eisenbahn anführen, deren Bau entscheidenden Einfluß auf die Entwicklung des riesigen sibirischen Reiches mit seinen gewaltigen Perspektiven ausübte und es in den kapitalistischen Markt einbezog. Aber so wie die

Industrialisierung des Landes unvollkommen blieb, wurde auch die kapitalistische Durchdringung der Volkswirtschaft in ihrer Gesamtheit - was die logische Konsequenz einer solchen Entwicklung gewesen wäre - nicht erreicht. In der sozialökonomischen Struktur Rußlands rückten die bürgerlich-kapitalistischen Verhältnisse an die führende Stelle. Dabei formierten sich auch die Klassen der bürgerlichen Gesellschaft: die Bourgeoisie und das Proletariat. Sie formierten sich ökonomisch mit ihren diametral entgegengerichteten Interessen, und sie formierten sich auch politisch. Besonders deutlich zeigte sich das an den Positionen, die sie bei der Revolution von 1905 bis 1907 bezogen, und den taktischen Schritten, die sie in diesem Zusammenhang unternahmen. Gleiches gilt für alle folgenden Klassenkollisionen im Lande. Das russische Proletariat, das zu einem wesentlichen Teil aus angestammten Arbeitern bestand, erkannte die eigenen Klassenziele und -bestrebungen, noch ehe dies bei der Bourgeoisie der Fall war. Schon in der Mitte der neunziger Jahre vollzog es mit aller Konsequenz seine Umwandlung von einer Klasse "an sich" zu einer Klasse "für sich", während die Bourgeoisie ein solches Stadium erst am Vorabend der Revolution von 1905 bis 1907 erreichte.

Auch bei der Bauernschaft vollzog sich die Aufspaltung in die Klassen der bürgerlichen Gesellschaft mit großer Intensität, ohne daß sich dieser Vorgang jedoch vollendete: Nach wie vor hafteten an der Bauernschaft Züge der alten feudalistischen Leibeigenschaftsordnung, die ihre Rechte beschnitt. Ebenso prägte den Adel noch das alte Ständewesen. Jedoch gab es dabei einen wesentlichen Unterschied: Die Bauernschaft bewahrte Ausdrucksformen ihrer alten ständischen Klasse, weil sie von der Politik der zaristischen Autokratie, von Ausmaß und Art der ökonomischen Entwicklung dazu gezwungen wurde. Demgegenüber fungierte der Adel vor allem als die tragende Kraft des ständischen Grundeigentums, das der kapitalistischen Produktionsweise unversöhnlich gegenüberstand. Dieses Grundeigentum war die Quelle seiner Macht, seiner Privilegien und seines Reichtums. Es gab ihm die Möglichkeit, die Bauernschaft auf der Grundlage des Fronsystems auszubeuten, und so bemühte er sich mit allen Mitteln, seine Vorrechte zu zementieren.

Die weitere Entwicklung der kapitalistischen Verhältnisse nach der Revolution von 1905 bis 1907 und die neue Agrarpolitik der zaristischen Autokratie - die "Stolypinsche Reaktion" (stolypinščina) - verstärkten die Auflösungserscheinungen unter der Bauernschaft. All das führte jedoch nicht zur Beseitigung der Bauernschaft als Stand, da der Antagonismus zwischen der Bauernschaft in ihrer Gesamtheit und den Gutsherren nicht aufgehoben war, wie es auch Lenin wiederholt betont hat.

"Der Leibeigenschaft, den Fronherren und dem ihnen dienstbaren Staat gegenüber bleibt die Bauernschaft nach wie vor eine K l a s s e, und zwar eine Klasse nicht der kapitalistischen, sondern der auf Leibeigenschaft beruhenden Gesellschaft, d. h. eine ständische Klasse."[5]

Auflösung der Bauernschaft bedeutete zugleich auch Ablösung der Natural- durch die Warenwirtschaft, Einbeziehung der Bauernmassen in die marktwirtschaftlichen, kapitalistischen Beziehungen. Diese in Wechselwirkung miteinander verbundenen Prozesse zeigen Entwicklungsgrad und -stand des Kapitalismus auf dem Lande an und in diesem Zusammenhang auch den Spielraum der ursprünglichen Akkumulation. In Rußland zeichneten sich in Umrissen - wenn auch unvollkommen - zwei Arten der bürgerlichen Evolution ab, die mit der bisherigen Entwicklung des Kapitalismus und der Konsistenz der Überreste der feudalistisch-leibeigenschaftlichen Produktionsweise in engem Zusammenhang standen. Der Süden Rußlands, wo die Leibeigenschaft schwächer ausgeprägt war oder überhaupt nicht bestanden hatte, bot das Bild einer schnelleren Entwicklung der Produktivkräfte und des Kapitalismus als das Landesinnere, auf dem die Überreste der Leibeigenschaft in Gestalt des gutsherrlich-adligen Grundeigentums und der Fronarbeit lasteten. Anders ausgedrückt: Die Auflösung der

5 Derselbe, Das Agrarprogramm der russischen Sozialdemokratie, in: Werke, Bd. 6, Berlin 1956, S. 103 (Hervorhebung im Original).

Bauernschaft und folglich auch die Entwicklung marktwirtschaftlicher Verhältnisse vollzogen sich im Süden intensiver als in Zentralrußland. Im Baltikum und in Polen wurden der Feudalismus und die ihm eigenen Ausbeutungsformen der Bauernschaft weit früher unterhöhlt als in russischem Stammland, wo sich infolge der Überreste der Leibeigenschaft in beträchtlichem Ausmaß die patriarchalische Naturalwirtschaft behauptete, wo Wucherunwesen und Verelendung der Bauern stärker ausgeprägt waren. Aufgrund der abgeschiedenen Verkehrslage bestand die gleiche Situation im Norden des europäischen Landesteils, in Sibirien und in Mittelasien.

Nur schleppend konnte sich hier eine marktorientierte Landwirtschaft entwickeln und an die Stelle der Naturalwirtschaft treten. So verwies Lenin noch 1912 auf die ziemlich beträchtliche Konsistenz der Naturalwirtschaft in Rußland, auf die sich Schuldknechtschaft und Abarbeit gründeten.[6] Eine unvermeidliche Begleiterscheinung der Naturalwirtschaft waren die sogenannten Hausgewerbe, das heißt die Verarbeitung von Flachs, Leder, Holz und anderen Rohmaterialien für den eigenen häuslichen Bedarf. Die Entwicklung des Kapitalismus auf dem Lande unterhöhlte zwar das Hausgewerbe; gänzlich konnte sie es jedoch nicht aus der bäuerlichen Wirtschaft verdrängen: in entlegenen Gebieten behauptete es sich noch im 20. Jahrhundert. Bekanntlich war die Koppelung der Landwirtschaft an Hausgewerbe und Fronarbeit die für das Mittelalter typische Wirtschaftsform. In Rußland waren an der Schwelle vom 19. zum 20. Jahrhundert von dem betreffenden Wirtschaftssystem "nur Trümmer zurückgeblieben: die Hausgewerbe und die Abarbeit"[7]. Zum Unterschied von den Hausgewerben, die verfielen, wiesen das Handwerk und insbesondere die Warenproduktion für den Markt durch Kleinproduzenten - Kustargewerbe (kustarničestvo) - eine nach der Reform von 1961 schnell ansteigende Entwicklungskurve auf. In seiner Organisationsform hatte sich das Handwerk nicht weit von seinem früheren Standort entfernt: Gewöhnlich arbeitete es auf Bestellung, und nur sporadisch trat es bei der Warenzirkulation in Erscheinung. Demgegenüber war das Kustargewerbe ganz und gar mit der Warenproduktion verbunden und auf Lohnarbeit ausgerichtet; die Entwicklung der Kustarindustrie wurde zum Gradmesser für die Aufspaltung des Bauernstandes in die Klassen der bürgerlichen Gesellschaft.

Handwerk und Kustargewerbe erwiesen sich unter den damaligen russischen Bedingungen als ziemlich beständige Produktionsformen; sie waren Gradmesser für die Entwicklung der kapitalistischen Produktionsweise, aber zugleich auch dafür, wie schwach sie sich entwickelte. Die Aufhebung der Leibeigenschaft im Jahre 1861 stimulierte das Wachstum von Handwerk und Kustargewerbe, zugleich aber auch deren Übergang in winzigen, fast unmerklichen Schritten zur kleinen Warenproduktion und schließlich zur Manufaktur. In Gebieten, wo sie schon einen spürbaren Entwicklungsstand erreicht hatten, gingen die bäuerlichen Gewerbe nach 1861 in der Manufaktur und schließlich in der Fabrik auf: in anderen Gebieten, wo die Trennung der Industrie von der Landwirtschaft erst eingesetzt hatte, wurde dieser Prozeß nun vertieft und beschleunigt. "Die Verflechtung dieser beiden sich anscheinend widersprechenden Prozesse in einem bestimmten Lande und zu einer bestimmten Zeit schließt in Wirklichkeit keinerlei Widerspruch in sich: es ist ganz natürlich, daß der Kapitalismus in einem entwickelteren Landesteil oder in einem entwickelteren Industriegebiet dadurch voranschreitet, daß er die kleinen Kustare in die Fabrik einbezieht, während in entlegenen Gebieten oder in rückständigen Industriezweigen der Kapitalismus erst seine Entwicklung beginnt und sich darin äußert, daß neue Produktionszweige und Gewerbe entstehen."[8]

6 Derselbe, Das letzte Ventil, in: Werke, Bd. 18, Berlin 1962, S. 237.

7 Derselbe, Die Entwicklung des Kapitalismus in Rußland, in: Werke, Bd. 3, Berlin 1956, S. 385.

8 Derselbe, Die Kustarzählung von 1894/95 im Gouvernement Perm und die allgemeinen Fragen der Kustarindustrie, in: Werke, Bd. 2, Berlin 1961, S. 385.

Wenn die Manufaktur und Fabrik auch die bäuerlichen Gewerbe unterhöhlten und aufsogen, so mißlang ihnen dennoch die Vollendung dieses progressiven Werkes. Man kann sagen, daß bei der Verarbeitung von Faserstoffen, bestimmten Metallen und von Leder die Großindustrie die bäuerlichen Gewerbe so gut wie völlig verdrängte. Bei der Verarbeitung anderer Rohstoffe war das jedoch nicht der Fall. So behaupteten sich in Rußland noch im 20. Jahrhundert neben der Großindustrie eine zersplitterte, mit Heimarbeit verbundene Manufaktur und die kleine Warenproduktion. Natürlich nahmen sie keinen führenden Platz in der Industrie ein, und sie hielten ihre Stellung vorwiegend an der Peripherie, weniger jedoch in den industriellen Zentren selbst.

Das uns vorliegende statistische Material läßt sich schwer zu einem homogenen Bild zusammenfügen; aber es gestattet immerhin einige Rückschlüsse auf den Verbreitungsgrad der einzelnen Industrialisierungsstadien. Nach Angaben für das Jahr 1908 beschäftigte die Großindustrie damals 2,7 Millionen Arbeiter, und der Umfang der Industrieproduktion belief sich wertmäßig auf 4,9 Milliarden Rubel. 1910 zählte die städtische Kleinindustrie 1,2 Millionen Beschäftigte, und es wurden von ihr Waren im Werte von noch nicht einmal ganz 700 000 Rubel erzeugt. In der ländlichen Kleinindustrie waren nach Unterlagen der Semstvo-Behörde 4 Millionen Arbeiter tätig; ein Teil von ihnen führte seine Tätigkeit zweifellos im Dienste von Manufakturen oder Fabriken, in Heimarbeit, in Arbeitsstuben (svetelki), auf Verlagsgrundlage usw. aus. Es muß jedoch in Wirklichkeit eine höhere Beschäftigtenzahl in der kleinen Warenproduktion angesetzt werden, da auch in den Gouvernements, die außerhalb der Zuständigkeit der Semstvo-Behörde lagen, die bäuerlichen Gewerbe stark entwikkelt waren. Nach Berechnungen von Rybnikov erreichte die Produktion der in der kleinen Warenwirtschaft Beschäftigten einen Wert von 1,7 Millionen Rubel.[9]

Ein anderer Wissenschaftler - Rašin - kommt zu folgenden Angaben für 1913: 3,1 Millionen Arbeiter in Industrie und Bergbau und 3 Millionen Beschäftigte in der Kleinindustrie.[10] Wenn auch ihre Berechnungen im einzelnen auseinandergehen, so sind sich doch beide Wissenschaftler darin einig, daß sehr viele Personen in der kleinen Warenwirtschaft tätig waren, teils als selbständige Kleinproduzenten, teils als Lohnarbeiter bei Kustaren, teils aber auch als Manufaktur- und Fabrikarbeiter. Rašin stellte auch Berechnungen über die Zahl der Arbeiter und Kleingewerbetreibenden für 1860 an. Daraus geht hervor, daß es damals 800 000 Industriearbeiter und etwa eben so viele kleine Warenproduzenten in Rußland gab.[11] Eine Gegenüberstellung der Angaben für 1860 und für 1913 verdeutlicht, daß die kleine Warenproduktion in dem betreffenden Zeitraum zwar beträchtlich anwuchs, daß aber die Fabrikindustrie ein noch schnelleres und steileres Wachstum aufwies. Rašin ist ferner der Ansicht, daß in der Zeitspanne vom Ausgang des 19. Jahrhunderts bis zum Jahre 1913 die ländliche Kleinindustrie nicht weiter zunahm.[12] Diese Folgerung dürfte indessen kaum richtig sein. Gewiß stieß das Wachstum der bäuerlichen Gewerbe auf Hindernisse. Aber das gilt in erster Linie für den europäischen Teil Rußlands, während die Randgebiete - wie jüngste Forschungen ausweisen - ein anderes Bild boten.

Am stärksten war die ländliche Kleinindustrie im zentralrussischen Industriebezirk entwikkelt, wo rund 10 Prozent der Bevölkerung in ihr beschäftigt waren. Im Nordwesten und Nordosten des Landes wiesen die örtlichen Gewerbe eine niedrigere Dichte auf. Immerhin war sie auch hier noch ziemlich hoch; der Anteil der im örtlichen Gewerbe Beschäftigten an der Gesamtbevölkerung schwankte zwischen 5 und 10 Prozent. Weit niedriger war er dagegen in allen Rayonen südlich des zentralrussischen Industriegebietes; hier betrug er nur 1 bis 2,5 Pro-

9 Rybnikov, A. A., Melkaja promyslennost' i ee rol' v vosstanovlenii russkogo narodnogo chozjajstva, Moskau 1922, S. 4.

10 Rašin, A. G., Formirovanie rabočego klassa Rossii, Moskau 1959, S. 172.

11 Ebenda.

12 Ebenda, S. 152.

zent der Bevölkerung.[13] Obwohl diese Angaben recht summarisch sind, decken sie sich in exemplarischer Weise mit dem Verbreitungsgrad des Abarbeitungs- und dem des kapitalistischen Systems in der gutsherrlichen Wirtschaftsführung. So dokumentieren sie, wie tief der Kapitalismus in die Landwirtschaft der einzelnen Rayons eingedrungen war und welches Ausmaß der Auflösungsprozeß der Bauernschaft jeweils erreicht hatte.

Zur Veranschaulichung des Verbreitungsgrades der Kleinindustrie lassen sich auch die Ergebnisse der Volkszählung von 1897 heranziehen. Ihnen zufolge gab es damals im Lande 5,2 Millionen Berufstätige im industriellen Sektor. Davon waren 2,7 Millionen Fabrikarbeiter.[14] Somit waren die restlichen rund 2,5 Millionen - bei denen es sich vorwiegend um Angehörige der Landbevölkerung handelte - außerhalb der Großindustrie tätig. Einen besonders starken Anteil hatte die kleine Warenproduktion an der Verarbeitung von Faserstoffen (959 600 industriell Erwerbstätige und 530 100 Arbeiter), von Holz (die entsprechenden Zahlen bezifferten sich auf 410 100 und 173 100), von Metallen (624 900 und 370 900), von pflanzlichen und tierischen Erzeugnissen (343 800 und 194 700), im Bekleidungsgewerbe (1,2 Millionen und 326 500) und im Bauwesen (716 900 und 345 700), in Zweigen also, die nach den Volkszählungsunterlagen der Semstvo-Behörde gerade unter den Bauern am stärksten verbreitet waren.

Infolge seiner kapitalistischen Entwicklung wurde Rußland zum Agrar-Industrie-Staat. Der überwältigende Teil seiner Bevölkerung war in der Landwirtschaft beschäftigt. Ein großer Teil des Nationaleinkommens entfiel gleichfalls auf die Landwirtschaft. Im Zeitraum von 1900 bis 1913 war die Industrie mit 62,2 Prozent und die Landwirtschaft mit 37,8 Prozent (bezogen auf die Preise von 1900) an der Steigerung des Nationaleinkommens beteiligt. Die Kleinindustrie konnte in diesen Jahren gleichfalls einen Zuwachs verzeichnen, wenn auch nur um 17,8 Prozent. Im Transport- und Bauwesen war die Zuwachsrate bis 1913 größer als in der Landwirtschaft. Aus diesen Angaben geht hervor, daß die Entwicklung der Volkswirtschaft auf die Umwandlung Rußlands in einen Industrie-Agrar-Staat hinzielte. Diese Feststellung wird auch dadurch erhärtet, daß der Anteil der Landwirtschaft an der gesellschaftlichen Produktion seit 1900 von 45,4 Prozent auf 43,6 Prozent zurückgegangen war, während umgekehrt die Industrie ihren Anteil von 21,3 Prozent auf 24,9 Prozent steigern konnte.[15] Aber gemessen an den riesigen Naturreichtümern und Rohstoffvorkommen sowie dem technischen Entwicklungsstand vollzog sich diese Umwandlung viel zu langsam.

Die Verdrängung der feudalistischen durch die kapitalistische Produktionsweise oder - wie Lenin es ausdrückte - "die Ablösung der einen Basis durch die andere" (smena ukladov) erfaßte auch die Schwerindustrie. Besonders deutlich zeigt sich das an einem Entwicklungsvergleich zwischen dem Ural und dem Süden Rußlands. Auf der Wirtschaft im Ural lastete ein schweres Erbe der Vergangenheit - das sogenannte "Distriktsystem" (okružnaja sistema) - mit der Konsistenz seiner ständischen Traditionen und seiner Abarbeitsordnung, und damit hingen die langsame Entwicklung und die schlechte technische Ausrüstung der dortigen Industrie zusammen. Eine gewisse Rolle spielte auch die Abgeschlossenheit dieser Rayons vom übrigen Rußland. Die Industriereviere am Donbass und um Krivoj Rog waren demgegenüber von derartigen Belastungen frei. Hier waren die Beziehungen zwischen Bürgertum und Arbeiterschaft von feudalistischen Überresten ungetrübt. So konnten sie die Form reinkapitalistischer Bindungen annehmen, und daraus erklärt sich auch die dortige schnelle Entwicklung der Metallurgie und der Steinkohlenförderung, die Anwendung technisch fortgeschrittener Produktionsverfahren und die frühzeitige Entstehung monopolistischer Verbände.

13 Rybnikov, A. A., a. a. O., S. 32 f.

14 Obščij svod po imperii rezul'tatov razrabotki dannych pervoj vseobščej perepisi naselenija, proizvedennoj 28 oktjabrja 1897, Bd. 2, Petersburg 1907, S. 296; Čislennost' i sostav rabočich v Rossii na osnovanii dannych pervoj vseobščej perepisi naselenija Rossijskoj imperii 1897 g., Bd. 1, Petersburg 1902, Tabelle 2, S. 2.

15 Vajnštejn, A. L., Narodnyj dochod Rossii i SSSR, Moskau 1969, S. 70.

Die ersten Monopole entstanden in Rußland in den achtziger und neunziger Jahren - nicht selten mit Wissen der Regierung und von ihr unterstützt -, aber sie erwiesen sich als unbeständig. Eine neue Welle setzte in der Krisenperiode zu Beginn des 20. Jahrhunderts ein, als sich in einigen Zweigen - vor allem in der Metallurgie und in der Brennstoffproduktion (Steinkohlen- und Erdölindustrie) - Syndikate und schließlich auch Trusts herauszubilden begannen. Endgültig festigte sich der Imperialismus als System mit den ihm eigenen Wesenszügen im Zeitraum von 1907 bis 1914. Insgesamt existierten am Vorabend des ersten Weltkrieges nach äußerst vorsichtigen Schätzungen etwa 150 monopolartige Organisationen, die sich auf fast alle Industriezweige sowie das Bankwesen erstreckten. Mehr oder weniger begannen die Monopole ihren Einfluß auf die gesamte Wirtschaft des Landes auszudehnen.

Der Kapitalismus erfüllte als dynamische Produktionsweise eine progressive Aufgabe: Er richtete die Wirtschaft auf kapitalistische Grundlagen aus. Aber diese Tendenz trat bei weitem nicht immer und überall in reiner, geradliniger Form zutage. So hat der Kapitalismus auf die vor- und frühkapitalistischen Wirtschaftsformen eingewirkt und sie in die marktwirtschaftlichen Beziehungen hineingezogen. In der Rolle eines Mitnutznießers arrangierte er sich zugleich jedoch auch mit dem Wirtschaftssystem der Abarbeit und den leibeigenschaftlich-feudalistischen Überresten. Zwar ist es eine allgemeine Tendenz des Imperialismus, überlebte Ordnungen zu konservieren und sie in sein Profitstreben einzubeziehen. In Rußland aber trat sie besonders kraß in Erscheinung.

Zur Mehrbasigkeit der russischen Wirtschaft trug auch jener Umstand bei, daß die Frage nach dem nationalen agrarkapitalistischen Entwicklungsweg zunächst ungelöst blieb, daß der Kampf zwischen dem "preußischen" und dem "amerikanischen" Weg noch nicht entschieden werden konnte.

So existierten in der sozialökonomischen Struktur Rußlands die patriarchalische Naturalwirtschaft, die gutsherrliche Abarbeit, die halbfeudalistische Wirtschaft, die kleine Warenproduktion und schließlich der Kapitalismus in seinen verschiedenen Formen und Stadien einschließlich des Imperialismus nebeneinander. Diese Basen unterschieden sich untereinander in der Produktionsstruktur und -organisation, in der Art der Vereinigung des Arbeiters mit den Produktionsmitteln, in den Eigentumsformen, in den Einnahmequellen, in dem Entwicklungsstand marktwirtschaftlicher Beziehungen usw. Am tiefsten waren die Gegensätze zwischen dem noch halbfeudalistischen, halbnaturalwirtschaftlichen Agrarsystem und der auf kapitalistischer Grundlage organisierten, hochkonzentrierten und auf den gesamtrussischen Markt ausgerichteten Industrie. Den Grundwiderspruch der gesellschaftlichen Entwicklung des Landes hat Lenin auf folgende gedrängte Formel gebracht: "Der rückständigste Grundbesitz, das unkultivierteste Dorf - aber fortgeschrittenster Industrie- und Finanzkapitalismus!"[16] Innerhalb des von diesen beiden "Zirkelspitzen" abgesteckten Raumes lag das Operationsfeld für die einzelnen, am sozialökonomischen Wirtschaftsleben des Landes unterschiedlich stark beteiligten Übergangsformen des Kapitalismus.

Aus all dem ergibt sich, daß in Rußland zu Beginn des 20. Jahrhunderts eine konfliktgeladene, antagonistische sozialökonomische Struktur bestand. In der wechselseitigen Beeinflussung und Durchdringung der verschiedenen Basen der russischen Wirtschaft offenbarten sich alle Widersprüche der imperialistischen Epoche - Widersprüche zwischen dem Kapitalismus insgesamt und den Überresten des Feudalismus, zwischen den verschiedenen Spielarten des Kapitalismus, innerhalb des entwickelten Kapitalismus und schließlich zwischen dem Imperialismus einerseits sowie den sozialistischen und demokratischen Bestrebungen der Volksmassen andererseits. Dies alles schuf unüberbrückbare soziale Konflikte, die sich in den Positionen der Klassen und Parteien widerspiegelten und schließlich im Endergebnis zum Sieg der bürgerlich-demokratischen und danach der sozialistischen Revolution in Rußland führten.

(Übersetzt von Fedor Kretschmar)

16 Lenin, W. I., Politische Notizen, in: Werke, Bd. 13, Berlin 1963, S. 449.

Jb. f. Wirtschaftsgeschichte 1973/IV

STAAT UND ÖKONOMIE IM LICHTE SCHRIFTLICHER QUELLEN DES 4. JAHRHUNDERTS V. U Z.

Zum Traktat des Xenophon "Über die Einkünfte"

von Ėduard Frolov

Die Krise des klassischen Stadt-Staates - der Polis (Ende des 5. und vor allem 4. Jahrhunderts v. u. Z.) - beschäftigt in jüngster Zeit immer wieder aufs neue die Altertumswissenschaftler. Die Polis war die konkrete Organisationsform der altgriechischen Gesellschaft. Sie war die Basis der rasch zur Blüte gelangenden klassischen Zivilisation und wurde schließlich das Opfer jener progressiven Kräfte, denen sie so nachdrücklich zum Durchbruch verholfen hatte.

In der sozialökonomischen Sphäre kam in der Sklavereigesellschaft der Entwicklung von Großeigentum entscheidende Bedeutung zu, vor allem aber dem auf Sklaverei beruhenden Wachstum des städtischen Gewerbes sowie der Ausdehnung des Wirkungsfeldes für das Wucherkapital. Das führte zur Konzentration des Eigentums in den Händen weniger sowie zum Ruin und zur Verarmung der Masse der freien Bevölkerung. Die soziale Ungleichheit wuchs; die Widersprüche in den gesellschaftlichen Verhältnissen verschärften sich sogar in den Poleis mit demokratischer Ordnung, in denen die politische Gleichheit deklariert worden war und mehr oder weniger auch garantiert wurde, in denen jedoch niemand den Bürgern auch soziale Gleichheit sichern konnte. Gleichzeitig mußte die Polis auch als Staat ihren Bankrott erklären. Sie verfügte nur über sehr beschränkte Möglichkeiten, die den wachsenden Anforderungen der Bürger an diesen Staat nicht mehr genügten. Die Armen bestanden darauf, daß das System der staatlichen Stützungen und Hilfeleistungen (das Problem der τροφή oder διατροφή) bedeutend erweitert würde; die Reichen forderten, damit ihr Eigentum und Leben besser vor den Anschlägen seitens der verarmten Schichten geschützt würde, die Einführung einer strengen, durchgreifenden Ordnung. Da der Polisstaat sich außerstande erwies, diese Forderungen zu erfüllen und damit die Einheit und Übereinstimmung der Bürger zu garantieren, hatte er seine historische Rechtfertigung verloren; mehr noch, er wurde zu einem Hindernis für die weitere ökonomische und politische Entwicklung, die in zunehmendem Maße die engen Grenzen des Stadtstaates sprengte.

Bei der Erforschung der Geschichte des 4. Jahrhunderts v. u. Z., als der Untergang und die Zersetzung der klassischen Polis bereits offensichtlich waren, ergeben sich eine ganze Reihe von Fragen: Welche Veränderungen vollzogen sich im Staat durch den Einfluß der seit dem Ausgang des 5. Jahrhunderts v. u. Z. schwelenden Krise? Welcher Mittel und Wege bedienten sich die herrschenden Kreise der griechischen Stadtstaaten zur Überwindung dieser Krise? Wie hat sich der kompliziert verlaufende soziale und politische Kampf in der Literatur jener Zeit niedergeschlagen, also in den Werken der antiken Philosophen, Historiker, Publizisten und Rhetoren? Licht in diese Fragen zu bringen, ist eine wichtige Voraussetzung, um den Charakter der Entwicklung beurteilen zu können, die die griechische Gesellschaft in der spätklassischen Epoche durchlief, sowie die Wege und Formen des Übergangs von der klassischen Polis zum hellenistischen Staat richtig einzuschätzen.

Große Bedeutung für das unmittelbare Studium dieser Fragen haben die Werke des hervorragenden griechischen Schriftstellers der Spätklassik, Xenophon. Die moderne Wissenschaft hat sich ziemlich lange sehr skeptisch gegenüber seinem Schaffen und seinem literarischen Erbe verhalten. Aus der richtigen Feststellung, daß Xenophons Interesse mehr den praktischen Problemen als abstrakten Spekulationen gegolten habe, wurde geschlossen, er sei oberflächlich und wenig originell gewesen. Seit jedoch dem Übergangsstadium von der Klassik zum Hellenismus in der Forschung breiterer Raum gegeben wird, ergeben sich neue Aspekte. Der oft ziemlich formale Vergleich Xenophons mit anderen bedeutenden Autoren der Klassik, wie zum Beispiel Thukydides oder Platon, kann Xenophons Schaffen nicht richtig werten. Der Formenreichtum, in dem das gesellschaftliche Denken des alten Griechenland seinen Ausdruck fand, darf nicht unbeachtet bleiben. Das gilt auch für die Perspektiven dieser Denkevolution. So bildete sich ein anderes und zweifellos richtigeres Verhältnis zu Xenophon heraus. Man gesteht ihm nunmehr doch eigenes originelles Talent zu.

Xenophon war eine eigenwillige Natur, sehr wendig, reflexionsbereiter Beobachter und praktischer Staatsmann, gelehrter Taktiker und kühner Offizier, Ökonom und gewissenhafter Verwalter seines Hauswesens. Auch seine literarischen Studien bewegen sich auf einem Gebiet, das in höchstem Maße Synthese von Theorie und Praxis ist, auf dem der politischen Publizistik. Als Schriftsteller und Denker zeichnete sich Xenophon stets durch ein besonderes Interesse an den aktuellen politischen Problemen aus, durch Realismus bei der Einschätzung bestimmter Situationen sowie durch Weitsicht in den Urteilen über Künftiges. Gerade diese Eigenschaften befähigten ihn, vornehmlich im Interesse der Poliselite Gedanken zu äußern, die zu Losungen der neuen, hellenistischen Zeit wurden:

- die Idee der Vereinigung der Griechen und des gemeinsamen Feldzuges gegen den Orient;
- die Forderung nach inneren Reformen, insbesondere nach der Schaffung einer starken Staatsgewalt, nach der Erhöhung der ökonomischen Rolle des Staates, nach der Einrichtung einer ständigen Söldnerarmee neben der Bürgerwehr;
- die Feststellung, daß nur eine starke Persönlichkeit, der Monarch, diese und andere Aufgaben zu lösen vermöge.

So wie der Zug der Zehntausend - an dem Xenophon bekanntlich teilnahm - das eigentliche Präludium zum grandiosen Unternehmen Alexanders des Großen wurde, waren die von Xenophon in seinen Werken zum Ausdruck gebrachten Gedanken und Stimmungen ideelle Vorboten des Hellenismus.

Die Analyse der Werke eines Schriftstellers wie Xenophon kann für das Verständnis des Wesens der griechischen Geschichte im 4. Jahrhundert v. u. Z. außerordentlich viel geben. Von ganz besonderer Bedeutung sind seine Traktate über die verschiedensten ökonomischen, politischen und philosophischen Themen, die gemeinhin unter dem allgemeinen Namen "scripta minora" figurieren. Ihre theoretische Bedeutung ist bisher nicht genügend gewertet worden. Wenden wir uns deshalb der Analyse eines dieser Traktate - "Über die Einkünfte" - zu. Unter den politischen Schriften Xenophons nimmt diese einen besonderen Platz ein. Die "Poroi" sind eine wertvolle Quelle für die Einschätzung des sozialökonomischen Charakters der griechischen Poleis im 4. Jahrhundert v. u. Z. und der Reaktion auf diese Situation seitens der intellektuellen Elite der griechischen Gesellschaft. Die besondere Bedeutung des Traktats besteht darin, daß hier ganz speziell die Aufgaben des Polisstaates auf dem Gebiet der Wirtschaft dargelegt und in diesem Zusammenhang einige Gedanken formuliert worden sind, die die Theorie der politischen Ökonomie wesentlich bereichern.

Gegenwärtig wird die Echtheit dieses Traktats und Xenophons Urheberschaft von der Mehrheit der Forscher nicht mehr bezweifelt. Zusammen mit den Traktaten "Hipparchikos" und "Über die Reitkunst" bilden die "Poroi" eine besondere Gruppe der "scripta minora". Darin strebt der Autor danach, Anknüpfungspunkte zwischen aristokratischen und demokratischen Kreisen Athens aufzuspüren. Er schlägt eine ganze Reihe von Reformen vor, die einige "Mängel" der athenischen Demokratie beseitigen, zur "Gesundung" der athenischen Staatsordnung beitragen und sie damit für die oligarchisch eingestellten Schichten der athenischen Bevölkerung annehmbarer machen sollen.

Von den drei Xenophon-Traktaten, die speziell der "Gesundung" des staatlichen Lebens in Athen gewidmet sind, ist das "Über die Einkünfte" zweifellos das interessanteste. Xenophon unterbreitet der athenischen Regierung hier einen weitgehenden Plan ökonomischer Reformen, die den allgemeinwirtschaftlichen Zustand des Landes verbessern und die Staatsfinanzen festigen sollen.

Die Lehrschrift "Über die Einkünfte" ist das einzige Werk Xenophons, dessen Niederschrift zeitlich auf das Jahr genau bekannt ist. Einige Angaben dort weisen darauf hin, daß zur Zeit der Niederschrift der Bundesgenossenkrieg gerade zu Ende gegangen war (De vect. 4,40; 4,43; 5,5 - 5,6; 5,12), während der Heilige Krieg gerade beginnen sollte bzw. schon begonnen hatte (5,8 - 5,9). Der Bundesgenossenkrieg war im Jahre 356/355 beendet (Diod. XVI,22), und der Heilige Krieg begann 355/354 (Diod. XVI,23). Man kann daher mit voller Überzeugung sagen, daß Xenophon diese Schrift 355 (vielleicht um die Mitte des Jahres) verfaßt hat. Erstmalig schlußfolgerte dies Boeckh, dem sich dann die meisten Wissenschaftler anschlossen.[1]

Das Traktat beginnt mit den Worten: "Ich war stets der Auffassung, daß die Staaten so beschaffen sind wie die Regierenden. Da nun jedoch einige, die in Athen ein leitendes Amt innehaben, sich in dem Sinne äußerten, daß sie durchaus nicht schlechter als andere Leute verstehen, was Gerechtigkeit ist, daß sie aber infolge der Armut unter den Volksmassen gezwungen sind dennoch in irgendeinem Maße ungerecht den Bundesstädten gegenüber aufzutreten, so habe ich mich entschlossen zu untersuchen, ob die (athenischen) Bürger sich nicht auf Kosten des eigenen Landes ernähren können, wie es wohl am gerechtesten wäre. Denn ich bin der Meinung, daß, wenn dies möglich wäre, sie gleichzeitig ihrer Armut abhelfen könnten und auch aufhörten den Verdacht der Hellenen zu erregen" (1,1).

Den Grund für die Abfassung dieses Werkes sah der Autor also in Mängeln im politischen Kurs, den ein bestimmter Teil der herrschenden Kreise Athens verfolgte. Er wollte zeigen, wie unbegründet die Beweisführung sei, mit der einige athenische Politiker diesen politischen Kurs zu rechtfertigen versuchten; er beabsichtigte, ein eigenes Programm politischer Maßnahmen zu unterbreiten, die diese Mängel beseitigen könnten.

Diesem Beginn entspricht auch die Anordnung der weiteren Darstellung: Der Autor spricht in der ersten Person Singularis; seinen Vorschlägen gibt er die Form von Belehrungen, die unmittelbar an die athenische Regierung und den Staat gerichtet sind.

Die zitierte Einführung spielt in dem Traktat "Über die Einkünfte" eine sehr wichtige Rolle. Sie kennzeichnet nicht nur den prinzipiellen Ausgangspunkt des Autors, sondern zeigt auch den engen Zusammenhang zwischen dem von ihm vorgeschlagenen Programm und der tatsächlichen ökonomischen und politischen Lage Athens in dieser Zeit.

1 Vgl. Boeckh, August, Die Staatshaushaltung der Athener, Bd. 1, 3. Aufl., Berlin 1886, S. 698 - 708; Krüger, Karl Wilhelm, Historisch-philologische Studien, Bd. 2, Berlin 1851, S. 283 - 285; Cobet, Carel Gabriel, Novae lectiones quibus continentur observationes criticae in scriptores Graecos, Lugduni Batavorum 1858, S. 756 - 767; Grote, George, Plato and the other Companions of Sokrates, Bd. 3, 2. Aufl. London 1867, S. 593 ff.; Zurborg, Arminius, De Xenophontis libelle qui inscribitur, Diss. Berolini 1874; Roquette, A., De Xenophontis vita, Diss. Regimonti Borussorum 1884, S. 91 - 94; Andreades, Andreas Michael, Geschichte der griechischen Staatswirtschaft, Bd. 1, München 1931, S. 407 - 416; Luccioni, Jean, Les idées politiques et sociales de Xénophon, Paris 1947, S. 281 ff.; Delebecque, Edouard, Essai sur la vie de Xénophon, Paris 1957, S. 470 ff.

Das Hauptproblem, mit dem sich die athenischen Staatsmänner dieser Zeit auseinanderzusetzen hatten und dem auch Xenophon bei der Darlegung seines politischen Programms nicht aus dem Wege gehen wollte, war die "Armut der Volksmassen" (ἡ τοῦ πλήθους πενία). So finden wir in dem Traktat den Hinweis, daß in der Stadt Athen selbst seit einiger Zeit große Landflächen brach und wüst lagen, die früher bebaut waren; viele Häuser waren aus irgendeinem Grunde zerstört, von ihnen standen höchstens noch die Grundmauern (2,6). An anderer Stelle spricht der Autor von einer bedeutenden Verarmung der Bürger, die im Abbau der Silberminen beschäftigt waren (4,28 - 29). Diese Verarmung breiter Volksmassen war in gewissem Maße offenbar mit einem allgemeinen ökonomischen Niedergang des athenischen Staates verbunden. Im Schlußkapitel des Traktates schreibt der Autor, daß die Vermehrung der Staatseinkünfte dem athenischen Volk nicht nur eine luxuriösere Ausgestaltung der Feiertage gestatten würde, sondern dem Staat auch für die Reparaturen an Tempeln, Stadtmauern und Werften die notwendigen Mittel liefern würde (6,1). Das alles zeugt zweifellos davon, daß Athen um die Mitte des 4. Jahrhunderts v. u. Z. in wirklich ernsthafte ökonomische Schwierigkeiten geraten war, deren Folge die Verarmung und vielleicht sogar die Verelendung der Volksmassen war. Die ruinierten Bürger überfüllten die Stadt und forderten vom Staat, daß er ihnen die notwendigsten Nahrungsmittel (τροφή) zur Verfügung stelle.[2]

In jener Zeit erreichte die Verelendung der Massen offenbar solche Ausmaße, daß die herrschenden Kreise gezwungen waren, diesem Problem große Aufmerksamkeit zu widmen; denn eine weitere Verschlechterung der ökonomischen Lage des Volkes mußte unweigerlich zu einer ernsten Verschärfung der Widersprüche zwischen armen und reichen Bevölkerungsschichten führen und konnte vielleicht sogar eine Explosion, eine Volksempörung auslösen. Offenbar war die beginnende Verschärfung der sozialen Widersprüche schon deutlich erkennbar. Nicht zufällig richtet Xenophon bei der Aufzählung der Vorteile seines Planes am Ende des vierten Kapitels die Aufmerksamkeit der athenischen Regierung auf den Umstand: "Die Bürger werden nicht nur hinsichtlich des Geldes reicher, sondern sie werden gehorsamer, disziplinierter und eifriger hinsichtlich des Kriegswesens" (4,51).

Unter diesen Bedingungen mußte der Staat unverzüglich energische Hilfsmaßnahmen für die bedürftigsten Bürger einleiten. Es ist anzunehmen, daß der für diese Zwecke verwandte Budgetanteil in jener Zeit bedeutend vergrößert wurde, vielleicht sogar zu Lasten einiger anderer Teile des Staatshaushalts (vgl. 6,1). Eins der Mittel, mit denen die herrschenden Kreise Athens die Lage zu meistern versucht hatten, war der verstärkte Finanzdruck auf die Bündnispartner. Das konnte die ökonomische Lage Athens jedoch nur zeitweilig und auch nur bis zu einem gewissen Grade erleichtern. Es hatte schließlich doch nur die Unzufriedenheit der Verbündeten vergrößert und war damit zu einer der Ursachen des Bundesgenossenkrieges geworden. Der folgende Zerfall des Zweiten Attischen Seebundes nahm den Athenern für immer die Möglichkeit, zu derartigen Maßnahmen zu greifen. Das Problem, wie die Staatseinkünfte erhöht werden könnten, war seitdem noch dringender geworden.

In dem Traktat "Über die Einkünfte" erkennt Xenophon die Notwendigkeit an, die bedürftigen athenischen Bürger baldmöglichst mit den notwendigsten Nahrungsmitteln zu versorgen. Er mißt der Lösung dieses Problems erstrangige Bedeutung für den Bestand des athenischen Staates bei. Mehr noch, bei der Darlegung seines Reformprogramms unterstreicht er die Versorgung aller athenischen Bürger mit den notwendigen Nahrungsmitteln (τροφή, διατροφή) immer wieder als nächstliegendes Ziel seiner Vorschläge (4,13; 4,33; 4,52; 6,1; 4,49; vgl. auch 1,5; 2,1; 1,1). Er ist jedoch der Ansicht, daß man dies auf völlig gerechte Weise durchsetzen könne, ohne zu solchen Mitteln wie der Unterjochung und Bedrük-

2 Über die wirtschaftlichen Schwierigkeiten und die Verarmung der Volksmassen kann man nicht nur bei Xenophon, sondern auch bei anderen griechischen Autoren dieser Zeit entsprechende Nachrichten finden. (Vgl. Luccioni, Jean, a. a. O., S. 280.)

kung der Bundesgenossen zu greifen. Der Autor ist fest davon überzeugt, daß die Athener "sich auf Kosten des eigenen Landes ernähren" können (διατρέφεσθαι ἐκ τῆς ἑαυτῶν). Zur Begründung seiner Position behandelt Xenophon folgerichtig drei Fragen:

a) den natürlichen Reichtum und die geographische Lage Athens als natürliche Bedingungen für eine rationelle Ausnutzung der ökonomischen Möglichkeiten des eigenen Landes durch den athenischen Staat (1, 2 ff.);

b) den konkreten Plan zur rationellen Ausnutzung der Ressourcen des eigenen Landes durch den athenischen Staat (die Kapitel 2 bis 4);

c) den Frieden als notwendige politische Voraussetzung für eine erfolgreiche Verwirklichung dieses Planes (Kapitel 5).

Xenophon ist der Ansicht, daß in Attika alle natürlichen Bedingungen für ein normales ökonomisches und politisches Leben des Staates gegeben sind (1, 2 ff.). Das Klima ist dem Ackerbau günstig, das Meer bietet dem Fischfang reiche Möglichkeiten (1, 3), es gibt nicht wenige Bodenschätze, zum Beispiel Marmor und Silber, deren Abbau große Bedeutung hatte (1, 4 - 5). Athen liege geographisch vorteilhaft, "am Mittelpunkt von Hellas und sogar der ganzen Welt", was ihm lebhafte Beziehungen mit anderen Staaten und Völkern ermögliche (1, 6). Das sei für die Entwicklung des Handels besonders wichtig, auf den sich auch die halbinselartige Lage günstig auswirke (1, 7). Xenophon bemerkt zum Schluß, die geographische Lage mache sich auch in politischer Hinsicht bezahlt, die Entfernung zwischen Athen und der "barbarischen" Umwelt sichere die Unversehrtheit des athenischen Staates (1, 8).

Xenophon meint weiterhin, daß Athen auch als Staat alle Bedingungen erfülle, die es zu einer selbständigen ökonomischen Entwicklung befähigen. Man müsse folglich diese Bedingungen nach dem rationellsten Plan nutzen, dann könne das Land ökonomisch aufblühen und die Staatseinkünfte würden wachsen.

Wenn wir uns nunmehr der Analyse des von Xenophon erarbeiteten Planes zuwenden, so müssen wir vor allem feststellen, daß der Autor nicht nur die natürlichen und geographischen Gegebenheiten Athens berücksichtigte, sondern auch die damals in der athenischen Wirtschaft vorhandenen Besonderheiten. Im ersten Kapitel des Traktats bewies er, daß die natürlichen Bedingungen Ackerbau, Handwerk und Handel begünstigten. Im Verlaufe der weiteren Darlegung des Planes läßt Xenophon jedoch den Ackerbau beiseite und richtet seine Aufmerksamkeit nur auf Handwerk und Handel, was um so mehr verwundert, als wir wissen, daß der Ackerbau immer Xenophons besondere Sympathien besaß.[3] Dennoch war das sicher kein Zufall. Xenophon konnte einfach nicht übersehen, daß Handwerk und Handel, nicht aber der Ackerbau (jedenfalls in dieser Zeit), in der Wirtschaft Athens den führenden Platz einnahmen; genauso mußte er wissen, daß die Sympathien der demokratischen Schichten der athenischen Bevölkerung gerade diesen Zweigen der Ökonomie gehörten; zweifellos war ihm völlig klar, daß jeder beliebige Plan, der in Athen auf irgendwelche ökonomische Reformen hinzielte, nur dann erfolgreich sein konnte, wenn er von diesen Besonderheiten der athenischen Wirtschaft ausging. Daher wird - wie eigenartig das auch immer klingen mag - im Traktat "Über die Einkünfte", das gänzlich der Wirtschaft gewidmet ist, nicht ein einziges Wort über den Ackerbau verloren (wenn man die kurze Bemerkung im ersten Kapitel außer acht läßt). Im Gegenteil, Xenophon widmet seine ganze Aufmerksamkeit den Fragen des Handwerks und des Handels - jenen Wirtschaftszweigen, die er im Traktat "Oikonomikos" scharf verurteilt hatte. Ein derartiges Herangehen an die Fragen ökonomi-

3 Frolov, È. D., Èkonomičeskie vzgljady Ksenofonta. Analiz traktata "Ob upravlenii chozjajstvom", in: Učenye zapiski, hg. v. Leningradskij gosudarstvennyj Universitet, Nr. 192, Serija ist. nauk, Ausg. 21, Leningrad 1956, S. 53 - 80.

scher Reformen belegt einmal mehr die politische Wendigkeit Xenophons und seine Fähigkeit, stets den realen ökonomischen und politischen Bedingungen Rechnung zu tragen.[4]

Der von Xenophon unterbreitete Plan läßt sich in folgende Punkte zusammenfassen:

a) staatlicher Schutz für die Metoiken (Kapitel 2);

b) staatlicher Schutz für Kaufleute und Schiffsbesitzer (Kapitel 3);

c) Erwerb von Staatssklaven, die für die Arbeit in den Silberminen vermietet werden, direkte Nutzung der Minen durch den Staat selbst (Kapitel 4).

Nicht zufällig beginnt Xenophon sein Programm mit der Forderung nach Schutz für die Metoiken. Er sieht in der "Sorge um die Metoiken" (τῶν μετοίκων ἐπιμέλεια) große Vorteile für den Staat, die dieser ohne größere Aufwendungen erreichen kann. "Dieser Artikel der (staatlichen) Einkünfte ist einer der vorteilhaftesten: sorgen doch diese (Metoiken) selbst für sich und bringen den Staaten großen Nutzen, wobei sie nicht nur keinerlei Bezahlung erhalten, sondern im Gegenteil die Metoikenabgabe (μετοίκιον προσφέρουσιν) einbringen" (2,1). Je mehr Metoiken sich also in der Stadt niederlassen, um so größer würden folglich die Summen, die als Metoikenabgabe in die Staatskasse fließen.[5] Daher müsse der Staat Maßnahmen einleiten, um die Anzahl der Metoiken in Athen zu vergrößern.

Vor allem rät Xenophon zur Beseitigung einiger rechtlicher Beschränkungen für die Metoiken in Athen, die dem athenischen Staat nichts nützen, für die Metoiken jedoch entwürdigend sind (2,2). Insbesondere solle man die Metoiken zur Reiterei zulassen, das mache sie "wohlwollender" (εὐνουστέρους) und stärke gleichzeitig die militärische Kraft des athenischen Staates (2,5). Wenn man dabei die Traktate "Hipparchikos" und "Über die Reitkunst", die ebenfalls zu dieser Gruppe von Schriften Xenophons gehören, mit in Betracht zieht, so läßt sich unschwer die große Bedeutung erraten, die der Autor der Stärkung der athenischen Reiterei beimaß. Sein Interesse war sicher nicht zufällig. Offenbar hoffte Xenophon, auf solche Weise Rolle und Bedeutung der athenischen Großeigentümerschichten für das politische Leben der Stadt zu heben. Dabei hat er bereits im "Hipparchikos" die Zulassung der Metoiken zur Reiterei gefordert (9,6). Wenn man die Äußerungen Xenophons in den "Poroi" mit denen aus dem "Hipparchikos" zu diesem Thema vergleicht, könnte man annehmen, daß in beiden Fällen nur ein bestimmter (offenbar der wohlhabendste) Teil der athenischen Metoiken zum Dienst in der Reiterei zugelassen werden wollte. Xenophons Vorschläge begünstigten also die politische Konsolidierung aller Reichen des athenischen Staates, unabhängig davon, ob sie Bürger oder Metoiken waren.[6] Xenophon wollte auch die Rechte der Metoiken auf öko-

4 Das wird auch angemerkt bei Grote, George, a. a. O., S. 593 f.; Zurborg, Arminius, a. a. O., S. 32 - 35; Luccioni, Jean, a. a. O., S. 284 f.

5 Die Abgabe, die die Metoiken an den athenischen Staat zu leisten hatten, war verhältnismäßig niedrig und betrug für einen Mann jährlich 12 Drachmen, während eine allein lebende Frau - zum Beispiel eine Witwe, die keine erwachsenen Söhne hatte - die Hälfte dieser Summe entrichten mußte (Frauen, die bei ihren Männern, Söhnen oder anderen steuerpflichtigen Verwandten lebten, brauchten nichts zu bezahlen). Wenn man jedoch bedenkt, wieviele Metoiken im Athen des 4. Jahrhunderts v. u. Z. lebten, so ergibt sich eine gar nicht so geringe Gesamtsumme. Laut einer Volkszählung, die 309 v. u. Z. durch Demetrios von Phaleron angeordnet worden war, lebten in Athen 10 000 Metoiken. Folglich erreichten die an den athenischen Staat zu entrichtenden Abgaben insgesamt die 20-Talente-Grenze. (Vgl. auch Boeckh, August, a. a. O., S. 400 - 402; Clerc, Michel, Les métèques athéniens, Paris 1893, S. 15 ff., 376 f.; Andreades, Andreas Michael, a. a. O., S. 295 - 299; Michell, Humphrey, The Economics of Ancient Greece, Cambridge 1940, S. 374 f.)

6 Vgl. Luccioni, Jean, a. a. O., S. 286 f.

nomischem Gebiet erweitert sehen. Die Metoiken, die sich als "würdig" erwiesen hätten, sollten die in der Stadt brach und wüst liegenden Grundstücke bebauen und sogar als Eigentum erwerben dürfen. Xenophon war überzeugt, daß diese Maßnahme "viele rechtschaffene Leute" aus anderen griechischen Städten nach Athen ziehen würde (2, 6).[7]

Xenophon schlug vor, auch Pflichten der Metoiken zu beseitigen, die dem Staat wenig Nutzen bringen, die Metoiken aber bedrücken. Sie mußten zum Beispiel gemeinsam mit den Vollbürgern als Hopliten in der Armee dienen (2, 2 - 4).[8] Hier meinte der Verfasser offensichtlich nicht nur die reichen, sondern alle Metoiken Athens. Ein solcher Schritt erklärt sich daraus, daß hier Überlegungen des Staatsinteresses vorherrschen: Xenophon verstand offenbar recht gut, daß der Staat im Interesse der allgemeinen ökonomischen Entwicklung des Landes nicht nur die reichen, sondern alle innerhalb seiner Grenzen lebenden Metoiken schützen mußte.[9]

Schließlich schlug Xenophon die Schaffung einer besonderen staatlichen Behörde, eines Kollegiums von Bevollmächtigten für die Angelegenheiten der Metoiken (μετοικοφύλακες), vor, das für ihren Schutz sorgen und ihre Ansiedlung in Athen fördern sollte (2, 7).[10]

Der zweite Programmpunkt beinhaltet den Schutz der Kaufleute und Schiffsbesitzer (Kapitel 3). Xenophon setzte voraus, daß die Entwicklung des Handels die Wirtschaft in Athen beleben würde, was wiederum die Staatseinkünfte steigern könnte. Beharrlich wies er auf die günstigen Bedingungen Athens für eine Entwicklung des Handels hin: Das Land besitze hervorragende Seehäfen (3, 1); die athenische Münze sei weit über die Grenzen Athens hinaus in Umlauf und werde bedeutend höher geschätzt als die Münze jedes anderen Staates (3, 2). Das erleichtere dem athenischen Staat die Lösung der wichtigen und dringenden Aufgabe, möglichst viele ausländische Kaufleute und Schiffsbesitzer nach Athen zu ziehen. Nur so könne man eine Belebung des Handels und des wirtschaftlichen Lebens der Stadt insgesamt erreichen. Eine ganze Reihe von Vorschlägen zielte darauf ab, eine große Anzahl von Handelsleuten aus allen Enden der griechischen Welt nach Athen zu bekommen. Man kann diese Maßnahmen in zwei Gruppen ordnen.

Zur ersten Gruppe gehören solche, die dem Staat allein durch Förderungsmaßnahmen große Erfolge bei der Lösung der gestellten Aufgabe bringen, ohne besondere Ausgaben zu erfordern (3, 3 - 5). Wenn die "Emporionsbehörden" (ή τοῦ ἐμπορίου ἀρχή) zum Beispiel wirtschaftliche Streitfragen schneller und gerechter regeln und jene Leute, die von Athen aus in See stechen wollen, nicht allzulange aufhalten würden, könnte es sein, daß mehr Leute mit größerem Vergnügen in Athen Handel treiben würden (3, 3).[11] Ferner sei angebracht,

7 Es ist nicht bekannt, in welchem Maße die athenische Regierung diesen Vorschlag berücksichtigte. Zweifellos häuften sich jedoch in der zweiten Hälfte des 4. Jahrhunderts v. u. Z in Athen die Fälle, in denen Metoiken das Immobilienbesitzrecht (ἔγκτησις γῆς, καὶ οἰκίας) eingeräumt wurde. (Siehe Herzog, Rudolf, Zu Xenophons Poroi, in: Festgabe H. Blümner überreicht zum 9. August 1914 von Freunden und Schülern, Zürich 1914, S. 480.)

8 Zum Dienst der Metoiken in der athenischen Armee als Hopliten vgl. ausführlicher Clerc, Michel, a. a. O., S. 42 ff.; Hommel, Hildebrecht, Metoikoi, in: RE, Bd. 15, 1932, Sp. 1446 f.

9 Luccioni, Jean, a. a. O., S. 286 f.

10 Für die Angelegenheiten der Metoiken war in Athen gemeinhin der Archon-Polemarchos verantwortlich (Aristot. Ath. pol. 58; Clerc, Michel, a. a. O., S. 188; Hommel, Hildebrecht, a. a. O., Sp. 1444 f.), was Xenophon offenbar nicht ausreichend erschien (Vgl. auch Herzog, Rudolf, a. a. O., S. 479.)

11 Xenophons Vorschlag zur Regulierung der "Emporionsbehörden" hat Eubulos später verwirklicht. Seiner Initiative war die Annahme des Gesetzes über die sogenannten "Monats-

jene Kaufleute und Schiffsbesitzer besonders zu ehren - Xenophon dachte dabei an das Recht, "den ersten Platz einzunehmen" (προεδρίαις), und an "Bewirtungen auf Staatskosten" (καὶ ἐπὶ ξενία γ' ἔστιν ὅτε καλεῖσθαι) -, die sich auf verschiedene Weise um den Staat verdient gemacht haben. "Denn wenn man sie auf solche Weise ehren wird, so werden sie nicht nur des Gewinns wegen, sondern auch um der Ehre willen herbeieilen (nach Athen), als ob sie zu ihren Freunden kommen" (3,4).[12] Seine Auffassung über den Zusammenhang dieser Maßnahmen mit der Lösung der ökonomischen Aufgaben, die vor dem Staat und dem Land standen, brachte Xenophon in folgenden Sätzen klar zum Ausdruck: "Natürlich, je mehr Menschen sich ansiedeln und herkommen werden (nach Athen), um so mehr (Waren) wird man ein- und ausführen, absenden und verkaufen, um so mehr Gewinn erhalten (die Privatleute) und um so mehr Steuern wird man (dem Staat) zahlen" (3,5).

Die Verwirklichung der zweiten Gruppe der von Xenophon vorgeschlagenen Maßnahmen ging über die Belebung des wirtschaftlichen Lebens und die Erhöhung der bereits vorhandenen Einnahmen hinaus und war auf die Schaffung neuer Bereicherungsquellen für Staat und Volk gerichtet (3,6 - 14). Allerdings bedürfe es zu ihrer Verwirklichung einer Geldsumme, die der Staat als Grundkapital (ἀφορμή) aufbringen müsse. Nach Xenophon sollten sich diese Geldmittel aus freiwilligen Gaben der Athener zusammensetzen, und zwar soll jeder geben soviel er kann. Er nennt auch keine Höchstsumme, wieviel es auch immer sei, alles werde von Nutzen sein. Dafür legt Xenophon aber ganz exakt die Höhe der künftigen Einnahmen fest: drei Obolen täglich für jeden Bürger, der seinen Anteil - unabhängig von dessen Höhe - eingezahlt hat (3,9 - 10).[13] Bei der Schaffung des notwendigen Kapitals könnten auch die Leistungen von Bürgern anderer (griechischer und nichtgriechischer) Staaten sowie auch die Hilfe von deren Regierungen (bzw. Regierenden) eine Rolle spielen (3,11). "Wenn aber diese notwendigen Geldmittel geschaffen sein werden, so wird es sich als wichtig erweisen, für die Schiffsbesitzer am Hafen (neue) Gasthäuser zu errichten, außer jenen, die bereits vorhanden sind. Von Vorteil wird es sein, auch für die Kaufleute derartige Orte für Kauf und Verkauf (einzurichten), sowie für (überhaupt alle) Ankömmlinge staatliche Gasthäuser (zu bauen) (δημόσια καταγώγια). Wenn auch für die Markthändler Gebäude und Läden in Piräus und in der Stadt eingerichtet werden, so wird der Staat davon gleichzeitig Schmuck und Einnahmen haben. Ebenfalls scheint mir, daß es nicht schlecht wäre, (herauszufinden) ob nicht, so wie der Staat Staatstrieren besitzt, auch staatliche Lastschiffe (ὁλκάδας δημοσίας) zu erwerben wären, die man (allen Interessenten) nach Stellung von Bürgen vermieten könnte, etwa so wie man mit dem übrigen gesellschaftlichen Eigentum verfährt. Wenn das möglich wäre, so hätte man auch hieraus große Einkünfte für den Staat zu erwarten" (3,12 - 14).

Xenophon schlug also vor:

prozesse" (δίκαι ἔμμηνοι) zu danken. (Siehe Motzki, Arthur, Eubulos von Probalinthos und seine Finanzpolitik, Diss. Königsberg 1903, S. 14, 80; Herzog, Rudolf, a. a. O., S. 479; Andreades, Andreas Michael, a. a. O., S. 411.)

12 In der zweiten Hälfte des 4. Jahrhunderts v. u. Z. häuften sich die Fälle von Ehrungen und Privilegien für ausländische Kaufleute und Schiffseigentümer. Es ist durchaus möglich, daß hier auch das Xenophontraktat auf die athenische Politik einwirkte. (Vgl. Herzog, Rudolf, a. a. O., S. 480.)

13 Drei Obolen täglich war die Summe, die im 4. Jahrhundert v. u. Z. gewöhnlich die athenischen Richter für die Ausübung ihrer Pflichten erhielten sowie alle Bürger für den Besuch der Volksversammlung. (Aristot. Ath. pol. 41,3; 62,2; Boeckh, August, a. a. O., S. 287 ff.; Andreades, Andreas Michael, a. a. O., S. 263 ff.; Michell, Humphrey, a. a. O., S. 368 f.) Offenbar reichte diese Summe für den täglichen Unterhalt eines Menschen aus. (Vgl. Grote, George, a. a. O., S. 596 - 598; Boeckh, August, a. a. O., S. 703.)

a) auf Staatskosten Gebäude für die Unterbringung der Kaufleute sowie für die Abwicklung der Handelsgeschäfte zu bauen[14];

b) ebenfalls auf Staatskosten Lastschiffe für den Handelstransport zu bauen.

Gebäude wie Schiffe sollten Eigentum des Staates bleiben, der daraus so wie die Privatleute Einkünfte beziehen würde. Die Realisierung dieser Maßnahmen würde dem Staat neue Einnahmequellen schaffen. Sie würden außerdem das Handels- und Wirtschaftsleben in Athen insgesamt beleben und folglich zur Vergrößerung der bereits vorhandenen Staatseinnahmen führen.

Xenophon gelangt über den staatlichen Schutz für Kaufleute und Schiffsbesitzer folgerichtig zu einem prinzipiell neuen Problem: Er weist auf die Möglichkeit einer unmittelbaren Beteiligung des Staates an solchen Wirtschaftszweigen wie Handel und Schiffbau hin. Noch klarer tritt die Tendenz, die ökonomische Rolle des Staates höher einzustufen, im folgenden vierten Kapitel des Traktats zutage.

Dritter und Hauptpunkt des ökonomischen Programms Xenophons ist die Ausnutzung von Sklavenarbeit in den Silberminen, was in Form von Vermietung der Sklaven an Privatpersonen, dann aber auch unmittelbar durch den Staat (Kapitel 4) geschehen soll.

Ausgangspunkt für Xenophons Überlegungen ist die Vorstellung, daß die aus den Silberminen stammenden Einkünfte grundsätzlich die entscheidende Rolle für das Staatseinkommen überhaupt spielen. Er erklärt, "daß, wenn man die Silberminen richtig ausbaut, von ihnen allein, ohne andere Einkünfte, eine gewaltige Masse Geldes zufließen wird" (4,1). Daher nimmt es nicht wunder, daß die Hälfte des Werkes der rationellen Ausbeutung der Silberminen gewidmet ist.

Xenophon beginnt die Untersuchung dieser Frage, indem er die Unerschöpflichkeit der Silberminen begründet (4,1 - 12). Sie würden seit Urzeiten von den Athenern ausgebeutet, dennoch bilde die zutage geförderte Menge nur einen Bruchteil dessen, was die an Silber reichen Hügel (4,2) in sich bergen. Xenophon meint, daß "dieser silberreiche Ort sich nicht nur nicht verringert, sondern sich immer ausgedehnter zeigt. Wieviel Menschen auch immer zu verschiedener Zeit in den Minen beschäftigt waren, niemals hat jedenfalls jemand unter Arbeitsmangel leiden müssen; im Gegenteil, immer gab es mehr Arbeit als Arbeitende" (4,3).[15] Andererseits war Silber für Xenophon das einzige Produkt, dessen Herstellung nicht durch die Marktnachfrage eingeschränkt würde. Alle von Handwerk und Ackerbau hergestellten Produkte erlitten Preissenkungen, sobald sie im Übermaß produziert würden. In solchen Fällen seien die Hersteller dieser Produkte gezwungen, ihre Beschäftigung aufzugeben und sich auf anderen Gebieten ökonomischer Tätigkeit zu bewähren. Silber hingegen sei im Wert stets gleichbleibend, soviel man davon auch immer fördere, denn die Menschen brauchten es immer und überall (4,5 - 10).[16] Im Nachwort zieht Xenophon folgenden praktischen Schluß aus

14 Es ist anzunehmen, daß Xenophons Vorschläge einen gewissen Einfluß auf die Erweiterung der Bautätigkeit im Gebiet des Emporions ausübten. (Vgl. Herzog, Rudolf, a. a. O., S. 479.)

15 Einen ausführlichen historischen Abriß über die Laurischen Silberminen siehe bei Ardaillon, Édouard, Les mines du Laurion dans l'antiquité, Paris 1897, S. 126ff. - Wichtige Nachrichten zur Geschichte der attischen Minen sind auch in den neueren Arbeiten zu finden bei Hopper, R. J., The Attic Silver Mines in the Fourth Century B. C., in: Annual of the Brit. School at Athens, Bd. 48, 1953, S. 200 - 254; derselbe, The Laurion Mines: a Reconsideration, in: ebenda, Bd. 63, 1968, S. 293 - 326; Lauffer, Siegfried, Die Bergwerkssklaven von Laurion, 2 T., Mainz/Wiesbaden 1955/1956.

16 Eine erschöpfende Analyse dieser Äußerungen Xenophons gibt Marx, Karl, Zur Kritik der politischen Ökonomie, in: Marx/Engels, Werke, Bd. 13, Berlin 1961, S. 114 f., 131 f.

den oben angeführten Überlegungen: "Dies alles habe ich dargelegt, damit wir ohne Furcht so viele Leute wie möglich zur Arbeit in die Silberminen bringen können, die die Minen ohne weiteres abbauen können, überzeugt davon, daß weder die Silberader jemals erschöpft sein wird, noch das Silber jemals seinen Wert verlieren wird." (4,11)

Xenophon legt dann einen konkreten Plan zur rationellen Ausbeutung der Silberminen durch den Staat dar. Der Plan sieht vor (4,13 - 33): Der Staat müsse eine große Anzahl von Sklaven erwerben, auf jeden athenischen Bürger sollten drei Sklaven kommen. Dem Beispiel der Privatleute folgend, solle der Staat diese Staatssklaven (δημόσια ἀνδράποδα) an Personen vermieten, in deren Händen der Silberabbau liege.[17] Xenophon ist der Auffassung, daß der Staat ohne größere Schwierigkeiten einen zentralisierten Sklavenaufkauf einrichten könnte. Um aber jeglichem Diebstahl an verpachteten Staatssklaven vorzubeugen, solle der Staat von den Pächtern wie bei der Vergebung staatlicher Steuerpachten Bürgschaften einfordern. Um einem Diebstahl von Staatssklaven durch die Pächter noch entschiedener zu begegnen, sei es ratsam, die Sklaven mit einem staatlichen Siegel zu versehen (τῷ δημοσίῳ σημάντρῳ). Das gestatte, sie leichter von den Privatpersonen gehörenden Sklaven zu unterscheiden. Jene Bürger, die die von ihnen gepachteten Staatssklaven verkaufen oder sich aneignen, seien durch Geldstrafen zur Verantwortung zu ziehen. Zunächst müsse der Staat 1 200 Sklaven kaufen. Jeder verpachtete Sklave werde täglich 1 Obole Reingewinn bringen. Mit den so gewonnenen Mitteln müßten in den nächsten 5 bis 6 Jahren so viele Sklaven erworben werden, daß ihre Anzahl 6 000 erreiche. Der aus den verpachteten Sklaven erhaltene Gewinn sollte in diesen Jahren offenbar für keine anderen Zwecke benutzt werden. Der Gewinn von 6 000 Sklaven betrage 60 Talente im Jahr. Davon seien 20 Talente für den Erwerb neuer Sklaven zu verwenden, während man die übrigen 40 Talente bereits für andere notwendige Bedürfnisse benutzen könne. In wenigen Jahren wachse die Zahl der Staatssklaven auf 10 000 an, und die Einkünfte daraus würden dann bereits 100 Talente jährlich betragen.

Hierbei läßt es Xenophon bewenden. Er nahm offenbar an, daß, wenn er die ungefähren Möglichkeiten zur Erhöhung der Anzahl der Staatssklaven andeutet, dies genügen würde, um auch die weiteren Schritte festzulegen. Natürlich sollte der Staat nicht bei 10 000 Sklaven stehenbleiben. Die Grundforderung des Autors bestand darin, daß sich die Anzahl der Sklaven zur Anzahl der Bürger wie drei zu eins verhalte. Wenn man berücksichtigt, daß die Anzahl der erwachsenen Männer, die das volle Bürgerrecht besaßen (auf diese Bürger kam es gerade bei allen Statistiken an), in Athen Mitte des 4. Jahrhunderts v. u. Z. sich etwa auf 20 000 bis 25 000 Menschen belief[18], so wird klar, daß der Plan 60 000 bis 70 000 Staatssklaven vorsah. Diese Ziffer selbst hat Xenophon jedoch nicht sehr interessiert. Für ihn war nur eines wichtig: Auf jeden freien Athener mußten drei Staatssklaven kommen. Der von diesen Sklaven erbrachte Gewinn (3 Obolen am Tag) reichte nach Xenophons Meinung völlig aus, um die täglichen Bedürfnisse eines Bürgers zu befriedigen.

Im folgenden wollte Xenophon beweisen, daß diese Massen von Sklaven tatsächlich für den Silberabbau ausgenutzt werden könnten. Er wies darauf hin, daß nicht wenige der Personen, die sich bereits mit dem Silberabbau beschäftigten, Staatssklaven mieten würden. Andererseits gebe es nicht wenige Athener und Ausländer, "die körperlich weder arbeiten wollen noch können, die sich aber sehr gern notwendige Mittel zum Leben dazuverdient hätten, in-

17 Zur Arbeitsorganisation, zur Rolle des Staates und der Privatpersonen bei der Ausbeutung der Laurischen Silberminen siehe Ardaillon, Édouard, a. a. O., S. 90 ff., 166 ff. - Die neuesten Materialien sind berücksichtigt in den Arbeiten von Hopper, R. J., a. a. O., und Lauffer, Siegfried, a. a. O - Vgl. auch Gluskina, L. M , Lavrijskie serebrjanye rudniki v ékonomike Afin IV V do n. é., in: Učenye zapiski, hg. v. Leningradskij gosudarstvennyj pedagogičeskij institut im A. I. Gercena, Bd. 307, 1969, S. 296 - 309.

18 Vgl. Michell, Humphrey, a. a. O., S. 19 ff. - Dort sind auch die entsprechenden Quellen und die Literatur zu finden.

dem sie mit dem Kopf arbeiten würden" (4,22). Im allgemeinen seien die Möglichkeiten der Anwendung von Sklavenarbeit in den Minen beinahe unbegrenzt. "Alles was jetzt geschieht, bestätigt ebenfalls, daß die Zahl der Sklaven (in den Minen) niemals die Zahl erreichen wird, die die Arbeiten erfordern. Die Minenarbeiter werden niemals das Ende des Schachtes noch des Stollens finden" (4,26). Dennoch hält Xenophon es für angebracht, den tatsächlichen Zustand der Arbeiten in den Minen zu berücksichtigen und möglichst durchzusetzen, daß die Anzahl der jährlich vom Staat angekauften Sklaven den Anforderungen der Arbeit in den Minen entspreche (4,39).

Natürlich konnte Xenophon die Frage der Ausnutzung großer Sklavenmassen nicht gleichgültig bleiben. In diesem Zusammenhang offenbar wirft er die Frage über die Erweiterung des Silberabbaus auf. Er empfiehlt nicht nur den verstärkten Abbau der vorhandenen Silberadern, sondern auch die Auffindung neuer Vorkommen, die Errichtung neuer Schächte und Stollen neben den schon bestehenden. Er weist allerdings auch auf Schwierigkeiten hin. Es sei nämlich so, daß "jetzt" (νῦν), also um die Mitte des 4. Jahrhunderts v. u. Z., im Vergleich zu früher viel weniger Bergleute die Erschließung neuer Vorkommen betrieben. Xenophon erklärt das damit, daß "diejenigen, die sich mit dem Abbau der (Silber)minen beschäftigten, nunmehr ärmer (als früher) geworden sind, wobei für jeden, der einen neuen Abbau beginnt, das Risiko sehr groß ist" (4,28).[19] Man könne diese Schwierigkeiten jedoch überwinden, meint Xenophon, wenn sich nicht nur Privatleute, sondern auch der Staat unmittelbar dem Abbau neuer Vorkommen widmen. "Es scheint mir, daß ich auch in dieser Sache einen Rat hinsichtlich dessen geben könnte, wie man mit geringstem Risiko einen neuen Abbau beginnen könnte. Wie bekannt, gibt es in Athen 10 Phylen. Wenn nun der Staat jeder eine gleiche Anzahl von Sklaven übergibt, während sie, jegliches Glück und Unglück miteinander teilend, einen neuen Abbau beginnen, so wird bei solchem Vorgehen, wenn das Silber von einer (Phyle) gefunden wird, dieser Umstand von Vorteil für alle (anderen), wenn aber zwei, drei, vier oder fünf etwas finden, so bringen diese Arbeiten entsprechend noch mehr Nutzen. Daß aber alle (Phylen) Mißerfolg erleiden, das ist unwahrscheinlich; keinerlei frühere Erfahrungswerte bestätigen die Möglichkeit eines solchen Ausgangs. Ihr wißt doch, daß die Privatleute ebenso, in Gesellschaften zusammengeschlossen und alle Erfolge und Mißerfolge miteinander teilend, in (diesem) gewagten Unternehmen weniger Gefahren ausgesetzt sind. Natürlich habt ihr nicht zu befürchten, daß bei einer solchen Art und Weise des Abbaus (der Minen) der Staat die Privatleute bedrängt (παραλυπήσει), oder umgekehrt, die Privatleute den Staat (bedrängen). Im Gegenteil, so wie es bei Bündnispartnern ist, je mehr sich zusammentun, um so stärker machen sie einander, so ist es auch hier, je mehr Menschen in den Silberminen arbeiten werden, um so mehr Reichtum werden sie finden und erhalten)" (4,30 - 32).

So gelangt Xenophon in seinem Bestreben, die Möglichkeiten für die Ausnutzung großer Massen von Staatssklaven aufzudecken, zur Formulierung einer prinzipiell neuen Frage. Er schlägt vor, die Staatssklaven nicht nur bei dem von Privatleuten betriebenen Abbau, sondern auch beim Abbau unmittelbar durch den Staat auszunutzen. Es geht also um die Notwendigkeit einer direkten und unmittelbaren Beteiligung des Staates am Silberabbau. Dabei zeigt Xenophon die großen Vorzüge, die ein zentralisierter und breit angelegter staatlicher Abbau der Minen gegenüber dem durch private Unternehmer einzeln betriebenen Abbau besitzt.[20]

19 Der Peloponnesische Krieg hatte sich äußerst nachteilig auf den attischen Bergbau ausgewirkt, ebenso die folgenden inneren Wirren in Athen. Im Ergebnis dessen ging die Silberförderung stark zurück, und die Einkünfte des Staates aus den Minen verringerten sich entsprechend. (Vgl. Xen. Mem. III, 6, 12; siehe auch Ardaillon, Édouard, a. a. O., S. 147 - 152; Hopper, R. J., The Attic Silver Mines in the Fourth Century B. C., a. a. O., S. 248 f.)

20 Ob der athenische Staat diesem Rat Xenophons folgte, ist uns nicht bekannt. Was aber die Gesellschaften privater Unternehmer angeht, so werden sie in den Inschriften und

Die Bedeutung einer unmittelbaren Beteiligung des Staates am Silberabbau müßte in dem Maße zunehmen, wie der von Xenophon vorgeschlagene Plan zur Anschaffung großer Sklavenmassen realisiert würde. Je mehr Sklaven der Staat besäße und je notwendiger es dementsprechend würde, die Arbeiten in den Minen zu erweitern, um so unumgänglicher würde auch die Beteiligung des Staates am Silberabbau werden. Langsam würde der Staat auf solche Weise den Silberabbau in seinen Händen konzentrieren und schließlich keine Abbauarbeiten in den Minen mehr an Privatpersonen verpachten.

Offenbar hat Xenophon die Möglichkeit eines solchen Ausgangs vorhergeahnt. Setzte er doch alles daran, seine Mitbürger davon zu überzeugen, daß im Falle einer unmittelbaren staatlichen Beteiligung am Silberabbau keinerlei Spannungen zwischen Staatsmacht und Privatunternehmern entstehen würden. Er versicherte, daß im Gegenteil eine solche Koexistenz von staatlicher und privater Initiative einem erfolgreicheren Silberabbau gleichkomme.

Recht eingehende Überlegungen stellte Xenophon darüber an, wie die notwendige finanzielle Grundlage zur Verwirklichung seiner Vorschläge zu schaffen sei (4,34 - 40). Ohne uns in Einzelheiten verlieren zu wollen, merken wir an, daß Xenophon jenen Einkünften entscheidende Bedeutung beimißt, die dem Staat nach der Realisierung der ersten beiden Punkte des ökonomischen Programms zur Verfügung stehen würden. Damit bekommen wir den logischen Faden, die Wechselwirkung und gegenseitige Bedingtheit aller Programmpunkte Xenophons in die Hand. Der Autor macht zuerst verhältnismäßig einfache und leicht zu verwirklichende Vorschläge, um im Anschluß daran zu bedeutend schwierigeren und komplizierteren überzugehen; die Realisierung der ersteren ist die notwendige Vorstufe für die Verwirklichung der letzteren.

Dieser gesamte Komplex des Traktats schließt mit einer eingehenden Charakterisierung der Vorteile, die die rationelle Ausnutzung der Silberminen für Staat und Gesellschaft ergeben würden (4,49 - 52).

Grundvoraussetzung für eine erfolgreiche Verwirklichung dieses Programms ist nach Xenophon der Frieden (Kapitel 5). Die Friedensfrage behandelt er folgerichtig im Hinblick auf die ökonomischen, politischen und finanziellen Interessen des athenischen Staates. Man spürt deutlich den Einfluß der Debatten, die in Athen nach Beendigung des Bundesgenossenkrieges um die Außenpolitik geführt wurden. Xenophon übte schärfste Kritik an den aggressiven und revanchistischen Tendenzen der athenischen Politiker, die sich nicht einmal bemühten, ihre Aggressivität und Revanchegelüste zu verbergen. Er verstand gut, daß es ohne eine Atempause und Frieden keine Stabilisierung für Athen geben konnte. Eine weitere Anspannung der bereits erschöpften Kräfte des Staates hätte möglicherweise eine Verschlechterung der äußeren und inneren Lage zur Folge.[21]

der Literatur dieser Zeit besonders häufig nach dem Erscheinen des Traktats "Über die Einkünfte" erwähnt. Offenbar haben Xenophons Vorschläge doch eine gewisse Rolle gespielt. (Vgl. Ardaillon, Édouard, a. a. O., S. 153 f.; Herzog, Rudolf, a. a. O., S. 480.)

21 Etwas früher als das Xenophontische Traktat "Über die Einkünfte", offenbar noch während der Stürme des Bundesgenossenkrieges, verfaßte Isokrates die Rede "Über den Frieden". Er brachte den Gedanken von der Notwendigkeit einer Absage an die Kriegspolitik und einer Hinwendung zur Friedenslinie noch energischer zum Ausdruck, in einem bedeutend offeneren antidemokratischen Ton als Xenophon. In den Überlegungen beider Autoren findet sich viel Gleichartiges. (Vgl. Xen. De vect., 5,5 ff. und Isocr., VIII, 19 ff.; Xen. 5,9 und Isocr. § 22; Xen. 5,10 und Isocr., § 138.) Das war einigen Forschern Anlaß, von einer Benutzung des Isokratischen Pamphlets durch Xenophon zu sprechen. (Siehe insbesondere Breitenbach, Hans Rudolf, Xenophon, N 6, in: RE, 2. Reihe, Bd. IX, 1967, Sp. 1754, mit Hinweisen auf frühere Literatur.)

Mit besonderer Eindringlichkeit unterstreicht der Autor im Schlußkapitel alle oben erwähnten Grundsätze. "Wenn aber nun von dem Gesagten nichts unmöglich oder schwierig ist, und wir, wenn es ausgeführt wird, bei den Hellenen beliebter werden, sicherer leben und mehr Ruhm erwerben würden; das Volk würde (δῆμος) die notwendigen Nahrungsmittel im Überfluß erhalten, die Reichen (πλούσιοι) wären von der Pflicht entbunden, die Kosten des Krieges zu tragen und wir, im Besitz eines Überflusses an Mitteln, würden die Feste noch prächtiger als jetzt begehen, die Tempel herrichten, Mauern aber und Schiffswerften erneuern; wir würden den Priestern, dem Rat, den Behörden und Rittern (ἱερεῦσι δὲ καὶ βουλῇ καὶ ἀρχαῖς καὶ ἱππεῦσι τὰ πάτρια ἀποδώσομεν) die väterlichen Rechte und Privilegien zurückgeben - wenn das alles geschähe, lohnte es sich dann nicht, all dies schnellstens in Bewegung zu setzen, um noch zu unseren Lebzeiten den Staat wohlhabend und glücklich zu sehen?" (6,1)
Hier faßt Xenophon die Grundziele seines ökonomischen Programms kurz zusammen. Wie in der Einleitung macht er den athenischen Staat wiederum auf die Notwendikeit aufmerksam, die eigenen Beziehungen zu anderen griechischen Staaten zu regeln. Er setzt voraus, daß die Verwirklichung seines Programms alle für eine vollständige und gerechte Lösung dieses Problems notwendigen Bedingungen schafft. Gleichzeitig könne eine ernsthafte Verbesserung der politischen und ökonomischen Lage des Landes erreicht werden. Besonders klar zeichnen sich die Klassentendenzen in dem von Xenophon vorgeschlagenen politischen Kurs ab. Der Autor unterstreicht, daß an der Verwirklichung seines Programms sowohl die Volksmassen als auch die Reichen interessiert seien: Die ersteren erhalten die von ihnen geforderten "Nahrungsmittel", die letzteren befreien sich von den sie belastenden Ausgaben. Damit könne man, so nimmt Xenophon an, den Widersprüchen im Bürgerkollektiv viel von ihrer Schärfe nehmen und die Poliseinheit stärken. Wir haben jedoch bereits feststellen können, auf wessen Kosten die Festigung dieser Einheit erfolgen sollte. Alle Vorschläge Xenophons waren schließlich darauf gerichtet, eine breitangelegte, im Rahmen des gesamten Staates und sogar durch den Staat selbst durchzuführende Ausbeutung der Sklaven zu organisieren. Dieser Umstand verlieh Xenophons Programm einen deutlich sklavenhalterisch-parasitären Charakter.

Wenn das nächstliegende Ziel des Programms darin bestand, die Widersprüche zwischen armen und reichen Bürgern zu lindern und damit die Poliseinheit zu fördern, so war sein Endziel zweifellos die Stärkung der politischen Macht der Großeigentümerschichten in der athenischen Bürgerschaft. Nicht umsonst weist Xenophon bei der Aufzählung der Vorteile, die der Staat aus der Realisierung dieser Vorschläge ziehen könnte, darauf hin, daß man "den Priestern, dem Rat, den Behörden und den Rittern die väterlichen (Rechte und Privilegien)" zurückgeben könnte. Die Erwähnung der Ritter in diesem Zusammenhang ist besonders bemerkenswert. Das beweist, daß Xenophon mit Bestimmtheit eine Aufbesserung der politischen Rolle dieses Standes vorsah und dies unmittelbar von der Verwirklichung seines ökonomischen Programms abhängig machte.[22]

Schließlich muß angemerkt werden, daß die Lösung der Grundaufgabe - die Festigung der Poliseinheit und die Erhöhung der politischen Rolle der Großeigentümerschichten Athens - Xenophon zur Behandlung von zwei neuen Fragen führte.

Dort wo der Autor vom staatlichen Schutz für die Metoiken sprach, richtete er die Aufmerksamkeit auf ein prinzipiell neues Problem von großer historischer Bedeutung: Er wies als erster auf die Notwendigkeit einer politischen Konsolidierung aller reichen Leute der Polis hin, ungeachtet dessen, ob sie Bürger oder Metoiken waren. Damit machte in Xenophon die politische Theorie der Griechen einen Schritt vorwärts bei der Lösung jener Aufgabe, vor der jeder griechische Staat in der zweiten Hälfte des 4. Jahrhunderts v. u. Z. stand - der Aufgabe, die Klasse der Großeigentümer zu festigen und zu erweitern. Vor den hellenistischen Staaten stand diese Aufgabe später ebenfalls, die sie sowohl durch eine Konsolidie-

22 Vgl. Luccioni, Jean, a. a. O., S. 300 f.

rung der Großeigentümerschichten vieler Poleis im Rahmen eines großen Staates wie auch durch den Zusammenschluß aller Reichen - der Bürger und Metoiken - in jeder einzelnen Polis einer Lösung entgegenzuführen versuchten.

Ferner stellte Xenophon die Frage einer unmittelbaren Teilnahme des Staates an der Tausch- und Produktionssphäre. Seine Empfehlungen auf diesem Gebiet bargen neue große Veränderungen. Indem er auf die Möglichkeit und die Notwendigkeit einer staatlichen Beteiligung an Handel und Industrie hinwies, schuf Xenophon die theoretische Grundlage für ein künftiges aktives Eindringen des Staates in diese Sphären.

Die letzteren beiden Probleme verdienen Beachtung als Erscheinungsformen der neuen, damals im Entstehen begriffenen politischen Ideologie des Hellenismus, die eine Negierung der Traditionen der klassischen Polis bedeutete.

An den Schluß unserer Betrachtungen setzen wir die Feststellung, daß die Publikation so wesentlicher theoretischer Grundsätze im Traktat Xenophons "Über die Einkünfte" mit der realen historischen Situation zusammenhängt. Es waren die Schwierigkeiten des damals existierenden athenischen Staates, die Xenophon dazu anregten, solche Fragen der praktischen Politik zu beleuchten, was in der Folge zur Behandlung allgemeinerer theoretischer Probleme führte. Daß dieses Programm durchaus nicht das Werk eines müßigen Träumers war, sondern der damaligen politischen Wirklichkeit entsprach, zeigt die Tatsache, daß Eubulos, der bald darauf (von 354 v. u. Z. ab) die Schaugelderkasse verwaltete und damit praktisch die gesamte Finanzverwaltung Athens unter sich hatte, viele dieser Vorschläge berücksichtigte, oder, um vorsichtiger zu formulieren, viele fanden in Eubulos' Tätigkeit ihren Niederschlag.[23] Es ist bemerkenswert, daß Xenophon dem Eubulos persönlich verbunden war, und es ist nicht abwegig anzunehmen, daß die Athener um 369/368 auf Betreiben gerade dieses Eubulos die Amnestierung Xenophons beschlossen (er war noch 394 wegen seiner Teilnahme am Korinthischen Krieg auf der Seite Spartas zur Verbannung verurteilt worden).[24] Diese persönliche Bindung zwischen Xenophon und Eubulos führt zu der Überlegung, ob die Niederschrift des Traktats "Über die Einkünfte" mit dem Beginn der Finanzverwaltung Eubulos' in Verbindung steht. Wie der tatsächliche Anlaß auch immer ausgesehen haben mag - ob Xenophon selbst eine Reihe von Vorschlägen formulieren wollte, die dem Bestreben Eubulos' und seiner Gruppe entgegenkamen, oder ob es eine direkte Bestellung von seiten des Eubulos war -, die Publikation dieser Schrift bereitete propagandistisch den Boden für Eubulos' Auftreten vor.[25] Der Hinweis auf diesen Umstand enthebt uns der Notwendigkeit, uns mit der so oft von der neueren Wissenschaft angeführten These auseinanderzusetzen, Xenophons Programm sei mehr oder weniger eine Utopie oder gar ein Hirngespinst gewesen. Es ist möglich, daß Xenophons Plan nicht in allen Einzelheiten den Realitäten entsprach; in einer Reihe konkreter Punkte jedoch und - was noch wichtiger ist - in seinen Hauptlinien war er zweifellos den realen politischen Tendenzen angepaßt.[26] Gleich-

23 Zur Widerspiegelung einiger Vorschläge Xenophons in der weiteren Wirtschaftspolitik Athens, insbesondere unter Eubulos, vgl. Anm. 7, 11, 12, 14 und 21 der vorliegenden Arbeit.

24 Letronne, Jean Antoine, Xénophon, in: Biographie universelle (Michaud) ancienne et moderne, Nouv. éd., Bd. 45, 1865, S. 194 f.; Kirchner, Johannes, Eubulos, N 8, in: RE, Bd. 6, 1909, S. 876; Frolov, É. D., Žizń i dejatel'nost' Ksenofonta, in: Učenye zapiski, hg. v. Leningradskij gosudarstvennyj Universitet, Nr. 251, Ausg. 28, Leningrad 1958, S. 71 f.

25 Vgl. Boeckh, August, a. a. O., S. 698; Zurborg, Arminius, a. a. O., S. 36 - 38; Motzki, Arthur, a. a. O., S. 13 f.; Herzog, Rudolf, a. a. O., S. 478 - 480; Andreades, Andreas Michael, a. a. O., S. 404 f.; Cawkwell, G. L., Eubulus, in: The Journal of Hellenic Studies, Bd. 83, 1963, insbesondere S. 63 ff.

26 Vgl. die überzeugende Antwort an Xenophons Kritiker in der neuen Studie Breitenbach, Hans Rudolf, a. a. O., Sp. 1760 f.

zeitig kann die Geschichte der Niederschrift des Traktats "Über die Einkünfte" als anschauliches Beispiel dafür dienen, wie die Entwicklung des theoretischen Gedankengutes, insbesondere auch des politisch-ökonomischen, durch die reale historische Situation stimuliert und bedingt wird.

(Übersetzt von Bernd Funk)

Literaturkritik

ZUR METHODOLOGIE DER WIRTSCHAFTSGESCHICHTE IN DEN USA

The Journal of Economic History, Bd. 32, März 1972, Nr. 1

Published for the Economic History Association by the Graduate School of Business Administration of New York University, New York 1972, 430 Seiten

Papers Presented at the Thirty-First Annual Meeting of the Economic History Association

von Jürgen Kuczynski

Die Vorträge auf der Tagung scheinen mir lesenswert, keiner von ihnen ragt hervor. Sie sind guter Durchschnitt, wie etwa die von William M. Landes und Lewis C. Solmon über "Schulzwang-Gesetzgebung: eine ökonomische Analyse von Gesetzgebung und sozialem Wandel im 19. Jahrhundert" und "Vermögensschätzungen für die Neuengland-Kolonien um 1770" mit interessanten Vergleichen für die Gegenwart von Alice Hanson Jones.

Von besonderem Interesse für uns ist jedoch eine Vorbemerkung von Robert William Fogel, Mitglied des Program Committee, unter der Überschrift "Current Directions in Economic History", der auch den ganzen Band herausgegeben hat. Das Program Committee hatte die Jahresversammlung so vorbereitet, daß es an 250 Mitglieder der Gesellschaft sowie einige andere Forscher inner- und außerhalb der USA schrieb und um Anregungen für Vorträge bat. Über hundertfünfzig Vorträge wurden vorgeschlagen, von denen das Committee fünfzehn aussuchte.

Über die vorgeschlagenen Vorträge berichtet Fogel nun so: "Die Reaktion auf unser Schreiben gab den Mitgliedern des Programmkomitees eine recht breite Übersicht über den gegenwärtigen Stand der Forschung auf dem Gebiet der Wirtschaftsgeschichte. Einige unserer Entdeckungen dabei mögen wert sein, festgehalten zu werden.

Wir waren zuerst einmal beeindruckt von dem laufenden Zugang zu unserer Disziplin von klugen jungen Wissenschaftlern. Das zeigte sich an dem großen Anteil der Essays, die von neuen oder relativ neuen Doktoren vorgeschlagen wurden, ebenso wie an der Tatsache, daß 8 von 15 Vorträgen, die schließlich vom Programmkomitee gewählt wurden, von assistant professors stammen.

Wir waren ebenfalls beeindruckt von dem laufenden Wachstum der Bemühungen, streng quantitative Methoden in der Geschichtsschreibung anzuwenden. Was einige von uns überraschte, war das Ausmaß, in dem solche Methoden unter denjenigen unserer Mitglieder angewandt wurden, die von den Fakultäten für Geschichte kommen. Als die Anwendung moderner quantitativer Methoden zuerst die Aufmerksamkeit auf sich lenkte - etwa vor einem Jahrzehnt oder so -, hatte man vielfach vorausgesagt, daß die neue Richtung dazu führen würde, die Historiker aus der Wirtschaftsgeschichte zu vertreiben. Diese Voraussagen erscheinen jetzt falsch. Einige der aktivsten und interessantesten Versuche der Quantifizierung kamen gerade aus den historischen Fakultäten. So wurden 7 von den 15 Vorträgen von Forschern, die in diesen Fakultäten beheimatet sind, verfaßt. Ihre Vorträge, ebenso wie die meisten der von Wirtschaftswissenschaftlern geschriebenen, zeigen deutlich, daß die Qualität der quantitativen Geschichtsschreibung nicht auf der Komplexität der statistischen Methoden, die angewandt werden, beruht, sondern auf der Bedeutung des Gegenstandes, der untersucht wird, und der Geschicklichkeit des Untersuchers, statistische Technik den vorhandenen Daten anzupassen. Die Vorträge, die in Atlantic City vorgetragen wurden, zeigen, daß viele der aufregendsten neuen Entdeckungen die Folge von geschickter Anwendung ganz einfacher Methoden sind.

Ein weiteres Resultat unserer Untersuchung war die Verschiebung des Schwergewichts der quantitativen Forschung. Ursprünglich konzentrierte sich die quantitative Forschung auf die Mitte und das Ende des 19. Jahrhunderts amerikanischer Geschichte. Und innerhalb dieser geographischen und zeitlichen Beschränkung gab es noch eine starke Konzentration auf ganz wenige Probleme, insbesondere auf solche, die mit der Natur, den Ursachen und den Folgen technologischer Wandlungen zu tun hatten. Das Treffen von Atlantic City und die Vorbereitung dazu enthüllten ein erneutes Interesse für die koloniale Ära und die frühe Moderne und die späte Feudalzeit. Es zeigte sich auch ein erneutes Interesse für die gegenseitige Beeinflussung sozialer Verhältnisse und institutioneller Einrichtungen wie der Familie und des Gesetzes auf der einen und wirtschaftlichem Verhalten auf der anderen Seite. In dieser Weise, vielleicht auf neue Art, dienen die quantitativen Methoden dazu, die absolut notwendige Rolle der qualitativen Analyse in der historischen Forschung zu unterstreichen."

Natürlich darf man über der Freude von Fogel an dem Fortschritt der Quantifizierung nicht übersehen, daß es in den USA auch eine Gegenströmung gibt. Einer ihrer Vertreter, Carl Bridenbaugh, brachte sie recht klar zum Ausdruck, als er von der "Hurengöttin (bitch-goddess) Quantifizierung" sprach (in The great mutation, S. 327).

Doch kann kein Zweifel darüber bestehen, daß die quantifizierende Methode, deren größter Vertreter in den Gesellschaftswissenschaften Marx war, und um die wir uns auch stets im Institut für Wirtschaftsgeschichte an der Akademie der Wissenschaften der DDR bemüht haben, in den USA stark an Boden gewonnen hat.

Von besonderer Bedeutung ist jedoch, daß in den USA gerade auch die Historiker - im Gegensatz zu unseren Historikern, die hier stark hinterherhinken - sich der Quantifizierung bedienen, denn die Wirtschaftshistoriker haben stets eine gesunde Neigung zu ihr gezeigt.

Und noch eine Bemerkung Fogels scheint mir wichtig. Fogel ist einer der frühen und hervorragendsten Vertreter der Benutzung der elektronischen Datenverarbeitung in der Wirtschaftsgeschichte, gar manche seiner Einsichten in die amerikanische Wirtschaftsgeschichte beruhen auf der Nutzung enormen Zahlenmaterials. Gleichzeitig aber weiß er und deutet auch in seinen hier zitierten Bemerkungen darauf hin, daß nicht komplizierte mathematische Formeln, sondern die geschickte Anwendung einfacher quantifizierender Methoden im allgemeinen wirklichen Fortschritt für unsere Erkenntnis bringen. Man kann nur wünschen, daß ebenso wie unsere Historiker im Laufe der Zeit lernen werden, stärker zu quantifizieren, unsere Ökonomen sich darüber klar werden, daß die Qualität ihrer Artikel nicht von der Kompliziertheit und Zahl der mathematischen Formeln, mit denen sie ihre Artikel verzieren, abhängt. Die ungeheure Überlegenheit, die der Marxismus unseren Gesellschaftswissenschaftlern sichert, sollte weder durch Vernachlässigung der quantitativen Methoden noch durch mathematischen Übereifer beeinträchtigt werden.

ZUR WIRTSCHAFTSREFORM IN DER UDSSR

Bemerkungen zu:

Osnovy i praktika chozjajstvennoj reformy v SSSR, hg. v. einem Autorenkollektiv unter Leitung von N. E. Drogičinskij und V. G. Starodubrovskij

Verlag Ekonomika, Moskau 1971, 520 Seiten, Preis: 1,88 Rubel

Grundlagen und Praxis der Wirtschaftsreform in der UdSSR

Dietz Verlag, Berlin 1972, 611 Seiten, Preis: 11,50 Mark

von Werner Poloschek

Das vorliegende Werk sowjetischer Ökonomen - verantwortlicher Mitarbeiter der Staatlichen Plankommission - gibt eine umfassende Analyse theoretischer und praktischer Probleme bei der Durchführung der Wirtschaftsreform in der Volkswirtschaft der UdSSR. Es gibt einen umfassenden Überblick über die historischen Erfahrungen der Wirtschaftspolitik der Kommunistischen Partei der Sowjetunion in der gegenwärtigen Etappe des Aufbaus des Kommunismus. Erstmalig werden über einen Zeitraum von mehr als fünf Jahren nach dem März- und Septemberplenum des ZK der KPdSU im Jahre 1965 eine Gesamteinschätzung der Erfahrungen aus der Durchführung der Wirtschaftsreform gegeben und Perspektiven der weiteren Entwicklung ökonomischer Maßnahmen aufgezeigt.

Der XXIV. Parteitag der KPdSU im Jahre 1971 unterstrich noch einmal die Grundzüge der Weiterentwicklung der Wirtschaftsreform in der sowjetischen Volkswirtschaft und hob hervor, daß "die Wirtschaftsreform keine einmalige Maßnahme ist, sondern ein Prozeß, in dem die Leitung der Wirtschaft vervollkommnet wird, damit alle Vorzüge der sozialistischen Produktionsweise maximal genutzt werden können."[1]

Die Verfasser dieses Werkes stellen sich zunächst das Ziel, die Grundlagen des neuen Systems der Planung und ökonomischen Stimulierung zu erläutern und die gewonnenen Erfahrungen hinsichtlich der Erhöhung der Effektivität der gesellschaftlichen Arbeit zu verallgemeinern. Sie unterstreichen, daß sich die von Partei und Regierung getroffenen Maßnahmen in der gesellschaftlichen Praxis voll bewährt haben und der eingeschlagene Weg in den verschiedenen Bereichen der sowjetischen Volkswirtschaft konsequent weitergegangen werden muß. In vielen Bereichen der Volkswirtschaft der UdSSR werden die neuen Methoden der Planung und ökonomischen Stimulierung einer Prüfung durch ökonomische Experimente unterzogen; die wirtschaftsleitenden Organe, von denen die Planung, die materiell-technische Versorgung sowie die Organisation der Leitung von Betrieben und Produktionsvereinigungen wesentlich beeinflußt werden, sollen verstärkt in die Wirtschaftsreform einbezogen werden.

Anhand der bereits in der Wirtschaftspraxis gesammelten Erfahrungen müssen nun die Wege zur weiteren Vervollkommnung des Wirtschaftssystems bestimmt werden, welche im vol-

1 XXIV. Parteitag der KPdSU. Dokumente, Moskau 1971, S. 278 f.

ien Maße die Möglichkeiten zur Erhöhung der Effektivität der Produktion und zur Erhöhung des Wohlstandes der sowjetischen Werktätigen ausschöpfen.

Die Autoren gehen davon aus, daß "das Programm der Wirtschaftsreform keine grundsätzlichen Änderungen erfordert." (S. 8)[2] Die schöpferische Weiterentwicklung der Wirtschaftsreform in allen Bereichen der sowjetischen Volkswirtschaft besteht in der konsequenten und komplexen Durchsetzung ihrer Prinzipien. Die Verfasser unterstreichen, ausgehend von den Forderungen des Dezemberplenums des ZK der KPdSU im Jahre 1969, die Notwendigkeit, ein langfristiges Programm für die weitere Entwicklung der Wirtschaftsreform in der sowjetischen Volkswirtschaft auszuarbeiten, welches ihre komplexe Durchsetzung garantiert.

In den 15 Kapiteln des Buches beschäftigen sich die Autoren mit folgenden Hauptproblemen (vgl. S. 609 - 611):

- Theoretische Grundlagen für die Durchführung und Weiterentwicklung der Wirtschaftsreform (Kapitel 1 und 2)
- Vervollkommnung der Leitung und Planung in Verbindung mit der Erhöhung der Eigenverantwortung von Betrieben und Produktionsvereinigungen im Rahmen der zentralen staatlichen Planung (Kapitel 3 und 4)
- Verbesserung der Wirtschaftsbeziehungen zwischen den Betrieben zur Erhöhung der materiell-technischen Versorgung der Volkswirtschaft (Kapitel 5)
- Hauptrichtungen der Entwicklung von ökonomischer Stimulierung und materieller Interessiertheit in der Volkswirtschaft (Kapitel 6 und 7)
- Eigenerwirtschaftung der Mittel und Fondsentwicklung der Betriebe und Produktionsvereinigungen, Krediteinsatz sowie Beziehungen zum Staatshaushalt (Kapitel 8, 9 und 10)
- Vervollkommnung der Preisbildung und der wirtschaftlichen Rechnungsführung in den Betrieben und Produktionsvereinigungen (Kapitel 12 und 13)
- Stimulierung des wissenschaftlich-technischen Fortschritts (Kapitel 11 und 14)
- Probleme der weiteren Entwicklung der Wirtschaftsreform (Kapitel 15).

Die Wirtschaftsreform - so führen die Verfasser aus - ist ein "Komplex von Maßnahmen zur weiteren Verbesserung der wissenschaftlichen Leitung der Gesellschaft in der gegenwärtigen Etappe des kommunistischen Aufbaus" in der Sowjetunion (S. 11). In Theorie und Praxis der Wirtschaftsreform haben insbesondere die Leninschen Gedanken von der allseitigen Entwicklung der sozialistischen Demokratie, von der zentralen staatlichen Leitung, von der Leitung der Produktion und der schöpferischen Aktivität der Werktätigen, der wirksamen Ausnutzung der Ware-Geld-Beziehungen sowie der wirtschaftlichen Rechnungsführung in der sozialistischen Gesellschaft ihre Anwendung gefunden. Die umfassende Durchführung der Wirtschaftsreform "erfolgt allmählich und setzt eine konsequente Ausarbeitung der Formen und Methoden der zentralen Wirtschaftsleitung, verbunden mit einer weitgehenden Initiative" (S. 11 f.) von Kollektiven der Werktätigen, voraus.

Als Grundlage für die Maßnahmen der Wirtschaftsreform dient vor allem die marxistisch-leninistische Lehre vom dialektischen Wechselverhältnis zwischen Ökonomie und Politik, von der entscheidenden Rolle des zentralen Planes bei der Leitung der Produktion und der Verteilung von materiellen Gütern sowie eine bessere Ausnutzung der Ware-Geld-Beziehungen zwischen Produzenten und Konsumenten in der sozialistischen Gesellschaft. In diesem

2 Alle nicht näher bezeichneten Kapitel- und Seitenangaben beziehen sich auf die durch den Dietz Verlag besorgte deutsche Übersetzung des Buches.

Zusammenhang verweisen die Autoren darauf, daß es in der weiteren theoretischen und praktischen Arbeit zur Entwicklung der Wirtschaftsreform darauf ankommt, das Wesen der Ware-Geld-Beziehungen in der sozialistischen Wirtschaft, deren Entwicklung und planmäßige Ausnutzung zur Erhöhung der Effektivität der gesellschaftlichen Produktion wissenschaftlich zu untersuchen. Dabei wird festgestellt, daß "das Wesen des Funktionierens der Ware-Geld-Beziehungen in der Periode der Schaffung der materiell-technischen Basis des Kommunismus sowie die Grenzen ihrer Wirkung auf die ökonomischen Interessen sowie ihre Rolle bei der Verbesserung und Entwicklung der Methoden der Wirtschaftsführung und bei der Erreichung des Zieles der sozialistischen Produktion" (S. 12) oft unterschiedlich gesehen werden. Wenn die Erfahrungen bei der volkswirtschaftlichen Planung außer acht gelassen werden, führen solche Auslegungen entweder dazu, "die Rolle der Ware-Geld-Beziehungen und der Wertkategorien in der sozialistischen Wirtschaft zu schmälern, bestimmte objektive Gesetze zu ignorieren, in anderen Fällen wiederum zu einer unbegründeten Fetischisierung ihrer Rolle bei der Lösung dringender Probleme des kommunistischen Aufbaus." (S. 13) Die Verfasser unterstreichen: "Der Erfolg der weiteren Entwicklung der Wirtschaftsreform wird in vieler Hinsicht davon abhängen, wie die Ware-Geld-Beziehungen beherrscht, geschickt in der sozialistischen Wirtschaftsführung angewendet werden und auf die wirtschaftlichen Interessen der Beschäftigten in der Produktion einwirken." (S. 13)

Die Verfasser verbinden die Ausnutzung der Ware-Geld-Beziehungen sowie der Wirkungsweise der Wertkategorien eng mit den ökonomischen Interessen im Sozialismus. Als sozialökonomische Kategorie sind die ökonomischen Interessen "Impulse der gesellschaftlichen Entwicklung" (S. 14) und spiegeln die objektiven Bedürfnisse der Entwicklung der Menschen wider. Sie sind die Triebkraft für die Entwicklung der Produktion und das wichtigste Element im Wirkungsmechanismus der ökonomischen Gesetze. Deshalb ist die umfassende Aufdeckung des Wirkungsmechanismus der Ware-Geld-Beziehungen und der Wertkategorien in der sozialistischen Gesellschaft nur auf der Grundlage der materialistischen Auffassung der gesellschaftlichen Entwicklung, der Rolle und der Bedeutung der ökonomischen Interessen und ihrer Struktur sowie ihrer Erscheinungsformen im gesellschaftlichen Reproduktionsprozeß möglich.

Durch die Wirtschaftsreform werden die kollektiven und persönlichen Interessen - bei Wahrung der Priorität der gesellschaftlichen Interessen - im Sinne des ökonomischen Grundgesetzes ausgenutzt und auf die weitere Entwicklung der Produktivkräfte der Gesellschaft zum Wohle der Werktätigen gerichtet. Die Verfasser unterstreichen in diesem Zusammenhang, daß der Übergang von Betrieben zu den neuen Methoden der Planung und ökonomischen Stimulierung breite Möglichkeiten für eine komplexe Verwirklichung der gesellschaftlichen, kollektiven und persönlichen Interessen schafft, daß diese Möglichkeiten sich jedoch nicht automatisch durchsetzen, sondern auf der Grundlage der wirtschaftsorganisatorischen Funktion des Staates mit Hilfe der volkswirtschaftlichen Planung und der praktischen Wirtschaftspolitik zu verwirklichen sind. Bei der Bestimmung der konkreten volkswirtschaftlichen Maßnahmen zur Erreichung dieses Zieles der sozialistischen Produktion geht der Staat "von der Notwendigkeit aus, die Bedürfnisse der Mitglieder der sozialistischen Gesellschaft entsprechend dem erreichten Entwicklungsstand der Produktivkräfte und der Produktionsverhältnisse maximal zu befriedigen" (S. 21). Die Zielstellung der sozialistischen Produktion, welche die grundlegenden ökonomischen Interessen der sozialistischen Gesellschaft verkörpert, findet in den volkswirtschaftlichen Plänen ihren Niederschlag.

Die Verfasser betonen, daß unter sozialistischen Verhältnissen die Gesellschaft und die Betriebskollektive das gleiche Ziel haben. Die Betriebe realisieren dieses Ziel, indem sie die Planaufgaben unter Einbeziehung der ökonomischen Stimulierung erfüllen. Jeder Betrieb erhält bestimmte Mengen- und Wertkennziffern, welche die Tätigkeit von Betrieben und Produktionsvereinigungen im Rahmen eines einheitlichen volkswirtschaftlichen Planes gewährleisten. Die Autoren des Buches heben hierbei die Verantwortung des sozialistischen Staates für die Kontrolle der Planerfüllung als Bestandteil einheitlicher ökonomischer Politik zur Durchsetzung und Wahrung der Interessen der Gesellschaft hervor.

Die Verfasser halten die Auffassung, daß der Betrieb ein "relativ verselbständigter sozialistischer Warenproduzent" sei, für theoretisch und praktisch falsch. Sie zeigen, daß die Aufgaben der Betriebe und Produktionsvereinigungen auf die Erfüllung der Aufgaben des einheitlichen Volkswirtschaftsplanes gerichtet sind, wobei unter den neuen Bedingungen der Wirtschaftsführung die ökonomische Tätigkeit von Betrieben und Produktionsvereinigungen in der Regel nach drei Kennziffern eingeschätzt wird: "nach der Erfüllung der Auflagen für den Umfang der realisierten Produktion im wertmäßigen Ausdruck oder nach dem Gewinn, nach dem Umfang der Produktion im Naturalausdruck (dem Hauptsortiment) und nach der Rentabilität der Produktion" (S. 25).

Die Verfasser erläutern, warum die ökonomischen Interessen der Betriebe und Produktionsvereinigungen nicht ausschließlich auf den Gewinn orientiert werden können.

Sie beschäftigen sich im weiteren mit der Entwicklung der Planmäßigkeit in der sozialistischen Wirtschaft. Sie unterstreichen, daß die Wirtschaftsreform von der Notwendigkeit der weiteren Vervollkommnung der Planung, der Verstärkung ihrer wissenschaftlichen Begründung ausgeht. Das ergibt sich aus dem erreichten Entwicklungsstand der Produktivkräfte und der Produktionsverhältnisse und ist durch die Forderungen der wissenschaftlich-technischen Revolution sowie die Lösung der Probleme zur Schaffung der materiell-technischen Basis des Kommunismus bedingt (S. 27).

Der Sozialismus schafft günstige Bedingungen für ein schnelles Wachstum der Produktivkräfte. Dieser Vorzug der sozialistischen Gesellschaftsordnung realisiert sich jedoch nicht im Selbstlauf, sondern wird durch die bewußte Tätigkeit, durch die Planung der Volkswirtschaft gestaltet. Die volkswirtschaftliche Planung hat dabei der Entwicklung des wissenschaftlich-technischen Fortschritts und den sozialpolitischen sowie den ökonomischen Bedingungen der Gesellschaft ständig Rechnung zu tragen.

Die Wirtschaftsreform "verändert nicht das sozialökonomische Wesen der Planung als ... eines Systems der Maßnahmen zur wissenschaftlichen Leitung der Gesellschaft. Sie trägt aber qualitativ Neues in die Leitung, in die konkreten Formen und Methoden der Planung und Wirtschaftsführung hinein, mit deren Hilfe die allmähliche Durchsetzung des Ziels der sozialistischen Produktion gesichert wird" (S. 27). Hierbei heben die Autoren das Neue in der volkswirtschaftlichen Planung hervor: die konsequente und umfassende Einhaltung des Prinzips der Wissenschaftlichkeit in der Planung, die auf dieser Grundlage zu erreichende Koordinierung von Plänen, die Verknüpfung von kurz-, mittel- und längerfristigen Plänen sowie die Gewährleistung der Kontinuität und Stabilität in der Planung.

Die Einführung neuer Methoden der Planung und ökonomischen Stimulierung verlangt gleichzeitig, daß die Planaufgaben von den wissenschaftlich begründeten Bedürfnissen der sozialistischen Gesellschaft ausgehen und immer auf einer objektiven Einschätzung der Produktionsmöglichkeiten und einer genauen Berechnung der vorhandenen Ressourcen beruhen müssen. Die Verfasser heben in diesem Zusammenhang die wachsende Rolle der Bilanzierung bei der Planung und die Anwendung wissenschaftlich begründeter Normative bei der Bestimmung des Umfangs von Produktion und Konsumtion sowie für die Beziehungen zwischen den Betrieben und dem Finanz- und Kreditsystem hervor. Bei der Planung der Produktion und der Verteilung materieller Güter werden die Warenform des Produkts, der Gebrauchswert sowie der Wert des Produkts und folglich auch die Ware-Geld-Form seiner Bewegung sowie die Beziehungen zwischen Konsument und Produzent berücksichtigt. Dabei analysieren die Verfasser auch die sowjetischen Erfahrungen bei der Schaffung der materiell-technischen Basis des Kommunismus im Hinblick auf die planmäßige Ausnutzung der Ware-Geld-Beziehungen zur Entwicklung und Vervollkommnung der sozialistischen Leitung der Produktion und zur Erhöhung des Lebensniveaus des sowjetischen Volkes.

Die Ware-Geld-Beziehungen existieren in der sozialistischen Gesellschaft auf der Grundlage des gesellschaftlichen Eigentums an Produktionsmitteln. Das bedeutet, daß unter den Bedingungen der Einheit der grundlegenden ökonomischen Interessen und des gemeinsamen Zieles der sozialistischen Wirtschaftsführung die Ware-Geld-Beziehungen nur dann eine effektive Wirkung auf die rationelle Entwicklung der materiellen Sphäre haben, wenn sie planmäßig genutzt werden. "Planmäßigkeit und staatliche Regulierung der Ware-Geld-Beziehungen sind die wichtigsten Voraussetzungen für ihre Anwendung beim Aufbau des Kommunismus" (S. 23).

Ausgehend von der Bedeutung des gesellschaftlichen Eigentums an Produktionsmitteln, setzen sich die Verfasser mit der revisionistischen Theorie auseinander, die die Aufsplitterung des gesamtgesellschaftlichen, staatlichen sozialistischen Eigentums an Produktionsmitteln in Gruppeneigentum verficht, und beweisen die Haltlosigkeit einer solchen Theorie. Die Betriebe und Produktionsvereinigungen in der sowjetischen Volkswirtschaft sind sozialistische Warenproduzenten auf der Grundlage der gesellschaftlichen Arbeitsteilung und erhalten bestimmte Produktionsmittel als Teile des gesellschaftlichen Eigentums mit bestimmten staatlichen Vollmachten für ihre Nutzung und Mehrung. Die Maßnahmen der Wirtschaftsreform orientieren auf eine rationelle Nutzung dieser Produktionsmittel, "um den gesellschaftlichen Reichtum im Interesse aller Mitglieder der neuen Gesellschaftsformation zu mehren", und sind unvereinbar damit, "das Volkseigentum im Interesse von Gruppen einzelner Produzenten zu verteilen" (S. 31).

Bei der Untersuchung der theoretischen Grundlagen für die Wirtschaftsreform beschäftigen sich die Verfasser mit den ökonomischen Gesetzen, ihren Wechselbeziehungen und ihrer Ausnutzung unter den neuen Bedingungen. Sie gehen davon aus, daß für eine umfassende Ausnutzung der ökonomischen Gesetze des Sozialismus deren genaue Kenntnis, vor allem das Erkennen ihrer komplexen Wirkungsweise und wechselseitigen Verflechtung erforderlich ist. Im Prozeß der Planung ist das optimale Wechselverhältnis des Zusammenwirkens der ökonomischen Gesetze in allen Bereichen der Volkswirtschaft zu bestimmen.

Die Autoren untersuchen die Wirkungsweise des Gesetzes der ständigen Steigerung der Arbeitsproduktivität, des Gesetzes der Verteilung nach der Arbeitsleistung, des Gesetzes der sozialistischen Akkumulation und des Wertgesetzes unter den Bedingungen der Schaffung der materiell-technischen Basis des Kommunismus und heben die Bedeutung der Ausnutzung dieser Gesetze zur Erreichung des Zieles der sozialistischen Produktion und für die Lenkung der Initiativen von Betriebskollektiven und Produktionsvereinigungen wie auch von einzelnen Werktätigen entsprechend den Erfordernissen der ökonomischen Gesetze hervor. Sie unterstreichen, daß die "Erfahrungen bei der Durchführung der Wirtschaftsreform zeigen, daß auf Grund einer gründlicheren Kenntnis der Wirkung der ökonomischen Gesetze die Volkswirtschaftsplanung sowie die Organisierung der Planerfüllung wesentlich besser vorgenommen werden können" (S. 63). Auch die Wirkung der Ware-Geld-Beziehungen auf die ökonomischen Interessen wird hauptsächlich durch die Qualität der Planung bestimmt.

In ihren Darlegungen zur Wirtschaftsreform heben die Autoren stets den komplexen Charakter der Maßnahmen zur Durchsetzung der Wirtschaftsreform hervor. Die Anwendung des neuen Systems der Planung und ökonomischen Stimulierung setzt auch die Vervollkommnung der Leitung voraus. Das ergibt sich vor allem aus der objektiven Notwendigkeit, die Leninschen Prinzipien zur Leitung der Wirtschaft unter den modernen Bedingungen im Zusammenhang mit den Veränderungen im Charakter und Entwicklungsniveau der Produktivkräfte sowie der Entwicklung des wissenschaftlich-technischen Fortschritts voll auszunutzen. Eine Voraussetzung für die Verbesserung und Vereinfachung der Leitungstätigkeit war es, "die Leitung der Industrie nach dem Zweigprinzip zu organisieren und Industriezweigministerien zu bilden" (S. 93). Auf der unteren und mittleren Ebene soll nach Meinung der Verfasser die Vereinigung das Leitungsorgan sein (S. 94). In diesem Zusammenhang wird unterstrichen, daß unter den gegenwärtigen Bedingungen solche Methoden der Leitung anzuwenden sind, welche die Spezialisierung der Produktion, eine rationelle Kooperation und Konzentration der Produktion fördern und günstige Bedingungen für die Vervollkommnung der Leitung und für die Anwendung mathematischer Methoden sowie der modernen Rechen- und Organisationstechnik schaffen. Der Hauptweg zur Vervollkommnung der Leitungsorganisation der Wirtschaft ist unter den gegenwärtigen Bedingungen die Bildung großer Produktionskomplexe und, auf dieser Basis, großer Produktionsvereinigungen.

Ihre Bildung spielt bei der Lösung von sozialen und ökonomischen Aufgaben der Gesellschaft eine wichtige Rolle. Sie schaffen günstige Voraussetzungen für

- eine umfassende Teilnahme der Betriebskollektive an der Ausarbeitung und Durchführung der Pläne und für eine erhöhte Eigenverantwortung der Betriebe und Vereinigungen im Rahmen des staatlichen Planes;
- die Gewährleistung der Erfüllung des Planes und die Kontrolle über seine Erfüllung durch die Wirtschaftsorgane;
- das Zusammenwirken von übergeordneten Wirtschaftsorganen und Betrieben sowie für eine bestmögliche Entwicklung der Initiative der Betriebskollektive bei der Entwicklung der Produktion sowie der Erhöhung ihrer Effektivität auf der Grundlage der Beschleunigung des wissenschaftlich-technischen Fortschritts und der Erhöhung der Arbeitsproduktivität;
- die Organisation eines rationellen Leitungssystems sowie für die genaue Abgrenzung von Funktionen der Leitungsorgane bei einem Minimum von Leitungsebenen.

Von aktueller Bedeutung für die Theorie und Praxis des kommunistischen Aufbaus sind die Ausführungen der Verfasser des Buches zu Problemen der Planung. Sie unterstreichen, daß die Wirtschaftsreform als ein wichtiges Mittel zur Vervollkommnung der planmäßigen Leitung der Produktion genutzt wird. Der Plan ist Ausdruck der ökonomischen Politik von Partei und Regierung und bestimmt die Hauptaufgaben des wirtschaftlichen, sozialen und kulturellen Aufbaus des Sowjetlandes.

In den Jahren der Wirtschaftsreform wurden eine Reihe von Maßnahmen zur Vervollkommnung durchgeführt, die vor allem das Kennziffernsystem, die Rolle der von den Ministerien aufgestellten Zweigpläne sowie die Planmethodik, darunter auch die Anwendung mathematischer Methoden und der EDV, betreffen. Eines der Hauptprobleme ist jedoch die weitere Erhöhung des wissenschaftlichen Niveaus der Planung und die Bilanzierung der Pläne. Davon hängt auch der Erfolg verschiedener Seiten der Wirtschaftsreform, vor allem die Wirkung ökonomischer Hebel ab. Bei der weiteren Vervollkommnung der volkswirtschaftlichen Planung unter den gegenwärtigen Bedingungen der Wirtschaftsreform geht es nach Meinung der Verfasser

- erstens um eine stärkere Verbindung der zentralen staatlichen Planung mit der wirtschaftlichen Eigenverantwortung der Betriebe und Vereinigungen sowie um die Verstärkung der Rolle des Perspektivplanes im Prozeß der Volkswirtschaftsplanung; das hat große Bedeutung für die Durchführung der wissenschaftlich-technischen Revolution unter den Bedingungen des Aufbaus der kommunistischen Gesellschaft,
- zweitens um eine den Forderungen der Wirtschaftsreform entsprechende Vervollkommnung des Plankennziffernsystems,
- drittens um die Erhöhung des Arbeitsniveaus bei der Einführung ökonomisch-mathematischer Methoden in die Volkswirtschaftplanung,
- viertens um die wechselseitigen Beziehungen der längerfristigen Planung mit einer wirkungsvollen ökonomischen Stimulierung.

Die hohen Entwicklungstempi in der Produktion bei gegenwärtig mehr als 50 000 Industriebetrieben sowie mehr als 50 000 Kolchosen und Sowchosen machen eine rationelle Organisation der ökonomischen Beziehungen in der Volkswirtschaft notwendig. Der ständig wachsende Produktionsumfang, die sich fortlaufend erweiternde Erzeugnisnomenklatur und die fortschreitende Spezialisierung in der Produktion führen zu einem Anwachsen der Wirtschaftsbeziehungen zwischen den Betrieben sowie zu einem Anwachsen der für die Leitung dieser Prozesse notwendigen Informationen. Die Autoren heben hervor, daß den Problemen der Organisation der ökonomischen Beziehungen gegenwärtig auf allen Ebenen der Wirtschaftsleitung große Aufmerksamkeit geschenkt wird. Eine wichtige Arbeit auf diesem Gebiet ist die Aufstellung einer Verflechtungsbilanz der Produktion in der Volkswirtschaft der UdSSR. Dabei kann sowohl eine Abrechnungs- als auch eine Planverflechtungsbilanz ausgearbeitet werden. Die letztere wird allmählich zu einem Bestandteil des Volkswirtschaftsplanes und zu einem wichtigen Mittel bei der Auswahl effektiver Varianten des Volkswirtschaftsplanes. Bei der Betrachtung der wirtschaftlichen Beziehungen zwischen Betrieben und Vereinigungen messen die Verfasser der materiellen Sicherstellung der Planaufgaben große Bedeutung bei. Sie orientieren auf langfristige und stabile Bereitstellungspläne und unterstreichen die Rolle der Ministerien bei der Bedarfsforschung und -planung und bei der materiell-technischen Versorgung. Eine wichtige Voraussetzung dafür ist das Übergehen der staatlichen Versorgungsorganisationen zu neuen Methoden der Planung und ökonomischen Stimulierung.

Ausführlich beschäftigen sich die Autoren in einem besonderen Kapitel des Buches mit den Hauptrichtungen der ökonomischen Stimulierung der Produktion, welche vor allem auf eine breite Entfaltung der Initiative der Werktätigen in den Betrieben, eine Beschleunigung des wissenschaftlich-technischen Fortschritts, eine Erhöhung der Qualität der Erzeugnisse, eine verbesserte Ausnutzung der Produktionsgrundfonds sowie der Arbeitskräfte- und materiellen Ressourcen gerichtet ist. Es wird hervorgehoben, daß die zentrale staatliche Planung eine direkte Einwirkung auf die Entwicklung der Wirtschaft über die bestätigten Plankennziffern und über die Verteilung und Umverteilung des Reineinkommens sichert und dadurch auch das allgemeine Entwicklungstempo sowie die Proportionen der gesellschaftlichen Produktion und deren Effektivität bestimmt. Die Verfasser betrachten dabei die ökonomische Stimulierung als "eine Form der indirekten Einwirkung auf die Produktion über die wirtschaftlichen Interessen des Betriebes und seiner Beschäftigten", die darauf beruht, daß zu diesem Zweck weitgehend ökonomische Hebel eingesetzt werden - der Gewinn, die Fonds für ökonomische Stimulierung, der Kredit, die Preise usw." (S. 297).

Zentrale Planung und ökonomische Stimulierung müssen in einer organischen Wechselbeziehung stehen. Die Verbesserung der zentralen Planung schafft die Grundlage für ein effektives Wirken der ökonomischen Stimulierung; die ökonomische Stimulierung ergänzt ihrerseits die zentrale staatliche Planung und fördert die Übernahme hoher Planaufgaben im Interesse der gesamten Volkswirtschaft. Die Wechselbeziehungen zwischen diesen beiden Seiten werden im bedeutenden Umfange über die Realisierung der hergestellten Erzeugnisse bzw. Leistungen, die Verteilung des Reineinkommens, die Finanzierung und Kreditierung sowie den Preis und deren Einordnung in den Plan bestimmt. Die Erfahrungen in den Betrieben und Vereinigungen zeigen jedoch, daß einige Elemente dieser ökonomischen Stimulierung weiter vervollkommnet werden müssen. Es geht vor allem darum, die ökonomischen Hebel auf die Ausschöpfung aller in den Betrieben und Produktionsvereinigungen vorhandenen Reserven zur Durchsetzung höchster volkswirtschaftlicher und betrieblicher Effektivität planmäßig auszunutzen. In diesem Zusammenhang wird hervorgehoben, wie wichtig es ist, daß die "zentrale Planung und Leitung der Wirtschaftstätigkeit des Ministeriums auf der Grundlage der Fünfjahrpläne und langfristiger Normative erfolgt, die ein Interesse an der Ausarbeitung hoher Jahresplanauflagen hervorrufen. Im Fünfjahrplan müssen konkrete Auflagen für die wichtigsten ökonomischen Kennziffern jedes Jahr festgesetzt werden: für die realisierte Warenproduktion, die Hauptnomenklatur der Erzeugnisse, den Gewinn, die zentralen Investitionen ..., die Inbetriebnahme von Produktionskapazitäten und Grundfonds" und anderes (S. 317).

Die Autoren unterstreichen, daß das neue System der Wirtschaftsführung eine weitere Festigung des Prinzips der materiellen Interessiertheit der Werktätigen als eine wichtige Bedingung für die Lösung von Aufgaben zur Schaffung der materiell-technischen Basis des Kommunismus verlangt. Sie gehen davon aus, daß das sozialistische Prinzip der Verteilung nach der Leistung unter den Bedingungen der Wirtschaftsreform zu einem noch wirksameren Faktor für die Produktionsentwicklung sowie zur Erhöhung der Effektivität der Arbeit einzelner Werktätiger und Produktionskollektive werden muß. Dem dient auch die Bildung eines speziellen Fonds für ökonomische Stimulierung, die in direkter Abhängigkeit von den Gesamtergebnissen der Arbeit von Betriebskollektiven erfolgt. Dieser Fonds wird in Übereinstimmung mit dem Einzelanteil der Leistungen der Werktätigen bzw. Produktionskollektive verwendet.

Die Anwendung solcher fondsbildenden Kennziffern wie Zunahme des Umfangs der realisierten Warenproduktion bzw. des Gewinns und der Rentabilität als Meßgrößen der Leistungen hinsichtlich der Erfüllung der Produktionsaufgaben und der Effenktivität orientiert die Betriebe darauf, hohe Ergebnisse zu erzielen, den sozialistischen Wettbewerb um die Ausnutzung aller Reserven zu entfachen und das Tempo der gesellschaftlichen Produktion mit zu beschleunigen. Die Autoren heben hervor, daß die Gestaltung von Normativen auf wissenschaftlicher Grundlage und die Bestimmung von Relationen der fondsbildenden Kennziffern zur Erhöhung der Wirkungsweise des Prämienfonds - wie auch der Fonds der ökonomischen Stimulierung überhaupt - einer Lösung bedarf. Ein Problem ist auch die Ausarbeitung von Industriezweig- und Gruppennormativen für die Bildung von Fonds der ökonomischen Stimulierung. Dabei geht es bei der weiteren Vervollkommnung der Normative und Kennziffern für die Bildung der Stimulierungsfonds darum, daß die Interessiertheit der Betriebe und Produktionsvereinigungen insbesondere an der Steigerung der Arbeitsproduktivität wächst.

Im System der ökonomischen Stimulierung nimmt auch die Bildung des Produktionsentwicklungsfonds einen bedeutenden Platz ein. Die Notwendigkeit seiner Schaffung ergab sich aus den Aufgaben der Betriebe im Rahmen der Wirtschaftsreform im Zusammenhang mit der Erhöhung ihrer Eigenverantwortung für die erweiterte Reproduktion der Grundfonds und im Zuge der vollen Durchsetzung der wirtschaftlichen Rechnungsführung. Hierbei wird von den Verfassern herausgestellt, daß der wirksame Einsatz des Produktionsentwicklungsfonds wesentlich von einer exakten Planung der technischen Entwicklung in den Betrieben und der Entwicklung der Eigenerwirtschaftung von Mitteln durch die Betriebe und Produktionsvereinigungen bestimmt wird.

Unter den Bedingungen der Wirtschaftsreform veränderten sich auch die ökonomischen Beziehungen zwischen Betrieben und Staatshaushalt. Die Finanzen werden stärker dazu genutzt, den betrieblichen Reproduktionsprozeß effektiv zu gestalten. Es verändern sich Prinzipien, Formen und Methoden der Verteilung von gesellschaftlichem Reineinkommen über die Finanzen. Die Beziehungen zwischen Staatshaushalt und Betrieb beeinflussen im Prozeß der Verteilung und Umverteilung des Reineinkommens wesentlich die Interessiertheit der Betriebe und ihrer Werktätigen an einem hohen Entwicklungstempo der Produktion und einer Erhöhung ihrer Effektivität. Die Einführung solcher Formen von Abführungen an den Staatshaushalt wie die Produktionsfondsabgabe und die fixierten Abführungen hat das Ziel, "erstens die Erhöhung der Effektivität der Produktion zu fördern und die wirtschaftliche Rechnungsführung in den Betrieben weiter zu festigen und zweitens gleichzeitig eine Verstärkung der staatlichen Finanzen zu gewährleisten" (S. 405). Der höheren ökonomischen Effektivität dient auch der wirksamere Einsatz des Kredits bei der Reproduktion der Grundfonds und der Bildung von Umlaufmittelfonds in den Betrieben. Die wachsende Rolle des Kredits in der sowjetischen Volkswirtschaft sollte nach Meinung der Verfasser vor allem den Anforderungen, die sich aus der vollen Ausnutzung der wirtschaftlichen Rechnungsführung ergeben, sowie der Stabilität des Geldumlaufs Rechnung tragen.

Unter den Wertkategorien nimmt der Preis als Geldausdruck des Wertes eines Erzeugnisses bzw. einer Leistungseinheit im Rahmen der Maßnahmen der Wirtschaftsreform einen bedeutenden Platz ein. Nicht zufällig wurden im Zusammenhang mit der Überführung von Betrieben und Produktionsvereinigungen auf die neuen Bedingungen der Planung und ökonomischen Stimulierung im Jahre 1967 entsprechende Maßnahmen für die Industriepreisbildung eingeleitet. "Die Rolle des Preises", so schreiben die Autoren des vorliegenden Buches, "bei der planmäßigen Leitung der Volkswirtschaft wird vor allem dadurch bestimmt, daß man im Volkswirtschaftsplan in verallgemeinerter Form den quantitativen Ausdruck der ökonomischen Prozesse bestimmen muß. Es sind auch das Niveau der wirtschaftlichen Tätigkeit und der Beitrag der einzelnen Wirtschaftseinheiten für die Entwicklung der Produktion sowie das Verhältnis der individuellen zu den gesellschaftlich notwendigen Aufwendungen richtig einzuschätzen. Das ist nicht nur für die Planberechnungen, sondern auch für die Organisation einer wirksamen ökonomischen Stimulierung erforderlich" (S. 485).

Im Programm der KPdSU wird gefordert: "Die Preise müssen in wachsendem Maße den Aufwand an gesellschaftlich notwendiger Arbeit widerspiegeln, die Kompensierung der Produktions- und Zirkulationskosten gewährleisten und jedem normal arbeitenden Betrieb einen bestimmten Gewinn sichern."[3] Die Autoren des vorliegenden Buches unterstreichen, daß eine der wichtigsten Bedingungen für die planmäßige Wirtschaftsführung eine einheitliche Preispolitik ist. Sie sprechen von einer Elastizität der Preise in Abhängigkeit von den Produktions- und Realisierungsbedingungen und von der Rolle der Preise zur Stimulierung des wissenschaftlich-technischen Fortschritts. Den Aufgaben der Wirtschaftsreform bei der Durchsetzung des wissenschaftlich-technischen Fortschritts widmen die Autoren ein besonderes Kapitel. Der Übergang zum neuen Wirtschaftssystem hat in der Mehrzahl der Betriebe und Produktionsvereinigungen eine umfangreiche Aktivität der Werktätigen zur Durchsetzung des wissenschaftlich-technischen Fortschritts ausgelöst. Dies schlägt sich einmal in einer Verbesserung der Produktion und der Arbeitsorganisation sowie in der Vervollkommnung von Herstellungstechnologien, zum anderen in einer Erhöhung des technischen Niveaus und der Qualität von Erzeugnissen und der Einführung neuer und weiterentwickelter Erzeugnisse nieder. Das neue System der Planung und der ökonomischen Stimulierung erweist hierbei eine besondere Hilfe, weil es die schöpferische Aktivität der Werktätigen bei der Weiterentwicklung der Produktion materiell anregt und weil die Betriebe zur Durchführung von Maßnahmen für den wissenschaftlich-technischen Fortschritt jetzt über eigene finanzielle Fonds sowie Kredite verfügen. Die wissenschaftliche Arbeitsorganisation hat einen entscheidenden Anteil bei der Durchsetzung des wissenschaftlich-technischen Fortschritts in den Betrieben und Produktionsvereinigungen, vor allem bei der Vervollkommnung der Organisation, Leitung und Planung der Produktion, und hilft letztlich die Arbeitsproduktivität wesentlich zu erhöhen. Die Autoren des Buches messen einer exakten Planung des wissenschaftlich-technischen Fortschritts einschließlich seiner ökonomischen Effekte durch die wirtschaftsleitenden Organe, insbesondere die Ministerien, besondere Bedeutung bei.

Zum Abschluß des vorliegenden Werkes gehen die Autoren auf Probleme der weiteren Entwicklung der Wirtschaftsreform ein. Sie unterstreichen, daß die wichtigsten Grundsätze des neuen Systems der Planung und der ökonomischen Stimulierung in allen Zweigen der sowjetischen Volkswirtschaft - unter Berücksichtigung der Besonderheiten in den Zweigen - erarbeitet wurden, daß diese Arbeit aber noch nicht abgeschlossen ist. "Die Planungsorgane und Forschungsorganisationen müssen die theoretischen Arbeiten zur Wirtschaftsreform abschließen und die Wege für die praktische Durchführung sämtlicher Grundsätze der Reform in der Volkswirtschaft insgesamt bestimmen. Das ist eine große Aufgabe, von deren richtiger Lösung die erfolgreiche Durchführung der Wirtschaftsreform und die Erhöhung der Effektivität der gesellschaftlichen Produktion abhängen" (S. 582).

3 Programm und Statut der Kommunistischen Partei der Sowjetunion, Berlin 1962, S. 85.

Die Verfasser unterstreichen, daß es notwendig sei, die Leitung der Volkswirtschaft zu verbessern. Sie schlagen in diesem Zusammenhang den Übergang zu einem zwei- bzw. dreistufigen Leitungssystem (Betrieb - Vereinigung - Ministerium) unter Berücksichtigung der jeweiligen objektiven Bedingungen und Erfahrungen bereits existierender Produktionskomplexe und Kooperationsbeziehungen zwischen den Betrieben vor.

Entsprechend den Forderungen des Septemberplenums des ZK der KPdSU im Jahre 1965 bezüglich der zur Vervollkommnung der volkswirtschaftlichen Planung zu ergreifenden Maßnahmen halten es die Verfasser für notwendig, langfristige Pläne (für die Dauer von 15 bis 20 Jahren), Fünfjahrpläne und Jahrespläne auszuarbeiten. "Die Fünfjahrpläne vom Betrieb bis zum Ministerium bilden dabei die Grundlage der Planungstätigkeit. Sie sind das Dokument, das die Proportionen und den Inhalt ihrer Tätigkeit für jedes Jahr des Fünfjahrplanes bestimmt" (S. 593).

Die Autoren des vorliegenden Werkes stellen abschließend fest: "Die Wirtschaftsreform ist ein Komplex von Maßnahmen zur Vervollkommnung der Leitung und Planung und zur Verbesserung der ökonomischen Stimulierung der Produktion." (S. 603) Sie heben in ihren gesamten Ausführungen die wechselseitige Abhängigkeit der bereits von Partei und Regierung eingeleiteten Maßnahmen sowie deren Komplexität hervor. "Die Wirtschaftsreform in der UdSSR übt einen entscheidenden Einfluß auf die Wirtschaft des Landes, auf das Wachstumstempo der Produktion, auf die Steigerung der gesellschaftlichen Arbeitsproduktivität und auf die Erhöhung der Effektivität in der Produktion aus" (S. 603).

Die Wirtschaftsreform ist die schöpferische Weiterentwicklung des Marxismus-Leninismus zur Lösung der neuen Probleme in der Wirtschaft und leitet einen Entwicklungsprozeß ein, der zu einem weiteren enormen Wirtschaftswachstum der Sowjetunion führt und zur siegreichen Auseinandersetzung mit dem Weltimperialismus beiträgt.

ÜBER DIE BEDEUTUNG DER BEVÖLKERUNGSGESCHICHTE ALS TEIL DER WIRTSCHAFTS- UND SOZIALGESCHICHTE

Bemerkungen zu:

Karlheinz Blaschke, Bevölkerungsgeschichte von Sachsen bis zur industriellen Revolution

Hermann Böhlaus Nachfolger, Weimar 1967, 244 Seiten, Preis: 37,50 M

von Hartmut Harnisch

Die Wirtschafts- und Sozialgeschichte Sachsens im Feudalismus ist in den letzten zwei Jahrzehnten durch unsere Geschichtsforschung um eine beachtliche Reihe bedeutsamer Arbeiten bereichert worden. Man denke hier - ohne mit diesen Hinweisen eine Wertung verbinden zu wollen - an die Forschungen von Forberger und Laube, an die wirtschaftshistorischen Studien in der Reihe der Freiburger Forschungshefte; auch zur Agrargeschichte wurden wichtige Arbeiten vorgelegt, so von Blaschke, aus den Kreisen der sorbischen Forschung, von Groß und anderen.[1]

Das überwiegend sehr hohe Niveau dieser Arbeiten, in denen bevölkerungsgeschichtliche Fragen, wenn überhaupt, nur am Rande zur Sprache kommen konnten, mehr aber noch die vielfältigen Wechselbeziehungen und Interdependenzen zwischen der sozialökonomischen Struktur bzw. deren Wandlungen und der Bevölkerungsentwicklung, sowie die Tatsache, daß Blaschkes Arbeit die erste Bevölkerungsgeschichte eines deutschen Territoriums im Feudalismus überhaupt ist, schließlich und nicht zuletzt die Zielsetzungen und Lösungswege Blaschkes machen eine eingehende Auseinandersetzung mit seinem Buch erforderlich.

Die bevölkerungsgeschichtliche Forschung setzt in Deutschland unter der Vorherrschaft der jüngeren historischen Schule der Nationalökonomie ein, die die Wirtschaftsgeschichte konsequent auf die Auswertung archivalischer Quellen orientiert hatte. Dieser Richtung entsprangen überwiegend Arbeiten zur Bevölkerungsgeschichte mittelalterlicher Städte.[2] Die dabei ausgewerteten Quellen, vorwiegend Unterlagen der Steuererhebung, Bürgerbücher und Musterrollen der wehrfähigen Stadtbewohner, ermöglichten mit mehr oder minder großer Ge-

1 Auf Einzelbelege muß hier verzichtet werden. Wir verweisen generell auf die einschlägigen Literaturberichte in Historische Forschungen in der DDR. Analysen und Berichte. Zum XI. Internationalen Historikerkongreß in Stockholm, August 1960. Zeitschrift für Geschichtswissenschaft (im folgenden: ZfG), Sonderh. 1960. Zum XIII. Internationalen Historikerkongreß in Moskau 1970, in: ZfG, Sonderh. 1970; die Arbeit von Laube, Adolf, Studien über den erzgebirgischen Silberbergbau von 1470 - 1546, phil. Habil.-Schr. Leipzig 1971 (Ms.), erschien später.

2 Den Anfang machte Schönberg, Gustav, Die Finanzverhältnisse der Stadt Basel im XIV. Jahrhundert, Tübingen 1879; ferner derselbe, Basels Bevölkerungszahl im 15. Jahrhundert, in: Jahrbücher für Nationalökonomie und Statistik, N. F., Bd. 6, 1883; beispielhaft wurde die Arbeit von Bücher, Karl, Zur mittelalterlichen Bevölkerungsstatistik mit besonderer Berücksichtigung auf Frankfurt a. M., Tübingen 1886.

nauigkeit die Berechnung der Einwohnerzahlen zu bestimmten Stichjahren. Die natürliche Bevölkerungsbewegung, also Zahlen über Eheschließungen, Geburten und Todesfälle, sind aus diesem Material kaum rekonstruierbar. Die Fragen der natürlichen Bevölkerungsbewegung in der Bevölkerungsgeschichte wurden von der bürgerlichen deutschen Forschung bisher wohl lediglich in der Arbeit von Wernicke[3], einer Dissertation aus der Schule von Johannes Conrad, behandelt, allerdings nicht sehr tiefgründig. Wernickes Arbeit beruht auf den wenigen Volkszählungen in der spätfeudalen Zeit, vor allem aber auf den sogenannten Jahreslisten, das heißt den auf den Kirchenbüchern basierenden, jahrweise angelegten Verzeichnissen der Getrauten, Getauften und Gestorbenen. Sie setzen im 16. Jahrhundert sporadisch ein und sind vor allem aus dem 17. und 18. Jahrhundert massenhaft und in breitem Ausmaße auch gedruckt überliefert. Die Jahreslisten sind vor dem Einsetzen der mit modernen statistischen Methoden betriebenen Volkszählungen die für wirtschafts- und sozialgeschichtliche Forschungen wohl interpretierungsfähigste Quellengattung.

Ungeachtet der offensichtlichen Forschungslücken wird von der bürgerlichen deutschen Forschung für die Periode des Spätfeudalismus (die Autoren selbst sprechen von "vorindustrieller Zeit") ein Modell der historischen Bevölkerungsweise[4] vorgelegt, das in seiner bestimmten Aussage eigentlich sehr genaue Kenntnisse über die natürliche Bevölkerungsbewegung voraussetzt. Köllmann formuliert das wie folgt: "Wurde bisher (das heißt vor den kapitalistischen Agrarreformen am Anfang des 19. Jahrhunderts - H. H.) der Bestand ländlicher Bevölkerung fast ausschließlich durch die bäuerliche Familie erhalten, waren die nicht erbenden jüngeren Kinder mit wenigen Ausnahmen von der Reproduktion ausgeschlossen."[5] Bog geht noch weiter, wenn er meint: "Wir dürfen in diesen unseren demographischen Bezügen die Jahrhunderte, die der industriellen Revolution vorauslaufen, als ein einheitliches Zeitalter ansprechen. Nur die Vollstelle, der Arbeitsplatz, der eine volle Familiennahrung

3 Wernicke, Johannes, Das Verhältnis von Geborenen und Gestorbenen in historischer Entwicklung und für die Gegenwart in Stadt und Land, Jena 1889 = Sammlung nationalökonomischer und statistischer Abhandlungen aus dem staatswissenschaftlichen Seminar zu Halle a. S., hg. v. Johannes Conrad, Bd. 6, H. 1.

4 Zur Charakterisierung aller Faktoren der natürlichen Bevölkerungsbewegung verwenden wir künftig den von Mackenroth, Gerhard, Bevölkerungslehre, Theorie, Soziologie und Statistik der Bevölkerung, (West-)Berlin 1953, S. 110, eingeführten Begriff der Bevölkerungsweise, in dem alle Einzelvorgänge der natürlichen Bevölkerungsbewegung zusammengefaßt sind. Die Bevölkerungsweise setzt sich aus folgenden Elementen zusammen:

1. Heiratsstruktur
   a) durchschnittliches Heiratsalter
   b) Heiratshäufigkeit
   c) Scheidungshäufigkeit
2. Struktur der Fruchtbarkeit
   a) Eheliche Fruchtbarkeit
   b) Uneheliche Fruchtbarkeit
   c) Gebäralter und Geburtenfolge (= durchschnittlicher Generationenabstand)
3. Struktur der Sterblichkeit (= alters- und geschlechtsspezifische Absterbeordnung)
   a) Säuglingssterblichkeit
   b) Kleinkindersterblichkeit
   c) Jugendlichensterblichkeit
   d) Erwachsenensterblichkeit
   a) Greisensterblichkeit.

Selbstverständlich sind für die Zeit des Spätfeudalismus nicht alle diese Faktoren in der wünschenswerten Breite bekannt. Dennoch reicht das Material aus, die grundsätzlichen Fragen zu klären.

5 Köllmann, Wolfgang, Grundzüge der Bevölkerungsgeschichte Deutschlands im 19. und 20. Jahrhundert, in: Studium Generale, Bd. 12, 1959, S. 382 f.

garantierte, berechtigte auch zur Fortpflanzung. Der Bauer auf seinem Hof und der Meister in seiner Werkstatt genießen eine Nahrung, die ausreicht, um eine Familie zu gründen, Kinder zu zeugen, zu ernähren und standesgemäß auszubilden. Die Arbeitsplätze, die Hofbauer und Meister dem Gesinde, den Knechten, den Mägden, den Gesellen zur Verfügung stellen, geben nicht die Berechtigung, Familien zu gründen."[6] Offenkundig muß aus diesem Modell der historischen Bevölkerungsweise in der "vorindustriellen Zeit" geschlossen werden, daß seine Autoren keine Zusammenhänge und Wechselbeziehungen zwischen sozialökonomischer Struktur und natürlicher Bevölkerungsbewegung sehen, denn sie werden doch wohl nicht allen Ernstes voraussetzen, daß es in der sozialökonomischen Struktur des vorkapitalistischen Deutschlands sowohl im regionalen Nebeneinander als auch im zeitlichen Nacheinander keine Unterschiede gegeben habe.[7]

Die Auseinandersetzung mit dem bevölkerungsgeschichtlichen Modell der "vorindustriellen Zeit" von Köllmann und Bog führt zu der Fragestellung nach der eigentlichen Aufgabe der Bevölkerungsgeschichte als einer Teildisziplin der Wirtschafts- und Sozialgeschichte und damit zum Ansatzpunkt einer Problemrezension über Blaschkes Bevölkerungsgeschichte Sachsens bis zur Industriellen Revolution. Die Ermittlung der reinen Einwohnerzahlen von Städten oder Territorien zu einem oder mehreren Stichjahren können kaum das letzte Ziel bevölkerungsgeschichtlicher Forschung sein, wenngleich ihnen eine sehr große Bedeutung zukommt; sind sie doch die unentbehrliche Bezugsbasis aller Vorgänge der natürlichen Bevölkerungsbewegung ebenso wie aller Migrationen und bieten darüber hinaus die Grundlage für alle Überlegungen und Beweisführungen über die Zusammenhänge von Wirtschafts- und Sozialstruktur und demographischer Entwicklung. Bei seinen Darlegungen über die Entstehung und Funktion der industriellen Reservearmee kommt Marx zu dem für die kapitalistische Produktionsweise typischen Gesetz: "Mit der durch sie selbst produzierten Akkumulation des Kapitals produziert die Arbeiterbevölkerung also im wachsenden Umfang die Mittel ihrer eigenen Überzähligmachung."[8] Zur Bevölkerungsgeschichte übergehend, führt Marx dann aus: "Es ist dies ein der kapitalistischen Produktionsweise eigentümliches Populationsgesetz, wie in der Tat jede besondre historische Produktionsweise ihre besondren, historisch gültigen Populationsgesetze hat. Ein abstraktes Populationsgesetz existiert nur für Tier und Pflanze, sofern der Mensch nicht geschichtlich eingreift."[9]

Tatsächlich haben wir in diesen knappen Ausführungen von Marx den Schlüssel und den entscheidenden methodischen Ansatzpunkt für alle bevölkerungsgeschichtliche Forschung. Der Zusammenhang zwischen sozialökonomischer Struktur und der Bevölkerungsweise ist also für Marx selbstverständlich. Deutlich wird jedoch gesagt, daß es innerhalb der historischen Gesellschaftsformationen nicht nur jeweils ein durchgängig wirkendes historisches Populationsgesetz gibt, sondern Marx spricht von historischen Populationsgesetzen jeder besonderen historischen Produktionsweise. Die historischen Gesellschaftsformationen weisen bekanntlich im Verlaufe ihrer Entwicklung und auch regional gesehen beträchtliche Unterschiede auf. Man denke hier, um auch zeitlich im Rahmen des zu rezensierenden Buches zu bleiben, an die Bedeutung, die die Herausbildung kapitalistischer Produktionsverhältnisse im Schoße des Feudalismus je nach Umfang und Intensität direkt oder auch als Fernwirkung ei-

6 Bog, Ingomar, Wirtschaft und Gesellschaft im Zeitalter der industriellen Revolution, in: Geschichte in Wissenschaft und Unterricht, Bd. 19, 1969, S. 200.

7 Eine eingehende Auseinandersetzung mit diesem Modell der bevölkerungsgeschichtlichen Entwicklung und anderen Auffassungen der bürgerlichen deutschen Forschung zur Bevölkerungsgeschichte muß hier unterbleiben. Wir haben eine weitere Studie, in der das anhand statistischen Materials aus der Periode des Spätfeudalismus und der Zeit des Übergangs zu kapitalistischen Produktionsverhältnissen geschieht, abgeschlossen und hoffen, diese hier bald vorlegen zu können.

8 Marx, Karl, Das Kapital, Bd. 1, in: Marx/Engels, Werke, Bd. 23, Berlin 1962, S. 660.

9 Ebenda.

nes kapitalistischen Marktes in ein feudales Hinterland hinein für die konkrete Gestaltung der Produktionsverhältnisse in Mitteleuropa von der zweiten Hälfte des 15. Jahrhunderts an hatte. Diese Unterschiede spiegeln sich auch in der historischen Bevölkerungsweise wider und bringen Unterschiede in den historischen Populationsgesetzen zur Wirkung.

Die Aufgabe der Bevölkerungsgeschichte als Teildisziplin der marxistisch-leninistischen Wirtschaftsgeschichte kann unseres Erachtens nur die Herausarbeitung der in den verschiedenen Gesellschaftsformationen wirksamen historischen Populationsgesetze und die Aufdekkung der funktionalen Zusammenhänge von sozialökonomischer Struktur und Bevölkerungsentwicklung sein. Die Bevölkerungsgeschichte wird zum integrierenden Bestandteil der Wirtschafts- und Sozialgeschichte, indem das Verhältnis von ökonomischer Entwicklung und Bevölkerungsentwicklung in ihren Zusammenhängen untersucht und das bei einem gegebenen Entwicklungsniveau der Produktivkräfte und der konkreten Gestaltung der Produktionsverhältnisse wirkende historische Populationsgesetz herausgearbeitet wird.

Wir wenden uns nunmehr der Bevölkerungsgeschichte Sachsens von Blaschke zu. Zunächst bedarf es einiger allgemeiner Vorbemerkungen zu diesem Buch. Blaschke war jahrelang am Staatsarchiv Dresden als wissenschaftlicher Archivar tätig. In einer beachtlichen Reihe von Aufsätzen, vornehmlich zur Wirtschafts- und Sozialgeschichte Sachsens, hat er sich mit Themen befaßt, die großenteils dann in seiner Bevölkerungsgeschichte Sachsens eine Zusammenfassung gefunden haben. Vor allem ist hier das 1957 erschienene historische Ortsverzeichnis von Sachsen zu nennen.[10] Ohne Frage kennt Blaschke die archivalischen Quellen zur Bevölkerungsgeschichte Sachsens sehr gut. Eigenartigerweise sind aber von den Volkszählungen im eigentlichen Sinne und auch von den Jahreslisten der Getrauten, Getauften und Gestorbenen nur relativ geringe Reste in unseren Archiven erhalten geblieben, und selbstverständlich ist gerade dieses Material für die Erforschung der Bevölkerungsgeschichte des Spätfeudalismus von größtem Interesse. Die fehlende archivalische Überlieferung kann aber in einem erstaunlich reichen Maße ersetzt werden. In der zeitgenössischen Literatur, insbesondere in den zahlreichen statistisch-ökonomisch-historischen Zeitschriften regionalen wie überregionalen Charakters - die natürlich auch in Sachsen blühten, und dort sicher mehr als in ökonomisch weniger entwickelten Territorialstaaten -, ist sehr viel an Jahreslisten und anderem bevölkerungsstatistischem Material gedruckt worden. Nachdem Süßmilch[11], selbst Theologe, aus den Listen der Getrauten, Getauften und Gestorbenen die "Göttliche Ordnung in den Veränderungen des menschlichen Geschlechts" erkannt hatte, suchten viele seiner geistlichen Amtsbrüder in den Kirchenbüchern ihrer Gemeinden ebenfalls diese göttliche Ordnung und waren natürlich bestrebt, sie der Öffentlichkeit zur Kenntnis zu bringen. Nach den Angaben eines anonymen Verfassers[12] aus dem Jahre 1786 gab es in Sachsen die "Totenzettel", also die Listen der jährlich Verstorbenen, aus denen sich dann bald die Jahreslisten entwickelten, amtlich seit dem Anfang des 17. Jahrhunderts. Süßmilch erwähnt eine große Sammlung von Jahreslisten aus Leipzig und anderen sächsischen Städten, die ihm der Professor Gottsched aus Leipzig zugesandt habe.[13] Einiges davon hat er in seinem Werk abgedruckt. Auf die Auswertung der gedruckten Überlieferung hat Blaschke vollständig verzichtet, sehr zum Nachteil seiner Forschungen, wie noch zu zeigen sein wird. Sein Literaturverzeichnis weist zwar einige wenige zeitgenössische Werke auf, wie die von

10 Blaschke, Karlheinz, Historisches Ortsverzeichnis von Sachsen, Leipzig 1957.

11 Süßmilch, Johann Peter, Die göttliche Ordnung in den Veränderungen des menschlichen Geschlechts aus der Geburt, dem Tode und der Fortpflanzung erwiesen, Bd. 1 - 3, 4. Aufl., bearb. v. Christian Jacob Baumann, Berlin 1775.

12 Chrestomathie der Todtenzettel, in: Magazin der sächsischen Geschichte aufs Jahr 1786 3. T. S. 107 - 116, 145 - 158, hier S. 109.

13 Süßmilch, Johann Peter, a. a. O., Bd. 1, S. 196 f. Anm.

Leonhardi[14] und Süßmilch, die beide umfangreiches bevölkerungsstatistisches Material über Sachsen enthalten. Es ist jedoch nicht ersichtlich, daß er das auch ausgewertet hat und dem von ihm geäußerten Bestreben, ein möglichst umfassendes Zahlenmaterial zu beschaffen (S. 13)[15], ist er zweifellos nicht gerecht geworden.

Kann es über die Versäumnisse Blaschkes hinsichtlich der Materialgrundlage kaum Meinungsverschiedenheiten geben, so ist das bei einer zweiten grundsätzlichen Frage, nämlich der nach dem Bearbeitungsgebiet, durchaus möglich. Blaschke nimmt als terriroriale Bezugseinheit das Gebiet des Landes Sachsen in den Grenzen zwischen 1945 und 1952, also bis auf einen kleinen Streifen östlich der Neiße das Sachsen im Gebietsumfang von 1815 bis 1945, zu dem dann die Teile der ehemaligen preußischen Provinz Schlesien kamen, die westlich der Neiße lagen. Historisch gesehen, gehört dieses Gebiet zur Oberlausitz, die insgesamt schon vor 1815 Teil des wettinischen Staates war. Blaschkes Versuch, seine Entscheidung für die Wahl dieses Untersuchungsgebietes zu begründen (S. 15), kann unseres Erachtens nicht überzeugen. Das so umrissene Territorium hat während seines Untersuchungszeitraumes, also bis etwa 1840, niemals als staatliches Gebilde bestanden. Es ist also nicht die Bevölkerungsgeschichte des wettinischen Territorialstaates Sachsen, wie er in wechselndem Gebietsumfang bis 1815 bestand. Immerhin kann so verfahren werden. Es tritt aber dann die Bevölkerungsgeschichte des in seiner Rolle in der deutschen Geschichte so bedeutungsvollen Territorialstaates Sachsen ganz zurück gegenüber den Zielsetzungen einer "reinen" Bevölkerungsgeschichte, bei der die Aufdeckung der historischen Populationsgesetze an Material aus Sachsen zu exemplifizieren wäre. Die Einwohnerzahlen dieses mehr oder weniger willkürlich umgrenzten Gebietes haben nur noch Bedeutung als Bezugsbasis für die Berechnung der Sozialstruktur und der natürlichen Bevölkerungsbewegung. Das Interesse müßte sich so zwangsläufig ganz den Fragen der Bevölkerungsverteilung im Raum, also der Bevölkerungsdichte und ihren Veränderungen, vor allem aber den Zusammenhängen zwischen sozialökonomischer Entwicklung und Bevölkerungsweise zuwenden. Blaschke ist diesen Weg nicht konsequent gegangen. Die Frage nach den historischen Populationsgesetzen taucht bei ihm nicht auf, und was das Untersuchungsgebiet anbelangt, so hat er immer wieder versucht, sicher sehr zur Freude der Leser, Zahlen über die Bevölkerungsentwicklung im Gesamtgebiet des kursächsischen Staates vorzulegen. Allerdings beschränken sich diese Angaben auf das 18. bzw. den Anfang des 19. Jahrhunderts. Zu dem von Blaschke gewählten Untersuchungsgebiet können wir jedoch sagen, daß auch dieser Rahmen hervorragende Möglichkeiten zur Herausarbeitung der Zusammenhänge zwischen sozialökonomischer Struktur und historischer Bevölkerungsweise bietet; umfaßt es doch mit dem Vogtland und der Oberlausitz Landschaften, die auch schon im Spätfeudalismus bei einer weitgehenden landwirtschaftlichen Besitzzersplitterung eine überdurchschnittlich hohe gewerbliche Durchdringung aufwiesen, während in anderen Gebieten, wie zum Beispiel in weiten Teilen der sächsischen Tieflandsbucht, die ländliche Sozialstruktur durch den überwiegenden Landanteil großer Bauern neben zahlreichen Rittergütern gekennzeichnet war.

Die Zielsetzung seiner Arbeit umreißt Blaschke mit den Worten: "Bevölkerungsgeschichte Sachsens, das heißt hier also, in den Grenzen des ehemaligen Landes Sachsen vom Jahre 1945, die Zahl, die Verteilung und die Struktur der Bevölkerung im historischen Entwicklungsprozeß, im Zusammenhang mit den wirtschaftlichen und sozialen Verhältnissen bis in die Zeit darzustellen, da durch die industrielle Revolution eine grundlegende Änderung der wirtschaftlichen Zustände eintrat" (S. 15). An anderer Stelle schreibt er: "Vor allen Dingen werden Raum, Bevölkerung und Wirtschaft in ihren historischen Wechselwirkungen erforscht, wobei sich ein enger Zusammenhang zwischen der Bevölkerungsentwicklung und der Entfal-

14 Leonhardi, Friedrich Gottlob, Erdbeschreibung der Churfürstlich- und Herzoglich-Sächsischen Lande, Bd. 1 - 4, 3. Aufl. Leipzig 1802 - 1806.

15 Alle nicht näher bezeichneten Seitenangaben im laufenden Text beziehen sich auf das hier besprochene Buch.

tung ökonomischer Kräfte ergibt" (S. 13). Aus dem zweiten Teil dieses Satzes, dem engen Zusammenhang zwischen der Bevölkerungsentwicklung und der Entwicklung ökonomischer Kräfte, geht eine starke Abhängigkeit von der von vielen bürgerlichen Forschern vertretenen Vorstellung vom "Bevölkerungsdruck" als dem Motor der ökonomischen Entwicklung hervor, eine Meinung, deren Hinfälligkeit sofort deutlich wird, wenn man den Entwicklungsstand kapitalistischer Produktionsverhältnisse um 1850 etwa in Ägypten mit dem der USA vergleicht und dabei die Bevölkerungsdichte nicht außer acht läßt.[16] Zunächst ist aber von den Zielsetzungen Blaschkes festzustellen, daß er auch die Zusammenhänge von Bevölkerungsentwicklung und ökonomischer Entwicklung als zentrale Aufgabe der Bevölkerungsgeschichte ansieht. Es ist daher auffällig, daß er sich dann doch weitgehend auf die Ermittlung der Bevölkerungszahlen und der Bevölkerungsdichte seines Untersuchungsgebietes zu mehreren ausgewählten Stichjahren beschränkt, auf die Fragen der natürlichen Bevölkerungsbewegung, die historische Bevölkerungsweise und deren Veränderungen nur sehr wenig und unsystematisch eingeht, auch für die Stichjahre, zu denen schon brauchbares bevölkerungsstatistisches Material vorhanden ist. Das Problem der historischen Bevölkerungsgesetze wird von ihm nicht aufgeworfen und klingt auch in seinen Darlegungen nicht an. Für das mangelnde Verständnis der Zusammenhänge zwischen sozialökonomischer Struktur und Bevölkerungsentwicklung scheinen uns die folgenden Formulierungen Blaschkes kennzeichnend zu sein: "Man wird mit einiger Sicherheit annehmen können, daß der für die Zeit von 1750 bis 1843 errechnete Vermehrungssatz, der sich auf eine quellenmäßig gut gesicherte Zahlengrundlage stützen kann, auch für die Zeit von 1550 bis 1750 gültig gewesen ist, da beide Zeiträume, wie oben dargelegt, Bestandteile einer einheitlichen wirtschaftlichen Entwicklung darstellen" (S. 103). Demnach wäre also in der Periode der verstärkten Entfaltung und schließlichen Durchsetzung kapitalistischer Produktionsverhältnisse (1750 bis 1843) mit der gleichen Bevölkerungsweise zu rechnen wie in der Zeit der Refeudalisierung (1550 bis 1630), der Zeit des Dreißigjährigen Krieges und der daran anschließenden Periode des Wiederaufbaus und der Zeit der kameralistischen Wirtschaftspolitik unter dem Absolutismus sächsischer Prägung.

Welche bedeutsamen Unterschiede und Entwicklungen auf diese Weise schon in dem Zeitraum von 1750 bis 1843 verwischt werden, soll aus der Tabelle 1 hervorgehen, wobei noch vorauszuschicken ist, daß Blaschke für den Gesamtzeitraum mit einem Vermehrungssatz von 6,5 Promille rechnet. Mit diesem Wert will er zwar nur die aus der Differenz der Einwohnerzahlen von 1750 und 1843 errechenbare natürliche Zuwachsrate ermitteln, er weist aber nicht darauf hin, daß dieser Wert tatsächlich höher gelegen haben muß, daß es auch in diesen Jahrzehnten infolge von Kriegen und Hungersnöten (1771/1772) zeitweise eine erheblich über dem Durchschnitt liegende Sterblichkeit gegeben haben muß. Vor allem geht aber Blaschke nicht auf die im gesamten Untersuchungsgebiet wie in den Teillandschaften tatsächlich wirksame Bevölkerungsweise und deren Veränderungen in diesen durch bedeutsame ökonomische Wandlungen gekennzeichneten Jahrzehnten ein, wenn man von dem sachlich mißglückten Diagramm des Geburtenüberschusses in den sächsischen Teillandschaften zwischen 1774 und 1789 absieht (S. 112), das übrigens kaum interpretiert wird.

Tabelle 1 zeigt schlaglichtartig, worum es hier geht.

16 Die Vorstellung, eine zunehmende Bevölkerung über eine gewisse "Tragfähigkeit" hinaus könne zum Motor der ökonomischen und gesellschaftlichen Entwicklung werden, findet sich besonders ausgeprägt bei Lütge, Friedrich, Deutsche Sozial- und Wirtschaftsgeschichte, 3. Aufl.(West-)Berlin/Heidelberg/New York 1966, S. 198, 419.

Tabelle 1

Natürliche Bevölkerungsbewegung in Sachsen in der Periode des Übergangs zum Kapitalismus (Beispiele)+

Gebiet	Zeitraum	Getraute	Geburten	Sterbefälle
Kursachsen insgesamt	1794/98+	8,1	36,0	27,9
Vogtländ. Kreis	1794/98+	11,5	48,9	37,4
Königreich Sachsen	1827/30++	11,9	40,4	28,5

\+ Die Werte von 1794/98 sind errechnet nach den Angaben bei Leonhardi, Friedrich Gottlob, Erdbeschreibung der Churfürstlich und Herzoglich-Sächsischen Lande, 3. Aufl., Bd. 1, Leipzig 1802, S. 49 ff. - Leonhardi bringt die Zahlen zweier nebeneinander bestehender Aufnahmen, nämlich der Kirchenlisten und der Konsumentenverzeichnisse, die nicht unerheblich voneinander differenzieren (z. B. 1795 bei einer Gesamteinwohnerzahl von ca. 2 Mill. um nicht weniger als 118 930 Köpfe). Wohl mit Recht hält Leonhardi die Kirchenlisten, deren Zahlen durchweg höher liegen als bei den Konsumentenverzeichnissen, für besser, weil in letzteren aus steuerlichen Gründen Personen verschwiegen wurden. Für alle Relativzahlen (vgl. +++) zur natürlichen Bevölkerungsbewegung in Sachsen zwischen 1794 und 1798 waren wir hier jedoch gezwungen, die Einwohnerzahl des Konsumentenverzeichnisses von 1797 zugrunde zu legen, weil Leonhardi nur aus diesem Jahr die Einwohnerzahlen der sächsischen Teillandschaften bringt. Wir wissen also, daß mit einer beträchtlichen Fehlerquote (in der Größenordnung bis 10 % aller Werte) zu rechnen ist, und haben lediglich den Trost, daß die Fehlerquote überall gleich ist.

++ Die Zahlen von 1827/30 sind entnommen: Statistisches Jahrbuch des Königreichs Sachsen, 33. Jg. 1905, S. 56 (ohne Totgeborene).

+++ Im Hinblick auf die Berechnung der Relativzahlen zur Bevölkerungsbewegung in dieser und in der folgenden Tabelle ist noch ein Hinweis notwendig. In den bevölkerungsgeschichtlichen Arbeiten zum Feudalismus, auch zum Spätfeudalismus ist bisher fast durchweg darauf verzichtet worden, das bevölkerungsstatistische Material in der uns heute vertrauten Form auf je 1 000 Lebende einer Bevölkerung umzurechnen. Sicherlich ist diese Zurückhaltung auf die bekannten Unzulänglichkeiten der Volkszählungen in dieser Zeit zurückzuführen. Bei aller gebotenen Vorsicht halten wir diese Zurückhaltung für übertrieben. Die Jahreslisten der Getrauten, Getauften, Gestorbenen dürften schon von der Einfachheit der Aufnahme her ein bedeutendes Maß an Zuverlässigkeit aufweisen. Anders steht es mit den Volkszählungen. Wo jedoch, wie in den preußischen Territorien, regelmäßige Zählungen vorgenommen wurden, darf man hoffen, daß sich die Fehlerquote nach dem Gesetz der großen Zahl wieder ausgleicht und in relativ engen Grenzen hält. (Vgl. zu den Zählungen und den wichtigsten Ergebnissen in Preußen im 18. Jahrhundert Behre, Otto, Geschichte der Statistik in Brandenburg-Preußen bis zur Gründung des königlich statistischen Bureaus, Berlin 1905.) Aus Sachsen liegen Volkszählungsergebnisse in dieser Dichte nicht vor. Dennoch dürfte die Genauigkeit des vorliegenden Materials ausreichen, die im räumlichen Nebeneinander und im zeitlichen Nacheinander feststellbaren bedeutenden Unterschiede in der Bevölkerungsweise zu verdeutlichen und damit Elemente zur Herausarbeitung von historischen Populationsgesetzen zu liefern. Allerdings ist zu fordern, daß hinreichend über den Charakter der statistischen Grundlage informiert wird.

Die Ignorierung der Zusammenhänge zwischen sozialökonomischer Struktur und Bevölkerungsentwicklung gipfelt bei Blaschke in der Erläuterung einer von ihm aufgestellten Kurve der Bevölkerungszunahme in seinem Untersuchungsgebiet mit folgenden Worten: "Die Kolonisation des hohen Mittelalters und die industrielle Revolution des 19. Jahrhunderts, die bereits als Anfangs- und Endpunkte einer in sich einheitlichen Periode des Verhältnisses von

Raum und Gesellschaft gekennzeichnet worden sind, erscheinen somit als Höhepunkte der Bevölkerungszunahme" (S. 108). Mit solchen Auffassungen verbaut sich Blaschke selbst die Möglichkeiten zu tieferen Einsichten in die komplizierten Wechselbeziehungen zwischen Bevölkerungsentwicklung und Wirtschaft. Was ist das eigentlich "in sich einheitliches Verhältnis von Raum und Gesellschaft"? Setzt Blaschke etwa Gesellschaft und Bevölkerung begrifflich gleich? Oder vertritt er die Meinung, diese fast 600 Jahre, unbestritten die Jahrhunderte des Feudalismus auf dem Boden Sachsens, wären in sozialökonomischer Hinsicht sowenig in sich differenziert gewesen, hätte sich in dieser Zeit sowenig an ökonomischer Entwicklung vollzogen, daß man, von Kriegen und Katastrophen abgesehen, die Blaschke übrigens ausführlich behandelt, durchgängig mit einer einheitlichen Bevölkerungsweise zu rechnen hätte? Solche Vorstellungen können nur aus der allerdings auch an anderen Stellen des Buches immer wieder zutage tretenden unzureichenden Vertrautheit mit der Bevölkerungstheorie (das zeigt sich auch im Literaturverzeichnis) und aus offenbar geradezu starren Vorstellungen von der wirtschaftsgeschichtlichen Entwicklung dieser Jahrhunderte überhaupt erklärt werden. Dabei widerspricht Blaschke sich selbst in grundsätzlichen Fragen. Wie kann er, nachdem er völlig zu Recht festgestellt hat, daß die Industrielle Revolution eine Zeit besonders starken natürlichen Wachstums war, den errechneten Vermehrungssatz von 1750 bis 1843 auf die Zeit von 1550 bis 1750 übertragen? Dabei ist es schon ein Fehler, aus diesem Jahrhundert der sich verstärkenden Entwicklung und schließlichen Durchsetzung kapitalistischer Produktionsverhältnisse überhaupt einen statistischen Durchschnittswert der natürlichen Bevölkerungszunahme zu errechnen. Das Starre in der bevölkerungsgeschichtlichen Denkweise bei Blaschke wird auch aus folgender Deduktion von ihm deutlich: "Wenn man jedoch bedenkt, daß die Bevölkerung Sachsens von 1300 bis 1500 nur um 40 % angestiegen ist, während sie von 1550 bis 1750 trotz der dazwischenliegenden nachweisbaren erheblichen Verluste durch den Dreißigjährigen Krieg um 86 % zugenommen hat, dann kommt man zu dem Schluß, daß auch zwischen 1350 und 1550 ein bedeutender überdurchschnittlicher Verlust an Bevölkerung eingetreten sein muß, als dessen Ursache die seit 1348 in Europa verbreitete Pest anzusehen ist" (S. 84). Man muß doch aus diesen Formulierungen den Schluß ziehen, daß Blaschke zwischen 1300 und 1750 mit einer unveränderten Bevölkerungsweise rechnet und Abwandlungen und Modifikationen, eben durch sozialökonomische Strukturveränderungen, nicht in Rechnung setzt. Mit seinen bevölkerungsgeschichtlichen Vorstellungen steht er damit in einer Linie mit Köllmann und Bog. Aus der mangelnden Einsicht in die Zusammenhänge zwischen der sozialökonomischen Struktur und deren Veränderungen und der Bevölkerungsentwicklung ist wohl auch der, sicher gutgemeinte, Unsinn zu verstehen, die Entwicklungsländer könnten für ihre drängenden Bevölkerungsprobleme aus der Bevölkerungsgeschichte Sachsens im Zeitalter des Übergangs von feudalen zu kapitalistischen Produktionsverhältnissen irgendwelche Lehren ziehen (S. 10).

Das aus der Zeit des Spätfeudalismus vorliegende bevölkerungsstatistische Material ist völlig ausreichend, um "mit einiger Sicherheit" - wie Blaschke formuliert - zeigen zu können, daß die den Geburtenüberschuß am wesentlichsten bestimmende Größe, die Geburtenziffer, so sehr von der Zahl der Eheschließungen und der ehelichen Fruchtbarkeit abhängt - die ihrerseits wiederum in ganz entscheidendem Maße von der sozialökonomischen Struktur bestimmt werden -, daß man für die Jahrhunderte des Feudalismus in Sachsen keineswegs eine einheitliche Vermehrungsziffer annehmen kann. Der Geburtenüberschuß war der für das Wachstum der Bevölkerung entscheidende Faktor, in den meisten Fällen entscheidender als die Zuwanderungen. Die Unhaltbarkeit des bevölkerungsgeschichtlichen Modells nach Köllmann und Bog wird sofort deutlich, wenn wir uns die natürliche Bevölkerungsbewegung Sachsens und seiner Teilgebiete am Ende des 18. Jahrhunderts ansehen. (Siehe Tabelle 2)

Es gab also offensichtlich am Ende des 18. Jahrhunderts in Kursachsen keine einheitliche Bevölkerungsweise, und es gab sie auch während der 700 Jahre von 1150 bis 1843 nicht. Erstaunlicherweise stand Blaschke archivalisches Material zur Bevölkerungsbewegung in den Teillandschaften für die Jahre 1774 bis 1789 zur Verfügung. Darüber hinaus bringt Canzler[17] Durchschnittswerte der Jahre 1764 bis 1783. Spätestens bei diesem Material hätte Blaschke die Einsicht in die Problematik der Zusammenhänge zwischen sozialökonomischer Struktur und Bevölkerungsweise kommen müssen. Er begnügt sich mit der Bemerkung, daß in den Gebirgsgegenden eine höhere Geburtenziffer auffiele, und diese führt er auf die frühzeitige gewerbliche Entwicklung zurück. Dadurch hätten sich Bevölkerungsschichten mit nahezu proletarischen Lebensbedingungen gebildet, die allgemein als kinderreich bekannt wären (S. 111). Selbstverständlich ist es richtig, den Einfluß einer mehr oder minder starken gewerblichen Durchdringung in den Einzellandschaften für die unterschiedliche Höhe der Geburtenziffer heranzuziehen. Leider unterläßt es Blaschke aber, diesen Gesichtspunkt weiter zu verfolgen und das bevölkerungsstatistische Material der mittleren und unteren Verwaltungseinheiten mit entsprechenden Unterlagen zur Sozialstruktur zu konfrontieren. Tatsächlich ist die Geburtenziffer im Spätfeudalismus in Kursachsen, genauso wie in den schle sischen Gebirgsgegenden und im preußischen Minden/Ravensberg[18], dort am höchsten, wo sich eine starke gewerbliche Durchdringung mit einer weitgehenden Zersplitterung des lan wirtschaftlichen Grundbesitzes verbindet.

Tabelle 2

Die natürliche Bevölkerungsbewegung in Kursachsen 1794/98
(je 1 000 Einwohner)

Gebiet	Geburten	Sterbefälle	Geburtenüberschuß
Kursachsen	36,9	27,9	9,0
Kurkreis	35,9	28,6	7,3
Thüringischer Kreis	27,0	22,2	4,8
Meißnischer Kreis	38,9	36,9	2,0
Leipziger Kreis	36,8	31,3	5,5
Erzgebirgischer Kreis	36,2	26,5	9,7
Vogtländischer Kreis	48,9	37,4	11,5
Neustädter Kreis	37,9	30,9	7,0
Oberlausitz	43,8	33,1	10,7
Niederlausitz	39,3	29,3	10,0

+ Berechnet nach Leonhardi, Friedrich Gottlob, Erdbeschreibung der Churfürstlich- und Herzoglich-Sächsischen Lande, Bd. 1, Leipzig 1802. Zur Methodik der Berechnung vgl. Tabelle 1, Anm. +++.

Die Forderungen, das bevölkerungsstatistische Material in Zusammenhang mit den Daten der Sozialstruktur zu analysieren, um daraus die Ursachen für die unterschiedliche historische Bevölkerungsweise abstrahieren zu können, führen auf den Begriff der schichtenspezifischen Fruchtbarkeit, das heißt auf die Tatsache, daß die einzelnen Klassen und Schichten aus verschiedenen Gründen, auf die hier nicht eingegangen werden kann, eine unterschiedlich hohe eheliche Fruchtbarkeit aufweisen.[19] Dieser Begriff ist speziell bei der Untersuchung der sich verändernden Bevölkerungsweise unter kapitalistischen Produktions-

17 Canzler, Jean George, Tableau historique pour servir à la connoissance des affaires politiques et économiques de l'électorat de Saxe et des provinces incorporées ou réunies, Leipzig 1786, nach S. 27.

18 Aus den absoluten Zahlen bei Behre, Otto, Geschichte der Statistik in Brandenburg-Preußen bis zur Gründung des königlich statistischen Bureaus, Berlin 1905, S. 444 ff., haben wir errechnet, daß im Gebiet von Minden/Ravensberg in den Jahren 1796/1800 die Geburtenziffer bei 42,9 Promille lag, in Ostfriesland, dessen ländliche Sozialstruktur stark von großen Bauern bestimmt wurde, nur bei 34,8 Promille.

19 Mackenroth, Gerhard, a. a. O., S. 225 ff.

verhältnissen entwickelt worden, der Tatbestand als solcher läßt sich aber mindestens auch unter spätfeudalen Verhältnissen nachweisen. Die Aufdeckung der schichtenspezifischen Fruchtbarkeit ist für die konkrete Erforschung der Bevölkerungsgeschichte von entscheidender Bedeutung, und in der Ignorierung der damit gegebenen Erkenntnismöglichkeiten sehen wir den grundsätzlichen Fehler der bevölkerungsgeschichtlichen Vorstellungen von Köllmann, Bog und, wie wir hinzufügen müssen, auch von Blaschke. Dieser Begriff bietet das wichtigste Bindeglied zwischen den reinen Zahlen der Bevölkerungsbewegung und der Sozialstruktur eines Untersuchungsgebietes, um aus dem statistischen Material die unterschiedlichen Bevölkerungsweisen und aus diesen schließlich die historischen Populationsgesetze abstrahieren zu können. Die Vergleichbarkeit ist in der unterschiedlich hohen Kinderzahl je Ehe gegeben, die in reichem Maße aus den Jahreslisten abgelesen werden kann. Blaschke, der ganz pragmatisch von seinem statistischen Material ausging und die Bevölkerungstheorie vernachlässigte, hat die aus der zweiten Hälfte des 18. Jahrhunderts offenkundig zahlreich vorliegenden Angaben über die unterschiedliche Bevölkerungsbewegung in den sächsischen Teilgebieten nicht genutzt, um zu grundsätzlichen Zusammenhängen der Bevölkerungsgeschichte vorzustoßen. Hier liegt unseres Erachtens der schwerwiegendste Mangel seines Buches. Alles andere sind mehr oder weniger ernsthafte Detailfragen, bei denen man teilweise unterschiedlicher Auffassung sein kann. Bei den bevölkerungsgeschichtlichen Arbeiten über einzelne Städte, die von der älteren deutschen Forschung bisher überwiegend vorgelegt worden waren, mußte sich die Vernachlässigung der Fragen der natürlichen Bevölkerungsbewegung und der schichtenspezifischen Fruchtbarkeit nicht so offenkundig nachteilig auswirken. Die Bearbeiter städtischer Bevölkerungsgeschichte haben zudem überwiegend nach den reinen Einwohnerzahlen gefragt, eventuell auch noch nach der Sozialstruktur. Die Bevölkerungsgeschichte eines großen Territorialstaates über einen so langen Zeitraum hinweg kann aber nicht auf die Erforschung und Behandlung der Bevölkerungsweise verzichten und damit zwangsläufig die Fragen des Zusammenhangs von Bevölkerungsentwicklung und sozialökonomischer Struktur ausklammern, sie bleibt sonst weithin deskriptiv und ohne wirkliche Ursachenverknüpfung.

Wir wenden uns einigen Einzelheiten der Bevölkerungsgeschichte Sachsens von Blaschke zu und gehen zunächst auf den Aufbau des Buches ein. Nach einem Überblick über die Quellen und der Erörterung seiner Zielsetzungen hat Blaschke in fünf Querschnitten, nämlich um 1100, um 1300, um 1550, um 1750 und 1843, versucht, je nach der Quellenlage unterschiedlich genau, die Einwohnerzahlen zu ermitteln. Der Querschnitt von 1843 wertet eine der ersten nach neuzeitlichen statistischen Methoden vorgenommene Volkszählung aus; die von 1750 und 1550 basieren auf der Interpretation von Steuerkatastern, und bei ihnen muß schon mit einer mehr oder minder großen Fehlerquote gerechnet werden. Die Berechnungen zum Jahre 1750 werden allerdings noch durch mehrere zeitgenössische Aufnahmen gestützt. Die Querschnitte von 1300 und 1100 sind Versuche einer reinen Annäherungsberechnung, über deren Methodik sich Blaschke ausführlich äußert (S. 51 ff., 59). Man wird diesem Vorgehen zustimmen, ist doch die Ermittlung des Bevölkerungsstandes zu bestimmten Stichjahren der einzige Weg, rückschreitend zunächst einmal die Einwohnerzahlen zu berechnen. Kaum ein anderes Teilgebiet der Sozial- und Wirtschaftsgeschichte ist bei der Erforschung der Zustände früherer Jahrhunderte so sehr auf die rückschreitende Methode angewiesen wie gerade die Bevölkerungsgeschichte.

Der wesentlichste Berechnungsfaktor, den Blaschke anwendet, um aus den Steuerkatastern des 18. und 16. Jahrhunderts, die ja nur die besteuerte Vollerwerbsstelle - also Bauern, Gärtner, Häusler, Handwerker usw. - nachweisen, zu Bevölkerungszahlen zu kommen, ist die Behausungsziffer, mit deren Verwendbarkeit er sich ausführlich beschäftigt (S. 37 ff.). Aus den Ergebnissen der ersten Volks- und Gebäudezählung von 1834 errechnet er die Behausungsziffer jeder einzelnen sächsischen Stadt und Durchschnittswerte für die ländlichen Siedlungen, die er zu teilweise allerdings bevölkerungsgeschichtlich merkwürdigen Gruppe zusammenfaßt, nämlich

Dörfer im ehemals slawischen Altsiedelland,
Dörfer im Neusiedelland der Ebene,
Dörfer im Neusiedelland des Gebirges,
Dörfer im Vogtland,
Häuslersiedlungen,
Rittergüter.

Wieder müssen wir feststellen, daß nicht konsequent von einer sozialgeschichtlichen Analyse ausgegangen wird. So können Dörfer im Neusiedelland der Ebene eine sehr unterschiedliche Sozialstruktur aufweisen, je nachdem, ob und in welcher Größe ein Rittergut im Dorf liegt und ob dieses betriebswirtschaftlich ganz oder teilweise auf Arbeitsrenten beruht oder im Eigenbetrieb mit gutseigenem Vieh und Inventar bestellt wird. Es ist auch unverständlich, daß noch 600 Jahre nach Einsetzen der deutschen Siedlung die Dörfer des ehemals slawischen Altsiedellandes sich durch eine besondere Behausungsziffer auszeichnen sollen, es sei denn, diese Siedlungen hätten mit erstaunlicher Beharrungskraft über so lange Zeit hinweg eine völlig unveränderte und von der der deutschen Neusiedlungen abweichende Sozialstruktur behaupten können. Die Dörfer des Vogtlandes werden nicht etwa wegen der dort im Spätfeudalismus besonders deutlich erkennbaren starken gewerblichen Durchdringung und deren demographischen Folgen als eigene Gruppe geführt, sondern wegen "seiner von der sächsischen Norm abweichenden, zum oberfränkischen Bereich gehörenden Agrarverfassung und -struktur" (S. 37), also Abgrenzungskriterien, die auf den von der deutschen bürgerlichen Forschung herausgestellten Typen der Agrarverfassung beruhen und weder von der sozialökonomischen Struktur und natürlich schon gar nicht von der Bevölkerungsgeschichte her irgendwie gebildet worden sind.

Von den Behausungsziffern von 1834 ausgehend, versucht Blaschke die für den Querschnitt um 1750 zu modifizieren, um dann die Bevölkerungsziffern zu errechnen. Die von ihm zugrunde gelegten Behausungsziffern von 1750 sind im Anhang des Buches veröffentlicht (S. 243 f.). Wir sind in der Lage, diese errechneten Ziffern mit einer in der zeitgenössischen Literatur überlieferten Liste zu konfrontieren. Teilweise zeigt sich da eine erfreuliche Übereinstimmung, teilweise sind aber auch erhebliche Unterschiede festzustellen. Die Tabelle 3 bringt einige Beispiele.

Tabelle 3

Behausungsziffer sächsischer Städte in der zweiten Hälfte des 18. Jahrhunderts+

Ort	1750 (Blaschke)	1792 (Politisches Journal)
Dresden	20,0	20,5
Leipzig	25,0	21,5
Chemnitz	15,0	14,0
Annaberg	10,0	6,0
Zwickau	6,5	7,0
Johann-Georgenstadt	10,0	11,0
Döbeln	8,0	6,0
Wurzen	6,5	8,3
Zittau	7,5	10,0
Kamenz	6,5	4,8
Plauen	10,0	10,5
Reichenbach	6,0	6,3
Pirna	9,0	10,0
Schneeberg	10,0	8,0

+ 1750: Blaschke, S. 243 f.
1792: Uebersicht der Staatskunde des Churfürstenthums Sachsen mit seinen Nebenländern, vom Jahre 1792, in: Politisches Journal, 1792, S. 1151 f.

Selbstverständlich darf man bei den Zahlen nicht vergessen, daß in diesen vierzig Jahren in vielen Städten Sachsens eine beachtliche Entwicklung kapitalistischer Produktionsverhältnisse in Gang kam, aber eine kritische Vorsicht bei der Verwendung der Behausungsziffer ist offenbar doch anzuraten.

Mit der Behausungsziffer arbeitet Blaschke nun auch für den Querschnitt um 1550, wobei er den Wert noch einmal neu festzusetzen sucht. Bei der Berechnung der Gesamteinwohnerzahl des Untersuchungsgebietes um 1550 muß auf eine unseres Erachtens in bevölkerungsgeschichtlicher Hinsicht unfruchtbare Gruppenbildung hingewiesen werden. Blaschke faßt die Schichten der landlosen Produzenten unter dem Begriff der "Inwohner" zusammen und schreibt dazu: "Das Gesinde und die Hausgenossen sind vor einigen Jahren im 'Historischen Ortsverzeichnis von Sachsen' in Anlehnung an einen aus der Überlieferung stammenden Begriff als 'Inwohner' zusammengefaßt worden ... Er entspricht den 'Einliegern' oder 'Insten' anderer deutscher Landschaften und ist als Bezeichnung für die haus- und grundbesitzlosen, wirtschaftlich meistens unselbständigen Einwohner zu definieren, die entweder zum Haushalt eines 'Hauswirts' gehören oder zur Miete wohnen" (S. 45). Zunächst ist demgegenüber festzustellen, daß die Begriffe "Einlieger" und "Insten" anderer deutscher Landschaften, jedenfalls in Ostelbien, ganz überwiegend familientragende Stellen gutsabhängiger Produzenten der Dorfarmut bezeichneten, wobei die Einlieger völlig landlos waren und die Insten ein Haus mit etwas Land in Nutzung hatten. Der Fehler in der Gruppenbildung der Inwohner liegt bevölkerungsgeschichtlich darin, daß hier offenbar haushaltszugehörige familienfremde Arbeitskräfte ohne eigene Familie (Knechte und Mägde) und zur Miete wohnende landlose Produzenten mit der Möglichkeit einer eigenen Familiengründung zusammengefaßt werden. Wenn die Inwohner tatsächlich nur die haushaltszugehörigen familienfremden Arbeitskräfte umfaßten, dürfte Blaschke Recht haben, sofern jedoch darunter auch zur Miete wohnende landlose Einliegerfamilien gemeint wären, läge der Ansatz zur Errechnung der Einwohnerzahl zu den Querschnitten von 1550 und 1750 zu niedrig. Das müßte sich bei der geringeren Gesamteinwohnerzahl und dem etwas höheren Anteil der Inwohner innerhalb derselben 1550 etwas stärker bemerkbar machen als 1750. Die eindeutige Bezeichnung der Gruppe der Gärtner und Häusler läßt aber vermuten, daß die als letzte Gruppe der Schicht der landarmen und landlosen Produzenten entstandenen Einlieger, die weder Haus noch ein Stück Land hatten, in der Regel aber eine Familie gründen konnten, bevölkerungsgeschichtlich nicht richtig erfaßt sind. Ein Teil der Inwohner dürfte tatsächlich Einlieger gewesen sein und demzufolge, mit einer bestimmten Kopfzahl je Familie multipliziert, einen etwas höheren Anteil an der Gesamtbevölkerung einnehmen, als jetzt den Inwohnern eingeräumt wird.

Die beiden Querschnitte von 1300 und 1100 sind natürlich ganz hypothetisch und können es auch nur sein. Die Kunst besteht darin, den methodischen Weg zu finden, von einer relativ gesicherten Basis aus, zu Einwohnerzahlen zu kommen, die in der Größenordnung überzeugen. Nach den Ausführungen Leonhardis über die erheblichen Differenzen der Einwohnerzahlen nach den Konsumentenregistern und den Kirchenlisten[20] muß man zweifellos schon bei Einwohnerzahlen des 18. Jahrhunderts mit einer Fehlerquote von 5 bis 10 Prozent rechnen. Wenn man für die Mitte des 16. Jahrhunderts eine Annäherung an die Wirklichkeit von ± 10 bis 20 Prozent erreicht, wird man sich freuen dürfen, und für die Zeit um 1300 dürfte unter den gegebenen quellenmäßigen Voraussetzungen eine Abweichung von einem Drittel noch ein gutes Ergebnis darstellen. Bei derartigen Fehlertoleranzen ist die Sauberkeit des rechnerischen Ansatzes besonders wichtig. Bei der Berechnung der Bevölkerungszahl um 1300 geht nun Blaschke von der Annahme aus, daß die Zahl der Bauernstellen um 1550, die ja gut bekannt ist, und die Zahl der Bauernstellen in den seit 1300 wüstgefallenen Bauerndörfern, die errechnet werden kann, zusammen die Ausgangsbasis für die Berechnung der Zahl der Landbevölkerung um 1300 ergibt (S. 51). Das entspricht den siedlungsgeschichtli-

20 Leonhardi, Friedrich Gottlob, a. a. O., Bd. 1, S. 51.

chen Vorstellungen Kötzschkes[21], denen zufolge die Anlage der unter deutscher Grundherrschaft neu gegründeten Dörfer von vornherein mit der Zahl von Bauernstellen erfolgte, die dann jahrhundertelang konstant blieb. Der entscheidende Kunstgriff liegt dabei in der Annahme, die produktiv tätige Bevölkerung in den Dörfern habe um 1300 nur aus Bauern bestanden, höchstens habe es noch Gesinde gegeben, aber keine Häusler und Gärtner. Diese Schicht sei vielmehr erst im 16. Jahrhundert entstanden (S. 52). Das erscheint uns sehr problematisch und unwahrscheinlich. Schulze schreibt dazu: "Gärtner und Kossaten ... finden sich seit dem 13. Jahrhundert als 'hortulani' in zunehmender Zahl vornehmlich in Orten mit herrschaftlichen Wirtschaftshöfen."[22] Auch Heitz weist in seiner Untersuchung über die ländliche Leinenproduktion in Sachsen zwischen 1470 und 1555 die Dorfarmut als Träger dieses Gewerbezweiges nach.[23] Die Zahl der ländlichen Bevölkerung scheint uns auf diesem Wege nicht bis zum optimal möglichen Annäherungsstand errechnet worden zu sein. Dagegen scheint uns Blaschkes Weg, die Zahl der städtischen Bevölkerung um 1300 zu ermitteln, überzeugend und wohl auch der einzig mögliche. Er geht hier wiederum von den relativ gut gesicherten Einwohnerzahlen von 1550 aus und nimmt an, daß die Vorstädte um 1300 noch nicht bestanden, was in der überwiegenden Zahl der Fälle auch stimmen wird. Aus der Zahl der Vollbürgerstellen der Innenstadt von 1550 errechnet er dann die Einwohnerzahlen der Städte um 1300. Jedenfalls ist von den Einwohnerzahlen um 1300 sicherlich die der Stadtbewohner der Wirklichkeit mehr angenähert als die Zahl der ländlichen Bevölkerung.

Der Querschnitt um 1100 soll die Bevölkerungszahl, die Bevölkerungsverteilung im Raum und die Bevölkerungsdichte vor Einsetzen der deutschen Siedlung im Rahmen der feudalen deutschen Ostexpansion ermitteln. Methodisch kann das nur auf dem Wege geschehen, den im Prinzip vor neunzig Jahren schon Lamprecht im Moselgebiet angewandt hat, das heißt die Zahl der bekannten Siedlungen wird mit einer angenommenen durchschnittlichen Einwohnerzahl je Dorf multipliziert.[24] Für sein Untersuchungsgebiet rechnet Blaschke um 1100 mit 37 000 Bewohnern, eine Zahl, über deren Genauigkeitsgrad wir uns nicht äußern können, die aber in der Größenordnung zweifellos als realistisch angesehen werden kann.

Unrealistisch und im Widerspruch zu der von ihm selbst angenommenen Einwohnerzahl von 1300 ist dagegen Blaschkes Ansicht, zwischen 1150 und 1250 wären 350 000 deutsche Siedler eingewandert (S. 76). Wie er zu diesen Zahlen kommt, bleibt offen, aber ohne Frage sind sie falsch. Stimmte diese Zahl, dann hätte Sachsen im Umfang von Blaschkes Untersuchungsgebiet um 1250 mindestens 350 000 Einwohner deutscher Abstammung und eine unbekannte Zahl autochthoner Slawen gehabt. Nun nimmt Blaschke für seinen Querschnitt um 1300 eine Einwohnerzahl von knapp 400 000 an. Eine Neusiedlerbevölkerung weist aber aufgrund ihrer altersspezifischen Zusammensetzung und der guten Chance zur Gründung eigener Vollerwerbsstellen regelmäßig sehr hohe Werte der natürlichen Zunahme auf.[25] Nach der bekannten Formel für die natürliche Bevölkerungszunahme $b = (1 + p)^n$, wobei b die Bevölkerung am Ende des Zeitraumes n, a die Ausgangsbevölkerung und p die jährliche Zunahme pro 1 000 ist[26], müßte die Ausgangsbevölkerung der 350 000 deutschen Zuwanderer allein (tatsächlich müß-

21 Kötzschke, Rudolf, Ländliche Siedlung und Agrarwesen in Sachsen, Remagen 1953 = Forschungen zur deutschen Landeskunde, Bd. 77.

22 Schulze, Otto Eduard, Die Kolonisierung und Germanisierung der Gebiete zwischen Saale und Elbe, Leipzig 1896, S. 224.

23 Heitz, Gerhard, Ländliche Leinenproduktion in Sachsen (1470 - 1555), Berlin 1961 = Deutsche Akademie der Wissenschaften zu Berlin, Schriften des Instituts für Geschichte, Reihe II, Landesgeschichte, Bd. 4.

24 Lamprecht, Karl, Deutsches Wirtschaftsleben im Mittelalter, Bd. 1.1, Leipzig 1886, S. 163.

25 Vgl. Kuhn, Walter, Die Siedlerzahlen der deutschen Ostsiedlung, in: Studium sociale. Festschrift für Karl Valentin Müller, Köln/Opladen 1963, S. 131 - 154.

26 Vgl. Witthauer, Kurt, Verteilung und Dynamik der Erdbevölkerung, Gotha 1969, S. 144.

ten es nach Blaschkes Formulierung sogar noch mehr sein, da sich die Zugewanderten zwischen 1150 und 1250 ja auch schon wieder kräftig vermehrt haben müssen) bei einer angenommenen jährlichen Zuwachsrate von 10 Promille bis 1300 auf 585 000 angewachsen sein, also um knapp 200 000 mehr als nach Blaschke um 1300 die Nachkommen der deutschen Zuwanderer und der Slawen zusammen gezählt haben sollen. Zu den hier hypothetisch berechneten 585 000 Nachkommen der deutschen Einwanderer kämen außerdem noch die Nachkommen der Slawen. Ganz zweifellos setzt Blaschke die Zahl der deutschen Zuwanderer zwischen 1150 und 1250 viel zu hoch an.

Auf die Probleme der Wüstungsperiode und der spätmittelalterlichen Agrardepression wollen wir hier nicht weiter eingehen. Es muß jedoch soviel gesagt werden, daß Blaschke hier ganz den Auffassungen Abels[27] folgt, ohne methodisch oder in quellenmäßiger Erhärtung des in Abels Wüstungstheorie eingeschlossenen Modells des bevölkerungsgeschichtlichen Ablaufs in der Zeit der Wüstungsperiode weiterzukommen als dieser. Zwischen zirka 1350 und 1470 rechnet Blaschke mit einem regelmäßigen Geburtendefizit, also einem Sterbeüberschuß, der seiner Kurve zufolge (S. 107), sogar über längere Zeiten hinweg bei 4 bis 5 Promille jährlich gelegen haben muß (während Abel es in ganz Deutschland mit jährlich 2 Promille bewenden läßt).

Bedauerlicherweise geht Blaschke auf die bevölkerungsgeschichtliche Bedeutung der frühkapitalistischen Entwicklung, die ja in Sachsen eine besondere Intensität erlangte, nicht ein. Überhaupt hat Blaschke die Zeiträume zwischen den einzelnen Querschnitten kaum behandelt. Gerade die Entwicklung in den Jahrzehnten der frühbürgerlichen Revolution hätte doch viele Probleme aufgeworfen, genauso wie die Zeit zwischen 1550 und dem Dreißigjährigen Krieg. Auch über die Wiederaufbauperiode nach dem großen Krieg wird bevölkerungsgeschichtlich kaum etwas gesagt, wenn man von den Ausführungen über die Exulanten absieht.

Ein besonders interessantes Problem stellt sich unseres Erachtens für die Periode der Refeudalisierung. Koerner hat zunächst für Thüringen[28] und später für ein größeres Gebiet der angrenzenden Landschaften[29] (Koerner spricht von einem Gebiet mit 100 000 Quadratkilometern) Studien zur Bevölkerungsgeschichte zwischen etwa 1500 und 1630 angestellt. Er kam dabei zu dem Ergebnis, daß der Höhepunkt der Bevölkerungszunahme im 16. Jahrhundert in dem Jahrzehnt zwischen 1520 und 1530 lag, die dann bis zum Ende des 16. Jahrhun-

27 Abel, Wilhelm, Die Wüstungen des ausgehenden Mittelalters, Stuttgart 1955 = Quellen und Forschungen zur Agrargeschichte, hg. v. Friedrich Lütge, Günther Franz u. Wilhelm Abel, Bd. 1.

28 Koerner, Fritz, Die Bevölkerungsverteilung in Thüringen am Ausgang des 16. Jahrhunderts, in: Wissenschaftliche Veröffentlichungen des deutschen Instituts für Länderkunde, N. F., Nr. 15 - 16/1958, S. 178 - 315.

29 Derselbe, Die Bevölkerungszahl und -dichte in Mitteleuropa zum Beginn der Neuzeit, in: Forschungen und Fortschritte, 33. Jg. 1959, S. 335 - 351. - Zu den Forschungen Koerners scheint uns noch eine Bemerkung notwendig zu sein. Insgesamt hat er unseres Erachtens die Entwicklungstendenz richtig erfaßt. Sein Verfahren enthält jedoch eine mögliche Fehlerquelle. Im 16. Jahrhundert entwickelte sich, allerdings in regional sehr unterschiedlichem Ausmaße, die Schicht der zur Miete wohnenden Einlieger oder wie sie auch immer bezeichnet werden. Diese entzieht sich einer Berechnung der Bevölkerungszunahme aus der Entwicklung der Häuserzahlen und der Zugrundelegung einer Behausungsziffer. Ist der Anteil dieser Schicht in bestimmten Gegenden hoch, so sind die Werte der durchschnittlichen Zunahme der Häuserzahlen nicht oder nur sehr mit Vorsicht für die Ermittlung der Bevölkerungszunahme zu gebrauchen. Da die Schicht der grund- und hausbesitzlosen Mieterfamilien in Gebieten stärkerer kapitalistischer Durchdringung am stärksten vertreten ist, kann das Verfahren Koerners nicht generell angewandt werden.

derts ständig geringer wurde. Dieses Ergebnis kann wohl nur im Zusammenhang mit einer Verlangsamung des Wirtschaftswachstums gesehen werden, wie es nach dem schnellen wirtschaftlichen Aufschwung im Zeitalter der frühbürgerlichen Revolution allgemein angenommen wird. Es gibt aber Anzeichen, daß sich in der zweiten Hälfte des 16. Jahrhunderts die einmal entstandenen kapitalistischen Ausbeutungsverhältnisse in Sachsen trotz der Refeudalisierung besser behaupten konnten als in anderen Gebieten, offenbar auch besser als in Thüringen. Kunze nimmt in Sachsen während des ganzen 16. Jahrhunderts ein Wachstum der Wirtschaft an[30], und die Zollregister von Dömitz (Elbe) weisen eine bedeutende Zunahme des sächsischen Elbhandels zwischen 1560 und 1620 aus[31], ohne daß etwa der Handel auf der traditionellen Nord-Süd-Verbindung zwischen den Seestädten und Mitteldeutschland zurückgegangen wäre.[32] Wenn diese Vermutungen und Kennzeichen nicht täuschen, müßte auch die Bevölkerung in Sachsen bis zum Dreißigjährigen Krieg kräftig gewachsen sein.

Sehr ausführlich und im ganzen wohl zutreffend werden die Bevölkerungsverluste infolge des Dreißigjährigen Krieges dargestellt (S. 92 ff.). Die schon beanstandete Vernachlässigung der Bevölkerungsentwicklung nach dem Kriege fällt wohl wieder unter die allgemein festzustellende Unterbewertung der Fragen der natürlichen Bevölkerungsbewegung.

Diese Unterbewertung zeigt sich auch bei der Behandlung der Bevölkerungsgeschichte der Städte (S. 130 ff.). Müßte es nicht zwangsläufig zu Bemühungen um die Aufhellung der Zusammenhänge zwischen sozialökonomischer Struktur und Bevölkerungsentwicklung kommen, wenn man die Zahlen in Tabelle 4 über die durchschnittliche Kinderzahl pro Ehe in den sächsischen Städten des 18. Jahrhunderts sieht?

Tabelle 4

Eheliche Fruchtbarkeit in sächsischen Städten im 18. Jahrhundert+

Städte	im 1. Zeitraum	im 2. Zeitraum
Dresden	1747 - 1752 = 3,9	1780 - 1786 = 3,8
Leipzig	1751 - 1756 = 2,7	1780 - 1786 = 3,2
Bautzen	1754 - 1756 = 3,7	1780 - 1786 = 5,3
Chemnitz	1754 - 1756 = 4,6	1780 - 1786 = 5,2
Görlitz	1754 u. 1756 = 4,2	1780 - 1786 = 4,8
Wittenberg	1740 - 1750 = 4,2	1780 - 1786 = 5,6

+ Dresden und Leipzig 1747 - 1752 bzw. 1751 - 1756: Süßmilch, Johann Peter, Die göttliche Ordnung in den Veränderungen des menschlichen Geschlechts ..., Bd. 1, Anhang, S. 28 - 30; Bautzen, Chemnitz, Görlitz, Wittenberg 1754 - 1756, bzw. 1740 - 1750: Süßmilch, Johann Peter, a. a. O., Anhang, S. 56 f.; 1780 - 1786: Bautzen, Chemnitz, Görlitz, Wittenberg nach: Chrestomathie der Todtenzettel, in: Magazin der sächsischen Geschichte aufs Jahr 1786, 3. T., S. 107 - 116, S. 145 - 158; Dresden und Leipzig: nach Leonhardi, Friedrich Gottlob, Erdbeschreibung der Churfürstlich- und Herzoglich-Sächsischen Lande, Bd. 2, Leipzig 1803, S. 218, 695.

30 Kunze, Arno, Der Frühkapitalismus in Chemnitz, Karl-Marx-Stadt 1958, S. 117 = Beiträge zur Geschichte von Karl-Marx-Stadt, Nr. 7.

31 Staatsarchiv Schwerin, Altes Archiv, acta vectigalia et commercii in Albi flumine, Elbzollregister von Dömitz. - Wir haben die Register so weit ausgewertet, daß wir hoffen, in absehbarer Zeit die Probleme des Wirtschaftswachstums im Elbgebiet behandeln zu können.

32 Siehe Witthöft, Harald, Das Kaufhaus in Lüneburg als Zentrum von Handel und Faktorei, Schiffahrt und Warenumschlag bis zum Jahre 1637, Lüneburg 1962, S. 177 ff.

Es bedarf wohl kaum eines Beweises, daß diese Unterschiede und Veränderungen nur mit sozialökonomischen Faktoren erklärbar sind. Das vermissen wir aber auch bei der Darstellung der städtischen Bevölkerungsgeschichte durch Blaschke. Seine Erklärung für die Zunahme des Anteils der Kinder an der Gesamtbevölkerung in der zweiten Hälfte des 18. Jahrhunderts: "So ist die höhere Geburtenfreudigkeit am Ende der vorindustriellen Zeit als Ausdruck für verbesserte Erwerbsmöglichkeiten zu deuten, die sich im Zuge der Vorbereitung der industriellen Revolution offenbar angeboten haben" (S. 202), dürfte wohl kaum eine erschöpfende Ursachenfindung darstellen. Wir müssen noch einmal feststellen, daß Blaschke die fundamentale Bedeutung der ökonomischen Gesellschaftsformation und der schichtenspezifischen Fruchtbarkeit für die Erforschung der Bevölkerungsgeschichte nicht zum Bewußtsein gekommen ist. Für die Bevölkerungsgeschichte des Feudalismus ist seit dem ersten Einsetzen einer Entwicklung kapitalistischer Produktionsverhältnisse die Analyse der sozialökonomischen Auswirkungen dieser Keimformen des Kapitalismus auf die feudale Umwelt der entscheidende methodische Ansatz für die Aufdeckung der tatsächlichen Zusammenhänge von Ursache und Wirkung.

Wir könnten es bei diesem Urteil bewenden lassen. Zahlreiche Detailfragen ließen sich noch aufwerfen und diskutieren. Dazu ist hier jedoch nicht der Platz, und das ist auch nicht die Aufgabe einer Problemrezension. Unsere Ausführungen zu Blaschkes Bevölkerungsgeschichte haben eine Reihe grundsätzlicher Einwände gebracht und manches Detailproblem in Frage gestellt. Wir können unser Urteil zusammenfassen. Franz bezeichnete 1968 in einer Rezension das Buch als "einen Markstein in der deutschen Bevölkerungsgeschichte".[33] Diesem Urteil vermögen wir uns nicht anzuschließen. Zu offenkundig sind die Mängel in der bevölkerungswissenschaftlichen Durchdringung, zu offenkundig sind auch die Lücken in der Materialerschließung. Wir sind der Meinung, daß Blaschke uns in der bevölkerungsgeschichtlichen Forschung weder methodisch noch in der Problemstellung wirklich weitergebracht hat. Möglichkeiten zum Aufwerfen und Diskutieren von Problemen, die sich unseres Erachtens auch aus dem von ihm benutzten Material anboten, hat er nicht gesehen. Dennoch war seine Arbeit nicht zwecklos und auch die Drucklegung nicht. In seiner Einleitung bewertet er die Arbeit eines anderen Autors als einen "mutigen Versuch", und das ist sein Buch auf jeden Fall auch. Es ist tatsächlich die erste Bevölkerungsgeschichte eines deutschen Territorialstaates, eine Aufgabe, die ungleich schwieriger zu bewältigen ist, als die einer Stadt. Es ist kein Wunder, wenn hier vieles unbefriedigend blieb. Das ändert nichts daran, daß die Bevölkerungsgeschichte Sachsens von Blaschke ihren Platz einnimmt und viel benutzt werden wird. Jeder, der sich künftig mit der Bevölkerungsgeschichte allgemein oder derjenigen Sachsens speziell beschäftigt, wird sich anregen lassen oder verstimmt sein. Und daraus kann der Bevölkerungsgeschichte echter Fortschritt erwachsen.

33 Franz, Günther, Literaturbericht zur Bevölkerungsgeschichte, in: Blätter für deutsche Landesgeschichte, 104. Jg. 1968, S. 218.

ALBRECHT THAER UND DIE ENTWICKLUNG DER AGRARÖKONOMIE

Betrachtungen zu

Volker Klemm/Günther Meyer, Albrecht Daniel Thaer. Pionier der Landwirtschaftswissenschaften in Deutschland

VEB Max Niemeyer Verlag, Halle (Saale) 1968, 270 Seiten und Bildtafelteil, Preis: 16,50 M

Joosep Nõu, Studies in the Development of Agricultural Economics in Europe

Almquist & Wiksell, Uppsala 1967, 611 Seiten, Preis: 50 Kronen

von Hans-Heinrich Müller

Johann Wolfgang von Goethe, der am 14. Mai 1824 anläßlich des fünfzigjährigen Doktorjubiläums Albrecht Thaers dem international bekannten Landwirt durch Friedrich Zelter ein Huldigungsgedicht überbringen ließ, das mit den Worten endet: "... sein Name lebe fort", hat in seiner 1810 veröffentlichten "Farbenlehre" auch ein Wort der Geschichte gewidmet: "Daß die Weltgeschichte von Zeit zu Zeit umgeschrieben werden müsse, darüber ist in unseren Tagen wohl kein Zweifel geblieben. Eine solche Notwendigkeit entsteht aber nicht daher, weil viel Geschehenes nachentdeckt worden, sondern weil neue Ansichten gegeben werden, weil der Genosse einer fortschreitenden Zeit auf Standpunkte geführt wird, von welchen sich das Vergangene auf eine neue Weise überschauen und beurteilen läßt."[1] Des Dichters "weltgeschichtliche" Betrachtung in der "Farbenlehre", in deren erstem Entwurf sein Freund Friedrich Schiller "viele bedeutende Grundzüge einer allgemeinen Geschichte der Wissenschaften und des menschlichen Denkens" fand und die für Thomas Mann "etwas wie ein Gleichnis der Geschichte aller Wissenschaften" ist[2], enthält ein Postulat, das jedem fortschrittlichen Historiker gleichsam als Leitmotiv seiner Arbeit dienen muß. Das Vergangene notwendigerweise auf neue Weise zu überschauen und zu beurteilen, gilt für alle Bereiche der Geschichte, für den politischen wie für den wirtschaftlichen; es gilt auch für die Biographien. Für die wissenschaftlichen Biographien trifft das um so mehr zu, als in der Vergangenheit darin allzu häufig die "Helden", so fesselnd und anregend sie auch immer dargestellt sein mögen, ziemlich losgelöst von der gesellschaftlichen Wirklichkeit auf ihrer Lebensbahn dahinschritten. "Persönlichkeiten machen die Geschichte" war bekanntlich die Maxime einer vorherrschenden Geistes- und Ideengeschichte, vorwiegend die des preußischen Historismus; ins Extreme gesteigert in den zwölf Jahren dunkelster Nacht der deutschen Geschichte. Kaum beachtet wurde Goethes noch heute vollauf gültige Ansicht: "Denn dieses scheint die Hauptaufgabe der Biographie zu sein, den Menschen in seinen Zeitverhältnissen darzustellen und zu zeigen, inwiefern ihm das Ganze widerstrebt, inwiefern

1 Goethes Werke, T. 40, hg. v. S. Kalischer, Berlin/Leipzig/Wien/Stuttgart [1913], S. 108.

2 Mann, Thomas, Über deutsche Literatur. Ausgewählte Essays, Reden und Briefe, hg. v. Gerhard Steiner, Leipzig o. J., S. 49.

es ihn begünstigt, wie er sich eine Welt- und Menschenansicht daraus gebildet und wie er sie, wenn er Künstler, Dichter, Schriftsteller ist, wieder nach außen abgespiegelt."[3]

Was Goethe einst forderte, ja geradezu als einen gesellschaftlichen Auftrag an die Historiker und Biographen begreift, erfüllen ganz allgemein die marxistischen Historiker aufgrund ihrer dialektisch-historisch-materialistischen Weltanschauung. Auch Klemm und Meyer kommen in ihrer Biographie über Thaer der Forderung des großen Repräsentanten der deutschen Klassik nach.

Albrecht Daniel Thaer (1752 bis 1828), der hervorragendste Vertreter und eigentliche Begründer der Landwirtschaftswissenschaften, weltweit anerkannt, Mitglied vieler Akademien und Gesellschaften, dessen epochemachende Werke in viele Sprachen übersetzt wurden, fand 1839 und 1929 zwei Biographien, die sein Leben und Werk würdigten. Doch viele Erkenntnisse und Vorstellungen, die in die beiden Gesamtbiographien[4] eingingen, entsprechen nicht mehr dem heutigen Forschungsstand. Eine Neueinschätzung war notwendig geworden. Nun haben Klemm und Meyer eine dritte Biographie vorgelegt - eine Lebensbeschreibung Thaers aus marxistischer Sicht.

Auf dem Gebiet der Agrargeschichte gleichermaßen zu Hause wie auf dem der Agrarökonomie, entwirft Klemm - der für den biographischen Teil verantwortlich zeichnete, während Meyer die Bibliographie und den wissenschaftlichen Anhang zusammenstellte - ein eindrucksvolles Bild, auf dem wir einen vielseitigen Thaer auf verschiedenen Ebenen sehen. Er stellt Thaer vor allem mitten hinein in die gesellschaftliche Wirklichkeit, in die Zeit des Übergangs vom Feudalismus zum Kapitalismus. Dadurch ist er auch in der Lage, das Leben Thaers als Arzt, Gutsbesitzer, Agrarökonom, Praktiker, Herausgeber landwirtschaftlicher Zeitschriften, Hochschullehrer und Staatsmann in seiner wechselseitigen Bedingtheit zwischen Umwelt und Persönlichkeit zu betrachten und zu werten, "Glanz und Elend" seines Tuns und Handelns aufzudecken und zu Erkenntnissen zu gelangen, die man in bürgerlichen Darstellungen weitgehend vermißt. Wir werden bekannt gemacht mit dem Stand und den Entwicklungstendenzen der agraren Produktivkräfte, den herrschenden und sich wandelnden Produktionsverhältnissen und den allgemeinen gesellschaftlichen Erscheinungen, in die die Jugendjahre Thaers in Celle, das Studium in Göttingen, sein erstes Interesse an landwirtschaftlichen Fragen und die Hinwendung zum führenden Agrarwissenschaftler seiner Zeit in Deutschland eingebettet sind. Ausführlich wird dabei, jedoch stets in einem ausgewogenen Verhältnis von Detail und großen Entwicklungslinien, Thaers Beitrag zur Entstehung der kapitalistischen Agrarökonomie geschildert; die Bedeutung und der Klasseninhalt der "Einleitung zur Kenntnis der englischen Landwirtschaft", der "Annalen der Niedersächsischen Landwirtschaft", der "Grundsätze der rationellen Landwirtschaft" und anderer Publikationen werden analysiert; der fortschrittliche Gehalt der kapitalistischen Agronomie, die landwirtschaftliche Buchhaltung, Bodenkunde, Pflanzenernährung und Tierzucht werden eingehend untersucht.

Auf einige der von Klemm behandelten Probleme wollen wir etwas näher eingehen.

Als in der zweiten Hälfte des 18. Jahrhunderts in England die Agrarrevolution einsetzte[5], rückte auf dem europäischen Kontinent die englische Landwirtschaft immer mehr in den Blickpunkt der Öffentlichkeit. Der englische Einfluß auf die deutsche Landwirtschaft erfolgte auf verschiedenste Weise. So wurden seit etwa 1750 zahlreiche landwirtschaftliche Bücher

3 Goethe. Dichtung und Wahrheit, hg. v. Kurt Jahn, Leipzig o. J., S. 11.

4 Körte, W., Albrecht Thaer. Sein Leben und Wirken als Arzt und Landwirt, Leipzig 1839; Simons, W., Albrecht Thaer. Nach amtl. und privaten Dokumenten aus einer großen Zeit, Berlin 1929.

5 Vgl. dazu Chambers, J. D./Mingay, G. E., The Agricultural Revolution 1750 - 1880, London 1966.

aus dem Englischen ins Deutsche übersetzt. Bis 1807 waren es knapp sechzig, zuweilen bändereiche Werke, unter anderem die von Tull, Home, Ellis, Hale, Mills, Young, Marshall, Bell und Bailey. Aber auch schon vor der Jahrhundertmitte wurden englische Originalwerke in Deutschland gelesen. Zeitgenössische Bibliographien und Bibliothekskataloge weisen für das 17. und 18. Jahrhundert fast zweihundert Werke an englischer, vor allem produktionstechnischer Agrarliteratur aus. Sie verzeichnen Markham, Hartlib, Worlidge, Bradley, Ellis, Dickson, Weston, Clarke, Anderson und andere mehr. Schließlich gab es zahlreiche Beiträge in Journalen und Zeitungen, die Wissenswertes aus englischen Periodika vermittelten. Erstaunlich groß war schon die Anzahl englischer Beiträge und Übersetzungen in den Magazinen der ökonomischen Gesellschaften, die sich seit der Mitte des 18. Jahrhunderts verbreiteten. Von allen Schriftstellern und Ökonomen übte zweifellos Arthur Young, das "Orakel der englischen Landwirtschaft", wie er aufgrund seiner polyhistorischen Gelehrsamkeit genannt wurde, die nachhaltigste Wirkung aus. Bürgerliche Pächter, insbesondere die Domänenpächter, sind es hauptsächlich, die aus Youngs bekannten "Reisebeschreibungen" schöpften. Bei ihm holten sie sich zum Beispiel die Argumente für günstigere Pachtverträge und lange Pachtfristen, die ihnen Gutsherren und feudale Bürokratie nur schwer zugestanden. Doch eine Kenntnis von dem, wie weit die englische Agrarliteratur tatsächlich das Denken und die Produktion beeinflußt hat, besitzen wir bis heute noch nicht, wie überhaupt eine gründliche Untersuchung über die Wirkung Englands auf die deutsche Landwirtschaft noch völlig fehlt.[6] Auf Thaer, in dessen mit England in Personalunion verbundene hannoversche Heimat englische Lehren ein Einfallstor fanden, hat jedoch die englische Landwirtschaft einen außerordentlich großen Einfluß ausgeübt. Durch ihn erfährt die englische Landwirtschaft überhaupt ihre erste bedeutende Interpretation. Die dreibändige "Einleitung zur Kenntnis der englischen Landwirtschaft" (1798 bis 1804) faßt "in geradezu genialer Weise mit überzeugender wissenschaftlicher Beweisführung" (S. 59)[7] die englischen Ergebnisse zusammen, gewonnen aus mehr als hundert Werken der englischen Agrarliteratur, verknüpft mit eigenen Einsichten, verglichen mit anderen Wirtschaften in Deutschland. Klemm hat all das sehr eingehend behandelt. Er hebt hervor, daß in der "Einleitung" keine einfache Beschreibung englischer Verhältnisse erfolgte, sondern zugleich die Anwendungsmöglichkeiten in Deutschland aufgezeigt wurden. Und noch eines ist von Wichtigkeit: Die elende Lage der expropriierten englischen Bauern und Landarbeiter wurde von Thaer kaum erwähnt, obwohl er durchaus historischen und sozialen Sinn besaß. Darin unterscheidet sich die "Einleitung" auch kaum von anderen Werken über die englische Landwirtschaft. Immer sind es nur die Produktionsmethoden, die die Aufmerksamkeit einer interessierten Schar von Gutsbesitzern, Pächtern, Beamten und Schriftstellern erregen, kaum die Veränderungen in der sozialen Struktur der englischen ländlichen Gesellschaft. Daher erklärt es sich auch, daß die revolutionären Prozesse der englischen Landwirtschaft dem kontinentaleuropäischen Betrachter vorwiegend nur als eine harmonische und evolutionäre Entwicklung erscheinen. Deutschen fortschrittlichen Kräften waren englische Beispie-

6 Erste Anfänge siehe bei Schröder-Lembke, Gertrud, Englische Einflüsse auf die deutsche Gutswirtschaft im 18. Jahrhundert, in: Zeitschrift für Agrargeschichte und Agrarsoziologie, Nr. 1/1964, S. 30 ff.; Müller, Hans-Heinrich, Christopher Brown - an English Farmer in Brandenburg-Prussia in the Eighteenth Century, in: The Agricultural History Review, Bd. 17, T. 2, 1969, S. 120 ff.; Ahrens, Gerhard, Caspar Voght und sein Mustergut Flottbek. Englische Landwirtschaft in Deutschland am Ende des 18. Jahrhunderts, Hamburg 1969; Kroker, Werner, Wege zur Verbreitung technologischer Kenntnisse zwischen England und Deutschland in der zweiten Hälfte des 18. Jahrhunderts, (West-)Berlin/München 1971. - Vgl. auch die mustergültige Untersuchung über den Einfluß Englands auf die französische Landwirtschaft: Bourde, André J., The Influence of England on the French Agronomes 1750 - 1789, Cambridge 1953.

7 Alle nicht näher bezeichneten Seitenzahlen im laufenden Text beziehen sich auf das hier besprochene Buch von Klemm/Meyer.

le im späten 18. Jahrhundert deshalb auch willkommene Anlässe, um die rückständigen wirtschaftlichen Zustände ihres eigenen Landes zu kritisieren, ohne sich auf allzu ernsthafte Auseinandersetzungen mit den reaktionären Feudalmächten einlassen zu müssen.

Die "englische Landwirtschaft" erlebte nicht nur in Deutschland, sondern auch in England einen großen Widerhall. Es war in gewissem Sinne ein Handbuch, dessen Notwendigkeit selbst die Engländer empfanden. Ein britischer Leser lobte das Buch, obwohl Thaer niemals in England gewesen ist, mit den Worten: "Sie beurteilen England, als ob Sie jahrelang darin zugebracht hätten, und nie hat jemand die Verhältnisse des Ackerbaues zur Industrie des Landes mit soviel Scharfsinn aufgefaßt und dargestellt." Und der einflußreiche und weitbekannte "Board of Agriculture", dessen Sekretär Arthur Young war, dankte Thaer in einem Brief für "the comparative view of British and German husbandry" (S. 59).

So groß der Erfolg der "Einleitung" auch war, so berechtigt ist zugleich Klemms Hinweis, daß das moderne agrarische Wissen jener Zeit etwas systemlos von Thaer dargeboten wurde. Dagegen zeichneten sich die "Grundsätze der rationellen Landwirtschaft", Thaers Hauptwerk, durch wohlgelungene Systematik und logischen Aufbau aus. Mit der "Rationellen Landwirtschaft" erhielt die Landwirtschaftsökonomie ihre wissenschaftliche Grundlegung, wie sie auch der k a p i t a l i s t i s c h e n Agrarökonomie zum endgültigen Durchbruch verhalf. Gleich auf der ersten Seite des epochemachenden und schulebildenden Buches proklamiert Thaer das Glaubensbekenntnis des kapitalistischen Landwirts: "§ 1 - Die Landwirtschaft ist ein Gewerbe, welches zum Zweck hat, durch Produktion ... vegetabilischer und tierischer Substanzen Gewinn zu erzeugen oder Geld zu erwerben. § 2 - ... Nicht die möglich höchste Produktion, sondern der höchste reine Gewinn ... ist der Zweck des Landwirts." Thaer behandelt hier zweifellos die Fragen der landwirtschaftlichen Produktion, wie Marx von Ricardo sagt, "mit wissenschaftlicher Ehrlichkeit" und "wissenschaftlicher Unbefangenheit"[8], mit einer frappanten Offenheit, der seine bürgerlichen Nachfahren nicht mehr fähig waren. Bei der Erklärung des kapitalistischen Gewinnstrebens verwundert jedoch Klemms Auffassung, daß die Gewinn- bzw. Mehrwerterzeugung "mit Hilfe des außerökonomischen Zwanges angeeignet" wird (S. 97). Außerökonomischer Zwang gehört aber doch zur feudalen Ökonomie, während in der kapitalistischen Gesellschaftsordnung der ökonomische Zwang wirksam ist, was jedoch nicht ausschließt, daß in einer kapitalistischen Landwirtschaft "preußischer" Prägung Reliktformen der feudalen Ökonomie noch ziemlich lange nachwirken können.

War Klemm bei der "Einleitung" ausführlich auf das Verhältnis Thaers zur englischen Landwirtschaft und ihrer Anwendung in Deutschland eingegangen, so kommt er bei der Erörterung der "Rationellen Landwirtschaft" auf die englischen Einflüsse nicht mehr zurück. Aber gerade hier bedürfen sie notwendigerweise einiger Erwähnung. Ohne die großen Leistungen Thaers, die er mit seinem Hauptwerk für die Entwicklung der kapitalistischen Agrarökonomie vollbracht und die Klemm ausgezeichnet dargestellt hat, auch nur im geringsten schmälern zu wollen, muß doch festgestellt werden, daß viele Grundsätze und ökonomische Auffassungen Thaers ohne englische Lehren einfach nicht denkbar sind. Klemm hat im Literaturverzeichnis "Studies in the Development of Agricultural Economics in Europe" von Joosep Nõu aufgeführt, aber offensichtlich in seiner Arbeit nicht mehr berücksichtigen können. Nõu wies überzeugend nach, wie stark vor allem Arthur Young, der ebenfalls als einer der Pioniere der kapitalistischen Landwirtschaftswissenschaften gelten kann, die theoretischen und ökonomischen Auffassungen Thaers beeinflußt hat. Solche Beiträge von Young, wie die "proportioned farm", "farm planning" und "agricultural accountancy", um nur einige zu nennen, wurden von Thaer weitgehend verarbeitet[9] und wirkten damit nachhaltig in der "rationellen Schule" Europas fort. Aber mit der Aufnahme und Weiterentwicklung der ökonomi-

8 Marx, Karl, Theorien über den Mehrwert, in: Marx/Engels, Werke, Bd. 26, 2, Berlin 1967, S. 111.

9 Nõu, Joosep, a. a. O., S. 87.

schen Auffassungen Youngs durch Thaer fiel gleichzeitig der Name Arthur Young für Jahrzehnte der Vergessenheit anheim. Erst in jüngster Zeit gelangt er wieder zu verdienten Ehren. Die "Rationelle Landwirtschaft" wurde auch ins Englische übersetzt. Fand jedoch die "Einleitung" bei ihrer Veröffentlichung sofort in England ungeteilte Aufmerksamkeit, so scheint dagegen die Resonanz der "Rationellen Landwirtschaft" nicht sonderlich groß gewesen zu sein. Erfolgte dort die Übersetzung erst dreißig Jahre später (1844), ganz im Gegensatz zu anderen Ländern, wie etwa Dänemark, Frankreich, Italien, Polen, Rußland, Schweden, wo nur wenig später nach der Herausgabe der Thaerschen "Grundsätze" (1809 bis 1812) entsprechende Übersetzungen vorlagen, so ist es auch merkwürdig, daß die englische Übersetzung nicht anhand einer deutschen, sondern einer französischen Ausgabe (1811, 2. Auflage 1830, 3. Auflage 1831) besorgt wurde. Ein Indiz wäre auch, daß zum Beispiel in der bekannten Bodleian Library zu Oxford, immerhin einem der bedeutendsten englischen Zentren der Wissenschaft und Bildung, die "Principles of Agriculture" bis vor kurzem ungeschnitten in den Bücherregalen standen. Ungeschnitten heißt aber, daß Bücher nicht beachtet und gelesen wurden. Es entbehrt auch nicht einer gewissen Ironie, wenn wir zur Kenntnis nehmen, daß zwar in den Katalogen der Universitätsbibliothek von Reading ein Exemplar der Thaerschen "Einleitung zur Kenntnis der englischen Landwirtschaft" geführt wird, aber der Inhalt sich bei näherer Betrachtung als eine Schrift von H. von Engel, der die fortschrittlichen, kapitalistischen Auffassungen Thaers darin bekämpfte, entpuppt.[10]

Betrachten wir die "Grundsätze der rationellen Landwirtschaft" noch ein wenig aus dogmenhistorischer Sicht. Ist es nicht erstaunlich, daß das theoretische System der kapitalistischen Agrarökonomie in Deutschland erschien, in einem Lande, in dem sich die Landwirtschaft gerade erst anschickte, die feudalen Fesseln mit großer Müh und Not abzustreifen? Von einer kapitalistischen Landwirtschaft war überhaupt noch keine Rede. Gewiß gab es schon kapitalistische Betriebe, aber eben noch keine allgemeine kapitalistische Basis und die kapitalistischen Produktionsverhältnisse benötigten noch vier bis fünf Jahrzehnte, um ihre volle Herrschaft zu entfalten. Ist es nicht erstaunlich, daß das theoretische System der kapitalistischen Agrarökonomie nicht in England erschien, dem Lande vollentwickelter kapitalistischer Agrarverhältnisse? Zwar erreichte in England die politische Ökonomie ihren Höhepunkt, erfuhr sie in Adam Smith und David Ricardo ihre klassische Entwicklung. Doch Smith und Ricardo beschäftigten sich, wenn sie auf die Landwirtschaft eingingen, fast nur mit der Entstehung der Grundrente, wobei Ricardo die Landwirtschaft lediglich unter dem Blickpunkt der Vorherrschaft der Industrie und ihres Schutzes vor der Landaristokratie betrachtete. Größer war schon der Anteil Arthur Youngs an der Errichtung des agrarökonomischen Lehrgebäudes, doch es waren nur einzelne Bausteine, zu wenig zusammengefügt, um daraus die großen theoretischen Konturen und Gesetzmäßigkeiten erkennen zu können. Ein geschlossenes System legte tatsächlich erst Albrecht Thaer vor. Man kann wohl daraus schließen, daß die englischen Landwirte, Pächter wie Landlords, wie auch ihre wissenschaftlichen Interpreten sich weit mehr der Entwicklung der Produktivkräfte und der Gewinnung möglichst hoher Profite zuwandten, als ein in sich geschlossenes System der kapitalistischen Agrarökonomie zu schaffen, wenngleich natürlich auch Thaer Profit und Entwicklung der Produktivkräfte nicht unterschätzte. Und kann man die Leistung Thaers damit erklären, daß er, wie Friedrich Engels einmal sagte, einer "Nation von Theoretikern" angehörte[11], einer Nation ohne Einheit, deren Wirtschaft gegenüber England rückständig war, wo der Kapitalismus erst zaghaft in das gesellschaftliche Gefüge einzudringen begann und "die einzige Hoffnung auf eine Wendung zum Besseren" in der Literatur und im Theoretischen gesehen wurde?[12] Wahrhaft groß waren auch die Leistungen Deutschlands auf dem Gebiet der Lite-

10 Die Angaben verdanke ich Frau Joan Thirsk, Oxford.

11 Engels, Friedrich, Deutsche Zustände, in: Marx/Engels, Werke, Bd. 2, Berlin 1957, S. 580.

12 Ebenda, S. 567.

ratur und der Philosophie, diesem kompliziertesten, aber zuverlässigsten Thermometer der Entwicklung des deutschen Geistes. Die politische Ökonomie dagegen fristete im großen und ganzen ein kümmerliches Dasein; sie war von vulgärer Art - ausgenommen die Agrarökonomie, die mit Thaer in ihr "klassisches" Stadium tritt und auch politökonomisch trotz mancher Schwächen ein beachtliches Niveau aufweist. Begabt, vielseitig, ökonomisch und naturwissenschaftlich, theoretisch und praktisch, um nicht zu sagen, enzyklopädisch gebildet, in seiner Weltanschauung durchaus materialistisch, war Thaer, obwohl er nicht unmittelbar aus der Landwirtschaft kam, zweifellos fähig, die gesellschaftlichen und wirtschaftlichen Notwendigkeiten für die Landwirtschaft zu begreifen, aus dem Studium der englischen Literatur das Wesentliche der kapitalistischen Agrarökonomie zu erfassen, sie unter Berücksichtigung der eigenen Produktionserfahrungen weiterzuentwickeln und sie mit den Erkenntnissen der modernen Naturwissenschaft und Pädagogik zu verbinden. Gerade die glückliche Kombination von Ökonomie, Naturwissenschaft und Pädagogik war es wohl, begünstigt durch die einsetzende Reformbewegung und eine neue Produktivkräfte heischende Zeit, die nicht nur den "Grundsätzen" zu weltweiter Anerkennung verhalf, das Tor zur kapitalistischen Agrarökonomie und der wissenschaftlich betriebenen Landwirtschaft endgültig aufstieß, sondern die Thaer schlechthin mit der deutschen Landwirtschaft identifizierte. Es war eine Inkarnation, wie sie kein anderer deutscher Landwirt jemals wieder erlebte[13] und die Goethe zu dem Ausspruch veranlaßte: "Der Mann gehört zuerst Preußen an, sodann aber auch der Welt, sein Ruf und Ruhm sind gründlich."[14]

Bei aller "wissenschaftlichen Ehrlichkeit und Unbefangenheit", die Thaer bei der Bestimmung des Zieles der landwirtschaftlichen Produktion auszeichneten, war seine Agrarökonomie mit allerlei Widersprüchen behaftet. Sie ergaben sich aus seiner bürgerlichen Klassenposition und wurzelten überdies noch in den spezifisch preußisch-junkerlichen Bedingungen. Die zahlreichen Widersprüche hat Klemm aufgedeckt, etwa bei der Lehre von der Arbeit und vom Kapital. Widerspruchsvoll war auch Thaers Haltung zum Pachtsystem. Er lehnte es faktisch ab. Klemms Interpretation dazu lautet: "Allerdings stand hier der bürgerlich humanistische Aufklärer Thaer erneut vor dem unlösbaren Widerspruch zwischen persönlich utopischen Wunschvorstellungen und der rauhen kapitalistischen Wirklichkeit" (S. 99f.) Diese Erklärung ist ein wenig unbefriedigend, da sie im Grunde nicht viel aussagt, wie sie auch ziemlich unvermittelt abbricht. Die "rauhe Wirklichkeit" war doch gerade, daß in England die fortschrittliche, intensive und produktive Agrikultur den Pächtern zu verdanken war, das Pachtsystem objektiv ein fortschrittsfördernder Faktor bei der Entwicklung der überlegenen kapitalistischen Produktivkräfte gewesen ist. Und Thaer propagierte bekanntlich die englische Landwirtschaft, aber er propagierte, wie schon erwähnt, nur die Produktionsmethoden. Die sozialen Grundlagen, auf denen der produktionsträchtige Fortschritt beruhte, fanden bei Thaer offensichtlich nur wenig Aufmerksamkeit. Auch in Deutschland waren es vor allem die Domänen- und Gutspächter, die führend in der Anwendung neuer Produktionsmethoden gewesen sind. Nach einer offiziellen Verlautbarung der preußischen Regierung aus dem Jahre 1848 waren es "Männer, welche Kapital und Intelligenz besaßen, ... und unter ihren Händen erreichte die landwirtschaftliche Industrie jenen glänzenden Aufschwung, in dem wir sie jetzt begriffen finden".[15] Selbst zu Thaers Freundeskreis zählten kapitalkräftige, erfolgreiche und angesehene Domänenpächter, wie Koppe, Baath, Karbe und andere, die ganz gewiß auf seine agrarökonomischen und betriebswirtschaftlichen Anschauungen Einfluß genommen haben dürften. Eine kritischere Durchleuchtung und vertieftere Darstellung des widerspruchsvollen Verhältnisses Thaers zum Pachtwesen hätte der

13 Vgl. Haushofer, Heinz, Die deutsche Landwirtschaft im technischen Zeitalter, 2.verb. Aufl. Stuttgart 1972, S. 27.

14 Zit. nach Woermann, Emil, Albrecht Daniel Thaer, in: Große Landwirte, hg. v. Günther Franz u. Heinz Haushofer, Frankfurt (Main) 1970, S. 77.

15 Deutsches Zentralarchiv Merseburg, Rep. 164 a, Landes-Ökonomie-Kollegium, Nr. 111, Bl. 3.

vorliegenden Biographie sicherlich zum Gewinn gereicht, wobei freilich zu bemerken ist, daß das Pachtwesen, insbesondere die ihm innewohnende Dialektik von Förderung und Retardation der Produktivkräfte, zu den vernachlässigsten Themen der deutschen Agrargeschichte gehört.

Neben seinen agrarökonomischen Lehren verdienen Thaers Leistungen auf dem Felde der Agrarwissenschaft, der Agronomie, der Bodenkunde und Tierzucht wie des Ausbildungswesens, die zum Teil noch heute von großer Bedeutung sind, hervorgehoben zu werden. Klemm hat sie, wenn auch mitunter etwas zu knapp, gewürdigt, wie etwa die Begriffsbestimmung der extensiven und intensiven Landwirtschaft, die Heuwerttheorie, die Bodenschätzungskunde, die Schafzüchtung, die Organisationsprinzipien der landwirtschaftlichen Produktion und des Ausbildungswesens, in dem Thaer die Einheit von Theorie und Praxis forderte und auf seiner Akademie in Möglin und an der Berliner Universität auch erfolgreich verwirklicht hat. Und wenn Thaer seine Vorlesungen mit einem "Grundriß der Geschichte des Ackerbaus" einleitet und sie mit den Worten eröffnet: "Ich glaubte die Einleitung zu meinen systematischen Vorlesungen der Landwirtschaftslehre nicht zweckmäßiger als mit der Geschichte dieses Gewerbes machen zu können. Sie gibt einen allgemeinen Überblick des Ganzen. Sie zeigt, in welchen Verhältnissen und Berührungspunkten der Ackerbau mit der Kultur des Menschengeschlechts gestanden habe und notwendig stehen müsse. Sie lehrt die Theorie und die Praxis jeden Zeitalters und jeder Nation kennen und würdigen und zeigt nicht nur, wie sie gewesen, sondern auch warum sie so war und was sie bewirkt" (S. 80), so erkennt man, daß Thaer nicht nur Geschichtsbewußtsein besaß, sondern sich auch von einer Maxime leiten ließ, die für alle wissenschaftlichen Disziplinen auch heute uneingeschränkte Gültigkeit besitzt.

Während Klemm einerseits immer wieder auf die großen Leistungen verweist, die Thaer auf den verschiedensten Wissenschaftsgebieten vollbrachte, so unterläßt er es andererseits nicht, dessen Verhaltensweisen zu politischen Tagesfragen und gesellschaftlichen Problemen jener Zeit auszuleuchten. Und hier lernen wir Thaer in seiner vollen Widersprüchlichkeit kennen. Da ist er ein "Halb-und-halb-Reformer", wie Engels eine bestimmte Gruppe reformwilliger Männer Preußens bezeichnete.[16] Obwohl Thaer die herrschenden Mißstände in der Landwirtschaft mitunter recht heftig kritisierte, die feudalen Produktionsverhältnisse bekämpfte, eine Klasse freier Bauern und Tagelöhner forderte, so war er jedoch jeglichen revolutionären Bestrebungen zur Erreichung der genannten Ziele abhold. Er fürchtete die Gewalt der ausgebeuteten Massen und lehnte jedwede Verletzung des Eigentumsprinzips ab. Als preußischer Staatsrat hatte Thaer entscheidend an der Gesetzgebung über die Gemeinheitsteilung mitgewirkt, wie er auch auf die Ablösungsgrundsätze, so wie sie von der preußischen Regierung 1811 und 1816 verkündet wurden, nicht unerheblichen Einfluß genommen hatte. Der "Staatsrat" setzte sich zwar für die Reformen im notwendigen Interesse einer kapitalistischen Entwicklung der Produktivkräfte ein, verurteilte entschieden die kleinlichen und hemmenden Reglementierungen der preußischen Wirtschaftspolitik und stand auch im scharfen Gegensatz zu dem reaktionärsten Flügel der Feudalbürokratie und der Junker, aber insgesamt wahrte er die Interessen der herrschenden junkerlichen Klasse. Sein Denken und Handeln war, wie Klemm urteilt, von einem Kompromiß gegenüber den Fürsten und den Junkern bestimmt, einem Kompromiß, der auf den Rücken der Bauern ausgetragen wurde.

Es ist eine kenntnisreiche, ausgewogene, wohlgegliederte Darstellung, die Klemm vorgelegt hat. Unverständlich bleibt in diesem Zusammenhang, wenn Henning in der Vierteljahrschrift für Sozial- und Wirtschaftsgeschichte schreibt, daß neue Erkenntnisse von den Autoren nicht gewonnen wurden.[17] Widerlegen schon andere Rezensenten eine solche Auffas-

16 Engels, Friedrich, a. a. O., S. 573.
17 Henning, Friedrich-Wilhelm, Rezension, in: Vierteljahrschrift für Sozial- und Wirtschaftsgeschichte, Nr. 1/1972, S. 119.

sung[18], so gewinnt Klemm allein bereits neue Erkenntnisse dadurch, daß er Thaer als "gesellschaftlichen" Menschen darstellt, in seinem Widerspiel von Agrarökonom, Landwirtschaftspraktiker und Staatsmann, daß Klemm den Klasseninhalt der Thaerschen Lehren bloßlegt und nachweist, wie verschiedene Leistungen Thaers auch heute noch unter anderen gesellschaftlichen Bedingungen von großer Bedeutung sind, Erkenntnisse, die man in den anderen Biographien weitgehend vermißt.[19]

Natürlich hätte dieses oder jenes in der Biographie eine eingehendere Behandlung vertragen. Auch bedürfen verschiedene Einzelheiten einer Richtigstellung, weil sie entweder falsch sind oder infolge neuerer Forschungsergebnisse nicht mehr aufrechterhalten werden können. So ist zu bezweifeln, daß Thaer der Begründer des landwirtschaftlichen Rechnungswesens in Deutschland gewesen ist (S. 98). Er hat es fraglos wesentlich gefördert, aber bereits 1796 veröffentlichte in Braunschweig J. I. Berghaus die "Anleitung zum landwirtschaftlichen Rechnungswesen und Grundsätze der kaufmännischen Doppelbuchhaltung".[20] Thaer war auch nicht der erste Landwirt in der Mark Brandenburg, der den Mergel als Kalkdünger verwandte (S. 114). Schon 1774 trat Johann Christoph Wöllner mit seiner Schrift "Versuch zur Düngung des Ackers ohne Düngung" bahnbrechend für die Mergelung in Brandenburg ein, und nachgewiesenermaßen legten seit der zweiten Hälfte des 18. Jahrhunderts eine Anzahl Landwirte auf ihren Gütern eigene Mergelgruben an. Nicht selten erzielten die Gutsbesitzer mit dem Mergeln recht beachtliche Ertragssteigerungen.[21] Auch waren Entwässerungsprobleme in der deutschen Landwirtschaft vor Thaer nicht ganz bedeutungslos (S. 119). Um stauende Nässe auf dem Ackerland zu beseitigen, wurden schon im 18. Jahrhundert die Felder in Beeten gepflügt. Aber teilweise war man davon wieder abgegangen, weil die "hochaufgepflügten Beete" sich als nachteilig für die Pflugarbeiten, insbesondere bei der aufkommenden Hackkultur, erwiesen.[22] Und auch die Röhrendrainage war in Deutschland viel eher verbreitet, als Klemm annimmt (S. 120).[23] In einer ganzen Reihe von preußi-

18 Vgl. z. B. Lein, A., Rezension, in: Zeitschrift für Pflanzenzüchtung, Bd. 62, Hamburg 1969, S. 374 f.

19 Über die Nachwirkung Thaers bis auf die heutige Zeit vgl. Stamer, Hans-Heinrich, Der wissenschaftliche Wert der Arbeiten Albrecht Thaers zu den Problemen der Messung und Steigerung der Bodenfruchtbarkeit, landwirtschaftl. Diss. Berlin 1968.

20 Die Schrift von Berghaus ist die Frucht einer von der Göttinger Akademie der Wissenschaften im Jahre 1795 veröffentlichten Preisaufgabe: "Wie ist das Rechnungswesen bei großen Landwirtschaften am besten dergestalt einzurichten, daß man nicht etwa den Ertrag des ganzen Guts, sondern auch den gänzlichen Aufwand und die sämtlichen mittelbaren und unmittelbaren Einnahmen, also den reinen Ertrag eines jeden Produkts oder Artikels des Pflanzenbaues und der Viehzucht mit Leichtigkeit und Zuverlässigkeit ersehen könne, so wie dieses bei den mannigfaltigen Artikeln der Handlung durch die doppelte Buchhaltung möglich wird?"

21 Vgl. Benekendorf, Carl Friedrich v., Kleine Oeconomische Reisen, Bd. 1, Züllichau 1785, S. 301; Lengerke, A. v., Landwirtschaftliche Statistik der deutschen Bundesstaaten, Bd. 2, T. 1, Braunschweig 1848, S. 256.

22 Vgl. Koppe, Johann Gottfried, Unterricht im Ackerbau und in der Viehzucht, Bd. 1, Berlin 1841, S. 83 ff.

23 Über das relativ hohe Niveau des Meliorationswesens in der deutschen Landwirtschaft in den vierziger und fünfziger Jahren des 19. Jahrhunderts siehe Die Landwirtschaft in ihrer wissenschaftlichen Epoche, in: Die Gegenwart, Bd. 9, Leipzig 1854, S. 18 ff.; vgl. auch Lette, Adolf, Die Gründung landwirtschaftlicher Meliorationsfonds, Berlin 1855; Mittheilungen über die Entwässerung des Bodens durch unterirdische Röhrenleitung (Drainage). Aus den Akten des Ministeriums für landwirtschaftliche Angelegenheiten, Berlin 1852. Über die Produktion von Drainröhrenpressen vgl. Deutsches Zentralarchiv Merseburg, Rep. 164 a, Landes-Ökonomie-Kollegium, Nr. 41, Bd. 2.

schen Maschinenfabriken wurden schon um 1850 "Drainröhrenpressen" produziert und an die Landwirte verkauft. Die ökonomisch erfolgreiche Anwendung der Koppelwirtschaft setzte zwar, wie Klemm richtig bemerkt, eine umfangreichere konzentrierte landwirtschaftliche Nutzfläche voraus, beschränkte sich aber keineswegs auf die Existenz bürgerlichen Eigentums an Grund und Boden (S. 125). Sie wurde in Mecklenburg, Holstein, Vorpommern und in Brandenburg, in geringerem Maße auch in anderen Teilen Deutschlands, bereits unter feudalen Bedingungen recht erfolgreich eingeführt und war bekanntlich in den nördlichen gutsherrschaftlichen Gebieten von einem verstärkten Bauernlegen begleitet. Fraglich erscheint auch, daß die Kartoffel vor 1810 nur als menschliches Nahrungsmittel, aber nicht als Futtermittel gewisse Bedeutung besaß (S. 131). Vielmehr dürfte die Kartoffel zuerst als Viehfutter, wie die zahlreichen Preisschriften zu der Preisaufgabe über die Stallfütterung der Preußischen Akademie (1788) belegen, benutzt worden sein, ehe sie sich als menschliches Grundnahrungsmittel allgemein durchsetzte. Es ist auch darauf hinzuweisen, daß zum Beispiel die für Berlin bestimmten Mastochsen im Oderbruch weitgehend mit Kartoffeln gemästet wurden.[24] Zu weit geht auch die Feststellung, daß die "Möglinschen Annalen" einen u m f a s s e n d e n Überblick über das damalige Niveau der landwirtschaftlichen Produktivkräfte vermitteln (S. 150). Der Agrar- und Wirtschaftshistoriker wird ohne jeden Zweifel die "Möglinschen Annalen" heranziehen müssen, wenn er die landwirtschaftlichen Zustände jener Zeit beurteilen will, aber sie ersetzen nicht das Quellenmaterial der zuständigen Archive, das weit mehr über die Entwicklung der Produktivkräfte aussagt, als es die "Möglinschen Annalen" vermögen. Schließlich geht Klemm auch bei Johann Heinrich von Thünen, dem bedeutendsten Schüler von Thaer, an den Tatsachen vorbei, wenn er ihn als "Apologet der kapitalistischen Gesellschaftsordnung" bezeichnet und dessen Rolle nur auf "die Weiterentwicklung der kapitalistischen Elemente der Agrarökonomie" reduziert (S. 161). Diese Wertung ist nicht nur, wie Berthold feststellt, fragwürdig für einen Agrarökonomen, dessen Werk zu einer Zeit erschien, in der die marxistische politische Ökonomie noch nicht ausgearbeitet war, sondern unterschätzt auch "offensichtlich Thünens progressive Leistungen auf dem Gebiet der Standorts- und Intensitätstheorie und der Anwendung mathematischer Modelle auf dem Gebiet der ökonomischen Wissenschaften, um nur einige der wissenschaftlichen Verdienste zu nennen".[25]

Die kritischen Einwände, die hier erhoben wurden, sind jedoch unerheblich für das von der vorliegenden Biographie vermittelte Gesamtbild Thaers. Sie sollten aber bei einer Neuauflage berücksichtigt werden. Man kann die Würdigung der Biographie nicht abschließen, ohne den Anhang zu erwähnen. Er enthält eine mustergültige Bibliographie. Meyer verzeichnete 429 Veröffentlichungen von Thaer einschließlich aller Übersetzungen und faßt darüber hinaus alle erreichbaren Arbeiten über Thaer zusammen. Wenn auch hier und da eine kleinere Abhandlung fehlt, so ist es doch die umfassendste Thaer-Bibliographie, die wir besitzen. Überblättern wir die Bibliographie, erkennen wir auf den ersten Blick die Vielseitigkeit und internationale Bedeutung Thaers und die nachhaltige Wirkung seiner agrarwissenschaftlichen Leistungen. Auszüge aus Veröffentlichungen und bisher ungedruckte Briefe Thaers vervollständigen den wertvollen Anhang.

Flüssig und anregend geschrieben, überzeugend dargestellt, liegt in unserer biographiearmen Zeit ein Buch über einen der bedeutendsten Agrarwissenschaftler vor, das man mit Freude und Gewinn liest.

24 Vgl. Müller, Hans-Heinrich, Domänen und Domänenpächter in Brandenburg-Preußen im 18. Jahrhundert, in: Jahrbuch für Wirtschaftsgeschichte 1965, T. 4, S. 163 f.

25 Berthold, Rudolf, Rezension, in: Internationale Zeitschrift der Landwirtschaft, Nr. 1/1970, S. 120.

Albrecht Thaer war unbestritten ein klassischer Vertreter der Agrarwissenschaften. Er zählt zu jenen Klassikern, die, wie der bekannte marxistische Ästhetiker und feinfühlige Kritiker literarischer Gegenwartserscheinungen Lunatscharski einmal ausführte, mit der "größten Adäquatheit und zugleich mit der größten Kraft die Ideen ihrer Epoche..., also die leitenden Normen der in dieser Epoche" progressivsten Klasse ausdrückten.[26] Thaers Leistung, seine Ausstrahlung auf die Gegenwart, wird im enzyklopädischen Wörterbuch der Sowjetunion mit den Worten gewürdigt: "Diese in ihrer Tiefe außerordentliche Forschung, die bisher noch nicht ihre Bedeutung verloren hat, ... legte für alle Abteilungen der heutigen Agronomie die Grundlage. Dieses Buch (Rationelle Grundsätze - H.-H. M.) erhielt eine Reihe von Auflagen in allen Hauptsprachen der Welt und sollte wahrhaftig als die klassischste aller agronomischen Arbeiten anerkannt werden."[27]

Auch in dem Werk von Nŏu nimmt Thaer einen hervorragenden Platz ein. Doch Thaer ist hier, obwohl der ihn behandelnde Abschnitt beinahe monographischen Charakter trägt, nur in die allgemeine Entwicklungsgeschichte der agrarökonomischen Lehrmeinungen eingeordnet worden. Es ist eine reine Dogmengeschichte der bürgerlichen Agrarökonomie, die Nŏu verfaßt hat.

In den dogmenhistorischen Darstellungen der politischen Ökonomie fand die Landwirtschaft in der Regel nur bei den Physiokraten starke Berücksichtigung. Für den Physiokratismus war die Landwirtschaft bekanntlich auch die Grundlage aller produktiven, mehrwerterzeugenden Wirtschaft und des Kreislaufes des gesellschaftlichen Gesamtkapitals. Das Verhältnis von Smith und Ricardo zur Landwirtschaft haben wir schon erwähnt. In der Agrarökonomie griffen Thaer und auch Thünen auf die klassische bürgerliche Ökonomie zurück. Sie erkannten deren Bedeutung für die landwirtschaftliche "Gewerbslehre" an und hatten auch ein recht positives Verhältnis zu den großen englischen Politökonomen, ohne sich jedoch gründlich mit ihnen auseinanderzusetzen. Aber seitdem löste sich die Agrarökonomie von der klassischen bürgerlichen Ökonomie und geriet immer mehr auf die Bahn der "landwirtschaftlichen Betriebslehre", deren erste Ansätze von Thaer und Thünen noch selbst entwikkelt wurden. Doch die betriebswirtschaftlichen Erkenntnisse von Thaer und Thünen, die ihrer Zeit weit voraus waren und deren "Betriebsökonomie" anders als bei ihren Nachfolgern noch in den volkswirtschaftlichen Rahmen eingebettet ist, fanden bis zu den achtziger Jahren des 19. Jahrhunderts kaum Anwendung. Die günstige wirtschaftliche Entwicklung, die steigenden Preise, wie folgende Tabelle ausweist, übten auf die Landwirte, insbesondere auf die Inhaber der Großbetriebe, keinen zwingenden Anreiz aus, betriebswirtschaftliche Methoden groß zu berücksichtigen.

Preisentwicklung agrarischer Produkte in Deutschland[28]
(in Mark)

Jahrzehnt	Roggen 1 Ztr.	Kartoffeln 1 Ztr.	Rindfleisch 1 Pfd.	Schweinefleisch 1 Pfd.	Butter 1 Pfd.
1841/50	6.13	1,70	0,28	0,37	0,60
1851/60	8,02	2,37	0,35	0,46	0,75
1861/70	7,73	2,24	-	-	-
1871/80	8,16	2,63	0,55	0,61	1,12

26 Lunatscharski, Anatoli, Das Erbe. Essays, Reden, Notizen, Dresden 1965 , S. 12.

27 Enzyklopädisches Wörterbuch des russischen bibliographischen Instituts "Granat", Moskau, 7. Ausgabe, Bd. 41, S. 286.

28 Goltz, Theodor Freiherr v. d., Geschichte der deutschen Landwirtschaft, Bd. 2, Berlin 1903, S. 334, 344.

Die Produktions- und damit auch die Profitsteigerung, hervorgerufen durch eine starke Nachfrage nach landwirtschaftlichen Erzeugnissen im Zeitalter des sich entfaltenden Kapitalismus, wurde noch mit "üblichen" Produktionsmethoden gewährleistet, wie Ausdehnung des Ackerlandes, Einschränkung der Brachen und Weiden, Übergang zur Fruchtwechselwirtschaft, Einführung neuer Intensivrassen, Anwendung verbesserter Ackergeräte, zunehmendem Einsatz mineralischer Düngemittel und anderem mehr.

Diese nur mit wenigen Strichen skizzierte Richtungsänderung in der Agrarökonomie spiegelt sich auch in dem Buch von Nõu wider. Die Darstellung der betriebswirtschaftlichen Entwicklung dominiert.

Das Verdienstvolle von Nõu besteht darin, daß er einen Überblick der Agrarökonomie Europas bietet, den es bisher kaum gab. Was setzt das allein an Literaturkenntnis voraus. Und Nõu kennt die Literatur! Davon zeugen das zweite Einleitungskapitel, in dem die wichtigsten agrarökonomischen Darstellungen der europäischen Länder aufgeführt und zum Teil kommentiert werden, sowie das 38 Seiten umfassende und das zweite Einleitungskapitel ergänzende Literaturverzeichnis am Schluß. Ein Blick in das Personenregister beweist darüber hinaus, wie bewandert der Verfasser auch in der entsprechenden Sekundärliteratur ist. Dennoch ist Europa bei der entwicklungsgeschichtlichen Darstellung nur unvollständig erfaßt worden. Verschiedene Länder fehlen, wie etwa Belgien, die Niederlande und Spanien. Andere Länder werden nicht entsprechend ihrer Bedeutung behandelt. So sind Frankreich nur mit einer, wenn auch ausführlichen Würdigung des Physiokratismus und Großbritannien lediglich mit einem größeren Beitrag über Arthur Young vertreten. Weit mehr wird über die Schweiz, Österreich, Italien, Skandinavien und über das vorrevolutionäre Rußland referiert. Nicht zu übersehen ist jedoch die starke Bevorzugung Deutschlands. Auch den Vereinigten Staaten von Amerika ist ein, allerdings nur knapper Abschnitt gewidmet. Die ungleichmäßige Behandlung der einzelnen Länder ergibt sich gewissermaßen aus der Entwicklungsgeschichte der Agrarökonomie selbst. Indem Nõu einem, wenn auch keineswegs konsequent eingehaltenen, chronologischen Prinzip folgt und vor allem jene Agrarökonomen und "Betriebslehrer" berücksichtigt, die entscheidend an der Ausarbeitung und Weiterentwicklung agrarökonomischer Lehren mitgewirkt oder maßgeblich zu ihrer Verbreitung beigetragen haben, kommt er zwangsläufig zu regionalen Schwerpunkten der Agrarökonomie. Da wären zum Beispiel die Physiokraten in Frankreich, Arthur Young in England, Johann Caspar Hirzel, Adolf Krämer, Ernst Laur in der Schweiz, Albrecht Thaer, Johann Heinrich von Thünen, Hermann Howard, Theodor von der Goltz, Johann Pohl, Franz Waterstradt, Friedrich Aereboe, Theodor Brinkmann in Deutschland, um nur die bekanntesten Repräsentanten zu nennen.

Das sehr übersichtlich gegliederte und verständlich abgefaßte Werk von Nõu, in dem die neueste Zeit ziemlich außerhalb der Betrachtung bleibt, enthält manche interessante Feststellung. So weist Nõu darauf hin, daß beispielsweise im 18. und beginnenden 19. Jahrhundert hauptsächlich Ärzte die Grundlagen für die Agrarökonomie legten: Carl von Linné in Schweden, Dickson und Home in England, Quesnay in Frankreich, Thaer in Deutschland, Burger in Österreich und Pawlow in Rußland (S. 497).[29] Gewiß bot die medizinische und damit naturwissenschaftliche Bildung der Genannten eine geeignete Voraussetzung für das Auffinden von Gesetzmäßigkeiten in der Landwirtschaft und von Zusammenhängen zwischen landwirtschaftlicher Produktion und Ökonomie. Aber alle diese bisher wohl nur recht unbewußt zur Kenntnis genommenen Erscheinungen sind, um im Stil von Nõu zu bleiben, "ein interessanter Gegenstand für eine spezielle Untersuchung" (S. 498). Bei der Wiedergabe der verschiedenen betriebswirtschaftlichen Theorien und Auffassungen beschränkt sich Nõu nicht nur auf das Beschreibende, obwohl es überwiegt, sondern er entwickelt auch eigene kritische Gedanken, so etwa bei Aereboe. Mit Aereboe erreichte die bürgerliche landwirtschaftliche Be-

29 Alle nicht näher bezeichneten Seitenzahlen beziehen sich jetzt auf das besprochene Buch von Nõu.

triebsökonomik um die Jahrhundertwende zweifellos einen bedeutenden Höhepunkt. Er war ein Vertreter des wissenschaftlichen und technischen Fortschrittes, ein Wegbereiter der industriellen und internationalen Arbeitsteilung in der Landwirtschaft. War seine Grundhaltung auch optimistisch, so war er bei der Anwendung der industriellen Arbeitsteilung, besonders innerhalb eines landwirtschaftlichen Betriebes, nicht frei von Skepsis. Im Zusammenhang mit der namentlich von Aereboe wenn auch nicht allein beeinflußten Betriebsökonomie, in der Rentabilitätsprobleme, betriebsorganisatorische Grundsätze und Fragen der "wissenschaftlichen Agrarpolitik" eine große Rolle spielten und in deren Rahmen die Betriebswirtschaftslehre als eigenständige Disziplin begründet wurde, kam nun Frauendorfer in seiner 1957 veröffentlichten "Ideengeschichte" zu der Feststellung: "Die irrationale Symbolik runder Zahlen bringt es mit sich, daß die Menschheit bei einer Jahrhundertwende mehr als sonst dazu neigt, sich innerlich zu erneuern, so daß im Geistesleben neue Antriebe erwachen, die sich in wissenschaftlichen Fortschritten und Wandlungen und letzten Endes auch im Wirtschaftsleben auswirken."[30] Für Nŏu ist eine solche Mystik "kein überzeugendes Argument", und er hebt ganz klar hervor, daß die Ursachen der zunehmenden Bedeutung der landwirtschaftlichen Betriebslehre und deren Verselbständigung in der schwerwiegenden Krise, die über die Landwirtschaft in den letzten Jahrzehnten des 19. Jahrhunderts hereinbrach, zu suchen sind (S. 328).

In der Agrarkrise am Ende des 19. Jahrhunderts, einer der längsten in der neueren deutschen Agrargeschichte, von der aber auch andere europäische und selbst außereuropäische Länder ergriffen wurden, durchkreuzten sich die widersprechendsten Tendenzen mit der kaleidoskopischen Buntheit ihrer Kontraste: rascher Aufschwung der Produktivkräfte, Abwanderung von Arbeitskräften aus der Landwirtschaft, Zunahme von Saisonarbeitern aus anderen Ländern, Umstellung der Produktion auf noch nicht krisengefährdete Produktionszweige, steigende Löhne, sinkende Preise, wie nachstehende Zahlen anzeigen[31], mit einem Wort, die Widersprüche des Kapitalismus, der sich zum Monopolkapitalismus wandelte, traten unverhüllt zutage:

Entwicklung der Weizenpreise (1871 - 1875 = 100)

Jahrfünft	England	Deutschland	Frankreich	USA
1895 - 1900	52,4	72,8	61,4	74,2

Entwicklung der Rübenzuckerpreise in Magdeburg (in Mark je dz)

1880	1885	1890	1895	1900
64,1	47,8	34,0	19,9	22,2

Die Wollpreise fielen in den letzten zwei Jahrzehnten des 19. Jahrhunderts in Deutschland um ein Drittel.

Preissturz, überseeische Konkurrenz, ungeheure Verschärfung der Widersprüche, das waren die Ursachen, die die Agrarwissenschaftler "anregten", sich mit neuen Produktions- und Ausbeutungsmethoden zu befassen. Und so wurde auch die Agrarökonomie zunehmend in eine betriebswirtschaftliche Ökonomie umfunktioniert, sie wurde spezialisiert und "vertieft", wobei man jetzt ganz stark auch auf Thaer, vor allem aber auf Thünen zurückgreift: Erforschung der funktionalen Zusammenhänge der betrieblichen Faktoren, Verfeinerung des Rechnungswesens, bessere Berechnung der Nutzeffekte, differenzierte Betrachtung des Binnen- und Weltmarktes, Betriebs- und Verfahrensvergleiche, Analyse der Produktionskosten, Be-

30 Frauendorfer, Sigmund v., Ideengeschichte der Agrarwirtschaft und Agrarpolitik im deutschen Sprachgebiet, Bd. 1, Bonn/München/Wien 1957, S. 470.

31 Entnommen bei: Goltz, Theodor Freiherr v. d., a. a. O., S. 334, 392; Müller, Gerhard, Zur Lage der Kleinbauern in Westdeutschland, Berlin 1956, S. 38.

triebsstatistik und Betriebskalkulation, Anwendung mathematischer Methoden, Grenzgrößen-, Roh- und Reinertragsberechnungen, Entwicklung von Intensitäts- und Landarbeitslehren, Aufstellung betrieblicher Organisationsprinzipien und viele andere Themen finden wachsendes Interesse. So vielfältig die Methoden und die Zweige auch waren, sie dienten alle nur einem Ziel: unter den waltenden kapitalistischen Verhältnissen die günstigsten Profitbedingungen zu ermitteln.

Letztere Feststellung wurde von Nŏu nicht getroffen, sie konnte er auch nicht treffen, da sich seine Kritik an verschiedenen Theorien und Erscheinungen in der Regel nur innerhalb bürgerlicher Erkenntnisgrenzen bewegt. Und da Nŏu sich im wesentlichen auf die Geschichte der Doktrinen beschränkt, bleibt das Wirtschaftsgeschehen ziemlich unberücksichtigt, und die gesellschaftliche Funktion der Agrarökonomie und Betriebswirtschaftslehre wird daher auch kaum durchschaut. Er analysiert zwar die Theorien, aber es ist keine Tiefenanalyse, die zu den gesellschaftlichen Grundfragen vorstößt. Daher erkennt er nicht, daß die landwirtschaftliche Betriebslehre, obwohl ihr Verdienste nicht abzusprechen sind, letzten Endes nur die Oberflächenerscheinungen quantifiziert, während die Analyse der qualitativen Verhältnisse weitgehend ausgeschaltet ist. So entgeht ihm, um ein Beispiel zu wählen, die gesellschaftliche Bedeutung der Agrarökonomie zu Beginn des 19. Jahrhunderts und im 20. Jahrhundert, das humanistische, progressive, noch im Interesse der Gesamtgesellschaft liegende und weit vorausgreifende Anliegen eines Albrecht Thaers, dessen Lehren sich mit einer aufstrebenden bürgerlichen Gesellschaft in Übereinstimmung befanden, und die im 20. Jahrhundert in einer schon in Frage gestellten Klassengesellschaft systemerhaltende Funktion der "modernen" Betriebsökonomie. Zwar schreibt Nŏu hin und wieder, daß die Agrarökonomie oder die betriebswirtschaftlichen Lehren kapitalistischen Charakter haben, aber das Widersprüchliche, das Antagonistische dieses "kapitalistischen Charakters" offenbart er nicht. Weder wird der bürgerliche Klassengehalt der betriebswirtschaftlichen Theorien umfassend aufgedeckt, noch wird die Agrarökonomie im Zusammenhang mit dem dialektischen Wechselverhältnis von Produktivkräften und Produktionsverhältnissen begriffen, noch wird die in den verschiedenen neueren Theorien objektiv "gewissenlose" Behandlung der Bauern erkannt.[32]

Den bürgerlichen Standpunkt Nŏus erkennt man auch in seinem Verhältnis zu Marx. Das "Kapital" von Marx ist zwar im Literaturverzeichnis enthalten, und Marx selbst wird auch einigemal erwähnt. Das geschieht jedoch zumeist nur in kurzen Anmerkungen oder in der Art, daß zum Beispiel "Laurs Haltung zur marxistischen Politischen Ökonomie kritisch und ablehnend ist" (S. 402). Man glaubt allerdings zu erkennen, daß Nŏu einen Einfluß der internationalen Arbeiterbewegung auf die Agrarpolitik ahnt (S. 458). Doch die Auffassungen Marx' werden weder zitiert noch in irgendeinem Abschnitt ausführlicher dargelegt, so daß zwangsläufig der Eindruck entstehen muß, als hätten die Klassiker des Marxismus den Agrarökonomen nichts zu sagen.

Wenn Nŏu auf gesellschaftliche Grundfragen auch nur unzureichende Antworten gibt, so ist sein Buch dennoch bemerkenswert. Es gibt einen aus bürgerlicher Sicht umfassenden Überblick über die Geschichte der Agrarökonomie vom 18. Jahrhundert bis in die Gegenwart und ist von hohem Informationsgehalt. Der Wirtschaftshistoriker findet darunter auch manche wichtige und interessante Beziehungen der Agrarökonomie zur Agrargeographie, Agrarpolitik und Agrargeschichte. In diesem Sinne kann es Anspruch erheben, als ein bürgerliches Standardwerk zu gelten.

32 Vgl. dazu die kritische Arbeit von Gussek, Karl-Diether, Analyse von Wechselbeziehungen zwischen der gesellschaftlichen Produktionsweise und der bürgerlichen landwirtschaftlichen Betriebslehre, landwirtschaftl. Habil.-Schr. Rostock 1968.

NEUE PUBLIKATIONEN ZUR STADTGESCHICHTE DER FEUDALEPOCHE

Elenchus fontium historiae urbanae, quem edendum curaverunt C. van de Kieft et J. F. Niermejer, Bd. 1, hg. v. B. Diestelkamp, M. Martens, C. van de Kieft, B. Fritz

E. J. Brill, Leiden 1967, 636 Seiten

Heinz Stoob, Forschungen zum Städtewesen in Europa, Bd. 1: Räume, Formen und Schichten der mitteleuropäischen Städte. Eine Aufsatzfolge

Böhlau-Verlag, Köln/Wien 1970, 329 Seiten

von Bernhard Töpfer

Das europäische Städtewesen der Feudalepoche hat sich als einer der konstantesten Forschungsschwerpunkte sowohl der marxistischen als auch der bürgerlichen Geschichtswissenschaft seit dem zweiten Weltkrieg erwiesen. Das große Interesse an diesem Problemkreis führte bereits auf dem Internationalen Historikerkongreß in Rom 1955 zur Bildung einer Arbeitsgruppe für Städtegeschichte, welche 1965 die festere Gestalt einer "Kommission für Städtegeschichte des Internationalen Historikerverbandes" gewann. Neben der Erarbeitung einer Bibliographie der Städtegeschichte, von der bereits einige Teile erschienen, und eines Typenatlas des europäischen Städtewesens stellte sich diese Kommission die Aufgabe, eine vorerst auf drei Bände berechnete Urkundensammlung zur europäischen Städtegeschichte für die Zeit bis etwa 1250 herauszugeben.[1] Der erste Band dieses "Elenchus fontium historiae urbanae" liegt nunmehr vor. Er gliedert sich in vier selbständige Teile, in denen Quellen zur deutschen Stadtgeschichte (bearbeitet von B. Diestelkamp), zur Stadtgeschichte Belgiens (bearbeitet von M. Martens), der Niederlande (bearbeitet von C. van de Kieft) und Skandinaviens (bearbeitet von B. Fritz) enthalten sind. Mit den über 330 Urkunden, Auszügen aus Stadtrechten und aus erzählenden Quellen sowie einem umfangreichen Register, das aus einem Ortsnamenverzeichnis und einem inhaltsreichen Wortregister besteht, stellt dieser Band zweifellos ein nützliches Arbeitsmittel insbesondere für vergleichende Studien dar. Entsprechend den Überlieferungsverhältnissen dominiert Quellenmaterial, das über die verfassungsrechtliche Ausgestaltung der mittelalterlichen Stadtgemeinde informiert; doch hat insbesondere Diestelkamp eine größere Zahl von Quellenzeugnissen aufgenommen, die Aussagen über Handel und Gewerbe sowohl der vorkommunalen als auch der kommunalen Periode der städtischen Entwicklung enthalten.

Insofern deuten sich in den Auswahlprinzipien dieser Quellensammlung zumindest am Rande jene Probleme an, die gegenwärtig in der stadtgeschichtlichen Forschung eine große Rolle spielen, nämlich die Fragen, ob und ab wann man in der vorkommunalen Entwicklungsphase von wirklichen Städten sprechen kann und welche Bedeutung unter den Wesensmerkma-

1 Vgl. die detaillierten bibliographischen Hinweise bei Diestelkamp, Bernhard, Bericht über die Arbeit der Kommission für europäische Städtegeschichte beim Internationalen Historikertag, in: Zeitschrift der Savigny-Stiftung für Rechtsgeschichte, Germ. Abt., Bd. 88, 1971, S. 522 ff.

len der mittelalterlichen Stadt neben der rechtlichen Sonderstellung ihrer wirtschaftlichen Funktion zukommt. Neue Überlegungen zur Problematik des Stadtbegriffs wurden in letzter Zeit vor allem von zwei westdeutschen Historikern angestellt, die beide vor der Aufgabe standen, das Entstehen von Städten in der Feudalepoche in kleineren oder größeren Räumen nach Perioden gegliedert kartographisch zu erfassen. C. Haase hatte für den geplanten Handatlas Westfalens eine Karte der Stadtentstehungsgeschichten anzufertigen und verfaßte aufgrund der dazu erforderlichen Arbeiten einen Aufsatz über das Thema "Stadtbegriff und Stadtentstehungsschichten in Westfalen"[2] sowie das inzwischen in zweiter Auflage erschienene Buch "Die Entstehung der westfälischen Städte"[3]. Beide Publikationen enthalten grundsätzliche Erörterungen über den Stadtbegriff und die Periodisierung der städtischen Entwicklung. Etwa gleichzeitig hatte H. Stoob die Vorarbeiten für eine kartographische Gesamtübersicht der Städtebildung in Mitteleuropa aufgenommen. Eine vorläufige Zusammenfassung der Ergebnisse enthielt der 1956 veröffentlichte Aufsatz "Kartographische Möglichkeiten zur Darstellung der Stadtentstehung in Mitteleuropa", der im vorliegenden Sammelband an erster Stelle abgedruckt ist. Eine ähnliche Aufgabe hatte der im gleichen Band abgedruckte, erstmals 1959 erschienene Aufsatz "Die Ausbreitung der abendländischen Stadt im östlichen Mitteleuropa" zu erfüllen, in dem das Belegmaterial zu einer Karte über die Stadtentwicklung in dem 1959 erschienenen "Atlas Östliches Mitteleuropa" aufgearbeitet ist.

Der Zwang, zwecks Eintragung in historische Karten die Entstehung einzelner Städte zeitlich zu fixieren, nötigte sowohl Haase wie auch Stoob zu grundsätzlichen Überlegungen über die Periodisierung der städtischen Entwicklung und über den Stadtbegriff, da nur aufgrund einer präzisen Vorstellung von den Wesensmerkmalen der Stadt die kartographische Einordnung möglich war.

Vor einer Erörterung des von Stoob und Haase im wesentlichen übereinstimmend aufgefaßten Stadtbegriffs sei zunächst auf die von Stoob vorgeschlagene Periodisierung der Stadtentstehung im mitteleuropäischen Gebiet eingegangen. Er gelangt zu seiner Periodisierung auf der Grundlage eines Diagramms, das mit dem Jahre 1150 einsetzt und von Jahrzehnt zu Jahrzehnt die Zahl der neuentstandenen Städte erfaßt. Wenn hier auch eingewandt werden muß, daß eine auf ein Jahrzehnt genaue zeitliche Fixierung der Entstehung einer Stadt in sehr vielen Fällen nicht möglich ist und daher die Einordnung vieler Städte fraglich sein mag, so dürfte das Diagramm die Entwicklung im ganzen sicher richtig wiedergeben. Zunächst, bis 1300, steigt die Zahl neuer Städte schnell an, dann gehen die Neugründungen zurück und erreichen 1450 ihren Tiefpunkt; die Zeit von 1450 bis 1800 - von Stoob als "Städtetal" bezeichnet (S. 20) - bringt nur eine sehr begrenzte Zahl neuer Gründungen. Zwar tritt ab 1800 mit der Industrialisierung wieder eine leichte Zunahme ein, ohne daß jedoch auch nur im entferntesten die Vielzahl der Neugründungen zwischen 1150 und 1450 erreicht wird. Auf der Grundlage dieses Diagramms setzt Stoob für die Zeit ab 1150 folgende Zäsuren an: 1250, 1300, 1450, 1800 (S. 32). Demgegenüber hatte Haase für die Aufgliederung der Stadtentstehungsgeschichten das Jahr 1180 (nicht 1150) als Ausgangspunkt gewählt und die Hauptzäsuren 1350 und 1803 angenommen, wobei er innerhalb des Mittelalters eine weitere Untergliederung (1240 und 1290) vornahm.[4] Der Unterschied im Ausgangsjahr - bei Stoob 1150, bei Haase 1180 - hängt mit den Gegebenheiten des jeweiligen Untersuchungsgebietes zusammen. Sachlich gehen beide Autoren davon aus, daß bis zu dem gewählten Zeitpunkt die älteren, gewachsenen Städte feste Gestalt als Stadtgemeinden gewannen und nunmehr die Periode bewußter Neugründungen einsetzte. Dafür ist für einen großen Teil des mitteleuropäischen Raumes

2 Haase, Carl, Stadtbegriff und Stadtentschehungsschichten in Westfalen, in: Westfälische Forschungen, Bd. 11, 1958, S. 16 ff.; erneut abgedruckt in: Die Stadt des Mittelalters, hg. v. Carl Haase, Bd. 1, Darmstadt 1969, S. 60 ff. = Wege der Forschung, Bd. 243 (künftige Zitate nach dieser Ausgabe).

3 Derselbe, Die Entstehung der westfälischen Städte, Münster 1960, 2. Aufl. 1965.

4 Ebenda, S. 39.

die Mitte des 12. Jahrhunderts zweifellos die geeignete Periodengrenze, während für Westfalen ein dem Ausgang des 12. Jahrhunderts näher liegender Zeitpunkt angemessen erscheint.

Die Zeit von 1150 bis 1250 ist nach Stoob die Zeit der Gründungsstädte älteren Typs, die wie die älteren gewachsenen Städte in der Regel auch im Fernhandel eine bedeutsame Rolle spielten und zumindest eine mittlere Größe erreichten. Die nach 1250 gegründeten Städte blieben dagegen meist Kleinstädte. In den westlich von Elbe und Saale gelegenen Gebieten dürfte jedoch die Zeit der Kleinstädte vielfach etwa ein bis zwei Jahrzehnte früher einsetzen, wie unter anderem auch die späten staufischen Stadtgründungen zeigen. Für Westfalen läßt Haase die Zeit der Kleinstädte ebenfalls etwas vor 1250, nämlich 1240, beginnen.

Die nächste Zäsur setzt Stoob um 1300 (Haase um 1290) an. Die folgende Zeit sei gekennzeichnet durch die Gründung von Kleinstädten und "Minderstädten", und es zeichne sich ein "Erlahmen der städtebildenden Kraft" ab (S. 33). Unter dem von ihm geprägten und treffenden Begriff "Minderstädte" faßt Stoob Ortschaften zusammen, denen eine Reihe städtischer Rechte verliehen, aber bewußt nicht die Bezeichnung "Stadt" gegeben wurde. Unter Bezeichnungen wie "Weichbild", "Freiheit", "Tal" oder "Flecken" nahmen sie eine Zwischenstellung zwischen Stadt und Dorf ein.[5] Derartige Minderstädte, die im deutschen Reichsgebiet besonders zahlreich sind, gab es, wie Stoob in der Einführung zu seinem Sammelband hervorhebt (S. 8), in den weiter östlich gelegenen Gebieten Mitteleuropas nicht.

Die Zäsuren von 1250 und 1300 werfen einige Probleme auf. Stoob weist selbst darauf hin, daß die Periodengrenze um 1300 im Osten Mitteleuropas etwa den gleichen Stellenwert wie die Zäsur von 1250 in westlichen Gebieten Mitteleuropas hat (S. 293), das heißt, es beginnen jeweils die Kleinstadtgründungen zu dominieren. Diese Zeitgrenzen setzt er jeweils mit dem Übergang vom hohen zum späten Mittelalter gleich. Der Übergang von der Zeit der Gründungsstädte älteren Typs zur Zeit der Kleinstadtgründungen im westlichen Mitteleuropa, von Stoob etwas spät um 1250 angesetzt, wird also für dieses Gebiet mit der Wende vom Hoch- zum Spätmittelalter identifiziert und damit als relativ bedeutsame Zäsur gewertet. Demgegenüber zeigt das Diagramm der Stadtgründungen aber gerade, daß die Kurve bis etwa 1300 ununterbrochen ansteigt, während danach ein deutlicher Rückgang der Neugründungen eintritt. Dieser Rückgang ab 1300 würde sicher noch augenfälliger sein, wenn das Diagramm nicht nur die Quantität der städtischen Neugründungen, sondern auch deren Bedeutung erfassen könnte. Denn von dieser Zeit an handelt es sich bei den Neugründungen ja in steigendem Maße um Zwergstädte und Minderstädte. Wenn man sich dies vor Augen hält und zugleich bedenkt, daß in dem Diagramm auch die phasenverschobenen echten Kleinstadtgründungen im Osten Mitteleuropas, also etwa in Polen und Ungarn, aus der Zeit von 1300 bis 1450 miterfaßt sind, dann ergibt sich, daß in einem Diagramm, das nur das Reichsgebiet erfassen würde, der Rückgang der Neugründungen nach 1300 noch deutlicher hervortreten würde. Unverkennbar bildet also in der städtischen Entwicklung der westlichen Hälfte Mitteleuropas die Zeit um 1300 einen wesentlich bedeutsameren Einschnitt als die Zeit um 1250.

Hier wird erneut deutlich, daß die von der deutschen bürgerlichen Geschichtsschreibung infolge einer Überbewertung des Zusammenbruchs des Stauferreichs allgemein auf die Mitte des 13. Jahrhunderts gesetzte Periodengrenze zwischen hohem und spätem Mittelalter mit der sozialökonomischen Entwicklung nicht in Einklang zu bringen ist.[6] Gerade die Stadtentwicklung zeigt, daß im Reichsgebiet die hochmittelalterliche Phase des allgemeinen sozialökonomischen Aufschwungs bis etwa 1300 reicht.

5 Das Phänomen der spätmittelalterlichen Minderstädte behandelt Stoob ausführlich in seinem Aufsatz: Stoob, Heinz, Minderstädte. Formen der Stadtentstehung im Spätmittelalter, in: Vierteljahrschrift für Sozial- und Wirtschaftsgeschichte, Bd. 46, 1959, erneut abgedruckt im vorliegenden Band, S. 225 ff.

6 Vom Standpunkt des Wirtschaftshistorikers forderte Bechtel, Heinrich, Wirtschaftsstil

Dagegen ist Stoobs Feststellung durchaus zutreffend, daß in den weiter östlich gelegenen Gebieten die Zeit mittelgroßer Gründungsstädte bis etwa 1300 reicht; dann dominieren für Jahrzehnte Gründungen von Kleinstädten, und erst die Zeit ab etwa 1370 erscheint als "besonderes Tummelfeld der Zwergbildungen"[7]. Damit wird eine kaum zu lösende Schwierigkeit einer kartographischen Gesamtübersicht der Städtebildung in Mitteleuropa sichtbar. Denn eine einheitliche Periodisierung der Stadtentstehungsschichten in diesem großen, historisch keineswegs einheitlichen Gebiet erweist sich im Grunde als unmöglich. So werden auch die von Stoob gewählten Zäsuren den regionalen Unterschieden nicht gerecht und laufen im letzten auf eine zu starke Schematisierung hinaus. Natürlich wird jede Periodisierung einer historischen Entwicklung für einen größeren Raum begrenzte Phasenunterschiede "begradigen" müssen. Das darf aber nicht so weit gehen, daß beispielsweise die eigenständige, von der Entwicklung im alten Reichsgebiet beträchtlich abweichende Entwicklung des polnischen und ungarischen Städtewesens bei der Periodisierung unberücksichtigt bleibt. Der von Stoob gewählte Weg, die Stadtentwicklung im gesamten mitteleuropäischen Raum kartographisch und zugleich nach Perioden gegliedert zu erfassen, ist daher sicher in vieler Hinsicht sehr anschaulich, aber er birgt auch Gefahren, weil dieser gesamte Raum im Mittelalter keineswegs eine wirkliche historische Einheit ist. Es hätte daher auch deutlicher gemacht werden müssen, daß die von Stoob ausgearbeitete Periodisierung (1150 - 1250 - 1300 - 1450) im Grunde nur für die westlichen Teile Mitteleuropas, vor allem für das Reichsgebiet zutrifft und daß die Übertragung dieser Zäsuren auf den ostmitteleuropäischen Raum der dortigen Entwicklung nicht gerecht wird.

Für das Reichsgebiet dürfte allerdings die von Stoob befürwortete Zusammenfassung der Zeit von 1300 bis 1450 zu einer Periode, die als Auslaufen der Ausbreitung des mittelalterlichen Städtewesens charakterisiert wird, dem historischen Ablauf immerhin besser gerecht werden als die von Haase angenommene Zäsur von 1350, die nach dessen Ansicht eine bis etwa 1800 reichende Epoche eröffnet.[8] Um 1300 ist offensichtlich ein gewisser Sättigungsgrad erreicht, so daß den danach gegründeten Städten häufig die Grundlage für eine weiterführende Entwicklung fehlte und es vereinzelt sogar zu Stadtwüstungen kam.[9] Freilich darf dabei nicht übersehen werden, daß im Gegensatz zu allzu apodiktischen Urteilen, wonach "mit dem Jahre 1300 die Zeit der Städtegründungen allgemein abgeschlossen"[10] sei, die aufsteigende Welle nicht abrupt abbricht, sondern in Gestalt weiterer Gründungen von Kleinst- und Minderstädten allmählich verebbt.

Im Rahmen der von Stoob vorgeschlagenen Periodisierung erscheint dann die Zeit von 1450 bis etwa 1800, das heißt bis zur beginnenden Industrialisierung, als die Periode der frühneuzeitlichen Stadtentwicklung, die mit der Gründung der neuen Bergbaustädte im Erzgebirge in der zweiten Hälfte des 15. Jahrhunderts einsetzt, von denen als erste Altenberg 1451 Stadtrecht erhielt. Diese Verbindung des Beginns der neuen Periode der Stadtentwicklung

des deutschen Spätmittelalters, München/Leipzig 1930, S. 6, "in der Wirtschaftsgeschichte die Zeit des Spätmittelalters, von 1350 bis nach 1500, als eine Zeit eigenartiger Erscheinungen mit eigenem Charakter anzuerkennen".

7 So in dem Aufsatz: Die Ausbreitung der abendländischen Stadt im östlichen Mitteleuropa, im vorliegenden Band, S. 103. (Der Aufsatz erschien zuerst in der Zeitschrift für Ostforschung, Bd. 10, 1961.)

8 Vgl. Haase, Carl, Die Entstehung ..., a. a. O., S. 14.

9 Auf das vereinzelte Auftreten von Stadtwüstungen im Spätmittelalter macht Stoob aufmerksam in dem zuerst 1969 veröffentlichten und ebenfalls im vorliegenden Band abgedruckten Aufsatz: Doppelstädte, Gründungsfamilien und Stadtwüstungen im engrischen Westfalen.

10 So Feger, Otto, Das Städtewesen Südwestdeutschlands vorwiegend im 12. und 13. Jahrhundert, in: Die Städte Mitteleuropas im 12. und 13. Jahrhundert, hg. v. Wilhelm Rausch, Linz 1963, S. 50.

mit dem wirtschaftlichen Aufschwung in der zweiten Hälfte des 15. Jahrhunderts wirkt zweifellos überzeugender als der Ansatz von Haase, der den Beginn der neuen von 1350 bis 1800 reichenden städtischen Entwicklungsphase mit der Stadtwerdung einiger westfälischer Orte, an denen Erz gewonnen wurde, in Zusammenhang bringt.[11] Außerdem ist es auf jeden Fall ein Verdienst Stoobs, die bisher von der Forschung weitgehend vernachlässigte städtische Entwicklung vom 15. bis zum 18. Jahrhundert typologisch genauer erfaßt zu haben.[12] Die Zahl der Neugründungen in diesem Zeitraum ist allerdings vergleichsweise gering. Nach Stoobs Berechnungen entstanden damals in Mitteleuropa reichlich 400 Städte, während sich zwischen 1100 und 1400 annähernd 5 000 Stadtgemeinden herausbildeten (S. 246 f.). Neben den neuen Bergbaustädten aus dem 15./16. Jahrhundert waren vor allem Neugründungen für Glaubensflüchtlinge, Residenzen von Fürsten und Garnisonstädte für die städtische Entwicklung der frühen Neuzeit charakteristisch.

Insgesamt wird man somit in der städtischen Entwicklung der westlichen Hälfte Mitteleuropas in weitgehender, allerdings nicht vollständiger Übereinstimmung mit Stoob folgende Perioden hervorheben müssen. An erster Stelle wird - vor dem zeitlichen Ansatz von Stoob - sicher der Beginn der kommunalen Bewegung, die kurz nach 1070 mit den Erhebungen der Stadtbevölkerung in Worms und Köln einsetzte, als Anfang einer neuen Periode zu werten sein, wobei dieser zeitliche Ansatz im wesentlichen zusammenfällt mit dem Übergang von der frühfeudalen Epoche zur Epoche des vollentwickelten Feudalismus bzw. zum Hochmittelalter. Bedeutsam als Zäsur ist sodann sicher die Mitte des 12. Jahrhunderts. Damals hatte infolge der kommunalen Bewegung in den älteren Städten die Ausbildung der Stadtgemeinde und eigener städtischer Rechtsnormen festere Gestalt gewonnen; zugleich begann die Zeit der zahlreichen bewußten Neugründungen von Städten, die von entscheidender Bedeutung für die weitere Intensivierung der Ware-Geld-Beziehung und ihre allmähliche Ausdehnung auf den ländlichen Bereich waren. Daher ist dieser Zeitpunkt - das hat Stoob richtig erkannt - zweifellos besonders gut als Ausgangspunkt für eine kartographische Erfassung der Städteentwicklung in Mitteleuropa geeignet. Der nächste wichtigere Einschnitt dürfte um 1300 anzusetzen sein, als ein deutlicher Rückgang in der Neubildung von Städten eintritt. Das erklärt sich großenteils daraus, daß das Städtenetz damals insgesamt die den ökonomischen Bedingungen angemessene Dichte erreicht hatte. Daher ist dieser Rückgang der Neugründungen im westlichen Mitteleuropa nicht von vornherein als Ausdruck einer allgemeinen ökonomischen Krise zu werten. Andererseits ist aber nicht zu übersehen, daß um 1300 die für das hohe Mittelalter typische ökonomische Expansion aufhörte und die Weiterentwicklung während des 14. Jahrhunderts bis in die zweite Hälfte des 15. Jahrhunderts hinein von anderen Voraussetzungen bzw. durch heftigere soziale Spannungen bestimmt wurde. In dieser Gestalt ordnet sich die vorgeschlagene Periodisierung der städtischen Entwicklung insgesamt durchaus in die Periodisierung der europäischen Geschichte ein.

Damit kann nunmehr auf die Frage eingegangen werden, welchen Stadtbegriff Stoob zugrunde legt bzw. welche Kriterien er als entscheidend für die Existenz einer mittelalterlichen Stadt bzw. - um seine Terminologie wiederzugeben - der "abendländischen" Stadt ansieht. In diesem Punkte ähneln seine Auffassungen in vieler Hinsicht denen von Haase. Beide gehen davon aus, daß eine ganze Reihe von Kriterien kennzeichnend für diesen Stadttyp sind, Kriterien rechtlicher, wirtschaftlicher und topographischer Natur einschließlich der Stadtummauerung (S. 20 ff.). Keines dieser Kriterien sei für sich genommen ausreichend; es müsse daher eine Summe von Kriterien bzw. ein "Kriterienbündel" (so Stoob, S. 6) herangezogen werden, um zu entscheiden, ob eine Ortschaft als Stadt aufzufassen sei. Haase spricht aus diesem Grunde von einem "kombinierten Stadtbegriff", wobei er betont, daß keineswegs zu al-

11 Vgl. Haase, Carl, Die Entstehung, a. a. O., S. 165; vgl. dazu die Stellungnahme von Stoob im Nachwort des vorliegenden Bandes, S. 291.

12 Darüber handelt der im vorliegenden Band an letzter Stelle abgedruckte Aufsatz: Über frühneuzeitliche Städtetypen, zuerst 1965 veröffentlicht.

len Zeiten, ja nicht einmal während des gesamten Hoch- und Spätmittelalters sämtliche Kriterien bei den städtischen Siedlungen in Erscheinung getreten seien. Daher müsse der kombinierte Stadtbegriff bzw. das Kriterienbündel variabel gehandhabt werden, man müsse "in verschiedenen Epochen verschiedene Stadtbegriffe anwenden".[13]

Diese Vorstellungen haben sicherlich einen berechtigten Kern, denn ganz zweifellos haben zu verschiedenen Zeiten unterschiedliche Charakteristika den jeweiligen Stadtbegriff mitgeprägt. Es stellt sich aber die Frage, ob nicht sowohl Stoob als auch Haase aufgrund der methodischen Erfordernisse der kartographischen Erfassung und zeitlichen Einstufung zwei Fragenkomplexe verwischt haben, nämlich erstens die Frage nach den in den Quellen tatsächlich faßbaren Hinweisen und Merkmalen, die es erlauben, eine bestimmte Siedlung zu einer bestimmten Zeit als Stadt aufzufassen, und zweitens die Frage nach den grundlegenden Wesensmerkmalen der Stadt im allgemeinen oder zumindest der Stadt einer größeren Epoche. Die Anwendung des variablen, kombinierten Stadtbegriffs birgt unverkennbar die Gefahr, daß in den Quellen zwar gut faßbare, aber eben doch sekundäre Merkmale zu stark in den Vordergrund treten. Natürlich spiegeln auch diese teilweise sekundären Kriterien das Wesen städtischen Lebens wider, das heißt, die Vielzahl der in den Quellen faßbaren Kriterien und der wesentliche Inhalt des Stadtbegriffs stehen sicher nicht zusammenhanglos nebeneinander. Ebenso ist nicht zu bestreiten, daß für die Bedürfnisse kartographischer Erfassung diese teilweise sekundären Merkmale oft viel nützlicher sind als vielleicht die grundlegenden Wesensmerkmale. So erklärt Stoob beispielsweise in bezug auf die wirtschaftlichen Merkmale der Stadt (S. 32): "Wertlos für unsere Zwecke bleiben dagegen Zeugnisse über das Wirtschaftsleben der Stadt: der Markt z. B. ist zwar durchweg notwendiger Grundrißbestandteil und Mittelpunkt städtischer Wirtschaftsformen, aber doch räumlich nicht an Städte gebunden; andere wirtschaftliche Kriterien können zeitlich ganz unabhängig lange vor oder auch lange nach der Stadtwerdung eines Ortes auftreten." Derartige Aussagen zeigen die Gefahr, daß die geringe Eignung wirtschaftlicher Kriterien für eine kartographische Einstufung dazu führen kann, die Wertigkeit wirtschaftlicher Merkmale im Rahmen des kombinierten Stadtbegriffs zu unterschätzen.

Dieser Gefahr ist Stoob offensichtlich in wesentlich höherem Maße unterlegen als Haase, der bei aller Betonung der Variabilität des Stadtbegriffs den wirtschaftlichen Funktionen der Stadt stets wesentliche Bedeutung zuspricht. Demgegenüber ist für Stoobs Begriffsbestimmung der "abendländischen Stadt" ein recht beziehungsloses Nebeneinander verschiedener Kriterien charakteristisch: "Eine menschliche Lebensgemeinschaft allseitig ausgebildeter Eigenständigkeit; in der gebundenen äußeren Form umfaßt ihr Bering auch einen Kreis des politischen und militärischen Lebens, der Verfassung und Verwaltung, des Rechtswesens und der Wirtschaft, der Gesellschaft und der Kultur" (S. 20). Mit einem solchen vieldeutigen Stadtbegriff kann Stoob zwar für sich in Anspruch nehmen, daß er sich von einer einseitig das Stadtrecht und die bürgerliche Verfassung hervorhebenden Umschreibung des Stadtcharakters distanziert (S. 6 f.). Aber es muß doch eindeutig festgestellt werden, daß bei dieser zahlreiche Merkmale gleichwertig nebeneinanderstellenden Formulierung die wirtschaftliche Funktion der Stadt zu kurz kommt. H. Pirenne umschrieb die Stadtgemeinde, wie sie im 12. Jahrhundert Gestalt gewann, eindeutig präziser, als er erklärte, daß sie "eine Gemeinde sei, die im Schutze eines befestigten Beringes von H a n d e l und G e w e r b e lebte (gesperrt von mir) und die ein besonderes Recht, besondere Verwaltung und besondere Rechtsprechung genoß, so daß sie eine privilegierte Kollektivperson wurde".[14] Hier sind die wirtschaftlichen Funktionen mit dem Hinweis auf Handel und gewerbliche Produktion klarer erfaßt und in der Rangordnung im Gegensatz zu Stoobs Umschreibung in den Vordergrund gestellt. Allerdings trifft

13 So Haase, Carl, Stadtbegriff, a. a. O., S. 72 - 75; ähnlich Stoob, Heinz, im vorliegenden Band, S. 116.

14 Pirenne, Henri, Les villes et les institutions urbaines, Bd. 1, Paris/Brüssel 1939, S. 419 f.

sowohl Pirennes als auch Stoobs Stadtbegriff nur für die europäische Stadtgemeinde vom 12. Jahrhundert bis zur beginnenden Durchsetzung des Absolutismus, also nicht einmal für die europäische Stadt der gesamten Feudalepoche, zu, da beide die Existenz einer mehr oder weniger ausgeprägten gemeindlichen Ordnung der Bürgerschaft und eigener städtischer Rechtsnormen in den Stadtbegriff einbeziehen.

Nun sind aber nicht nur von den marxistischen, sondern seit einiger Zeit in steigendem Maße auch von bürgerlichen Historikern Einwände gegen einen zu sehr an bestimmte verfassungsrechtliche Normen gebundenen Stadtbegriff erhoben worden. So hob unter anderen W. Schlesinger 1957 hervor, daß die "Vollstadt, die Stadt im Rechtssinne", im wesentlichen nur im hohen und späteren Mittelalter existierte und daß "bis ins 11. Jh. hinein ... diese Stadtverfassung nur in Ansätzen und Keimen vorhanden (war), obwohl es in wirtschaftlicher und siedlungsmäßiger Hinsicht auch damals Städte gegeben hat".[15] Neuerdings betonte K. Zernack im Anschluß an skandinavische Arbeiten, die zum Teil schon Jahrzehnte zurückliegen, die Notwendigkeit "eines um vorrechtsstädtische Frühformen erweiterten Stadtbegriffs".[16] Auch Haase äußerte Zweifel an dem vorwiegend rechtlich determinierten Stadtbegriff und befürwortete eine Unterscheidung zwischen "herrschaftlichen" Frühformen und der "genossenschaftlichen Hochform" der mittelalterlichen Stadt.[17] An anderer Stelle erklärte er völlig zu Recht: "Wenn die Stadt von ihrer wirtschaftlichen Komponente her bestimmt wird, dann ist auch in Nordwestdeutschland im 10./11. Jh. ein 'Städtewesen' vorhanden."[18]

Eine derartige Berücksichtigung der vorkommunalen Stadt bei der Formulierung des Stadtbegriffs ist unter anderem deshalb von größter Bedeutung, weil beispielsweise nur so eine sachliche Beurteilung der städtischen Entwicklung im slawischen Bereich sowie der diesbezüglichen Folgen der deutschen Ostexpansion möglich ist. Denn die Anerkennung eines eigenständigen Städtewesens bei den slawischen Völkern vor dem Eindringen der "deutschrechtlichen Stadt" setzt die Überwindung des an die kommunale Ordnung gebundenen Stadtbegriffs voraus.

Stoob sieht zwar die eigenständige, zur Stadt hinführende Entwicklung bei den Slawen und spricht von der Existenz von Grodstädten (nach dem slawischen "gorod" - Burg, Burgsiedlung). Aber er charakterisiert diese slawischen Grodstädte folgendermaßen: "Mit 'Städten' haben wir es ... ebensowenig zu tun, wie wir die ottonisch-frühsalischen Civitates des Westens als 'Städte' anerkennen konnten" (S. 88). Einwänden, wie sie darauf etwa von U. Lewald erhoben wurden[19], begegnet Stoob mit dem Hinweis, daß es ihm nur um die abendländische Stadt gehe und diese sich von den frühmittelalterlichen nichtagrarischen Siedlungen "ganz grundsätzlich" unterscheide; daher verbiete sich auch eine gemeinsame Kartierung (S. 300 f.). Die letztere Bemerkung ist insofern zu akzeptieren, als in der Tat die Schwierigkeiten, zu sicheren Kriterien zu gelangen, ab wann eine slawische Burgsiedlung als Stadt zu bewerten ist, noch entschieden größer sind als die Festlegung von Kriterien für eine ausgebildete Stadtgemeinde. Auch sind die Unterschiede zwischen der stark herrschaftlich organisierten frühen Stadt und der ausgebildeten Stadtgemeinde des Hochmittelalters unbestrit-

15 Schlesinger, Walter, Über mitteleuroopäische Städtelandschaften der Frühzeit (zuerst in: Blätter f. deutsche Landesgeschichte 93/1957), in: Die Stadt des Mittelalters, Bd. 1, a. a. O., S. 240.

16 Zernack, Klaus, Der europäische Norden als Städtelandschaft der Frühzeit, in: Beiträge zur Stadt- und Regionalgeschichte Ost- und Nordeuropas. Herbert Ludat zum 60. Geburtstag, Wiesbaden 1971, S. 14 f. = Giessener Abhandlungen zur Agrar- und Wirtschaftsforschung des europäischen Ostens, Bd. 55.

17 Haase, Carl, Stadtbegriff ..., a. a. O., S. 66.

18 Derselbe, Grundfragen der nordwestdeutschen Städtegeschichte bis ins 13. Jh., in: Die Städte Mitteleuropas im 12. und 13. Jahrhundert, a. a. O., S. 112.

19 Vgl. Lewald, Ursula, in: Rheinische Vierteljahrsblätter, Bd. 25, 1960, S. 204 ff.

ten sehr bedeutsam, und die Ausbildung eines starken Bürgertums sowie die schnelle Weiterentwicklung der städtischen Wirtschaft bzw. der Warenproduktion überhaupt in den folgenden Jahrhunderten bis hin zum Durchbruch früher Formen der kapitalistischen Produktionsweise sind ohne die Ausbildung der von bürgerlichen Kräften verwalteten Stadtgemeinde kaum denkbar. Aber bei aller Anerkennung der herausragenden Bedeutung der eigenständigen bürgerlichen Stadtgemeinde für die europäische Geschichte ist doch zu fragen, ob der Unterschied zwischen präkommunaler Stadt und hochmittelalterlicher Stadtgemeinde "ganz grundsätzlich" ist und ob es keinerlei verbindende Merkmale gibt. Hier sei nochmals an die oben zitierte Aussage von Haase erinnert, der für Nordwestdeutschland die Existenz von Städten vom 10./11. Jahrhundert an bejaht, wenn man "die Stadt von ihrer wirtschaftlichen Komponente her bestimmt". W. Kuhn schreibt in seinem Beitrag über die deutschrechtlichen Städte in Polen zutreffend, daß es bereits vor der Ostsiedlung "eine erhebliche Zahl größerer und kleinerer Handels- und Gewerbeplätze ... (gab), die nach ihrer wirtschaftlichen Struktur zweifellos Städte waren".[20] An diesen Äußerungen, in denen die Existenz von Städten in präkommunaler Zeit akzeptiert wird, ist bemerkenswert, daß darin geradezu automatisch die wirtschaftlichen Merkmale als entscheidende Komponente des Stadtbegriffs herausgestellt werden.

Auch Stoob hat in einem zuerst 1962 veröffentlichten und im vorliegenden Band nachgedruckten Vortrag (Zeitstufen der Marktsiedlung im 10. und 11. Jahrhundert auf sächsischem Boden) die Entwicklung in der Zeit vor der Ausbildung der ausgeprägten Stadtgemeinde erörtert und dabei vor allem gezeigt, daß in sächsischen Städten, so beispielsweise in Hamburg, Bremen, Minden und Hildesheim, in der ersten Hälfte des 11. Jahrhunderts größere rechteckige, allerdings noch häufig unregelmäßig geformte Marktplätze auftauchen. Er setzt diese entwickelteren Marktsiedlungen mit beginnendem Nahverkehr von den älteren Wiksiedlungen ab und deutet sie als "die letzte und weitest entwickelte" Stufe "am Vorabend des Übergangs zur vollendeten Stadt im abendländischen Sinne" (S. 49). Diese Formulierung zeigt aber erneut, daß Stoob aufgrund seiner ständigen Blickrichtung auf die vollentwickelte "abendländische Stadt" zögert, davor liegende Entwicklungsstufen städtischen Lebens als "Stadt" zu bezeichnen.[21] Nun wäre es sicher verfehlt, jeden Fernhandelsmarkt oder sonstigen frühen Marktort und jedes Suburbium einer slawischen Burganlage mit Handwerkern bereits als "Stadt" zu bezeichnen, und insofern ist eine terminologische Unterscheidung zwischen unentwickelten vorstädtischen Formen und eigentlichen Städten durchaus zu bejahen. Die Frage ist nur, ob der Schritt zur eigentlichen Stadt erst mit der Herausbildung der Stadtgemeinde um 1100 erfolgt. Angesichts der Tatsache, daß marxistische und auch einige bürgerliche Historiker unter Hervorhebung wirtschaftlicher Merkmale schon vor dem genannten Zeitpunkt die Existenz von Städten akzeptieren, stellt sich um so dringlicher die Frage nach einer Präzisierung eben dieser wirtschaftlichen Merkmale einer Stadt.

Wenn Kuhn von "Handels- und Gewerbeplätzen" spricht, so ist diese knappe Formulierung sicher nicht unzutreffend, obwohl die Reihenfolge "Gewerbe- und Handelsplätze" richtiger sein dürfte, weil bei aller stimulierenden Wirkung des Handels für eine dauerhafte Stadtbildung letztlich die eigenständige städtische Produktionssphäre wichtiger ist als die städtische Funktion in der Warenzirkulation.[22] Also war die Stadt ein sich ökonomisch vom agrarischen Bereich abhebendes Zentrum der gewerblichen Produktion und des Warenaustau-

20 Kuhn, Walter, Die deutschrechtlichen Städte in Schlesien und Polen in der ersten Hälfte des 13. Jahrhunderts, in: Zeitschrift für Ostforschung, Bd. 15, 1966, S. 280.

21 Vgl. auch Stoobs Formulierung (S. 50): "Die Marktsiedlung des frühen 11. Jh. steht ihr (der Vollstadt im abendländischen Sinne) topographisch schon recht nahe." (Hervorhebung - B. T.) Auch hier vermeidet Stoob für die der Vollstadt nahestehende Vorstufe die Bezeichnung "Stadt".

22 Vgl. den Artikel "gorod" in: Sovetskaja istoričeskaja ènciklopedija, Bd. 4, Moskau 1963, Sp. 545.

sches. Dennoch ist auch diese Umschreibung noch nicht ausreichend und bedarf einer weiteren Präzisierung. Wir wissen, daß auch frühmittelalterliche Fronhöfe Zentren gewerblicher Produktion sein konnten; ebenso gab es vor allem im slawischen Bereich vor Burganlagen Dienstsiedlungen mit Handwerkern, die vor allem einen Fürsten und sein Gefolge mit den notwendigen Erzeugnissen zu versorgen hatten. Von Städten sollte man erst sprechen, wenn die gewerbliche Produktion nicht herrschaftlich gebunden war und für den Markt erfolgte, das heißt, wenn es sich um echte Warenproduktion handelte.[23] Das setzt eine wirliche Arbeitsteilung und zumindest begrenzte Marktbeziehungen zwischen Stadt und Land voraus.[24]

Wenn man somit die Existenz von Städten annimmt, sobald es auf der Grundlage einer einsetzenden Arbeitsteilung zwischen landwirtschaftlicher und gewerblicher Produktion Zentren gewerblicher Warenproduktion und des Warenaustausches gibt, wird man für den größten Teil Europas schwerlich davon sprechen können, daß vor dem 10. Jahrhundert Städte bestanden. Die bereits vorher existierenden Zentren wird man - von Städten im Mittelmeerraum abgesehen - als "vorstädtische", nicht als "frühstädtische" Siedlungen charakterisieren müssen. So setzt beispielsweise auch J. A. Levickij in seinem Buch über die frühen englischen Städte den Übergang von den älteren Marktsiedlungen und Kaufmannsniederlassungen zur Stadt in das 10./11. Jahrhundert.[25] Der polnische Historiker W. Hensel unterscheidet im slawischen Bereich ein vorstädtisches Entwicklungsstadium, das er mit dem wenig glücklichen Terminus "Stadtkeime" kennzeichnet, von den eigentlichen Städten und setzt den Übergang zu diesem zweiten Entwicklungsstadium ebenfalls in das 10./11. Jahrhundert[26], wobei er allerdings die Zahl dieser frühen Städte in einigen Gebieten offensichtlich überschätzt[27]. Von Randgebieten des Mittelmeeres abgesehen, wo teilweise eine Kontinuität des Städtewesens vorauszusetzen ist, dürften somit das 10. Jahrhundert und die erste Hälfte des 11. Jahrhunderts im größten Teil Europas die Zeit gewesen sein, in der sich mit leichten zeitlichen Phasenverschiebungen frühe Städte herausbildeten, Städte, die noch keine kommunale Verfassung besaßen.

Es stellt sich die Frage, ob dieser im einzelnen schwer faßbare sozialökonomische Entwicklungsprozeß anhand quellenmäßig feststellbarer Indizien genauer zu erkennen ist. In diesem Zusammenhang sei auf die Wertung der seit dem 10. Jahrhundert im westlichen Reichsgebiet belegten "Wikummauerung" durch E. Ennen verwiesen. Sie sah in der Ummauerung der sich vor den alten "civitates" entwickelnden Kaufleute- und Handwerkerniederlassungen den

23 Ähnlich argumentiert teilweise Weber, Max, Die Stadt, abgedruckt in: Die Stadt des Mittelalters, Bd. 1, a. a. O., S. 35 f. Dieser Versuch Webers, die Stadt allgemein zu definieren, ist m. E. im wesentlichen durchaus zu akzeptieren.

24 Vgl. den Artikel "gorod", a. a. O., Sp. 544. Ähnlich auch Haase, Carl, Die mittelalterliche Stadt als Festung, in: Die Stadt des Mittelalters, Bd. 1, a. a. O., S. 378: "Ihre (der mittelalterlichen Stadt) vielfältigen Entstehungsursachen dürften sich auf zwei Grundtatsachen reduzieren lassen, nämlich auf die Entwicklung einer arbeitsteiligen Wirtschaft und auf die Intensivierung des Landesausbaus." Vom Standpunkt eines marxistischen Geographen wertet Schmidt-Renner ebenfalls die gesellschaftliche Arbeitsteilung und die gewerbliche Produktion bzw. die Industrie als den entscheidenden Faktor der Städtebildung. (Schmidt-Renner, Gerhard, Ursachen der Städtebildung, in: Petermanns geographische Mitteilungen, Bd. 109, 1965, S. 23 ff.)

25 Vgl. Levickij, J. A., Goroda i gorodskoe remeslo v Anglii v X - XII vv., Moskau/Leningrad 1960, S. 158 f.

26 Hensel, Witold, Anfänge der Städte bei den Ost- und Westslawen, deutsche Ausgabe besorgt von P. Nowotny, Bautzen 1967, S. 32. Kaum zu akzeptieren ist allerdings die Bezeichnung dieser im 10./11. Jh. entstehenden Städte als "Städte mit Lokalrecht".

27 Vgl. die Besprechung des Buches von W. Hensel durch Bleiber, Waltraut, in: Zeitschrift für Geschichtswissenschaft, Nr. 8/1970, S. 1087.

"ersten wesentlichen Schritt im Prozeß der mittelalterlichen Stadtwerdung. Denn mit der Ummauerung des Wik gewinnt dieser die Festigkeit des Siedlungskörpers."[28] Wenn man die Befestigung derartiger Suburbien nicht isoliert betrachtet und in ihrer Eigenbedeutung überschätzt, sondern darin in erster Linie ein Indiz für die gewachsene Bedeutung der Kaufleute- und Handwerkersiedlung sieht, dann dürfte dieser Vorgang tatsächlich ein geeignetes Kriterium sein, um den Übergang von älteren vorstädtischen Siedlungen zur frühen Stadt zeitlich einigermaßen zu fixieren. Denn auch im slawisch-skandinavischen Bereich setzt die Befestigung von Handelszentren und Suburbien im wesentlichen im 10. Jahrhundert ein.[29] Daneben wäre eventuell auch das von Stoob im niedersächsischen Raum herausgearbeitete Auftauchen größerer Marktplätze anstelle der älteren Marktstraße als Zeichen für den Übergang zum eigentlichen städtischen Entwicklungsstadium zu werten.

Wenn man auf diese Weise die ökonomischen Merkmale bei der Formulierung des Stadtbegriffs in den Vordergrund rückt und die Stadt primär als Zentrum gewerblicher oder industrieller Warenproduktion und des Warenaustausches auffaßt, dann stellt sich die Frage, ob diese Charakteristika nicht das entscheidende und gemeinsame Wesensmerkmal der Stadt in allen Gesellschaftsformationen sind, ganz gleich, welche zusätzlichen Charakteristika unter unterschiedlichen gesellschaftlichen Verhältnissen hinzutreten. Sicher kann das Wesen einer Stadt in beträchtlichem Maße auch von sekundären Merkmalen mitgeprägt werden: Sie kann zugleich auch Sitz eines Herrschers, Verwaltungszentrum in einem bürokratisch organisierten Staat, Wohnsitz ländlicher Grundeigentümer oder eine eigenständige Bürgergemeinde in feudaler Umwelt sein. Dabei läßt sich nicht ausschließen, daß im Einzelfall derartige sekundäre Merkmale das städtische Erscheinungsbild vorübergehend stärker bestimmen können als die Grundcharakteristika. Aber stets werden wir nur dort von Städten sprechen, wo neben dem Herrscherhof, neben staatlichen Amtsträgern oder Grundeigentümern auch Kaufleute und Handwerker oder auch Industrie-Unternehmer und Arbeiter wirklich städtisches Leben wecken.[30]

So ist es natürlich denkbar, daß in bestimmten Zeiten auf Grund besonderer gesellschaftlicher und staatlicher Voraussetzungen das eigene städtische Recht innerhalb des Stadtbegriffs in den Vordergrund gerückt wird, wie das in großen Teilen Europas, insbesondere im deutschen Reichsgebiet, im Hoch- und Spätmittelalter der Fall war; damals konnte durchaus ein Ort Stadtrecht erhalten, der die ökonomischen Merkmale einer Stadt nur in minimalem Umfange aufwies und städtische Funktionen im echten Sinne des Wortes kaum erfüllte. In solchen Fällen ist es meines Erachtens zulässig, einen derartigen Ort zwar als "Stadt" im Sinne der Begriffsbildung einer ganz bestimmten historischen Periode, aber nicht als Stadt im Sinne der von uns zugrunde gelegten primären Merkmale aufzufassen. Damit stellt sich auch beim Stadtbegriff das vielumstrittene Grundproblem historischer Begriffsbildung in der heutigen Geschichtswissenschaft. Sollen wir die Begriffe, mit denen wir historische Erscheinungen erfassen wollen, hauptsächlich den jeweiligen Quellen entnehmen bzw. sie in dem von den damaligen Quellen gebrauchten Sinne verwenden, oder ist der Historiker berechtigt bzw. gar genötigt, aus dem Begriffsverständnis seiner Zeit heraus frühere Entwicklungen verständlich zu machen? Eine Geschichtswissenschaft, die für unsere Gegenwart aussagekräftig

28 Ennen, Edith, Frühgeschichte der europäischen Stadt, Bonn 1953, S. 153; vgl. auch die Zusammenstellung der Belege ebenda, S. 310 f.

29 Für die slawischen Suburbien vgl. Hensel, Witold, a. a. O., S. 87: "Die Suburbia sind in der Regel ebenso stark befestigt wie die Burg selbst, und zwar seit der zweiten Hälfte des 10. Jh., aber spätestens seit Anfang des 11. Jh." Vgl. auch Ludat, Herbert, Frühformen des Städtewesens in Osteuropa, in: Studien zu den Anfängen des europäischen Städtewesens, Vorträge und Forschungen, Bd. 4, Lindau/Konstanz 1958, S. 538, 541. Für Skandinavien vgl. Zernack, Klaus, a. a. O., S. 26.

30 Zur Rolle der Kaufleute und Handwerker in antik-römischen Städten vgl. Planitz, Hans, Die deutsche Stadt im Mittelalter, Graz/Köln 1954, S. 16 f.

sein soll, wird ohne die zuletzt genannte Alternative schwerlich auskommen. Dementsprechend wird man etwa Schlesinger kaum zustimmen können, wenn er erklärt, "daß auf eine Definition des Begriffs Stadt verzichtet werden müsse, weil es sich bei den Städten um Individualitäten handle"[31], und wenn er den Streit darüber, "ob die civitates und Burgsiedlungen des frühen Mittelalters bereits als Städte bezeichnet werden dürfen oder nicht", mit dem Hinweis beiseite schiebt, daß derartige Orte von den Zeitgenossen als Städte angesehen wurden.[32] Dementsprechend ist meines Erachtens auch K. Bosl zu widersprechen, wenn er schreibt: "Einen allgemeingültigen Idealtyp der Stadt, wie ihn M. Weber forderte, gibt es nicht."[33] Nur teilweise trifft jedoch auch die von prinzipiell richtigen methodologischen Voraussetzungen ausgehende Behauptung von K. Czok zu: "Jede Gesellschaftsordnung schuf und schafft sich ihre Städte, denn es gibt keine 'Stadt an sich'."[34] Denn alle diese Formulierungen erwecken den meines Erachtens falschen Eindruck, als ob es angesichts der zweifellos vorhandenen Unterschiede im Charakter der Städte in verschiedenen Epochen überhaupt keine Gemeinsamkeiten zwischen ihnen gäbe und ein allgemeiner Stadtbegriff somit eine Fiktion wäre. Träfe das wirklich zu, wäre unser Sprachgebrauch, demzufolge wir von Städten im Alten Orient, im vorkolonialen Mexiko, in der Antike, im Mittelalter und in der Gegenwart sprechen, unhaltbar.

Abschließend sei noch auf zwei in dem Sammelband Stoobs enthaltene Aufsätze eingegangen, die erstmals 1965 bzw. 1968 veröffentlicht wurden und Probleme der Städtepolitik der Feudalgewalten behandeln. In dem Beitrag "Formen und Wandel staufischen Verhaltens zum Städtewesen" gelangt der Verfasser zu folgender Wertung der Städtepolitik der Staufer: Sie hätten "die neu aufgestiegene Größe des Städtewesens in ebenso vielseitiger und anpassungsfähiger wie andrerseits planvoll durch die Generationen eines reichlichen Jahrhunderts weitergelenkter Weise zu der ihrer Zeit gemäßen Aufgabe herangezogen ..., das Königtum auf neuen Bahnen abermals zu gesicherter Macht emporzuführen" (S. 72). Diese uneingeschränkt positive Wertung der staufischen Städtepolitik erfaßt meines Erachtens die historische Realität nur ungenügend und unterscheidet sich beträchtlich von der wesentlich differenzierteren und damit weit exakteren Beurteilung durch E. Voigt, der hervorhebt, daß die staufischen Herrscher aufgrund ihrer imperialen Gesamtkonzeption "im allgemeinen darauf verzichten mußten, ein Bündnis mit den Bürgern nichtköniglicher Städte (gemeint sind vor allem Bischofsstädte) einzugehen und die verheißungsvollen Anfänge ihrer Vorgänger ... unter den objektiv entschieden verbesserten Bedingungen weiter zu führen und auszubauen. Sie haben diese Bedingungen lediglich im Rahmen ihrer Domänenpolitik ausgenutzt und dabei beachtliche Erfolge erzielt."[35] Aber auch ein bürgerlicher Historiker wie H. Grundmann urteilt weniger pauschal als Stoob: "Städtefreundlich ist die Politik aller Staufer in der Gründung und Förderung von Reichsstädten auf Haus- und Königsgut oder königlichen Kirchenvogteien; ungleich ist nur ihre Haltung zum bürgerlichen Autonomiestreben in den älteren,

31 So Schlesinger auf einer Tagung in Marburg 1957; vgl. den Hinweis bei Laufner, Richard, Das rheinische Städtewesen im Hochmittelalter, in: Die Städte Mitteleuropas im 12. und 13. Jahrhundert, a. a. O., S. 29.

32 Schlesinger, Walter, Über mitteleuropäische Städtelandschaften der Frühzeit, in: Die Stadt des Mittelalters, Bd. 1, a. a. O., S. 261.

33 Bosl, Karl, in: Gebhardt, Handbuch der deutschen Geschichte, 9. Aufl., hg. v. H. Grundmann, Bd. 1, Stuttgart 1970, S. 807. - Der von Max Weber geprägte Begriff "Idealtyp" ist allerdings nicht geeignet, die durchaus realen gemeinsamen Hauptmerkmale des Stadtbegriffs zu kennzeichnen. Vgl. die Kritik am Begriff "Idealtyp" bei Kon, I. S., Die Geschichtsphilosophie des 20. Jahrhunderts, Bd. 1, Berlin 1966, S. 146 ff.

34 Vgl. Czok, Karl, Die Stadt. Ihre Stellung in der deutschen Geschichte, Leipzig/Jena/Berlin 1969, S. 9.

35 Voigt, Erhard, Zum Charakter der staufischen Städtepolitik, in: Die Volksmassen als Gestalter der Geschichte, Festgabe für L. Stern zu seinem 60. Geburtstag, Berlin 1962, S. 57. Dieser Aufsatz wurde von Stoob nicht herangezogen.

meist reicheren Bischofsstädten."[36] Natürlich ist sich auch Stoob des unterschiedlichen Verhaltens der Staufer gegenüber den "Reichslandstädten"[37] einerseits und den Bischofsstädten andrerseits bewußt; er weist selbst darauf hin, daß die frühen Staufer mit Rücksicht auf den unentbehrlichen Reichsdienst der Bischöfe "alles vermieden, was der örtlichen Fürstengewalt hätte schaden können" (S. 59); auch Friedrich II. habe ähnlich gehandelt (S. 61). Allerdings habe sich während der Regierungszeit Friedrichs I. seit etwa 1170 und noch stärker seit den achtziger Jahren eine gewisse Schwenkung in der Politik gegenüber den Bürgergemeinden der Bischofsstädte vollzogen. Das zeige sich beispielsweise in der Genehmigung des Mauerbaus der Kölner 1180 sowie in den Privilegien für Speyer und Worms aus den Jahren 1182/84. In diese Entwicklung ordnet sich nach Stoob auch das Aufkommen des Consules-Kollegiums in verschiedenen Bischofsstädten seit Ende des 12. Jahrhunderts ein. Dabei glaubt er, zwischen der entgegenkommenderen Haltung Barbarossas gegenüber den Städten und dem Ausgleich mit dem Lombardenbund 1177/1183 einen Zusammenhang sehen zu können, und meint, daß es die Städte erst in dieser neuen Konstellation gewagt hätten, den Mitgliedern ihres städtischen Selbstverwaltungsgremiums entsprechend dem italienischen Brauch die Bezeichnung "consules" zu geben (S. 61)[38]. Das aber würde bedeuten, daß Friedrich I. und Heinrich VI. in Italien und in Deutschland eine parallel verlaufende Städtepolitik betrieben hätten. Die konkreten Anhaltspunkte hierfür sind jedoch sehr vage, und es spricht vieles dafür, daß einfach der seit der Katastrophe in Rom 1167 bewußt intensivierte Ausbau der königlichen Machtgrundlagen in Deutschland zu einer Verstärkung der Bemühungen führte, Städte enger an die Zentralgewalt heranzuziehen. Wenn es im übrigen auch richtig ist, daß Friedrich I. in den beiden letzten Jahrzehnten seiner Regierungszeit häufiger Privilegien für die Bürger von Bischofsstädten ausstellte, so ist andrerseits nicht zu übersehen, daß das Ausmaß der Rechte, das er dabei den Bürgern zugestand, weiterhin sehr begrenzt war. Ein Abweichen Friedrichs I. von seinen grundsätzlichen Positionen ist also nicht zu erkennen.

Insgesamt unterschätzt Stoob unverkennbar die Möglichkeiten, die sich der Zentralgewalt bei einer systematischeren Förderung der starken Bürgergemeinden seit dem ausgehenden 12. Jahrhundert boten. So lehnt er eine Kritik an der Städtepolitik der staufischen Kaiser und zugleich eine positive Wertung der die üblichen Bahnen verlassenden Politik König Heinrichs (VII.) als "Überlegungen mit zeitfremden Maßstäben" ab (S. 53) und erklärt: "Der Gedanke, die Adelsgesellschaft zu überspielen, gegen diese alterfahrene eine ganz neue staatstragende Schicht auf den Plan zu führen, das ... bis dahin unerprobte Bürgertum, lag ganz außerhalb der hochmittelalterlichen Horizonte" (S. 54). Natürlich konnte damals kein Herrscher an ein "Überspielen der Adelsgesellschaft" durch bürgerliche Kräfte denken, aber das Beispiel des französischen Königs Philipp II. zeigt doch sehr klar, daß die Förderung bürgerlicher Kommunen in der weiteren Nachbarschaft der königlichen Domäne wesentlich dazu beitrug, die Stellung der Zentralgewalt gegenüber den anderen Feudalgewalten zu festigen. Insofern verdient die Politik Heinrichs (VII.) trotz aller Sprunghaftigkeit eine positivere Wertung, als Stoob anzunehmen bereit ist, nach dessen Meinung dieser von Reichsministerialen beratene König "aus Aversion gegen die Fürsten" handelte; "damit war er es, der die staufische Konzeption preisgab, ohne daß wir dahinter weitschauende Pläne zur Neubegründung königlicher Macht auf den Schultern des Bürgertums vermuten dürfen" (S. 61). Demgegenüber wird man doch wohl sagen müssen, daß das Vorgehen dieses Königs im ganzen durchaus die Richtung anzeigt, die ein nicht in den Bann der Reichs- bzw. Italienpolitik ge-

36 Grundmann, Herbert, in: Gebhardt, Handbuch..., Bd. 1, a. a. O., S. 451 Anm. 4.

37 Der Begriff "Reichslandstädte" wurde von Stoob geprägt zur Kennzeichnung der Städte "auf Königsgut und staufischen Allod oder auf durch Vogtei, Lehen und Pfandschaft in Königshand gekommenem Grunde" (Stoob im vorliegenden Band, S. 62, 296).

38 Zum Aufkommen des Konsulats vgl. jetzt die von Stoobs Deutung abweichenden Darlegungen von Rabe, Horst, Der Rat der niederschwäbischen Reichsstädte, Köln/Graz 1966, S. 89 ff. = Forschungen zur deutschen Rechtsgeschichte, Bd. 4; vgl. dazu die weitgehend bejahende Stellungnahme Stoobs im Nachwort des vorliegenden Bandes (S. 298 f.).

zogener König damals geradezu "gesetzmäßig" einschlagen mußte. Da Stoob offenbar nur die Alternative Adelsgesellschaft oder bürgerliche Kräfte sieht, setzt er dem Handlungsspielraum der Zentralgewalt um 1200 zwischen den verschiedenen gesellschaftlichen Kräften zu enge Grenzen und verkennt die Möglichkeiten einer progressiven königlichen Politik, die deswegen keineswegs grundsätzlich antifeudalen Charakter anzunehmen brauchte.

Schließlich sind die Ausführungen Stoobs über das Ausmaß bürgerlicher Gemeindebildung, das die Staufer akzeptierten, unpräzise und teilweise irreführend. Er meint, daß das staufische Königtum den "beschworenen Bürgerverband hinnehmen mußte, zumal es ihn für seine Reichslandpolitik benötigte", daß es aber die Bildung eigener obrigkeitlicher Organe der Stadtgemeinde ablehnte (S. 53). Speziell zu Friedrichs II. Verhalten gegenüber den königlichen Städten wird sodann gesagt: "Er akzeptierte dabei die Schwurgemeinde ... Aber er ist nicht bereit, volle obrigkeitliche Autonomie zu gewähren" (S. 65). Hier stellt sich die Frage, was Stoob unter dem von den Staufern angeblich akzeptierten "beschworenen Bürgerverband" bzw. der "Schwurgemeinde" versteht; offensichtlich meint er damit die bürgerliche "coniuratio" bzw. "communio", die vor allem H. Planitz zum Kernstück der bürgerlichen Gemeindebildung erhob. Gerade diese besonders wirksame und enge Form des bürgerlichen Zusammenschlusses haben aber die Staufer - mit Ausnahme Heinrichs (VII.) -, von ganz vereinzelten Ausnahmen abgesehen, weder in Bischofsstädten noch in ihren eigenen Städten akzeptiert. Es sei an die Aufhebung der "coniuratio" in Trier 1157/61, der "communio" in Cambrai 1182 und der Verschwörung in Verdun 1215 sowie an das allgemeine Verbot von 1231 erinnert. Wenn in Friedrichs I. Privileg für Hagenau von 1164 der Begriff "communio" auftaucht (vgl. S. 62), dann bedeutet er in diesem Falle nicht eine Schwurvereinigung, sondern einfach die Teilhabe am Bürgerrecht.[39] Die Staufer ließen also in ihren Städten nur weniger entwickelte Formen der Gemeindebildung unter Aufsicht herrschaftlicher Amtsträger zu, wobei sie in der Gewährung von Rechten an die Bürger eher zurückhaltender waren als etwa die Zähringer und die Welfen.[40]

Das damit angesprochene Problem des Verhältnisses der Feudalgewalten zu den aufstrebenden Städten behandelt Stoob in grundsätzlicherer Weise in dem Aufsatz "Westfälische Beiträge zum Verhältnis von Landesherrschaft und Städtewesen".[41] Er geht dabei aus von der Anfang der dreißiger Jahre ausgetragenen Kontroverse zwischen H. Spangenberg und F. Rörig. Der Erstgenannte hatte den Fürsten bereits im 12./13. Jahrhundert eine bewußte, die Entwicklung fördernde Wirtschaftspolitik zugeschrieben.[42] Dagegen betonte Rörig mit größtem Nachdruck die Initiative der bürgerlichen Kräfte und hob hervor, "daß bis weit in das 15. und 16. Jh. hinein fiskalische, nicht territorialwirtschaftliche Erwägungen die Fürsten bestimmten".[43] Seiner Ansicht nach war der Triumph des fürstlichen Partikularismus im 15./16. Jahrhundert Ursache des folgenden politischen und wirtschaftlichen Niedergangs der Städte.[44] Stoob sucht zwischen diesen beiden Extremen eine vermittelnde Position; Rörig habe aus der hansischen Sicht das Übergewicht des Fernhändlertums bei den Städtegrün-

39 Vgl. Büttner, Heinrich, Zum Städtewesen der Zähringer und Staufer am Oberrhein während des 12. Jahrhunderts, in: Zeitschrift für die Geschichte des Oberrheins, Bd. 105, 1957, S. 78 f.

40 Vgl. ebenda, S. 80, 88; Jordan, Karl, Die Städtepolitik Heinrichs des Löwen, in: Hansische Geschichtsblätter, Bd. 78, 1960, S. 33 ff.

41 Zuerst veröffentlicht in den Westfälischen Forschungen, Bd. 21, 1968.

42 Vgl. Spangenberg, Hans, Territorialwirtschaft und Stadtwirtschaft. Ein Beitrag zur Kritik der Wirtschaftstheorie, München/Berlin 1932 = Historische Zeitschrift, Beiheft 24.

43 Rörig, Fritz, Territorialwirtschaft und Stadtwirtschaft, zuerst erschienen in: Historische Zeitschrift, Bd. 150, 1934, abgedruckt in: derselbe, Wirtschaftskräfte im Mittelalter, hg. v. P. Kägbein, Weimar 1959, S. 443.

44 Vgl. derselbe, Die europäische Stadt im Mittelalter, Göttingen o. J., S. 123 f.

dungen zu stark betont (S. 190), dabei aber richtig erkannt, daß Fürsten Stadtleben nicht verordnen konnten (S. 221). Die Landesherren seien insbesondere bei der Gründung der älteren Gründungsstädte auf die Mitwirkung bürgerlicher Kräfte angewiesen gewesen, denen dementsprechend von vornherein Vergünstigungen zugesichert werden mußten. Andrerseits deutet Stoob mit Recht an, daß die Landesherrn mit der Gründung der späteren Kleinstädte teilweise dem Einfluß der älteren, unabhängiger gewordenen Gründungsstädte entgegenzuwirken suchten (S. 214), das heißt, in diesen Fällen lag die Initiative in höherem Maße bei ihnen. Diese Beobachtung wird unterstrichen durch den richtigen Hinweis, daß vor allem in den politisch stark zersplitterten Gebieten die Zahl solcher Kleingründungen besonders hoch ist (S. 219). In diesem Zusammenhang hält er Rörig, der den fürstlichen Partikularismus für den Niedergang der Städte verantwortlich machte, entgegen, daß die Existenz zahlreicher kleiner Herrschaften keineswegs ein Verhängnis für die Städte war. "Häufig bot sich dadurch erst recht die Gelegenheit, aufzusteigen und autonome Macht zu entfalten" (S. 222).

Diese Ausführungen leiden jedoch teilweise unter mangelnder zeitlicher Differenzierung. Es spricht in der Tat alles dafür, daß bis zur Entfaltung manufakturkapitalistischer Wirtschaftsformen um 1500 sich die Rivalitäten zwischen einer größeren Zahl regionaler Feudalgewalten im wesentlichen fördernd auf die städtische Entwicklung auswirkten. Zwar betrieben diese zahlreichen feudalen Machthaber keineswegs eine bewußte Wirtschaftspolitik; sie ließen sich vielmehr, wie Rörig hervorhob, durchaus von eigensüchtigen fiskalischen und vielfach auch von militärischen Gesichtspunkten leiten, indem sie ihren neugegründeten Städten die Funktion von Großburgen zur Absicherung ihres Herrschaftsbereichs übertrugen.[45] Aber die selbstsüchtigen, subjektiven Absichten der Fürsten waren in diesem Falle nicht allein ausschlaggebend; entscheidend war, daß die Feudalgewalten objektiv dazu beitrugen, städtisches Leben und die Ware-Geld-Beziehungen zu intensivieren. So zeigt sich, daß in der Zeit des Höhepunkts städtischer Neugründungen im 13. Jahrhundert, als ja auch Frankreich trotz des wachsenden Übergewichts der Zentralgewalt durchaus noch das Nebeneinander von Königtum und Fürsten typisch war, die politische Struktur in Deutschland noch kein Hemmnis für den wirtschaftlichen Fortschritt darstellte, für den damals die Existenz relativ starker Stadtgemeinden eine wesentliche Voraussetzung war.

Stoob weist sodann darauf hin, daß um 1500 demgegenüber die städtische Autonomie mehr und mehr eine Ausnahmeerscheinung wurde, und beurteilt diese Unterordnung der Städte zu Recht als "Anpassungsvorgang an die neuen Bedürfnisse einer veränderten Gesellschaftsordnung" (S. 223). Die von den Reichsstädten behauptete und einst so förderliche Selbständigkeit wurde nun zum Hemmschuh für ihre weitere wirtschaftliche Entfaltung. Nur muß hierbei - und das sah Rörig richtiger als Stoob - unterschieden werden, ob die Städte in einen kleinen, wirtschaftlich schwachen und weitgehend machtlosen Fürstenstaat eingeordnet wurden oder in eine nationalstaatliche Monarchie wie Frankreich oder England. Die Einbeziehung in kleine Fürstenstaaten hat in der Regel tatsächlich zu einer Beschneidung der wirtschaftlichen Entfaltungsmöglichkeiten geführt; aber die Alternative war nicht fortdauernde Selbständigkeit der Städte, sondern Einordnung in einen größeren Staat, der eine kraftvolle Wirtschaftspolitik zu betreiben vermochte. Dabei ist zusätzlich zu bedenken, daß die Entscheidung darüber, ob die Städte in der frühen Neuzeit im Rahmen kleiner Partikularstaaten oder nationaler Monarchien weiterexistieren würden, keineswegs erst im 15. Jahrhundert fiel; vielmehr war in der Regel bereits das 13. Jahrhundert die Zeit der Vorentscheidung. Schon damals zeichnete sich ab, ob die Zentralgewalt ausreichende Machtgrundlagen für den späteren Ausbau einer nationalen Monarchie gewann. Es ging im 13. Jahrhundert also keineswegs um die Beseitigung der Landesherrschaften oder Lehnsfürstentümer, wohl aber um eine eindeutige Stärkung der königlichen Position. Da dies in Deutschland mit dem Zusammenbruch der staufischen Reichspolitik mißlang, fiel damals tatsächlich eine nur schwer rückgängig zu machen-

45 Vgl. Haase, Carl, Die mittelalterliche Stadt als Festung, in: Die Stadt des Mittelalters, Bd. 1, a. a. O., S. 377 ff.; vgl. auch Stoob im vorliegenden Band, S. 219.

de Vorentscheidung zugunsten des späteren Partikularismus, der die weitere bürgerliche Entwicklung seit dem 16. Jahrhundert wesentlich beeinträchtigte.[46]

Insgesamt spiegeln die im vorliegenden Band vereinten Arbeiten Stoobs Unklarheiten und Widersprüche in der Verwendung des Stadtbegriffs wider, insbesondere das Widerstreben, den ökonomischen Faktoren die gebührende Rolle zuzuerkennen, wie es unter bürgerlichen Historikern vorherrscht. In anderen Fragen, wie etwa der Beurteilung der staufischen Städtepolitik, geht Stoob eigene Wege, die jedoch kaum akzeptiert werden können. Aber auch hier ordnen sich seine Ansichten in die bei bürgerlichen Historikern letztlich vorherrschende Tendenz ein, die negativen Auswirkungen der staufischen Reichspolitik zu verharmlosen. Im übrigen sei hier weitgehend darauf verzichtet, auf einzelne Irrtümer einzugehen. Angemerkt sei nur, daß die Ermächtigung für die Fürsten, ihre Städte zu befestigen, nicht im Statutum zugunsten der Fürsten von 1231/32 enthalten ist, sondern in einem Fürstenspruch zugunsten des Bischofs von Freising vom 1. Mai 1231 (S. 31). Nicht Friedrich II. schritt 1226 gegen den ersten Städtebund auf deutschem Boden ein, sondern Heinrich (VII.) nach einem Spruch der Fürsten, bei denen durchaus die Initiative dazu lag (S. 61 f.).[47]

Trotz der in einer rezensierenden Erörterung naturgemäß in den Vordergrund tretenden Einwände muß jedoch auch gesagt werden, daß Stoob durch seine mühevolle statistische Erfassung der seit der Feudalepoche in Mitteleuropa existierenden Städte eine ganze Reihe bis dahin vorherrschender Auffassungen umgestoßen hat. So sei abschließend nur daran erinnert, daß Planitz in seinem 1954 erschienenen Buch für die Zeit um 1300 mit der Existenz von rund 500 bis 600 deutschen Städten rechnete.[48] Stoob dagegen zählt in Mitteleuropa für die Zeit um 1300 rund 3 500, für die Zeit um 1450 rund 5 000 Städte (S. 189), wobei er aber die schwerlich als Städte zu wertenden Minderstädte offenbar einbezieht. Das bedeutet, daß im deutschen Reichsgebiet um 1300 schätzungsweise etwa 2 000 Städte mehr existierten, als Planitz annahm[49] - eine zweifellos umwerfende Korrektur älterer Vorstellungen.

46 Vgl. Müller-Mertens, Eckhart, Vom Regnum Teutonicum zum Heiligen Römischen Reich Deutscher Nation, in: Zeitschrift für Geschichtswissenschaft, Nr. 2/1963, S. 339 ff., der mit Recht die wirtschaftliche Weiterentwicklung und Blüte der Städte im Spätmittelalter trotz staatlicher Zersplitterung hervorhebt, aber m. E. die lange weiterwirkenden Folgen des Zusammenbruchs der Zentralgewalt Mitte des 13. Jh. für die staatliche Entwicklung unterschätzt.

47 Vgl. auch Epperlein, Siegfried, Städtebünde und Feudalgewalten im 13. Jahrhundert, in: Zeitschrift für Geschichtswissenschaft, Nr. 6/1972, S. 696.

48 Vgl. Planitz, Hans, a. a. O., S. 161.

49 Zur Zahl der Städte im Mittelalter vgl. jetzt auch Amman, Hektor, Wie groß war die mittelalterliche Stadt?, in: Die Stadt des Mittelalters, Bd. 1, a. a. O., S. 412.

Jb. f. Wirtschaftsgeschichte 1973/IV

FORSCHUNGSBERICHTE

DIE ERFORSCHUNG DES INDUSTRIEGEBIETES VON OSTRAVA IN DER PERIODE DES ZWEITEN WELTKRIEGES. KONZEPTION, BEDEUTUNG UND BISHERIGE ERGEBNISSE

von Otakar Káňa/Nina Pavelčíková

Seit Mitte der sechziger Jahre widmet man in der Tschechoslowakei der Problematik der historischen Erforschung von Industriegebieten erhöhte Aufmerksamkeit. Als Träger und gesamtstaatlicher Koordinator dieses Forschungsunternehmens fungiert der Slezský ústav (Schlesisches Institut) der Tschechoslowakischen Akademie der Wissenschaften in Opava. Im Hinblick auf seinen Standort und die Ausrichtung seiner früheren Forschungstätigkeit auf das schlesische Gebiet stehen auch bei der neuen Aufgabenstellung des Instituts die Industrieagglomerationen im Gebiet von Ostrava, Karviná, Bohumín/Oderberg, Třinec sowie das Hinterland dieser Städte im Mittelpunkt.

Die historische Erforschung von Industriegebieten ist für die neuzeitliche Geschichte von großer Bedeutung; denn hier im Industriegebiet und seinem Hinterland konzentrieren sich in nuce viele wesentliche Probleme ausgedehnterer regionaler Einheiten sowie des gesamten Staates.

Die Erforschung der Entstehung und Entwicklung von Industriegebieten in der Tschechoslowakei gliedert sich in zwei Themenkreise: die Problematik der sozialökonomischen Entwicklung und den Fragenkomplex der Nationalitätenpolitik.

Die Industrialisierung gab der Entwicklung eines Gebietes auf den verschiedensten Ebenen neue Impulse. Sie wirkte auf eine Veränderung der Klassenstruktur der ansässigen wie auch der zugezogenen Bewohner hin. Mit der Bevölkerungskonzentration entstanden neue Verkehrs- und Wohnungsprobleme, neue Industrie- und Dienstleistungsbereiche. Die Bevölkerungsbewegung wirkte sich in vielfacher Hinsicht auch auf das nähere wie weitere Hinterland aus. So bestand zum Beispiel ein Zusammenhang zwischen der Einbuße an Arbeitskräften auf dem Lande und der Einführung neuer Formen der Bodenbearbeitung, und die Struktur der landwirtschaftlichen Produktion wurde durch den Bedarf des Industriezentrums an pflanzlichen und tierischen Rohstoffen, Nahrungsmitteln usw. beeinflußt. Die dichtbesiedelten städtischen Ballungszentren, die durch die regionale Konzentration der Industrie vor allem in Abhängigkeit von vorhandenen Rohstoff- und Energiequellen entstanden, erhielten nicht nur aus der nahen Umgebung, sondern auch aus anderen Staaten Zuzug.

So wiesen diese Industriegebiete eine mehr oder weniger starke nationale Vielfalt auf. Das gilt besonders für jene Industriegebiete, die im Grenzbereich von zwei oder drei nationalen Territorien bzw. Staatskomplexen entstanden. Solche Gebiete wurden dann zu einem Faktor, der - als Integrations- oder Desintegrationselement - auf die Herausbildung von Wechselbeziehungen unter den Nationalitäten einwirkte, die in den Industriegebieten miteinander in Berührung kamen. Ebenso wirkten im Grenzbereich liegende Industriegebiete als wichtiger Faktor auf die zwischenstaatlichen Beziehungen. Ob dabei der Integrations- oder der Desintegrationsaspekt in den Vordergrund trat, hing vorrangig von den internationalen Beziehungen, und zwar insbesondere von den Beziehungen zwischen den Staaten, ab, deren Angehörige in dem betreffenden Gebiet lebten, und schließlich auch von den Beziehungen zwischen den Staaten, deren Grenzen sich in einem Gebiet mit wichtigen Industrieagglomerationen berührten.

Unter diesen Gesichtspunkten sind für die Forschung in der ČSSR am interessantesten und wichtigsten die Industriegebiete auf dem historisch-geographischen Territorium Schlesiens, wo sich drei Nationen berührten und an dem sich im Verlauf der Geschichte nicht nur die hier gemeinsam und unmittelbar angrenzenden Staaten, sondern auch räumlich entferntere Großmächte äußerst interessiert zeigten. Ein Beweis für dieses Interesse waren die zahlreichen Versuche zur Beherrschung bzw. Internationalisierung Schlesiens nach dem ersten Weltkrieg, bei denen sich nicht nur die Tschechoslowakei, Polen und Deutschland, sondern auch Großbritannien und Frankreich engagierten.[1] In diesem Zusammenhang sei erwähnt, daß hier britisches und französisches Kapital an Betrieben der internationalen Monopole beteiligt war. Auch nach der Entscheidung über die staatliche Zugehörigkeit der einzelnen Teile Schlesiens mit ihren wichtigen Industriegebieten (in Niederschlesien, Oberschlesien, Karviná-Těšín/Teschen und Ostrava-Bohumín/Oderberg/Mährisch-Ostrau) blieben diese Industriegebiete in der unmittelbaren Interessensphäre der herrschenden Kapitalkreise aller drei daran gemeinsam angrenzenden Staaten, deren Trachten und Planen auf die Einverleibung ganz Schlesiens als historisch gewachsener Einheit in den eigenen Machtbereich ausgerichtet war. Unter diesen Vorzeichen blieb praktisch während der gesamten Periode zwischen dem ersten und dem zweiten Weltkrieg der Machtanspruch auf diese Industriegebiete eines der Hauptziele der berüchtigten "Ostpolitik" des deutschen Imperialismus. Dagegen fungierte Schlesien aber auch als wichtiger Katalysator in den wechselseitigen Beziehungen zwischen Deutschland und Polen, Polen und der Tschechoslowakei wie auch zwischen Deutschland und der Tschechoslowakei.

In den verhängnisvollen Jahren 1938 und 1939 gingen die Auseinandersetzungen um diese Industriegebiete in offene Gewaltanwendung über. Von der imperialistischen Neuaufteilung profitierten zunächst auch die herrschenden Kreise des bürgerlichen Polens, bis sich schließlich der eroberungslüsterne deutsche faschistische Imperialismus das gesamte Territorium unterwarf.

Besonders einschneidend wirkte sich die faschistische Macht- und Raubpolitik auf das Gebiet von Ostrava, das heißt auf das Industriegebiet von Ostrava-Těšín und sein Hinterland, aus, das in der Periode von 1938 bis 1945 von schweren Erschütterungen heimgesucht wurde. Bereits im Oktober 1938, im Anschluß an das Münchener Diktat, kam es praktisch zur Abtrennung der gesamten landwirtschaftlichen Versorgungsbasis des Industriegebietes von Ostrava, als der Hitlerfaschismus "auf friedlichem Wege" und mit dem Segen der Westmächte das schlesische Territorium um Opava/Troppau - das die deutschen bürgerlichen Nationalisten bereits 1918 vergeblich der tschechoslowakischen Souveränität zu entziehen suchten - annektierte und Hlučínsko/das Hultschiner Ländchen als Bestandteil des sogenannten "Altreichs" dem Deutschen Reich "wiedereingliederte". Des zu Ostrava gehörenden Gebietes um Karviná-Těšín bemächtigte sich zeitweilig das Beck-Regime Polens. Die organische Einheit des Industriegebietes von Ostrava war jetzt in zwei Hälften geteilt; Ostrava verlor den überwiegenden Teil seines landwirtschaftlichen Hinterlandes, aber auch seine Verkehrsverbindungen mit Böhmen und der Slowakei waren durchschnitten, denn mehrere Streckenabschnitte der Eisenbahnlinie Bohumín - Praha verliefen nun durch das sogenannte Sudetenland, während die gesamte Strecke Bohumín - Žilina von Beck-Polen kontrolliert wurde.

1 Vgl. Valenta, Jaroslav, Plány německé burzoazie na neutralizaci Ostravska a Těšínska v letech 1918 - 1920 (Die Pläne der deutschen Bourgeoisie zur Neutralisation der Gebiete von Ostrava und Těšín in den Jahren 1918 - 1920), in: Slezský sborník, Nr. 58, 1960, S. 289 - 312; Kolejka, Josef, Samostatnost Horního Slezska a význam jeho dělnického hnutí v letech 1918 - 1920 (Die Selbständigkeit Oberschlesiens und die Bedeutung seiner Arbeiterbewegung in den Jahren 1918 - 1920), in: ebenda, Nr. 57, 1959, S. 1 - 10.

Im März 1939 fiel dann die "zweite Republik" der deutschen faschistischen Okkupationspolitik zum Opfer, und damit wurde auch der Rest des Industriegebietes von Ostrava unter dem aufgezwungenen Vorzeichen des sogenannten Protektorats vom deutschen Faschismus annektiert. Im Herbst desselben Jahres endete nach dem Ausbruch des zweiten Weltkrieges dann auch die kurze Herrschaft des bürgerlich-feudalen Polens über den Teil von Karviná-Těšín des einstigen einheitlichen Industriegebietes von Ostrava-Těšín. Alle seine Teile waren somit wieder vereinigt - nunmehr allerdings unter der Herrschaft des Hitlerfaschismus, der jetzt bestrebt war, das gesamte Potential - ökonomische Quellen und Arbeitskräfte - dieses Gebietes für seine weitreichenden aggressiven Kriegsziele auszunutzen.

Obwohl damit 1939 das Industriegebiet von Ostrava unter der Herrschaft einer klassenmäßig und national homogenen Gruppe - des deutschen Faschismus - wieder vereinigt war, blieben doch wichtige Unterschiede zwischen den einzelnen Teilen des Gebietes - Protektorat, Sudetenland, Hultschiner Ländchen, Teschener Schlesien - bestehen. Zwar beherrschte alle diese Territorien der Hitlerfaschismus, aber er wendete, je nach Zusammensetzung der Bevölkerung sowie nach dem ökonomischen Charakter des betreffenden Gebietsteiles und unter dem für ihn vorrangigen Gesichtspunkt ihrer Bedeutung für die Kriegsziele, modifizierte Herrschaftsformen an.

Im Rahmen seiner Gesamtkonzeption erforscht das Schlesische Institut der Tschechoslowakischen Akademie der Wissenschaften die Auswirkungen der faschistischen Okkupationspolitik auf das Industriegebiet von Ostrava in gesellschaftlicher, ökonomischer und politischer Hinsicht bei spezieller Berücksichtigung der Nationalitätenpolitik der Nazis; dabei soll durch eine Analyse des Okkupationsregimes für die einzelnen Teile des besetzten Industriegebietes von Ostrava und seines Hinterlandes ein verallgemeinernder Überblick über die Methoden und Formen der politischen und wirtschaftlichen Machtausübung sowie der Germanisierungspolitik des Hitlerfaschismus als Instrument der aggressiven "Ostpolitik" der reaktionärsten und eroberungslüsternsten Kreise des deutschen Imperialismus in den zeitweilig - während des zweiten Weltkrieges - okkupierten Gebieten erarbeitet werden.

Diese Untersuchungen schließen sich zeitlich an die Erforschung der Rolle an, die das Industriegebiet von Ostrava in den tschechoslowakisch-polnischen und tschechoslowakisch-deutschen Beziehungen im Zeitraum zwischen den beiden Weltkriegen spielte. Gleichzeitig bildet die Analyse der Veränderungen und Auswirkungen, welche die einseitig auf die Kriegsziele orientierte Wirtschaftspolitik im Industriegebiet hervorrief, einen Ausgangspunkt zum Verständnis wichtiger Probleme der Nachkriegsperiode, in der sich die Erneuerung und Rekonstruktion des Wirtschaftslebens der Tschechoslowakei im Zuge des Aufbaus des Sozialismus vollzog.

Bei der geschichtlichen Erforschung der nazistischen Okkupation des Industriegebietes von Ostrava darf die verschiedenartige Entwicklung der einzelnen Gebietsteile seit Oktober 1938 nicht übersehen werden. Aufgrund des Münchener Diktats und des Ultimatums der polnischen Regierung vom 1. Oktober 1938 wurden das Hultschiner Ländchen und das schlesische Territorium um Opava, die ein Bestandteil des nazistischen Deutschlands wurden, ferner das Territorium von Těšín, das dem polnischen Staat einverleibt wurde, vom Gebiet Ostrava abgetrennt. Die weitere Entwicklung der abgetrennten Grenzgebiete verlief weitgehend unterschiedlich. Diese Tatsache kompliziert einerseits erheblich die Arbeit des Historikers, eröffnet aber andererseits die Möglichkeit des Studiums der verschiedenen Methoden der nazistischen Okkupationspolitik auf einem verhältnismäßig kleinen Territorium und bietet somit ein einzigartiges Vergleichsmaterial. Die Forschung hat diese Möglichkeiten zunächst nicht voll genutzt. Erst in den neueren Arbeiten des Historikerkollektivs beim Schlesischen Institut der Tschechoslowakischen Akademie der Wissenschaften, das sich mit der Geschichte der nazistischen Okkupation befaßt, zeichnet sich skizzenhaft das Projekt einer synthetisch-vergleichenden Darstellung des nazistischen Okkupationssystems im Industriegebiet von Ostrava ab.

Ein selbständiges Problem der Okkupationsgeschichte von Ostrava bildet die sogenannte Nachmünchener Periode (1. Oktober 1938 bis 14. März 1939), der bisher in der Literatur nicht die Aufmerksamkeit gewidmet wurde, die sie beanspruchen darf. Das Interesse der Historiker galt eher der komplizierten Entwicklung der internationalen und innerpolitischen Beziehungen, die dem Münchener Diktat vorausgingen, als seinen Folgen für das Leben des territorial verstümmelten Staates. Die ersten der Nachmünchener Entwicklung gewidmeten Studien tragen mehr oder weniger faktographischen Charakter. Über die Ereignisse, die unmittelbar auf die Annexion des Grenzgebietes durch Deutschland folgten, informieren uns einige Artikel von František Crkovský.[2] Eine eingehendere Analyse der wirtschaftlichen und sozialen Situation sowie der politischen Entwicklung des sogenannten Sudetenteils des Gebietes von Ostrava um die Jahreswende 1938/39 unter besonderer Berücksichtigung der Auswirkungen der Nationalitätenpolitik enthält der ausführliche Aufsatz von Milan Myška "Ostravsko mezi Mnichovem a 15. březnem 1939".[3] Einige bedeutende Belege über die Entwicklung der Situation in dem von den Nazis besetzten Gebietsteil von Ostrava bietet eine Auswahl von Dokumenten zur Okkupation des tschechischen Grenzgebietes durch Deutschland, veröffentlicht von Irena Malá und Petr Lesjuk.[4] Unter dem Aspekt der weiteren Entwicklung dieses Gebietes untersucht Nina Prokešová die Folgen des Münchener Diktats für den Raum von Ostrava in einer umfangreicheren Studie.[5] Hierbei handelt es sich um den ersten Versuch einer komplexen Betrachtung der Nachmünchener Periode sowie eines Vergleichs der Situation in den einzelnen abgetrennten Gebieten. Die Autorin der Studie weist nach, daß sich der gewaltsame Eingriff in die Entwicklung des Gebietes nachhaltig auf alle Sphären des Wirtschaftslebens auswirkte, die natürlichen und internationalen Verbindungen unterbrach und so zur vollständigen Unterwerfung der tschechischen Länder durch die Nazis beitrug.

Die tschechoslowakische Historiographie widmet in den letzten Jahren der Erforschung des nazistischen Okkupationssystems, seinen Auswirkungen auf ökonomischem und sozialem Gebiet sowie im Hinblick auf die Entwicklung der einzelnen Nationalitäten vorrangige Aufmerksamkeit. Den breitesten Raum nimmt unter diesem Gesichtspunkt die Problematik der Lage der tschechischen Bevölkerung im Sudetengebiet ein. Allerdings handelt es sich hierbei durchweg um Untersuchungen, die dem sogenannten Reichsgau Sudeten in seiner Gesamtheit gewidmet sind[6], mit Ausnahme einiger sehr interessanter und anregender Arbeiten von Jo-

2 Crkovský, František, Ostravsko a 15. březen 1939 (Das Gebiet von Ostrava und der 15. März 1939), in: Dějiny a současnost 1959, S. 35 f.; derselbe, Ostravsko a 15. březen 1939 (Das Gebiet von Ostrava und der 15. März 1939), in: Slezský sborník, Nr. 59, 1961, S. 475 - 511; derselbe, Místek v začátcích nacistické okupace (Místek in den Anfängen der nazistischen Okkupation), in: Těšínsko 1959, T. 9, S. 2 f.; derselbe, K počátkům hitlerrovského panství na Opavsku (Zu den Anfängen der nazistischen Herrschaft im Gebiet von Opava), in: Vlastivěda ostravského kraje Opavsko 1960, T. 1, S. 9 - 11.

3 Myška, Milan, Ostravsko mezi Mnichovem a 15. březnem 1939 (Das Gebiet von Ostrava zwischen München und dem 15. März 1939), in: Slezský sborník, Nr. 61, 1963, S. 257 - 276, 404 - 423.

4 Malá, Irena/Lesjuk, Petr, Okupace československého pohraničí hitlerovským Nemeckem po Mnichovu (Die Okkupation des tschechoslowakischen Grenzgebietes durch Hitlerdeutschland nach München), in: Sborník archívních prací, Nr. 9, 1959, T. 1, S. 3 - 58.

5 Prokešová, Nina, Následky mnichovské dohody pro ostravskou průmyslovou oblast (Die Folgen des Münchener Abkommens für das Industriegebiet von Ostrava), in: Slezský sborník, Nr. 67, 1969, S. 1 - 30.

6 Vrbata, Jaroslav, Přehled vývoje veřejné správy v odtržených českých oblastech v letech 1938 - 1945 (Überblick über die Entwicklung der öffentlichen Verwaltung in den abgetrennten tschechischen Gebieten im Zeitraum von 1938 - 1945), in: Sborník archívních prací, Nr. 12, 1962, T. 2, S. 45 - 67; Macek, Jaroslav, Okupační justice v českém pohraničí a její vývoj (1938 - 1945) (Die Okkupationsjustiz im tschechischen Grenzgebiet und ihre

sef Bartoš über die Lage der tschechischen Bevölkerung in Nordmähren. Alle diese Studien bringen neue Aspekte zur Problematik des Okkupationsregimes im Sudetengebiet, jedoch berührt ihre Thematik nicht unmittelbar das Industriegebiet von Ostrava. Ferner ist in diesem Zusammenhang auch auf einige Arbeiten der Historiker František Mainuš und Zdeněk Konečný aus Brno aufmerksam zu machen, welche die Problematik des Sudetengebietes, vor allem Nationalitätenfragen, die Lage der Kriegsgefangenen und Ostarbeiter und dergleichen behandeln.[7]

Eine zweifellos bahnbrechende Arbeit über den Komplex der nazistischen Okkupationspolitik im mährischen und schlesischen Teil des Sudetengebietes stellt das Buch "Opavsko a severní Morava za okupace" von Josef Orlík dar.[8] Obwohl es sich hierbei um eine Veröffentlichung von Dokumenten nazistischer Provenienz (Auszüge aus Lageberichten des Regierungspräsidenten von Opava an den Reichsstatthalter des Sudetengaus in Liberec/Reichenberg) handelt, finden wir darin nicht nur eine Fülle interessanter Fakten, sondern auch erste Ansätze einer Charakteristik der nazistischen Okkupationsmacht sowie eine plastische Darstellung der Entwicklung des Gebietes in den Okkupationsjahren und hierbei vor allem auch zur Lage der tschechischen Minderheit vor. So enthält zum Beispiel die ausführliche Einleitung eine Analyse der sozialen und nationalen Zusammensetzung der Bevölkerung im Regierungsbezirk Opava, eine Rekonstruktion der politischen Okkupationsverwaltung, der Gerichts- und NSDAP-Organisation und dergleichen. Was die eigentlichen Lageberichte betrifft, geht der Autor lediglich auf die Entwicklung der Stimmungen und Verhaltensweisen unter der tschechischen Bevölkerung ein, soweit sie der oberste Vertreter der nazistischen Okkupationsmacht - natürlich aufgrund von Berichten der Landräte - registrieren konnte; der restliche Teil der umfangreichen Berichte wird nur in Regesten geboten. Trotz dieses Mangels ist Orlíks Veröffentlichung eine wichtige Grundlage für die Erforschung der nazistischen Okkupationspolitik im Sudetengebiet und gerade durch ihr ergiebiges Quellen- und Faktenmaterial besonders wertvoll. Mit einer ähnlichen Leistung, die über den Rahmen gewöhnlicher Editionsarbeit hinausgeht, leitete Milan Myška die Erforschung dieser Problematik für das Gebiet von Těšín ein[9], wobei er jedoch ein etwas anderes Verfahren wählte. Der Edition der Lageberichte des NSDAP-Kreisleiters in Těšín aus dem Jahre 1941 schickt der Verfasser eine niveauvolle Studie voraus, worin er den Versuch einer Analyse der entscheidenden Entwicklungsprobleme des Gebietes von Těšín während der Okkupation bietet. Er macht den Leser mit dem Verwaltungsapparat der Okkupanten bekannt und analysiert ziemlich eingehend die wirtschaftliche Situation, wobei die ökonomische und strategische

Entwicklung 1938 - 1945), in: ebenda, Nr. 13, 1963, T. 1, S. 63 - 118; Faltys, Antonín, K otázce právní a hospodářské přestavby čs. pohraničí v letech 1938 - 45 (Zur Frage der juristischen und wirtschaftlichen Umgestaltung des tschechoslowakischen Grenzgebietes in den Jahren 1938 - 45), 53 S. (Ms.); Bartoš, Josef, Národně osvobozenecké hnutí na severní Moravě 1938 - 45 (Die nationale Befreiungsbewegung in Nordmähren 1938 - 45), Šumperk 1965, 65 S. u. Beil.; derselbe, Postavení české menšiny na severní Moravě v době okupace (Die Lage der tschechischen Minderheit in Nordmähren während der Okkupationszeit), Šumperk 1969, 106 S.

7 Konečný, Zdeněk/Mainuš, František, Pracovní nasazení Poláků v okupovaném pohraničí Československa za II. světové války (Der Arbeitseinsatz von Polen im okkupierten Grenzgebiet der Tschechoslowakei während des zweiten Weltkrieges), in: Slezský sborník, Nr. 61, 1963, S. 385 - 409; dieselben, Poláci na čs. území za války a jejich boj proti fašismu (Polen auf tschechoslowakischem Territorium während des Krieges und ihr Kampf gegen den Faschismus), in: ebenda, Nr. 62, 1964, S. 322 - 340.

8 Orlík, Josef, Opavsko a severní Morava za okupace (Das Gebiet von Opava/Troppau und Nordmähren während der Okkupation), Ostrava 1961, 216 S. u. Beil.

9 Myška, Milan, Z tajných zpráv NSDAP o Těšínsku (Aus den Geheimberichten der NSDAP über das Gebiet von Těšín), Ostrava 1964, 148 S.

Bedeutung des Gebietes von Těšín für die Nazis hervorgehoben wird. Eine wichtige Basis für die weitere Forschung bietet seine Untersuchung des Nationalitätenproblems in den ersten Jahren der nazistischen Okkupation, vor allem dann auch der mit der Einführung der "Volkslisten" zusammenhängenden Fragen. (Eintragungen in die sogenannte "Volksliste" praktizierten die Nazis in jenen okkupierten Gebieten, wo Teile der Bevölkerung nicht eindeutig einer bestimmten Nationalität zuzuordnen waren, so daß man sie nach nazistischen Vorstellungen auf administrativem Wege "eindeutschen" konnte. Die "Volksliste" hatte vier Rubriken, wobei die Einordnung in die einzelnen Gruppen vor allem von der "rassischen" und politischen Einschätzung der Kandidaten abhing, die dann entsprechend ihrer Einstufung in verschiedener Hinsicht begrenzte Rechte deutscher Bürger erhielten.)

Ein etwas anderes Bild als die Arbeiten über die abgetrennten Grenzgebiete bieten die den Protektoratsteil von Ostrava betreffenden Veröffentlichungen. Eine dominierende Stellung nimmt darin immer noch die Widerstandsbewegung ein, wobei jedoch die durch das nazistische Okkupationssystem geschaffene Situation als historischer Hintergrund nicht eingehend genug analysiert wurde. Im Grunde der einzige Problemkreis, der unter diesem Gesichtspunkt im gesamtstaatlichen und regionalen Rahmen größere Aufmerksamkeit fand (sicherlich vor allem im Hinblick auf die ökonomische Bedeutung des Gebietes von Ostrava), ist die Wirtschaftspolitik der Nazis und die aus ihr resultierende Lage der Arbeiterklasse während der Okkupation. So geht in einigen Kapiteln seiner dreiteiligen Monographie Václav Král auf Probleme der wirtschaftlichen und sozialen Entwicklung der tschechischen Länder in den Jahren 1938 bis 1945 näher ein, wobei er sich hauptsächlich mit der Eingliederung der Industriekapazitäten des Gebietes von Ostrava in die Einflußsphäre der nazistischen Monopole beschäftigt; ferner sind hier zu nennen: eine Arbeit von Ctibor Něcas über die Entwicklung der Eisenhütten von Vítkovice während der Okkupationszeit sowie eine Studie von Leoš Stolařík und Jiří Paclík über die Investitionspolitik der Nazis.[10]

Eines der bemerkenswertesten Probleme der tschechischen Länder im Entwicklungsverlauf der Okkupation, das sich im Gebiet von Ostrava in besonders markanten Konturen abzeichnet, bildet die Entwicklung des Verhältnisses zwischen dem ökonomischen und politischen System der Nazis und der Haltung der tschechischen Arbeiterschaft gegenüber den Okkupanten. Die Ansichten zu dieser Frage durchliefen eine sehr interessante Entwicklung von den ersten, vornehmlich allgemeinen Postulaten bis hin zur detaillierten und konkreten, auf einem ausgedehnten Quellenstudium beruhenden historischen Analyse. Verständlicherweise hatten die Autoren der ersten Arbeiten dazu nicht genügend Möglichkeiten, weil die Archivbestände damals noch weitgehend ungeordnet waren und so die Quellengrundlagen nicht in erforderlicher Zahl zur Verfügung standen. So unterliegt zum Beispiel Josef Michňák "in seiner material- und gedankenreichen Studie "Ostravko a odboj proti nacistické okupaci" die unstreitig eine Pionierarbeit darstellt, insofern einem Trugschluß, als er die sinkende Arbeits-

10 Král, Václav, Otázky hospodářského a Socialního vývoje v Českých zemích v letech 1938 - 1945 (Fragen der wirtschaftlichen und sozialen Entwicklung in den tschechischen Ländern in den Jahren 1938 - 1945), 3 Bde, Prag 1957 - 1959; Nečas, Ctibor, Vitkovicke železárny v době národní nesvobody 1938 - 45 (Die Eisenhütte von Vitkovice in der Zeit der nationalen Unfreiheit 1938 - 45), Ostrava 1970, 145 S. (Rotaprint); Stolařík, Leoš, Hospodářská společnost GIBET a její vztahy k Vítkovickému hornímu a hutnímu těžířstvu v letech 1941 - 45 (Das Wirtschaftskonsortium GIBET und seine Beziehungen zur Montan- und Hüttengewerkschaft von Vítkovice in den Jahren 1941 - 45), in: Sborník Pedagogickeho institutu Ostrava, řada dějepis-zeměpis, 1964, T. 5, S. 3 - 20; Paclík, Jiří, I. První plány hutní výstavby na katastru Kunčic. II. Nejstarší objekty dnešní Nové huti, tzv. "jižní závod" v době okupace (1. Die ersten Pläne zur Errichtung eines Hüttenwerks auf dem Gebiet von Kunčice. 2. Die ältesten Objekte des heutigen Nova Huta, das sogenannte "Südwerk", in der Okkupationszeit), in: Historie vzniku a výstavby Nové huti Klementa Gottwalda, Prag 1966, S. 9 - 15, 17 - 27.

produktivität und die Labilität der Arbeitskräfte zu absolut und ausschließlich aus der Widerstandsbewegung ableitet. Otakar Káňa bietet in einer Materialstudie am Ende des von Michňáks und ihm verfaßten Buches "Ostravsko v době nacistické okupace" eine erste abgerundetere Information über die Lage der Bergarbeiter von Ostrava unter der Okkupation. Die Untersuchungen beider Autoren sind vor allem insofern bemerkenswert, als sie beweisen, wie ergiebig die Auswertung von Archivmaterial beim Studium der Okkupationsgeschichte - in diesem Falle in erster Linie von Unterlagen der Konzerndirektion des Steinkohlenreviers von Ostrava - sein kann. Diese methodische Linie wurde von Vilém Plaček in seiner Studie über das Steinkohlenrevier von Ostrava während der Okkupationszeit aufgegriffen und fortgeführt.[11] Es gelang ihm, die Konfrontation zwischen dem Okkupationsregime und den Arbeitskräften des Steinkohlenreviers von Ostrava in der ganzen Palette ihrer Ausdrucksformen herauszuarbeiten und dabei auch verallgemeinernde Schlüsse zu ziehen. Dabei konnte der Autor durch eine analytische Auswertung konkreten Materials die Forschungsergebnisse Josef Michňáks vertiefen und präzisieren. Ganz unbestreitbar wurden die Ansichten, die Haltung und die Arbeitsmoral der Werktätigen des Reviers von deren Widerstand gegen die Okkupanten wesentlich beeinflußt. Aber die Beziehungen zwischen dem politischen Widerstandskampf und dem Rückgang in der Steinkohlenförderung waren doch differenzierter, stärker in den Gesamtkomplex wirtschaftlicher und sozialer Faktoren eingebettet, als man zunächst annehmen konnte. Offene Sabotage der Kriegsproduktion war unter den Bedingungen des nazistischen Zwangssystems sehr gefährlich. Daher konnten sich Arbeitsverweigerung, Fluktuation und Sabotage am Arbeitsplatz in größerem Umfang nur die jungen, in den Gruben zwangsverpflichteten Arbeiter leisten, die nicht so unmittelbar von der Grubenleitung abhingen wie die Stammarbeiter. Nach Plaček hatte die Verminderung der Produktionsleistungen neben den politischen Ursachen noch einen weiteren Hauptgrund: den Einfluß der Lebens- und Arbeitsbedingungen, so zum Beispiel die Verlängerung der Arbeitszeit bei gleichzeitiger unzureichender Ernährung, was zur Erschöpfung der Bergleute, zu einem erhöhten Krankheitsstand, zu einer steigenden Unfallkurve führte. Eine gewisse Rolle spielten auch - wie der Autor darlegt - Verschlechterungen in der technischen Ausrüstung, der "Raubbau" an den Flözen sowie Mängel bei der Arbeitsvorbereitung und -einrichtung.

Diese Studie von Plaček über die nazistische Okkupation im Gebiet von Ostrava leitet zu der eingangs umrissenen Forschungsthematik des Schlesischen Instituts der Akademie der Wissenschaften der ČSSR über. Wie schon erwähnt, handelt es sich dabei um die Geschichte des Industriegebietes von Ostrava während der Okkupationszeit, und zwar vor allem um die Wirtschafts-, Sozial- und Nationalitätenpolitik der Nazis, die tief in das Leben der dortigen Bevölkerung eingriff und die Regionalstruktur stark beeinflußte.

Die Erforschung der Auswirkungen der nazistischen Okkupation auf das Gebiet von Ostrava wurde im Schlesischen Institut durch eine Studienreihe von Zdeněk Antoš eröffnet, in der auf die Agrar- und Nationalitätenpolitik der Okkupanten näher eingegangen wird.[12] Es ist dem

11 Michňák, Josef, Ostravsko a odboj proti nacistické okupaci (Das Gebiet von Ostrava und der Widerstand gegen die nazistische Okkupation), in: Slezský sborník, Nr. 57, 1959, S. 401 - 422; Káňa, Otakar/Michňák, Josef, Ostravsko v době nacistické okupace (Das Gebiet von Ostrava während der nazistischen Okkupation), Ostrava 1962, 198 S. u. Beil.; Plaček, Vilém, Ostravský kamenouhelný revír v době nacistické okupace (Das Steinkohlenrevier von Ostrava während der nazistischen Okkupation), in: OSTRAVA, Nr. 4, Ostrava 1967, S. 45 - 81.

12 Antoš, Zdeněk, Blut und Boden - ke "konečnému řešení" národnostní otázky v sudetské župě (Blut und Boden - zur "Endlösung" der Nationalitätenfrage im Sudetengau), in: Slezský sborník, Nr. 64, 1966, S. 28 - 59; derselbe, Jihotyrolská otázka za II. světové války a naše země (Die Südtirolfrage während des zweiten Weltkrieges und unser Land), in: ebenda, S. 390 - 399; derselbe, K úloze nacistické agrární politiky na Těšínsku (Zur Rolle der nazistischen Agrarpolitik im Gebiet von Těšín), in: ebenda, Nr. 65, 1967, S. 187 - 196.

Autor gelungen, die Wurzeln der Nationalitätenpolitik der Okkupanten freizulegen, ihre Verknüpfung mit den Problemen der nazistischen Kriegswirtschaft sowie die Grundprinzipien der unterschiedlichen Behandlung der einzelnen okkupierten Gebiete seitens der Nazis klarzustellen. In seiner Studie über die "Endlösung" der Nationalitätenfrage im Sudetengau untersucht der Verfasser die Pläne der Faschisten zur Vertreibung tschechischer Landwirte von ihren Höfen, die darauf hinausliefen, der starken tschechischen Minderheit im Regierungsbezirk Opava ihre ökonomische Hauptbasis zu entziehen. Am Schluß dieser Studie und dann noch eingehender in einer der sogenannten Südtiroler Frage gewidmeten Miszelle wandte sich der Autor einer anderen Seite des Problems - der nazistischen Siedlungspolitik - zu. Eine weitere Studie widmete Antoš der faschistischen Agrarpolitik im Gebiet von Těšín. Darin ging er auch auf das Problem der sogenannten "Volkslisten" ein, wobei er auf die Bedeutung des ökonomischen Drucks hinweist, den die Faschisten bei der Handhabung dieses Mittels ihrer Eindeutschungspolitik anwandten, und auch recht ausführlich den Mißerfolg analysiert, den die Nazis bei ihrer Politik gegenüber den tschechischen Bewohnern des Gebietes von Těšín erlitten. Aus der Feder desselben Autors stammt auch der erste Versuch einer Charakteristik der Hauptaspekte des Okkupationsregimes in den einzelnen Grenzgebieten.[13] Am Beispiel der unterschiedlichen Haltung der Nazis gegenüber den einzelnen Bevölkerungsgruppen in den Gebieten von Těšín, Hlučín sowie im Opava-Teil des Sudetengaus wird darin die ausgeklügelte Raffinesse der Nationalitätenpolitik der Okkupanten dokumentiert. Diese vergleichende Studie ist sicher nicht in allen Punkten ausgewogen, wie es bei einer Pionierarbeit wohl auch nicht anders zu erwarten ist, aber sie legte zumindest den Grund für die weitere Erforschung des Okkupationssystems und schnitt Fragen an, deren Beantwortung zu den vordringlichen Aufgaben der tschechoslowakischen Historiographie gehört.

Im Jahre 1965 bildete das Schlesische Institut der Tschechoslowakischen Akademie der Wissenschaften zur systematischen Erforschung der Entwicklung des Industriegebietes von Ostrava während der nazistischen Okkupation eine Arbeitsgruppe, die mit den Vorarbeiten für eine Gesamtdarstellung dieses Themas betraut wurde. Diese Arbeitsgruppe geht von einer breiten Forschungsbasis aus; sie widmet sich nicht nur dem eingehenden Quellenstudium der tschechoslowakischen Archive aller Schattierungen (Zentralarchive bis hin zu Betriebsarchiven der einzelnen Industriewerke des Gebietes von Ostrava), sondern zieht darüber hinaus auch polnische und deutsche Materialien heran. Ihre Tätigkeit konzentriert sich auf das Studium der Entwicklung in den einzelnen besetzten Gebieten, die Untersuchung der nazistischen Okkupationspolitik sowie der Verhaltensweisen der Bevölkerung mit Hilfe von Mikroanalysen und dergleichen, wobei aus den Einzeluntersuchungen am Ende eine synthetische Gesamtdarstellung hervorgehen soll. Ein erster Versuch in dieser Richtung fand seinen Niederschlag in einem Symposium über Industriegebiete, das 1966 im Schlesischen Institut abgehalten wurde. Im Rahmen eines auf diesem Symposium gehaltenen Kollektivreferats wurden bisherige gemeinsame Forschungsergebnisse von Mitarbeitern des Instituts zusammengefaßt und dabei zugleich auch die weiteren Aufgabenstellungen umrissen.[14]

In ihrer weiteren Entwicklung verlief die detaillierte Forschung in mehreren Richtungen. Das größte Interesse galt zunächst dem Gebiet von Těšín, über das eine Fülle von Archivmaterial vorliegt, was eine tiefergehende Analyse der Probleme ermöglicht. Einige Studien über das Gebiet von Těšín und darüber hinaus ganz Oberschlesiens, dessen Bestandteil Těšín nach der Okkupation Polens durch die Nazis wurde, veröffentlichte Andělín Grobel-

13 Derselbe, Poznámky k některým rysům nacistického režimu v odtrženém pohraničí (Bemerkungen über einige Wesenszüge des nazistischen Regimes in dem abgetrennten Gebiet), in: Odboj a revoluce, Zprávy, Nr. 4, Prag 1966, T. 2, S. 19 - 34.

14 Ostravská průmyslová oblast ve 20. století (Das Industriegebiet von Ostrava im 20. Jahrhundert), Opava 1967, S. 239 ff. (Rotaprint).

ný.[15] Unter dem Gesichtspunkt der weiteren Forschung ist die Studie "Hornoslezská průmyslová oblast v představách nacistů" besonders erwähnenswert. Der Autor analysiert darin die Tätigkeit des "Oberschlesischen Instituts für Wirtschaftsforschung", das am 1. Oktober 1941 in Katowice/Kattowitz seine Arbeit aufnahm. Die Ausweitung des Blickwinkels auf das gesamte oberschlesische Gebiet ermöglicht es, die Ökonomik des Gebietes von Těšín in größere Zusammenhänge einzuordnen, sich die Rolle des Industriegebietes von Ostrava innerhalb der nazistischen Planung während des Krieges wie auch für die Zeit nach dem hypothetischen Sieg zu vergegenwärtigen sowie die Beziehungen zwischen Těšín und dem restlichen Gebiet von Ostrava eingehender zu erläutern. Der Autor untersucht die Problematik unter zwei Hauptaspekten: einerseits unter dem Gesichtspunkt der unmittelbaren Entwicklung des Gebietes während des Krieges und seiner Eingliederung in die deutsche Kriegswirtschaft, andererseits im Zusammenhang mit den Perspektivstudien des "Oberschlesischen Instituts für Wirtschaftsforschung", in denen der weitere ökonomische Ausbau und Umbau des ganzen Gebietes erörtert wurde. Die Untersuchung des Autors beschränkt sich in den weiteren Kapiteln nicht nur auf das Gebiet Oberschlesiens, sondern geht über dessen Grenzen hinaus, indem er auch auf die Kontakte des "Oberschlesischen Instituts für Wirtschaftsforschung" mit ähnlichen Wirtschaftsinstitutionen in Europa sowie das Bestreben der Nazis eingeht, Oberschlesien in den ökonomischen Strukturkomplex Ost- und Südosteuropas einzuordnen. Die Studie wird durch einige sehr wertvolle Beilagen ergänzt, die vor allem statistische Angaben enthalten. Mit einem völlig anderen Problem befaßt sich Grobelný in einer weiteren Studie über die Lage der sowjetischen Kriegsgefangenen und Zivilarbeiter auf dem Territorium Oberschlesiens. Er knüpft hierbei insbesondere an eine Studienreihe von František Mainuš und Zdeněk Konečný an, die dasselbe Problem für das Gebiet der tschechischen Länder untersuchten. Eingehender analysiert Grobelný die Lage der aus dem Osten deportierten Zwangsarbeiter. In ergänzenden Tabellen vermittelt er detaillierte Angaben über den Anteil der "Ostarbeiter" an der Gesamtzahl der Arbeitskräfte in den einzelnen Gebieten Oberschlesiens.

Eine etwas andere Betrachtungsweise zur Problematik des Gebietes von Těšín während der Okkupation bieten die Studien von Vilém Plaček.[16] Im Unterschied zu den Arbeiten von Grobelný handelt es sich dabei um eine regionalanalytische Betrachtungsweise der für das Gebiet typischen Probleme, die auf reichhaltigem Material örtlicher Okkupationsarchive basiert. Von hier aus erfolgt die Verallgemeinerung, die durch Anführung von konkreten und authentischen Fakten untermauert wird. Unter diesem Gesichtspunkt ist die Studie "Amtsbezirk Suchau", die vor allem die Archivbestände jener Behörde auswertete, in deren Händen die Verwaltung dreier Gemeinden des Kreises Těšín (Horní, Prostřední und Dolní Suchá) lag, besonders hervorzuheben. Der Autor konzentriert sich vor allem auf das Nationalitätenproblem und gelangt in seiner Analyse zu interessanten Schlußfolgerungen über die Strukturentwicklung der einzelnen Nationalitätengruppen. Eine Studie des gleichen Autors über die Geschichte der Stadt Karviná während der Okkupation trägt einen etwas anderen Charakter (dies erklärt sich schon daraus, daß es sich dabei um ein Kapitel aus einer umfangreicheren Monographie zur Geschichte der Stadt handelt) und geht recht detailliert auf die politische Ent-

15 Grobelný, Andělín, Hornoslezská průmyslová oblast v představách nacistů (Das oberschlesische Industriegebiet in den Vorstellungen der Nazis, in: Slezský sborník, Nr. 65, 1967, S. 21 - 46; derselbe, Postavení sovětských válečných zajatců a civilních dělníků v hornoslezském průmyslu za války (Die Lage der sowjetischen Kriegsgefangenen und Zivilarbeiter in der oberschlesischen Industrie während des Krieges), in: ebenda, S. 485 - 502.

16 Plaček, Vilém, "Amtsbezirk Suchau" v době nacistické okupace (Der "Amtsbezirk Suchau" während der nazistischen Okkupation), in: ebenda, Nr. 66, 1968, S. 310 - 326, 458 - 466; derselbe, Město Karviná v době nacistické okupace (Die Stadt Karviná während der nazistischen Okkupation), in: Karviná. Sborník příspěvků k dějinám a výstavbě města, Karviná 1968, S. 185 - 207.

wicklung ein. Auch hier wird uns in den Kapiteln über die Nationalitäten- und Wirtschaftspolitik eine Reihe wertvoller Angaben geboten. Sehr interessant sind hier zum Beispiel die Untersuchungsergebnisse des Verfassers zu den Eintragungen von Bürgern tschechischer Nationalität in die "Volkslisten". Gleiches gilt auch für die Analyse der ökonomischen und sozialen Bevölkerungsstruktur von Karviná während der Okkupation.

1968 fand im Schlesischen Institut der Tschechoslowakischen Akademie der Wissenschaften eine tschechoslowakisch-polnische Konferenz über die Entwicklung des Industriegebietes von Ostrava während der Okkupation statt, auf der Plaček das Hauptreferat[17] hielt. Es handelte sich dabei um den Versuch einer komplexen Betrachtung der Entwicklung des Gebietes in den Jahren 1938 bis 1945 unter ökonomischen und sozialen Gesichtspunkten sowie im Hinblick auf das Nationalitätenproblem. Der Autor konzentrierte sich auf einige thematische Schwerpunkte, welche die Hauptentwicklungstendenzen des Gebietes während der Okkupation markierten. Auf wirtschaftlichem Gebiet handelt es sich dabei um die Problematik der sogenannten Nachmünchener Periode, des weiteren dann um Wesenszüge des nazistischen Wirtschaftssystems, wie sie unter den spezifischen Bedingungen des Gebietes von Ostrava in Erscheinung traten, und schließlich um eine Konfrontation von Ansichten führender Nazigrößen über die zweckmäßigste Form der Okkupationspolitik. Die Untersuchung erhärtet einmal mehr, daß sich im Widerstreit zwischen ökonomischen und politischen Tendenzen letzten Endes jene Konzeptionen durchsetzten, die am besten den Bedürfnissen der nazistischen Kriegsmaschinerie entsprachen. Wertvoll ist auch die Zusammenfassung bisheriger Erkenntnisse über die Lage der Bevölkerung in den einzelnen Teilen des geteilten Gebietes im Schlußteil.

In ihrem weiteren Forschungsprogramm konzentrierten sich die Mitarbeiter des Schlesischen Instituts vor allem auf einige bisher nicht untersuchte Seiten der Entwicklung des Industriegebietes von Ostrava in den Jahren 1938 bis 1945 und auf bestimmte allgemeine Probleme der Okkupationsgeschichte.[18] Andělín Grobelný veröffentlichte dazu kürzere Beiträge und Miszellen. Zur Zeit beschäftigt er sich mit den Wirtschafts- bzw. Handelsbeziehungen der Schwerindustrie von Ostrava mit dem sogenannten slowakischen Staat. Nina Pavelčíková analysiert in zwei Aufsätzen Herkunft und Struktur der Arbeitskräfte in der Schwerindustrie des Gebietes von Ostrava. Sie untersucht dabei vor allem den Einfluß des nazistischen Systems der Zwangsarbeit auf die Entwicklung der Beschäftigtenstruktur in den Gruben des zum damaligen Protektorat gehörenden Teils des Reviers von Ostrava und Karviná und in den Eisenhütten von Vítkovice. Diese Studien enthalten viel neues Material und vertiefen unsere Erkenntnisse über die Haltung der Arbeiterschaft im Gebiet von Ostrava während des zweiten Weltkrieges. In weiteren Arbeiten konzentriert sich die gleiche Autorin

17 Průmyslové oblasti, Nr. 3, Ostrava 1971, S. 220.

18 Grobelný, Andělín, Česká otázka roku 1942 v pojetí libereckého nacisty (Die tschechische Frage im Jahre 1942 in den Vorstellungen eines Liberecer Nazis), in: Slezský sborník, Nr. 69, 1971, S. 306 - 315; derselbe, Čechoslováci v tábore smrti Neuengamme 1940 - 45 (Die Tschechoslowaken im Todeslager Neuengamme 1940 - 45), in: ebenda, S. 408 - 415; Pavelčíková, Nina, Vývoj pracovních sil v hornickém a hutnickém prumyslu na Ostravsku v letech 1939 - 41 (Die Entwicklung der Arbeitskräfte im Bergbau und der Hüttenindustrie im Gebiet von Ostrava in den Jahren 1939 - 41), in: ebenda, S. 21 - 37; dieselbe, Vývoj pracovních sil v hornickém a hutnickém průmyslu na Ostravsku v letech 1942 - 45 (Die Entwicklung der Arbeitskräfte im Bergbau und der Hüttenindustrie im Gebiet von Ostrava in den Jahren 1942 - 45), in: Studie o vývoji průmyslu a průmyslových oblastí, Bd. 1, hg. v. Slezský ústav Československé akademie věd, Opava 1972, S. 132 - 155 (Rotaprint); dieselbe, K problematice demografického vývoje ostravské průmyslové oblastí v letech okupace (Zur Problematik der demographischen Entwicklung des Industriegebietes von Ostrava in den Jahren der Okkupation), 46 S. (Ms.)

auf das bisher so gut wie unbearbeitete Thema der demographischen Entwicklung des Industriegebietes von Ostrava in den Jahren 1938 bis 1945. Eine tiefere Analyse von Bewegung und Struktur der Bevölkerung in der damaligen Zeit wird wesentlich dadurch erschwert, daß nur unvollständiges statistisches und archivalisches Material dazu vorliegt. Aber gerade in den Kriegsjahren kam es zu einschneidenden äußeren Eingriffen in die natürliche Entwicklung der dortigen Bevölkerung. Diese Zeit bildet daher eine äußerst wichtige Zäsur in der Bevölkerungsentwicklung dieses Gebietes.

Einen zusammenfassenden Überblick über Grundprobleme der demographischen und ökonomischen Entwicklung des Gebietes von Ostrava in den Jahren der nazistischen Okkupation bietet ein Kapitel einer umfangreicheren Arbeit über die Entwicklung des Industriegebietes von Ostrava im 20. Jahrhundert, die das Schlesische Institut der Akademie der Wissenschaften der ČSSR herausgibt.[19] Diese Studie ist ein weiterer Schritt zur Verallgemeinerung von Grunderkenntnissen über die Entwicklung des Gebietes von Ostrava und seiner Bevölkerung in den Jahren 1938 bis 1945. Die Forschung darüber ist damit freilich noch nicht abgeschlossen; denn ihr Ziel besteht nicht nur darin, das Geschichtsbild um bisher fehlende Mosaiksteinchen aus dem vielschichtigen Komplex der Entwicklung des Industriegebietes von Ostrava zu bereichern. Am Ende muß vielmehr die Synthese, die zusammenfassende Darstellung stehen, was ja mehr ist als eine Summe von Einzelarbeiten. Das bedingt teilweise weiterführende Überlegungen methodologischer und methodischer Art.

Dieser Überblick kann daher nur eine Zwischenbilanz sein, bei der sich nicht alle Arbeiten und Einzelergebnisse einer umfangreichen Forschungstätigkeit, die in ihren Anfängen bereits Mitte der fünfziger Jahre einsetzte, berücksichtigen ließen. Diese Zwischenbilanz zeigt jedoch - so hoffen wir -, daß entscheidende Voraussetzungen für die komplexe synthetische Darstellung einer Geschichte der nazistischen Okkupation im Industriegebiet von Ostrava inzwischen geschaffen wurden.

(Übersetzt von Dietrich Lokys)

19 Ostravská průmyslová oblast v letech nacistické okupace (Das Industriegebiet von Ostrava in den Jahren der nazistischen Okkupation), 56 S. (Ms.)

TAGUNGEN, BERICHTE, KONFERENZEN

KONFERENZ "BETRIEBSGESCHICHTE UND SOZIALISTISCHE BEWUSSTSEINSBILDUNG", VERANSTALTET VON DER HISTORIKER-GESELLSCHAFT DER DDR/FACHKOMMISSION BETRIEBSGESCHICHTE

von Hans Radandt

Am 28. und 29. März 1973 fand in Berlin eine Konferenz zum Thema "Betriebsgeschichte und sozialistische Bewußtseinsbildung" statt, zu der die Historiker-Gesellschaft der DDR eingeladen hatte. Von den 120 Teilnehmern der Konferenz kamen rund 60 Prozent aus Betrieben der Industrie und des Verkehrs der DDR, etwa 15 Prozent kamen aus der Staatlichen Archivverwaltung, dem Deutschen Zentralarchiv, den Staatsarchiven und Museen, weitere 15 Prozent waren hauptamtliche Partei- und Gewerkschaftsfunktionäre, und etwa 10 Prozent kamen aus wissenschaftlichen Forschungs- und Lehrinstitutionen.

Der Präsident der Historiker-Gesellschaft der DDR, Prof. Dr. Joachim Streisand, eröffnete die Konferenz und wies, ausgehend von den Beschlüssen des VIII. Parteitages der SED, auf die große Bedeutung der Geschichtswissenschaft und damit auch der Betriebsgeschichte für die sozialistische Bewußtseinsbildung hin. Er stellte die Mitglieder der vom Präsidium der Historiker-Gesellschaft gebildeten Fachkommission Betriebsgeschichte vor, die künftig etwa jährlich Konferenzen zur Betriebsgeschichte einberufen wird.

In seinem Referat erläuterte Dr. Hans Radandt die Wichtigkeit der Beschlüsse des VIII. Parteitages und des Beschlusses des Politbüros des ZK der SED über die Aufgaben der Agitation und Propaganda für die Betriebsgeschichte. Er betonte die wachsende Bedeutung der theoretischen Arbeit, die Notwendigkeit des Studiums der Klassiker des Marxismus-Leninismus, der Parteibeschlüsse und der Materialien des V. Historikerkongresses der DDR.

Das sozialistische Bewußtsein der Werktätigen ist die Grundlage ihrer schöpferischen Aktivität. Die Betriebsgeschichte trägt zur Erweiterung des sozialistischen Geschichtsbildes und zur Entwicklung des sozialistischen Bewußtseins bei. Damit gewinnt die Betriebsgeschichte außerordentliche Bedeutung für die wissenschaftliche Führung und Leitung der Produktion, für die Förderung der Betriebsverbundenheit der Werktätigen, für die Verbesserung des Betriebsklimas und für die Erhöhung der Arbeitsproduktivität.

Der Referent wies auf die Wechselbeziehungen zwischen einzelnen Fachrichtungen der Geschichtswissenschaft hin und vor allem auf die notwendige enge Zusammenarbeit zwischen Betriebsgeschichtskommissionen und den Kommissionen zur Erforschung der Geschichte der örtlichen Arbeiterbewegung bei den Bezirks- und Kreisleitungen der SED. Er hob hervor, daß sich die kollektive Arbeit der Betriebsgeschichtskommissionen, ihr Studium der methodischen Anleitungen im Jahrbuch für Wirtschaftsgeschichte und ihre Zusammenarbeit mit Wissenschaftlern der Akademie, der Universitäten und Hochschulen bewährt hat. Dissertations- und Habilitationsschriften zu Teilproblemen der Geschichte eines Betriebes haben wertvolle Beiträge geleistet.

Der Inhalt der Betriebsgeschichten muß vier Grundüberzeugungen vermitteln: die Gesetzmäßigkeit des Übergangs vom Kapitalismus zum Sozialismus, die historische Mission der Arbeiterklasse und ihrer revolutionären Partei, die Notwendigkeit einer engen Freundschaft zur Sowjetunion und eine vom Klassenstandpunkt der Arbeiterklasse geprägte Einschätzung der imperialistischen Kräfte. Die Betriebsgeschichte muß die spezielle Entwicklung im Betrieb allseitig unter Berücksichtigung der führenden Rolle der Arbeiterklasse und ihrer Partei im Zusammenhang mit der Gesamtentwicklung von der Gründung des Betriebes an erforschen und darstellen. Besondere Bedeutung kommt dabei auch der Erforschung der bewußtseinsbildenden Rolle der SED zu, der Untersuchung, wie sie die Werktätigen befähigte, den ihnen gestellten großen Aufgaben gerecht zu werden. Dabei müssen auch die Gewerkschaften mit ihrer Verantwortung für den sozialistischen Wettbewerb und die Verbesserung der Arbeits- und Lebensbedingungen gewürdigt werden.

Radandt gab einen Überblick über die bisher in der DDR erschienenen Betriebsgeschichten und hob dabei besonders die in den letzten Jahren gestiegene wissenschaftliche Akribie, den Wert der Betriebsgeschichten für die Geschichtswissenschaft sowie für die Parteipropaganda und Agitation hervor. Er betonte die Notwendigkeit der kontinuierlichen Arbeit der Betriebsgeschichtskommissionen und die Notwendigkeit von Teilpublikationen über einzelne Perioden und Spezialprobleme der Geschichte einzelner Betriebe und verwies dabei vor allem auf das Beispiel der Filmfabrik Wolfen.

Über die hervorragende Qualität der Ausstattung besonders einiger Veröffentlichungen des Verlages Tribüne sprach sich der Referent anerkennend aus, bedauerte aber, daß der Verlag nur etwa zwei bis drei Betriebsgeschichten im Jahr herausgebe. Er mahnte die Autoren der Betriebsgeschichten, nur historisch Belegbares in die Darstellung einzubeziehen, keine Gedanken oder Gespräche nachzugestalten, sondern entsprechendes zum Beispiel aus Betriebszeitungen und Brigadetagebüchern zu zitieren.

Radandt demonstrierte an einigen Beispielen die gestiegene Qualität des Inhalts der Betriebsgeschichten, forderte aber, künftig einzelne Probleme gründlicher zu behandeln. So müsse zum Beispiel der Agitations- und Propagandaarbeit der SED, der ideologischen Diskussion im Betrieb, den nach 1945 entwickelten betrieblichen Traditionen, dem Internationalismus und der Freundschaft zur Sowjetunion künftig mehr Beachtung geschenkt und die Auseinandersetzung mit dem Imperialismus anhand von Lenins Imperialismus-Analyse prinzipieller geführt werden.

Zur Diskussion sprachen vierzehn Teilnehmer der Konferenz, unter ihnen zum größten Teil Wissenschaftler, die anleitend in der Betriebsgeschichtsarbeit tätig sind. Wenn hier nur wenige sprachen, die selbst an Betriebsgeschichten arbeiten, dann wurde das durch einen Erfahrungsaustausch etwas ausgeglichen, der am Abend des ersten Konferenztages in kleinerem Kreis stattfand. Dort nahmen besonders Vertreter der Betriebe das Wort, die sich vor allem für eine zentrale Leitung der Betriebsgeschichtsschreibung sowie für eine durch diese koordinierte Anleitung aussprachen. Anschaulich demonstriert wurde auch die Notwendigkeit des organisierten Erfahrungsaustausches durch die Berichte der Vertreter des VEB Carl Zeiss Jena und des VEB Qualitäts- und Edelstahlkombinat Maxhütte Unterwellenborn. Siegfried Liebig von der Maxhütte stellte fest, daß die Kollegen vom VEB Carl Zeiss über große Erfahrungen in der Betriebsgeschichtsschreibung verfügen, er aber jetzt zum ersten Mal davon erfahre, obwohl es doch möglich sein müßte – zumal beide Betriebe im gleichen Bezirk liegen –, den Betriebshistorikern in der Maxhütte diese Erfahrungen zu vermitteln.

In der Diskussion wurden fünf Fragenkomplexe erörtert: Inhalt der Betriebsgeschichte; ihre Bedeutung für Agitation und Propaganda; ihre Quellen; ihre Entwicklung in einzelnen Betrieben und schließlich die Anleitung bei der Betriebsgeschichtsschreibung sowie deren organisatorische Gestaltung.

Jürgen Peters, Berlin, wies darauf hin, daß der Beschluß des Politbüros des ZK der SED über die Aufgaben der Agitation und Propaganda in allen seinen Punkten wertvolle Hinweise für die Betriebsgeschichtsschreibung enthalte. Dabei stellte er besonders zwei Forderungen heraus. Erstens soll die Betriebsgeschichte mit zur Herausbildung sozialistischer Persönlichkeiten beitragen und zum sozialistischen Patriotismus und Internationalismus erziehen, indem sie nicht nur eine enge Beziehung zur Geschichte der DDR, sondern gleichzeitig zur Geschichte der sozialistischen Staatengemeinschaft herstellt. Zweitens soll die Betriebsgeschichte darstellen, wie Menschen, indem sie ihre Umwelt verändern, sich selbst entwickeln. Der Heroismus des Alltags soll gezeigt werden, die Erfolge und auch der Kampf, die Opferbereitschaft und wie Schwierigkeiten überwunden wurden, um diese Erfolge zu erreichen.

Dr. Alfred Loesdau, Berlin, erläuterte anhand der Entwicklung der bürgerlichen Ideologie in der BRD, daß in der wirksamen Auseinandersetzung mit der Konzernideologie eine neue Qualität erreicht werden müsse, und ging dabei auf drei Aspekte ein: die Abrechnung mit der imperialistischen Ideologie, wie sie in den früheren kapitalistischen Betrieben auftrat; die Auseinandersetzung mit imperialistischen Störaktionen und den ihnen zugrunde liegenden antikommunistischen Ideologien; die Auseinandersetzung mit der Verfälschung der Marxismus-Leninismus-Theorie.

Prof. Dr. Rudolf Ludloff, Karl-Marx-Stadt, forderte, die Rolle der Arbeiterklasse in bezug auf den technischen Fortschritt und den wissenschaftlich-technischen Fortschritt stärker in die Erforschung und Darstellung der Betriebsgeschichten einzubeziehen. Er kritisierte, daß in den bisherigen Betriebsgeschichten der große Anteil der Arbeiterklasse an der Entwicklung des technischen Fortschritts im Kapitalismus und ihre führende Rolle bei der Förderung des wissenschaftlich-technischen Fortschritts im Sozialismus ungenügend berücksichtigt worden sei.

Dr. Hans Meusel, Berlin, ging vor allem auf den großen Beitrag ein, den Betriebsgeschichten zur ideologischen Erziehung im Betrieb leisten können, und forderte auf diesem Gebiet eine enge Zusammenarbeit zwischen der staatlichen Leitung des Betriebes, der Betriebsparteileitung und der BGL. Er hob besonders die jetzt in vielen Betrieben entstehenden Traditionskabinette hervor, in denen den Werktätigen wichtige Probleme aus der Geschichte des Betriebes nähergebracht werden und die wiederum zur weiteren Erforschung der Geschichte anregen. Die Traditionskabinette als Mittel zur wissenschaftlichen Erforschung der Betriebsgeschichte zu nutzen, regte Dr. Erwin Könnemann, Halle, an.

Zwei Diskussionsredner gingen auf bisher noch wenig genutzte Quellen für die Betriebsgeschichte ein. Dr. Hans Czihak, Berlin, sprach über den großen Quellenwert, den Brigadetagebücher haben können. Sie geben Auskunft über den Erziehungsprozeß im Betrieb und in der Brigade, sind selbst ein Faktor der Persönlichkeitsentwicklung und spiegeln diese wider. Er machte darauf aufmerksam, daß Brigadetagebücher von sehr unterschiedlicher Qualität sind, und führte gute und schlechte Beispiele zu deren Auswertung für die Betriebsgeschichte an.

Karl-Heinz Kuba, Berlin, vermittelte einen Einblick, welche Quellen das Zentralarchiv und die Bezirksarchive des FDGB der Betriebsgeschichte zu bieten vermögen. Für zahlreiche Betriebe liegen dort Berichte, zum Beispiel über Probleme des Wettbewerbs, des Planablaufs, der Einführung des Schichtsystems. Er schränkte dabei ein, daß es aufgrund der Schwerpunktarbeit der Gewerkschaften, die im Laufe der Zeit Änderungen unterworfen war, keine fortlaufende Überlieferung zur Geschichte einzelner Betriebe in allen Jahren gebe.

Irmtraud Dalchow, Halle, sprach über ihre Erfahrungen bei der Erarbeitung der Betriebsgeschichte des VEB Maschinenfabrik Halle, bei der die Betriebsgeschichtskommission mit einer Beratergruppe zusammenarbeitet. Zwei Broschüren wurden bereits veröffentlicht und an die Belegschaft verteilt, in der Betriebszeitung werden häufig Probleme der Betriebsgeschichte ausgewertet. Sie hob besonders drei Probleme hervor, vor denen sie bei der Erforschung und Darstellung stand: Nicht jedes Ereignis, das für die Geschichte insgesamt gravierend war, spiegelt sich im einzelnen Betrieb wider (zum Beispiel die Novemberrevolution); der ideologische Prozeß steht nicht in den Akten, sondern spielt sich in den Köpfen ab; es ist schwierig, die wissenschaftlich exakte Darstellung lesbar zu gestalten.

Rainer Breuer, Berlin, vermittelte Erfahrungen aus der Betriebsgeschichtsarbeit des VEB Berliner Glühlampenwerk und unterstrich dabei wichtige Erkenntnisse: Die Betriebsgeschichtskommission muß die schöpferisch-geistigen Aktivitäten der Arbeiter des Betriebes nutzen, mit wissenschaftlichen Institutionen zusammenarbeiten und Betriebsgeschichte als ständige Aufgabe betrachten.

Thomas Mette, Berlin, sprach über die betriebsgeschichtlichen Aktivitäten bei der Reichsbahn, wobei er sowohl auf die Betriebsgeschichten einzelner Bereiche, Betriebe und Dienststellen als auch auf die Betriebsgeschichte der gesamten Reichsbahn einging.

Dr. Wolfgang Schlieder, Leipzig, gab einen Überblick über die Aufgaben des neugegründeten Fachausschusses "Papiergeschichte" im Fachverband Holz, Papier, Polygraphie der Kammer der Technik. Dieser Fachausschuß betrachtet die Erforschung der Geschichte des Industriezweiges ebenso wie die einzelner Kombinate und Betriebe in der VVB Zellstoff, Papier, Pappe als Schwerpunktaufgabe und strebt die Bildung von Betriebsgeschichtskommissionen in allen Betrieben und Kombinaten sowie die Zusammenarbeit mit Organisationen und Institutionen auf diesem Gebiet an.

Dr. Hartmut Mehls, Berlin, nannte vier Schwierigkeiten, die bei der Weiterentwicklung der Betriebsgeschichtsschreibung zu meistern seien: hohe Kosten einzelner Betriebsgeschichtsprojekte, fehlende Kader, bisher zu wenig zentrale Tagungen, zu wenig theoretischer Vorlauf und zu wenig Anleitung.

Dr. Kurt Gossweiler, Berlin, kritisierte das Fehlen einer zentralen Stelle für die Betriebsgeschichte und die infolgedessen nicht zentralisierte Anleitung. Er machte auf viele fehlgeschlagene Betriebsgeschichtsprojekte der letzten Jahrzehnte aufmerksam und warnte davor, die bisherigen Erfolge der Betriebsgeschichte, gemessen an der fast 25jährigen Geschichte der DDR, zu überschätzen. Gossweiler mahnte, die Betriebsgeschichtsschreibung vorausschauend zu gestalten und die Gewerkschaften als Schulen des Sozialismus stärker einzubeziehen.

Hans Meusel forderte dazu auf, die in vielen Betrieben zum Teil in leitenden Funktionen arbeitenden Gesellschaftswissenschaftler stärker in die Betriebsgeschichtsarbeit einzubeziehen. Erwin Könnemann machte auf die Potenzen aufmerksam, die es für die Betriebsgeschichtsschreibung unter den Lehrern an Oberschulen und Betriebsberufsschulen und unter den Studenten in Seminaren zur Geschichte der örtlichen Arbeiterbewegung an den Universitäten für die Betriebsgeschichte zu nutzen gebe.

Über die Arbeit des Verlages Tribüne auf dem Gebiet der Betriebsgeschichte sprach Irmgard Thiemann, Berlin. Sie betonte, daß die Kapazität für betriebsgeschichtliche Veröffentlichungen erweitert werden könne, wenn mehr gute, in sich geschlossene, die Gesamtgeschichte behandelnde, veröffentlichungsreife Manuskripte angeboten werden würden.

Im Schlußwort hob Radandt, die Ergebnisse der Diskussion zusammenfassend, noch einmal das Anliegen der Konferenz, die Betriebsgeschichte als Mittel zur sozialistischen Bewußtseinsbildung stärker zur Geltung zu bringen, hervor. Er befürwortete die Notwendigkeit einer zentralen Leitung der Betriebsgeschichte und die Vorteile der dadurch zu erreichenden zentralen Anleitung. Gleichzeitig aber betonte er, daß es gelte, bis eine solche zentrale Leitung geschaffen sei, die jetzt vorhandenen Anleitungsmöglichkeiten zu nutzen: die Konferenzen der Fachkommission Betriebsgeschichte der Historiker-Gesellschaft der DDR, die Kommissionen zur Erforschung der örtlichen Arbeiterbewegung bei den Bezirks- und Kreisleitungen der SED und das Jahrbuch für Wirtschaftsgeschichte.

Bibliographie

BIBLIOGRAPHIE WIRTSCHAFTSGESCHICHTLICHER LITERATUR DER DDR

3. Lieferung

Theorie und Methodik

330.

Biermann, Kurt-R.: Alexander von Humboldt über den Vorläufer des programmgesteuerten Rechenautomaten. In: Schriftenr. Gesch., Naturwiss., Technik, Med., Leipzig, 9, 1972, 1, S. 21 - 24.

331.

Brendler, Gerhard; Küttler, Wolfgang: Die Einheit von Sozialismus und Kommunismus und die historische Analyse ökonomischer Gesellschaftsformationen. In: Z. Gesch. wiss., Berlin, 21, 1973, 1, S. 5 - 30.

332.

Czihak, Hans: Gedanken zur Kombinatsgeschichtsschreibung. In: Jb. Wirtschaftsgesch., Berlin, 1972, 3, S. 251 - 56.

333.

Fabiunke, Günter: Brauchen wir eine Geschichte der politischen Ökonomie des Sozialismus? In: Einheit, Berlin, 27, 1972, 9, S. 1240 - 45.

334.

Jonas, Wolfgang: Warum Erforschung der Geschichte der Produktivkräfte? In: Spektrum, Berlin, 3, 1972, 11, S. 18 - 20.

335.

Khalatbari, Parviz: Zu einigen Grundfragen der marxistisch-leninistischen Demographie. In: Jb. Wirtschaftsgesch., Berlin, 1971, 2, S. 245 - 53.

336.

Klemm, Volker: Zur Anwendung mathematisch statistischer Methoden bei der Interpretation agrargeschichtlicher Zeitreihen. In: Jb. Wirtschaftsgesch., Berlin, 1972, 4, S. 23 - 50.

337.

Koch, Gisela: Produktionsverhältnisse und Basis-Überbau-Beziehungen. In: Dt. Z. Philos., Berlin, 20, 1972, 7, S. 896 - 906.

338.

Koval'čenko, I. D.; Selunskaja, N.V.: Sowjetische Erfahrungen bei der Anwendung mathematisch-statistischer Methoden in historischen Untersuchungen. Übers. v. Fedor Kretschmar. In: Jb. Wirtschaftsgesch., Berlin, 1972, 4, S. 11 - 22.

339.

Lehmann, Hermann: Um die klassische politische Ökonomie des Bürgertums. Walter Braeuer, Frankreichs wirtschaftliche und soziale Lage um 1700. Dargest. unter bes. Berücksichtigg. d. Werke v. Vauban und Boisguillebert. (Magdeburger rechts- u. staatswiss. Abh. Bd. 1. - Marburg: Elwert 1968. 192 S.; Marie-Elisabeth Vopelius: Die altliberalen Ökonomen und die Reformzeit. (Sozialwiss. Studien. Schriftenr. d. Seminars f. Sozialwiss. d. Univ. Hamburg, H. 11) - Stuttgart: Fischer 1968. 195 S. In: Jb. Wirtschaftsgesch., Berlin, 1972, 3, S. 223 - 32.

340.

Lewin, G., Zur Definition des Begriffes "Arbeiterklasse" in China <1917 bis 1949>. In: Wiss. Z. Karl-Marx-Univ. Leipzig, Gesellsch. wiss. R., Leipzig, 21, 1972, 6, S. 547 - 52.

341.

Meyer, Hansgünter: Bemerkungen über die Art der Fragestellung bei Jürgen Kuczynski: "Charakter, Struktur und Anzahl der Industriearbeiter im 20. Jahrhundert". In: Jb. Wirtschaftsgesch., Berlin, 1972, 3, S. 147 - 51.

342.

Niebyl, Karl H.: The historical and material base for revolutionary change in scientific methodology. In: Schriftenr. Gesch., Naturwiss., Technik, Med., Leipzig, 9, 1972, 1, S. 81 - 92.

343.

Pullat, Raimo: Zur historischen Demographie der Städte in der estnischen SSR. In: Jb. Wirtschaftsgesch., Berlin, 1971, 2, S. 255 - 66.

344.

Radandt, Hans: Der VIII. Parteitag der SED gibt auch der Betriebsgeschichte neue Impulse. In: Jb. Wirtschaftsgesch., Berlin, 1972, 1, S. 323 - 329.

Bibliographien

345.

Bibliographie der im Institut für sorbische Volksforschung erarbeiteten Karten zur historischen Landeskunde und zur Demographie der Sorben. Zsgest. v. Frido Mětšk. In: Lětopis, R. B., Bautzen, 19, 1972, 2, S. 243 - 56.

346.

Bibliographie zur Geschichte der Mark Brandenburg. T. 3, Bearb. v. Hans-Joachim Schreckenbach. - Weimar: Böhlau 1972. 584 S.

347.

Bibliographie zur Geschichte der Stadt Leipzig. Erster Hauptband. - Weimar: Böhlau 1971. S. VIII, 263 S.

348.

Bibliographie wirtschaftsgeschichtlicher Literatur der DDR. 1. Lfg. In: Jb.Wirtschaftsgesch., Berlin, 1972, 4, S. 233 - 50.

349.

Günther, Renate: Bibliographie selbständiger Schriften zur Betriebsgeschichte in der Deutschen Demokratischen Republik. In: Jb. Wirtschaftsgesch., Berlin, 1972, 4, S. 281 - 88.

350.

Günther, Renate: Hochschulschriften zur Wirtschaftsgeschichte. In: Jb. Wirtschaftsgesch., Berlin, 1972, 3, S. 299 - 362.

351.

Jahresberichte für deutsche Geschichte. Hrsg. v. d. Akad. d. Wiss. d. DDR. Zentralinst. f. Geschichte, Abt. Information u. Dokumentation. Verantw.: Peter Wick. Mitarb. bei d. bibliogr. Bearb.: Dt. Bücherei. Verantw.: Lutz Noack. N. F. Jg. 21. 1969. Mit Nachtr. - Berlin: Akademie-Verl. 1972. XXIII, 774 S.

352.

Sächsische Bibliographie. Berichtsjahr 1970. Nachträge 1961 ff. Zsgest. v. Johannes Jandt unter Mitarb. v. Ilse Schneider. Hrsg. v. d. Sächs. Landesbibliothek. - Dresden: Sächs. Landes Bibliothek 1971. 274 S.

353.

Thüringen Bibliographie 1970. Nachträge 1966 - 1969. Bearb. v. Doris Kuhles. - Weimar: Nationale Forschungs- und Gedenkstätten der klassischen deutschen Literatur in Weimar 1972. 143 S.

354.

Schmidmaier, Dieter: Arbeiten zur Geschichte der Naturwissenschaften und Technik aus der Bibliothek der Bergakademie Freiberg. In: Schriftenr. Gesch., Naturwiss., Technik, Med., Leipzig, 9, 1972, 1, S. 93 - 96.

Festschr., Biograph., Kongresse, Quellennachweise

355.

Barth, Ernst: Aus der Tätigkeit des Arbeitskreises "Erforschung der Geschichte der Bauern" im Bezirk Karl-Marx-Stadt. In: Jb. Regionalgesch., Weimar, 4, 1972, S. 285 - 88.

356.

Bothe, Maria: Richard Ehrenbergs Wirken an der Universität Rostock <1899 - 1921> im Interesse des deutschen Monopolkapitals. In: Wiss. Z. Univ. Rostock, Gesellsch.wiss. R., Rostock, 21, 1972, 1, S. 91 - 97.

357.

Eccarius, Wolfgang: Der Oberbaurat August Leopold Crelle und dessen Beteiligung an der Planung und Ausführung des frühen preußischen Eisenbahnwesens. In: Jb. Wirtschaftsgesch., Berlin, 1972, 4, S. 163 - 70.

358.

Elsner, Lothar; Heitz, Gerhard: Zur Konzeption der "Industriegesellschaft" - Kritik der Rosenberg-Festschrift. In: Wiss. Z. Univ. Rostock, Gesellsch.wiss. R., Rostock, 21, 1972, 1, S. 119 - 22.

359.

Engelmann, Gerhard: Das Landbuch der Mark Brandenburg als Quelle zur historischen Geographie Brandenburgs. In: Jb. Wirtschaftsgesch., Berlin, 1972, 4, S. 233 - 44.

360.

Hinkel, Günter: 25 Jahre Wirtschaftskommission der UNO für Europa. In: Dt. Außenpolitik, Berlin, 17, 1972, Sonderh., S. 85 - 100.

361.

Müller, Werner: Auf den Spuren von Gottfried Silbermann. Ein Lebensbild d. berühmten Orgelbauers. Nach urkundl. Quellen gez. 3., durchges. u. erg. Aufl. - Berlin: Evangelische Verl. Anst. 1972. 259 S., Abb.

362.

Kleinsorge, Johann: Veränderungen in der sozialen Struktur der Bauernschaft Westeuropas. Agrarsymposium. In: IPW Ber., Berlin, 1, 1972, 9, S. 45 - 46.

363.

Rehbein, Elfriede: Johannes Andreas Schubert - Ein Pionier des modernen Verkehrswesens. In: Wiss. Z. Techn. Univ. Dresden Dresden, 20, 1971, 3, S. 615 - 17.

364.

Schwarze, Elisabeth: Bestandsinformation für den Wirtschaftshistoriker aus dem Deutschen Zentralarchiv Potsdam. Quellen zur Wirtschafts- und Sozialgeschichte des 18. Jahrhunderts im Bestand Generaldirektorium im Deutschen Zentralarchiv, Historische Abteilung 2, Merseburg. In: Jb. Wirtschaftsgesch., Berlin, 1972, 4, S. 245 - 59.

365.

Sippel, Arno; Seidel, Heinz: Festschrift zum 75. Betriebsjubiläum der Straßenbahn der Wartburgstadt Eisenach am 3. August 1972. - Eisenach: VEB K Städtischer Verkehr d. Wartburgstadt 1972. 45 S., Abb.

366.

Sittauer, Hans Leo: Gebändigte Explosionen. Nicolaus August Otto u. s. Motor. Unter Mitarb. v. Otto Bittmann. - Berlin: Transpress 1972. 288 S., Abb.

367.

Spading, Klaus; Wilhelmus, Wolfgang: Greifswalder Kolloquium zur Geschichte des Ostseeraumes. In: Z. Gesch.wiss., Berlin, 20, 1972, 11, S. 1415 - 18.

368.

Zeimer, Siegfried: Neue Tendenzen staatsmonopolistischer Herrschaftssicherung. Tagung des Rates für Imperialismusforschung. In: IPW Ber., Berlin, 1, 1972, 3, S. 41 - 43.

Mehrere Zeitabschnitte

369.

Beckel, Gerhard: 100 Jahre Feinpapierfabriken Neu Kaliß. Ein Beitr. z. Gesch. d. VEB Feinpapierfabriken Neu Kaliß. Fotos: Gerhard Triebel. - Neu Kaliß: VEB Feinpapierfabriken 1972, 71 S. 4°

370.

Gesamtverzeichnis der Glashütten in Mecklenburg <17. bis 19. Jahrhundert>. Bearb. v. Ralf Wendt. In: Wiss. Z. Univ. Rostock, Gesellsch.wiss. R., Rostock, 21, 1972, 1, S. 65 - 80.

371.

Zur Geschichte der Kultur und Lebensweise der werktätigen Klassen und Schichten des deutschen Volkes vom 11. Jahrhundert bis 1945. Ein Abriß. Von einem Autorenkollektiv u. d. Ltg. v. Bernhard Weißel, Hermann Strohbach, Wolfgang Jacobeit. In: Wiss. Mitt. Dt. Hist. Gesellsch., Berlin, 1972, 1/3, 383. S.

372.

Kuczynski, Jürgen: Wissenschaft und Gesellschaft. Studien und Essays über sechs Jahrtausende. Verb., im Umfang um über die Hälfte verm. u. bis in die Gegenw. fortgeführte 2. Aufl. v. "Wissenschaft und Wirtschaft bis zur Industriellen Revolution". - Berlin: Akademie-Verl. 1972. 240 S. (Forsch. z. Wirtschaftsgesch. 2).

373.

Wendt, Ralf: Glashüttenbetrieb und Gutsherrschaft in Mecklenburg vom 17. bis 19. Jahrhundert. In: Wiss. Z. Univ. Rostock, Gesellsch.wiss. R., Rostock, 21, 1972, 1, S. 53 - 64.

bis 500

374.

Held, Wieland: Politische und ökonomische Aspekte der allgemeinen Krise des 3. Jahrhunderts im Imperium Romanum. In: Wiss. Z. Ernst-Moritz-Arndt-Univ. Greifswald, Ges.wiss. R., Greifswald, 21, 1972, 1, S. 5 - 10.

500 - 1789

375.

Albrecht, Gerhard: Die sozialökonomische Struktur der Gutsbesitzerherrschaft Freyenstein zu Beginn des 17. Jahrhunderts. In: Wiss. Z. Univ. Rostock, Gesellsch.wiss. R., Rostock, 21, 1972, 1, S. 5 - 11.

376.

Assing, Helmut: Zur Entwicklung der bäuerlichen Abgaben in der Mark Brandenburg während des 14. Jahrhunderts. Unters. in den Dörfern des Teltow <Mittelmark>. In: Jb. Regionalgesch., Weimar, 4, 1972, S. 240 - 58.

377.

Auschra, Gerhard: Die Entwicklung der Feudalrente im Amte Ivenack von 1575 bis 1709. In: Wiss. Z. Univ. Rostock, Gesellsch.wiss. R., Rostock, 21, 1972, 1, S. 13 - 20.

378.

Cieślak, Edmund: Verkäuflichkeit städtischer Ämter in Gdańsk bis zum Ende des 18. Jahrhunderts. In: Wiss. Z. Ernst-Moritz-Arndt-Univ. Greifswald, Ges.wiss. R., Greifswald, 21, 1972, 1, S. 43 - 47.

379.

Donnert, Erich: Aufklärung und antileibeigenschaftliches Denken in Rußland in der zweiten Hälfte des 18. Jahrhunderts. In: Z. Gesch.wiss., Berlin, 20, 1972, 8, S. 974 - 86.

380.

Forberger, Rudolf: Forschungen zur Entwicklung des Kapitalismus im 18. Jahrhundert. Bemerkungen zu Hildegard Hoffmann, Handwerk und Manufaktur in Preußen 1769 (Das Taschenbuch Knyphausen) (Dt. Ak. d. Wiss. zu Berlin. Schr. d. Zentralinst. f. Gesch., R. 2. Landes- und Regionalgesch. 10). In: Jb. Wirtschaftsgesch., Berlin, 1972, 3, S. 233 - 37.

381.

Fritsch, Karl Ewald; Wilsdorf, Helmut: Die bergmännische Kleidung im Berufsleben und in ihrer gesellschaftlichen Funktion. In: Sächs. Heimatbl., Radeberg, 18, 1972, 5, S. 221 - 28.

382.

Gleisberg, Herbert: Von Seidenbaubüchern. In: Sächs. Heimatbl., Radeberg, 18, 1972, 3, S. 135 - 37.

Teil 2. Forts. v. H. 1, 1972.

383.

Gleisberg, Herbert: Von Seidenbaubüchern. In: Sächs. Heimatbl., Radeberg, 18, 1972, 1, S. 25 - 28.

384.

Gleisberg, Hermann: Die mittelalterliche Mühlenbaukunst. In: Sächs. Heimatbl., Radeberg, 18, 1972, 5, S. 193 - 203.

385.

Haack, Hanna: Bäuerliche und gutsherrliche Verschuldung in mecklenburgischen Feudalkomplexen um 1600. In: Wiss. Z. Univ. Rostock, Gesellsch.wiss. R., Rostock, 21, 1972, 2, S. 263 - 72. Tab.

386.

Harnisch, Hartmut: Zur Herausbildung und Funktionsweise von Gutswirtschaft und Gutsherrschaft. Eine Klageschrift der Bauern der Herrschaft Neugattersleben aus dem Jahre 1610. In: Jb. Regionalgesch., Weimar, 4, 1972, S. 179 - 99.

387.

Heitz, Gerhard: Zum bäuerlichen Klassenkampf im 1‿. Jahrhundert. In: Wiss. Z. Univ. Rostock, Gesellsch.wiss. R., Rostock, 21, 1972, 2, S. 249 - 53.

388.

Heitz, Gerhard: Zum Charakter der "zweiten Leibeigenschaft". In: Z. Gesch.wiss., Berlin, 20, 1972, 1, S. 24 - 39.

389.

Hoffmann, Ernst: Über die Dorfgemeinde und ihre Stellung im Übergangsprozeß von der Urgesellschaft zur Klassengesellschaft. Mit Diskussionsbeitr. v. E. Ch. Welskopf u. a. In: Ethnogr.-archäol. Z., Berlin, 13, 1972, 1, S. 71 - 143.

390.

Huschner, Fritz: Leibeigenschaft und Leibeigenschaftsprozesse im geistlichen Grundbesitz der Stadt Wismar im 17. und 18. Jahrhundert. In: Wiss. Z. Univ. Rostock, Gesellsch.wiss. R., Rostock, 21, 1972, 1, S. 29 - 35.

391.

Langer, Erika: Überregionale Handelsbeziehungen thüringischer Städte im 15. Jahrhundert. In: Wiss. Z. Friedrich-Schiller-Univ. Jena, Gesellsch.wiss. R., Jena, 21, 1972, 2, S. 195 - 208.

392.

Langer, Herbert: Zum bäuerlichen Klassenkampf im Dreißigjährigen Krieg. In: Wiss. Z. Ernst-Moritz-Arndt-Univ. Greifswald, Ges.wiss. R., Greifswald, 21, 1972, 1, S. 39 - 42.

393.

Meyer, Manfred: Zur Haltung des Adels im Bauernkrieg. Die Politik Wilhelms von Henneberg gegenüber Bauern, Fürsten, Klerus und Städten. In: Jb. Regionalgesch., Weimar, 4, 1972, S. 200 - 24.

394.

Mondfeld, Wolfram: Die Galeere vom Mittelalter bis zur Neuzeit. - Rostock: VEB Hinstorff 1972. 62 S., Abb., 27 Taf.

395.

Reißner, Manfred: Bauer und Advokat im spätfeudalen Kursachsen. In: Wiss. Z. Univ. Rostock, Gesellsch.wiss. R., Rostock, 21, 1972, 1, S. 37 - 44.

396.

Rudolph, Günther: Ulrich von Huttens sozialökonomische Anschauungen. In: Dt. Z. Philos., Berlin, 20, 1972, 12, S.1474 - 93.

397.

Schildhauer, Johannes: Zum Handel der Seestädte des südöstlichen Küstengebietes der Ostsee in der Zeit des Beginns des Kampfes um das Dominium maris Baltici. In: Wiss. Z. Ernst-Moritz-Arndt-Univ. Greifswald, Gesellsch.wiss.R., Greifswald, 21, 1972, 1, S. 11 - 27.

398.

Schlette, Friedrich: Marxistische Forschungen zur slawischen Frühgeschichte in der DDR. Bemerkungen zu: Germanen - Slawen - Deutsche. Forschungen z. Ethnogenese. Hrsg. v. Vorstand der Fachgruppe Ur- u. Frühgesch. d. DHG; Herrmann, Joachim: Siedlung, Wirtschaft u. gesellschaftliche Verhältnisse der slawischen Stämme zwischen Oder/Neiße u. Elbe. (DAW z. Berlin, Schr. d. Sektion f. Vor- u. Frühgesch. Bd. 23; Die Slawen in Deutschland. Hrsg. v. Joachim Herrmann; Berichte über den 2. Internat. Kongr. f. Slawische Archäologie. Berlin, 24. - 28. August 1970. Bd. 1. In: Jb. Wirtschaftsgesch., Berlin, 1972, 3, S. 239 - 48.

399.

Werner, Ernst: Despotie, Absolutismus oder feudale Zersplitterung? Strukturwandlungen im Osmanenreich zwischen 1566 und 1699. In: Jb. Wirtschaftsgesch., Berlin, 1972, 3, S. 107 - 28.

400.

Widera, Bruno: Die ländliche Kleinindustrie in Rußland im 17. Jahrhundert. Ein Beitrag zur Genesis des Kapitalismus in Rußland. In: Jb. Wirtschaftsgesch., Berlin, 1972, 4, S. 223 - 230.

401.

Zöllner, Walter: Zur Vorgeschichte des Bauernkrieges im thüringisch-sächsischen Raum. Valentin Nagel und das Merseburger Peterskloster. In: Jb. Regionalgesch., Weimar, 4, 1972, S. 225 - 39.

402.

Zoellner, Klaus-Peter: Zum Grundbesitz der Stadt Stralsund in der zweiten Hälfte des 16. Jahrhunderts. In: Wiss. Z. Ernst-Moritz-Arndt-Univ. Greifswald, Ges.wiss. R., Greifswald, 21, 1972, 1, S. 29 - 38.

1789 - 1917

403.

Baudis, Klaus: Zur Rolle des städtischen Proletariats in Mecklenburg während der Revolution von 1848/49. Der Charakter der ersten mecklenburgischen Arbeitervereine. In: Jb. Gesch., Berlin, 7, 1972, 1, S. 371 - 406.

404.

Förster, Frank: Die Herausbildung des Braunkohlenproletariats im Senftenberger Revier bis 1918. In: Lětopis, R. B., Bautzen, 19, 1972, 1, S. 1 - 17.

405.

Günther, Renate: Die Voraussetzungen und der Beginn der Kapitaloffensive deutscher Bankmonopole in der rumänischen Erdölindustrie <1900 bis 1905>. In: Jb. Wirtschaftsgesch., Berlin, 1972, 4, S. 107 - 135.

406.

Hagelberg, Gerhard B.: Zur Rolle der Rübenzuckerindustrie bei der Intensivierung der Landwirtschaft in Deutschland im 19. Jahrhundert. In: Jb. Wirtschaftsgesch., Berlin, 1972, 4, S. 215 - 219.

407.

Harnisch, Hartmut: Probleme junkerlicher Agrarpolitik im 19. Jahrhundert. In: Wiss. Z. Univ. Rostock, Gesellsch.wiss. R., Rostock, 21, 1972, 1, S. 99 - 117.

408.

Kolossa, Tibor: Der Zusammenhang einiger Probleme der Betriebsstruktur und der Produktion in der Landwirtschaft Ungarns und Deutschlands in der zweiten Hälfte des 19. und zu Beginn des 20. Jahrhunderts. In: Jb. Wirtschaftsgesch., Berlin, 1972, 3, S. 179 - 96.

409.

Kolbe, Hellmuth: Kampf um soziale Sicherheit der Arbeiterklasse im Kapitalismus. In: Beitr. Gesch. Arb.bewegung, Berlin, 14, 1972, 6, S. 970 - 78.

410.

Kwaśny, Zbigniew: Die Eisenverhüttung im Regierungsbezirk Liegnitz in der ersten Hälfte des 19. Jahrhunderts. (Aus d. Poln. v. Peter Kunze). In: Lětopis, R. B., Bautzen, 19, 1972, 2, S. 151 - 89.

411.

Moll, Georg: "Preußischer Weg" und "Revolution von oben". In: Wiss. Z. Univ. Rostock, Gesellsch.wiss. R., Rostock, 21, 1972, 1, S. 87 - 89.

412.

Müller, Hans-Heinrich: Einige Aspekte der Viehhaltung im ausgehenden 18. Jahrhundert. Eine Analyse auf Grund von Preisschriften der Preußischen Akademie der Wissenschaften über die Einführung der Stallfütterung aus dem Jahre 1788. In: Jb. Wirtschaftsgesch., Berlin, 1972, 3, S. 77 - 105.

413.

Müller, Harald: Der Rathenower Bauarbeiterstreik von 1885 und die Berliner politische Polizei. In: Jb. Wirtschaftsgesch., Berlin, 1972, 3, S. 63 - 76.

414.

Nussbaum, Manfred: Ökonomie, Politik und Kolonialpolitik. Bemerkungen zu Hans-Ulrich Wehler, Bismarck und der Imperialismus. In: Jb. Wirtschaftsgesch., Berlin, 1972, 3, S. 215 - 22.

415.

Nussbaum, Manfred: Was ist die Kolonialpolitik der Monopole? Noch einmal zum Thema "imperialistische Kolonialpolitik". In: Jb. Wirtschaftsgesch., Berlin, 1972, 4, S. 173 - 90.

416.

Obermann, Karl: Wirtschafts- und sozialpolitische Aspekte der Krise von 1845 - 1847 in Deutschland, insbesondere in Preußen. In: Jb. Gesch., Berlin, 7, 1972, 1, S. 141 - 74.

417.

Orosz, István: Arbeitskräftenachfrage und -angebot in der ungarischen Landwirtschaft im letzten Drittel des 19. Jahrhunderts. In: Jb. Wirtschaftsgesch., Berlin, 1972, 3, S. 197 - 203.

418.

Radandt, Hans: "100 Jahre Deutsche Bank". Eine typische Konzerngeschichte. In: Jb. Wirtschaftsgesch., Berlin, 1972, 3, S. 37 - 62.

419.

Schultz, Helga: Zur Herausbildung der Arbeiterklasse in Rostock in der ersten Hälfte des 19. Jahrhunderts. In: Wiss. Z. Univ. Rostock, Gesellsch.wiss. R., Rostock, 21, 1972, 2, S. 237 - 47.

420.

Zeise, Roland: Bauern und Demokraten 1848/49. Zur antifeudalen Bewegung der sächsischen Landbevölkerung in der Revolution vom Sommer 1848 bis zum Vorabend des Dresdner Maiaufstandes. In: Jb. Regionalgesch., Weimar, 4, 1972, S. 148 - 78.

421.

Zumpe, Lotte: "... die einzig wirklich revolutionäre Klasse". In: Jb. Wirtschaftsgesch., Berlin, 1972, 3, S. 131 - 38.

1917 - Gegenwart, sozialistische Länder

422.

Becher, J.; Friedrich, P.: Zu den Beziehungen zwischen Produktionsweise und Überbau in der entwickelten sozialistischen Gesellschaft <Probleme der sozialistischen Demokratie in der Wirtschaft>. In: Wiss. Z. Karl-

Marx-Univ. Leipzig, Gesellsch.wiss. R., Leipzig, 21, 1972, 4, S. 269 - 84.

423.

Falk, Waltraud; Müller, Hans; Reißig, Karl: Die historische Bedeutung der II. Parteikonferenz der SED. Die Übergangsperiode v. Kapitalismus zum Sozialismus in d. DDR - Bestandteil des revolutionären Weltprozesses. In: Jb. Wirtschaftsgesch., Berlin, 1972, 2, S. 11 -42.

424.

Dippe, Achim: Zur Wechselbeziehung zwischen der Intensivierung der sozialistischen Produktion und den qualitativen Wachstumsprozessen der Arbeiterklasse. In: Wiss. Beitr. Parteihochsch. Karl Marx, Berlin, 21, 1972, 3/4, S. 98 - 102.

425.

Dittrich, Gottfried: Die SED und die Aktivisten- und Wettbewerbsbewegung in den Jahren 1948 bis 1950. In: Jb. Gesch., Berlin, 6, 1972, S. 343 - 69.

426.

Fruck, Horst; Draeger, Walter: Zur Entwicklung der Landwirtschaft in den Mitgliedsländern des RGW. In: Jb. Wirtschaftsgesch., Berlin, 1972, 4, S. 197 - 201.

427.

Griebenow, Helmut: Voraussetzungen und Bedingungen für die Herausbildung der Klasse der Genossenschaftsbauern im Bezirk Leipzig 1957/58. In: Jb. Regionalgesch., Weimar, 4, 1972, S. 71 - 96.

428.

Griebenow, Helmut; Meyer, Kurt: Die Einbeziehung der Großbauern in die sozialistische Umgestaltung der Landwirtschaft in der DDR. In: Jb. Gesch., Berlin, 6, 1972, S. 371 - 96.

429.

Gottwald, Hans: Zu einigen Fragen der Bündnispolitik der Kommunistischen Partei Deutschlands mit der werktätigen Bauernschaft während der ersten Etappe der demokratischen Bodenreform in Thüringen ‹Herbst 1945›. In: Wiss. Z. Päd. Hochsch. Dr. Theodor Neubauer Erfurt/Mühlhausen, Gesellsch.wiss. R., Erfurt, 8, 1971, 2, S. 45 - 49.

430.

Haase, Heinz; Radebach, Ingeburg; Sauer, Ingeburg: Die Agrarpolitik der Sozialistischen Einheitspartei Deutschlands und ihre Bedeutung für die Gestaltung der Bündnisbeziehungen der Arbeiterklasse mit der Klasse der Genossenschaftsbauern. In: Wiss. Z. Humboldt-Univ. Berlin, Gesellsch.wiss. R., Berlin, 21, 1972, 3, S. 373 - 80.

431.

Herold, Manfred: Die Rolle von Wissenschaft und Technik im Sozialismus. Die wachsende Zusammenarbeit mit der Sowjetunion. In: Wiss. Beitr. Parteihochsch. Karl Marx, Berlin, 21, 1972, 3/4, S. 160 - 65.

432.

Kuczynski, Jürgen: Gesellschaftsgesetze. Über Gesellschafts- u. speziell ökon. Gesetze, wie sie wirken u. wie sie sich durchsetzen. - Berlin: Dietz 1972, 46 S.

433.

Kuntsche, Siegfried: Zur wirtschaftlichen Situation des werdenden Neubauerndorfes in Mecklenburg-Vorpommern. Das Zugkraftproblem. In: Wiss. Z. Univ. Rostock, Gesellsch.wiss. R., Rostock, 21, 1972, 1, S. 149 - 65.

434.

Milke, Harry: Einige Probleme der Wechselbeziehungen zwischen Politik und Ökonomie bei der Gestaltung der entwickelten sozialistischen Gesellschaft in der DDR. In: Wiss. Beitr. Parteihochsch. Karl Marx, Berlin, 21, 1972, 3/4, S. 185 - 88.

435.

Namsraj, Budyn: Die ökonomische Politik der MRVP - Widerspiegelung der historischen Aufgaben der Arbeiterklasse und der Werktätigen der Mongolei. In: Wiss. Beitr. Parteihochsch. Karl Marx, Berlin, 21, 1972, 3/4, S. 83 - 87.

436.

Neumann, Gerd: Das Chemieprogramm der DDR. In: Jb. Wirtschaftsgesch., Berlin, 1972, 2, S. 241 - 272.

437.

Rakowski, Horst: Die Entwicklung der wirtschaftlichen sozialistischen Integration zwischen der DDR und der UdSSR ‹Juni 1964 bis Dezember 1968›. In: Jb. Gesch., Berlin, 6, 1972, S. 417 - 47.

438.

Zur Verkehrspolitischen Entwicklung in der Deutschen Demokratischen Republik. Von Elfriede Rehbein, Rudi Keil, Peter Kirchberg, Jürgen Schmädicke, Heinz Wehner. In: Jb. Wirtschaftsgesch., Berlin, 1972, 2, S. 183 - 211.

439.

Die VR China. Wirtschaft, Staat u. Recht, Kultur. - Berlin: Dietz 1972. 291 S.

440.

Wagner, I.: Zur Entwicklung der ökonomischen Funktion des sozialistischen Staates in der reifen sozialistischen Gesellschaft. In: Wiss. Z. Karl-Marx-Univ. Leipzig, Gesellsch.wiss. R., Leipzig, 21, 1972, 5, S. 393 - 411.

1917 - Gegenwart, kapitalistische Länder

441.

Bernt, Helmut: Klöckner[Konzernbiografie]. In: IPW Ber., Berlin, 1, 1972, 8, S. 69 - 72.

442.

Bernt, Helmut: Rheinisch-Westfälisches Elektrizitätswerk AG ‹RWE› [Konzernbiografie]. In: IPW Ber., Berlin, 1, 1972, 9, S. 69 - 71.

443.

Binus, Gretchen: Kapitalkonzentration in der BRD 1971. In: IPW Ber., Berlin, 1, 1972, 5, S. 16 - 24.

444.

Bley, Hermannfried: Zur Rolle der Siedlungsgesellschaften bei der Verhinderung einer Agrarrevolution. Dargest. am Beispiel mecklenburgischer Unternehmungen. In: Wiss. Z. Univ. Rostock, Gesellsch.-wiss. R., Rostock, 21, 1972, 1, S. 123 - 30.

445.

Delitz, Peter; Marx, Justina: Umfang und Struktur der Arbeiterklasse im heutigen Kapitalismus. Diskussionsbeitrag. In: IPW Ber., Berlin, 1, 1972, 7, S. 39 - 44.

446.

Domdey, Karl-Heinz; Kühne, Harald Dietrich: Die chronische Krise des kapitalistischen Währungssystems. - Berlin: Verl. d. Wirtschaft 1972. 238 S. (Probleme der kapitalistischen Weltwirtschaft 9.)

447.

Eckelmann, Brigitta: VFW-Fokker [Konzernbiografie]. In: IPW Ber., Berlin, 1, 1972, 1, S. 67 - 68.

448.

Engelhardt, Klaus: Rüstungskapital und militärisch-industrieller Komplex in der BRD. In: Militärgesch., Berlin, 11, 1972, 2, S. 145 - 54.

449.

Elsner, Lothar: Zu einigen Tendenzen in der Gestaltung und Darstellung der Fremdarbeiterpolitik der BRD. In: Wiss. Z. Univ.

Rostock, Gesellsch.wiss. R., Rostock, 21, 1972, 2, S. 183 - 87.

450.

Franke, Klaus: Krisenzyklus und Klassenkampfbedingungen in der BRD. In: IPW Ber., Berlin, 1, 1972, 7, S. 31 - 38.

451.

Freiberg, Paul: Zu den jüngsten Ereignissen in der kapitalistischen Erdölwirtschaft. In: IPW Ber., Berlin, 1, 1972, 5, S. 44 - 51.

452.

Gruner, Joachim; Gündel, Rudi; Schwarz, Siegfried: Akute Krisen und Konflikte im imperialistischen System. In: IPW Ber., Berlin, 1, 1972, 5, S. 6 - 15.

453.

Gruner, Joachim: Wachsende Rivalität zwischen EWG und USA. In: IPW Ber., Berlin, 1, 1972, 4, S. 22 - 33.

454.

Hahn, Wolfgang: Ruhrkohle AG [Konzernbiografie]. In: IPW Ber., Berlin, 1, 1972, 6, S. 69 - 71.

455.

Handke, Horst: Entwicklung und Struktur der Arbeiterklasse im Kapitalismus. In: Jb. Wirtschaftsgesch., Berlin, 1972, 3, S. 153 - 78.

456.

Hartmann, Peter R.: Faschistische Agrarideologie und Kriegsvorbereitung. In: Wiss. Z. Univ. Rostock, Gesellsch.wiss. R., Rostock, 21, 1972, 1, S. 143 - 47.

457.

Heininger, Horst: Umfassende Analyse der Grundprozesse des heutigen Monopolkapitalismus. In: Einheit, Berlin, 27, 1972, 1, S. 117 - 20.

458.

Heise, Karl-Heinz: Monopolprofit im Rüstungsgeschäft. In: IPW Ber., Berlin, 1, 1972, 1, S. 32 - 43.

459.

Hinkel, Günter: Die 'Auslandshilfe' der USA. Ihre polit. und ökon. Aspekte, insbesondere während der Kennedy- und Johnson-Administration. - Berlin: VEB Deutscher Verl. der Wissenschaften 1972. 238 S.

460.

Höhme, Hans-Joachim: Krisenzyklus unter dem Einfluß staatsmonopolistischer Kapitalentwertung. In: IPW Ber., Berlin, 1, 1972, 6, S. 2 - 13.

461.

Hoernle, Edwin: Zum Bündnis zwischen Arbeitern und Bauern. - Berlin: Dietz 1972.

462.

Institut für Gesellschaftswissenschaften beim ZK der SED. Der Imperialismus der Bundes-Republik Deutschland. Autoren: Lutz Maier [u. a.], 2. Aufl. - Berlin: Dietz 1972. 686 S., Abb.

463.

Klank, Wilfried: Messerschmidt - Bölkow - Blohm [Konzernbiografie]. In: IPW Ber., Berlin, 1, 1972, 5, S. 71 - 74.

464.

Kremser, Friedrich-Karl: Unilever [Konzernbiografie]. In: IPW Ber., Berlin, 1, 1972, 7, S. 67 - 70.

465.

Kremser, Friedrich-Karl; Kleinsorge, Johann: Nestlé [Konzernbiografie]. In: IPW Ber., Berlin, 1, 1972, 2, S. 67 - 70.

466.

Kuczynski, Jürgen: Die Geschichte der Lage der Arbeiter unter dem Kapitalismus. T. 3. Zusammenfassung. Bd. 38. Literaturverzeichnis. [Bearb.] von Ruth Hoppe. - Berlin: Akademie-Verl. 1972. VIII, 227 S.

467.

Kuczynski, Jürgen: Das Ideal des "Null-Wachstums". In: IPW Ber., Berlin, 1, 1972, 6, S. 49 - 51.

468.

Kuczynski, Jürgen: Klassen und Klassenkämpfe im imperialistischen Deutschland und in der BRD. - Berlin: Dietz 1972. 567 S.

469.

Kuczynski, Jürgen: Monopol, Krieg und Krise. In: IPW Ber., Berlin, 1, 1972, 4, S. 5 - 13.

470.

Kuczynski, Jürgen: Zum Problem der Messung der Arbeitsproduktivität aufgrund von Berechnungen für die Landwirtschaft in den USA. Zur Entwicklung einer kleinen Gedankenfolge. In: Jb. Wirtschaftsgesch., Berlin, 1972, 4, S. 203 - 09.

471.

Laser, Kurt: Der Rußlandausschuß der Deutschen Wirtschaft 1928 - 1941. In: Z. Gesch. wiss., Berlin, 20, 1972, S. 1383 - 1400.

472.

Latchinian, S.; Klemm, H.: Zu einigen Problemen der Ausbeutung der Arbeiterklasse im Imperialismus. In: Wiss. Z. Karl-Marx-Univ. Leipzig, Gesellsch.wiss. R., Leipzig, 21, 1972, 4, S. 343 - 56.

473.

Lüdemann, Ernst: Japans Stellung in der kapitalistischen Weltwirtschaft. In: IPW Ber., Berlin, 1, 1972, 7, S. 12 - 22.

474.

Lüdemann, Ernst: Tendenzen des kapitalistischen Welthandels seit dem zweiten Weltkrieg. In: IPW Ber., Berlin, 1, 1972, 4, S. 45 - 52.

475.

Melke, Roland: Die Masse der Industrieangestellten - Teil der Arbeiterklasse. In: IPW Ber., Berlin, 1, 1972, 8, S. 35 - 43.

476.

Mitrofanowa, Tanja: Arbeitszeitsituation und Ausbeutung in der BRD-Industrie. In: IPW Ber., Berlin, 1, 1972, 8, S. 47 - 51.

477.

Monopolkapitalistische vertikale Integration der Landwirtschaft. In: IPW Ber., Berlin, 1, 1972, 5, S. 25 - 34.

478.

Niederhauser, Emil: Zur Typologie der Agrarstruktur Osteuropas. In: Jb. Wirtschaftsgesch., Berlin, 1972, 4, S. 211 - 14.

479.

Putensen, Gregor; Philipp, Peter: Einige politische und ökonomische Probleme der Länder Nordeuropas zu Beginn der siebziger Jahre. In: Nordeuropa, Greifswald, 5, 1972, S. 5 - 32.

480.

Radandt, Hans: Wer gehört im Kapitalismus zum Proletariat? In: Jb. Wirtschaftsgesch., Berlin, 1972, 3, S. 139 - 45.

481.

Reishaus-Etzold, Heike: Die Herausbildung von monopolkapitalistischen Lenkungsorganen der Wissenschaft während der Weimarer Republik unter dem Einfluß der Chemiemonopole. In: Jb. Wirtschaftsgesch., Berlin, 1972, 3, S. 13 - 35.

482.

Reishaus, Heike: Monopol und Wissenschaft. Der Einfluß der Chemiemonopole auf die naturwissenschaftl.-techn. Lehre und Forschung in Deutschland in der ersten Phase der allgemeinen Krise des Kapitalismus

‹1918 - 1932›. - Wolfen: VEB Filmfabrik, Wolfen, Fotochem. Kombinat, Betriebsarchiv, Abt. Öffentlichkeitsarbeit 1972. 120 S.

483.

Rothbarth, Maria: Der Bund Deutscher Osten - Instrument des aggressiven faschistischen deutschen Imperialismus. In: Wiss. Z. Uni. Rostock, Gesellsch.wiss. R., Rostock, 21, 1972, 2, S. 213 - 19.

484.

Rothbarth, Maria: Der 'Bund Deutscher Osten' ‹1933 - 1943› - Instrument aggressiver Ostpolitik des faschistischen deutschen Imperialismus. Thesen. In: Lětopis, R. B., Bautzen, 19, 1972, 2, S. 196 - 202.

485.

Schomburg, Gerhard: Freihandelsverträge zwischen EWG und dem Rest der EFTA. In: IPW Ber., Berlin, 1, 1972, 6, S. 51 - 55.

486.

Schumann, Wolfgang: Nachkriegsplanungen der Reichsgruppe Industrie im Herbst 1944. In: Jb. Wirtschaftsgesch., Berlin, 1972, 3, S. 259 - 96.

487.

Semjenow, W. S.: Kapitalismus und Klassen. Die Erforschung der Sozialstruktur in der modernen kapitalistischen Gesellschaft. Übers. v. Ilse Alex u. Albrecht Kretzschmar. Dt. Bearb. v. Manfred Lötsch u. Günter Tschacher. - Berlin: Akademie-Verl. 1972. 378 S.

488.

Sonnemann, Rolf: Bemerkungen zu Heike Reishaus-Etzold, Die Herausbildung von monopolkapitalistischen Lenkungsorganen der Wissenschaft während der Weimarer Republik unter dem Einfluß der Chemiemonopole. In: Jb. Wirtschaftsgesch., Berlin, 1972, 4, S. 191 - 96.

489.

Der Staatsmonopolistische Kapitalismus. [Aus d. Franz.] Wiss. Red. Kap. 1-5 Dr. Rudolf Mondelaers; Kap. 6-10 Prof. Dr. Peter Hess. - Berlin: Dietz 1972. 663 S.

490.

Szuhay, Miklós: Die Wirkung der staatlichen Interventionspolitik auf die landwirtschaftliche Produktion in den dreißiger Jahren des 20. Jahrhunderts, insbesondere am Beispiel Ungarns. In: Jb. Wirtschaftsgesch., Berlin, 1972, 3, S. 205 - 11.

491.

Thiede, Otmar: Die Verstaatlichung der britischen Eisenbahnen im Rahmen der Verstaatlichungspolitik der dritten Labourregierung 1945 bis 1951. In: Jb. Wirtschaftsgesch., Berlin, 1972, 4, S. 81-105.

492.

Tihanyi, János: Zur faschistischen Fremdenverkehrspolitik. In: Z. Gesch.wiss., Berlin, 20, 1972, 8, S. 967 - 73.

493.

Vajda, Paul: Wechselstrom oder Gleichstrom? Ein Kapitel aus der Geschichte der Elektrotechnik. In: Schriftenr. Gesch., Naturwiss., Technik, Med., Leipzig, 9, 1972, 1, S. 49 - 55.

494.

Werner, Anneliese: Neue Tendenzen in den imperialistischen Pluralismus-Konzeptionen. In: IPW Ber., Berlin, 1, 1972, 6, S. 23 - 31.

495.

Witt, Horst: Die Entwicklung der mecklenburgischen Raiffeisenorganisation 1924 bis 1932 unter dem Einfluß imperialistischer Agrarpolitik. In: Jb. Regionalgesch., Weimar, 4, 1972, S. 119 - 47.

496.

Zilske, Wolfram: Volkswagenwerk AG [Konzernbiografie]. In: IPW Ber., Berlin, 1, 1972, 3, S. 66 - 68.

497.

Barthel, Günter, Kück, Gert; Voigt, Manfred: Grundlinien der Strukturentwicklung in der Industrie der arabischen Länder und der Einfluß äußerer Faktoren auf diesen Prozeß unter den Bedingungen der wissenschaftlich-technischen Revolution. In: Jb. Wirtschaftsgesch., Berlin, 1972, 4, S. 137 - 162.

498.

Büttner, Thea: Zur Rolle der feudalen bzw. semifeudalen Aristokratie in der historischen Entwicklung Tropisch-Afrikas bis zur Gegenwart. In: Wiss. Z. Karl-Marx-Univ. Leipzig, Gesellsch.wiss.R., Leipzig, 21, 1972, 6, S. 515 - 31.

499.

Claußnitzer, Reinhard: Der Prozeß der Konzentration und Zentralisation des Kapitals in produktionsmittelherstellenden Zweigen der chilenischen Industrie und der Kampf um ökonomische Unabhängigkeit in Chile. [M. span. Zsfssg.] In: Wiss. Z. Univ. Rostock, Gesellsch.wiss.R., Rostock, 21, 1972, 9, S. 41-68.

500.

Czaya, Eberhard; Fiolka, Rudolf: Entwicklungsländer unter der Last der Währungskrise. In: IPW Ber., Berlin, 1, 1972, 6, S. 14 - 22.

501.

Ernst, K.: Die Agrar- und Bauernfrage im Kampf um den sozialen Fortschritt in West- und Zentralafrika. In: Wiss. Z. Karl-Marx-Univ. Leipzig, Gesellsch.wiss. R., Leipzig, 21, 1972, 6, S. 499 - 513.

502.

Hofmann, Otto; Scharschmidt, Gerhard: Wissenschaftlich-technische Beziehungen mit Entwicklungsländern. Die gegensätzlichen politischen Grundkonzeptionen sozialistischer u. imperialistischer Staaten zu den wissenschaftlich-technischen u. wirtschaftlichen Beziehungen mit Entwicklungsländern. - Berlin: Die Wirtschaft 1972. 148 S.

503.

Ismailowa-Fruck, Revmira: Erdöl und antiimperialistischer Kampf. In: Einheit, Berlin, 27, 1972, 2, S. 267 - 72.

504.

Kunze, J.: Soziale Konzeptionen und Strukturveränderungen in afrikanischen Ländern sozialistischer Orientierung. In: Wiss. Z. Karl-Marx-Univ. Leipzig, Gesellsch.wiss. R., Leipzig, 21, 1972, 6, S. 573 - 90.

505.

Rudolph, Klaus: Zur Rolle des Staates bei der Schaffung wichtiger Voraussetzungen zur weiteren Entwicklung der kapitalistischen Produktionsweise in Brasilien in der zweiten Hälfte der sechziger Jahre. [M. span. Zsfssg.] In: Wiss. Z. Univ. Rostock, Gesellsch.wiss. R., Rostock, 21, 1972, 9, S. 5 - 39.

506.

Walter, Hans-Ulrich: Zur diskriminierenden Außenwirtschaftspolitik der EWG gegenüber den jungen Nationalstaaten Afrikas. In: Dt. Außenpolitik, Berlin, 17, 1972, 4, S. 713 - 37.

507.

Willenberg, Ursula: Interethnisch-ökonomische Beziehungen in Süd-Viêt-Nam. Ihre Bedeutung f. d. Ethnogeneseprozeß. - Berlin: Akademie-Verl. 1972. 170 S., Abb., Kt. (Veröffentlichungen d. Mus. f. Völkerkd. zu Leipzig 24.)

BIBLIOGRAPHIE SELBSTÄNDIGER SCHRIFTEN ZUR BETRIEBSGESCHICHTE IN DER DEUTSCHEN DEMOKRATISCHEN REPUBLIK

(8. Fortsetzung)+

von Renate Günther

VEB Autobahnbaukombinat Magdeburg

Bau der Autobahn Leipzig-Dresden. (Verantw.: R[einhard] Blaschke. Hrsg.: Ministerium f. Verkehrswesen, Autobahnaufsichtsamt, Abt. Autobahnneubau; VEB Autobahnbaukombinat Magdeburg.) - (Berlin/Magdeburg 1971.) 23 S.; 12 Taf. 4°

VEB Blechverformungswerk Leipzig

Mank, Wilfried: Zu Problemen der Rekonstruktion bestehender Industriewerke. Darstellung der Entwicklung des VEB Blechverformungswerk Leipzig. - Diss. d. Hochschule f. Architektur und Bauwirtschaft Weimar 1971. XX, 227 gez. Bl. mit Abb., mehr. Taf., Anh. 4° [Ms. vervielf.]

VEB Chemiefaserkombinat Schwarza "Wilhelm Pieck", Rudolstadt

Vom Anderswerden. Aus Brigadetagebüchern. Kollektivarbeit schreibender Arbeiterinnen und Arbeiter des Werkes zu Ehren des 20. Geburtstages unserer Republik. (Hrsg. im Auftrag der Betriebsgewerkschaftsleitung. Red.: Erich Otto Busch u. Karl Dornheim.) - (Rudolstadt 1970.) 99 S. mit Abb. 8° = Beiträge zur Betriebsgeschichte des VEB Chemiefaserkombinat Schwarza "Wilhelm Pieck". H. 3.

Deutsche Reichsbahn. Reichsbahndirektion Erfurt

Fromm, Günter/Hunger, Erich: Die Entwicklung der Thüringischen Eisenbahn. 125 Jahre Strecke Halle-Gerstungen. Hrsg.: Reichsbahndirektion Erfurt; Deutscher Modelleisenbahn-Verband der DDR. - Erfurt 1972. 36 S. mit Abb. 4°

Deutscher Saatgutbetrieb für gartenbauliches Saat- und Pflanzgut Quedlinburg

25 [Fünfundzwanzig] Jahre Deutscher Saatgutbetrieb Quedlinburg. Hrsg.: Deutscher Saatgutbetrieb für gartenbauliches Saat- und Pflanzgut Quedlinburg. - (Quedlinburg) 1972. 14 Bl. 96 S. 4°

VEB Feinpapierfabriken Neu Kaliß

Beckel, Gerhard: 100 [Hundert] Jahre Feinpapierfabriken Neu Kaliß. Ein Beitrag zur Geschichte des VEB Feinpapierfabriken Neu Kaliß. Fotos: Gerhard Triebel. - Neu Kaliß 1972. 71 S. 4°

+ Aufnahmemodus, Gliederung sowie die Erscheinungsdaten für die ersten Teile der Bibliographie siehe Jahrbuch für Wirtschaftsgeschichte 1969, T. 4, S. 271 f. - Seit 1967 erscheint die Bibliographie einmal jährlich, und zwar jeweils im Band 4 dieses Jahrbuchs.

Obwohl diese Bibliographie nur selbständige Schriften zur Betriebsgeschichte aufnimmt, möchten wir alle Interessenten dennoch aufmerksam machen auf Maur, Hans, Auswahlbibliographie zur Methodik und zur Methodologie der marxistischen Betriebsgeschichtsforschung. Veröffentlichungen der Jahre 1945 bis 1970, in: Lětopis. Jahresschrift des Instituts für sorbische Volksforschung, Reihe B, Nr. 1/1973, S. 120 - 128

VEB Filmfabrik Wolfen - Fotochemisches Kombinat

Archivalische Quellennachweise zur Geschichte der chemischen Industrie. Nr. 4: Quellen und Dokumente aus dem Bestand I. G. Farbenindustrie AG, Vermittlungsstelle W der Sparte III im Betriebsarchiv VEB Filmfabrik Wolfen - Fotochemisches Kombinat -. Hrsg.: VEB Filmfabrik Wolfen - Fotochemisches Kombinat - und Deutsches Zentralarchiv Potsdam. Bearb. v. Kurt Metschies, Alfred Neumann und Willi Zimmermann. - Wolfen 1972, 15 S. 8° (als Ms. gedr.)

Freundschaftsreise 1972. Bilder und Berichte von der Reise Werktätiger des VEB Filmfabrik Wolfen - Fotochemisches Kombinat - nach Kiew, Schostka und Minsk vom 12. - 18. September 1972. Bearb. v. Herbert Hammerschmidt und Willi Zimmermann. Hrsg.: Abt. Öffentlichkeitsarbeit. - Wolfen 1972. 31 S. mit Abb. 8° = Aus der Geschichte der Filmfabrik Wolfen, Nr. 29

Monopol und Wissenschaft. Der Einfluß der Chemiemonopole auf die naturwissenschaftlich-technische Lehre und Forschung in Deutschland in der ersten Phase der allgemeinen Krise des Kapitalismus (1918 - 1932). Bearb. v. Heike Reishaus. Hrsg.: Abt. Öffentlichkeitsarbeit - Betriebsarchiv des VEB Filmfabrik Wolfen - Fotochemisches Kombinat. - Wolfen 1972. 120 S. 8° = Aus der Geschichte der Filmfabrik Wolfen, Nr. 27.

Wir sind die Erben des Manifests. Beiträge aus der Entwicklung unseres sozialistischen Jugendverbandes des VEB Filmfabrik Wolfen - Fotochemisches Kombinat - von seiner Gründung bis zu den X. Weltfestspielen. Bearb. durch Michael Fischer, Karl-Friedrich Helbing, Bernd Michel. Wissenschaftliche Beratung: Manfred Kitze. Hrsg.: VEB Filmfabrik Wolfen - Fotochemisches Kombinat - Abt. Öffentlichkeitsarbeit - Betriebsarchiv. - Wolfen 1972. 91 S. mit Abb. 8° = Aus der Geschichte der Filmfabrik Wolfen, Nr. 29.

LPG "Fritz Reuter", Grebbin

siehe Kooperationsgemeinschaft Grebbin-Herzberg

VEB Großdrehmaschinenbau "8. Mai" Karl-Marx-Stadt

Bickelhaupt, Horst/Edelmann, Helmut/Hupfer, Alfred: Die Entwicklung der Masseninitiative zur Durchsetzung des wissenschaftlich-technischen Fortschritts im VEB Großdrehmaschinenwerk "8. Mai" Karl-Marx-Stadt (1960 - 1967).[1 - 3] -Diss. Karl-Marx-Stadt 1970. VII, 235; 226; 257 gez. Bl. mit Abb. 4° [Ms. vervielf.]

VEB Kombinat Impulsa, Betrieb Kyffhäuserhütte, Artern

25 [Fünfundzwanzig] Jahre SED-Kyffhäuserhütte. - (Artern 1971.) 40 S. mit Abb. 8°

Interflug, Fluggesellschaft der DDR

(Marx,[Manfred]: Interflug. Entwicklung der zivilen Luftfahrt der DDR. Hrsg.: Interflug, Fluggesellschaft der DDR, Abt. Werbung. - (Berlin-Schönefeld 1970.) 8 Bl. mit Abb. 8°

LPG "Karl Marx" Lenschow

siehe Kooperationsgemeinschaft Grebbin-Herzberg

LPG Könnern

siehe LPG "10. [Zehnter] Jahrestag"

VEB Kombinat Verkehrsbetriebe der Stadt Leipzig

Hundert Jahre Straßenbahn in Leipzig. 1872 - 1972. - (Leipzig 1972.) 15 S. mit Abb. 4° (in Mappe)

Kooperationsgemeinschaft Dedelow

Übergang zur industriemäßigen Produktion. Erfahrungen der Genossenschaftsmitglieder der LPG und der Arbeiter des VEG der Kooperation Dedelow beim Übergang zur industriemäßigen Produktion durch die Zusammenarbeit in einer kooperativen Abteilung Pflanzenproduktion und in kooperativen Anlagen der Milch- und Färsenproduktion. Ausgearbeitet v. e. Autorenkollektiv unter Leitung v. F[riedrich] Clermont u. F. Marx. Hrsg.: Landwirtschaftsausstellung der DDR. - (Markkleeberg 1972.) 52 S. mit Abb. 8°

Kooperationsgemeinschaft Hübitz

Lohf, Jürgen: Entwicklung, Stand und Perspektive der Kooperationsgemeinschaft Hübitz, Bezirk Halle. (Ein Beitrag zur Entwicklung vielfältiger Kooperationsbeziehungen.) [1. 2.] 151 gez. Bl.; Anl. 4°[Ms. vervielf.]

Kooperationsgemeinschaft Grebbin-Herzberg

Neitzke, Ingrid: Die Einheit von Plan, Vertrag, Wettbewerb, Rechnungsführung und Statistik. Dargestellt am Beispiel der LPG Grebbin, LPG Kossebade, LPG Lenschow und des VEG (Z) Tierzücht Herzberg.[1. 2.] - Diss. der Hochschule für die Landwirtschaft und Nahrungsgüterwirtschaft Bernburg 1971. 8 gez. Bl. mit Abb., 129 gez. Bl. mehr. Bl.; Anl. 4°[Ms. vervielf.]

Kyffhäuserhütte, Artern

siehe VEB Kombinat Impulsa. Betrieb Kyffhäuserhütte, Artern

VEB Maschinenfabrik Halle

Dalchow, Irmtraud: Die Hallesche Maschinenfabrik und Eisengießerei AG von der Novemberrevolution bis zum Jahre 1945. Betriebsgeschichte des VEB Maschinenfabrik Halle, T. 2. - Halle 1971. 202 S. mit Abb. 8° = Aus der Geschichte der halleschen Arbeiterbewegung. Hrsg.: SED, Kommission zur Erforschung der Geschichte der örtlichen Arbeiterbewegung. 7/1.

VEB Mikromat, Dresden

(Reichert, Günter/Reichert, Sonja/Richter, Annelies): 10[Zehn] Jahre VEB Mikromat. 1959 - 1969. - (Dresden 1969.) 43 S. mit Abb. 4° = Präzision. Jg. 1969. Sonderausg.

LPG "Neues Leben" Mestlin

siehe Kooperationsgemeinschaft Grebbin-Herzberg

VEB Oberlausitzer Feinpapierfabrik, Bad Muskau, Ortsteil Köbeln

(Rießner, O[ttfried]/Großmann, R[udolf]/Mehlhorn, H[ermann]): Seit 1597 wird am Föhrenfließ Papier gemacht... Eine Information über die Papierherstellung von einst und heute im volkseigenen Betrieb Oberlausitzer Feinpapierfabrik, Bad Muskau, Ortsteil Köbeln. - (Bad Muskau 1972,) 48 S. mit Abb. 19,5 x 20,5 cm

LPG Paplitz

siehe LPG Tuchheim

Reichsbahndirektion

siehe Deutsche Reichsbahn

LPG "Roter Oktober" Kossebade

siehe Kooperationsgemeinschaft Grebbin-Herzberg

Saatgutbetrieb Quedlinburg

siehe Deutscher Saatgutbetrieb für gartenbauliches Saat- und Pflanzgut

VEG Saatzucht Neugattersleben

Hönig, Maike: Zur Geschichte des VEG Saatzucht Neugattersleben 1945 bis 1955. - Diss. Leipzig 1970. II, 189 gez. Bl. Anh. 4°[Ms. vervielf.]

LPG 7.[Siebenter] Oktober, Weißensee

Die Erfahrungen der Parteiorganisation der LPG "7. Oktober" Weißensee bei der komplexen Anwendung der sozialistischen Betriebswirtschaft. Hrsg. in Zusammenarbeit mit dem Rat für landwirtschaftliche Produktion und Nahrungsgüterwirtschaft Sömmerda. - Sömmerda (1971). 7 S. 8°

VEB K Städtischer Verkehr der Wartburgstadt Eisenach

Sippel, Arno/Seidel, Heinz: Festschrift zum 75. Betriebsjubiläum der Straßenbahn der Wartburgstadt Eisenach am 3. August 1972. Hrsg.: VEB K Städtischer Verkehr der Wartburgstadt Eisenach. - Eisenach 1972. 45 S. mit Abb. 8°[Umschlagt.:] 75 Jahre Straßenbahn der Wartburgstadt

Straßenbahn Leipzig

siehe VEB Kombinat Verkehrsbetriebe der Stadt Leipzig

Straßenbahn Plauen

Mensdorf, Joachim/Reichenbach, Klaus: 75 Jahre Straßenbahn Plauen. 2. Aufl. im Auftrage d. Verkehrsmuseums Dresden. (Hrsg.: Vogtländisches Kreismuseum.) - (Plauen 1970.) 100 S. mit Abb. 8° = Vogtländisches Kreismuseum. Museumsreihe, Sonderh.

VEG Tierzucht Herzberg

siehe Kooperationsgemeinschaft Grebbin-Herzberg

LPG Tuchheim

(Schunke, E[berhard u. a.]): Erfahrungen der Genossenschaftsbäuerinnen und Genossenschaftsbauern aus den LPG Tuchheim und Paplitz bei der schrittweisen Entwicklung effektiver Kooperationsbeziehungen. Hrsg.: Landwirtschaftsausstellung der DDR. - (Markkleeberg 1971.) 64 S. 8°

VEB Uhrenkombinat Ruhla, Werk Glashütte

VEB Uhrenkombinat Ruhla, Werk Glashütte. Betriebsschule "Makarenko". Hrsg. anläßlich des 20jährigen Bestehens unserer sozialistischen Ausbildungsstätte. - (Glashütte) 1969. 4 Bl., 30 Taf. 4°

Verband deutscher Konsumgenossenschaften

Die Konsumgenossenschaften der DDR in den Jahren 1968 bis 1971. - (Berlin 1972.) 42 S. mit Abb. 8°

(Raubaum, Jörg/Keller, Günter): Zur Geschichte der deutschen Konsumgenossenschaften. (4. überarb. Aufl.) Hrsg.: Verband deutscher Konsumgenossenschaften. - (Berlin 1972.) 90 S. 8°

Volk und Wissen. Volkseigener Verlag, Berlin

Volk und Wissen. Volkseigener Verlag Berlin. 1945 - 1970. Ein Bericht. - o. O., o. J. 87 S. mit Abb. 8°

LPG "10.[Zehnter] Jahrestag" Könnern

Straube, Helmut: Untersuchungen zur rationellen Organisation der gärtnerischen Produktion der LPG "10. Jahrestag" Könnern unter besonderer Berücksichtigung der Intensivierung und des ökonomischen Nutzeffekts. - Diss. Berlin 1971. 187 gez. Bl. mit Abb. 4° [Ms. vervielf.]

ZGE "Schweinemast" Hoyerswerda

Hasert, G[ünter]: u. a. : Schrittweise zur industriellen Produktion von Schweinefleisch. Ergebnisse und Erfahrungen d. ZGE "Schweinemast" Hoyerswerda. Hrsg.: Landwirtschaftsausstellung der DDR. - (Markkleeberg 1972.) 24 S. 8°

AUTORENVERZEICHNIS

Berov, Ljuben, Prof. Dr., Lehrstuhl für Wirtschaftsgeschichte, Hochschule für Ökonomie "Karl Marx", Sofia.

Frolov, Èduard, Dr. phil., Dozent, Lehrstuhlinhaber, Historische Fakultät, Lehrstuhl für die Geschichte Griechenlands und Roms, Staatliche Universität Leningrad.

Günther, Renate, Dr. rer. oec., Wissenschaftlicher Arbeitsleiter, Institut für Wirtschaftsgeschichte, Akademie der Wissenschaften der DDR, Berlin.

Harnisch, Hartmut, Dr. phil., Wissenschaftlicher Arbeitsleiter, Institut für Wirtschaftsgeschichte, Akademie der Wissenschaften der DDR, Berlin.

Káňa, Otakar, Ph. Dr., Dozent, Kandidat der historischen Wissenschaften, Leitender wissenschaftlicher Mitarbeiter, Schlesisches Institut, Tschechoslowakische Akademie der Wissenschaften, Opava.

Kuczynski, Jürgen, Ordentliches Mitglied der Akademie der Wissenschaften der DDR, Berlin.

Müller, Hans-Heinrich, Dr. rer. oec. habil., Wissenschaftlicher Arbeitsleiter, Institut für Wirtschaftsgeschichte, Akademie der Wissenschaften der DDR, Berlin.

Obermann, Karl, Dr. phil. habil., Professor em., Berlin.

Pavelčíková, Nina, Ph. Dr., Wissenschaftlicher Assistent, Schlesisches Institut, Tschechoslowakische Akademie der Wissenschaften, Opava.

Pfahl, Robert, Dr. phil., Pädagogische Hochschule "Karl Liebknecht" Potsdam, Direktorat für Weiterbildung und Fernstudium, Leiter der Außenstelle Rostock.

Poloschek, Werner, Dr. rer. oec., Wissenschaftlicher Oberassistent, Bereich Betriebswirtschaft, Sektion Wirtschaftswissenschaften, Humboldt-Universität zu Berlin.

Puchert, Berthold, Dr. rer. oec. habil., Wissenschaftlicher Arbeitsleiter, Institut für Wirtschaftsgeschichte, Akademie der Wissenschaften der DDR, Berlin.

Radandt, Hans, Prof. Dr. rer. oec. habil., Leiter der Abteilung Betriebsgeschichte, Institut für Wirtschaftsgeschichte, Akademie der Wissenschaften der DDR, Berlin.

Tarnovskij, K. N., Kandidat der historischen Wissenschaften, Wissenschaftlicher Mitarbeiter, Institut für Geschichte der UdSSR, Akademie der Wissenschaften der UdSSR, Moskau.

Töpfer, Bernhard, Prof. Dr. phil. habil., Sektion Geschichte, Humboldt-Universität zu Berlin.

Wilhelmus, Wolfgang, Dr. phil., Wissenschaftlicher Mitarbeiter, Sektion Geschichtswissenschaft, Ernst-Moritz-Arndt-Universität Greifswald.

Zak, S. D., Kandidat der Wirtschaftswissenschaften, Lehrstuhl Ökonomie des modernen Kapitalismus, Ökonomische Fakultät, Staatliche Universität Leningrad.

СОДЕРЖАНИЕ

Б. Пухерт, Развитие немецко-советских торговых отношений с 1918 до 1939 г.г.
В. Вильгельмус, Значение шведской железной руды для фашистского военного хозяйства
Л. Беров, Тенденция развития реальной заработной платы в Балканских странах при капитализме /до 1944 года/
Р. Пфаал, Заработная плата сельскохозяйственных рабочих и её изменение с начала 19-ого века до начала первой Мировой войны. Исследование о положении сельскохозяйственных рабочих связанных контрактом на родовых арендованных хуторах графства Мекленбург-Шверин
К. Оберманн, О составе отдельных добровольческих отрядов во время революции 1848 - 1849 гг.
С. Д. Цак, Карл Маркс и Фридрих Энгельс о "традиционных"крестьянских крестьянских общинах в России и их развитии после отмены крепостного права
Л. Иванов/К. Тарновский, Соцально-экономическая структура России. Проблема многобазисности
Е. Фролов, Государство и экономика 4-ого века до н.э.
Ю. Кучинский, К методологии экономической истории в США. **The Journal of the Economic History, Bd. 32, 1972**
В. Полошек, К хозяйственной реформе в СССР. Заметки к: Основы и практика хозяйственной реформы в СССР
Г. Харниш, О значении истории населения как составной части экономической и социальной истории. Заметки к: Карлхайнц Блашке, История насления Саксонии до промышленной революции
Х.-Х. Мюллер, Альбрехт Таар и развитие аграрной экономики. Воззрение к: Фолькер Клемм/Гюнтер Мейер, Альбрехт Даниель Таар. Пионер науки о земледелии в Германии; **Joosep Nõu, Studies in the Development of Agricultural Economics in Europe**
Б. Тёпфер, Новые публикации к истории города феодальной эпохи. **Elenchus fontium historiae urbanae, quem edendum curaverunt C. van de Kieft et J. F. Niermeer, Bd. 1**
О. Каня, Исследование промышленного центра Остравы в период второй Мировой войны. Концепция, значение и уже имеющиеся результаты
Х. Радант, Конференция "История предприятия и формирование социалистического сознания",проведённая обществом историков ГДР / специальной коммиссей: история предприятия
Библиография экономико-исторической литературы ГДР, третий выпуск
Р. Гюнтер, Библиография самостоятельных монографий по истории предприятия в Германской Демократической Республике / 8-ое продолжение/

CONTENTS

B. Puchert, The development of German-Soviet trade relations between 1918 and 1939

W. Wilhelmus, The significance of Swedish iron ore for the fascist war economy

L. Berov, Tendencies in the development of real wages in the Balkan countries under capitalism (up to 1944)

R. Pfahl, The wages of agricultural labourers from the early 19th century to the beginning of the first World War. A study of the conditions of contract-bound agricultural labourers on the domain leasehold land of the Grand Duchy of Mecklenburg-Schwerin

K. Obermann, On the composition of a number of revolutionary volunteer corps during the revolution of 1848/49

S.D. Zak, Karl Marx and Frederic Engels on the "traditional" peasant community in Russia and its development after the abolition of serfdom

L. Ivanov†/K. Tarnovskij, The socio-economic structure of Russia. The problem of several simultaneously existing bases

Ė. Frolov, State and economy as reflected by written sources of the 4th century B.C.

J. Kuczynski, On the methodology of economic history in the USA. The Journal of Economic History, Vol. 32, 1972

W. Poloschek, On economic reform in the USSR. Comments on: Osnovy i praktika chozjajstvennoj reformy v SSSR

H. Harnisch, On the significance of the history of populations as a part of economic and social history. Comments on Karlheinz Blaschke, History of the population of Saxony up to the industrial revolution

H.-H. Müller, Albrecht Thaer and the development of agricultural economics. Observations on Volker Klemm/Günther Meyer, Albrecht Daniel Thaer. Pioneer of agricultural sciences in Germany; Joosep Nõu, Studies in the Development of Agricultural Economics in Europe

B. Töpfer, New publications on town history in the feudal age. Elenchus fontium historiae urbanae, quem edendum curaverunt C. van de Kieft et J.F. Niermejer, Vol. 1

O. Káňa/N. Pavelčíková, Research work on: The industrial region of Ostrava at the time of the Second World War. Concept, significance and achieved results

H. Radandt, Conference "Works' history and the forming of socialist consciousness", organised by the Historical Association of the GDR, Special Commission on Works' History

Bibliography of publications on economic history in the GDR, 3rd issue

R. Günther, Bibliography of independent publications on works' history in the German Democratic Republic (8th sequel)

CONTENU

B. Puchert, Le développement des relations commerciales germano-soviétiques de 1918 à 1939

W. Wilhelmus, L'importance du minerai de fer suédois pour l'économie fasciste de guerre

L. Berov, Tendances du développement du salaire réel dans les pays balkaniques sous le capitalisme

R. Pfahl, Salaires des ouvriers agricoles et leur mouvement du commencement du 19e siècle au commencement de la première guerre mondiale. Une étude concernant la situation des ouvriers agricoles contractuels sur les fermes à bail domaniales du grand-duché de Mecklenbourg-Schwerin

K. Obermann, Sur la composition de quelques corps francs pendant la révolution de 1848/49

S. D. Zak, Karl Marx et Friedrich Engels sur la commune traditionnelle en Russie et dont le développement après l'abolition du servage

L. Ivanov † /K. Tarnovskij, La structure socialo-économique de la Russie. Le problème du fait que plusieurs bases existaient simultanément

É. Frolov, L'Etat et l'économie sous l'aspect de sources écrites du quatrième siècle de notre chronologie

J. Kuczynski, Remarques sur la méthodologie de l'histoire économique dans les Etats-Unis. The Journal of the Economic History, tome 32, 1972

W. Poloschek, Sur la réforme économique de l'URSS. Remarques sur: Osnovy i praktika chozjajstvennoj reformy v SSSR

H. Harnisch, Sur l'importance de l'histoire du peuplement comme faisant partie de l'histoire économique et sociale. Observations sur Karlheinz Blaschke, L'histoire du mouvement de la population de la Saxe jusqu'à la révolution industrielle

H.-H. Müller, Albrecht Thaer et le développement de l'économie agricole. Considérations sur Volker Klemm/Günther Meyer, Albrecht Daniel Thaer. Pionnier des sciences agronomiques en Allemagne, Joosep Nõu, Studies in the Development of Agricultural Economics in Europe

B. Töpfer, De nouvelles publications concernant l'histoire urbaine dans l'ère féodale. Elenchus fontium historiae urbanae, quem edendum curaverunt C. van de Kieft et J. F. Niermejer, tome 1

O. Káňa/N. Pavelčíková, L'exploration de la région industrielle d'Ostrava pendant la deuxième guerre mondiale. Conception, importance résultats actuels

H. Radandt, Conférence "histoire d'usine et formation de la conscience socialiste" organisée par la société d'historiens de la DDR-commission compétente de l'histoire d'usine

Bibliographie de littérature de l'histoire économique de la DDR, troisième fascicule

R. Günther, Bibliographie d'écrits indépendants au sujet de l'histoire d'usine dans la République Démocratique Allemande (huitième suite)

SUMARIO

B. Puchert, El desarrollo de las relaciones comerciales alemán-soviéticas desde 1918 hasta 1939

W. Wilhelmus, La importancia del guijo de hierro sueco para la economía de guerra fascista

L. Berov, Tendencias del desarrollo de los sueldos efectivos en los países de los Balcanes durante el capitalismo (hasta 1944)

R. Pfahl, Salarios de los braceros y su movimiento desde el principio del siglo XIX. hasta el comienzo de la primera guerra mundial. Estudio acerca de la situación de los braceros comprometidos por contratos en las granjas arrendadas-dominiales del Gran-ducado Mecklenburgo-Schwerin

K. Obermann, Acerca de la composición de los insurrectos de liberación durante la Revolución de 1848/49

S. D. Zak, Carlos Marx y Federico Engels acerca de la comunidad campesina "tradicional" en Rusia y su desarrollo después de la abolición de la servidumbre

L. Ivanov †/K. Tarnovskij, La estructura social-económica de Rusia. El problema de la estructura económica de varias formaciones sociales

Ė. Frolov, Estado y economía aclarados por fuentes escritas del siglo IV antes de nuestra época

J. Kuczynski, Acerca de la metodología de la historia económica en los Estados Unidos. The Journal of the Economic History, Bd. 32, 1972

W. Poloschek, Acerca de la reforma económica en la URSS. Observaciones sobre: Osnovy i praktika chozjajstvennoj reformy v SSSR

H. Harnisch, Acerca de la importancia de la historia de población como parte de la historia económica y social. Observaciones sobre: Karlheinz Blaschke, Historia de población de Sajonia hasta la revolución industrial

H.-H. Müller, Albrecht Thaer y el desarrollo de la economía agrícola. Reflexiones sobre Volker Klemm/Günther Meyer, Albrecht Daniel Thaer. Iniciador de las ciencias agronómicas en Alemania; Joosep Nõu, Studies in the Development of Agricultural Economics in Europe

B. Töpfer, Nuevas publicaciones acerca de la historia urbana de la época feudal. Elenchus fontium historiae urbanae, quem curaverunt C. van de Kieft et J. F. Niermejer, Bd. 1

O. Káňa, La investigación del distrito industrial de Ostrava durante el período de la segunda guerra mundial. Concepción, importancia y resultados que hubo hasta ahora

H. Radandt, Conferencia "Historia de empresas y formación de conciencia socialista", organizado por la Sociedad de Historiadores de la RDA, comisión especial para historia de empresas

Bibliografía sobre literatura en historia económica procedente de la RDA, suministro tercero

R. Günther, Bibliografía sobre tratados independientes tocante a la historia de empresas en la República Democrática Alemana (continuación octava)

In Vorbereitung für die nächsten Bände des Jahrbuchs:

Zu Problemen der Demographie

A. Donda
Die Bevölkerung der DDR im Spiegel der Statistik

J. Kuczynski
Prognosen der Bevölkerungsentwicklung

P. Khalatbari
Zu einigen Grundsatzfragen der marxistisch-leninistischen Demographie. Kritik einiger bürgerlicher Betrachtungsweisen der Bevölkerungsfrage in den Entwicklungsländern

H. Maier/J. Wahse
Probleme der Entwicklung des Bildungsniveaus und der Qualifikationsstruktur der Werktätigen in der DDR

F. Burkhardt†/L. Burkhardt-Osadnik
Voraussichtliche Entwicklung der verschiedenen Bevölkerungsgruppen bis zum Jahre 2000

F. Burkhardt†/L. Burkhardt-Osadnik
Betrachtungen zur Binnenwanderung

K. Freitag/B. Rönz
Zur Messung von Einflußfaktoren mittels der Regressionsanalyse, dargestellt am Beispiel der Entwicklung der Eheschließungen in der DDR

E. Strohbach
Zu einigen Tendenzen der Bevölkerungsentwicklung in der DDR

P. Khalatbari
Zur Bevölkerung nach Alter und Geschlecht in der DDR

K. Lungwitz
Die Bevölkerungsbewegung in der DDR und der BRD zwischen 1945 und 1970 - eine komparative Untersuchung

H. Grabley
Zur Entwicklung der Strukturen des aktiven gesellschaftlichen Arbeitsvermögens in der DDR

K. Müller
Demographische Aspekte der Einbeziehung der Frau in den Berufsprozeß

T. Scholz
Zur Struktur der weiblichen Beschäftigten des VEB Staatliche Porzellan-Manufaktur Meißen (Teilergebnisse einer historisch-soziologischen Untersuchung)

I. Steiner
Die Einstellung von Frauen zur Berufstätigkeit in der DDR. Eine empirische Untersuchung

M. Ebert
Der Einfluß einiger demographischer Faktoren auf die Berufstätigkeit der Frauen in der DDR

P. Wagner
Hochschulschriften zur Demographie auf dem Territorium der Deutschen Demokratischen Republik seit 1947

FORSCHUNGEN ZUR WIRTSCHAFTSGESCHICHTE

DIETRICH EICHHOLTZ

Geschichte der deutschen Kriegswirtschaft 1939–1945

Band I: 1939–1941

2., durchgesehene Auflage

1971. XI, 408 Seiten – gr. 8° – Leinen 25,– M
Bestell-Nr. 751 509 5 (2140/1/I)

Das hochaktuelle Thema des Buches wird auf der Basis einer Fülle bisher unerschlossenen Quellenmaterials erstmals zusammenhängend untersucht. Als Grundfragen und theoretische Hauptprobleme werden die Kriegsplanung des deutschen Finanzkapitals behandelt, seine Expansionsziele und -richtungen, die Grundtendenzen der Entwicklung des staatsmonopolistischen Herrschaftsmechanismus und die spezifisch faschistischen Züge in der Kriegswirtschaft. Im Anhang werden größtenteils erstmalig Schlüsseldokumente zur europäischen „Neuordnung" der deutschen Monopole veröffentlicht.

ERNST BARTH

Entwicklungslinien der deutschen Maschinenbauindustrie von 1870–1914

1973. XVI, 212 Seiten – 22 Tabellen davon 2 Falttabellen – gr. 8° – Leinen 48,– M
Bestell-Nr. 752 030 2 (2140/3)

Mit dieser Publikation wird das Werk von Schröter/Becker „Die deutsche Maschinenbauindustrie in der industriellen Revolution" (1962) für die Zeit bis zum Ausbruch des 1. Weltkrieges weitergeführt.

Bestellungen durch eine Buchhandlung erbeten

AKADEMIE-VERLAG
DDR-108 Berlin, Leipziger Str. 3–4

FORSCHUNGEN ZUR WIRTSCHAFTSGESCHICHTE

JÜRGEN KUCZYNSKI

Wissenschaft und Gesellschaft

2., unbearbeitete Auflage

1973. 240 Seiten – 23 Tab. – gr. 8° – 15,– M
Bestell-Nr. 752 123 3 (2140/2)

FRITZ PETRICK

Zur sozialen Lage der Arbeiterjugend in Deutschland 1933 bis 1939

1974. Etwa 136 Seiten – gr. 8° – Etwa 18,– M
Bestell-Nr. 752 124 1 (2140/4)

WILHELM STRUBE

Die Chemie und ihre Geschichte

1974. Etwa 188 Seiten – gr. 8° – Leinen etwa 22,– M
Bestell-Nr. 752 126 8 (2140/5)

Bestellungen durch eine Buchhandlung erbeten

AKADEMIE-VERLAG
DDR-108 Berlin, Leipziger Str. 3–4